보수주의

보수주의

에드먼드 포셋 지음 **장경덕** 옮김
EDMUND FAWCETT

전통을 위한 싸움

글항아리

일러두기

- 원서에서 이탤릭체로 표기한 것 중 강조의 의미가 있는 것은 고딕체로, 프랑스어·독일어·라틴어 등 단순히 외래어를 표기한 것은 본문 서체와 동일하게 하고 필요한 경우 따옴표를 붙여 표시했다.

나탈리아에게

머리말

자유민주주의가 번창하는 것은 차치하고 생존이라도 하려면 우파의 지지를 얻어야 한다. 다시 말해 자유주의와 민주주의의 기본 원칙을 받아들이는 보수주의자들의 지지가 필요하다. 그러나 보수주의는 자유주의의 적으로 태어났고, 민주주의에 대한 의구심을 완전히 떨쳐버린 적이 없다. 근대 정치에서 보수주의는 자유주의와 협력함으로써 어려움을 견뎌냈으며, 곧 민주주의 체제에서 이기는 법을 배웠다. 1945년 이후 서유럽과 미국에서 번창한 것과 같은 자유민주주의는 우파의 그런 역사적 타협을 통해 자라났다. 지금처럼 우파가 지지하기를 주저하거나 거부할 때 자유민주주의의 건전성은 위태로워진다.

지금은 지적으로나 정당 차원에서 좌파가 퇴조하는 가운데 우파가 정치를 지배한다. 그런데 그것은 어떤 우파인가? 1945년 이후 자유민주주의의 성공을 뒷받침한 대체로 자유주의적인 보수주의인가, 아니면 "대중"을 대변한다고 주장하는 비자유주의적인 강경우파인가?

나는 『자유주의: 어느 사상의 일생』에서 자유민주주의란 무엇이며 그 모든 결함과 취약성에도 불구하고 그 사상이 왜 중요한지 밝힘으로써 우리가 무엇을 잃을 수 있는지 보여주려 했다. 『보수주의: 전통을 위한 싸움』은 그 이야기의 다른 반쪽이다. 책은 과거에 비춰보면서 현재 우파가 자신과 벌이는 싸움을 이야기한다.

보수주의자들은 처음부터 자유주의, 민주주의와 다툴 뿐만 아니라 자기네끼리도 논쟁을 벌여왔다. 그들은 역사적인 적수들과 타협해야 할까, 아니면 그들에게 저항해야 할까? 그 싸움은 주로 권력과 정부를 차지하려는 정당정치에서 벌여야 할까, 아니면 지적이고 문화적인 삶에서 벌여야 할까? 이런 물음들은 보수주의자들의 뇌리에서 떠난 적이 없다. 온갖 혼란스러운 목소리 때문에 보수주의자들이 무엇을 옹호하는지 말하기 어려울 때가 많다. 옹호하는 것이 있기나 하다면 말이다. 동시에 그 싸움이 맹렬하고 끈질겼다는 사실 자체는 모든 진영이 뭔가 싸울 가치가 있는 실체가 존재한다고 믿었음을 시사한다.

여기서는 보수주의의 역사를 네 시기로 기술한다. 인위적으로 시점을 명확하게 잘라서 자유주의적 근대에 대한 초기의 저항(1830~1880), 적응과 타협 그리고 대실패(1880~1945), 정치적 지배와 지적 회복(1945~1980), 자유주의적 보수주의와 강경우파의 패권 경쟁(1980~현재)의 시기로 구분했다.

시기마다 정당정치 이야기("정당과 정치가들")에 이어 당시 보수주의 사상의 특성("사상과 사상가들")을 기술했다. 첫 번째 시기에서는 보수주의가 자유주의, 민주주의와 재협상을 계속하는 가운데 우파 정당들이 형성되고 분열되고 재형성되는 과정과 "통치하는 남자들 —
최근에는 통치하는 여자들 — 의 끝없는 모험"을 이야기한다. 두 번째
시기에서는 보수주의 전통에서 활동하는 작가와 언론인, 연설문 작성
자, 사상가들의 공적 호소와 옹호, 철학적 정당화를 서술한다. 그들의
말이 늘어나면서 보수주의의 관점이 드러났다. 확실히 흐트러지고 엉
켜 있기는 해도 알아볼 수 있고 대체로 연속성 있는 관점이었다. 시간
에 따라 구체적인 내용은 달라져도 대체적인 특성은 그대로 남아 있
었다.

그동안 지혜로운 사자使者와 세속적인 수호자가 보수주의자들을
인도했다. 근대의 당혹스러운 변화의 돌풍 속에서 그들은 익숙함과 안
정을 바라는 인간의 보편적인 욕구에 호소했다. 그것은 내일이 오늘
과 같기를 바라는 욕구다. 하지만 질서와 재산권의 옹호자로서 보수
주의자들은 곧 망설이던 태도를 버리고 자본주의 — 사회와 삶, 관점
을 끊임없이 뒤엎는 물질적 진보의 거대한 도우미 — 와 그 요구를 강
력히 대변했다.

다시 말해 보수주의자들은 언제나 두 갈래 길을 마주했다. 그들
은 안정과 격변, 연속성과 와해를 약속한다. 기질상 보수주의자들은
자신들의 성취에 따른 자신감과 신조에 관한 자부심을 갖다가도 자
신들의 성공을 빼앗기고 신념은 널리 무시당할 거라는 두려움에 사로
잡힌다. 수수께끼처럼 들리겠지만, 보수주의자들은 대체로 자유주의
적인 근대 세계를 창조하고 그 세계를 지배하는 법을 배웠으나 그 안
에서 스스로 편안하게 느낄 수 없었다.

책은 네 나라에 초점을 맞춘다. 프랑스와 영국, 독일, 미국이다. 이

런 선택이 어떤 우월주의처럼 보일지도 모르겠다. 이런 선택을 한 이유를 밝히자면, 자유민주주의는 독특한 가치를 지닌 하나의 정치체제이고, 이 네 나라는 뚜렷한 차이점들이 있긴 해도 모두 20세기, 특히 1945년 이후에 이 체제로 수렴했기 때문이다. 자유민주주의에 영원한 건 아무것도 없다. 이 체제의 여러 실패와 경쟁 체제들의 호소력을 잘 알고 있는 사람들은 자유민주주의 시대가 이미 지났을까봐 걱정한다. 그들이 맞든 틀리든 이 큰 나라들이 자유민주주의의 역사적인 중심부를 대표한다는 데 이견을 달 이는 거의 없을 것이다. 물론 그 중심부가 배타적인 것은 아니다.

여기서 쓰는 명칭과 분류법에—특히 "보수주의"와 "우파"를 혼용하는 데—벌써 혼란을 느끼는 독자들은 부록 A "보수주의의 핵심 용어"를 일별하길 권한다. 부록은 이 책에서 쓰는 주요 용어들을 정의하고 기본적인 구분을 제시한다. 2장 "보수주의의 특성과 관점, 명칭"은 그런 전반적인 문제들을 더 상세히 다룬다. 두 번째 부록 "보수주의 사상의 철학적 원천"은 (누구보다) 보수주의자들이 의존한 플라톤 이후의 사상가들을 불러낸다. 세 번째 부록 "보수주의자 인명사전"은 200명이 넘는 보수주의 정치가와 사상가들의 삶을 짤막하게 소개한다. 이 광범위한 역사 에세이에는 주석도 학술적인 서지 목록도 없다. 독자들은 "참고문헌"에서 이 에세이가 발전할 수 있게 해준 저작들을 알아볼 수 있다. 그 책들을 직접 찾아보려는 독자들도 있을 것이다.

좌파 자유주의자로서 나는 이 역사 서술이 중립적이라고 주장하지 않는다. 하지만 객관적이라고 믿는다. 나는 정치에 관한 저술을 할 때 언제든 쓸 수 있는 두 가지 방식을 피하려고 애썼다. 찬양과 희화가 그것이다. 내 방식이 효과가 있다면 우파의 독자들은 그들 자신과 자신들의 전통을 인식하게 될 것이다. 좌파의 독자들은 반대자들의 입장을 알아보게 될 것이다. 그 입장은 그들이 성급한 체스 경기자처럼 무시하기 쉬운 것이다. 『보수주의: 전통을 위한 싸움』은 동지와 같은 마음으로 좌파에 질문을 던지며 쓴 것이다. 우리가 그토록 똑똑하다면 어찌해서 책임을 맡지 못하는가?

여기서 보수주의에 관한 긴 서사는 인정과 당혹감, 경계심을 가지고 쓴 것이다. 인정은 우파의 정당정치적 힘과 지적인 힘에 대한 것이다. **당혹감**은 그 힘을 무시하는 데 대한 것이다. 우파가 어떻게 생각하는지 아는 것이 거의 없는 좌파와 자신의 지적, 문화적 불리함을 과장하는 우파가 그 힘을 무시한다. **경계심**은 강경우파의 부상에 관한 것이다. 그들의 부상으로 보수주의의 주류는 분명한 선택에 직면했다. 자신들의 좌측에서 동맹을 찾아 흔들리는 중도를 함께 지탱하고 재건할 것인가, 아니면 자유민주주의의 현 상태로부터 우측으로 돌진하는 데 합류할 것인가.

차례

3부 보수주의 1기(1830~1880): 자유주의에 대한 저항

4부 보수주의 2기(1880~1945): 적응과 타협

6부 보수주의 4기(1980~현재): 초자유주의와 강경우파

1부
보수주의의 선구자들

CONSERVATISM

1장
혁명의 비판자들

1. 징벌의 강경한 권위와 관습의 유연한 권위:
메스트르와 버크

자유주의와 마찬가지로 보수주의에도 십계명이나, 신앙을 전파하는 선교단, 창립자들의 독립선언문이 없고, 마르크스-엥겔스의 정본에 필적하는 교리 개론서도 없다. 그런 공백 속에서 19세기 말 보수주의자들이 지적 전통을 찾아 나섰을 때 프랑스혁명에 관한 에드먼드 버크(1729~1797)의 저작들은 내용이 풍부하고 늘 도움을 주는 차선책으로 재발견됐다. 버크의 논지들—전통의 권위, 전통을 무시한 정치적 지식인들의 어리석음, 유기적이지만 취약한 사회의 특성—은 보수의 논쟁에 쓸 무기로 지목됐다.

버크의 저작들은 돌이켜볼 때 보수주의, 특히 영국과 미국의 보수주의에 균형감과 사실에 대한 개방성, 전반적인 온건함을 부여했는데, 이는 프랑스와 독일 보수주의의 맹목적 열정과 대조되는 특성으로 두드러졌다. 사부아의 법률가로 프랑스혁명을 피해 망명한 조제프 드 메스트르(1753~1821)의 저작들은 흔히 극단적이고 억제되지 않은 유럽 대륙 우파의 특성을 보여주는 것으로 인용됐다. 버크는 영미 보수주의에 계몽되고 양식 있는 논조와 세상 물정에 밝은 능숙함을 물려주었다. 메스트르는 반계몽적인 우파 권위주의자와 파시스트들의 선구자가 됐다. 이런 대비는 18세기 후반의 저작들에 20세기 초반의 문제를 지나치게 많이 투사하는 것이다. 이는 선택적 편집에 의존하고 두 사상가가 공유하는 중요한 요소들을 간과하는 것이다. 메스트르는 절대 보수주의의 응접실에 잘 어울릴 사람이 아니었으나 버크만큼이나 그 집에 속한 사람이었다.

　메스트르와 버크는 각자 비상한 수사의 힘과 보기 드문 표현의 재능을 지녔다. 메스트르는 마니교도처럼 지독하게 흑백 논리를 폈다. 대비를 극단으로 몰아갔고 좋은 논점은 부서질 때까지 확장했다. "모든 정부는 전제적이다. 선택은 복종하거나 반역하는 것뿐이다." "유일하게 영속하는 제도는 종교적인 것이다." "자유는 언제나 왕들이 주는 선물이다." 마치 보잘것없는 이들의 손에서 기요틴을 탈환하려는 듯 처형대의 신성함과 형 집행인의 경건함에 관해 썼다. 버크의 글들은 흔히 연설로 시작되고 분노가 덜하며 잉글랜드인의 취향에 더 잘 맞았다. 버크의 비판 대상―종교적 열광, 정치적 지성주의, 법적 성문화―은 그들의 세계에서는 편하게 받아들여지고 참견하는 질문자들은 의심을 살 만한 것들이었다. 버크의 역설은 정중하면서도 지분거리는 것이었다. 메스트르는 상처를 입었으면서도 조너선 스위프트처럼 잔혹했다. 메스트르는 법률가였다. 버크도 법을 공부했다. 둘 다 철학자로서 논쟁하지 않았다. 다만 버크는 젊은 시절 사회 이전의 사람들이 있다는 생각을 비판할 때, 그리고 미학의 범주에서 **숭고**의 논리를 세울 때 그렇게 했다. 정치적 주제로 논쟁할 때 버크는 빠른 전개를 선호했으며, 그는 서정적이면서도 사악할 수 있었다. 보스턴 의회는 "해충"이었고, 1789년의 평민들은 "속박의 집에서 갑자기 탈주한 마른 노예 패거리"와 같았다.

버크와 메스트르 둘 다 사회적으로 국외자였다. 더블린에서 태어난 버크는 영국계 아일랜드인 부모를 둔 평민이었다. 메스트르는 사부아의 지방 행정 귀족의 일원이었다. 사부아는 프랑스어를 쓰는 북부 이탈리아 왕국으로 프랑스와 스페인, 오스트리아 사이를 오가다 16세기 이후 허약한 독립을 유지했다. 두 사람은 평범한 관리 혹은 정치적 주인들의 고용인으로서 그 세계 내부에서 정치에 관한 글을 썼다.

두 사상가의 평판은 오랫동안 내리막이었다가 느리게 회복됐다. 윌리엄 글래드스턴은 (대부분 독서에서 그랬듯이) 버크를 통독했다. 미국의 학구적인 휘그당원 중 버크의 추종자들이 있었는데, 특히 루퍼스 초트(1799~1859)는 정치학과 법학을 "자유화"하기 위해 반드시 읽어야 할 저자로 버크를 꼽으며 그를 호메로스와 키케로, 존 밀턴의 반열에 올려놓았다. 그와 달리 월터 배젓은 버크가 보수주의에 미친 초기의 영향력을 아들 피트보다 낮게 평가했다. 보수주의 전통에 관한 최초의 학문적 개관 가운데 하나인 T. E. 케벨의 『보수주의의 역사』(1886)는 버크를 지나가듯 언급했을 뿐이다.

1830년대에 자유주의가 지배할 때 프랑스혁명에 관해 버크와 메스트르가 했던 것과 같은 비판은 그 역사적 의의를 놓친 것으로 널리 인식됐다. 1793~1794년의 "인민 독재"를 들어 1789년의 "입헌"을 헐뜯고 혁명을 하나의 어리석은 범죄로 취급하는 것은 설득력이 없었다. 1789년에 얻은 것들이 얼마나 널리 받아들여졌는지, 그리고 어떻게 왕정복고조차 프랑스 중간 계급들의 경제적 이득을 되돌려놓지 못했는지를 생각하면 그랬다. 공포정치에 대해 메스트르와 버크는 혁명적 과잉의 자멸적 특성을 파악했으며, 이는 지속적인 반대가 불필요한 것으로 보이게 했다. 메스트르에게 혁명은 그것이 없었다면 온당하고 고결했을 국가의 역사에서 "기괴한 간주곡"이었다. 비록 목적이 있는 간주곡이라 하더라도 말이다. "신성한 징벌"로서 혁명은 프랑스를 정화하고 구제했다. 메스트르는 혁명의 미혹은 스스로 치유하는 특성이 있다는 버크의 통찰을 신이 지배하는 역사라는 자신의 언어로 고쳐 쓰면서 그에게 공명하고 있었다. 버크는 자코뱅파에게는 혁명 자체가 "그들의 성공에 대한 정당한 징벌"이라고 썼다. 1830년대와 1840년대의 자유주의적인 중간 계급에게는 공포정치가 나쁘고 잘못된 통치 방식이며 무엇보다 자멸적인 것이라고 상기시킬 필요가 없었다.

버크와 메스트르는 둘 다 일반적으로 사람들에게 스스로 통치할 능력이 있다고 믿지 않았다. 이유는 서로 달랐다. 메스트르는 갱생하지 않는 인간을 암울하게 바라보는 관점을 취했다. 그런 인간이 규칙을 지키리라고 절대 믿을 수 없고, 그들에게는 신속한 징벌의 위협과 함께하는 가혹한 규율과 순종적인 믿음이 필요했다. 버크의 철학적 인간관은 더 밝았다. 메스트르와 달리 그는 한마디로 사람들이 (규칙을 인정하지만 다른 사람들이 지킬 것이라고 믿으며) 틈만 보이면 무임

승차를 하거나 (어떤 규칙도 인정하지 않으며) 제멋대로 구는 존재라는 사실적 주장을 펴지 않았다. 버크가 보기에 사람들이 스스로 통치할 수 있다고 믿기 어려운 것은 그들에게 규칙을 지킬 능력이 없다기보다는 규칙을 만들 역량이 없기 때문이었다. 엄밀히 말하면 누구도 규칙을 만들지 않았기 때문이다. 규칙을 만들 수 있다고 생각하는 것은 선언문 작성자와 법전 편찬자들의 지성주의적인 오해였다. 규칙은 관습에서 나타나는 것이며, 오랫동안 지속되는 관습은 사회와 사람들에게 잘 맞는 것이었다.

사회의 규칙들이 메스트르가 주장한 것처럼 신성한 원천에서 나왔든, 아니면 버크가 주장한 것처럼 관습에서 비롯됐든 그 기원은 지적인 물음에 닫혀 있었다. 메스트르에게 신성한 섭리는 불가사의한 것이었다. 버크에게 관습의 뿌리는 모호한 것이었다. 섭리나 관습을 근거로 논쟁할 수도 없고, 그것들로부터 생성된 규칙들에 대한 비판적인 관점을 제기할 수도 없었다. 버크는 "오래된 견해와 삶의 규칙들이 없다면 우리를 인도할 나침반도 없을 테고 우리는 어느 항구로 나아가야 할지 모를 것"이라고 썼다. 정치적 지성주의자들은 시도는 해볼 수 있어도 그런 어려움을 피할 수는 없었다. 둘 다 그렇게 주장했다.

그러나 사회질서를 위해서는 신의 섭리에만 의존할 수도 없고 관습에만 기댈 수도 없었다. 메스트르와 버크 둘 다 확립된 교회가 인도하고 유지하는 공통의 신앙 또한 필요하다고 생각했다. 각자 사회의 한 방편으로서 종교의 유용성을 인정했다. 버크는 달래는 어조로 그 논점을 말했다. "국가의 확립된 종교가 국가를 거룩하게 하는 것은 자유 시민을 건전한 경외심으로 다스리는 데도 필요하다." 1815년의 서신에서 메스트르는 신앙의 유용성에 관해 거의 같은 견해를 밝혔는데, 그는 세속주의자들에게 충격을 줄 만큼 냉소적인 표현을 썼다. "내가 무신론자인 주권자라도 (…) 내 국가의 확립과 안전을 위해서는 (…) 교황은 절대 오류가 없다고 선언할 것이다."

　프랑스혁명과 나폴레옹 전쟁 후 초기의 보수주의자들은 그 혼란과 고통, 범죄적인 무절제가 자유 때문인지, 아니면 자유의 곡해 때문인지 자문했다. 버크는 온건하게, 메스트르는 난폭하게 근대의 자유를 탓했다. 다시 말해 자유가 잘못 이해됐다는 것이다. 버크가 보기에 일단 관습과 양식에서 벗어나면 사람들은 가장 어리석게 행동하며 최악의 범죄를 저지를 수 있다는 것이 명백했다. 메스트르는 사람들이 일단 신과 세속의 성직자들로부터 자유로워지면 그와 같은 행동을 할 수 있다고 생각했다. 버크의 적은 제약을 받지 않는 맹목적 반대였다. 메스트르에게는 악마처럼 의기양양한 불복종이 적이었다. 두 사람 모두 잘못 이해된 자유는 도덕적으로는 당혹스러움을 낳고 정치적으로는 혁명과 붕괴, 반혁명에 이르게 한다고 보았다. 버크의 이 세상에서든 메스트르의 다음 세상에서든 근대의 파괴적인 자유는 인간의 삶을 더 나아지게 하는 것이 아니라 더 나빠지게 했다.

　메스트르와 버크의 사상은 나중에 반이성주의자라는 이름이 붙은 보수주의 사상의 전통 속으로 나란히 나아갔다. 그들은 하나로 합쳐지지 않았다. 버크는 불안정한 외부 기준에 따라 관습적인 제도를 판단하는 정치적 추론을 배척했다. 그는 쓸데없는 비판적 추론 없이 행해도 여전히 합리적일 수 있는 보통의 도덕과 사회적 습관을 신뢰했다. 메스트르는 정치 자체의 추론을 배척하고 대신 신앙과 복종을 찬양했다. 반이성이 덜 이성적일수록, 특히 계몽된 견해에 더 공격적일수록 메스트르는 그 충격을 더 즐겼다.

이런 면에서 버크는 더 개방적이었다. 정치에서 그는 당파와 논쟁, 불일치를 허용했다. 그는 논쟁을 가능하게 하는 공통의 가정이라는 틀에서 뛰쳐나가 혼란을 일으키는 이들을 소리 높여 비난했다. 버크의 그런 면은 또한 결국 자유주의적인 다양성에 적응한다는 것을 시사한다. 버크는 통합된 사회가 공유하는 관습과 공통의 신앙이 필요하다고 역설했는데, 그런 것들이 없으면 논쟁은 지적 전쟁에 빠져들 위험이 있었다.

그와 달리 메스트르는 정치에서 권위와 복종을 원했다. 그의 반이성주의 유산은 권위주의적이고 비자유주의적인 보수주의에 전해졌다. 그 유산은 샤를 모라스와 조르주 소렐, 카를 슈미트, 그리고 훗날 우파 포퓰리스트들에게 이르렀다. 이들이 각자 호소한 권위는 다양했다. 메스트르는 교황, 모라스는 프랑스의 왕가, 소렐은 불만을 품은 노동계급, 슈미트는 일시적인 독재자, 오늘날의 우파 포퓰리스트들은 "대중"의 권위에 호소했다. 그 대중은 포퓰리스트들이 싫어하는 견해를 가진 이들뿐만 아니라 포퓰리스트들이 대체하려는, 같은 배경의 엘리트층을 배제하는 것이었다.

이 사상가들이 각자 권위에서 바라는 것은 논란을 잘라버리고 이견을 침묵시킬 논쟁 종결자였다. 자유주의자들이 보기에 그들은 정치 자체의 문을 닫아버릴 뭔가를 원했다. 자유주의자들에게 다양성을 지닌 사회의 정치는 끝없는 논쟁을 의미했기 때문이다. 버크 사상의 자유주의적인 면은 결국 논쟁으로서의 정치라는 그 구도를 받아들일 수 있었다. 메스트르 쪽에서 보면 자유주의적인 구도가 전체와 부분 모두 잘못된 것이었다. 어떤 화해도 가능하지 않았다. 메스트르는 보수주의의 비타협적인 분자와 권위주의적인 분파뿐만 아니라 샤를 보들레르, 프리드리히 니체와 그 후예들처럼 그의 조롱과 경멸을 즐긴 문화적 반근대주의자들에게 호소했다.

안전한 영국 의회에서 프랑스혁명을 지켜본 버크와 달리 메스트르는 혁명과 전쟁 때문에 망명자가 됐다. 1792년 프랑스군은 피에몬테와 사르데냐를 포함하는 세습 왕국의 일부인 사부아를 점령했다. 판사이자 상원의원이었던 메스트르는 자신이 표적이 될까 두려워 도망쳤다. 스위스와 이탈리아에서 시작된 방랑은 몇 년 동안 이어졌다. 나폴레옹 보나파르트의 승전 후 오스트리아가 이탈리아 쪽 영토를 프랑스에 내주었을 때 사부아 왕가는 사르데냐로 물러났다. 메스트르는 "바위에 붙은 굴"과 같은 자신의 여생을 상상하며 따라갔다. 1802년 그는 러시아에 외교사절로 파견됐다. 그의 일은 왕국이 없는 왕가를 위해 돈과 지위를 간청하는 것이었다. 러시아인들은 더 긴급한 걱정거리들이 있었지만 소액의 보조금을 승인했다. 스웨덴과 캐나다, 포르투갈, 루마니아 땅에서 벌어진 오랜 분쟁(1792~1815)으로 유럽이 기진맥진한 순간들이 지나자 여러 소국과 약한 세력들은 전쟁에 다시 불을 붙이는 불쏘시개가 됐다. 사르데냐는 너무 작아서 걱정거리가 못 됐다. 일단 자신들의 섬나라가 얼마나 대수롭지 않게 여겨지는지 파악하자 칼리아리에 있던 메스트르의 고용주들은 그의 급여를 삭감하고 파견 기간을 줄이겠다고 통보했다. 메스트르는 하인의 수프를 먹을 때가 많았다. 그런 상황에서 메스트르는 최고로 기억될 작품들을 썼다.

『상트페테르부르크의 대화』(1821, 유작으로 출간)를 보면 저녁때 네바 강가에서 세상 경험이 많은 상원의원과 가톨릭 성직자, 그리고 백작이 악의 문제를 놓고 논쟁을 벌인다. 선의의 전능한 신을 향한 믿음과 인간이 고통받는다는 사실을 어떻게 조화시킬까 하는 문제였다. 러시아 여름밤의 매력에 관한 묘사적인 서문은 독자들이 계속되는 문답식 논쟁을 따라가도록 끌어들이는 것으로 메스트르의 동생 그자비에가 썼을 수도 있다. 그자비에는 군 장교이자 그랜드 투어에 관한 풍자를 담은 『한밤중, 내 방 여행하는 법』(1794)의 저자다. 책에서 메스트르를 대변하는 백작은 촘촘한 논리보다는 위트와 웅변으로 인간의 고통은 심지어 부당한 고통일지라도 불가사의하고 신성한 계획 속에 있다는 기독교의 오래된 답을 내놓는다. 신의 정의는 완벽하나 천천히 이뤄지기 때문이라는 것이다. 인간의 눈에는 죄 없는 이들이 고통을 받고 악인들은 자유롭게 돌아다닌다. 인간은 보지 못할지라도 신의 계획에서는 시간이 걸리더라도 모든 악에는 응보가 따르고 모든 죄는 처벌받는다. 응보와 보상의 정의에 관한 도덕적인 경제 논리로서 그런 주장은 19세기 초에 절대 열렬한 지지자들을 확보할 수 없을 터였다. 당시 철학자들은 일반적으로 도덕에 대한 자연법적, 탈신학적 논거를 찾고 있었다. 『대화』에서 메스트르는 프랜시스 베이컨의 기계론적인 세계관과 인간의 정신에 관한 존 로크의 경험주의적 설명에 맞서 돌격한다. 그는 이 사상가들이 버크처럼 생각했더라면 하고 바랐다.

메스트르의 혁명 비판과 『프랑스에 관한 고찰』(1796~1797), 『헌법과 다른 인간 제도의 생성 원리』(1814)와 같은 초기 저작에서 찾아볼 수 있는 헌법에 관한 생각은 더 정치적이었다. 혁명 후의 공포정치는 신앙에 대한 계몽주의적인 거부에 내리는 신의 징벌이었다. 일단 피로 정화되자 프랑스는 구제받을 만했고 마땅히 유럽의 동맹국들이 나폴레옹의 속박으로부터 구해주었다. 계몽주의는 희생과 복명, 순종의 필요성뿐만 아니라 불합리성과 폭력성도 무시하는 인간의 편견과 역량에 관한 미숙한 관점을 취했다. 사회 이전의 인간이란 없고, 인류가 하나의 사회로 통합된 것도 아니었다. "인간 일반"은 없고 여러 유형의 민족 중 하나에 속하는 개별적인 사람들만 있었다.

메스트르는 앞선 사람들의 가르침을 받아들여 극한으로 몰고 갔다. 그는 정치적 의무의 바탕에는 이성이 아니라 감정이 있다는 데이비드 흄의 견해에 동의했다. 그러나 메스트르가 말하려던 것은 흄처럼 세속적인 신중과 분별 있는 습관이 아니라 인간의 자기희생과 집단적인 죄에 대한 연대책임이었다. 버크는 어떤 의무는 선택한 것이 아니라고 지적했다. 메스트르는 우리의 심층적인 의무 가운데 어떤 것도 선택한 것이 아니라고 주장했다. 인간 제도의 지속성은 신성한—다시 말해 불가해한—기원의 증거이며, 인간의 정신으로 이해할 수 없는 것은 무엇이든 건드리지 말아야 했다. 국가는 확립된 교회의 지지로 신뢰를 얻지 않았다. 오히려 국가 스스로 신성불가침의 존재가 돼야 했다. 국가는 헌법을 제정하는 것은 고사하고 헌법을 가지지도 않았다. 습관과 태도, 규범들이 하나의 국가를 이루었다. 가장 권위 있는 법은 글로 쓰이지 않은 법이었다. 인류라는 건 없고 오로지 프랑스인, 스페인인, 잉글랜드인과 러시아인이 있을 뿐이었다. 정치적으로 메스트르는 버크를 따라 정부의 이상적인 구조를 거부한다고 밝혔지만, 신정神政이 최선의 정부 형태라고 주장했다. 사회질서는 분리되지 않은 주권의 힘 없이는 이룰 수 없었다. 그 힘은 지난날 종교적 경외심과 같은 마음으로 의문의 여지 없이 복종해야 할 것이었다. 불경한 의심에 휘둘린다면 제도는 살아남을 수 없었다. "모든 것을 보존하고 싶다면 모든 것을 신성하게 하라." 권위에 대한 복종은 믿음 때문이든 두려움 때문이든 맹목적이고 무조건적이어야 하며, 그렇지 않으면 무정부 상태에 빠져들 위험이 있었다. 정부와 사회에 대한 메스트르의 색조가 없는 그림은 보수주의의 공식 초상으로 쓰기에는 너무 극명했다. 그래도 갱생하지 않고 의지할 수 없는 인간에 대해 지나치게 어둡게 그린 메스트르의 그림은 보수적인 것이었다. 그것은 인간의 개선 가능성과 진보를 허용하는 자유주의적인 그림과 뚜렷한 대조를 이뤘다. 자유주의자들이 자신들의 그림을 지나치게 미화할 수 있고 흔히 그렇게 하므로 그 대조는 절대 지워지지 않았다.

버크의 저작들을 처음 접하는 독자들은 그 수사의 힘과 은유의 풍부함, 논쟁적인 암시의 섬세함에 놀란다. 또 버크가 사회의 복리에 필수적이라고 옹호했던 당대의 전통—지배적인 지주들의 이익과 제한적인 참정권, 권위 있는 국교—가운데 많은 부분 혹은 대부분이 오래전에 사라졌다는 사실에 충격을 받는다. 실제로 그런 것들은 19세기 후반과 20세기 초반에 사라지고 있거나 이미 사라졌다. 그때가 되자 보수주의자, 특히 영국의 보수주의자들은 잊혀버린 버크를 재발견하고 그를 자신들의 지적 대부로 삼기 시작했다. 보수주의자들은 파리코뮌(1871)에 겁을 먹고 근대 프랑스 반혁명의 역사를 다룬 이폴리트 텐에 자극받아 버크의 『프랑스혁명에 관한 고찰』(1790)을 보수의 창립 문서에 가장 가까운 것으로 되살렸다. 그 저작은 실제로 웅장하긴 하나 두 번째 수수께끼를 던진다. 문학적으로 뛰어나기는 해도 때에 따라 여러모로 논쟁적인 저작이 어떻게 보수주의 사상에서 높은 자리를 차지했을까 하는 의문이다. 프랑스혁명에 대한 버크의 국지적인 공격은 정치적 지식인과 공공 부채의 채권자들을 겨냥했다. 버크가 말한 "정계의 문필가들"은 숫자가 불어나고 요구 사항이 많아진 독자들의 여론을 형성하며 전면에 나섰다. 이 나라 채권자들은 국유화된 교회 토지를 담보로 돈을 빌려줘서 이익을 얻으려고 했다. 특정 계급이나 이해에 묶이지 않은 지식인들은 막연한 이상과 경험 부족에 따른 비현실성으로 기울기 쉬웠다. 이기적인 채권자들은 흔히 익명의 외국인이었고 프랑스의 제도에 지분이 없었다. 지식인과 금융가들 모두 실험과 쇄신에 휩쓸렸고, 그 결과는 예측할 순 없으나 버크가 강조했듯이 확실히 암울할 것이었다. 지식인들은 비행에 부적합한 "조종사들"로 무모하면서도 물정을 몰랐다. 트집을 잡는 그들은 품위 있는 상업사회가 의존하는 사회적 "양식"과 일반의 신뢰를 지킬 양대 수호자들을 깎아내렸다. 개방적이면서 경제적으로 생산력이 있는 귀족계급과 후견적인 교회가 바로 그들이었다. 품위 있는 상업사회의 필요조건들에 관한 그의 주장이 맞든 틀리든 간에 버크는 부당한 유형을 알아보았다. 버크는 재산을 노리고 왔다가 사라지곤 하는 사람들이 인도 사회에 저지른 식민지 약탈을 잘 알고 있었다.

버크의 묘사에서 정치적 문필가들은 실행 가능한 대안을 제시하지도 않으면서 관심을 끌고 과장했다. 그들은 사회적 책략에 대한 일반의 신뢰를 떨어트리고 타고난 파괴적 열정을 가려줄 무의식적인 관습의 "베일"이 필요하다는 점을 무시함으로써 제도의 정당성을 하나

하나 무너뜨렸다. 금융가들은 프랑스를 파괴적인 인플레이션으로 몰아가고 국가 재정의 책임성에 대한 대중의 신뢰를 무너뜨린 위험한 금융 책략을 부추겼다. 요컨대 프랑스의 혁신가들은 다 같이 사회질서를 떠받칠 도덕적 권위와 재정적 신뢰를 파괴했다.

버크는 그리스 시대 이후 익히 보았던 구조적 쇠퇴의 고전적인 진행 과정에 비춰보면서 대중의 무질서와 폭력 확산, 그리고 결국 군사적 통치로 이어질 불안의 증폭과 무정부 상태로의 전락을 예견했다. 버크의 경탄할 만한 선견은 1789년 말 집필을 시작할 때 확고하고 명확해졌으며 전 유럽의 독자들에게 예언자의 인상을 남겼다. 전쟁과 공포정치, 나폴레옹의 등장을 내다본 사람이라는 명성으로 버크는 1790년대에 전 대륙에 걸쳐 신망을 얻었으나 그의 더 폭넓은 삶과 저술은 그런 명성에 가려졌다.

버크는 엄청난 재능과 더불어 휘그당의 거물로 의회에서 내각 반대파의 지도자였던 로킹엄 후작과 맺은 좋은 관계 덕분에 출세할 수 있었던 국외자였다. 로킹엄의 휘그당은 지주와 상인들의 이익을 대변하는 과두정부를 유지하고 싶어했다. 그들은 개혁적인 각료들과 함께 휘그당의 힘을 제한하려는 왕실의 시도에 적대적이었다. 전통의 수호를 말할 때 버크는 그런 갈등을 염두에 두고 있었다.

집안 배경 때문에 종교적으로 양편에 걸치게 된 버크는 더블린에서 프로테스탄트 신자인 아버지와 로마 가톨릭을 믿는 어머니 사이에서 태어났다. 이 도시의 유일한 대학으로 성공회 계열인 트리니트 칼리지를 다닌 후 런던에서 법을 공부했고, 서른이 되기 전 프랑스혁명에 대한 자신의 감응을 담은 작품을 내면서 문학과 철학으로 이름을 알렸다. 반어적 제목을 단 『자연적 사회의 옹호』(1756)는 언젠가 사회 이전의 사람들이 있었다거나 특정 사회의 외부에 있거나 그 사회와 분리된 사람들을 모순되지 않게 상정할 수 있다는 생각을 풍자했다. 버크의 에세이 『숭고와 미에 대하여』(1757)는 미학의 개념적인 자원들을 풍부히 하기 위해 사랑이라는 사회적 열정과 두려움이라는 자기 보존적 열정 간의 익숙한 구분을 소환했다. 버크는 아름다움에 대한 사랑에 숭고함에 대한 매력적인 놀라움을 추가했다. 그것은 지나치게 크거나 모호하거나 압도적으로 힘센 대상 혹은 장면에 느끼는 놀라움이었다. 놀라움 속에서 고통의 위협에 관한 하나의 이미지가 안전한 거리에 있는 우리에게 떠오르고 우리는 "공포에 가려진 평정"을 느낀다. 버크를 만난 사람들은 대부분 그의 달변과 풍부한 논설에 깊은 인상을 받았다. 그는 매년 정치와 지적 삶을 비평하는 『애뉴얼 레지스터』의 편집인이 됐고 여러 해 동안 그 일을 맡았다. 1765년 그는 의회에 자리를 얻어 1794년까지 그 자리를 지켰다.

버크는 사상가이자 대변자였으며 두 가지는 서로 맞물렸다. 뉴욕 의회의 대리인으로서 그는 영국의 과세에 맞서 항의의 목소리를 높였고, 1775년에는 아메리카 식민지에 관한 연설에서 화해를 촉구했다. 버크는 어떤 면에서는 근대화를 주장하는 개혁가였다. 그는 아일랜드 가톨릭교도의 자격 제한을 완화하고, 세수를 더 늘릴 수 있게 관세율을 내리기를 원했다. 또 왕실의 고용원을 줄이고 군의 후원제도를 정화하기를 바랐다. 1783년 버크와 당시 그의 동맹이었던 찰스 제임스 폭스는 정부가 무책임하고 탐욕스러운 동인도회사를 비틀어 인도의 행정권을 빼앗아오기를 바랐다. 그 법안이 무산된 후 버크는 부당행위를 한 동인도회사 총독을 탄핵하려고 9년에 걸친 운동을 시작했다.

다른 면에서 버크는 자신의 시대에 뒤졌다. 그는 정부와 여론의 민주화를 두려워했다. 버크는 의원들을 서면 지침으로 묶어둠으로써 더 직접적인 대표성을 확보하기 위한 존 윌크스의 급진적인 제안을 거부했다. 그는 은행을 "혁신"의 박차인 동시에 정치적 친구들을 위한 부패한 물주로 보면서 의심스러워했다. 이동성 있는 자본에 관해 그는 이렇게 썼다. "최근에 취득한 것으로서 어떤 새로운 것과도 더 자연스럽게 어울린다. (…) 변화를 바라는 모든 사람이 의지하게 될 종류의 부다." 버크는 빈곤을 줄이기 위해 부에 세금을 물려야 한다는 것은 터무니없다고 생각했다. 그는 모든 부자의 목을 자르고 그들이 한 해 동안 먹을 것을 나눠 가져도 여전히 만족스럽지 않을 것이라고 썼다. 버크는 노예무역을 혐오스러운 것으로 보고 때가 되면 끝내야 한다고 생각했다. 그동안에는 노예제를 폐지할 것이 아니라 규칙을 만들어 인간답게 대우해야 한다고 봤다. 버크는 1780년에 초안을 작성하고 1792년에 보낸 한 편지에서 노예의 삶을 개선하는 방안을 밝혔는데, 그중에는 노예선에서 그들에게 옷을 주고, 노예의 아이들에게 학교 교육을 하고, 일요일에는 쉬게 하고, 채찍질은 한 번에 열세 대로 제한하자는 것도 있었다. 버크는 종교적 자유를 지지했지만, 삼위일체의 정통 교리를 부인하는 유니테리언 교도들에게 그 자유를 확대하는 데는 반대 목소리를 냈다.

학계에서 버크는 최근 몇십 년 동안 프랑스혁명의 잔소리꾼이라는 세평의 감옥에서 풀려났다. 대다수 보수주의자에게 그는 『고찰』의 저자로 남아 있다. 그 책이 없었다면 사람들은 버크가 『옹호』의 "누가 오늘날 그를 읽는가"에서 표적으로 삼은 토리당의 볼링브로크에 관해 어떤 말을 했는지나 이야기할 것이다. 프랑스는 역으로 보수주의적인 버크를 만들고 빚어냈다. 1773년 파리 방문 때 그는 열여덟 살의 황태자비를 보고 경탄했지만, 그를 초대한 지식인들의 신을 믿지 않는 경박함에는 불쾌해했다. 1789년 5월과 6월 버크는 프랑스의 대격변을 맞으며 "멋진 장관"이라고 했다. 왕의 당파가 퇴각하던 늦여름이 되자 그는 적대적으로 돌아섰다. 부분적으로는 영국 급진파의 열광에 자극을 받은 것이었다. 귀에 거슬리는 주장의 균형을 맞추는 데에는 그의 노련한 수사가 필요했다. 영국은 혁명을 죽을 듯이 두려워해야 하나 워낙 둔감해서 면역돼 있다고 그는 주장했다.

학자들에게 진정한 버크는 정치적으로 유용하게 써먹기에는 말을 너무 많이 했다. 해즐릿은 1807년에 이렇게 비꼬았다. "버크를 보여줄 유일한 견본은 그가 쓴 글 전부다." 따라서 활용할 수 있는 버크를 만들어내려면 우선 가장 좋은 글을 골라내야 했다. 이때 버크의 방대한 저술은 하나의 자산이라는 점을 사람들은 일찍이 알아보았다. 1825년 토머스 무어는 어떤 정당의 정치인이든 "어떤 상황에서든" 자신의 논리를 강화하고 "멋지게 꾸미려고 버크의 금쪽같은 문장을 골라내지 못하는 이는 아무도 없다"고 썼다.

두 번째 작업은 버크식의 과장된 비판에서 불순물을 제거하는 일이었다. 메스트르의 과장법은 적나라하고 애써 비웃음을 사려는 것이었다. 버크의 과장은 더 암시적이고 넌지시 비추는 식이었다. 공포정치는 1789년에 운명지어진 것이나 다름없었다. 급진파는 모두 혁명가이며, 어떤 종류든 사회적 비판은 어리석거나 배신하는 것이고, 개혁은 확실히 들끓다가 스스로 패배하는 것이다. 버크는 말한 것 이상을 암시했다. 하지만 그런 종류의 과장은 미국 정치학자 앨버트 O. 허시먼이 "반동의 수사"라고 적절하게 표현한 것의 흥미로운 사례가 됐다.

세 번째 작업은 방어할 수 없는 것을 방어하는 일로부터 버크주의를 구해주는 것이었다. 단지 영국 우파 휘그당이 1770년대부터 1790년대까지 보존하려던 것을 헛되이 방어하는 일이 아니라 언제든 일시적이고 불안정한 현 상태를 쓸데없이 방어하는 일로부터 버크주의를 구하는 것이었다. 그 과업은 버크의 저작에서 근대 자본주의 체제의 보수주의자들에게 되풀이되는 다음 질문에 대한 답을 찾는 것이었다. 발밑의 땅을 절대 의지할 수 없게 끊임없이 변화하는 사회에서 무엇을 구할 수 있고 또 무엇을 구해야 하는가?

버크주의는 추구해야 할 정책의 종류나 보호해야 할 제도의 유형을 가르쳐주기보다는 변화하는 환경에서 다시 활용 가능한 차원 높은 조언을 해줄 수 있게 적절히 재구성됐다. 조언은 지나친 사회적 파열을 막기 위해 피할 수 없는 변화를 신중하게 관리하는 데 초점을 맞추었다. 어떤 가치를 방어해야 하는지 판단하는 어려운 문제에 관해 한 이야기는 더 적었다. 이처럼 이차적인 유형의 버크주의는 역사적으로 상대적인 공리주의로 여겨지는데, 제대로 본 것이다. 그것은 소극적으로 표현된다. 무엇을 파괴로 보는지에 관한 당시의 기준에 따라 파괴를 최소화하라는 것이다.

차원 높은 버크주의의 특징적인 공리들은 전통과 무지, 그리고 인간의 사회성이 갖는 중요하지만 취약한 특성들을 다룬다. "전통"이란 지난 여러 세대부터 전해 내려와 현재 사람들이 지킬 의무가 있고 잘 보존해 넘겨줘야 하는 규범과 제도를 의미했다. 그 기원이 얼마나 불투명하든 전통의 지속성은 그 정당성을 보여주는 일차적인 증거였다. "처음에는 틀렸을 수도 있는 것이 시간이 지나면서 신성화되고 합법화된다." 전통에 의문이 제기되면 입증의 부담은 질문자에게 있지 그 반대가 아니었다.

그들 자신과 사회에 관한 인간의 지식은 불완전했다. 그들은 본래 복잡할 뿐만 아니라 사회 자체도 더 복잡해졌다. 어느 것에 대해서든 그들이 아는 것보다 더 많이 아는 체하지 말고 신중할 필요가 있었다. 사회에서 흠잡는 습관을 들이고 과잉 진료한 질병의 치료법을 찾아다니는 것은 그만둬야 했다. 그 요법은 변화의 속도를 높여 흔히 상황을 악화시켰다. 흠잡기는 전형적인 결함을 드러냈다. "추상적인" 주장에 의존했고 어떤 곳에서는 효과가 있고 다른 곳에서는 없는 일반 원칙을 끌어들였다.

"추상적"이라는 말은 예술에 관한 다목적의 철학적 용어이자 남용되는 수사적 용어다. 버크는 초기의 철학적 저술에서 로크로부터 빌려온 세 유형의 뚜렷이 구분되는 추상적인 관념을 제시했다. 자연적인 유형(나무, 양, 인류)과 여러 특성(색깔, 모양), 그리고 미덕과 악, 명예, 법 같은 "혼성" 관념들이다. 혼성 관념은 자연의 세계와는 아무것도 일치하지 않으며, 고결하거나 사악한 행동, 혹은 예컨대 군인이나 판사들을 만난 것과 같은 이전의 경험들을 떠올리게 한다. 버크는 추론의 순환성—예컨대 과거의 행동이 어떻게 미덕의 사례로 인식될 수 있는가—에 관해서는 설득력 있는 답을 주지 않았다.

정치에 관한 글에서 "추상"은 버크가 정치에서 반대하는 유형의 추론을 비판할 때 쓰는 더 느슨한 용어가 됐다. 누군가가 혁신적인 제도를 제안하려면 "추상적인" 용어로 이야기해야 했다. 새로운 제도를 위한 용어들은 예컨대 "미덕"이라는 말처럼 자연의 어떤 것과도 상응하지 않는다는 점에서 순수하게 추상적이었다. "미덕"이라는 말과 달리 그런 용어들은 또한 비난받을 만하게 추상적이었다. 그것들은 혁신적이기 때문에 과거의 어떤 경험도 소환하지 않았다. 미심쩍은 유형의 혁신을 이야기할 때 손에 잡힐 만한 것은 아무것도 마음속에 떠오르지 않았다. 버크가 보기에 혁신적인 이야기는 일종의 허튼소리였다.

일반 원칙들을 효과가 있는 곳에서 없는 곳으로 가져다 쓰는 것은 버크가 배척한 두 번째 유형의 추론이다. 모든 인류에게 적용되는 도덕과 규범은 가장 일반적인 것이며, 그 특수한 형태는 지역적으로 다양하게 나타난다. 그 도덕과 규범들은 모두 그것이 자라난 곳에 적합했기 때문에 시간이 지나도 살아남고 발전했다. 그것들이 다른 곳에서 번성하기를 바라며 뿌리째 들어내는 것은 어리석은 짓이었다. 제도는 각국에 적합한 것으로 바로 모방할 수 있는 것이 아니었다. 사회 변화를 촉진하거나 거꾸로 돌리려는 노력은 똑같이 쓸데없는 짓이었다. 혁명과 반동은 거울처럼 마주 보는 잘못이었다.

버크가 보여준 추상의 가장 두드러진 사례는 '인간과 시민의 권리에 관한 선언'(1789)이었다. 이 선언에서 프랑스 지식인들이 오해한 것은 권리가 없는데 있다고 한 것이 아니다. 법이 있는 어디에든 권리가 있었고 사회가 있는 어디에든 법이 있었다. 그러나 새로운 토지법이 보여주듯이 그 특별한 권리들은 모두 시민사회에서 지역적으로 자라났다. 뿌리째 뽑아서 옮겨갈 수 있는 권리는 없었다. 다시 말해 보편적인 권리는 없었다. 권리는 인류가 아니라 어떤 한 사회에서 공통적인 것이었다.

요컨대 개혁은 과거의 관행으로부터 한 걸음씩 나아가야 했다. 혁신은 그 교훈을 무시했고 따라서 실패할 수밖에 없었다. 『고찰』을 쓸 때 버크 스스로 대화 상대로 설정한 가상의 젊은 프랑스인에게 그는 프랑스의 불문 헌법은 실제로 파손됐지만, 그 건축물을 허물고 새로운 장소를 찾을 필요는 없었다고 밝혔다. 그 대신 "당신들은 그 벽들을 수리할 수 있었고 옛 토대 위에 지을 수 있었다"고 썼다.

전면적으로 강요된 개혁에 대한 완강한 저항과 그에 따르는 가차 없는 역저항에 관한 근대의 우울한 기록은 버크에게 유리하게 증언하는 것처럼 보일 수 있다. 하지만 혁신적인 개혁에 반대하는 그의 주장은 근거가 약한 퇴영적 가정에 의존한다. 개혁이 성향에 맞는지 거슬리는지에 관한 현대 사회의 판단은 명확하거나 결정적인 경우가 별로 없다. 도덕적으로 현대 사회가 엇갈리는 결을 지녔다는 말은 아니다. 현대에도 정치의 핵심적인 도덕이 공유될 수 있다. 문제는 자유주의적인 현대에는 특정 사안들에 대해 공유된 도덕이 어떻게 적용되고 판정될지가 언제나 논쟁거리가 될 수 있다는 점이다. 한 집단에 위험한 혁신이 다른 집단에는 신중한 교정이 될 것이다. 단순히 올바른 도덕과 관습의 교훈을 조화시키겠다고 선언하는 것으로는 그 논쟁을 잠재울 수 없다.

버크가 보기에 추상의 나쁜 습관과 더불어 혁신에 대한 어리석은 믿음은 여기서 정치의 지성주의라고 부른 것이 됐다. 그것은 보수주의자들의 공정하고 유용한 표적이었다. 하지만 그들은 버크 같은 이들을 포함해 지식인들에 대한 자신들의 의존도가 커지는 것이 지성주의에 빠지는 자유주의자들의 취약성과 어떻게 다른지 설명해야 했다. 사상에 대한 공공연한 무관심에도 불구하고 보수주의자들은 시간이 흐르면서 자신들의 정치적인 지식인을 찾아냈다. 곧 살펴보겠지만 새뮤얼 테일러 콜리지는 가능성 있는 미래를 꿈꾸는 대신 국가의 전통을 유지할 길을 찾아내고 촉진할 두뇌로 "지식계급"을 촉구한 초기의 보수주의자였다.

버크주의의 세 번째 중요한 논지는 인간의 사회성이 보편적이며 어디서든 깨지기 쉽다는 것이었다. 어떤 사회에 있든 사람들은 양육과 교육을 통해 "제2의 본성"을 지니게 됐다. 버크는 그렇게 습득한 본성을 습관과 태도, 규범이라는 "외투" 혹은 "베일"로 표현했다. 피상적이지만 중요한 그것들은 지역에 따라 다양하게 나타났다. 지역적으로 어떤 형태를 취하든 사회성에 필요한 것이었다. 그것들은 낡고 닳은 것으로 보일 수도 있었다. 사회 비평가들의 입맛에 맞지 않을 수도 있었다. 그러나 그것들을 꿰뚫어보려 하거나 찢어버리려고 애쓰는 것은 여전히 위험했다. 버크는 그에 대해 은유의 소재를 바꿔 거만하게 비판하는 "불경"보다 "녹슨 미신"을 선호했다.

그가 일단 보수주의의 성인으로 추앙받자 버크를 포장하고 재포장해야 한다는 주장은 끊이지 않았다. 철학적으로 그는 로크와 같은 계약론자나 흄 같은 도덕적 회의주의자, 역사적으로 생각하는 상대주의자, 자연법 이론가, 혹은 규칙 공리주의자(버크는 "모든 도덕적 기계는 최선의 결과물을 낸다"고 썼다)로 포장됐다. 마지막 둘을 엮어 도덕적으로는 자연법론자, 정치적으로는 공리주의자로 포장할 수도 있었다. 버크 자신은 정치적인 관점에 대해 깊이 있는 철학적 방어 논리를 진전시키지 않았다.

버크는 보수주의자였을까, 아니면 자유주의자였을까? 역사 속의 버크를 말하자면 그 질문은 시대착오적이다. 버크의 시대에는 그 두 가지 다 없었다. 그래도 그 질문이 무의미한 것은 아니며, 버크주의에 관해서는 "둘 다"가 답이다. 왜냐하면 버크주의로 증류된 버크는 보수주의자들뿐만 아니라 자유주의자들의 마음도 끌기 때문이다. 버크는 우파 자유주의자들이 동의할 수 있는 것을 많이 이야기했다. 자유는 질서를 요구했고, 질서는 재산권을 요구했다. 거래에 간섭하는 것은 일반적으로 잘못이었다. 우리의 의무 가운데 많은 것이 선택하지 않은 것이고, 사람들에게는 자유에 대한 권리뿐만 아니라 사회질서에 대한 마땅한 기대가 있었다.

더 일반적으로 버크는 건강한 정치란 사회를 반영해야 한다고 생각했다. 사회는 다양하며 갈등을 겪고 있었다. 따라서 정치에는 당파와 논쟁이 필요했다. 자유주의자들도 그렇게 믿었다. 나아가 주권적인 힘은 필요한 것이지만 포획될 수 있었다. 주권을 행사하기 위한 제도는 버크의 표현으로는 어떤 집단이나 이해관계자도 "완전한 주인처럼 행동"하지 않도록 정해야 했다. "완전한 주인"을 피한다는 사고는 보수주의 이전 제임스 매디슨의 미국 헌법에 관한 생각에 활기를 불어넣었다. 자유주의적인 프랑수아 기조도 그런 생각을 바탕에 깔고 주권은 어떤 이해관계자나 당파의 영향력도 미치지 않는 가운데 행사돼야 하며 최종적으로 도덕과 법으로만 통제할 수 있어야 한다고 보았다. **바로** 그런 버크가 자유주의자와 보수주의자가 타협할 수 있는 길을 열었다.

그러나 보수주의자들은 덜 자유주의적이고 반세계주의적인 버크에게 더 공감했다. 국제적인 면에서 그는 보수적인 국가주의자로, 일찍이 지정학을 이데올로기의 갈등으로 다룬 대표적인 인물(1796년 버크는 잉글랜드가 "어떤 원칙에 대항한 전쟁을 하는 중"이라고 썼다) 혹은 효율적인 조세, 활기찬 상업, 안정적인 제국과 관련해 영국의 힘을 옹호한 현실적인 인물이었다. 국가주의적 보수주의자로서 버크는 강력한 당파를 억제하는 하나의 틀로서 공통의 신앙과 공유된 충성을 강조했다. 그는 영국적 관습과 태도를, 시간의 시험을 거친 것으로 특유의 가치를 지니는 것이라고 찬양했다. 그가 바로 벤저민 디즈레일리부터 스탠리 볼드윈과 그 이후까지 영국 보수주의의 애국적 수사에 울림을 준 버크였다. 그는 또 스코틀랜드의 겨울에 떠는 미국 작가 러셀 커크의 마음을 덥혀준 버크였다. 커크는 『보수주의 정신』(1953)에서 미국 독자들에게 버크의 존재를 상기시켰을 뿐만 아니라 그를 20세기 중반의 발명품인 영어권 국가들의 지적인 신으로 올려놓았다.

정치적 도덕의 연속성에 대한 버크의 관심은 심오하고 흥미로운 것이었다. 그는 보수주의에 냉혹한 근대에 어떻게 확립된 가치를 지킬 것인가 하는 난제를 물려주었다. 그 수수께끼는 엄밀히 당파적인 것이 아니었지만, 보수주의자, 특히 버크식의 보수주의자들이 자신들의 문제로 삼았다. 버크가 마음에 둔 가치는 공유된 공적·사적 의무와 신앙, 신의, 충성이었다. 그런 가치들이 없으면 근대의 조건에서 사회질서는 절대 안정될 수 없을 것이었다. 그 가치들의 특성은 아주 명백했다. 그 가치에 자기 시대에 맞는 실제 내용을 담아내는 일은 그 후로 버크식 보수주의자들의 마음을 사로잡았다.

2. 신앙과 미를 촉구하다: 샤토브리앙과 낭만주의자들

파리의 군중이 베르사유의 왕궁으로 들이닥쳤을 때 낙담한 버크가 왕후를 위해 외친 말보다 그의 수사적 기술을 더 잘 보여주는 것은 없다. "나는 그녀를 모욕하며 을러대는 눈빛까지 응징하려는 이들이 있어서 틀림없이 칼집에서 1만 개의 검을 뽑아 들었으리라고 생각했다. 하지만 기사도의 시대는 가버렸다." "궤변가와 절약가, 타산적인자들"은 성공했다. "사적인 사회를 아름답게 하고 부드럽게 해주는 감정"은 사라지고 있었다. 사회질서를 유지하기 위한 편리한 믿음의 품위 있는 베일, "도덕적 상상의 옷장"에서 나오는 "삶의 휘장"은 찢겨 없어지고 있다며 버크는 두려워했다.

버크의 두려움은 유베날리스부터 스위프트까지 도덕적 풍자가들이 사회적 변화에 대해 울린 경종에 공명했다. 삶의 방식이 바뀌고 있는 건 사실이지만 버크가 시사한 것처럼 방식 자체가 버려지고 있었는지는 확실치 않았다. 새로운 패션이 곧 벌거숭이인 것은 아니다. 버크의 난점은 일단 넓은 의미의 사회 규범상 모든 방식이 유용한 겉치레로 보인 터에 왜 새로운 것보다 오래된 방식을 더 좋아해야 하느냐는 것이었다. 새로운 방식이 안정을 불러오면 버크 자신의 조건에 따라 오래된 방식만큼 잘 돌아갈 것으로 보일 터였다.

사회 규범을 의복에 비유하는 버크의 수사는 나중에 토머스 칼라일의 『의상 철학』(1836)으로 다듬어지고 곧 사회학적인 일상어로 흡수됐다. 이 수사는 장단점을 지녔다. 장점은 사회 규범의 권위는 부분적으로 얼마나 폭넓은 신뢰를 얻는가에 달려 있다는 점이었다. 공손과 합리성, 상호 존중, 협력의 규범들이 그런 것이었다. 그런 규범들은 무시하는 이가 많으면 약해지거나 깨져버린다(이는 처음 적용될 때 먼저 광범위한 합의를 얻어야 한다는 뜻은 아니다). 이 수사의 단점은 사회 규범의 수용을 편의적인 가장으로 바꿔놓을 위험이 있다는 것이다. 이 수사는 우리가 의복은 꿰뚫어볼 수 없어도 신념은 그럴 수 있다는 사실을 흐린다. 우리가 모두 벌거벗었을 때 어떤 모습일지 알더라도 의복은 품위를 지켜주는 기능을 한다. 그와 달리 사회 규범들이 우리의 원시적이고 비사회적인 본성을 가려주는 유용한 겉치레로 받아들여지면, 일단 사람들이 그 겉치레를 꿰뚫어보고 끊임없이 비평하게 됐을 때 사회질서를 유지하는 기능이 제대로 작동하리라고 믿는 건 위험할 것이다. 사회적인 가식을 유지하는 것은 아침에 옷을 입는 것보다 어렵다. 고대 그리스부터 기독교적인 중세에 이르기까지 사회 규범의 힘과 원천에 관해 질문한 이들은 철학자들이었다. 계몽주의 시대에 독서가 확산한 다음에야 왜 그런지 묻는 관행이 대중화되고 공적 토론의 일부가 됐다. 버크가 인정했듯이 일단 그렇게 되자 의심의 씨앗이 자라고 퍼지는 것을 막기는 어려웠다. 버크의 어색한 수사는 보수주의자들이 자유주의적 근대와 싸울 때 계속해서 어려움을 던져줬다. 어려움은 오늘날까지 이어졌다. 우리 스스로 근거나 증거는 대지 않고 단지 사람들이 그 공통의 믿음을 유지하는 게 사회질서에 유용하다는 확신만 주려 한다면 어떻게 그것이 사회에 확실히 필요한 것이라는 신념을 유지할 수 있겠는가?

계몽주의 시대의 또 다른 낭만주의자이자 프랑스혁명 비판자인 프랑수아-르네 드 샤토브리앙은 그 어려움을 잘 포착했다. 그는 중세 이후 프랑스 왕들의 대관식이 열린 성당에서 랭스의 대주교가 집전한 샤를 10세의 왕정복고 **축성식**을 오랫동안 혐오스러워하면서 지켜보고는 묘사했다. 부르봉 왕조의 마지막 왕인 그의 대관식의 참석자 중에는 왕당파 망명 귀족들뿐만 아니라 혁명의 노병들과 제때 외투를 갈아입은 나폴레옹도 있었다. 샤토브리앙은 누가 그런 장관에 속아 넘어가겠는가 하고 물었다. 그는 그것이 "**축성식이 아니라 그 연출일 뿐**"이라고 썼다.

브르타뉴의 오래된 귀족 가문의 둘째 아들인 샤토브리앙은 차례로 해군 사관생도와 수습 중개인, 미국 항해자, 반자코뱅 망명 귀족 군대에 자원한 부상자, 런던 망명자, 베스트셀러 소설가, 가톨릭 부흥론자, 나폴레옹의 사절에서 전향한 황제 비판자, 헌법 논평자,『콩세르바퇴르』설립자 겸 편집장, 복고 왕정의 외무장관, 부르봉 과격파를 위한 편력 기사, 같은 과격파에 대한 자유주의적 비판자, 언론의 옹호자, 루이 필리프의 부르주아 왕가의 국내 유배자였다. 그와 같은 전적으로 근대적인 모험과 반체제, 미완성의 편력을 바탕으로 샤토브리앙은 1800쪽의 회고록을 써냈다. 그의 삶을 이룬 지류와 전환, 반복에 모양을 빚어준『무덤 저편의 회상』(1849~1850)은 자기 창조에 관한 비보수주의적 장르의 걸작 가운데 아우구스티누스와 장 자크 루소의『고백록』과 같은 반열에 오른다.

그 책이 매혹적이긴 하지만 샤토브리앙이 자유주의적 근대의 "공허한 세계"에 대한 거부와 그 반대편의 "마음 가득한" 신앙과 충성에 대한 신뢰를 다 함께 전해주지 않았다면 그가 보수주의 서사에서 한 자리를 차지할 만한 내용은 거의 없었을 것이다. 샤토브리앙은 보수적인 반이성주의의 선구자 가운데 낭만파였다. 그는 버크보다 덜 철학적이었고 여러모로 화를 내기는 했어도 메스트르만큼 분노하진 않았다. 18세기의 자식으로서 그는 환멸을 느끼는 이들을 다시 매혹하려 했다. 샤토브리앙은 자기 이름을 처음 알린 책 『기독교의 정수』(1802)에서 열정적인 믿음은 신중한 추론이나 당파적인 복종보다 인생과 정치에서 더 중요하다고 주장했다. 친구들은 개인적으로 그에게서 완강한 자기중심주의를 보았다. 샤토브리앙은 그들에게 아첨하지 않고 자신의 가장 강한 감정은 권태라고 썼다. 많은 이가 그의 진심을 의심했으나 샤토브리앙은 확신을 바탕으로 전향자와 모방자들을 끌어모으며 부상하는 자유주의적 근대 세계에 저항하는 낭만적인 복음을 설교했다.

정치적으로 샤토브리앙은 자신이 "천성적으로는 공화주의자, 이성적으로는 왕정주의자, 명예에 따라서는 부르봉주의자"라고 했다. 그는 정통주의에 대해서는 대단히 회의적이었으나 국왕 시해자들과 보나파르트파가 1815년 이후 부르봉 왕궁에 발을 들여놓는 것을 지켜보면서 느끼는 혐오를 과격한 왕당파와 공유했다. 샤토브리앙이 회고록에 묘사한 장면을 보자. 루이 18세를 만나려고 대기실에서 기다리던 그는 다리를 저는, 나폴레옹의 외교관 탈레랑이 왕을 알현한 후 나폴레옹의 경찰 총수 푸셰의 부축을 받으며 발을 끌면서 나오는 것을 보고 혼잣말로 중얼거렸다. "악인이 범죄자의 팔에 의지하는군." 샤토브리앙은 전횡적인 힘, 특히 무방비의 희생자들에게 가해지는 힘을 역겨워했다. 『회상』의 가장 강렬한 대목 중에는 앙기앵 공작이 나폴레옹의 묵인 아래 엉터리 재판(1804) 후 처형된 것에 관해 건조하면서도 분노가 배어 있는 이야기가 나온다.

그 자신의 판단력을 빼고는 거의 모든 것에 의문을 제기할 수 있는 샤토브리앙의 역량에서 훗날의 관대하지 않은 프랑스 보수주의자 모라스는 신앙심 없는 자유지상주의자를 봤다. 찬미자들은 권력에 대한 샤토브리앙의 의구심에서 반항자 알베르 카뮈나 스스로 토리 무정부주의자라고 묘사한 조지 오웰에게서 발견되는 자유주의적인 기질을 보았다.

샤토브리앙은 입헌군주제와 대의 정부를 믿었다. 재산권을 안전하게 보장하고 전횡적인 권력으로부터 국민을 보호하도록 설계된, 고정돼 있고 비민주적인 제도의 제약을 받는 대의 정부였다. 그는 또 개인의 자유와 언론의 자유를 믿었다. 그는 왕가를 떨게 하고 참견한다며 혁명파를 비난했고, 틀에 박힌 정통주의 이론 때문이 아니라 이 왕가는 대체로 훌륭한 통치자들을 내왔다는 실제적이고도 어느 정도 포괄적인 이유로 부르봉 왕가를 지지했다. 1815년 이후 그는 과격파의 자멸적인 반동이 아니라 "가능한 왕정복고"를 믿었다. 샤토브리앙은 오래된 종교 집회를 다시 도입하고, 재산 손실을 보상하고, 장자상속제를 되살리고, 언론에 재갈을 물리고, 신성모독을 극형으로 다스리는 것은 어리석다고 생각했다. 그 마지막 법안(1825)의 입안자 루이 드 보날에게 그는 의회에서 외쳤다. "당신은 우리가 알아볼 수조차 없는 시대로 되돌아가려고 우리 시대의 규범들을 거부합니다." 이 모든 걸

고려하면 샤토브리앙은 초기 자유주의자처럼 보일 수 있는데, 중산층의 삶이나 가치와는 거리가 있었다는 점만 빼면 제한적인 의미에서 그는 자유주의자였을 수도 있다.

샤토브리앙은 부르주아 사회와 그들의 상호 이익을 위한 정치라고 본 것을 『콩세르바퇴르』의 기사로 공유했다. 기사는 "이익의 도덕"과 "의무의 도덕"을 대비했다. 사회는 폭력으로 다스릴 수 없고 오직 매력, 다시 말해 설득으로만 통치할 수 있다. 상호 이익의 설득력은 의무의 힘보다 강하다고 볼 수도 있다. 의무는 "허구"에 기초하는 반면에 이익은 실제적이기 때문이다. 하지만 샤토브리앙은 그렇지 않다고 했다. 이익은 변덕스럽고 불안정해서 저녁의 이익이 절대 아침과 같지 않았다. 그 바탕은 우연에 지나지 않고 언제나 유동적이었다. 그와 대조적으로 가족부터 사회에 이르기까지 아버지와 자식들, 왕과 신민들을 상호 의무로 묶어주는 끊을 수 없는 사슬이 존재했다.

영국의 윌리엄 워즈워스와 독일의 아담 뮐러처럼 샤토브리앙은 그가 본 상업사회가 그 전의 더 자연적이라고 여겨지던 삶의 방식을 잠식해버리는 게 싫었다. 자연적인 삶은 더 오래된 습관과 제도 면에서 사회적으로 상상된 것이며, 전원, 특히 야생의 전원이라는 면에서 심리적이고 지리적인 것이었다. 그게 전부였다면 샤토브리앙의 저작은 에티엔 세낭쿠르의 『오베르망』, 그리고 당시 순수한 자연과 오염된 사회라는 낭만적인 관념에 휩쓸린 다른 작가들과 같은 길로 갔을지도 모른다. 게다가 그에게는 세속적인 일들을 알아보는 매섭고 빈틈없는 눈이 있었고, 얼마나 엉뚱한 것이든 정치 게임의 정상에서 싸우려는 야심이 있었다. 어떤 이들은 나폴레옹에 대한 그의 집착에서 나폴레옹을 대체하려는 평정을 잃은 소망을 보았다. 샤토브리앙이 자신의 소설에 쏟아부은 낭만적인 생각은 현명한 원시의 사람들이 소중히 여기고 돌보는, 루소식의 개방된 들판으로서 아메리카를 상상했다. 그의 세속적인 생각은 아메리카가 실제로 어떤지를 상기시켰다. 델라웨어에 도착했을 때 그는 젊은 흑인 여성의 도움을 받아 선창으로 갔는데, 그녀에게 손수건을 준 그는 자유의 땅에서 노예의 영접을 받는 것이 얼마나 부조리한 일인지 스스로에게 일깨웠다.

『기독교의 정수』는 종교적 화해의 순간을 잡아냈다. 책은 나폴레옹이 1801년 바티칸과 협약을 맺어 프랑스에서 로마 가톨릭이 주된 종교로 재확립되고 망명한 사제들의 복귀가 허용된 직후에 출간됐다. 『정수』는 기독교의 심미적인 면을 강조함으로써 종교적인 감정을 다시 일깨우는 것을 목표로 삼았고, 기독교가 지성인들의 응접실에서 받아들여지고 심지어 유행하도록 도움을 주었다. 책은 1815년 이후 가톨릭의 부흥에 이바지했는데, 다시 평화가 찾아오고 군사적인 경력의 문이 닫힌 그때는 상류층에서 종교적 소명이 다시 유망한 대안으로 보였다.

기독교 신앙의 아름다움을 찬양하는 반계몽주의 선언서로서 『정수』는 낭만적 갈망, 부르주아의 속됨에 대한 경멸, 경건과 겸양을 가르치는 가톨릭의 교훈을 한데 엮었다. 기독교는 가짜 신을 거부함으로써 우리의 지적 유아기를 끝냈으나 우리가 어린 시절의 경이를 상실한 것을 보상해주었다. 숲속에서 신성을 좇고 자연을 홀로 있는 상태로 돌려놓음으로써 기독교는 우리에게 위안과 관조, 종교적 각성의 대상을 제공했다. 세속의 분주함과 삶에 대한 환원적인 이해는 한계가 있었다. 우리에게는 의식이 필요했다. 고전적인 것이든 기독교적인 것이든 의식은 그 시적인 요소로 우리에게 호소했다. 어떤 것도 신비의 요소 없이는 사랑스럽거나 마음을 끌거나 아름답지 않았다. 종교는 정당화되는 것이 아니라 직관으로 이해될 수 있는 이상으로 우리를 이끌면서 예술의 깊이를 더했다. 마지막으로, 주제넘은 비웃음은 정신을 좀먹고 무감각하게 했다. 처음부터 기독교적 신앙심의 적이었던 이들 가운데는 종파적인 사람과 궤변가, 그리고 "웃음으로 모든 걸 파괴하는" 경박한 이들이 있었다. 기독교는 또한 건전한 정부를 뒷받침하고 민족적 화해를 위해 적들을 용서하는 것을 축복했다.

샤토브리앙의 마음을 움직인 주제로 『회상』 6부에 폭넓게 수록된 것은 파괴와 대양, 축제의 날들, 교회의 종, 국가에 대한 사랑이었다. 이 중 마지막 요소는 가톨릭의 보편주의에는 낯설어도 갈리카니슴에는 그렇지 않았는데, 샤토브리앙의 감정과 충성의 정치에는 없어서는 안 될 요소였다. 공통의 종교는 공유된 충성으로 쪼개진 나라를 치유할 수 있는 하나의 방도였다. 국가 자체도 또 다른 방도였다. 내부의 적들에 대항해 나라를 통합하기 위해 애국적 정서를 건드리는 것은 19세기 우파의 주제가 됐고, 처음에는 자유주의에, 나중에는 국제적 사회주의에 맞서는 데 활용됐다. 샤토브리앙은 글로만 프랑스의 자긍심을 좇으라고 권하지 않았다. 외무장관으로서 그는 스페인의 자유주의자들을 진압하기 위해 영국의 유보적인 자세에 반대해 침공을 부추겼고(1823), 오스만 제국을 무너트리기 위해 러시아와 동맹을 맺을 것과 프랑스가 라틴아메리카에 발판을 마련할 것, 그리고 라인강을 따라 프랑스의 국경을 "정당하게 확장"할 것을 촉구했다. 나폴레옹

3세는 결국 이 모든 것을 시도했고, 프랑스와 유럽에 재앙적인 결과를 초래했다. 샤토브리앙의 글을 찬미하는 샤를 드골 역시 그의 외침을 들었다. "나는 프랑스인들이 영광을 추구하기를 바랐다." 그러나 드골은 프랑스의 한계를 이해했다. 그의 시대에 국가적인 영광은 제공되지 않았다. 영광의 연출이 그 역할을 해야 했다.

『회상』에 덧붙인 것으로 널리 인기를 끈 낭만파 소설 『르네』와 그보다 앞서 쓰고 출간한 『아탈라』가 있다. 그들의 반영웅 르네는 사회에 안식처가 없는 불행한 청년인데, 괴테의 베르테르와 달리 자신을 죽이기보다는 미국의 숲에서 삶의 목적을 찾는다. 이 짧은 작품들은 샤토브리앙이 진지한 기독교 사상가들의 요구를 충족시키려고 교리와 신학을 추가해 더 길게 펴낸 두꺼운 책의 성공에 매우 중요했다. 사상가들은 "나는 울었다. 고로 나는 믿었다"라는 그의 말보다 진리를 주장하는 신앙에 대한 더 나은 변론을 기대했다. 샤토브리앙의 감성적 종교는 한계가 있었지만, 훗날 보수주의자들이 직면하는 문제를 부각했다. 보수주의자들은 기독교가 시민적 종교를 제공하기를 바랐다. 그들이 보기에 근대 자유주의는 그 자체로 너무 얄팍하고 분열적이어서 받아들일 수 없었다. 빌헬름 폰 케텔러와 존 헨리 뉴먼, 찰스 호지, 오레스테스 브라운슨 같은 19세기 보수적 종교 사상가 가운데 한 명인 『콩세르바퇴르』의 공동 창립자 펠리시테 드 라므네 역시 나중에 보겠지만 신앙과 근대성의 조화를 희망했다.

메스트르와 버크, 샤토브리앙은 각자 보수주의에 우파가 좌파에 맞서 쓸 수 있는 지적 표적을 물려주었다. 그 표적은 어느 쪽이든 한쪽을 맞출 수 있는 삼각형으로 생각할 수 있었다. 변절이나 부인, 잘못된 사고방식, 그리고 의심스러운 유형의 사상가가 그것이었다. 첫째, 혁명가들은 신의 섭리나(메스트르) 관습과 전통(버크), 혹은 매혹(샤토브리앙)을 부인했다. 둘째, 그들은 정치에 관해 정신을 좀먹는 "개인적인 이성"(메스트르)이나 사람을 미혹하는 "순수한 형이상학적 추상"(버크)이든, 아니면 무감각하게 하는 "실증의 정신"(샤토브리앙)이든 잘못된 방식으로 사고했다. 이러한 매우 일반적인 혐의가 정확히 무엇인지, 그리고 그 혐의가 하나인지 여럿인지는 20세기의 보수주의자들이 씨름하도록 남겨두었다. 20세기에는 정치의 이성주의라는 관념이 더 철학적인 모양과 무게를 갖도록 하려는 노력이 이뤄졌다. 그와 대조적으로 삼각형의 세 번째 변인 의심스러운 지식인은 분명하고도 손에 잡히는 표적이 됐다. 이 마지막 혐의에 따르면 혁명의 사상가들은 도덕적, 정치적 비판 행위 자체를 빼고는 독자적으로 인정받는 지위나 이해관계가 없는 "문필가들"이었다. 그들의 목표는 주장한 바대로 새롭거나 더 좋거나 개혁된 사회를 만드는 것이 아니라 그런 사회에 관한 끝없는 논쟁을 하는 것이었다. 왜냐하면 끝없는 논쟁만이 정치적인 문필가들에게 존재 이유를 만들어주기 때문이다. 이 노골적인 그림에서 정치적 지식인들은 건강 상태를 파악하지도 못하고 치료할 능력도 없이 실제로든 상상으로든 섣불리 병을 알아보는, 훈련이 부족한 의사였다.

3. 국내 질서와 국제 질서: 겐츠와 독일 사상가들

우파는 정치에서 지성주의를 포기했을지 몰라도 좌파 지식인들과 싸울 수 있는 자체 두뇌가 필요했다. 일찍이 그런 두뇌의 두드러진 본보기가 된 이는 프리드리히 폰 겐츠(1764~1832)였다. 그는 유럽 국가 내, 그리고 국가 간의 기성 질서에서 밑그림을 그리고 주장을 펴며 봉사하는 경력을 쌓았다. 그런 종류의 지적 전투를 위해 그는 잘 무장하고 있었다. 젊은 시절 그는 모제스 멘델스존의 추천서를 가지고 이마누엘 칸트 아래서 배우려고 쾨니히스베르크로 갔다. 그는 칸트가 강의하는 것을 듣고, 그의 『판단력 비판』을 교열하고, 이 철학자의 말로는 "건강하게 잘 배워서" 아버지에게 돌아갔다. 겐츠는 혁명에 관한 프랑스의 첫 비판서들을 번역한 것 외에 1793년 버크의 『고찰』을 독일어로 옮겼다. 이성주의자의 정신으로 버크의 생각을 파악하고 긴 주석에서 그의 주장을 정리했다.

겐츠에게 혁명은 이성에 의한 공격이 아니라 이성에 대한 공격이었다. 그의 생각에 혁명의 과오는 정치에 관한 추론을 설사 잘했더라도 틀렸을 이상한 방식으로 한 것이 아니라 그 추론을 익숙한 방식으로 어설프게 한 것일 뿐이었다. 혁명은 버크가 본 것처럼 관습에 대한 이성의 공격이 아니라 좋은 추론에 대한 어설픈 추론의 공격이었다. 겐츠에게 정치의 주된 질문은 어떻게 하면 권력을 국가 내, 그리고 국가 간의 평화와 안정을 유지하기 위해 가장 잘 쓸 것인가 하는 것이었다. 그것이 "추상적"인 원칙이어도 상관없었다. 신중과 추론, 경험을 결합해 도출한 광의의 원칙이 "추상적"인 것이어도 괜찮았다. 겐츠는 계몽주의에 맞서 전투를 벌이는 데 관심이 없었고, 초기의 출격 후에는 철학에 많이 관여하지도 않았다.

겐츠의 사상은 뒤를 돌아보기도 하고 앞을 내다보기도 했다. 그는

16세기와 17세기 **국가이성**에 관한 근대의 전통(니콜로 마키아벨리와 토머스 홉스의 저작에 나타난 것처럼 국가와 그 수탁자들의 의무는 정치 영역에서 특수한 것이며 개인적 도덕의 영역에서 적절히 끌어올 수 없다는 사상)을 돌아봤다. 그는 또 훗날 현실정치 또는 현실주의(국정의 첫 번째 요소인 지정학은 신중함에 관한 기본적인 조언을 빼고는 초국가적인 규범이나 이상에 규제받지 않는 주권국 간의 비도덕적인 경쟁을 다룬다는 사상)로 알려지게 되는 것을 내다봤다. 겐츠에게 정치에 관해 잘 추론한다는 것은 혁명과 나폴레옹이 뒤흔든 유럽의 요동치는 현 상태에서 **국가이성**이 무엇을 요구하는지 숙고하는 것을 의미했다. 훗날의 보수적 현실주의자들에게 그의 질문은 일반화됐다. 어떤 격동의 현 상태에 있든 그들 역시 이렇게 물어야 했다. "지금 여기서 **국가이성**은 무엇을 요구하는가?"

베를린에서 법률가와 국가 관료로 자리 잡은 겐츠는 『월간 신독일』(1795)과 『역사 저널』(1799)을 운영했다. 그는 외교 문제와 금융에 관한 이해로 평판을 얻었다. 겐츠는 나폴레옹에 대한 자신의 적대감 때문에 평화를 원하는 프로이센에서 정치적으로 거처할 곳이 없게 되자 빈으로 떠났고(1802), 그곳에서 오스트리아와 영국에 고용되는 작가 겸 고문으로 일했다. 프랑스의 점령(1805)으로 그는 다시 망명자가 됐지만, 1810년에는 오스트리아 총리 메테르니히의 보좌역으로 빈에 돌아왔다. 궁정에 자리를 마련해달라는 간청은 받아들여지지 않았다. 그는 오로지 메테르니히의 보호만 받으며 평민으로 활동했다. 초안자로서, 그리고 흔히 창의적인 기록자로서 그는 나폴레옹 이후 질서를 논하는 다섯 차례 회의에 참석했다. 그는 민주주의자가 아니었지만

1830년 이후 프랑스의 부르봉 왕가를 힘으로 복귀시킨다는 생각은 터무니없다고 생각했고 그 때문에 총리의 총애를 잃었다.

늘 빚을 진 난봉꾼이자 도박꾼인 겐츠에게 신앙심 깊은 이들은 눈살을 찌푸렸다. 60대에 그는 요제프 하이든의 필경사의 딸인 열여덟 살의 무희와 사랑에 빠졌다. 정숙함을 주장하지 않는 그녀는 노년의 그를 행복하게 해주었다. 낭만적 보수주의자들은 겐츠를 18세기의 잔재로 여겼고, 민주주의자와 사회주의자들은 그를 반동주의자로, 프로이센 민족주의자들을 그를 믿음이 없는 세계주의자로 보았다. 그의 저작은 별로 읽히지 않은 채 곧 잊었다. 오늘날 겐츠는 그의 퇴영적인 동시대인들보다 더 익숙한 현실적 보수주의자로 읽힌다. 유럽의 총리들에게 봉사하는 정치적 지식인으로서 겐츠의 첫 번째 관심사는 권력이 어떻게 행사돼야 하는가에 관해 숙고하는 것보다 그것이 어떻게 행사됐는지를 놓고 정당화하는 것이었다. 그는 오늘날 익숙하게 볼 수 있는, 최고 학위를 가지고 우파 싱크탱크와 보수 잡지, 정치 지도자들의 개인 사무실을 돌아다니며 정책 조언을 하는 영리한 지식인의 초기 모델이었다.

혁명을 생각할 때 겐츠는 1789년의 열렬한 지지자였다. 그는 국민의회를 정당한 것으로 여긴 칸트를 따랐다. 버크가 주장한 것처럼 국민의회가 왕의 권위를 찬탈한 것으로 보지 않았다. 그러나 겐츠는 곧 혁명에 반대하는 쪽으로 돌아섰다. 혁명가들의 실책은 보편적이고 혁신적인 이상을 지녔다는 것이 아니라 그것들을 개략적이고 확고한 기반이 없으며 실제로 이룰 수 없는 상태로 내버려뒀다는 것이었다. 겐츠는 시장사회와 계몽 군주의 개혁을 비판한 니더작센의 유스투스 뫼저(1720~1794)처럼 풍자적인 어투로 인간의 권리 선언을 조롱하지 않았다. 겐츠는 버크가 그랬던 것처럼 권리의 성격을 잘못 이해했다며 그 선언의 흠을 잡지도 않았다. 겐츠는 대신 철학을 이해하는 법률가의 방식으로 조항을 하나하나 짚어가며 기초와 논리의 잘못을 비판했다(1793). 그의 생각에 선언은 오해되기보다는 어설프게 실행됐다.

겐츠는 철학자가 아니라 평론가이자 정치 자문가로서 글을 썼다. 그는 정치적 지식인들의 역할을 단순한 원칙들을 제시하고 자신들의 정치적 주군의 정책을 깊이 있게 옹호하는 것으로 이해했다. 겐츠의 에세이 「세력균형에 관하여」(1806)는 나폴레옹 이후의 안정을 위한 유럽의 평화 지침을 상술했다. 대륙의 질서를 뒤엎지 않는 한 공화정이든 왕정이든 국가 내에서 그 지역에 맞게 선택한 제도가 시행돼야 했다. 독일 땅―프로이센과 오스트리아, 그리고 소멸한 신성로마제국의 다른 영토―에서 정치는 신앙을 장려하고(신앙은 복종을 촉진한다) 민주주의를 저지해야 했다.

베를린에서 편집인으로서 자유로운 의견 표명을 옹호했던 겐츠는 1815년 이후 반동의 분위기에서 언론과 대학의 억압을 지지했다. 여론은 추종할 게 아니라 형성해야 한다고 그는 썼다. 프로이센의 지배를 두려워한 겐츠는 독일 통일에 기여할 수 있는 연방 제도는 물론 프리드리히 리스트의 공동시장에도 반대했다. 발생 단계의 사회주의는 태어나자마자 질식시켜야 할 것이었다. 엑스 회의(1818)에서 저녁을 하며 겐츠는 협동조합주의자 로버트 오언에게 점잖게 말했다. "우리는 대중이 부유해지고 우리에게서 독립하기를 바라지 않습니다. 그들이 부유하고 독립적이라면 우리가 어떻게 통치할 수 있겠습니까?"

겐츠의 어조와 문체는 『프랑스혁명 전후 유럽의 정세』(1801)에서 가장 분명히 드러났다. 책은 나폴레옹의 외교 보좌역인 알렉상드르 도트리브의 영국에 반대하는 논리에 대한 그의 답이었다. 왕정은 18세기 유럽에 암흑과 빈곤을 초래하지 않았다고 겐츠는 주장했다. 그보다는 전 대륙에 걸친 왕정 개혁이 생활 수준의 향상을 불러왔다는 것이다. 1792년에 터진 전쟁은 영국의 호전성 때문이 아니라 프로이센의 성장과 러시아의 압력, 그리고 일반적인 무역 확대의 무게로 베스트팔렌 체제가 무너졌기 때문이었다. 영국의 상업적 이익은 프랑스에 해를 끼치지 않았다. 항해법은 경쟁국들보다 영국에 더 큰 걸림돌이 됐다. 영국은 우세한 해군력을 이용하지 않았다. 이 나라는 18세기 내내 바다에서 대등한 조건으로 싸웠다. 프랑스와 영국은 모두 식민 강국이었고 어느 쪽도 확실히 유리하다고 할 수 없었다. 영국이 산업을 독점하지도 않았다. 영국 제품이 유럽에서 널리 팔린 이유는 더 나은 제품이기 때문이었다. 제품이 더 나은 것은 영국 스스로 잘못된 경제 교리들로부터 자유로워졌기 때문이었다. 겐츠는 영국의 변호인으로 의뢰비를 받았고 주인의 이익에 복무한다고 판단되는 것을 썼다. 오늘날 독자들의 눈길을 끄는 것은 "현실주의적" 보수주의의 익숙한 어조다. 냉정한 사실적 문체, 급진적 주장, 특히 음울한 과거에 관한 주장에 대한 당당한 일축, 경쟁적인 국가 목표를 상정한 구도가 그랬다.

겐츠는 처음에 프랑스혁명의 본질과 당위성에 관한 독일 철학자들 사이의 논쟁에 참여하려고 했으나 자신의 재능은 다른 데 있음을 알고 곧 물러났다. 독일 철학자들을 이끄는 이마누엘 칸트와 프리드리히 실러, J. G. 피히테, G. W. F. 헤겔 같은 이들은 처음에는 혁명에 대체로 우호적이었다. 그들은 혁명에서 각자 다른 방식으로 사회 진보와 더 합리적인 정치의 희망을 보았다. 칸트는 일반적으로 반란을 일으킬 권리 같은 건 없지만 프랑스혁명은 대중의 열정이 시민적 참여와 헌법에 대한 지지로 전환된다면 유익할 수 있다고 생각했다. 자국의 대의에 함께하는 것을 환영하려는 듯이 프랑스 공화국은 전제에 반대하는 연극 「강도들」(1792)의 저자 실러를 명예시민으로 대우했다. 실러는 1789년을 자유로 가는 발걸음으로 환영했으나 사람들이 그럴 준비가 돼 있는지 궁금했다. 그는 1793년 한 친구에게 "시민들에게 헌법을 만들어주기 전에 시민을 만들어내야 한다"고 썼다. 공포정치는 진보적인 견해를 지닌 독일 사람들에게도 충격을 주었다. 1800년대에 과거를 돌아보는 헤겔의 저작에서 변화는 명백했다. 공포정치의 책임을 프랑스 이웃 나라들의 호전성에 돌린 피히테는 처음에는 그를 자코뱅파라고 공격하는 독일 반동주의자들을 물리쳐야 했다. 그러나 그 후 프랑스가 프로이센에 적대적으로 돌아섰을 때(1806~1807) 피히테 자신이 혁명에 반대하는 쪽으로 돌아섰다.

나중에 독일 보수주의자들에게 영향을 미친 이들 가운데 덜 알려진 사상가들은 애초에 혁명에 반대했다. 아우구스트 레베르크 (1757~1836)는 독일의 버크주의자이자 프랑스혁명을 반역사적이라고 보는 하노버의 학자였다. 그는 광범위하고 보편적인 원리들을 불신했고, 역사상 그 순간에 지역적으로 이룰 수 있는 것과는 반대로 갔다며 프랑스혁명을 흠잡았다. 독일 내 소국들의 옹호자로 중앙집권주의에 반대한 그는 변화나 개혁 자체를 반대한 것이 아니라 엉뚱한 손에 이끌린 변화만 반대했다. 레베르크는 그런 생각을 품고 독일의 특권계층에 스스로 개혁하라고 촉구했다. 그는 1789년에 대한 칸트의 이성주의적 열정에 찬성하지 않았다. 레베르크는 칸트가 혁명을 지지한 것은 보편적 원칙과 그 실제적인 성취 가능성 간의 격차를 가늠하는 데 실패했기 때문이라고 보았다. 겐츠는 자신의 친구 아담 뮐러(1779~1829)의 정치적 낭만주의를 참지 못했다. 국가와 사회를 생각하는 새로운 관점에 대해 뮐러가 얼마나 날카로운 비판을 했든 간에 겐츠는 그의 접근 방식이 퇴영적이라고 보았다. 독일의 합법적인 특권층과 오래된 "신분"을 보존하고 근대 이전의 상상된 통일성을 회복하고 싶어하는 뮐러의 희망을 겐츠는 현실과 동떨어진 것으로 생각했다. 겐츠는 혁명은 향수가 아니라 근대 자체의 무기로 싸워야 한다고 주장했다.

헤겔은 프랑스혁명에 대한 독일의 반동에 효과적인 지지대 구실을 한다. 칸트와 마찬가지로 자유주의적인 헤겔은 정치에서 만족스러운 제도는 합리적이어야 한다고 믿었다. 다시 말해 그 제도 아래서 살아야 하는 사람들이 이해하고 수용할 수 있어야 했다. 이러한 수용 가능성과 이해 가능성이라는 조건은 그러나 모든 시대 모든 사람에게 똑같을 필요는 없었다. 헤겔의 견해로는 이성은 사람들이 자신을 발견하는 사회와 격리돼 스스로 작용하려 해서는 안 되는 것이었다. 프랑스의 혁명가들은 실제 상황과 너무 동떨어진 원칙들을 지나치게 빠르게 밀어붙였다. 혁명은 잘못된 길로 들어서 역사에서 자유로 나아가는 "이성적인" 행진에서 벗어났고 폭력적인 부조리로 빠져들었다. 그렇게 이해하면 공포정치는 우발적인 참사였으며, 헤겔이 썼듯이 이해할 수 있는 인간의 역사에서 "배추 머리를 잘라내는" 것처럼 하찮은 부분이었다. 그보다 헤겔의 초역사에서 역사를 움직이는 힘—자유를 향한 인간의 충동—은 나폴레옹의 손에 의해 프랑스에서 독일로 넘어갔다. 그곳에서는 독일제국의 낡고 "비이성적인" 잡동사니는 버려지고 정치적 자유는 프로이센의 입헌주의로 새롭게 표현됐다.

그의 사후에 헤겔의 유산은 프랑스 의회처럼 좌우로 갈라졌다. 헤겔 우파는 대체로 종교적 성향을 지닌 보수주의자들로서 그의 저작에서 지배적인 제도를 정당화할 근거를 찾았다. 프로이센의 입헌주의는 자유를 향한 세계 역사의 행진에서 성취한 것으로 이해됐다. 헤겔 좌파는 그에게서 지배적인 제도를 비판하기 위한 도구를 가져왔다. 그 제도는 강자에 맞선 약자들의 끝나지 않은 인정 투쟁에서 최근에 이른 단계일 뿐이었다. 헤겔 좌파는 마르크스주의의 변형을 통해 세계 역사를 혁명의 전통으로 바꿔놓았다.

헤겔 자신은 최근 미국의 혁명에 별로 주의를 기울이지 않았다. 1820년대 초에는 그처럼 간과하는 것도 이해할 만했다. 자신의 『역사철학』(1822)에서 헤겔은 이 새로운 나라의 미래가 너무 유동적이고 여러 가능성에 열려 있어서 세계사적으로 어떤 것도 이야기할 수 없다고 생각했다. 그런 철학적인 조심성은 정책 지식인인 겐츠가 대서양 세계 사람들이 경험한 동시대의 격변과 전쟁을 생각할 때는 아무런 제약이 되지 않았다. 20년 전 겐츠는 자신의 『역사 저널』에 프랑스와 미국 혁명을 대조하는 활기찬 에세이를 냈다. 그 특유의 활력은 베를린의 미국 사절로 훗날 대통령이 되고 보수적인 휘그당을 이끌게 되는 젊은 존 퀸시 애덤스의 눈길을 끌었다. 애덤스는 그 에세이를 번역해 곧 미국에서 출간했다(1800). 그는 "독일에서 가장 출중한 정치 작가 중 한 명"의 논문을 소개하면서 기뻐했다. 애덤스가 보기에 그 글은 미국 혁명이 "프랑스와 같은 원칙에 따라 진행됐다는 불명예와 오명에서" 벗어나게 해주었다.

4. 혁명을 예방하는 혁명: 매디슨과 미국 사상가들

좌파는 1776년의 지지자들이 1789년을 반대하는 것은 일관성이 없다며 비난했다. 대서양 세계 어디에서나 흔히 제기되는 그 비난에 우파는 답을 해야 했다. 유럽에서 그 비난은 버크에 반대하는 것으로 들렸다. 미국에서 그것은 제퍼슨파와 반연방주의자들 사이에서 인기가 있었다. 그 비난에 대한 겐츠의 답은 학자적이고 법률가다웠다. 그의 묘사에 따르면 미국의 혁명은 방어적이었다. 프랑스혁명은 공격적이었다. 미국인들은 확립된 권리를 지키려 했다. 영국인들이 손상시키고 약화한 권리였다. 그들의 목표는 확정되고 제한적인 것이었다. 혁명은 식민지 내부에서는 저항을 거의 불러일으키지 않았다. 독립을 바라는 광범위한 지지가 국가를 창조했다. 프랑스혁명은 모든 점에서 대조적이었다. 혁명파들은 권력을 찬탈했고 권리를 짓밟았다. 그들은 아무런 목표가 없었다. "천 가지 방향으로 제각각 출발했고 계속해서 서로 엇갈렸다." 그들은 전혀 통합된 국가를 만들어내지 못했다. 대규모 저항을 불러일으키고 나라를 내전으로 몰아넣었다. 미국의 좋은 혁명과 프랑스의 나쁜 혁명은 보수주의의 지적 무기가 됐다.

사실 프랑스혁명에 대해 미국에서 한 가지 반응만 있었던 것은 아니었다. 계속해서 바뀌는 다양한 반응이 있었다. 파리의 미국인들 —토머스 제퍼슨과 거베너르 모리스— 은 뚜렷한 대조를 보인다. 제퍼슨은 파리 주재 미국 공사였는데(1785~1789), 한 해 전에 파견돼 벤저민 프랭클린과 존 애덤스가 주요국들과 상업 및 외교 협정을 맺으려고 벌이는 협상에 합류했다. 프랑스혁명이 일어났을 때 그는 흥분했다. 그는 "인간의 양식"과 "자치 능력"을 믿었다. 이성이 힘을 발휘할 수 있다면 자신은 "유럽의 자유를 향한 첫 장"을 볼 것이라고 확신했다 (1789년 8월). 제퍼슨은 과거에 매여 있다고 느끼지 않았으며, 토머스 페인과 함께 "땅의 사용권은 살아 있는 사람들의 것"이라고 믿었다.

제퍼슨은 프랑스와 미국의 사건들을 민중의 저항을 표현한 것으로 생각했다. 2년 전 매사추세츠에서 시골의 무장한 채무자들이 세무서를 습격하며 일으킨 폭동에 신대륙의 부자와 권력자들은 겁을 먹었으나 제퍼슨은 그렇지 않았다. 그 사건(1787년 2월)을 별것 아니라며 무시하는 편지에서 그는 이렇게 썼다. "나는 이따금 작은 반란을 좋아합니다. 그것은 대기 중의 폭풍 같은 것입니다." 제퍼슨은 정부를 사람들의 자유에 위험한 것으로 보았다. 같은 해 그는 일반적인 민중의 소요와 관련해 통치자에게는 때때로 사람들이 "저항 정신을 유보하고 있다"라는 경고를 해야 한다고 썼다. 그에 대한 답은 폭력이 아니라 화해였다. "그들이 무기를 들게 하라. 해결책은 그들이 사실을 바로 보게 하고 용서하고 진정시키는 것이다. 한두 세기에 목숨을 몇 잃은들 무슨 대수인가? 자유의 나무는 이따금 애국자와 압제자의 피로 활기를 되찾게 해야 한다. 피는 그 나무의 자연적인 거름이다."(1787년 11월)

1789년 5월 이제 미국의 공사가 된 제퍼슨은 열심히 삼부회에 참석했다. 그는 고국의 제임스 매디슨에게 양국의 공통적인 과업에 관해 프랑스인들이 어떻게 인식하는지를 썼다. "우리가 진행하는 일은 하나하나가 그들에게 본보기로 여겨집니다." 미국 헌법은 "설명에는 열려 있으나 질문에는 그렇지 않은 (…) 성서처럼" 취급됐다. 라파예트 후작과 함께 제퍼슨은 프랑스를 위해 권리 선언의 줄거리를 잡았다.

제퍼슨이 1789년 가을 미국으로 돌아갈 때 미국 공사로 온 후임자는 부유한 뉴욕 사람으로 입헌군주제 지지자인 거베너르 모리스 (1752~1816)였다. 제헌 회의(1787)에서 자주 발언한 그는 형식위원회 의장을 맡았다. 위원회는 헌법의 마지막 초안을 쓰고 그 전문의 첫머리에 운명적인 대명사를 넣어 "연합주의 인민인 우리는"이라는 구절을 추가했다. 그는 연방주의를 강력히 지지하고 노예제를 반대했으나 민주주의에 대한 이해는 배타적이었다. 모리스는 나중에 보수적인 휘그당이 그랬듯이 정치에 참여하려면 상당한 재산을 보유해야 한다고 믿었다. 모리스는 제퍼슨이 훗날 "영국적, 왕정주의적, 귀족적" 연방주의자라고 부른 이들의 전형이었다. 그들은 상업을 위한 은행가와 공공부채 거래자들로 "폭풍이 몰아치는 자유의 바다보다 고요한 전제정치를 선호하는 소심한 이들"이었다.

모리스와 제퍼슨이 혁명을 보는 관점은 서로 달랐다. 1789년 5월 두 사람이 만난 후 모리스는 친구에게 제퍼슨이 "완전히 공화적인 정부 형태에 관해 지나치게 낙관적인 기대"를 갖고 있다고 썼다. 모리스는 버크의 논점을 압축적으로 표현한 글에서 그 어려움을 이렇게 밝혔다. "이곳 지식인들은 자신들의 왕정 체제가 남용되는 것을 보고는 그것이 지금의 확립된 체제에서 퇴조할수록 모든 것이 틀림없이 더 나은 쪽으로 갈 것이라고 상상하고 밀실에서 그들의 체제에 정확히 맞는 사람들을 만들어낸다네. 하지만 불행히도 그들은 다른 어느 곳에도 존재하지 않고 특히 프랑스에는 없는 사람들이지."

제퍼슨의 완전한 공화주의에 대한 "낙관적 기대"는 미국의 정신을 모리스보다 더 잘 반영했다. 미국에서 군주와 위로부터 내려오는 권위에 대한 공화주의자들의 불신은 19세기에 접어들 때까지 이어졌다. 아메리카가 독립을 위해 싸우는 데 도움이 된 프랑스의 봉기는 환영받았다. 상향식 민주주의의 어떤 징후에도 고개를 가로저은 보수적인 휘그당 성향의 언론을 빼면 프랑스의 7월 혁명(1830)은 미국에서 환영받았다. 제2공화국 수립 선언(1848)도 그랬고 보나파르트주의의 제2제정 붕괴도 그랬다. 그 변화에 찬성하지 않는 미국인은 소수였다. 그중에는 남부의 민주당도 있었는데, 그들은 프랑스 식민지의 노예제 폐지(1848)와 남북전쟁 때 유럽의 후원자였던 나폴레옹 3세의 추락(1870)에 놀랐다. 1830년에 환호한 미국인 가운데 연로한 매디슨이 있었는데, 그는 프랑스의 마지막 부르봉 왕가의 종말을 기쁘게 맞았다.

매디슨은 혁명을 달리 이해하는 제퍼슨과 모리스 사이에서 교훈적인 중간자 역할을 했다. 모리스는 재산과 질서를 지키는 강력한 권위를 원했고, 저항과 자유를 말한 제퍼슨도 그 점에서는 의견이 다르지 않았다. 그는 무질서의 씨를 뿌리거나 재산을 약탈하는 것은 전혀 바라지 않았다. 매디슨처럼 그는 노예를 소유했고 참정권의 재산 조건에 대한 논쟁은 거의 하지 않았다. 그와 같이 비민주적인 한계가 있었으나 그중에서도 훗날 자유주의와 경쟁하는 보수주의자들 내부에서 다시 나타나게 될 차이점이 있었다. 제퍼슨은 공화주의 정신에서 평화와 번영을 보장하는 시민과 사회의 자질을 신뢰했다. 그는 고압적인 중앙의 권력을 경계했다. 매디슨은 인민이 정부를 통제할 필요가 있다는 제퍼슨의 믿음을 공유했지만, 중앙의 포괄적인 권력과 국가의 통일된 법이 없으면 평화와 번영은 지키기 어렵다고 생각했다.

　매디슨은 이렇게 썼다(『연방주의자 논고』 51번). "인민이 인민을 다스릴 정부를 구성하는 데 큰 어려움은 여기에 있다. 먼저 정부가 피통치자를 통제할 수 있도록 해야 한다. 그다음에는 정부가 자신을 통제하도록 해야 한다. 인민에 의지하는 것은 의심할 나위 없이 정부에 대한 일차적인 통제다. 그러나 인류의 경험은 보조적인 예방책이 필요하다고 가르쳤다." 매디슨이 보기에 이는 건전한 헌법의 기본 요소였다. 매디슨은 필라델피아의 제헌 회의에서 보조적 예방책들이 함께 들어갔을 때 대의원이 아닌 제퍼슨에게 편지(1787년 10월)를 보내 그 예방책들에 관해 자신이 이해한 바를 전했다. 매디슨의 세 가지 목표는 유일한 국가의 권위를 확립하고, 인민의 주권을 인정하며, 다수의 폭정을 예방하는 것이었다.

　매디슨이 전한 것처럼 필라델피아에서 그것은 연합을 유지하기 위해 신속히 합의됐다. 크게 달라진 점은 연방정부는 "각 주 정부에 작동하는 것이 아니라 그들의 개입 없이 주를 구성하는 개인들에게 작동해야 한다"는 것이었다. 다시 말해 주권적인 힘은 각 주나 중개 기구를 거치지 않고 시민들에게 직접적으로 작용할 것이었다. 연방 법은 인민 개개인에게 의무를 지우고 그들을 보호할 터였다. 그 원칙을 제외하면 정치적인 국가는 존재할 수 없었다. 연방정부는 그 일을 할 수 있을 만큼 "활기차고 안정적"이면서도 인민에게 책임을 질 수 있어야 했다. 공직의 임기는 제한돼야 하고 권력은 한 사람이나 몇 사람이 아니라 다수의 손으로 행사해야 했다.

인민의 통제는 직접적으로 행사될 수 없었다. 사람들의 판단은 여과되고 연결돼야 했다. 매디슨은 자신이 『연방주의자 논고』 51번에서 "민주주의"라고 표현한 직접 참여는 근대 국가에서는 그 규모나 복잡성과는 상관없이 실용적이지도 바람직하지도 않다는 것을 받아들였다. 대의제는 인민의 주권을 억제하는 한 가지 방법이었다. 대의제 아래서는 인민이 스스로 결정하거나 법을 만들지 않았다. 대신 자신들을 위해 그 일을 할 대표자를 보냈다. 순수한 민주주의, 혹은 직접 민주주의는 그런 식으로 피했다. 인민 주권을 억제할 두 번째 방법은 연결이었다. 어떤 유형의 대의제는 인민의 의사를 여과하고 연결하는 일을 거의 하지 않았다. 예를 들어 행정부와 사법부를 통제하는 단일한 입법부는 그 일을 별로 하지 않을 것이었다. 곧 자코뱅주의와 사회주의 좌파의 민주주의 전통에서 선호될 그런 제도는 인민의 의사와 다수의 의사를 동일시하는 잘못된 등식에 의존했다. 대의 기구들은 인민의 의사가 갖는 권위적인 힘과 흔히 따로 노는 내용 사이의 균형을 잡을 수 있게 복잡한 기구를 만들고 그것들이 연결되도록 해야 했다.

미국 헌법은 매디슨이 제퍼슨에게 설명했듯이 연결로 가득 찼다. 권력은 행정과 입법, 사법부로 나뉘었다. 각자 다른 권력에 어느 정도 통제력을 가졌지만, 어느 쪽도 모든 자리에 대해 최종적인 임용권을 가질 수는 없었다. 입법부는 상원과 하원으로 나뉘었는데, 이는 큰 주들에 압도당할 것이라는 작은 주들의 불안과 덜 부유한 다수에게 강탈당할 것이라는 부유한 소수의 걱정을 누그러뜨렸다.

　다수의 폭정은 매디슨의 걱정거리였다. "사회의 한 부분을 다른 부분의 불의로부터 보호하는 것"은 극히 중요했다(『논고』 51번). 인민의 정부는 다수의 결정을 의미했다. 그렇더라도 다수가 소수를 억압하지 못하게 막을 방도가 있어야 했다. 나중에 추가된 권리장전은 하나의 방도였다. 하지만 그리 빠른 길은 아니어서 매디슨의 버지니아주 동포인 조지 메이슨은 헌법 비준에 반대표를 던지고 고향으로 가버렸다. 매디슨 자신은 권리장전을 수용하는 쪽으로 돌아섰다. 다수를 억제하려는 그는 헌법의 안전장치보다는 사회의 다양성에 더 큰 희망을 걸었다. 사회는 분열돼 있고 앞으로도 그럴 것이다. 당파로 나뉘는 것은 불가피하고 골치 아픈 일이나 그만큼 이득이 될 수도 있었다. 전제적인 다수는 실제로 두려워해야 할 최악의 독재였지만, 크고 다양한 공화국에서는 그와 같은 폭정의 가능성이 작았다.

　새로운 틀은 모든 진영에서 비판을 받았다. 자크 튀르고와 콩도르세 후작 같은 프랑스의 개혁가들은 상원의 창설과 강력한 대통령을 보고 실망했다. 그들은 대의 정부에는 강력한 의회가 필요하다고 믿었다. 그들은 미국의 건국자들이 목표와 작동 방식이 투명하고 알기 쉬운 구조를 만들기보다는 과두적인 영국의 전통을 흉내 내고 "기괴한" 혼란을 수용함으로써 기회를 놓쳤다고 느꼈다.

　미국 헌법은 타협 속에서 탄생했고 내전으로 타협이 깨졌을 때는 오로지 스스로 근본적인 변화를 받아들여서 살아남았다. 그것은 작은 주와 큰 주들의 '대타협'에 의존했으며, 자유로운 북부와 노예제를 유지하는 남부의 "부패한" 두 번째 타협에도 기댔다. 무역과 상업에 관한 연방정부의 권한을 강화해준 대가로 노예제의 미래는 제쳐두었다. 하지만 대표를 배분할 때는 노예를 한 사람의 5분의 3으로 계산했다.

법적으로 북부와 남부의 "부패한" 타협은 노예제 폐지와 수정헌법 14조의 통과로 버려졌다. 이 조항은 연방 법에서, 그리고 점차 주 법에서도 개인과 기업의 권리를 확립할 헌법상의 만능열쇠가 됐다. 그 만능열쇠는 자유주의자들의 도구가 됐다. 우파 자유주의자들은 노동자들의 요구로부터 기업을 자유롭게 하려고 이용했고, 나중에 좌파 자유주의자들은 사적 행동에 도덕적 간섭을 하는 법으로부터 시민들을 풀어주려고 이용했다.

역사학자 리처드 호프스태터가 묘사한 것처럼 매디슨의 "상호 좌절의 조화로운 체제"는 여러 변화를 거치며 계속해서 살아남았다. 1787~1788년의 헌법 논의는 새로운 용어와 은유를 더한 정치적 근대성 논쟁으로 이어졌다. 헌법 자체는 미국판 자유주의와 보수주의 논쟁에 걸린 판돈이 됐다. 그 법적 보호자인 대법원의 판사 임용을 놓고 백악관과 상원이 당파적인 차원에서 싸웠다. 판사들은 당파적인 꼬리표가 자신들의 일을 희화한다며 불평했다. 그들에게 이른 법적 분쟁 중 대부분 경우에 그런 주장을 할 만했다. 하지만 더 드물기는 해도 심각한 정치적 분열과 헌법적 논란으로 지면을 장식할 사건—노예제, 기업과 노동 간의 분쟁, 제도적 권력의 문제—의 경우 그런 불평은 정곡을 벗어난 것이었다. 역사적으로 자유주의 좌파와 보수주의 우파의 노선을 따르는 일관된 정파성이 그 점을 시사해주었다.

5. 혁명의 비판자들은 보수주의에 무엇을 남겼나

프랑스혁명의 비판자들은 초기 보수주의자들이 첫 상대인 19세기 중반의 자유주의자들에게 쓸 수 있는 풍부한 논점과 은유, 수사적 매력을 남겨주었다. 사회는 사실 유기적이고 조화로운 것인데도 혁명은 갈등을 빚는 경쟁적인 사회라는 잘못된 그림을 그렸다. 혁명은 변화를 실행 가능하며 바람직한 것으로 보는 그릇된 관념에 오도돼 안정과 질서를 파괴했다. 사회 구성원들은 분열적이고 불손하게 사회에 따져 묻고 명령하지 않았다. 그보다는 사회가 그들을 이끌어주고 의무를 알려주었다. 혁명의 정신인 루소는 사람들이 사회, 특히 근대의 경쟁사회가 그들을 악하게 만들기 전까지는 "천성적으로"―즉, 사회 이전의 상태에서―모두 선하다고 가르쳤으나 그렇지 않았다. 사람들은 혁명기에 유식하지만 어리석은 법률가들이 믿었던 것처럼 모두 신뢰할 수 있을 만큼 현명하게 선택하고 자치할 능력을 지닌 것은 아니었다. 사람들은 대부분 약하고 불완전하며 확고한 길잡이를 필요로 했다. 그들은 철학적 비판자들이 가장한 것처럼 사회 바깥으로 물러서서 그 사회를 판단할 수 없었다. 왜냐하면 그들 스스로 사회계급과 지위의 틀 안에 있는 자신의 위치에서 판단 기준을 끌어냈기 때문이었다. 그들이 객관적으로 볼 수 있다고 하더라도 사회는 아주 미묘하고 복잡해서 포괄적인 원칙들로는 평가할 수 없었다. 그런 원칙들은 느슨하고 부적합할 수밖에 없었다. 제대로 이해한 사회는 전통을 체현한 것으로, 그 자체로 지식의 저장고이자 자기 이해의 토대였다.

바로 이런 것들이 보수주의의 선구자들이 남겨준 유산이었다. 사회적 조화의 부인, 정치적 이성의 한계, 인간의 도덕적 불완전성은 진보에 대한 파멸적인 신념을 조장했다. 사회의 꾸준한 개선에 대한 과신, 그리고 사람들의 천성적인 선량함에 관한 감상적인 믿음 혹은 그들의 개선 가능성에 대한 순진한 믿음이 그것이었다. 역사는 섭리와 같이 불가해한 것이었다. 사회는 모호했다. 사람들은 불완전하고 스스로 방향을 정하는 데 서툴렀다. 보수주의는 19세기 중반 자유주의와 공개적으로 논쟁을 벌일 때 1790년대에 만들어진 그 반혁명의 무기—반개인주의, 반평등주의, 정치적 회의주의—를 풍부하게 활용했다.

2부
보수주의란 무엇인가

CONSERVATISM

2장
보수주의의 특성과 관점, 명칭

1. 정치 관행으로서의 보수주의

이야기를 계속하기 전에 기본적인 문제를 정리할 필요가 있다. 보수주의란 무엇인가? 이것은 무엇에 관한 이야기인가? 여기에는 한마디로 해결할 수 있는 것이 없다. 이 질문들에는 여러 답이 있을 뿐만 아니라 너무 어려워서 어떤 답도 할 수 없다며 스스로 포기하는 주장들도 있다. 여기서 쓰이는 용어는 까다롭지만, "보수주의란 무엇인가"라는 물음은 명칭이나 의미에 관한 것이 아니다. 이 물음은 보수주의의 특성 및 종류와 관련이 있으며, 역사적으로 이해해야 한다.

당신이 보수주의란 어떤 종류의 사물인가 하고 묻는다면 그것은 정당정치 집단, 정부에 대한 조언, 사회에 관한 철학, 가진 자들의 대변자, 모든 계급의 목소리, 고상하지 않은 인간의 초상, 변할 수 있고 이상한 것과 상반되는 한결같고 익숙한 것에 대한 인간의 보편적인 선호와 관련된 답을 들을 것이다. 각각의 답은 보수주의의 어떤 측면을 잡아낸다. 모두 부분적인 것이다. 이 책에서 이해하는 보수주의는 정치적 전통 혹은 관행이다. 모든 관행이 그렇듯이 이는 세 가지와 관련이 있다. 보수주의에는 역사가 있고, 그 실행 과정에 참여자들―정치인과 사상가, 후원자, 유권자―이 있고, 그들을 이끌어줄 세계관이 있다. 어떤 사람들이 보수주의자인가도, 그들이 생각하는 것이 무엇인가도 하나의 구절이나 공식으로 표현할 수 없다. 그 관행은 복잡하지만 그렇다고 이야기를 시작도 하기 전에 멈춰야 할 이유가 될 수는 없다.

보수주의자는 19세기 초 이전에는 들어보지 못한 것이었다. 그들의 첫 상대인 자유주의자들처럼 보수주의자들도 그 전에는 상상하지 못한 새로운 사회의 상황을 마주했다. 그들의 사회적, 지적 뿌리는 오래되고 깊었으나 변화의 규모나 속도는 어리둥절할 정도였다. 인구와 경제는 몇 세기 동안 바닥을 기다가 갑자기 폭발적 성장을 보였다. 기술혁신은 삶의 안정된 형태를 바꿔놓았다. 시골에서 도시로 가는 이주는 사람들을 오래된 권위와 관습의 속박에서 풀어주었다. 정치에 관해 읽고 논쟁하는 사람들은 더는 수천 명이 아니라 수십만 명이 되고, 곧 수백만 명으로 불어났다. 돈은 더 많은 돈을 창출하는 것들을 만드는 데 쓰였다. 자본주의적 근대는 요컨대 경제가 돌아가는 방식과 사회의 패턴, 그리고 사람들의 세계관을 뒤엎었다. 그것은 사람들을 부유하게도 빈곤하게도 했고, 힘을 키워주기도 빼앗기도 했으며, 사회적 지위를 뒤섞고, 높은 기대를 불어넣고, 윤리 규범의 틀을 다시 짰다. 이 흥분되고 불안정한 사회의 새로운 조건에서 정치는 스스로 다시 생각해야 했다. 그렇게 자유주의와 보수주의가 태어났다.

도식화하자면 자유주의자들은 근대 자본주의를 끌어안았다. 보수주의자들은 그런 자유주의자들에게 반대하는 식으로 대응했다. 최초의 자유주의자들은 근대적인 변화의 쌍둥이 터빈인 자본주의와 비판적 사고를 환영했다. 자유주의자들은 더 자유로운 시장과 이동 가능한 노동, 스스로 창출할 수 있는 돈의 힘을 좋아했다. 그들은 종교적 무관심과 사회적, 문화적 다양성뿐만 아니라 의견 불일치의 건설적인 힘을 끌어안았다. 최초의 보수주의자들은 금융의 용해 능력을 두려워하며 폐쇄된 시장과 안정된 삶의 패턴을 지키려고 했다. 그들은 사회적 통일성과 공유된 신념, 그리고 공통의 충성을 강조했다. 자유주의자들은 자신들을 사회를 열어젖히고 활력을 퍼트리며 사람들을 풀어주는 이들로 보았다. 보수주의자들은 자유주의자들을 사회를 깨트리고 무질서를 퍼트리며 사람들이 갈피를 못 잡게 하는 이들로 보았다. 자유주의는 실험과 시도를 제의했다. 보수주의는 확실성과 안전을 약속했다. 보수주의자들은 자유주의자들이 자본주의적 근대를 불러왔다고 주장하지는 않으면서 그들이 그와 같은 근대를 끌어안았다고 비난했다. 보수주의자들이 보기에 자본주의적 근대는 바로 자유주의적 근대가 됐다.

자유주의자들이 보수주의자들을 변화에 대한 맹목적인 저항과 관련지었듯이 보수주의자들은 자유주의자들을 변화의 맹목적인 조장과 관련지었다. 1830년대 바덴의 두 자유주의자가 동시대 정치의 방대한 연구인 『국가학 사전』을 펴내기 시작했을 때 이 책에서 자유주의자들은 "운동의 당", 보수주의자들은 "저항 혹은 정지의 당"으로 묘사됐다. 보수주의자들은 방해자임을 함축적으로 표현한 것이다. 보수주의자들은 그 오명을 되돌려주었다. 자유주의자들은 파괴자였다. 보수주의자들은 질서와 안정을 옹호하는 데 반해 그들은 무질서와 불안정을 옹호했다. 사실 양쪽 다 사회질서를 바라고 있었으나 질서를 같은 방식으로 생각하진 않았다.

정치가 체스라면 자유주의자들은 백을 잡았다. 그들이 먼저 움직였다. 보수주의자들은 흑을 잡았다. 그들은 자유주의자들의 첫수에 반격했다. 시간이 지나면서 주도권의 손바뀜이 이뤄졌다. 반근대로 시작한 보수주의자들은 근대를 지배하게 됐다. 우파는 분명히 더 강한 경쟁자였기 때문이다. 우파는 부와 재산의 힘을 대변했다. 처음에는 산업과 무역, 금융에 맞서 토지 자본을, 다음에는 반대했던 세 가지 모두를, 곧이어 큰 재산뿐만 아니라 작은 재산까지도 대변했다. 더욱이 보수주의는 20세기 들어 한참 지날 때까지 국가기관들과 법과 종교, 군대, 대학 같은 사회 여러 분야의 단체에 의존했는데, 이들은 정치 이전의 일상에서 끊임없이 가구를 바꾸기를 원치 않고 내일이 오늘 같기를 바라는 완고한 보수주의에 기울었다. 보수주의자들은 정치적 민주주의에 대해 두려움을 극복했고, 20세기 초가 되자―일관성 면에서 오름차순으로 독일, 프랑스, 미국, 영국에서―선거에서 무서운 힘을 발휘하면서 다시 모였다.

이처럼 부유층의 후원, 제도적 지원, 유권자 기반이라는 삼중의 이점은 자유민주주의 게임에서 우파가 이기는 데 도움이 됐다. 혼란스럽게 들리겠지만 보수주의가 자유민주주의와 타협한 데 따른 궁극적인 보상은 자유민주주의의 지배였다. 좌파가 과거의 정치인들로 몰아세웠으나 우파는 정당정치의 집권 기록이 확인해주듯이 근대를 주도하는 세력이 됐다. 1914년 이후 프랑스 제3공화국(1870~1940)에서 공화파(우파 자유주의자들)는 급진파(좌파 자유주의자들)와 (흔히 연정으로) 번갈아 집권하면서 사회주의자와 공산주의자들을 저지했다. 제4공화국(1944~1958)에서도 비슷한 패턴이 이어졌다. 프랑스 제5공화국의 60여 년 중 대통령이 우파일 때는 39년 이상이었고, 좌파일 때는 20년이었으며(그중 프랑수아 미테랑과 프랑수아 올랑드는 가장 색깔이 희미하고 가장 중도적인 성향의 좌파였다), 중도인 에마뉘엘 마크롱이 나머지를 채웠다. 영국에서 20세기는 집권 면에서 "보수의 세기"였다. 1895년부터 2020년까지 126년 중 81년 동안 토리당이 단독으로, 혹은 연립정부의 다수당으로 통치했다. 미국에서 우파의 지배는 찾아보기가 좀더 어려웠다. 서른한 차례의 대통령 선거(1896~2016)에서 공화당은 열일곱 차례, 민주당은 열네 차례 이겼다. 공화당은 54년 동안만 상원을 통제한 데 비해 민주당은 68년 동안 그렇게 했다. 하원에서는 공화당이 52년, 민주당이 70년간 통제했다. 우세를 보여주는 또 하나의 지표로 공화당은 44년 동안 백악관과 의회의 양원 모두를 차지했고 민주당은 40년 동안 그런 우위를 차지했다. 이처럼 겉으로 보이는 균형은 견고한 백인들의 남부가 1970년대까지 보수적이고 인종차별적인 민주당원들을 당선시켰다는 사실을 가렸다. 국가 의제의 통제를 기준으로 보면 개혁적인 민주당은 1913년 이후에 와서야 정치 논쟁의 틀을 짰고, 그다음에는 1930년대부터 1960년대까지 다시 그렇게 했다.

20세기에 독일 우파는 의문의 여지 없이 그 패턴에서 벗어나 있는 것 같다. 1918년까지 보수주의자들은 빌헬름 제국을 개혁할 것이냐, 개혁에 저항할 것이냐를 놓고 쪼개졌다. 그들은 1918년부터 1933년까지 근대 독일의 첫 자유민주주의 시도인 바이마르공화국을 뒷받침할 것이냐 뒤엎을 것이냐를 놓고 다시 갈라졌다. 우파는 용감하게 저항했으나 무너졌고, 볼셰비즘에 맞서는 것이라고 자신을 설득하며 더 큰 싸움에서 나치와 협력했다. 독일이 자국과 세계에 불러온 참화 후에 그 잔해에서 기독교민주당이 이끄는 자유민주주의적인 독일 우파가 태어났다. 연방공화국 창건(1949) 이후 독일 총리는 72년 중 51년 동안 기독교민주당에서 나왔다. 독일에 하나의 우파가 있었는가? 깨지지 않고 연속되는 우파라면 없었다. 그러나 1945년 이후 독일 우파가 스스로 다시 형성했을 때 수입하거나 부과된 것이 아니라 독일의 뿌리에 의존할 수 있었다.

보수주의자들이 더 많은 선거에서 이기고 더 많이 통치할수록 그들의 책임도 더 커졌다. 자유주의적 근대에 반대하면서 활동을 시작한 주류 보수주의자들은 근대를 소유하게 됐다. 보수주의자들은 근대 사회의 점점 더 많은 부분을 대표하게 되면서 그 사회를 괴롭히는 갈등의 양쪽에 있는 자신을 점점 더 많이 발견했다. 그것은 기업에 필요한 혁신과 사람들이 열망하는 안정 사이, 세계 시장이 요구하는 경쟁과 국가의 공동선 사이, 지식의 유익한 분화 및 관점의 다양화와 공유된 충성 및 공적 논쟁을 가능하게 하는 공통의 가정 사이의 갈등이었다. 이런 것들을 종합하면 "효율성과 공동체 사이의" 갈등이라고 할 수 있다. 양쪽을 다 옹호하면서 우파는 곧 좌파의 경쟁자와 논쟁하는 만큼 그들 자신과도 논쟁하게 됐다.

19세기 말부터 정당정치의 성공에는 당 내부의 심한 분열이 따라

왔다. 자유주의자들이나 민주주의와 타협하기를 거부하며 저항하는 강경우파는 더 시끄러울 때도 있고 더 부드러울 때도 있었지만 언제나 그 자리에 있었다. 그들은 1880년대와 1890년대 공화정의 프랑스와 빌헬름 시대 독일의 주류 우파를 괴롭혔다. 1910년대와 1920년대에는 아일랜드와 무역, 제국 문제를 놓고 영국 토리당을 분열시켰다. 미국에서 반자유주의적이고 인종분리주의적인 우파는 1880년대부터 1960년대까지 쭉 정치적으로 남부를 통제하면서 근대 미국의 보수주의를 일그러지게 했다. 1920년대와 1930년대 독일에서 전쟁 실패와 경제 공황은 우파가 자유주의와 의회민주주의의 대안을 찾도록 부추겼고 비참한 결과를 낳았다. 지금까지 탈산업사회의 공동화와 금융 붕괴, 실패한 전쟁들, 전략지정학적 공포가 자신들은 신중하며 우월한 이해력을 갖췄다고 주장하는 보수주의자들에 대한 유권자들의 믿음을 흔들었다. 2010년대에는 대체로 자유주의 성향을 지닌 중도우파가 자신만만하고 분열적인 강경우파에 의해 점점 더 빠르게 수세에 몰렸다.

저항하는 보수주의자들, 다시 말해 자유주의와 하나 혹은 그 이상의 측면에서 타협하기를 거부하는 이들은 다양한 형태로 나타났다. 어떤 이들은 구조와 제도에 초점을 맞췄다. 근대의 왕정주의자, 반의회주의자, 조합주의자, 우파 포퓰리스트들이 그랬다. 어떤 이들은 국가와 그 특권에 초점을 맞췄다. 완고한 식민주의자와 독자적으로 행동하려는 일방주의자들이었다. 또 다른 이들은 국민의 특성에 초점을 맞췄다. 이민 반대자와 반유대주의자, KKK 단원, 시민권에 대한 미국 남부의 저항자, 백인 국가 극단주의자, 최근 다크웹의 "비자발적 독신주의자"들이다. 그들은 민주적 자유주의가 더 좋았던 시기(1914년 이전, 그리고 다시 1945년 이후)에는 주변부로 사라지는 경향이 있었다. 1918~1945년과 급속히 나빠지는 지금처럼 더 안 좋은 시기에는 저항하는 우파가 내부로 들어와서 기꺼이 타협하려는 보수주의 우파를 흔들고 갈라놓는다.

자유민주주의는 좌파의 자식이지만 그 성장과 건강은 우파의 지지에 의존해왔다. 역사학자 브라이언 거빈이 『20세기의 우파』(1994)에서 표현했듯이 "민주적 우파는 민주주의의 필요조건"이다. 데이터를 잘 활용하는 정치학자 대니얼 지블랫은 『보수 정당과 민주주의의 탄생』(2017)에서 정교한 실증 연구로 그 점을 밝혔는데, 한 가지 조건을 더 추가했다. 우파가 민주주의를 지지하려면 강하고 통합돼야 한다는 것이다. 지금처럼 우파가 분열됐을 때 가진 자들은 정부가 안전한 손에 맡겨져 있다고 믿고 편히 잠들기가 어렵다. 지블랫은 "강건한 보수 정당은 실제로 민주주의의 전제 조건일 수 있다"고 썼다. 거빈과 지블랫은 1885년 기업계에 사회 개혁에 대한 지지를 호소했던 당대의 급진적 자유주의자 조지프 체임벌린에게 공명했다. 그는 이렇게 물었다. "재산권은 지금 누리는 안전을 위해 얼마의 몸값을 치를 것인가?" 재산가들이 더 많은 세금과 사회복지, 노동자 보호, 기업 규제의 형태로 몸값을 낼 때 보수주의는 민주적 자유주의가 지속할 수 있도록 했다. 재산권의 몸값이 너무 높아 보일 때 보수주의자들은 주저하며 뒤로 물러났다. 자유민주주의는 재산권과 민주주의의 경합하는 요구가 균형을 이룰 때 가장 잘 작동했다.

정당정치에서 우파가 거둔 모든 역사적인 성공을 보면 논란의 여지 없는 원칙들을 점차 강화한 것보다는 그 사상가와 지식인들의 개인적인 광채로 더 빛나는 경향이 있었다. 보수주의의 역사에서 줄곧 정당정치는 보수주의 사상에 의지했고 또 그 사상을 빚어냈다. 보수주의자들이 무엇을 생각하는지 요약하는 데 흔히 어려움을 겪는 것은 그런 상호작용 때문이다. 다른 이유도 있다. 자유주의 관점에는 특유의 사상가들―빌헬름 폰 훔볼트, 존 스튜어트 밀, 알렉시 드 토크빌, 레너드 홉하우스, 칼 포퍼, 존 롤스―이 낸 표준적인 문헌이 있지만, 보수주의자들에게는 그런 것이 없다. 더욱 혼란스럽게도 일부에서 20세기 말 보수주의의 좌표로 일컬어지는 두 사상가―프리드리히 하이에크와 마이클 오크숏―는 자유주의 표준 문헌의 오른쪽 끝자리에도 들어가 있다. 그 혼란은 너무나 명백하다는 점을 짚고 넘어가야겠다. 하이에크를 스승으로 따르는 이들은 그가 보수주의자라는 것을 부인한다. 모두는 아니지만 오크숏의 추종자들은 흔히 그가 자유주의자라는 것을 부인한다. 하지만 그런 명칭들은 신뢰할 만한 것이 아니다. 자유주의적 보수주의는 1945년 이후 정통파가 됐고, 각 사상가는 그 정설의 한 측면에 관해 주요한 목소리를 냈다. 하이에크는 효율성, 오크숏은 공동체를 말했다.

또 다른 난점은 지적인 면에서 우파가 탄생기에 보였던 반대자의 정신을 완전히 떨쳐버린 적이 없다는 것이다. 따라서 보수주의의 속내를 들여다보면 흔히 자신들의 거창한 목표나 원칙도 없이 자유주의자들에 대한 반격과 민주주의자들에 대한 의심을 잘 엮어놓은 것 같다. 보수주의의 관점에 뭔가 긍정적인 것이 빠져 있다는 암묵적인 비난에 답하는 길로는 두 갈래가 있다.

흔히 "현실주의"와 연결되는 실용적인 길은 집권 시기의 훌륭한 성과를 자신들을 정당화하는 근거로 취급하는 것이다. 그 견해에 따르면 보수주의자들은 더는 사회의 타고난 통치자가 아니더라도 가장 믿을 만한 통치자였음을 증명했다. 따라서 보수주의자들에게는 자신들을 정당화하고 다른 이들에게 자신들이 무엇을 추구하는지 보여주기 위한 거창한 목표나 이상이 필요하지 않았다. 그런 것이 필요하다고 생각한다면 정치가 해야 할 일을 잘못 이해하는 것이었다. 필요한 것은 훌륭한 통치에 관한 신중한 격언이 전부였다. 그것은 마치 운전자 교본 같았다. 조심하면서 가라, 한꺼번에 많은 것을 시도하지 마라, 사람들이나 정치에서 많은 것을 기대하지 마라, 가진 자들을 속상하게 하지 마라, 그리고—영국의 명석한 보수주의자이자 철학자인 앤서니 퀸턴의 이미지를 가져다 쓰자면—버스가 "좁고 구부러진 도로"에서 벗어나지 않게 하라는 것이었다.

신중을 규칙으로 삼는 접근 방식은 영국적인 풍미가 있는 것으로 보수주의 사상가들이 대체로 더 대담한 프랑스와 독일, 미국에서는 그리 흔하지 않았다. 그곳 사상가들은 정치경제학(시장 대 사회), 세속적인 사회에서 종교의 역할, 반자유주의 소수파의 권리, 국가와 인민의 특성 면에서 보수주의자들에게 필요하다고 믿는 거창하고 긍정적인 사상을 추구했다. 보수주의 관점의 탐색은 20세기 후반 풍부한 재원을 바탕으로 싱크탱크와 연구소, 미디어, 대학을 지적으로 쇄신하려는 그람시식 운동으로 촉진됐다. 마치 한 미국 보수주의자가 쓴, 간과되기는 했어도 선견지명이 있는 『사상은 현실이 된다』(1948)라는 작은 책의 제목에 고무되기라도 한 것 같았다. 이 운동은 처음에는 미국과 영국에서, 그다음에는 프랑스와 독일에서 일어났다. 그 탐색은 공론장에서 우파의 도구를 날카롭게 벼려주었다. 자유주의에 대항하는 정설을 찾지 못하거나 우파 내의 논란을 끝내지 못했을 때도 그랬다.

정당정치에서 정설이 자리 잡지 못한 가운데 보수주의의 사고에 아주 다른 길이 널찍하게 펼쳐졌다. 길은 정당정치 내부가 아니라 그 바깥에서, 자유주의적 근대에 대한 심미적이고도 윤리적인 비판으로 열렸다. 사상가와 작가로서 그 비판자들은 흔히 우파의 가장 독특한 목소리였다. 그들은 자유민주주의 사회의 비용과 무시, 실패를 상기시키며, 권위의 부인, 사회의 파편화, 인간의 손상, 진보의 공허한 약속, 고의적인 방종, 그리고 인간의 평등에 관한 감상적인 믿음을 지적했다. 비판은 문학적이거나 철학적, 혹은 종교적일 수도 있었다. 그들 중에는 시인과 작가(레오파르디, 워즈워스, 콜리지, 호손), 비평가(러스킨, 생-뵈브), 풍자가(멩켄), 초기의 환경론자(코빗, 릴), 법률가, 철학자, 역사가(스티븐, 브래들리, 칼라일, 기르케)뿐만 아니라 종교사상가(라므네, 뉴먼, 케텔러, 호지, 브라운슨)도 있었다. 그런 비판자들은 근대성이 끼친 위해는 아직 물리칠 수 있다는 신념과 투지를 가지고 썼다. 20세기에 문화적인 민주주의가 강화되고 문화적 권위는 쇠퇴하면서 그런 자신감은 약해졌다. 보수주의적 비판자들은 더 분노하거나 애조를 띠었다. 그중에는 생각하지 않는 행동으로 도피하거나(드리외, 초기의 윙거) 비협력과 퇴거의 정신으로 종교나 미학으로 물러나는 것을 옹호한 작가들(엘리엇, 스크러턴, 그리고 미국 가톨릭 사상의 분파들)이 포함됐다.

2. 보수주의의 관점

"운동의 당"과 "질서의 당"이라는 초기의 꼬리표는 눈길을 끌지만 오도하는 것이었다. 자유주의자와 보수주의자 모두 질서와 안정을 바랐으나 그에 대한 생각은 같지 않았다. 자유주의자들은 근대 질서를 냉정하고 자유롭게 이동하며 물질적으로 부족함이 없는 사람들의 유동적인 사회에서 성취할 수 있는 것이라고 보았다. 그런 질서에서 법치 아래의 권위는 이성적으로 공존하는 시민들이 서로를 수용하는 것으로부터 바깥으로 흘러나오는 것이었다. 권위는 확립되고 효과적인 것이기는 해도 조건부이고 의문이 제기될 수 있었다.

보수주의자들은 더 오래된 구도에서 벗어나지 않았다. 그들에게 사회질서는 일정한 지위와 친숙한 의무를 수반하는 안정된 제도 및 사회적 위계에 달려 있었다. 그 그림에서 권위는 고정되고 공인된 통로를 통해 흘러내리는 것이었다. 보수주의자들에게는 의지할 수 있는 유서 깊은 사상이 있었다. 플라톤에게 권위는 현명하고 더 높은 진리와 닿는 것이므로 복종해야 하는 것이었다. 안전을 최고의 사회적 가치로 여기는 "현실주의적" 우파의 지적 대부인 홉스에게 권위는 사람들의 타고난 경쟁심이 통제 불능으로 치닫지 않도록 막을 주권적인 중재자로 필요한 것이었다. 흄과 버크에게 권위는 사람들이 복종하는 데 익숙해진 것이면서 이제 고맙게도 그 기원(정복이나 강탈)이 잊힌 것이었다. 각자의 설명에서 권위는 다음과 같은 의미에서 절대적이었다. 권위는 복종해야 할 것이지 성가신 질문자들이 그 자격을 끊임없이 따질 것이 아니었다. 사회질서가 정착되려면—더 호의적인 용어로는 "확립"되려면—의심과 비판, 그리고 "어쩌면"이 아니라 주저 없이 받아들이는 자세와 충성, 신뢰가 요구됐다.

이 수직적인 이해에서 권위는 오래된 방식을 따라 종교적, 군사적, 혹은 더 새롭게 다원주의적인 차원에서 생각할 수 있었다. 보수주의자들은 질서 있는 사회를 우월하고 신성한 권위 아래 있는 신자들의 공동체로 그릴 수 있었다. 또 더 높은 단위에서 낮은 단위로 명령이 하달되는 군사적 위계로 그릴 수도 있고, 저마다 전체에서 부분으로 내려오는 독자적 권위를 지닌 결사나 단체처럼 복합적인 전체로 그릴 수도 있었다. 마지막의 더 새로운 구도에서 권위는 통치자나 입법자 이상의 것이었다. 그 권위에는 정착된 관습과 규범, 협약을 지닌 질서 있는 사회 자체도 포함됐다.

보수주의자들은 사회가 완벽한 질서를 확립하는 것이 가능할지는 몰라도 드문 경우임을 이해했다. 그들은 태곳적부터 경험한 기근과 전쟁, 질병, 반란, 나쁜 통치(사악한 군주, 탐욕스러운 과두 지배자, 분노한 군중)의 재앙을 인식했다. 또 안정된 사회는 고정되거나 동결된 것이 아니라 점진적인 변화에 열려 있는 것으로 파악했다. 하지만 그들이 예상하지 못한 것과 자본주의적 근대에 최초의 보수주의자들이 맞닥뜨린 것은 훨씬 더 위압적이었다. 그것은 스스로 끊임없이 무질서와 불안정의 씨앗을 뿌리는 것으로 보이는 새로운 유형의 사회질서였다. 자본주의적 근대의 끊임없는 혼란은 확립된 계급을 무너뜨리고, 안정된 삶의 양식을 뒤엎고, 윤리적·문화적 권위에 대한 무시를 초래할 것이 확실했다. 한 번이 아니라 다시, 또다시 그럴 터였다.

보수주의자들이 자신들의 "확립된" 질서의 구도를 공유하자고 다른 이들을 설득하려면 그 그림은 변화하는 시대에 신뢰를 유지하기 위해 적응하고 현대화해야 했다. 보수주의자들은 일찍이 프랑스혁명을 비판하면서 얻은 교훈—사회의 통일성, 이성의 한계, 인간의 불완전성—을 동시대의 자유주의에 대항하는 관점으로 바꿔야 했다. 그들은 먼저 보수주의의 관점이 필요하다는 점을 받아들여야 했다. 그동안 지배하는 데 익숙했지만 더 이상 지배자가 아닌 이들에게 그 교훈은 고통스럽고 받아들이기 어려웠다.

3. 보수주의와 자유주의 관점의 비교

보수주의 사상을 연구한 독일 역사학자 루돌프 피어하우스는 오랜 지배계급의 정치사상에 대한 태도를 잘 요약했다. 그는 지배계급이 보기에 "사회질서와 정치권력은 '~이다'는 영역에 속하지 '~할 것이다'나 '~해야 한다'는 영역에 속하지 않았다"고 썼다. 초기의 보수주의자들은 "~할 것이다"와 "~해야 한다"로 전환하는 문제에 관해 자유주의자들의 생각을 듣고 읽은 다음 그에 동의하지 않았다. 각자 더할 나위 없이 분명하게 다른 쪽에 반대했다. 최초의 보수주의자들은 반자유주의자들이었다. 최초의 자유주의자들은 반보수주의자들이었다.

어떤 일관된 정치적 관점에 대해서도 제기되는 네 가지 질문에 보수주의자와 자유주의자들은 다르게 답했다. 사회는 응집력이 있는가, 아니면 갈등을 빚는가? 권력을 행사하는 데 도덕적 한계가 있는가? 인간의 삶은 개선되는가? 사회에서 모두가 평등한가, 아니면 더 우월하고 열등한 이들이 있는가?

요약해서 표현하자면 자유주의자들은 사회를 경쟁적이고 갈등을 빚는 것으로 생각했다. 그들은 권력을 불신하며 관습적인 권위에 의문을 제기했다. 그들은 모두에 대한 시민적 존중의 필요성과 함께 인간의 진보와 사회적 평등을 믿었다. 그들은 정치적 행동에 높은 기대를 품었다. 보수주의자들은 사회를 조화로운 것으로 생각했다. 그들은 권력을 존중하고 관습적 권위를 받아들였다. 보수주의자들은 진보나 평등을 믿지 않았다. 그들이 보기에 존중은 훌륭하고 뛰어난 이들을 위한 것이지 그와 무관하게 모두를 위한 것은 아니었다.

겐츠의 친구인 독일 낭만주의자 아담 뮐러는 일찍이 사회를 경쟁적이고 갈등적으로 취급하는 데 반대했다. 군주의 통치와 신분적 특권에 대한 그의 애착은 향수 어린 것이었으나 자유주의의 결함에 대한 그의 후각은 예리했다. 그가 판단하기에 자유주의 구도의 결점은 사람들을 사회 바깥으로 보내고 나서 다시 안으로 돌려보내려 한다는 것이었다. 사람들은 자신들과 자신들이 두고 떠난 사회에 비용을 부담시키지 않고도 사회를 버리거나 자신들에 대한 사회의 영향을 부인할 수 없었다. 시간을 초월한 이상을 현세로 끌어옴으로써 새로운 사회를 역사 속에 실현할 수 있는 것처럼 생각한다면 그런 새로운 사회는 절대 없을 것이었다. 과거와 미래가 있는 현재진행형인 사회만 있을 뿐이었다. 그 경계는 설사 있다 해도 아무도 알 수 없을 것이었다. 마지막으로, 사회는 선택적인 목적이 아무리 이롭고 값진 것일지라도 그 목적을 위해 마음대로 사용할 수 있는 도구가 아니었다. 사회는 그 자체로 일반적인 가치를 지닌 것으로, 사회가 특정 과업을 얼마나 잘 혹은 잘못 수행했는지 점수를 매길 수 없었다. 사람들과 사회에 관한 그런 오해는 오늘날의 용어를 쓰자면 비용 없는 퇴장, 무시간성, 도구적 사용이라고 할 수 있었다. 자유주의자들이 사회적 결속의 도덕적 힘을 잘못 이해했다는 보수주의의 첫 비난은 20세기 말에 재개된 보수주의자들의 윤리적 비판으로 이어졌다. 그 비판은 알래스데어 매킨타이어와 로저 스크러턴 같은 사상가들이 잘 보여주었다. 그와 더불어 자유주의가 자율에 관한 사람들의 바람을 과장하고 권위 있는 규범의 필요성을 축소했다는 비난을 1945년 이후 독일의 아르놀트 겔렌과 미국의 신보수주의자들이 제기했다.

보수주의자와 자유주의자 모두 사회질서를 위해 권위 있는 힘이 필요하다는 점에 동의했지만, 그 힘이 어떻게 정당화되고 권위를 지닐 수 있는지에 관해서는 의견이 달랐다. 보수주의자들에게는 권력이 일단 "확립"되면, 다시 말해 정착되고 수용되면 정당한 것이고, 따라서 권위 있는 것이었다. 다만 권위의 정당한 보유자가 부당하게 행동할 수는 있었다. 자유주의자들이 보기에 권력이 정당하려면 습관적으로 복종하거나 참고 견디는 것 이상이어야 했다. 권력은 정당하다는 것을 보여줘야 했다. 그 차이는 다른 여러 경우보다 성문 헌법에 대한 자유주의자들의 애착과 보수주의자들의 적대감에서 자명하게 드러났다. 자유주의자들에게 권력은 언제나 "왜 내가 복종해야 하는가?" "왜 내가 지불해야 하는가?" "왜 내가 순응해야 하는가?"라는 질문에 열려 있었다. 보수주의자들이 보기에 이는 거꾸로 된 것이었다. 그들이 보기에 권력은 질서를 보장함으로써 수용되고 확립된 것이었다. 그러므로 사회질서의 기둥인 법과 재산권, 관습은 존중돼야 하고, 흠 잡히고 비판받거나 질서 유지 역할을 하는 데 방해받아서는 안 될 것이었다. 나폴레옹 이후 왕정복고 시대 프랑스의 유력한 두뇌였던 보날 같은 극보수주의자에게는 공개적인 논쟁이라는 발상 자체가 끔찍하게 싫은 것이었다. 보날은 특유의 오만을 드러내며 말했다. "교회나 군대에서만 사람을 모아야 한다. 그곳에서는 사람들이 논쟁하지 않기 때문이다. 그들은 듣고 복종한다."

보수주의자들, 특히 작가와 시인들에게서 듣는 비웃음의 가장 인기 있는 대상은 자유주의 관점의 세 번째 요소인 인류 진보의 성취 가능성이라는 믿음이었다. 자코모 레오파르디는 위대한 시 「금작화」 (1836)에서 에트나의 용암으로 덮인 언덕을 생각하면서 이렇게 비웃었다. "이 언덕에 새겨진 것은 장엄하고 진보적인 인류의 운명." 너새니얼 호손은 우화 「대지의 번제」(1844)에서 풋내기처럼 새로운 것에 몰두하는 자유주의자들을 놀렸다. 샤를 보들레르에게 진보는 유치하게도 역사를 모든 사람을 더 행복하고 더 나은 목적지로 싣고 가는 아늑한 기차로 그리는 "게으름의 교리"였다.

자유주의자들이 더 나은 삶으로 여기는 것에는 의문이 제기됐다. 콜리지는 "상업은 수천 명의 사람을 부유하게 해주었다"고 인정했다. 그는 상업이 "지식과 과학의 확산을 불러왔다"라면서도 그것이 "도덕적 향상에 티끌 하나라도 보탰는가"라고 물었다. 프랑스 역사가 이폴리트 텐은 "우리 머리 위에 우중충한 하늘을 드리운 이 시대 불행의 원인들"을 드러내놓고 탄식했다. 『구체제』(1875)의 유명한 구절에서 그는 귀족의 편하고 자유로운 삶을 부르주아의 생존경쟁과 대비한다. "그 시절에는 일찍이 해야 하는 벅찬 일이 없었다. 격렬한 경쟁도 없었다. 애매한 직업도 무한한 전망도 없었다. 신분은 분명하고, 야망은 제한되고, 질투는 덜했다. 사람들은 오늘날처럼 끊임없이 불만스러워하고 쓰라려하며 정신이 팔려 있지 않았다. 권리가 없을 때 특권과 호의는 덜 중요했다. 우리는 출세를 열망한다. 그들은 스스로 즐기기를 열망했다."

물질적 진보는 이른바 근대 자유주의의 도덕적 공허함이라는 것과 비판적으로 비교됐다. 이런 식의 생각은 19세기 내내, 그리고 그 후로도 계속됐다. 이런 생각이 정치와 직결되는 것은 아니지만 자유주의자들이 정치적 주장을 펴면서 도덕을 들먹일 때 그들을 격퇴할 보수의 무기가 됐다. 아르투어 쇼펜하우어와 쇠렌 키르케고르의 철학적 염세주의는 자유주의자들이 말하는 진보를 차원 높게 비판할 때 전개할 만했다. 니체의 철학은 약자를 보호하려는 자유주의자들의 인도주의적 충동은 질투와 분개에 뿌리를 두고 있다고 시사함으로써 그들을 당황케 할 수 있었다. 20세기의 사상가들은 근대 자유주의의 피상성과 결여된 진실성(마르틴 하이데거는 우리가 "신에게는 너무 늦게 왔고 존재에게는 너무 일찍 왔다"고 생각했다) 때문이든 유사 비판의 무분별함(테오도어 아도르노가 보기에 "완전히 계몽된 지구에는 재앙만이 빛을 발한다") 때문이든 그 철학적, 도덕적 실패에 계속해서 고개를 가로저었다.

자유주의적 진보에 대해 대놓고 하는 정치적 비난은 과도한 비용과 의도치 않은 결과에 초점을 맞췄다. 보수주의자들은 광범위한 인류의 진보가 바람직하다 해도 이룰 수 없을 것이라고 주장했다. 앨버트 O. 허시먼은 자유주의적 진보에 대한 우파의 비판을 날카롭게 분석한 『반동의 수사』(1991)에서 그 비난들은 모두 무용성(희망하는 변화는 개선이 아니다)과 도착성(권고한 치료법이 병을 악화시킨다), 위험성(수리가 다른 손상을 불러온다)이라는 표제 아래 가져올 수 있다고 시사했다. 그 용어를 쓰자면 콜리지부터 하이데거와 아도르노에 이르는 문화적 비판자들은 자유주의적 진보의 무용성(근대의 변화는 더 나은 쪽으로 가는 것이 아니다)을 비난했다. 20세기 말 경제적 세계주의에 대한 국가주의 성향의 비판자들은 도착성(외국인들로 인한 이득은 국내의 무거운 비용보다 많지 않았다)을 지적했다. 21세기에 지구 문제에 대한 현대 자유주의의 태만을 비판하는 이들—그들은 좌우 구분을 넘는다는 점을 강조해야 한다—은 위험성(경제 성장은 지구를 숨 막히게 한다)에 주목한다.

자유주의자들의 관점 가운데 네 번째 요소—국가와 사회가 모두를 평등하게 존중할 것을 요구한다—에서 그들이 공적인 미덕과 공감을 볼 때 보수주의자들은 허황된 희망과 감상을 봤다. 보수주의자들이 보기에 존중은 공로와 신분에 따르는 것이었다. 누구라도, 세속적인 면에서 사회를 위해 한 일이나 자신들을 위해 성취한 것이 아무리 적더라도 모두를 존중하는 것은 존중이 아니라 위선적인 조롱이었다. 누구에게든 조금이라도 과도하게 존중을 표하는 것은 쓸데없는 일이었다. 사람들은 활력이나 재능, 성취, 혹은 성격이 같지 않았다. 어떤 이들은 맡은 바 일에 탁월했고 어떤 이들은 있는 그대로 뛰어났다. 누구든 법적으로 동등한 대우 이상으로 사회의 그런 존중을 받을 자격은 없었다.

평등에 대한 보수주의자들의 부인은 고래의 형태와 근대의 형태를 취할 수 있었다. 위계적 사회 구도는 19세기 말까지, 특히 공식적인 로마 가톨릭의 사상에서 사라지지 않았다. 기독교 조합주의의 주창자인 교황 레오 13세는 한 회칙(1878)에서 하나님은 "문명사회에서 존엄과 권리, 그리고 권력이 서로 다른 다양한 신분을 정했으며 그에 따라 국가는 교회와 같이 더 고귀하고 덜 고귀한 여러 구성원으로 이뤄진 하나의 몸이 돼야 한다"고 선언했다.

근대적 형태의 보수적 불평등주의는 더 미묘했다. 19세기 초 하노버의 회의주의자 레베르크가 그런 목소리를 냈다. 『독일 귀족계급에 관하여』(1803)에서 그는 "귀족에게서 그들의 이름과 작위, 문장을 빼앗을 순 있어도 고귀함 그 자체는 파손할 수 없다"고 썼다. 그는 신분과 그 신분에서 기대할 수 있는 좋은 성과를 구분하고자 했다. 어떤 귀족은 잘 통치했고(그는 영국과 하노버를 염두에 두었다), 다른 이들은 잘못 통치했다(1789년 이전의 프랑스). 이는 모든 계급에서 마찬가지였다. 한 계급에서 어떤 구성원들은 일을 잘하고 다른 이들은 서투르게 했다. 구성원 자격 자체만 보고는 알 수 없었다. 레베르크는 보수주의적 능력주의 시대가 오기 전에 이미 그것을 표현했다.

보수주의자들이 평등에 반대하는 논리는 더 있었다. 모든 사람을 존중한다는 자유주의자들의 약속은 실행에서 행동을 분산시키고 특별히 필요한 곳에 주의를 기울이지 않게 되는 결과를 낳았다. 자유주의자들은 평등한 존중을 설교했으나 이행에 실패했다. 실제로 그들은 약자에 대한 강자의, 빈자에 대한 부자의, 노동자에 대한 소유주의 압제를 부추기거나 그에 눈을 감았다. 보수주의자들이 보기에는 평등한 존중을 약속하기보다 사람들의 다양한 필요와 공로에 맞춰 실질적인 배려를 보장해주는 것이 더 나았다.

자유주의의 기만은 평등한 존중을 모두에게 민주적으로 약속했을 때는 더 나쁜 것이었다. 그렇게 되면 약속은 파괴적이지는 않더라도 공허해질 위험이 있었다. 보수주의자들의 생각에 사람들은 다른이들을 다스리는 것은 고사하고 자신을 통제하는 데서도 똑같은 능력을 지니지 못했다. 경제학적으로 말하면 동등하지 않은 노력에 동등한 보상을 해줘야 마땅한 것은 아니었다. 윤리적, 문화적으로도 사람들은 삶에서 무엇이 중요한지, 그리고 어떤 심미적 기준을 지지해야하는지 똑같이 건전하게 판단하는 것은 아니었다. 그러나 전술적인 신중함을 보인 주류 보수주의자들은 특히 1945년 이후 민주적 자유주의의 평등주의 언어와 타협하게 됐다. 보수주의자들은 불평등에 관한 자신들의 소신을 누그러뜨리고 진정시켰다. 그들은 1862년의 젊은솔즈베리처럼 "평등을 위한 미친 열정"에 관해 호통치지 않고 1953년 1월 첫 번째 취임식의 드와이트 아이젠하워처럼 말하는 법을 배웠다. 아이젠하워는 "자신의 모든 형제 사이의 평등을 부정하려는 이는 누구든 자유로운 시민 정신을 배신하고 압제자의 조롱을 삽니다"라고말했다. 자매들의 평등은 나중에 왔다. 보수주의자들이 민주주의와평등주의의 언어를 채택했다는 사실도 인간은 평등하지 않고 그들을평등하게 만들려는 시도는 무분별하고 성취할 수 없는 일이라는 우파의 본래 신념을 완전히 감춰주진 못했다. 민주적 담론과 보수의 신념간 긴장은 오늘날까지 줄곧 이어졌다.

4. 보수주의자와 자유주의자를 묶어주는 공간

19세기 말 경제적 민주화—개략적으로 말하면 번영의 몫을 모두에게 더 평등하게 나누는 것—를 요구하는 사회주의자나 개혁가들의 목소리가 점점 더 커질 때 보수주의자와 자유주의자들은 어떤 점들에서 견해가 일치했다. 관점의 차이는 누그러졌다. 더 깊이 들여다보면 자유주의자들은 권력 자체를 불신하진 않았다. 그들은 권력의 전횡적인 행사를 경계했다. 진보를 믿는 자유주의자들은 한 사회를 다른 사회로 대체하는 것이 아니라 사회 안에서 병폐를 제거하는 것을 목표로 했다. 그들은 또 권리에는 의무가 따라온다는 것도 이해했다. 대신 보수주의자들은 확립된 권력이라도 반드시 제한이 없고 질문을 면제받으며 하고 싶은 대로 할 수 있어야 하는 것은 아님을 인정했다. 그들은 안정되고 통합된 사회도 당연히 국부적인 수선이 필요하다는 점을 받아들였다. 보수주의자들은 권리 자체를 부정하지는 않았다. 어떻게 그럴 수 있겠는가? 재산권 보장은 권리에 의존했다. 보수주의자들이 반대한 것은 과도하게 확장한 선언으로 권리를 부풀리고 그 값어치를 떨어트리는 것이었다.

정치적인 면에서 그처럼 양쪽을 묶어주는 공간들은 지속적인 동맹이 이뤄질 수 있게 해주었다. 이는 정당정치 이야기에서 곧 볼 수 있을 것이다. 지적인 면에서 그 공간들은 보수주의자들이 자신들의 관점을 특별하게 만들어주는 것은 무엇인지, 혹은 자신들이 경제적 자유를 받아들이게 됐으면서도 왜 문화적 자유만큼은 전적으로 편하게 느낀 적은 없는지 설명하기 더 어렵게 했다.

보수주의자와 자유주의자들의 관점 간 경계가 흐려지는 것은 일찍부터 인지됐다. 독일의 정치평론가 프리드리히 뷜라우는 1847년 온건한 보수주의자들이 변화의 부재를 추구하지 않았고 온건한 자유주의자들은 완전한 변화를 요구하지 않았다고 썼다. 1848년 근본적인 격변의 시기에 독일의 우파 자유주의자인 다비트 한제만은 친구에게 "어제 자유주의적이었던 것이 오늘 보수주의적인 것이 되고, 이전의 보수주의자들이 기꺼이 이전의 자유주의자들과 연결한다"고 말했다. 「지적 보수주의」(1856)에서 월터 배젓은 적응하는 방향은 거꾸로이지만 같은 연결을 이야기하면서 "대단히 광범위한 변화로 모든 자유주의자는 이제 보수주의자다"라고 썼다. 이 초기의 관찰자들은 보수주의자들이 고수해야 할 새롭고 값진 것을 발견했다. 그것은 자유주의적 현 상태라고 부를 수 있는 근대 정치의 틀이었다.

경계가 흐려지는 경향은 미국에서 가장 뚜렷했는데, 그곳에서는 나중에 공화당이 된 휘그당이 처음부터 자유주의와 보수주의 요소들을 결합했다. 개략적으로 말하면 휘그당은 친자본주의자들로서 경제 면에서 자유주의적이었고, 노예제에 관해서는 반쯤 자유주의적이었으며, 선거민주주의와 문화적 민주주의를 두려워한다는 점에서는 보수주의적이었다. 자유주의와 보수주의의 교배 형식은 유럽에서도 명백했다. 독일의 사례는 지주이자 사업가로 친비스마르크적인 자유보수당을 이끌고 독일산업연합을 창립한 빌헬름 폰 카르도르프와 바이마르공화국 우파 자유주의 정당의 지도자 구스타프 슈트레제만이었다. 1945년 이후 프랑스의 전형적인 자유주의적 보수주의자는 친시장적인 앙투안 피네인데, 그는 자신을 "소비자 씨"라고 불렀다. 그는 나중에 발레리 지스카르 데스탱의 중도우파 정당으로 들어간 독립당을 이끌었다. 미국에서는 1970년대까지 자유주의적 보수주의자들을 친시장적이고 문화적으로 개방적인 "록펠러 공화당"에서 쉽게 찾아볼 수 있었다. 영국의 원형은 토리당 "습파" 총리 해럴드 맥밀런 (1957~1963)이었다.

5. 보수주의 사상의 적응성

이 지점에서 피할 수 없는 물음이 제기된다. 200년 전 역사적으로 다른 상황에서 내세운 사상이 오늘날 보수주의자들이 내세우는 것과 어느 정도로 같은 사상일까? 같은 사상이 아니라면 그때와 지금의 보수주의에서 공통된 관점을 이야기하는 것은 잘못일 터다. 공통된 관점이 전혀 없다면 여기에 하나의 전통이나 관행이 있다는 생각 자체가 틀린 것으로 보인다. 여기서 일관성과 연속성이 부딪치는 것 같다.

학자들은 그동안 여러 방식으로 연속성과 일관성의 문제를 풀려고 했다. 1927년 카를 만하임에게 보수주의는 불안을 초래하는 근대의 변화에 맞서 지주들의 이익과 그들의 제도를 원칙에 따라 옹호하는 것이었다. 그러나 시간에 묶인 그의 보수주의는 19세기에 멈춰 서버릴 위험이 있었다. 1957년 새뮤얼 헌팅턴은 그와 대조적으로 보수주의가 "상황적"인 것이라고 주장했다. 보수주의의 "본질"은 지배적인 질서를 옹호하는 것이었다. 어떤 것이든 언제든 상관없었다. 보수주의자들은 뭔가 공통적인 것을 생각하거나 말해야 할 때도 있고 그럴 필요가 없을 때도 있었다. 1996년 마이클 프리든은 연속성과 변화에 각각 다른 기준을 허용함으로써 둘을 연결하려 했다. 그의 설명에 따르면 과거와 현재의 보수주의는 공통의 관점을 지니면서 그 특정한 내용은 변화하는 상황에 적응시킨다.

보수주의는 프리든이 제시한 방식으로 그들의 관점을 시대에 맞게 고쳐 말하는 데 능숙함을 보여줬다. 다시 말해 보수주의 관점의 내용은 변해도 특성은 그대로 남았다. 예컨대 최초의 보수주의자들 사이에서 **사회의 통일성**은 지위와 신분의 "유기적" 계층 구조로 생각됐다. 믿기 힘들겠지만 디즈레일리는 19세기 중반에도 여전히 그런 용어로 이야기하고 있었다. 그러나 유기적인 은유는 계급 갈등과 민주주의라는 눈에 보이는 사실에 자리를 내주고 있었다. 사회의 통일성은 인민과 민족 차원에서 다시 생각해야 했다. 인민은 문화적 혹은 인종적으로 하나의 전체로 상상되고, 합의된 과거와 공통의 운명을 지닌 하나의 민족으로 함께 행동했다. 그것은 흔히 영국인이나 프랑스인, 미국인의 민족성을 세계로 확산하는 제국주의적 면모를 보였다. 1945년 이후 단일한 "인민"을 말하는 것은 전체주의적이거나 인종주의적인 것으로 배척되고 배타적인 민족주의는 위험하고 신용을 잃은 것으로 취급됐지만, 시간이 지나면서 그 교훈들은 잊혔다. 21세기 강경우파의 부상과 더불어 단일한 "인민"을 이야기하는 이들이 돌아왔다. 경쟁적인 민족주의는 분별 있는 것으로 생각됐다. 그러한 변화의 시간에 줄곧 보수주의가 **사회적 통일성**이라는 관념을 가지고 다룬 문제는 통합된 사회가 인내심을 거의 갖지 않는 것들이었다. 다양성과 분열, 불화가 그것이었다.

보수주의자들이 처음에 옹호한 권위는 지역의 대지주와 판사, 성직자, 교사의 권위처럼 특수하고 개인적인 것들이었다. 하지만 권위는 갈수록 비개인적인 것이 됐다. 국가의 (최종적인 발언권을 가진) 법적 권위와 시장의 (지불 능력이 없는 이들을 부인하는) 경제적 권위, 사회의 (윤리적, 문화적 기준들을 감시하는) 규범적 권위다.

보수주의자들에게 재산권 개념은 처음에는 특정한 장소와 소유자의 유형, 특히 지주계급에 묶여 있었다. 재산권을 옹호하는 것은 도시에 대해 시골을, 산업에 대해 농업을, 상인에 대해 신사계급을 옹호하는 것과 쉽게 연결됐다. 19세기 말 보수주의자들에게 재산권 보호는 윌리엄 맬로크와 윌리엄 섬너의 저작들이 보여주는 것처럼 노동자들에 맞선 경영자들, 국가에 맞선 시장을 뒷받침하는 것과 같은 것이었다. 재산권은 지금도 여전히 보수주의자들이 가장 먼저 옹호하는 것 중 하나지만 그것은 점점 더 분화됐다. 소유자들은 더 이상 하나의 사회적 유형으로 뚜렷이 구분되지 않는다. 과거에는 재산권이 사회의 표면에 드러나는 것으로, 울타리가 쳐져 있고 감탄이나 질투, 혹은 열망을 품고 지나가게 되는 것이었다. 이제 재산권은 약속에 따른 것이거나 가상의 것이기도 하다. 그런 생각은 적어도 카를 마르크스처럼 오래된 것이다. 자본주의의 옹호자 조지프 슘페터는 그런 변화를 잘 알고 있었다. 그는 1942년 자본주의가 "공장의 벽과 기계를 단지 한 조각의 지분으로 대체함으로써 자산 개념에서 실물을 제거했다"고 썼다. 금융만이 유일하게 비개인적이고 가상적인 특성을 갖게 된 자산 유형은 아니었다. 자산은 이제 "인적자본"으로 불리는 다양하고 필수적인 포트폴리오를 포함하게 됐다. 기술과 교육, 특권적인 접근성, 사회적 연결망이 인적자본을 이루었다. 그러한 변화가 이뤄지는 동안 **재산권** 개념은 보수주의자들의 사고에서 사회의 안정화 장치로서 역할을 계속해왔다. 재산권은 헤겔의 용어를 쓰자면 사람들에게 "인격성"을 부여했다. 다시 말해 재산권이 없으면 시민 생활에서 효과적인 행동을 할 역량도 없을 것이었다.

그 비중과 범위 면에서 1830년대의 **국가**는 21세기의 국가와 같은 점이 거의 없다. 당시 부유한 나라에서 평화 시의 국가가 쓴 것은 국민소득의 10퍼센트에 훨씬 못 미쳤다. 지금처럼 40~60퍼센트를 지출하지 않았다. 세율은 그와 비슷하게 낮았고 낼 사람은 별로 없었다. 그때와 지금의 국가는 어떤 의미에서 우편 마차를 부르는 것과 월드와이드웹으로 소통하는 것만큼 차이가 난다. 그와 대조적으로 국가의 범위와 비중에 관한 보수주의자들의 염려는 그때나 지금이나 같은 것이다. 국가를 확대하거나 축소하는 경제적 압력들—전쟁이나 평화, 번영이나 빈곤—은 같다. 지금처럼 그때도 국가는 서로 경제를 개방했다가 되돌리는 일을 반복했다. 윤리적, 문화적으로 보수주의자들은 그때도 지금처럼 국가가 교회를 얼마나 지원하고 언론과 개인적인 도덕을 얼마나 단속해야 하는지를 놓고 같은 성격의 논쟁을 벌이고 있었다.

관습과 전통의 지혜는 위태롭거나 노후화한 제도에서 점차 떨어져 나갔다. 그것은 또 낡은 신념과 철학에서 분리됐다. 1945년 이후 관습과 전통의 지혜는 시대에 맞도록 깔끔하게 변형됐다. 정치에서 관습은 이념으로 산만해지지 않는 신중함과 확고함으로 재인식됐다. 경제에서 관습은 스스로 교정하는 것으로 여겨지는 시장의 특성으로 대체됐다. 관습이라는 개념이 했던 역할은 남아 있었다. 그것은 정치에서 비판적이거나 과장된 사상을, 경제에서 국가의 간섭을 내칠 것이었다.

6. "보수주의"와 "우파"의 명칭 문제

보수주의 이야기는 온건파와 급진파, 중도주의자와 극단주의자, 경제적 사고를 하는 이들과 윤리적 사고를 하는 이들, 배타적인 이들과 포용적인 이들, 분파적인 이들과 통합론자들에 관련된 것이다. 보수주의자들은 지금까지 "반동적" "현상 유지" "혁명적" "극" "신" "고" 보수주의자로 분류됐다. 그들은 무엇에 주로 초점을 맞추느냐에 따라 정치적, 문화적, 종교적, 환경적, 도덕적 보수주의자의 줄에 세워졌다. 철학자 사이먼 에브닌의 적절한 표현에 따르면 보수주의는 "고질적인 논쟁의 대상"이다.

새뮤얼 헌팅턴은 "보수주의의 적은 자유주의가 아니라 급진주의"라고 썼다. 보수주의자들이 흔히 우파 급진주의자들에 관해 불평해온 것은 사실이다. 메테르니히는 정통주의자가 정당화할 수 있는 것은 혁명뿐이라며 격분해서 소리쳤다. 프랑스 제3공화국 초기에 아돌프 티에르는 왕당파인 한 반대자를 이렇게 꾸짖었다. "진정시킬 필요가 있었는데 당신은 50년 동안 화를 돋웠고 어떤 정부도 확립될 수 없었소. 당신은 줄곧 보수주의자들보다 좌파에 더 봉사한 거요." 급진주의자를 정치적인 유형으로 생각하거나 급진주의를 일단의 사상으로 여기는 것은 잘못이다. "급진"과 "온건"이라는 표현은 명사적인 것이 아니라 부사적이다. 급격함과 온건함은 내용이 아니라 속도와 태도, 양식과 관계있다. 그 차이는 목표를 어떻게 잡고 행동하느냐에 달려 있다. 경직성을 띠거나 유연하거나, 열광적이거나 차분하거나, 공격적으로 밀어붙이거나 방어적으로 웅크리거나, 상대를 절멸하는 데 열중하거나 타협을 허용하거나, 정복하지 않고는 살 수 없거나 패배와 실패에도 살아남을 수 있거나의 차이다.

보수주의는 급진적일 수도 있고 온건할 수도 있다. 그것은 경쟁의 형세와 경쟁에 걸린 이해관계, 어느 쪽이 공격하고 어느 쪽이 방어하느냐에 달려 있다. 관습과 통일성, 심지어 정치적 겸양에 대한 "보수주의자"의 호소는 온화한 형식을 취할 수 있다. 사회에 대한 의무를 강조하고, "하나 된 국민"을 내세우며 계급적인 분열에 반대하고, 정책을 점진적으로 추진하는 것이다. 그 호소는 난폭한 형식을 취할 수도 있다. '다른 자'들에게 낙인을 찍고, 사회적 다양성을 부인하며 내부의 적들을 사냥하고, 배타적인 민족주의를 외치고, 온건한 상대에게 과격파와 극단주의자의 오명을 씌우는 것이다.

압박을 받을 때 우파의 여러 집단은 보통 다수의 견해나 법의 지배, 혹은 확립된 관습에 맞서는 급진파로 행동하려고 한다. 1870년부터 1880년까지 프랑스의 반공화주의자들, 영국 토리당의 (1910년 상원 개혁에 반대하는) "최후의 저항자들", 혹은 1912년 7월 아일랜드자치법에 반대해 "얼스터 지방의 저항이 아무리 오래 이어지더라도 나는 지지할 준비가 돼 있다"라며 북부의 무장 반란을 부추긴 보수당 지도자 보너 로, 바이마르공화국 초기에 무장한 반대파를 지지한 독일 보수주의자들, 1950년대와 1960년대 미국에서 법원이 명령한 학교 분리의 철폐에 저항한 남부의 보수주의자들이 그랬다. 영국의 반유럽 보수주의자들은 2016년 이후 분열된 국가에서 여론을 무시하고, 헌법적 규범들을 어기고, 19세기 이후 유럽과 미국에서 익숙하게 봐온 급진적 우파의 호소를 재연하면서 자신들이 통제하지도 않는 선출된 의회가 자신들의 포퓰리스트적 상상 속 존재인 "영국 국민"에게 등을 돌리게 만들었다.

정당정치의 명칭으로서 "자유주의자"라는 말을 만들어낸 이들은 1810년대 스페인의 입헌주의자들이었다. "보수주의자"라는 명칭은 그 직후 프랑스에서 나왔다. 그 용어는 넓은 의미에서 정치적으로 신중한 태도를 나타내는 말로 더 일찍 쓰였지만, 샤토브리앙의 평론지『콩세르바퇴르』(1818)는 일찍이 정파적으로 그 말을 쓴 사례로 인용된다. 직후에 독일 법률가 루트비히 하서는 "보수적 자유주의"를 "파괴적 자유주의"와 호의적으로 대비하며(1823) 훗날 지적 융합과 정당 간 연합으로 이어지는 풍성한 역사에 일찌감치 언어의 세례를 주었다. 영국 토리당은 1820년대에도 여전히 프랑스의 신조어 사용에 거리를 두고 있었다. 케슬레이 자작은 "우리 잉글랜드의 리베로"를 언급했고, 웰링턴 공작은 "이 나라의 파티 콩세르바퇴르"를 말했다. 새로운 명칭들은 곧 영어가 됐다. 1830년 토리당의『쿼털리 리뷰』는 이 당을 "보수당"으로 부르는 것이 "더 적절"하다고 선언할 수 있었다.

미국에서 "보수주의"와 "우파"는 자유주의에 반대하는 집단 전체에 대해 서로 바꿔 쓸 수 있는 말이다. 공화주의적인 프랑스에서는 흔히 진정한 보수주의는 존재한 적이 없다는 주장이 나온다. 2017년에 사상사가 프랑수아 위게냉은 보수주의를 프랑스의 "중요한 부재자"로 불렀다. 프랑스에서는 자유주의에 대해서도 흔히 같은 주장이 제기됐다. 자유주의나 보수주의 중 어느 관행이든 (예컨대 영국 보수당처럼) 선호되는 본보기와 너무 단단히 묶여 있어서 다른 나라로 수출할 수 없거나, 너무 개략적인 윤곽만 잡아서 어느 곳에서도 실현하지 못할 수도 있다. 프랑스에서 우파라는 용어는 다른 곳에서 보수주의자라고 부르는 여러 흐름을 포괄한다. 독일에서도 우파는 같은 뜻으로 쓰인다. 낱말들만 보고 판단한다면 독일에서 보수주의는 한 세기 동안 존재하지 않았다. 1918년 이후 콘제르바티스무스는 실패한 반동이나 고루한 주장, 도를 넘는 급진주의를 암시했다. 오늘날 독일 우파의 젊고 똑똑한 보수주의자들은 그런 연관성을 극복하기 위해 애쓰고 있다.

여기서 고려한 네 나라의 우파 정당 중 영국의 장수한 보수당만 그 이름을 채택하고 간직했다. 독일 우파는 1918년 이후 케케묵고 짐스러운 것이라며 "보수"라는 표현을 버렸다. 프랑스의 주류 우파는 1900년대 이후 약자를 줄줄이 늘어놓는 작은 사전을 썼는데, UR, ARD, AD, RPF, RPR, CNI, UNR, UDR, UDF, UPR, UMP 중 어느 것도 "보수"라는 말을 포함하지 않는다. 미국에서는 남부 주에서 재건기의 민주당 쪽 반대파가 잠시 자신들을 보수주의자로 불렀으나 1900년대 이후에는 공화당을 보수 정당으로, 민주당을 자유주의 정당이나 진보 정당으로 보게 됐다.

자유주의적 근대 정치의 기초로서 좌파와 우파의 구분을 상기한다면 이 혼란스러워 보이는 구도에서 질서의 감각을 살릴 수 있다. 우리가 정치를 한쪽 편이 경기장을 전부 차지하는 제로섬 게임으로 취급하지 않는 한 전 경기장에서 좌파와 우파의 분할이 계속된다고 인정하는 것은 개략적으로 말하면 정치가 다양성 속에서 벌어지는 끝없는 논쟁임을 받아들였다는 뜻이다. 요컨대 그것은 자유민주주의의 핵심 요소를 수용했음을 의미한다. 다시 말해 해소할 수 없는 사회적 갈등을 두고 좌파와 우파가 정치적으로 싸우는 구도를 인정한 것이다. 영국의 사상가 스티븐 루크스는 2003년에 이 점을 잘 표현했다. "자연적인 것 같지만 역사적 우연인 공간적 은유"로서 좌우 분할은 "널리 퍼져 있고, 융통성이 있고, 일반적이고, 이례적으로 쓰임새가 많으며" 지금처럼 "동등한 지위의 대안들 사이에서 벌어지는 고유하고 정당한 갈등의 원리"를 체화한 것이다.

개방된 경기장의 좌우 정치라는 은유를 끌고 가는 것은 어느 한쪽의 우위나 지배를 거부하라는 뜻이다. 좌파는 자신들이 인류를 대변한다는 신화를 완전히 버린 적이 없다. 우파는 자신들이 생각 없는 사회의 몸통 위에 있는 현명한 두뇌라는 스스로 만든 이미지를 완전히 버린 적이 없다. 좌우 구분은 흔히 불필요하거나 낡은 것이라고 하지만 지금도 계속되고 있다. 좌우의 사상가들은 자신들을 상대편의 반대 사상가로 인식하기가 가장 쉽다는 것을 안다. 어쨌든 자유주의자들이 보기에는 경쟁과 논쟁이 없으면 정치 자체가 죽어버린다.

7. 보수주의자들의 딜레마

1962년 클린턴 로시터는 보수주의자로 사는 어려움을 돌아보면서 보수주의를 "감사받지 못하는 설득"이라고 표현했다. 독일의 사상가 니클라스 루만이 ―그 경구의 순서를 거꾸로 해서 ― 진보주의자는 보통 좌절로 끝나는 데 비해 보수주의자들은 시작할 때 좌절한다고 썼을 때 그는 로시터와 같은 생각을 하고 있었다. 보수주의자들은 타고난 통치자로서 권위를 잃어버린 가운데 시작했다. 그러나 시작할 때 반대했던 자유주의자, 민주주의자들과 타협함으로써 다시 권위를 얻었다. 보수주의자들은 자신들이 가슴 깊이 사랑할 수 없는 근대 세계를 지휘하고 있다는 걸 알았다.

여기서 좌절은 기질적인 것이 아니라 정치적인 것이었다. 보수주의자들은 좌절감 속에서 짜증을 낼 수도 있고 명랑할 수도 있다. 그것은 누구냐, 언제냐에 달려 있다. 역사의 주사위가 불리하게 나올 때 언짢아하는 보수주의자들은 "내가 그럴 거라고 했지"라고 말할 것이다. 명랑한 보수주의자들은 ―흄처럼 쾌활한 기분으로― 좌절은 "불완전한 정치"에서 예상할 수 있는 것이라며 웃어넘길 것이다. 보수주의를 정신적인 기질로 취급하는 것은 또한 시간에 따라 달라지는 것에 지나치게 민감한 듯 보인다. 1958년 미국 정치학자 허버트 매클로스키는 보수주의자들을 설문 조사해 그들이 전형적으로 "소외감을 느끼고" "순응적이고" "어느 정도 생기가 없음"을 알아냈다. 사회심리학자 조너선 하이트도 같은 조사를 했고 『바른 마음』(2012)에서 전형적인 보수주의자는 전형적인 자유주의자보다 삶의 요구에 균형을 더 잘 맞춘다는 것을 발견했다. 그렇다면 지금 보수주의자들은 왜 그토록 화난 것처럼 보이는지 궁금해하는 것도 당연하다. 아마도 요점은 보수주의는 사회심리가 아니라 정치의 한 범주라는 것이다.

정치적 보수주의는 그들의 딜레마가 절대 사라지지 않으므로 좌절감을 안겨준다. 사회적 통일성과 공통의 믿음에 호소할 때 보수주의자들은 진지한가, 아니면 냉소적인가? 그들이 선호하는 행동 양식은 용감한 저항인가, 아니면 유감스러운 타협인가? 그들은 자본주의의 창조적 파괴 속에서 무엇을 지켜나갈지 결정하는 원칙들을 가지고 있는가, 아니면 언제 어디서든, **바로 지금** 여기서 효과적인 것을 즉흥적으로 좇는가?

많은 보수주의자가 사회의 통일성과 질서는 공통의 신념에 달려 있다고 생각해왔다. 그런 신념은 종교적일 필요가 없으나 사람들을 단호한 충성으로 묶을 만큼 진지하고 강력해야 한다. 그렇다면 보수주의자들에게 한 가지 질문이 제기된다. 사람들이 그런 신념을 지켜야한다면 그것이 진실이기 때문인가, 아니면 그것을 믿는 것이 사회질서에 유용하기 때문인가? 사회의 평화와 질서를 떠받치는 제도들이 마땅히 두터운 믿음을 얻고 계몽된 비판의 섬광으로부터 보호받으려면 그것들의 우연적인 기원과 때로 자기충족적인 목적은 신비의 오라에 가려져 있어야 한다. 다시 말해 사회는 공개적으로 주장된 미덕의 배후에는 이기적인 이익이 있음을 폭로하는 도덕적 풍자로부터 보호받아야 한다. "의심의 해석학"(마르크스, 니체, 프로이트)으로 사회와 문명 자체의 가면을 벗기는 것은 보수주의자들에게(보수주의자들에게만 그런 것은 아니었다) 더 심각한 위협을 가했다. 그에 대해서는 사실에 관해 폭로자들에게 도전함으로써, 혹은 사회와 문명은 실제로 가면이라는 데 동의하면서 그것은 필요한 가면이라고 주장함으로써 답할 수 있다.

사회 평화를 위해서는 그게 무엇이든 가면처럼 착용할 수 있는 정통이 필요하다는 생각은 청교도의 열정과 가톨릭의 교조주의에 대한 리처드 후커의 불안감 속에 잠복해 있었다. 후커는 그런 생각을 바탕으로 엘리자베스 여왕의 종교 해법을 옹호했다. 그 생각은 홉스와 스피노자의 저작에서 명백했다. 『시민론』(1651)에서 홉스는 대학들이 선동적인 사상가를 배출하지 못하도록 확고한 장악력을 유지해야 할 주권자의 의무에 관해 썼다. 그 사상가들이 똑똑하면 시민적 평화의 바탕인 "건전한 교리"를 흐려놓을 테고, 어리석으면 공중의 연단에서 무지한 이들을 선동할 터였다. 성직자와 교회를 불신한 스피노자는 『신학 정치론』(1670)에서 한 개인의 믿음은 사적이고 외부 통제를 받을 수 없으나 공중의 예배는 사회적인 문제라고 주장했다. 그는 9장에서 "우리가 신을 올바르게 섬기기를 원하면 종교의 외면적 실행은 공화국의 평화에 부응해야 한다"고 썼다. 다시 말해 국가는 사회질서를 위해 공통의 신앙을 감독해야 했다. 후커와 홉스, 스피노자는 신앙의 다양성이라는 성가시고 돌이킬 수 없는 것으로 보이는 사실에 대해 각자 나름의 방식으로 반응하고 있었다. 그들의 주장은 아우크스부르크 강화(1555)와 베스트팔렌조약(1648)이 정치적으로 확립한 것, 즉 역사적 사실로서 종교의 차이와 중세적 보편주의의 종언을 받아들였음을 확인해주었다.

　　사회의 보루로서의 종교에 대한 보수주의자들의 옹호는 진심일 수 있다. 빌헬름 시대 독일 보수당의 지도자 오토 폰 헬도르프가 1878년 오토 폰 비스마르크의 반사회주의 법에 관한 제국의회의 토론 때 연기를 하고 있었던 것은 아니다. 그는 "오직 직업과 노동에 관한 종교적 관점만이 (⋯) 사회민주주의를 극복할 수 있다"는 견해를 지지했다. 권력의 종교 이용은 또한 연극적인 것일 수도 있다. 샤를 10세의 대관식에 역겨움을 느끼고 누가 그런 장관에 속아넘어가겠는가 하고 자문한 샤토브리앙을 떠올려보자. 1997년 미국 학자 제리 Z. 뮐러는 이 딜레마를 깔끔하게 요약했다. "함께 기도하는 가족은 함께 머무를 수 있다. 하지만 함께 머무르기 위해 함께 기도한 가족 구성원들은 결국 기도하지도 머무르지도 않는 자신들을 발견할지도 모른다."

보수주의자들이 옹호하거나 옹호했던 제도는 수없이 많다. 19세기의 군주 지배와 국교회, 귀족 특권, 제한적 투표권, 종교를 이유로 한 자격 제한으로 이어진 "이전의 체제"뿐만이 아니었다. 보수주의자들은 국민투표를 이용한 권위주의, 입헌군주제, 성문 헌법과 불문 헌법, 중앙집권 국가와 연방 국가, 종교적 불관용, 그리고 종교적 자유도 옹호했다. 보수가 간직하고자 했던 많은 제도는 무너지고 권위를 잃고 사라졌다. 그 때문에 보수주의는 쓸데없는 것이 되고 영웅적 실패와 희비극적 가식에 이르렀을까? 보수주의자들은 바이런의 『돈 후안』에 나오는 "용감한 기사들"처럼 "물러날 줄도 다스릴 줄도 모르는 이들을 위해/ 헛되이 싸운" 것일까?

굳센 마음을 지닌 "현실주의적" 보수주의자들은 그 물음에 바로 답할 수 있다. 관습은 사회질서에 더는 복무할 수 없을 때까지 복무한다. 관습이 복무하는 한 지켜질 것이다. 그것들을 조롱하거나 훼손하는 것은 어리석은 짓이다. 일단 역사적 변화의 압력으로 관습이 약해지면 보수주의자들에게 그것들을 살려두라는 요청은 오지 않는다. 규범과 제도, 권위, 기준과 더불어 관습은 그 자체로 가치 있는 것이 아니다. 그것은 사회 평화를 유지하고 번영을 지속하는 데 유용할 때만 가치가 있다. 보수적 "현실주의자"에게 무엇을 지키고 무엇을 버릴지 판단할 역사를 초월하는 기준을 요구하는 것은 헛된 일이다. 그들의 기준은 관습을 그 성과로 판단하는 역사적 결과주의다. 그 기준은 이렇게 묻는 것이다. 이 관습은 이 시대에 유용한가?

그래도 보수주의자들은 여전히 그 시험 기준은 적용해야 한다. 그들은 보존할 수 없는 것의 보존을 언제 중단할지 판단해야 한다. 부상자를 **분류**하듯 —그대로 둘지, 죽게 내버려둘지, 치료할지— 관습을 선별하는 일은 육감에만 의존해서는 안 될 것이다. 명료한 원칙 없이 어떻게 합리적인 판단이 가능할지는 확실히 알 수 없다. 보수주의자들은 흔히 편애하는 제도의 생존 가능성을 과대평가하며, 그 제도가 무너지면 내부의 결함이 아니라 해로운 간섭을 비난한다. 버크는 1789년 제3신분의 법률가와 지식인들이 삼부회를 이상적인 헌법을 둘러싼 쓸데없는 법석으로 몰아가지만 않았더라면 프랑스 왕정과 프랑스 사회는 수리할 수 있는 상태였다고 판단했다. 캘훈이 이끄는 19세기 중반 미국의 보수주의자들은 북쪽의 노예 폐지론자들이 선동하고 간섭하지만 않았어도 남부 주들의 노예사회는 지속할 수 있었다고 생각했다. 1920년대에 바이마르공화국과 화해하지 않은 독일 보수주의자들은 적대적인 볼셰비키와 겁에 질린 사회민주당의 배신만 아니었다면 프로이센의 왕정을 구할 수 있었다고 주장했다. "현실주의적" 보수주의자는 그들의 판단에 관한 시험 결과가 역사적 기록에 있다고 답할 수 있다. 앞서 언급한 여러 실패에도 불구하고 적응성 있는 보수주의자들은 언제 흔들리는 제도나 가치들을 방어하고 언제 불가피한 변화에 머리를 숙여야 할지 잘못 판단할 때보다 올바로 판단할 때가 더 많았다고 주장할 수도 있다. 이처럼 역사에 근거한 주장은 설사 사실이라고 하더라도 그 바탕에 깔린 원칙을 보여주지는 못할 것이다. 바탕에 그런 원칙들이 있기나 하다면 말이다. 어쨌든 이런 방어 논리에서는 그들의 판단이 일련의 놀라울 만큼 영리한 추측에 지나지 않는 것으로 보인다.

8. 전통을 위한 싸움

보수주의 이야기는 1920년대 영국 토리당의 누군가가 표현한 것처럼 "통치하는 남성들(그리고 최근에는 통치하는 여성들)의 끝없는 모험"이라고 할 수 있다. 그것은 지속적이고 다차원적인 정치적, 철학적 논쟁과도 관련이 있다. 논쟁이 없으면 그 이야기는 무의미하다. 마치 무엇을 위한 것인지 전혀 알지 못하고 하는 모험과 같다. 그 모험이 없으면 논쟁과 사상들은 역사적 내용 없이 자체적으로 돌아간다. 여기서는 명료성을 위해 정확한 날짜로 구분한 네 시기에 맞춰 보수주의 정당과 정치가들, 그와 함께 사상과 사상가들에 관한 이야기가 병렬적으로 펼쳐진다.

불안한 변화 속에서 최초의 보수주의자들은 지배적인 제도(왕과 교회, 귀족)와 지배적인 법적 양식(소유권과 상속제), 지배적인 사회 규범(존경과 신앙, 충성)에서 질서를 찾았다. 자유주의적 근대는 퇴치할 거인과 반대할 적들로 가득한 논쟁 상대를 풍부하게 제공해주었다. 처음에는 이전의 정치 질서를 녹여버리는 자유주의적 자본주의가(19세기 중반), 그다음에는 개혁주의라는 약한 형태나 사회주의라는 강한 형태를 취한 경제적 민주화의 요구가(19세기 말과 20세기 초), 그리고 마지막으로 윤리적, 문화적 민주주의와 보수주의자들이 자유주의적 방종과 나쁜 철학 탓으로 비난한, 모든 것이 허용되는 무규범성이(20세기 말과 21세기 초) 물리쳐야 할 거인이었다. 각 시기마다 보수주의자들은 최초의 약속을 재고하고 재구성해야 했다. 혁명의 비판자들에게서 물려받은 약속은 사회적 통합과 관습의 권위, 진보와 평등에 대한 불신, 그리고 정치적 행동의 한계에 관한 것이었다.

보수주의를 관통하는 이야기는 정치적 성공과 지적 불확실성을 대비하는 것이었다. 주류 우파는 자신들이 자유민주주의를 좌파보다 더 현명하게 지배하고 감독했다고 여긴다. 우파는 근대 사회의 경쟁적인 요구―혁신과 안정, 경제적 효율성과 사회적 평등, 전 지구적 복리와 지역적 복리―를 더 잘 관리했다고 주장한다. 그들이 무엇을 옹호하는지 물어보면 타협적인 보수주의자들은 자신들이 그 모든 결함에도 불구하고 가장 덜 나쁜 정치체제인 자유민주주의의 지배적인 정부로서 오랫동안 통치한 기록을 가리킬 것이다. 그런 구도에 의문을 제기하며 우파에 회의적인 태도를 취하는 이들이 보기에 주류인 자유주의적 우파는 자만하고 있으며 현실과 동떨어져 있다. 정당정치에서 강경우파가 보기에 현대의 자유주의적 현상은 자랑스러워할 것이 아니라 뒤집어엎어야 할 것이다. 정당정치 바깥에 있는 우파의 윤리적, 문화적 비판자들 사이에서는 그와 같은 현 상태가 추하고 잘못된 삶의 방식이다.

유동하는 현대에 보수는 어떤 가치를 지키고 물려줘야 하는가? 보수주의자들에게는 그들 자신의 지적 정통이 있는가, 아니면 단순히 일련의 반자유주의적 비판과 불평만 있는가? 보수주의는 뚜렷한 가치를 지닌 실질적인 전통인가, 아니면 신중한 관리라는 양식적인 전통인가? 이런 질문은 보수주의 이야기 내내 되풀이된다. 보수주의가 자유주의적 근대와 얼마나 타협할지에 관한 논쟁도 이 이야기를 관통한다. 그런 논쟁이 보수주의 이야기에 활기를 불어넣고 형태를 잡아준다. 전통을 위한 싸움은 두 차원에서 벌어진다. 보수주의자들은 자유주의적 근대가 훼손한 전통을 찾아내고 보호하기 위해 싸우며, 그들 자신의 보수주의적 전통의 소유권을 놓고 자기네끼리 싸운다.

3부

보수주의 1기(1830~1880):
자유주의에 대한 저항

CONSERVATISM

1830년

인구와 교역, 여행은 빠르게 늘어나고 있었다. 프랑스 인구는
3300만 명이었다. 영국은 2400만 명이었다. 미국은 1300만 명이었는
데, 그중 200만 명이 노예였다. 붐비는 런던에는 150만 명, 파리에는
80만 명이 살았다. 베를린에는 25만 명, 뉴욕에는 20만 명이 거주했
다. 대부분의 프랑스인은 시골에서 살고 일했다. 영국에서는 이미 인
구의 4분의 1이 도시에서 일했고, 공장에서 일하는 사람도 많았다. 출
생 시 기대수명은 약 40년이었다. 열 살까지 살아남은 자녀는 쉰 살까
지 살 것으로 기대할 수 있었다.

맨체스터와 리버풀은 철도로 연결됐다. 재봉틀과 잔디깎이가 특
허를 얻었다. 독일의 출판업자 베데커는 그의 첫 관광안내서를 계획
했다. 싱켈은 베를린에 신고전주의 구박물관을 열었다.

출간된 책 중에는 라이엘의 『지질학의 원리』, 스탕달의 『적과 흑』,
조지프 스미스의 『모르몬경』이 있었다. 베를리오즈의 「환상 교향곡」

은 파리에서 초연됐다.

윌리엄 해즐릿과 뱅자맹 콩스탕이 사망했다. 카미유 피사로와 에밀리 디킨슨, 로버트 개스코인-세실(솔즈베리 경), 파리코뮌에서 추방된 아나키스트 루이 미셸이 태어났다.

파리에서는 복고 왕정이 무너졌다. 영국에서는 분열된 토리당이 개혁파 휘그당에 의해 정권을 잃었다. 독일 전역에 걸쳐 보수적인 궁정에서 자유와 대중의 참여 요구를 억눌렀다. 잭슨파 민주당과 공화당의 전신인 휘그당이 미국 정치를 분할했다. 자유 노동을 지지하고 산업화하는 북부와 노예를 보유하고 농업이 위주인 남부 사이의 갈등이 커졌다.

잭슨 대통령은 원주민을 미시시피강 너머로 "이주"시키기 위한 인디언추방법에 서명했다. 프랑스 군대는 알제리의 유혈 점령을 시작했다.

3장
정당과 정치가들:
권위 없는 우파

최초의 자유주의자들은 자신들을 건설자로 생각했다. 그들은 경직되고 적응에 서툰 정부의 틀은 사회 변화로 박살 났으며 그 틀을 바꾸는 것이 자신들의 과업이라고 보았다. 자유주의자들은 자신들을 사회의 새로운 권위로 여겼다. 이전의 권위가 장악력을 잃고 불신을 산 후 자신들이 유연한 새 틀 안에서 정치 질서를 확보하려 나섰다고 생각했다.

　　보수주의자들이 보기에 스스로 치켜세우는 자유주의의 자화상은 오해에 바탕을 둔 것이었다. 그들의 눈에 자유주의자들은 혁명가들보다 나을 게 별로 없는 파괴자였다. 보수주의자들은 타고난 집권당이었다. 자유주의자들은 이와 대조적으로 경험 없는 찬탈자였다. 그들은 실현할 수 없는 꿈과 스스로 갈등을 빚는 사회라는 잘못된 구도를 가진 데다 불가피하게 큰 실책을 저질러 곧바로 신뢰가 떨어질 것이었다. 우파의 권위는 상실된 적이 없고 자유주의의 해로운 정치

공작으로 흐려졌을 뿐이었다. 보수주의의 첫 번째 과업은 그 잘못을 일소하고 권위를 재확립하는 것이었다.

그 재확립의 꿈은 사회적 힘의 균형을 잘못 읽고 새로운 정치 게임의 특성을 이해하지 못한 것이었다. 토지 기반 엘리트와 지역의 명사, 신사, 대지주, 유지, 그리고 오래된 위계와 제도가 살아남고 수많은 옛 권력이 온전히 유지된 것은 사실이다. 그들과 더불어 그들의 보수적인 조력자들—판사, 관료, 군 장교, 사제, 교수—이 실제로 19세기 대부분의 기간에 살아남을 것이었다. 1880년 영국에서는 하원의원 652명 중 325명이 젊은 귀족이나 준남작, 신사계급이었다. 독일에서는 1912년까지도 독일보수당 출신 의원 다섯 중 두 명이 작위가 있는 귀족이었다. 그러나 자유주의적 근대는 표면적인 연속성을 끊어버리는 현저한 변화를 불러왔다.

그런 엘리트의 이의 없는 권위는 사라졌다. 권력을 보유하고 유지하려면 논쟁을 벌이고 권력을 공유하며 주고받아야 했다. 우파가 권위—즉, 수용되고 확립되고 정당한 권력—를 되찾으려면 이를 위해 논쟁해야 할 것이었다. 지난 체제의 정당성을 침식하는 데 성공했던 자유주의자들은 모두가 1789년의 프랑스인들을 희화한 버크의 묘사처럼 질투심 많은 신진 문필가들은 아니었다. 자유주의자들은 어떤 의미에서 전달자일 뿐이었다. 그들은 권위에 대해 기꺼이 의문을 제기하는 새로운 유형의 까다로운 시민들을 대변했다. 이제 정치 질서는 대체로 그들의 동의에 의존했다. 버크 이후 얼마 안 있어 뱅자맹 콩스탕이 날카로운 눈으로 포착한 그런 시민은 사회질서와 경제적 번영의 바탕인 중산층에 속했다. 보수주의자들은 그런 사람들을 설득해 지지를 얻어야 할 터였다.

19세기 초 근대의 정당정치가 부상하면서 보수는 전략적 선택에 직면했다. 그들은 과거를 돌아보는 복고주의자(1830년 이전 프랑스의 극보수와 1848년 이전 독일의 절대주의자)로서든, 아니면 현재를 통제하려는 권위주의자(나폴레옹 3세와 비스마르크)로서든 논란의 여지가 없는 권위를 되찾으려 할 수도 있었다. 혹은 절대적 통제력의 꿈을 버리고 자유주의자와 동등한 지위를 받아들이며, 자유주의의 조건에 따라 새로운 게임에서 이기려고 노력할 수도 있었다. 두 번째 전략은 영국 우파의 다수와 남부를 제외한 미국 우파의 선택이었다. 그렇게 하려면 보수주의자들은 권위에 대한 이의 제기와 정치의 끊임없는 논쟁을 받아들여야 할 것이었다. 그들은 자유주의자들이 선호하는 정부의 틀 안에서 통제력을 다퉈야 할 터였다.

그 자유주의적 틀에는 의회의 주권과 더 광범위한 참정권, 시민적 평등이 포함됐다. 그 틀은 제한된 권력과 평등한 존중이라는 자유주의 이상의 핵심을 구체화했다. 그 이상들은 다시 그것들이 요구한 제도적 틀에서 내용을 취했다. 더욱이 자유주의자들은 사회가 향상될 수 있다고 믿었으므로 사회 진보를 촉진하고 그 길의 걸림돌을 제거할 권한과 권위를 지닌 국가를 선호했다. 다시 말해 그들은 크고 통일된 국민국가와 분할되지 않은 시장, 통합된 중앙의 권력을 지지했다. 19세기 초 그런 자유주의적인 틀이 부상하자 보수주의자들은 선택에 직면했다. 어떤 보수주의자들은 그 틀 안에서 이기려고 애썼고, 다른 이들은 비자유주의적인 대안들을 가지고 그 틀을 대체하려고 했다. 의회의 권한과 시민의 권리, 국가의 범위는 보수주의자들 사이에서 논쟁거리가 됐다.

선택의 형태와 강도, 시점은 다양했다. 프랑스에서는 1789년 이후 오래된 사회적 권위와 낡은 정치 구조는 사라졌다. 새로운 권위와 구조를 확립해야 했다. 지속 가능한 새 틀을 찾는 일은 1880년대까지 시간이 걸렸는데, 프랑스 우파가 대체로 그 탐색을 방해했기 때문이기도 했다. 자유민주주의는 온건한 우파가 묵인한 다음에야 프랑스 제3공화국에서 스스로 강화하기 시작했다. 영국에서는 오래된 제도적 틀이 유지됐으나 민주적으로 적응했기 때문에 1830년 이후 새로운 사회적 권위가 부상했다. 여기서도 우파는 오랜 전략적 퇴각을 하며 싸웠고, 결국 타협을 통해 21세기의 회복을 위한 준비를 하기에 이르렀다. 독일에서는 오래된 권력들이 살아남았으나 1860년대와 1870년대에 만들어진 즉흥적이고 혼합된 구조에서 민주적 권위를 얻으려고 허우적거렸다. 그 구조는 20세기 초 민주적 압력과 전쟁의 긴장 때문에 무너졌다. 분열된 미국에서는 새로운 구조와 권위를 창출하는 싸움이 1870년대 이후까지 계속됐고, 20세기 중반이 돼서야 해결됐다. 각국에서 근대 자유주의가 얼마나 잘 헤쳐나갈지는 우파가 타협과 저항 사이에서 어떻게 선택하느냐에 따라 크게 좌우됐다.

1. 프랑스 우파의 임기응변

프랑스 우파에게 타협은 이기는 선택으로 판명됐다. 19세기 말이 되자 민주적 자유주의는 안정화됐다. 그곳에 이르기까지 굽이지고 불안정한 길을 걸어야 했다. 우파에게 반동과 독재라는 다른 경로는 솔 깃한 대안들이었다. 1848년과 1871년 좌파가 일으킨 공화주의적 혹 은 민주주의적 격변의 순간에 혁명의 공포는 우파를 뭉치게 했다. 그 러지 않았다면 어느 대안이 가장 덜 나쁜지를 두고 자기네끼리 불화 했을 것이었다. 부르봉 왕정복고(1815~1830)의 무리한 절대주의는 스 스로 패배했다. 1830년부터 1848년까지 오를레앙파 명사들의 자유 주의적 왕정은 중앙집권 국가 내에서 근대적인 시장을 장려했지만 1848년 폭발하기까지 민주주의의 압력을 무시했다. 보나파르트 체제 (1848~1870)는 한동안 경제적 자유주의와 국민투표를 이용한 독재, 교권의 재강화를 결합하는 데 성공했으나 자유주의적 개혁에 굴복하 고 더 강해진 독일과 전쟁을 일으킴으로써 스스로 무너질 수밖에 없 었다. 근대의 왕정 체제는 제3공화국 첫 10년(1870년대)에 소극으로 막을 내렸다. 당시 정통파와 오를레앙파, 보나파르트파 세 주창자가 티 에르가 표현한 것처럼 빈 의자를 놓고 다퉜다.

프랑스에서 좌우 경쟁에는 최후의 승자가 있어야 한다는 생각은 좀처럼 사라지지 않았다. 우파에서 반동, 자유주의적 왕정, 독재의 지 지자들은 모두 프랑스라는 국가를 손에 넣어야 할 상품으로 여겼다. 획득한 상품은 각각 오래된 질서나 재산가의 부, 혹은 양식과 재산을 갖춘 중산층으로 상상한 존재인 인민에게 봉사하기 위해 쓸 것이었다. 다른 쪽의 공화주의자와 민주주의자, 사회주의자들도 그랬다. 그들은 계급 없이 평등한 시민, 혹은 계급 개념에서 노동하는 대중을 의미하 는 인민을 위해 국가를 획득하려고 했다. 좌파는 모두를 대변한다고 주장했을지 몰라도 마지못해 우파의 말을 들으려 했을 뿐이었다. 좌파로서는 우파와 그들이 대변하는 이익집단이 얼마 안 될뿐더러 갈수록 줄어들어 어떻게든 정치에서 완전히 사라질 수 있다고 상상할 때 가장 행복했다.

1870년 제3공화국이 시작되고 나서야 우파는 최종 승자가 없는 투쟁이라는 자유주의적인 관념을 받아들였다. 왕정복고주의자와 7월 왕정주의자, 1848년의 공화주의자, 그리고 보나파르트주의자가 자본주의적 변화 속에 근대 질서의 틀을 찾는 데 잇달아 실패한 후였다. 그때도 모든 우파가 그 생각을 받아들인 것은 아니었다. 정치적으로는 반공화주의 과격파가 괴롭히고 방해했다. 지적으로는 자유민주주의가 원천부터 오염된 것으로 여겨졌다. 파리코뮌 후 얼마 안 지나 나온 텐의 프랑스혁명에 관한 역사서 중 첫 부분은 1789년이 어떻게 해서 프랑스 지배층의 "오랜 자살"뿐만 아니라 전통을 무력화하는 계몽주의 사상에서 발생했는지를 설명했다. 볼테르의 무신앙, 루소의 자연 숭배와 사회 멸시, 새로운 제도를 창출하고 유지하는 이성에 대한 과신이 그것이었다.

나폴레옹 이후 반동의 실책과 실패는 프랑스의 진보에는 후한 선물이었다. 16년간의 왕정복고(1815~1830)는 사실상 프랑스 왕정의 숨통을 끊었고, 1830년 이후 죽지는 않아도 살 가망이 없는 유령을 남겼다. 루이 18세와 소심한 반쪽짜리 대의제가 절대주의에 제동을 건 입헌적인 **헌장** 아래서 왕정복고는 안정을 찾고 개혁의 문을 열었다. 루이가 죽었을 때(1824) 그의 완고한 동생이 샤를 10세로 즉위해 극보수의 지지를 받으며 통치했다. 1830년 7월 샤를이 새로 선출된 하원을 폐쇄하고 언론 검열을 부과하며 중산층 유권자를 배제하자 은행가와 언론인, 오를레앙 왕가의 지지자, 그리고 파리의 보통 사람들이 더는 못 참겠다는 뜻을 천명하는 시위가 도시 전역에 번졌다. 사흘 동안의 시위와 바리케이드 대치, 공공건물 점거가 이어진 "영광의 나날"이 지나자 샤를은 8월 초 왕위에서 물러났다. 그는 잉글랜드로 도망쳤는데, 웰링턴 총리가 가명으로 입국을 허가했다.

보수주의자들은 그러나 1830년부터 1848년까지 이어진 자유주의적 왕정에 대한 실망과 1848~1851년 프랑스 제2공화국의 실패에서 용기를 얻었다. 계급 측면에서 부르봉 왕가의 몰락은 떠오르는 부르주아 계급의 승리를 의미했다. 정치적으로 통제권은 자유주의적 왕정을 옹호하는 오를레앙파에 넘어갔다. 대역자 오를레앙 공작의 아들 루이 필리프는 프랑스 인민의 왕이라는 호칭을 갖고 "시민 왕"으로 불렸다. 7월 왕정을 합자회사로 부른 마르크스는 진실에 가까이 다가갔다. 정부의 관직과 권한은 명사들의 손에 남아 있었으나 채권자들에게는 재정적 이익이 제공됐다. 60명이 넘는 장관 대부분이 명망 높은 전문직이나 귀족 출신이었다. 기업들은 법적으로 더 많은 자유를 얻었다. 철도는 뻗어나갔다. 국가는 세율을 낮게 유지하며 돈을 많이 빌렸고, 사기업들이 열차를 운행하는 동안 철도 건설 비용을 댔다. 7월 왕정의 통치관은 경제에 대해서는 자본주의적 진보에 우호적이라는 점에서 자유주의적이었지만 선거민주주의에 대해서는 적대적이었다. 이는 우파인 프랑수아 기조의 반민주적 자유주의가 잘 보여준다. 그의 좌우명은 평화와 타협, 그리고 "행복한 중도"의 정치였다. 그러나 기업을 위한 경제적 자유와 협소한 참정권, 엄격한 정치적 통제를 결합한 기조의 하향식 자유주의는 안정적이지 않았다.

금융 붕괴와 1840년대 중반 몇 년간 이어진 흉작 후 결국 1848년 2월에 7월 왕정의 종말이 왔다. 잇단 사건들에 점점 더 귀를 닫은 정부에 개혁의 요구는 들리지 않았다. 변화를 위한 운동이 파리의 거리로 퍼져나갔다. 기조와 절친한 사이이며 러시아 스파이로 알려진 리벤 부인은 한 파티에서 경찰 수장에게 걱정스럽게 이야기하고 있었다. 그들이 기조에게 폭동에 관해 묻자 그는 "오, 그것에 관해서는 걱정할 필요 없소"라고 답했다. 하지만 채 며칠이 지나기 전 왕은 기조를 경질했고, 망명길에 오른 그는 독일인 하인으로 변장한 뒤 잉글랜드행 마차를 탔다. 외무부 바깥에서 충돌이 벌어졌을 때 흥분한 군은 시위 군중을 향해 발포해 많은 사람이 죽었다. 파리 곳곳에 바리케이드가 세워졌다. 왕은 아홉 살 된 손자에게 양위했다. 국가의 권위는 사라졌음을 암묵적으로 인정한 것이었다. 권력의 공백 속에서 프랑스의 제2공화국이 선포됐다.

프랑스의 첫 근대 우파 정당은 왕당파 의원들이 푸아티에가에서 보수 진영의 방어를 위해 만난 5월에 형성됐다. 그들이 통제할 수 없는 변화에 대한 전망은 프랑스의 명사들과 중산층을 겁에 질리게 했다. 변화가 인민의 의회에서 온 것인지, 아니면 파리의 거리에서 온 것인지는 별로 중요하지 않았다. 둘 다 걱정스러운 것이었다. 4월 선거에서 급진주의에 반대하는 다수파가 돌아왔을 때 중산층의 두려움은 누그러졌지만, 빈자와 실업자의 경제적 요구가 높아지면서 두려움도 다시 커졌다. 푸아티에가의 표어는 "질서, 재산권, 종교"였다. 질서의 정당에는 정통파와 오를레앙파, 절대주의자, 입헌주의자, 자유주의자, 그리고 반자유주의자가 포함됐다. 민주주의자는 아무도 없었다. 누구도 공화국을 신뢰하지 않았다.

질서의 정당에서 기조와 티에르는 두드러졌다. 각자 근대 자유주의와 타협한 보수의 뚜렷한 본보기였다. 푸아티에가에서 기조의 동료들은 1850년에야 잉글랜드에서 돌아온 가부장적이고 반민주적인 그를 대변했다. 그들의 경직된 하향식 자유주의는 민중의 요구를 충족시키기 어려웠다. 그와 대조적으로 장수하면서 언제나 적응력이 있었던 티에르는 7월 왕정과 제2공화정, 제2제정, 그리고 제3공화정에서 지도적인 역할을 했다. 그의 경력은 보수주의자들이 자유민주주의와 화해하는 과정에서의 몇 단계와 일치한다. "운동의 당"으로서 극보수와 반동에 대항할 때(1820년대), 입헌군주제를 지지할 때(1830~1838), 급진주의에 반대하며 독재 체제에 추파를 던질 때(1848), 그리고 제3공화국의 첫 대통령으로서 왕정을 거부하고 최종적으로 자유민주주의를 끌어안을 때(1871~1873) 그랬다.

보나파르트주의는 프랑스 우파에 하나의 대안을 제시하는 것으로 보였다. 얼마 전 잉글랜드에서 돌아온 루이 나폴레옹은 세 번째 제도적 틀인 국민투표를 이용한 독재에 의존했다. 그 체제는 왕정주의 반동의 단기적 이득과 장기적 결함을 자코뱅식 민주주의와 합쳐놓았다. 3년 동안 루이 나폴레옹은 공화국 대통령으로서 가톨릭교회를 교육에 복귀시키고(팔루 법, 1850~1851), 사회주의 언론에 재갈을 물리고, 좌파의 지혜를 빌려 복지를 제공하는 보수주의적인 조치들을 감독하면서 통치했다. 이 조치 중 어느 것도 밑바탕의 불만을 누그러뜨리거나 반대를 잠재우지 못했다. 국민의회 선거에서 급진파가 늘어난 것은 다시 우파를 놀라게 했다. 1851년 12월 루이 나폴레옹과 내무장

관은 자신들이 이끄는 공화국에 대한 쿠데타인 루비콘 작전을 개시했
다. 경찰은 일찍이 나폴레옹을 지지했던 티에르를 포함한 반대자들을
체포했다. 조작된 국민투표가 쿠데타를 승인했다. 나폴레옹은 숙부
의 순서를 따라 10년 임기의 대통령이 되고, 그다음에는 황제가 됐다
(1852년 11월).

　　루이 나폴레옹은 훗날 제2제정은 분류 불가능한 것이라고 농담
했다. 황후는 정통주의자였다. 그의 사촌 제롬은 공화주의자였다. 그
자신은 사회주의자였다. 그리고 동맹인 샤를 드 모르니는 오를레앙파
였다. "유일한 보나파르트파는 (내무장관) 페르시니인데 그는 미쳤다."
제2제정은 사실 더 자유로운 시장과 강력한 국가, 제한된 정치를 결합
한 하향식 근대화 실험이었다. 이 체제가 주장하는 권위는 오늘날 성
과 기반 정당성이라고 부르는 것에 의존했다. 다시 말해 사회질서를 확
립하고 번영을 증대하면서 시민적, 정치적 자유는 부인하는 체제였다.

　　하지만 그 체제가 안정되거나 지속성 있게 보인 적은 거의 없었
다. 프랑스에서 국가 통제의 대리인인 도지사 중에는 권위주의적 개
혁가와 자유주의적 개혁가, 옛 반동주의자, 온건한 민주주의자가 포
함됐지만, 공개적인 논쟁은 대체로 막혀 있었으므로 열린 선택권은
없었다. 샤를 드 레뮈사와 빅토르 드 브롤리, 토크빌 같은 오를레앙
파 명사들은 버려져서 회고록과 역사서를 썼다. 그들의 우파 자유주
의는 침묵 속에 명맥을 이어갔다. 그 자유주의는 세속적이고, 국가적
영광에 탐욕스럽지 않으며, 작은 예산을 원했다. 1860년대에 제국은
경제와 정치 양면에서 더 자유주의적인 체제가 됐다. 영국, 프로이센
과 자유무역협정 체결, 추가적인 기업법 제정, 정치적 양보, 언론 통

제 완화가 이뤄졌다. 독재 체제에서 흔히 그렇듯이 제2제정의 종말은 제국이 자유화되고 해외에서 도발적인 모험의 대가를 치르면서 찾아왔다. 나폴레옹 3세의 군대는 잘못 선택한 프로이센과의 전쟁(1870년 7~9월)에서 졌고, 황제 자신은 포로가 되고 독일을 거쳐 잉글랜드로 추방됐다.

프랑스의 세 번째 공화국은 적들에게 에워싸인 수도에서 선포됐다. 독일군이 승리를 확정하고 전쟁을 끝내려고 파리를 포위하자 프랑스 측은 강화를 요청했다. 전쟁에 지친 유권자들은 불굴의 티에르가 이끄는 우파 정부를 선택했고, 그는 가혹한 평화 조건을 받아들였다. 그러나 파리는 그에 보조를 맞추지 않았다. 급진파들이 의석을 휩쓸었다. 그들은 프랑스의 항복에 반감을 품었고, 도시가 굶주릴 때 국가의 채권자를 돕는 정부에 화를 냈으며, 시민적 권리와 사회 개혁의 희망에 흥분했다. 1871년 3월 정규군이 급진화된 파리의 시민군과 친해졌을 때 티에르는 군대를 베르사유로 물러나게 했다. 적군에 의해 봉쇄되고 자신들의 방위군에게 버림받고, 국가의 권위를 빼앗기자 파리는 약 90명의 의원으로 자치적인 코뮌을 수립했다. 코뮌은 부유한 구역의 대의원 20명이 참석을 거부하면서 더 급진화됐다.

마르크스가 인정했듯이 코뮌은 사회주의적이지도 프롤레타리아적이지도 않았다. 구성원은 대부분 자영 장인이나 대수롭지 않은 전문직이었다. 무정부주의와 유토피아적인 이야기는 정치 클럽 안에서나 들렸다. 코뮌의 실제적인 목표는 그보다 덜 야심 찬 것이었다. 파리에서 더 많은 자치를 시행하고 장인과 소상공인들을 도와주려는 것이었다. 코뮌은 72일간 지속했다. 어떤 목표라도 이루기는 부족한 시간인 반면, 티에르가 군을 재편성하고 마크마옹 장군을 보내 파리의 반란을 매우 잔혹하게 진압하기에는 충분했다. 그의 정부가 많은 원인을 제공해서 일어난 자생적인 반란이었다. 코뮌에 관한 신화가 곧 사실보다 중요하게 됐다. 좌파에게 1871년은 1793년과 1848년에 더해 또 하나의 희망을 주는, 어쩌면 달라졌을 수도 있었던 해가 됐다. 우파에게 그해는 민주주의의 한계와 폭도의 위험을 보여주었다.

제3공화국은 민주주의의 물결을 막고 싶어하며 저항하는 우파 아래서 혼란스러운 탄생과 초기의 불확실한 몇 해를 거치며 살아남았다. 그러나 1871년 이후 프랑스 우파가 할 수 있는 선택의 폭은 급속히 좁아졌다. 그들은 정치의 틀로서 민주적 자유주의를 받아들이거나 혹은 적합성을 잃을 수밖에 없었다. 티에르는 코뮌을 무너뜨리고 독일 점령을 피했지만 값비싼 대가를 치러야 했다. 알자스와 로렌의 일부를 잃었는데, 후자는 비스마르크가 프랑스에 거액의 배상금을 줄여주는 대신 요구한 것이었다. 반공화주의자들은 누그러지지 않았다. 왕정주의자의 꿈은 되살아났다. 우파는 선거(1871)에서 압승을 거둬 의회를 통제했는데, 처음에는 반공화파가 우파를 주도했다. 의회는 대통령 티에르를 코뮌의 도살자 마크마옹으로 교체해버렸다(1873). 그러나 반공화파는 스스로를 과신했다. 부르봉파와 오를레앙파, 보나파르트파 주창자들은 이 나라가 더는 원하지 않는 왕좌를 놓고 헛된 경쟁을 했다. 타협적인 보수주의자들은 머뭇거리다가 의회가 1875년 공화제와 의회 체제를 강화한 헌법을 통과시키도록 허용했다. 남성의 보편적 선거권과 강력한 의회, 7년 임기의 약한 대통령제가 도입됐다.

비타협적인 우파는 그들이 혐오하면서도 이해는 하지 못한 제도

안에서 공화국을 좌절시키려는 마지막 시도를 했다. 1877년 마크마 옹이 자신의 권위를 오판하고 개혁적인 총리를 경질했을 때 프랑스 우파는 보수주의자들의 의견이 바뀐 것을 모르고 다음 선거를 휩쓸어 버릴 것으로 기대했다. 온건한 보수주의자들은 온건한 공화주의자들이 그들과 함께 일하기로 함에 따라 이미 체념하고 공화국을 지지했다. 양쪽 다 부상하는 사회주의라는 공동의 적을 보았다. 친공화주의 정당들은 선거에서 이겨 의석이 거의 2대 1이 됐다. 저항하는 우파는 연타를 당했다. 실제로 선택지는 의회 밖의 거리에 있었는데, 시끄럽게 법석을 피운 거리는 막다른 골목임이 드러났다.

2. 영국 우파의 갈라진 심장: 필이냐 디즈레일리냐

영국의 보수주의자들은 막다른 골목과 19세기 프랑스 및 독일 우파와 같은 참화를 피했기 때문에 이 나라의 보수주의를 순전히 그들만의 역사적 예외로 다루는 것은 그럴듯해 보인다. 뚜렷한 연속성과 영국 정치의 분별력은 다른 나라에서 칭찬을 받고 부러움을 샀으며, 독일의 레베르크와 슈탈부터 프랑스의 기조와 레뮈사, 티에르까지 유럽 대륙의 보수주의 사상가들의 오해를 샀다. 그들은 영국이 17세기에 내전과 "혁명"을 거쳤지만 18세기 후반이 되자 익숙한 제도 아래 양당이 경쟁하는 안정된 구조와 더불어 근대 자본주의로 진입한 것이라 생각했다. 좌우 정당은 선도적인 정파들의 상호 인정을 바탕으로 구축된 것으로 보였다. 영국에는 성문 헌법이 없었으므로 쓰고 다시 쓰거나 찢어 버릴 것은 아무것도 없었다. 따라서 연속성이 있고 거의 자연적인 기원을 가진 제도의 매력적인 구도를 흩뜨릴 파괴점들은 없었다. 명백한 파열과 쇄신—의심스러운 가톨릭 왕의 제거, 네덜란드와 독일 출신 왕들의 즉위, 영국령 아메리카의 반란, 근대 노예무역의 창안, 인도에 대한 상업적 약탈, 19세기 행정 제국의 도입, 명목상 통합된 왕국 내의 민족적 단층—은 무시됐거나 보이는 것과는 완전히 다르게 교묘한 방어가 이뤄졌다. 그러한 변화는 단절이나 새로운 것과는 거리가 먼 오래된 관행으로의 복귀, 유감스럽지만 일시적으로 채택한 방편, 낯선 요소들의 추방, 관습적 권리의 회복, 영국이라는 국가의 자연스러운 확장으로 다양하게 설명됐다.

휘그의 감성을 지닌 토리당 사람인 흄은 토리당과 휘그당을 구분하는 것이 얼마나 어려운 일인지 자문하며 영국 정당의 경쟁에서 보이는 결탁의 성격을 비꼬았다. 정당의 이름 자체는 공격 상대가 조롱으로 쓰던 적대적인 용어였다. 아일랜드에서 토리toraigh는 "습지에서 돌아다니는 사람"이나 "도적"을 뜻했다. 이 말은 17세기 말 스튜어트 왕가에 반대하는 궁정의 프로테스탄트교도가 정치적 용어로 처음 썼다. "휘거모스whiggamors"는 잉글랜드 교회에 대한 스코틀랜드 프로테스탄트 항의자들(1640년대)이었다. 줄임말인 "휘그"는 가톨릭에 반대하는 적들에게 제임스 왕가 진영이 단 꼬리표였다.

18세기 대부분의 기간에 공직과 승진을 위한 경쟁은 휘그당과 토리당 사이보다는 휘그당 가운데서 벌어졌다. 그들은 1714년 하노버가의 조지 1세가 왕위를 계승할 때까지 왕실에 대한 영향력을 다투었다. 그 후 스튜어트가의 복위를 위한 토리당의 완고한 지지는 궁정에서 당에 대한 신뢰를 떨어트렸다. 하지만 의회의 시골 지역구에서는 그렇지 않았다. 1760년대까지 내각은 대체로 휘그당의 파벌들이 이끌었다. 전쟁 부채와 식민지의 소요가 행정 역량을 압박하는 가운데 1760년에 즉위한 조지 3세는 왕실이 더 큰 힘을 갖고 당파로부터 자유로운 정부를 만들려고 했다. 휘그당의 피트파는 조지 왕을 지지했고 로킹엄파는 반대했는데 그 정파의 의회 대변인이 버크였다. 볼링브로크의 왕실 대 국가의 논쟁이 중앙과 지방 권력, 정부와 "인민"을 대립시키며 재현된 것으로 보였다. 사실 급진주의와 혁명은 새로운 분열을 초래했고, 그로부터 마침내 영국의 과두제 이후 근대적인 정당이 형성됐다. 1794년 이제 포틀랜드가 이끄는 로킹엄파 휘그는 프랑스혁명을 놓고 분열됐다. 이전에 버크의 동맹자였으나 1789년에 열광했던 폭스는 혁명 후 프랑스와의 평화를 선호했다. 포틀랜드는 반혁명 전쟁을 위해 유럽을 재결집하는 소小피트를 지지했다. 피트-포틀랜드 휘그는 토리당이 됐다. 반反토리 진영인 폭스파는 휘그라는 명칭을 자신들의 것으로 유지했다. 이 정당 명칭은 19세기 초중반까지 그대로 사용됐다. 토리당은 1834년 공식적으로 자신들의 당명을 보수당으로 바꿨다. 휘그당은 1859년 자유당으로 개명했다.

자유주의적 근대 정치의 틀에 정착하거나 저항하는 과정에서 토리주의는 중대한 정치적 선택(1831년과 1867년 참정권 확대)과 경제적 선택(1846년 자유무역 혹은 보호무역), 윤리적·문화적 선택(1829년 가톨릭 해방)의 순간을 거쳤다. 이 시기에 당을 이끌며 선택에 직면한 인물은 필과 더비, 디즈레일리, 솔즈베리였다. 우파 자유주의자인 필은 가톨릭 해방과 보호주의적인 곡물법 폐지를 놓고 당을 분열시켰다. 더비와 디즈레일리는 1840년대부터 1870년대까지 몇십 년 동안 야당으로 있으면서 보수주의를 자유민주주의에 적응하도록 이끌었다. 젊었을 때 토리 과격파였던 솔즈베리 경은 1880년 이후 나이가 들면서 보수적인 실용주의자가 됐다(그에 대해서는 4부에 다시 이야기한다). 더비와 디즈레일리는 솔즈베리에게 성공적인 근대 우파 대중 정당의 토대를 남겼다.

근대 보수당의 첫 지도자 로버트 필(1788~1850)은 두 차례(1834~1835, 1841~1846) 총리를 역임했고, 솔즈베리의 험담에 따르면 두 차례 당을 배신했다. 그는 제한적이고 효과적인 정부의 옹호자로서 분열된 영국 보수주의 정신의 절반을 대표했다. 신흥 부자인 옥양목 제조업자의 머리 좋고 독실한 아들인 필은 1822년부터 1827년까지 리버풀 행정부에서 개혁적인 내무장관이었다. 1828년부터 1830년까지 웰링턴 아래서 다시 그 자리에 가 형법을 덜 잔혹하게 만들었고, 가톨릭에 대한 시민권 제한을 없애는 데 성공했다(1829). 그 법은 (성직자는 아닌) 가톨릭 평신도에게 국왕의 관직과 의회를 개방하고 가톨릭 사제가 대중 앞에서 제복을 입지 못하게 하며, 예수회와 다른 가톨릭 결사 가입을 불법화했다(그 금지가 엄격하게 시행되지는 않았다). 그 자신이 편협한 프로테스탄트 신자였으므로 가톨릭의 주장에 대한 필의 내키지 않는 지지는 종교 자유에 대한 자유주의적인 믿음에 따른 것이 아니었다. 그보다 필은 종교 면에서의 양보가 아일랜드의 자치와 군사적 점령 사이에 남은 유일한 대안으로 보는 총리 웰링턴의 두려움을 공유했다.

가톨릭 해방은 토리당에서 필이 이끄는 타협파와 상원의 고집쟁

이들이 이끄는 과격파 사이의 갈라진 틈을 드러냈다. 필은 처음에 선거 개혁법(1832)에 반대했으나 법 제정 이후 받아들였다. 그 개혁은 귀족이 소유한 가공의 "부패 선거구"를 폐지하고, 북부 도시들에 새로운 선거구를 설치하며, 10파운드 이상 자산의 소유주나 임차인에게 투표권을 주어서 도시의 일부 임차인뿐만 아니라 소규모 차지농借地農과 시골의 상점 주인들까지 포용했다. 또 법적으로 유권자를 남성으로 규정했다. 이 개혁으로 유권자는 전국적인 등록처가 없는 가운데 추정하기로는 약 50만 명에서 약 75만 명으로 늘었다. 성인 인구의 7퍼센트 정도였다. 상원이 초기에 그 법안을 저지했을 때 사상 처음으로 대표성을 얻으리라고 희망했던 이들의 항의가 크고 작은 도시에서 분출했다. 브리스톨에서는 폭동자들이 사흘간 도시를 혼란에 빠트렸다.

영국 보수주의에 대해 필이 바라는 것은 확립된 질서를 지키는 데 경제적 자유주의자들을 불러모아서 토리당의 과격파를 꺾는 동시에 급진적 개혁은 물리치는 것이었다. 이때 "보수주의자"라는 이름이 통용됐다. 필은 『타임스』 편집인 토머스 반스(1785~1841)의 도움으로 당이 따르기를 바라는 한 쌍의 융통성 있는 원칙을 제시하는 탐워스 매니페스토(1834)를 기초했다. 불필요한 사회 변화에는 가능한 한 저항하고 필요할 때는 적응하라는 원칙이었다. 매니페스토는 개혁법(1832)을 "중대한 헌법적 문제에 대한 최종적이고도 불가역적인 해결"로 받아들이고(다시 말해 추가적인 개혁은 없을 것이고), 시민과 교회 관련 제도의 "재검토"를 약속하되 서약은 하지 않고, "입증된 남용의 교정"과 "실제적인 불만의 구제" 형식의 개혁을 수용하며, 그러나 경솔한 변화와 "끝없는 소요의 소용돌이"에는 반대하는 선을 그었다. 1841년 휘그당이 선거에 져서 필이 총리가 됐다. 그는 소득세를 도입했고, 보수주의자들을 갈라놓은 곡물법을 폐지하는 운명적인 결정을 내렸다. 필에 반대하는 다수파는 더비에게 모였고, 필은 보수당 소수파의 지지만 유지했다. 친親필파는 1850년 그의 사후 휘그당—훗날의 자유당—에 합류했다.

디즈레일리는 필의 경력을 "하나의 긴 도용盜用 구절"이라며 비웃었다. 그를 칭찬하는 쪽은 자유주의적 보수주의의 창시자로 기억하고, 비판하는 쪽은 신념으로 정당화한 자유시장 교조주의자로 기억한다. 효율성을 중시하는 필의 경제적 자유주의는 보수주의의 절반을 대표한다. 그것은 하나의 심장의 반쪽이며, 다른 반쪽은 사회와 국가의 통합을 위한 호소였다. 국가에 대한 보수의 호소는 정서적일 뿐만 아니라 경제적인 것이기도 했다. 보수당 내에서 무역에 대한 자유주의적인 접근은 20세기에 접어들 때까지 계속해서 토리식 중상주의와 다투었다.

휘그당 출신인 더비 경 에드워드 스탠리(1799~1869)는 1850년대와 1860년대에 세 차례 총리를 지냈고 1846년부터 1868년까지 토리당이 황야에 있던 시기에 당수로서 필의 우파 자유주의와 토리 과격파의 극단주의 사이의 중간지대로 당을 이끌었다. 1833년 휘그당의 식민지 장관 시절 더비는 식민지에서 노예제를 폐지하는 법을 기초했다. 법은 노예들을 7년에 걸쳐 단계적으로 풀어주고 플랜테이션 소유자들의 "재산" 손실에 대해 요즘 돈으로 200억~300억 파운드에 상당하는 액수를 보상해주었다. 아일랜드 장관으로서 그는 종교와 무관한 학교에 약간의 국가 지원을 해주었다. 그는 아일랜드의 가톨릭 개혁가

대니얼 오코넬의 반대자로서 1834년 아일랜드에서 영국 국교회의 지배력을 약화시키는 데 반발해 소수의 추종자와 함께 휘그당을 떠나 필이 이끄는 보수당 의원들에게 합류했다. 더비의 노슬리 강령은 새로운 당의 창립 문서인 필의 탐워스 매니페스토에 박빙의 차이로 졌다. 그러자 더비는 필과 갈라서서 곡물법 폐지 반대를 이끌었다. 1849년 이후 그는 하원에서 자신이 후원한 디즈레일리의 지지를 받았는데, 더비의 사후 디즈레일리는 그를 대체로 보수당의 서사에서 빼버렸다. 우파에서 보수주의와 자유주의의 화해를 보여주는 초기 신호는 1860년대에 더비가 자유주의자 파머스톤을 지지한 것이었다. 그는 파머스톤이 해외에서 감행한 모험에 동의하지 않았으나 급진파에 대한 적대감은 공유했다.

더비는 디즈레일리와 더불어 선거민주주의에 대한 당의 과감한 양보를 주도했다. 더비는 그것을 "어둠 속의 도약"이지만 "불가피한" 것으로 믿었다. 1832년의 보수주의자들과 달리 더비에게는 보수주의가 민주주의 게임에서 성공할 수 있다고 믿을 만한 근거가 있었다. 그와 디즈레일리의 2차 개혁법(1867)으로 (자연적인 증가를 포함해) 전국의 유권자는 거의 두 배로 늘었다. 시골의 소규모 자작농과 차지농, 장인, 소읍의 노동자들을 포함하도록 재산 보유 조건을 조정하자 유권자는 220만 명(인구의 16퍼센트)으로 증가했다.

더비는 당시 리버풀의 가장자리에 있던 노슬리에 넓은 사유지를 가진 랭커셔의 토지 소유 귀족이었다. 지난 세기에 잉글랜드의 실력자들이 소규모 자작농을 쫓아낸 데 대한 불만에 민감했던 그는 그 반대 상황을 보여주기를 바라며 토지 등기를 요구했다. (결말은 불명확했다.)

더비는 그와 비슷한 온정주의에서 배려하는 마음으로 미국 남북전쟁 기간의 면화 기근으로 타격을 받은 국내 직공들을 구제하도록 했다. 호메로스를 번역한 교양 있는 귀족인 그는 말 조련사나 수렵 관리인들과도 편하게 지냈으나 그의 초연하고 염세적인 어조를 이해하지 못한 언론이나 중산층과는 그러지 못했다. 임종 때 기분이 어떠냐는 물음에 그가 마지막으로 한 말은 "지루해서 극한의 사멸에 이를 지경"이었다고 한다. 여론에 대한 더비의 감각은 의회에 한정됐으며, 그의 보수주의는 실용적이었고 실체가 있는 사상이라기보다는 운영 방식이었다. 빅토리아 시대의 한 논평가는 더비가 죽은 직후 그가 "그 시대 정치사상에 새로운 것은 아무것도" 추가하지 않았다고 썼는데, 이는 정치사상을 지나치게 좁게 생각한 것이었다. 더비는 급진적 개혁에 정치적 양보나 사회적 고통 경감을 통해 길을 열어주거나 억누르려는 보수적 실용주의자였다. 그는 진보의 혜택에는 손상이 따른다고 믿었다. 보수주의자는 방심하지 말고 예기치 못한 것을 경계해야 했다. 예컨대 철도는 노동계층의 주택을 파괴했다. 멈출 수 없는 변화의 "기계"를 "노련한 손"으로 다루면 좋은 결과를 얻겠지만 변화를 "무분별하게 가속"하면 "저항할 수 없는 파괴"는 불가피할 것이었다. 더비의 보수주의는 20세기의 사회정치 연구에서 잠재적 기능과 의도하지 않은 결과라고 부른 것에 대한 직관적 이해에 의존했다. 의도하지 않은 결과는 나쁜 것일 수도 있지만 좋은 것일 수도 있다는 자유주의의 반론이 있었으나 그것은 정부 개입과 사회 개혁에 반대하는 우파의 여러 논거에 추가됐다.

정치가이자 정치 소설가, 정당 지도자, 그리고 총리(1868, 1874~

1880)로서 벤저민 디즈레일리(1804~1881)는 근대 자유주의에 대한 영국 우파의 조심스러운 적응을 전형적으로 보여주었다. 토리당 내 낭만파인 "젊은 잉글랜드"의 일원으로서 그는 참정권 확대의 반대자이자 기성 제도의 옹호자로서 정치 경력을 시작했다. 그의 생각에 확립된 제도―토지 자산과 잉글랜드 교회, 국왕, 오래된 대학들, 그리고 상원―는 기득권이 아니라 충성과 존경, 신앙이라는 보수주의의 이상을 체화한 것이었다. 하지만 그는 대중민주주의와 사회 개혁, 상류층의 문화적 특권 상실을 대체로 받아들인 실용적인 관리자이자 전술가로 경력을 마쳤다.

디즈레일리는 자신의 정치사상을 소설과 비소설 형식으로 제시했다. 그의 사상을 담은 대중 소설에서 디즈레일리는 필의 편의주의(『코닝스비, 혹은 새로운 세대』, 1844)와 "굶주린 1840년대"의 계급 갈등(『시빌, 혹은 두 개의 국가』, 1845), 영국의 부상하는 제국(『탄크레드』, 1847), 종교 정치(『로테어』, 1870)를 섭렵했다. 초기의 에세이 『잉글랜드 헌법의 옹호』(1835)는 신중한 논증이 아니라 급하게 달리는 글이었다. 이 글은 디즈레일리가 의회의 개혁 철학이라고 생각한 공리주의를 공격하는 것으로 포문을 열었다. 그 철학은 행복을 좁은 의미의 자기 이익으로 이해했고, 권력이 부여된 이는 누구든 폭군이나 강도처럼 행동한다고 가정했으며, 그런 다음 논리적 비약으로 만인에 의한 민주 정부를 옹호했다. "새로운 스콜라 철학자"로서 공리주의자들은 추상적으로 생각하며 지역적인 상황을 경시했고, 건전한 제도는 "효용"을 계산함으로써 평가할 수 있는 것이 아니며 국민적 특성과 역사를 반영하는 것임을 이해하지 못했다.

버크식으로 디즈레일리는 국가를 "정교한 기술의 복잡한 창조물"로 보았고, 자연권을 일축했으며, 법을 관습에 따라 역사적으로 발생한 것으로 취급했다. 영국의 제도는 1789년 이후 프랑스에 고통을 준 허울만 좋은 구조와 비교할 때 그 강건성이 두드러졌다. 1830년 프랑스의 실험자들은 곧 자신들이 "헌법이 없는 사람들, 헌법을 구성할 어떤 요소도 갖고 있지 않은 사람들을 이끌고" 있음을 발견했다. 유럽이 영국도 빠져든 "전반적인 동요"를 겪고 있을 때 둔감하고 전제적이지만 잘 통치되던 프로이센만 조용했다.

잘못 이해된 관념에 대한 디즈레일리의 공격은 버크가 한 비판들을 따라갔다. 정당정치에 대한 그의 불만은 정치와 사회의 조화가 탐욕과 반감으로 흐트러졌다는 콜리지의 역사적인 이야기에 공명했다. 디즈레일리가 그 그림을 다시 그릴 때 양대 진영은 불화했다. 휘그당은 과두제 세력을 대표했다. 토리당은 국민을 대변했다. 한쪽에는 휘그당의 유력자와 은행가, 도시의 비국교도들이 있었다. 다른 쪽에는 왕가와 교회, 보통 사람들, 다시 말해 잉글랜드 자치주와 자치구의 "신사"들이 있었다. 신흥 상업 엘리트들은 책임 없는 권력을 쥐었다. 임차인과 노동자들을 돌봐준 가부장적인 대지주와 달리 새로운 소유주들은 자신의 일꾼들을 시장이 제공하는 가격에 사고팔 수 있는 생산 요소로 취급했다. 제한적인 정부는 산업계에 법으로 노동 조건 개선을 요구하는 것이 아니라 요청할 것이었다. 그러나 1830년대에 이미 도덕적 설득은 헛된 희망이 됐다. 일단 집권하자 디즈레일리는 노동자를 보호하고 도시를 정화하는 법을 시행했다. 디즈레일리의 사회적 성향의 보수주의는 복지국가를 향한 작은 한 걸음이었다.

두 번째로 총리를 맡기 2년 전에 디즈레일리는 수정궁 연설(1872년 6월)에서 더 넓은 시각으로 세 가지 핵심 문제—영국의 제도, 제국, "인민의 생활 조건 향상"—에 관한 견해를 펼쳐 보였다. 국왕과 교회, 그리고 상원에 대한 디즈레일리의 애착이 얼마나 진실한 것이었는지, 도구적인 것은 아니었는지에 관한 논란이 있다. 버크가 그랬듯이 디즈레일리가 신앙에 호소하고 확립된 제도를 옹호할 때의 감정에는 냉소주의의 기운이 있었다. 그것을 완전히 떨쳐버린 적은 없었다. 종교적 신념이 좋은 것은 그것이 진실이기 때문인가, 아니면 유용하기 때문인가? 그는 앞서 언급한 보수주의의 딜레마를 전형적으로 보여주었다. 디즈레일리가 수정궁에서 한 제국에 대한 변론은 수사적이고 감상적이었다. 그는 자유주의자들이 인도처럼 값비싼 "왕관의 보석"은 어디에도 없었다는 사실을 보여줌으로써—다시 말해 제국을 수익을 못 내는 상업적인 문제로 취급함으로써—제국을 "해체"하려고 시도했으나 그들이 "모국에 대한 식민지의 공감"을 무시했기 때문에 실패했다고 주장했다. 어떤 이유에서든 디즈레일리는 세 번째 관심사에 대해서는 진심이었다. 총리로서 그는 실제로 노동 조건과 도시 생활을 개선하는 개혁을 단행했다.

역사가들은 디즈레일리가 사회개혁가, 인민을 위한 민주주의자, 하나의 국가를 추구하는 토리당원이라는 상반되는 평판에 얼마나 부합했는지를 두고 견해를 달리한다. 매력적이고 자유분방하며 자기 과시적이고 자주 빚을 졌던 그는 최대의 적수인 자유주의자 글래드스턴이 보기에 "모든 게 진정성이 없는 (…) 전시용"이었다. 아마도 디즈레일리는 자신의 달변으로 청중이 보수주의의 딜레마를 피해갈 수 있게 했을 것이다. 그러나 당에 대한 충성과 운용의 감각, 집권을 위한 후각에서 디즈레일리는 영국 우파의 특출난 요소를 잘 보여준다. 그것은 하나의 지배적인 정당이 보여준 놀라운 연속성의 바탕으로서 자기 보존 본능이었다. 그 뒤를 이은 볼드윈처럼 디즈레일리는 보수적 유권자의 핵심인 잉글랜드 중산층의 정서를 파악하는 완벽한 귀를 가졌다. 그는 가식과 소수 지배층의 특권, 지성주의를 직접 경험하거나 상대방에게서 발견할 때는 냉정했지만, 손에 잡히지 않는 국가나 국왕, 제국을 대신해 호소할 때는 열렬했다.

필과 더비, 디즈레일리는 함께 영국의 친숙한 제도와 국왕, 국교회, 상원을 옹호하며 기업과 금융, 토지에서 이익을 얻는 이들과 연합한 근대 정당을 만들어냈다. 이전의 적수였던 우파 자유주의자들과 섞일 때 영국 보수주의자들은 자기네 당이 처음에 봉사했던 사회 지배층의 입장을 반영했다. 두 진영 모두 흡수력과 적응력이 있었고, 적을 단숨에 짓밟아버리기보다 숨통을 조이는 쪽을 선호했다. 영국 보수주의의 그러한 특성은 민주주의 시대까지 이어졌다. 그 당은 잉글랜드에서 광범위한 대중적 호소력을 지닌 대의에 따라 제국을 옹호하고 아일랜드와의 연합을 지지했다. 더욱이 초기의 애착은 새로운 대상을 찾도록 진화했다. 1830년의 영국 보수주의는 비국교회에 반대해 국교회를, 제조업에 반대해 농업을, 도시에 반대해 시골을 옹호했다. 1880년이 되자 그러한 애착의 윤리적인 형태—비국교에 반대하는 정통, 새로운 것에 반대하는 전통, 악덕에 반대하는 미덕—를 여전히 알아볼 수는 있었지만, 더 유연하고 실용적인 것으로 유지됐다. 근대 자본주의의 도시와 산업 환경에서 보수는 적응력과 광범위한 민주적 호소력을 지닌 우파 정당이 됐다. 사회가 변화함에 따라 그들의 성공은 그러한 애착의 균형을 얼마나 잘 조절하느냐, 그리고 대중의 여론에 얼마나 귀를 열어놓느냐에 달려 있을 터였다.

3. 희화하지 않은 독일 보수주의자들

독일 보수주의의 지도적인 인물은 융커였다. 동프로이센의 한 무지한 시골 지주인 그는 시골 장터에서 비열한 술수로 농민들을 속였고, 언젠가 그 술수로 나라를 속일 수 있기를 바랐다. 시인 하인리히 하이네는 1832년 프랑스에서 보내는 정치 특보 머리말에 그렇게 썼다. 프로이센 검열관들이 다른 많은 내용과 함께 융커들에 관한 구절을 잘라냈으나 그 구절은 이듬해 프랑스판에서 빛을 보았다. 프랑스의 게으른 "시민 왕" 루이 필리프와 7월 왕정의 유순한 정치인들에 대한 하이네의 조롱은 퇴행적인 지주계급에 사로잡힌 독일에 관한 가차 없는 묘사와 비교하면 부드러운 것이었다.

하이네의 희화는 좀처럼 사라지지 않았다. 그것은 한때 프로이센의 융커들이 독일에서 자유민주주의를 지연시키고 파괴를 도왔다는 역사적 상투어에 가까웠다. 그에 따르면 융커들이 프로이센의 국가와 군, 교회를 19세기 말과 그 이후까지 잡고 있어서 전쟁을 통한 국가통일과 위로부터의 근대화를 가능하게 하고, 프랑스와 영국 같은 "정상적인" 이웃 나라들에서 부상한 시민적 자유와 선거민주주의를 피할 수 있게 했다. 이웃 나라들과 비교할 때 독일의 보수주의는 일차원적이고, 지주들의 이해에 묶여 있으며, 잘못 조직되고, 민주주의 조건에 잘못 적응한 것이었다.

그러나 독일에는 자유민주주의의 가능성이 별로 없다는 숙명론적인 구도가 그렇듯이 그 구도의 근거가 된 이 희화에는 앞뒤가 맞지 않는 점이 있었다. 하나의 계급으로서 융커들이 하나같이 우둔하고 대표성이 없으며 퇴행적이었다면 거대하고 복잡한 근대 국가는 고사하고 풍부하고 다양한 새 정치 관행—보수주의—도 지배할 수 없었을 터였다. 19세기 중반 프로이센은 발달장애의 지주들과 말 못 하는 농민들의 땅에 머무르지 않았다. 이 나라에는 세계의 찬사를 받는 공무원과 학교, 대학들뿐만 아니라 급속히 산업화하는 라인란트가 있었다.

일부 프로이센 보수주의자들은 시골뜨기였다. 다른 이들은 우파 교수나 공무원이었다. 예를 들어 엘라르트 폰 올덴부르크-야누샤우는 무뚝뚝하고 완고한 융커였다. 고등학교를 마치지 못했고 울란의 기병연대에서 보낸 시간을 사랑한 그는 제국의회에서 동료 의원에게 이렇게 말한 것으로 유명했다. "황제는 언제든 이 의회를 폐쇄할 수 있게 중위 한 명과 병사 열 명을 보낼 준비를 하고 있어야 할 것이오." 그러나 프로이센 의회에서 비스마르크에게 가시 같은 존재였던 한스 폰 클라이스트-레초(아래서 설명한다)는 프로이센의 고위 행정 계급 출신이다. 그는 니체와 베트만-홀베크를 가르친 라이프치히 근처의 명문 슐프포르타에서 강도 높은 교육을 받고 대학에 진학해 몇 개의 학위를 받았다.

독일의 보수주의에도 프랑스, 영국의 보수주의와 마찬가지로 숱한 갈등과 교차하는 긴장이 있었다. 그것은 획일적인 프로이센 귀족의 고정된 관점과는 거리가 멀었다. 독일의 보수 진영에는 극보수와 타협주의자, 관료제 국가(근대 행정과 중앙집권주의)에 반대하는 신분제 국가(옛 특권과 지방주의) 옹호자들이 있었고 은행과 공장 및 농장의 경쟁적인 요구와 지역별로 큰 다양성, 1930년대 자유화와 대의제로 소란스러운 가운데 독일의 첫 근대적 보수당 창설 시도를 무산시킨 프로테스탄트와 가톨릭 사이의 종교적 분열이 나타났다. 근대 정치의 장에서 자유주의적이고 민주적인 반대를 얼마나 받아들이거나 흡수해야 할지를 놓고 보수주의자들의 의견은 달랐다.

독일의 우파는 1840년대의 사회적 문제에 대해서도 갈라졌다. 힘든 시기에 빈곤은 정치적 논쟁을 불러일으키면서 전면에 등장한 문제였다. (빈곤을 뜻하는 파우페리스무스라는 말은 1840년 브로크하우스 사전에 처음 등장했다.) 1848년이 되자 쾰른 인구의 30퍼센트가 빈곤에 빠져 사는 것으로 추정됐다. 보수주의자들은 빈곤, 특히 도시의 빈곤이 문제라는 데 동의했지만, 무엇이 그 문제를 일으켰는지, 그리고 어떻게 해소해야 하는지에 대해서는 의견이 달랐다. 빈곤의 책임과 관련해 어떤 이들은 자유주의적 산업가들을 비난했고 다른 이들은 노동자의 게으름과 낮은 도덕 수준을 비난했다. 어떤 이들은 신중한 국가 지원을, 다른 이들은 사실상 복지국가를 원했다. 사회적 문제에 보수주의자들이 한목소리를 내는 해법은 없었다.

또 독일 보수주의자들이 불안정한 연방(1815~1848, 1850~1866) 내에서 무엇을 근대 정치의 장으로 삼을지 결정해야 해서 그들의 불화는 더 복잡해졌다. 그들은 오스트리아가 주도하는 느슨한 연방을 유지할 것인지(대독일 해법), 아니면 프로이센이 이끄는 통일된 독일 국민국가로 갈 것인지(소독일 해법) 결정해야 했다. 독일의 소국들과 반프로이센, 반자유주의 성향의 보수주의자들은 오스트리아를 지지했다. 자유주의자들과 기꺼이 타협하려는 보수주의자들과 프로이센식보다 오스트리아식 독재를 더 싫어하는 자유주의자들은 프로이센을 지지했다.

독일 우파의 분열을 부른 또 다른 원인은 비스마르크였다. 프로이센의 신생 의회가 머뭇거리고 약해졌던 1860년대에 그가 결정권을 쥐고 부상하자 보수주의자들은 다시 비스마르크에 찬성할지 반대할지 결정해야 했다. 비스마르크가 보수주의자들에 대한 태도를 바꾸자 그에 대한 그들의 태도도 바뀌었다. 그는 처음 부상할 때만 경건한 우파 극단주의자로 시작했고 재임 시에는 분명한 도덕관념이 없는 실용주의자였다. 쪼그라드는 극단주의 집단은 자신들의 신문 『크로이츠 차이퉁』을 통해 그에게 저항했다. 보수주의자는 대부분 그에게 모였고, 반비스마르크의 횃불은 옛 우파에서 가톨릭 보수주의자와 민주적 자유주의자, 사회주의자들에게 넘어갔다.

독일 최초의 보수주의자들은 정치적으로 버릇없이 자랐다. 그들은 권위를 완전히 잃어버린 적이 없었고, 국가기관에 계속해서 접근할 수 있었다. 이따금 민주적인 시험을 치렀을 뿐이다. 정당 면에서 보수주의는 1815년 빈 체제 정착 후 지역 명사들의 비공식 연결망으로 시작했다. 구질서 옹호자들은 자유주의와 민주주의로부터 군주의 권력을 보호하는 데 단호했다. 오래된 특권들은 폐지되고, 때늦은 봉건적 관행은 끝나고, 입헌 정부에 대한 동의가 이뤄졌다. 바덴 같은 곳을 제외하고는 절충적이고 불확실한 절대주의가 지배했다. 프로이센 사람들은 1815년에 헌법을 약속받았다. 헌법은 1848년이 돼서야 도입돼 위로부터 부과됐고, 즉시 끝이 잘려나가고 1850년대에 추가로 여러 차례 개정됐다. 프란츠 요제프는 서둘러 기초한 오스트리아 헌법을 1851년에 철회했다. 구엘리트층이 궁정과 교회, 군대, 관료 조직을 독점했다. 그러나 그들의 권위가 이의 없이 받아들여지는 일은 더 이상 없었다.

프랑스혁명이 독일의 정치의식을 일깨웠다면 1848년 혁명은 독일 보수주의를 공개적인 논쟁으로 밀어넣었다. 그들은 이상과 주장, 정책들을 내놓기 시작했다. 그리고 목표와 공약을 담은 선언서를 작성했다. 이미 프랑스의 7월 왕정에 대응해 주간지인 『베를리너 폴리티셰즈 보헨블라트』(1831)가 출범했지만, 1837년 가톨릭과 프로테스탄트가 다른 길을 가면서 우파 정당을 시작하려는 노력은 실패했다. 10년 후 일은 더 다급해졌다. 새로 설립된 『크로이츠 차이퉁』은 1848년 6월 "어떤 정치 클럽을 좋아하는지 생각해보라"며 "우리는 여기서 적들의 방식으로 싸워야 하며, 그러지 않으면 얻어맞는다"고 선언했다. 부유한 귀족이 주축인 400명의 보수주의자 그룹이 그해 여름 베를린에서 '재산권 보호와 전 계급의 복지 증진을 위한 연합'을 창립했는데, 이 모임은 간단히 융커 의회로 불렸다. 목적은 재산권에 대한 간섭을 물리치고 전반적인 복지를 증진하며, 계급의 통합을 촉진하는 것이었다. 1861년 프로이센 의회에서 이 모임을 정당으로 조직할 때 그들은 위로부터의 통합, 강한 군대를 보유한 강한 프로이센의 유지, 사회적·도덕적 규율의 확보뿐만 아니라 은행에 대한 통제력 유지가 목적이라고 기술했다.

독일의 보수주의자들은 근대 자유주의의 규칙에 따라 경기를 하기 시작했다. 단순히 지시를 내리는 것이 아니라 정책과 이해관계를 위해 논쟁해야 했다. 다른 곳에서도 그렇듯이 규칙에 따라 경쟁하더라도 선거 조작과 언론 매수, 그리고 일반적으로 편법을 쓰는 것은 가능했다. 빌헬름 시대 보수주의자들을 하향식 배후 조종자로 그리는 것은 융커의 희화처럼 실상을 왜곡하는 것이다. 보수주의는 상향식이기도 했다. 독일 전역의 대중운동과 지역적 요구는 베를린의 정당정치인들에게 압력을 가했다. 공론장에 참여하는 것은 분열을 낳았다. 인민에게 호소하는 것은 많은 이에게 보수주의답지 않게 **민족적**völkisch인것으로, 다시 말해 인기영합적이거나 나쁜 의미에서 인기를 끄는 것으로 여겨졌다. 다른 이들이 보기에 인민에게 호소하는 것은 살아남기 위한 유일한 길이었다. 그런 보수주의는 **대중적**volkstümlich인 것으로 앞서 말한 것과 달리 좋은 의미로 인기 있다는 뜻이었다. 민주주의에 대한 이해에 함축된 대조적인 관점은 나중에 문제가 됐다. 근대적인 게임을 받아들인 보수주의자들은 먼저 자신들을 조직해야 했다. 그들은 그 일에 서툴렀기 때문에 독일은 대가를 치렀다. 빌헬름 제국의 우파는 민주주의에 미온적이고, 지역적으로 흩어지고 조직화하지 않은 상태로 남아 있었다.

독일 통일(1871) 이후 거의 20년 동안 우파 주류의 세 정당을 합치면 이제 남성 보통선거로 뽑는 제국의회에서 절반에 가까운 표를 얻었다. 그들은 독일보수당DKP과 자유보수당FKP, 국민자유당NL이었다.

DKP와 FKP는 1860년대 초 프로이센 의회에서 예산권을 놓고 자유주의자들과 싸운 친내각 당파에서 발전했다. 둘 다 융커 의회 (1848)의 옛 우파에서 갈라져 나왔는데, 그들은 자유주의와 민주주의 물결에 단호히 저항하려 했으나 어떻게 할지는 합의하지 못했다. 자유보수당은 1850년대와 1860년대 온건파의 후손으로, 보수주의의 목적을 위해 새로운 수단을 쓰기를 원했다. DKP는 지난날의 완고한 반근대 저항자들로부터 부상했다. 그들은 정당정치에 섞여드는 데 동의했지만, 옹호하기가 대단히 어려운 조건을 내걸었다. 제한적인 참정권과 종속적인 의회, 세제상의 자유와 예컨대 정치에서 세습적인 지위 같은 오랜 특권의 유지를 원한 것이다. 1860년대에 그런 보루들이 약해지면서 그들은 더 절박한 문제에 직면했다. 전쟁에 의한 통일이라는 문제와 남성의 보통선거권을 포함한 새로운 제국 헌법 문제가 그것이었다. 공인된 보수주의자 비스마르크가 두 가지를 다 하려고 압박했으므로 우파의 선택은 사실상 친비스마르크냐, 반비스마르크냐가 되었다.

기업가와 은행가들의 정당인 FKP는 비스마르크를 지지했다. 이 당은 비스마르크가 제국의회에서 보수 연합을 구축하는 데 첫 디딤돌이 됐다. 이 세력은 프로이센의 산업화가 급속히 정착하던 라인강 유역에서 가장 강했다. 하지만 자유무역을 놓고 분열된 데다 선거에서 호소력이 떨어지기 시작한 이후 총리에게 유용성이 줄어들었다. 여전히 오래된 애착과 자유주의에 대한 의심에 이끌리는 DKP와 달리 자유보수당은 효율적인 행정과 국력, 그리고 무엇보다 사회주의에 대한 저항에 관심을 기울였다. 그들은 자신들과 함께 친비스마르크 동맹을 맺고 위로부터의 근대화를 추구하는 우파의 국민자유당과 같이 선거민주주의를 경계했지만, 가능한 최선의 방식으로 선거민주주의를 이용하는 길을 택했다. 두 당 모두 독일의 공적 영역에서 두 개의 독립적인 세력을 이루는 가톨릭교회와 사회주의 운동을 국가 의지에 굴복시키려는 비스마르크를 지지했다. 다만 각 당에는 그런 작전에 반대하는 자유주의 성향의 소수파가 있었다.

DKP의 옛 독일 보수주의자들은 제국 이전의 프로이센과 북부 독일의 여러 의회에 있었던 완고한 집단에서 나왔다. 그들 역시 오스트리아와의 전쟁과 독일 통일에 직면해 친비스마르크와 반비스마르크로 갈라졌다. 첫 번째 날개는 비스마르크 충성파인 DKP 당수 오토 폰 헬도르프-베드라의 지도로 제국의회에서 우위를 차지했다. 다른 날개는 프로이센 의회를 통제했다.

통일될 때 이들 옛 보수주의자는 함께 제국의회의 보통선거를 받아들였지만 원하지 않는 개혁을 막을 장치로 제국의 상원을 설치하려 했다. 완고한 저항자들은 실패했지만 그 대신 통일 당시 독일 인구의 3분의 2를 차지한 프로이센의 의회를 손에 넣었다. 제국의회와 달리 프로이센 의회는 폭넓은 과세권을 쥐고 있었다. 의회는 1918년까지 DKP의 통제를 받으며 개혁적인 총리들을 괴롭혔고 대부분의 과세에 민주주의가 미치지 못하게 막았다.

DKP는 1876년 전국 정당으로 공식 설립됐을 때 그 목적을 개략적으로 밝혔는데, 제국 헌법 지지, 연방과 지방의 광범위한 투표권 반대, 시민적 자유, 중앙 정부의 권력 제한을 제시했다. DKP는 종교가 정치에서 한자리를 지키기를 원했다. 당의 견해로는 종교만이 사람들의 "커가는 당혹감"에 답할 수 있고 지나친 자유와 금융자본, 사회주의라는 삼중의 위협이 불러온 "사회적 결속의 해체"를 멈출 수 있기 때문이었다. 우파 정당 사이의 갈등은 가톨릭중앙당(1870년 창당)이 이음매 정당으로 행동할 수 있게 했다. 독일의 반가톨릭 **문화 투쟁**이 추진력을 잃으면서 1878년 이후 제국과 바티칸이 화해했을 때 중앙당은 DKP와 동맹을 맺었으나 나중에 다시 갈라섰다.

그런 갈등과 교차 동맹은 빌헬름 시대 보수주의를 융커가 주도하는 반동의 견고한 연합으로 오도하는 구도가 거짓임을 보여준다. 독일에서는 분열된 우파가 그 취약성 때문에 자유민주주의를 방해하거나 오도하는 데 일조했다. 통합되고 강력한 우파가 자유민주주의를 지연시켰다는 시각과는 거리가 멀었다. 자유주의적 개혁과 경제 민주화, 문화적 권위의 쇠퇴에 위협을 느낀 권력자와 이익집단, 그리고 엘리트층에는 근대의 변화를 누그러뜨리는 데 의지할 수 있는 자신감 있는 우파 정당이 없었다.

그 연극에는 우파의 독특한 유형을 잘 보여주는 배우들이 있었다. 그들의 대조적인 역할과 기질에서 19세기 중반 독일 우파의 다양성이 두드러진다. 당시 우파에는 극보수와 사회적인 보수, 좌절된 근대화론자, 온건파와 완고한 저항자들 사이에서 당의 균형을 맞추는 이들이 있었다.

전형적인 극보수주의자는 레오와 루트비히 게를라흐 형제였다. 그들은 방향타 없는 프리드리히 빌헬름 4세 왕을 인도하는 사적 고문단의 핵심이었다. 프랑스와의 전쟁은 그들의 애국적 관점을 형성해주었고(형제 둘 다 참전했다), 개인의 신앙과 공동체의 행동을 촉구하는 경건파의 각성은 그들로 하여금 종교적 확신을 갖게 해주었다. 초기의 사회적-기독교적 보수주의 전통은 성직자 출신의 평론가로 자본주의가 창출한 근대 사회에 대한 저항의식을 갖고 운동한 헤르만 바게너가 대표했다.

시대의 변화에 기꺼이 고개를 숙이려는 보수주의자 가운데는 요제프 폰 라도비츠처럼 좌절된 근대화론자들이 있었다. 가톨릭 신자인 그는 『베를리너 폴리티셰즈 보헨블라트』와 함께 반동적인 우파로 시작했으나 노동자 계급의 요구를 들어주는 데 열심인 자유주의 성향의 입헌주의자가 됐다. 라도비츠는 게를라흐 형제처럼 왕과 가까웠으나 그들과 달리 사건들로부터 배웠다. 1830년대에 그는 개혁에 맞서 교회와 국왕을 옹호했다. 궁핍한 1840년대가 되자 라도비츠는 『국가와 교회』(1846)에서 정부는 빈곤을 줄이기 위해 행동해야 한다고 썼다. 그는 노동계급의 급진주의가 위협할 때 보수가 자유주의자들에게 문을 닫아버리는 것은 어리석다고 믿었다. 내각에서 라도비츠의 경쟁자는 오토 폰 만토이펠이었다. 그는 슐프포르타에서 수학한 똑똑한 공무원으로 1848년부터 1850년까지 내무장관을 지낸 후 1850년부터 1858년까지 총리와 외무장관으로 일했다. 1848년 이후 입헌주의의 발전이 저지된 시기에 만토이펠은 프로이센 정부 내에서 온건파와 과격파 사이의 균형을 잡았다.

그런 인물들의 삶은 부록 C에서 더 자세히 읽을 수 있다. 그들은 초기 독일 보수주의자들의 다양성을 잘 보여주지만, 방식은 달라도 모두가 비슷한 현상 유지 작전에 참여했다. 그들이 민주주의 이전에 한 정치의 방식은 비스마르크의 부상과 독일 통일, 남성 보통선거로 선출하는 전국적인 의회인 제국의회의 창설로 적합성을 잃었다. 비스마르크 체제는 궁정정치와 제한적인 대의제 형태의 더 오래된 보수주의를 민주주의와 권위주의를 섞은 형태로 대체했다. 비스마르크 체제는 왕과 관료, 의회의 복잡한 상호작용에 의존했고 모든 것이 그의 지도 아래서 이뤄졌다. 그러나 권위주의의 전설처럼 모든 것이 그의 통제 아래 있지는 않았다.

비스마르크에게 모여든 정당의 보수주의자 중에 오토 폰 헬도르프-베드라(1833~1908)가 있었다. 그는 독일보수당을 창당(1876) 때부터 이끌었다. 헬도르프는 한편으로는 마지막 남은 극보수의 완강한 저항자들을, 다른 한편으로는 바게너가 이끄는 사회적 보수주의자들을 물리치면서 프로이센 보수주의자들을 비스마르크 뒤에 정렬시켰다. 프로이센에서 비스마르크에 등을 돌린 방해자는 한스 폰 클라이스트-레초(1814~1892)였다. 영국의 젊은 시절 솔즈베리처럼 클라이스트는 처음에 전성기를 지난 사상의 뛰어난 대변자였다. 그런 다음 비스마르크를 받아들였지만(클라이스트는 그의 조카와 결혼했다), 1870년 이후에는 기독교적-가부장적 우파로 전향했다.

최초의 독일 보수주의자들에게 공통된 문제는 이것이었다. 그들은 여전히 권력의 고삐를 쥐고 있지만 이제 더는 완전한 책임을 맡지 않았다. 보수는 대중에게 수용되지 못했는데 그 필요성을 느끼면서도 그들을 끌어안기는 두려워했다. 그들은 요컨대 민주적 정당화를 위한 부담을 졌다. 그들은 더 자유주의적이고 민주적인 근대에 평온하게 사는 대가로 얼마를 치러야 할까? 그 값을 치르는 화폐는 국왕과 군주의 권력, 귀족의 특권, 사회적 통일성, 위계질서 같은 보수주의자들의 오랜 가치였다. 기꺼이 타협하려는 보수주의자들에게 그중 대부분 혹은 많은 부분을 포기하는 것은 사회질서의 기초인 재산권이 보호되는 한 치를 만한 대가였다.

옛 우파의 완고한 저항자들은 무너져내리는 제도에 집착하며 지나치게 높은 대가에 기분 나빠했다. 더 대중적이고 시대에 적응한 젊고 참신한 우파는 보수주의자들의 충성이 오래된 이익집단에서 벗어나 새롭게 초점을 맞추도록 했다. 사회적 통일성은 더는 위계적인 것이 아니라 공유된 국민성과 독일인의 정체성으로 묘사됐다. 하지만 그 정체성은 배타적인 방식으로 생각했다. 다른 보수주의자들은 어떻게든 선택을 피할 수 있으리라는 실용주의적인 희망을 붙들고 있었다. 처음에는 프로이센 총리로서, 그리고 나중에는 제국의 총리 (1862~1890)로서 비스마르크의 성패는 그처럼 상반되는 흐름을 어떻게 관리하느냐에 달려 있었다. 그 관리는 5장의 '독일 보수주의자들의 양가성'에 관한 절에서 시사하듯이 재난을 피하면서 미래에 일어날 문제를 축적하는 것이었다.

유감스러워하면서 타협하지 않는 독일 보수주의자들은 그들이 받아들일 수도, 저항할 수도 없는 대중의 힘 앞에서 뒤로 물러나 체념하거나 퇴거했다. 테오도어 폰타네는 자신의 마지막 소설 『슈테힐린』 (1898)에서 근대 정치에 참여하기를 거부하는 보수주의자의 태도를 포착했다. 1890년대 초 베를린 북부 브란덴부르크의 호수 지방을 무대로 한 이야기는 옛 프로이센 지주 두브슬라프에 초점을 맞춘다. 그는 지난날 하이네가 조롱했던, 전성기가 지난 융커다. 그는 설득에 따라 마지못해 자신의 지역구 의원 선거에 보수 후보로 나선다. 선거 당일 밤 사회민주당 후보가 압승했다는 선언이 나온다. 자유주의자들은 실망한다. 두브슬라프는 안도한다. 민주정치에 감명받지 않은 그는 선거운동을 진지하게 받아들일 수 없다. 운동원들과 함께 식사하러 가는 그는 이런 생각을 하며 흐뭇해한다. "이기는 건 좋지. 하지만 만찬은 더 좋지."

4. 미국: 휘그당과 잭슨파, 공화당과 민주당

1831년 1월 미국의 정치가이자 전 대통령인 존 퀸시 애덤스는 자신의 일기에서 유럽의 자유주의적인 격변이 자국에 미칠 수 있는 영향을 염려했다. 애덤스는 그 격변이 "민주주의 원칙을 강화"하지만 "그에 비례해 재산권의 안전을 감소시킬 것"으로 판단했다. 세금을 줄이면 국가 채무에 "의존하게"(다시 말해 채권 보유자들의 손실을 초래하게) 될 것이며 신용거래에 관한 믿음을 "깨트리게" 될 터였다. 특히 프랑스에서 정치 개혁과 "종교적 부정"은 "민주주의에 밉살스러운" 권위들 ― 주교, 세습 귀족 ― 을 파괴할 테고, 그중 어느 것도 "여론의 강렬한 불길"을 견딜 수 없을 것이었다. 애덤스는 불안 속에서 어떤 결론을 내려야 할지 확신할 수 없었다. 한편으로 그는 "유럽 민주주의의 교리"는 "이 나라에서 지지를 얻을 수 없을 것"이라고 생각했다. 다른 한편으로는 미국의 제도가 노예제를 둘러싼 국민적 갈등을 견뎌낼 수 있을지 궁금했다. 영국의 다가오는 노예제 폐지의 위협은 서인도제도부터 미국까지 "역병처럼" 휩쓸고 갈 수 있었다. 이 나라에서 남부인들, 그리고 남부를 연방에 잡아두기를 간절히 바라는 북부인들은 똑같이 그에 저항할 터였다. 그렇더라도 노예제를 폐지하라는 민주적 압력은 미국에 "쓰디쓴 결과"를 초래할 것이 분명하다고 애덤스는 걱정했다.

애덤스(1767~1848)는 미국에는 보수주의 전통이 없다는 주장에 대한 좋은 반례였다. 그는 우파 휘그당 사람이었는데, 그 둘 다 지역적 맥락에서 설명할 필요가 있다. 애덤스는 국가의 통일성과 사회질서에 대한 결의뿐만 아니라 거의 천부적인 통치 의무에 대한 확고한 믿음이라는 두 가지 면에서 모두 특이하게 미국적인 보수주의를 보여주었다. 애덤스는 그 전의 아버지처럼 미국 대통령(1825~1829)이었고, 국무장관(1817~1825), 연방 상원의원(1803~1808), 매사추세츠 지역구 연방 하원의원(1831~1848)이었고, 네덜란드·프로이센·러시아·영국 주재 미국 공사였다. 먼로주의의 틀을 짠 애덤스는 영국과 다시 맞선 전쟁과 스페인의 라틴아메리카 철수 후 미국의 외교적 입지를 안정시켰다.

그처럼 많은 공직 수행 기록이 시사하듯이 애덤스에게 정치는 주로 국정의 운영이었다. 자국의 운명을 믿는 그는 당파적인 정신을 혐오했지만, 그래도 상대를 대단히 증오했고 접근전에 능했다. 유머가 없고 성미가 급하며 자기 규율이 강한 애덤스는 50년 동안 객관적인 정치 일기를 썼다. 엄격한 칼뱅파로서 그는 정신적인 자기 향상을 통해 세속적 구원을 얻을 수 있다는 미국 초월주의자들의 온화한 복음을 무책임한 기만으로 취급했다. 그는 랠프 월도 에머슨을 "머리가 돈 젊은이"로 무시했다. 애덤스의 음울한 견해로는 오직 신의 예측할 수 없는 은총만이 타락한 인간을 길들이고 이끌 수 있었다.

교리와는 상관없이 애덤스는 인간의 삶에서 제거할 수 없는 운의 역할과 자신이 "갓 태어난 아이의 복권"이라고 표현한 것을 이해했다. 그 자신의 탁월하지만 불운한 가족은 극단적인 사례였다. 두 형제와 아들 하나가 알코올 중독으로 일찍 죽었다. 또 다른 아들은 방탕한 삶을 살다가 젊어서 죽었다. 그러나 애덤스의 대가족에는 두 대통령 외에 자유토지 공화당의 지도자가 되는 애덤스의 셋째 아들과 미국 역사가이자 워싱턴 부패의 풍자가, 근대적 진보의 침울한 비평가인 헨리 애덤스—나중에 등장한다—라는 손자가 있었다.

정당정치 면에서 애덤스는 고압적인 중앙 정부에 반대하는 반연방주의자가 되고, 그다음에는 1824년 이후 대중민주주의를 경계하는 반잭슨파 휘그당원이 됐다. 미국의 휘그당은 1820년대와 1830년대에 잭슨파 민주당의 반대자로 부상해 일반적으로 식별되는 19세기 정당 체제의 세 단계, 즉 연방주의자와 민주-공화당(1792~1824) 체제, 휘그당과 민주당(1824~1856) 체제, 남북전쟁부터 도금시대까지 공화당과 민주당(1856~1892) 체제 중 두 번째 체제를 형성했다.

휘그당은 물질적·도덕적 진보에 관한 믿음에서는 자유주의적이었고, 엘리트에 대한 신뢰와 민주주의에 대한 불신에서는 보수주의적이었다. 그들은 교조적으로 자유시장을 지지하지 않았다. 과세와 정부를 통해 번창하는 전국 시장에 필요한 공공시설—무엇보다 도로와 운하—을 "개선"할 수 있으리라고 기대했다. 1834년 7월 애덤스는 지난날을 돌아보며 자신이 "국가의 영역을 진보적이고 끊임없는 내부적 개선을 위한 마르지 않는 기금으로 만들었기를" 바라는 희망을 썼다. 동시에 휘그당은 행정부를 의심하면서 부패의 여물통으로 취급했는데, 그 점에서 훗날 좋은 정부를 강조하는 공화주의와 연결됐다. 도덕적 진보와 관련해 그들은 엄격한 하향식 접근법으로 더 나은 이들의 지도가 필요한 사람들을 향상시키려 했다. 휘그당은 시민의 특성에서 근본적인 향상이 없으면 민주주의는 무너지게 마련이라며 염려했다. 그래서 휘그당은 교회와 신문, 학교, 대학들이 무법의 남성적 문화를 길들여주기를 기대했다. 휘그당은 자신들을 영국의 전통—보통법과 귀족의 책임, 질서 있는 정치—을 개선하는 계승자로 생각했다. 그 전통은 늙은 나라에서 약해지고 피곤해진 것이었다.

따라서 보수적인 휘그당과 민주적인 잭슨파 사이의 경쟁은 흔히 가진 자 대 못 가진 자, 특권적인 엘리트 대 미국 대중의 계급 정치로 나타났다. 그 갈등은 사실 한쪽에 남부와 서부가 있고 다른 쪽에 북부가 있는 엘리트의 분파 사이에서 빚어진 것이었다. 그것은 사회질서를 뒤집어엎기보다는 국가의 올바른 방향을 정하는 문제였다. 정치의 첫 번째 임무는 미합중국을 개선하는 것인가, 아니면 확장하는 것인가?

휘그당은 미국과 미국인들이 서쪽으로 퍼져나가기 전에 그들을 향상하기를 원했다. 탁월한 휘그 신문인인 호러스 그릴리는 "끝없는 획득의 본능에 반대하는 것은 내부적 향상의 본능을 고수하는 것"이라고 썼다. 그는 한 나라가 "다른 영토를 흡수하는 데 힘을 쏟으면서 동시에 자신의 영토를 향상시킬 수는 없다"고 읊조렸다. 그와 대조적으로 잭슨파의 『데모크래틱 리뷰』는 얼마 후 이렇게 외쳤다. "그래, 더, 더, 더! (…) 우리 국가의 운명이 실현돼 끝없는 대륙이 전부 우리 것이 될 때까지."

휘그당은 근대의 시장경제에서 성공하고 있거나 성공하고 싶어하는 이들에게 호소했다. 이 당은 상향 이동성이 있는 백인 프로테스탄트교도와 도시의 사무원, 기술직뿐만 아니라 도시의 시장으로 이어주는 교통 중심지 인근의 농민들에게서 지지를 얻었다. 휘그당을 지지하는 엘리트에는 은행가와 부유한 기업 소유자들, 그리고 동부의 성장하는 도시 거주자들이 포함됐다. 북부에서 휘그당에 반대하는 민주당은 산업의 확산으로 기술이 쓸모없어진 장인들과 자신들의 술집과 학교에 대한 휘그당의 간섭에 분개하는 가톨릭교도, 도시의 사기꾼과 은행가들을 싫어하는 먼 시골 농민들을 불러모았다.

"휘그"는 정당정치의 명칭일 뿐만 아니라 대니얼 워커 하우가 고전적인 연구서 『미국 휘그당의 정치 문화』(1979)에서 묘사했듯이 하나의 사조이기도 했다. 휘그당의 개혁가들에게 미국의 나머지는 황량한 서부가 아니라 모든 황량한 부분으로, 신부는 부족하고 남성이 지배하며 결투와 음주, 매춘, 폭동으로 얼룩진 무한경쟁의 장이었다. 1830년대에는 미국인 열다섯 명 중 한 명만이 인구 8000명 이상의 도시에 살았다. 파리나 런던과 비교하면 미국의 가장 큰 도시들 — 뉴욕, 보스턴, 필라델피아 — 은 대도시 문화가 없는 지방의 읍이었다. 19세기 초 독일처럼 미국도 하나의 중심 도시가 없었다. 하지만 독일과 달리 미국에는 독특한 문화 전통을 지닌 군주의 도시들이 없었고 몇몇 대학 도시만 있었다.

그런 사회에서 미국인의 양식을 개혁하려면 루퍼스 초트(1799~1859)가 「정신문화」(1844)와 「미국 법조계 보수주의의 힘」(1845)에 관한 두 번의 유명한 강의에서 주장한 것처럼 새로운 문화적 제도가 필요했다. 초트가 보기에 그 핵심은 로스쿨과 "법조계 전문가"였다.

그들이 대중의 마음에 "빠트리지 말고 보존해야 할" 견해를 심어주기 때문이었다. 유럽에서는 여전히 사회적·정치적 제도의 개혁이 필요했지만, 미국에서는 그렇지 않았다. 왜냐하면 "우리에게 그런 형식과 그런 정도의 개혁은 끝났고 그 일은 완료됐기 때문"이었다. 초트에게 애국적인 미국인은 완성된 헌법의 틀 안에서 법의 전통을 지키는 보수주의자들이었다. 초트는 그 전통의 가치에 관해 버크식으로 "그것을 좋아하는 마음속 깊은 인정이 그토록 오랫동안 지속했기 때문"이라고 설명했다. (버크는 19세기 말 영국에서 재발견되기 전 미국에서 인기를 얻어 1830년대에 그의 책 일곱 종이 나왔다. 초트는 편지와 강의에서 고전 시대나 영어권에서 미국인들이 알아보고 칭찬하는 유명 저자에 버크를 포함했다. 그 명단은 "키케로, 호메로스, 버크, 밀턴" "버크, 플라톤, 해밀턴" "밀턴, 베이컨, 버크, 존슨" 식으로 순열이 달라지는 작은 사원이었다.)

초기 민주당은 그와 대조적으로 토머스 제퍼슨과 앤드루 잭슨의 비非보수주의적인 정신의 지도를 따랐는데, 한쪽은 자유지상주의적이었고 다른 쪽은 대중적이었다. 월터 러셀 미드의 논문 「잭슨파의 전통」(1999)이 적절히 환기했듯이 제퍼슨의 관점에서 시민들은 모두 평등하게 자유로웠고, 있는 그대로 훌륭하진 않더라도 외부자의 간섭으로 향상시킬 필요는 없었다. 그들은 사회를 개선하려는 노력과 개입의 의무를 지지도 않았으며, 사회는 그대로 두면 자유와 평등 속에서 번창할 수 있었다. 잭슨파가 보기에 미국인들은 스스로 지도할 수 있는 풍부한 역량을 보유하고 있었다. 세상에는 좋은 이와 나쁜 이들이 있다는 것은 사실이었다. 그러나 좋은 이들은 도덕적으로 참견하기 좋아하는 이들의 개입 없이도 스스로 선택해서 나쁜 이들을 처벌하거나 배제할 수 있었다. 잭슨파는 그들 나름으로 휘그당만큼 엄격했지만, 그들의 엄격함은 배제적이고 상향식인 데 반해 휘그당의 엄격함은 엘리트가 이끌고 포용적이며 하향식이었다. 어느 쪽도 근대 후기처럼 "나도 좋고 너도 좋다"라는 식으로 관대하지 않았다. 그들은 각각 20세기 미국의 도덕적 보수주의의 저급과 고급 변종인 우파 복음주의와 신보수주의의 윤리적 설교에 자양분이 됐다.

계몽주의는 제퍼슨파와 통했다. 미드의 설명에 따르면 그들은 실재하는 불평등에는 태평스럽게, 모든 사람이 자기 이익을 중시하면서도 농장과 작은 도시의 목가적인 조화 속에서 함께 공화주의적인 삶을 살아갈 수 있는 합리적인 존재라고 상상했다. 복음주의는 잭슨파에 설교했다. 상황에 따라 전사가 되는 그들은 세상을 친구와 적으로 나누었다. 앞길을 가로막는 인디언이든 진로를 방해하는 옛 엘리트든 가리지 않았다. 그들은 재빨리 후천년설의 정신에서 기독교적 각성을 환대했다. 계몽주의에 대항하는 종교적 신뢰 회복 운동으로서 각성은 웨슬리주의, 경건주의와 공명했다. 그것들은 프로테스탄트의 유럽을 휩쓸었으나 미국 변경에서는 독특한 형태를 취했다. 후천년설을 믿는 이들이 보기에는 선한 자들(친구)이 구원받고 악한 자들(적)이 저주받는 그리스도의 재림이 가까웠다.

휘그당이 보는 기독교적 각성의 메시지는 달랐다. 그들은 전천년설의 정신에서 그것을 사회 진보와 개혁의 복음으로 받아들였다. 종말은 가깝지 않고 그리스도가 재림할 때는 되지 않았다. 불완전한—친구와 적이 공존하고 좋은 사람과 나쁜 사람이 뒤섞인—세계는 곧 단순해져 선택의 부담이 없는 최종적인 심판으로 해결될 것이 아니었다. 천년왕국의 배역에서 각성한 기독교인들은 그리스도의 종국적인 재림을 가치 있게 만들기 위해 세계를 개선하는 힘든 과업을 맡았다.

난폭한 남성 중심 사회의 도덕적·문화적 개선자로서 휘그당은 절제와 여성의 권리, 노예제 폐지 운동에서 두드러졌다. 그들은 마지 못해 신중하게 자유 토지 보유자뿐만 아니라 모든 자유민에게 투표권을 주는 방안을 수용한 선거민주주의자가 됐다. 예를 들어 존 애덤스는 1820년 매사추세츠에서 그 변화에 저항했다. 그는 실패했으나 휘그당은 뉴욕과 남부 대농장 지대처럼 부유한 엘리트층이 있는 다른 주에서 보통선거에 반대하며 지는 싸움을 벌였다. 휘그당 지식층의 매체인 『아메리칸 휘그 리뷰』(1845~1852)는 종국에 생각을 바꾸기 전까지는 버크의 어조로 민주주의에 반대하는 설교를 했다. 서부 확장은 보수주의자들의 저항을 약화하는 데 큰 역할을 했다. 변경 사회에서 하향식 정치를 유지하는 것은 실제적이지 않았다. 유럽의 적응적인 보수주의자들처럼 휘그당은 정치 시장에서 용감하게 도전함으로써 국가를 지도한다는 자신들의 주장을 정당화해야 한다고 보았다. 또 유럽의 보수처럼 미국의 휘그당은 자신들이 잭슨파만큼 성공적으로 선거에서 이길 수 있음을 깨달았다. 휘그당의 투사인 윌리엄 헨리 해리슨이 1840년 대통령 선거에서 승리했을 때 잭슨파의 한 사람이 후회하듯 말했다. "우리는 어떻게 우리를 이길지 그들에게 가르쳐주었다."

미국에 보수주의 전통이 없다고 주장한 유명한 저서로 루이스 하츠의 『미국의 자유주의 전통』(1955)이 있다. 하츠는 미국이 태어날 때부터 자유주의적이었다고 주장했다. 이 나라에는 구체제도 봉건적 전통도 없었으므로 자유주의자들이 공격할 대상이나 보수주의자들이 방어할 대상이 아무것도 없었다는 말이다. 미국의 정치는 자유주의와 보수주의의 경쟁에 뿌리를 두지 않고 실용적이면서도 이념적이고, 합의에 따르며, 또 다른 부재하는 전통인 사회주의가 끼어들 여지를 주지 않았다.

미국의 자유주의적 건국에 관한 하츠의 이야기는 합의가 중시된 1945년 이후의 막간에 나온 것이었다. 『미국 헌법의 경제적 해석』(1913)에서 헌법의 기원을 부유층과 빈곤층, 채권자와 채무자 사이의 계급 갈등에서 찾은 찰스 비어드의 고전적인 설명이 진보의 시대에 나온 것과 마찬가지였다. 그와 비슷하게 초기 공화국의 다원주의적인 역사는 오늘날 다양성에 관한 집착과 "정체성"을 둘러싼 갈등, 그리고 세계를 의식하며 미국 예외주의에 대한 신봉을 거부하는 태도에 투영된다. 하츠가 오늘날 책을 쓴다면 아마도 보수주의에 관한 자신의 한정적인 개념을 근대성에 대한 죽어가는 계급의 저항으로 확장했을 것이다. 실제로 근대성에 대한 저항은 보수주의의 요체다. 하지만 그 과업은 특정 계급의 일도 아니고 한 시대에 뿌리를 둔 것도 아니다. 탈봉건적, 탈전통적 미국 사회라는 하츠의 논쟁적인 구도를 고려하더라도 이 신생 국가는 민주주의에 대항하는 방식에서 보수주의의 토양이었다. 미국 휘그당의 딜레마는 유럽의 보수주의자들이 맞닥뜨렸던 것과 같았다. 그들은 대중의 요구가 커짐에 따라 자유주의적—그리고 민주주의적—근대와 얼마나 타협해야 하는가 하는 딜레마였다. 휘그당은 진보에 관한 믿음에서 자유주의적이었으나 사람들이 스스로 진보를 이뤄간다는 것을 신뢰하지 않는다는 점에서 비민주적이었다. 또 유능한 엘리트가 경제를 감독하고 대중의 간섭 없이 정신을 드높여야 하다고 주장하는 점에서는 보수주의적이었다.

잭슨파와 휘그당 모두 자유를 대변한다는 점은 혼동을 일으켰다. 워커 하우가 설명했듯이 그들은 같은 자유를 생각하지 않았기 때문이다. 잭슨파가 보기에 독립혁명은 미국을 웨스트민스터와 잉글랜드로부터 자유롭게 해주었을 뿐만 아니라 전 유럽의 과거, 어떤 의미에서는 역사로부터 해방되게 해주었다. 휘그당 역시 혁명을 자유를 위한 승리로 보았지만, 영국적인 자유가 회복되고 최고조에 이른 것으로 다르게 이해했다. 휘그당의 대니얼 웹스터는 미국의 자유에는 "조상과 혈통, 역사"가 있다며 "우리 선조들은 잉글랜드의 정치 제도 중 가치 있다고 판단한 모든 것을 이 대륙으로 가져왔다"고 밝혔다. 미국의 휘그당은 영국의 전통에서 보수주의자들이 찾는 것을 발견했다. 격동하는 근대에 소중히 여기고 물려줄 값진 것이었다.

애덤스와 더불어 뉴잉글랜드의 대니얼 웹스터(1782~1852)와 켄터키의 헨리 클레이(1777~1852)는 지도적인 반잭슨파였다. 웹스터는 매사추세츠의 휘그당 변호사였다. 짧은 휴지기를 빼고 1823년부터 1850년까지 그 주의 연방 하원의원, 그리고 상원의원을 지냈다. 보수적인 국가주의자인 웹스터는 국가를 하나의 통일체로 생각하고 말했다. 웹스터가 말하는 "노동계급"에는 직공이나 농민뿐만 아니라 은행가도 포함됐지만, 그는 매사추세츠에서 참정권 확대에 반대했다(1820). 경제적으로 자유주의적인 그는 대법원에서 사적 계약을 지켜야 하며 연방정부는 각 주가 상업에 간섭하지 못하게 막아야 한다고 주장했다. 그는 클레이의 높은 연방 관세에 반대했고, 주에서 그것을 무효화하려는 캘훈의 운동에도 똑같이 반대했다. 웹스터는 텍사스의 병합이 북부와 남부의 균형을 파괴하리라고 염려했고 멕시코 전쟁(1840년대)에 동의하지 않았다. 클레이와 같이, 그리고 나중에 스티븐 더글러스와 같이, 그러나 에이브러햄 링컨과 달리 웹스터는 노예제를 서부로 확대하는 문제는 "인민의 주권"에, 다시 말해 새로운 영토의 유권자들에게 남겨두기를 바랐다.

헨리 클레이 역시 보수적인 국가주의자였고 "미국식 체제"(보호 관세, 연방의 공공사업, 국법 은행)의 주창자였다. 새 국가는 번영하고 독립적이며 통합돼야 한다고 클레이는 믿었다. 버지니아에서 태어난 클레이는 젊은 시절 켄터키로 이주했고, 그곳에서 노예 농장을 물려받았다. 그는 켄터키주 출신 연방 하원의원과 하원 의장, 연방 상원의원(1806~1852, 휴지기 포함)을 지냈다. 노예의 점진적인 해방과 해방 노예의 아프리카 송환을 지지한 클레이는 그의 당처럼 노예제의 문제를 풀 수 없었다. 변경의 정치인인 "서부의 해리"는 지지자들에게는 "대단한 조정자"였으나 적들에게는 원칙 없는 거간꾼이었다. 애덤스처럼 그의 가족도 무척 불운했다. 그의 자녀 열한 명 중 여섯 딸은 모두 일찍 죽었고, 세 아들은 미치거나 알코올 중독이었다. 가장 아끼는 아들은 그가 반대한 서부 확장을 위한 멕시코 전쟁에서 죽었다.

클레이와 웹스터는 의회에서 연설할 때도 선거운동을 할 때만큼이나 위력적이었다. 그러나 휘그당은 백악관행에서는 운이 나빴다. 그 기록은 딱할 정도였다. 휘그당의 해리슨은 대선에서 이기고 나서 추운 날씨에 취임식을 했다가 감기로 몇 주 만에 사망했다. 그 자리를 승계한 이는 무당파 부통령 존 타일러였다. 1848년 휘그당은 기회주의적으로 클레이를 제치고 멕시코-미국 전쟁에서 승리한 재커리 테일러를 대선 후보로 지명했다. 테일러는 서부로 노예제를 확대하는 데 그가 반대한다고 믿는 북부인들에게 인기가 있었고, 남부에서도 군사적인 영웅으로 인기를 끌었다(그는 승리를 결정한 선거인단의 163표 중 55표를 그곳에서 얻었다). 테일러가 콜레라로 사망했을 때(1850) 그의 허약한 승계자인 밀러드 필모어는 주로 반가톨릭, 반이민의 무지한 유권자에게서만 인기가 있었고 커지는 남북 갈등에는 무력했다. 필모어는 도주 노예법을 강화하는 대신 자유주 캘리포니아를 받아들이는 법안에 서명했다(1850). 그의 후임자 프랭클린 피어스는 캔자스-네브래스카법(1854)에 서명했다. 그 법은 서부의 유권자들이 노예제의 찬성이나 반대를 결정하도록 허용함으로써 미래의 남서부에 대해서는 노예제를 수용하되 북서부는 자유주로 남겨두는 미주리 타협(1820)을 사실상 철회했다.

휘그당은 파벌로 갈라졌고 지도 원칙이 없다는 인식이 널리 퍼져 있었다. 그들에게 남북 문제는 노예제 자체가 잘못됐다는 것이 아니라 노예제가 국가의 생존에 위협을 가하기 때문에 문제라는 것이었다. 웹스터라면 "자유와 연방은 지금, 그리고 영구히 하나이며 분리할 수 없다!"고 선언했을 것이다. 국가의 통일성에 관한 휘그당의 주장은 나라가 분열된 사실에 허물어졌다. 분열은 무엇보다 자유에 대해 충돌하는 이해가 초래한 것이었다. 문제는 노예제로부터의 자유냐, 아니면 노예를 보유할 자유냐 하는 것이었다.

미국 정당정치의 진영은 남북전쟁으로 재편됐다. 애덤스는 전쟁을 두려워했고 클레이와 웹스터는 전쟁을 예방하려고 헛되이 시도했다. 전쟁 후 보수주의 세력은 여러 지역과 정당에 걸친 어색한 연합으로 남겨졌다. 남부와 북부, 민주당, 1854년 자유 지대의 대의를 촉진하기 위해 설립한 신당인 공화당에 걸친 연합이었다. 공화당은 곧바로 패배한 남부를 어떻게 다룰 것이냐를 놓고 다시 갈라졌다. 전쟁이 끝날 때 암살된 링컨은 이미 전후 남부의 진로를 제시했다(1863). 민간 정부를 신속히 재수립하고 연방에 재통합하는 방안이었다. 공화당 급진파는 배상과 연방 재가입의 협상을 원했다.

아칸소와 루이지애나에서 링컨의 진로에 따라 재건이 시작됐으나 남부의 저항(해방된 노예를 약정서에 묶어놓고 이동을 제한한 흑인 단속법, 흑인에 대한 폭력)에 뒤집히고 말았다. 그 후 의회는 재건법을 통과시켰고, 앤드루 존슨 대통령의 거부권을 넘어 다시 통과시켰다(1867~1868). 그들은 군정을 실시하고 연방 재가입에는 새로운 주 헌법을 제정하고 모든 미국인에게 시민적, 법적 평등을 보장하는 수정헌법 14조를 비준하라는 조건을 달았다. 남부의 백인이 계속해서 저항하고, 부패가 광범위하게 확산하고, 북부가 피로감을 느끼는 데다 흑인을 차별하는 편견까지 더해져 세 번째 단계(1870~1877)에서 재건은 점차 포기됐다. 텍사스와 버지니아, 미주리, 조지아는 1870년 남부의 연방 재가입을 완료했다. 정치적 부패와 1873년 경제의 붕괴, 재건에 대한 지지의 부족이 겹쳐 1874년 의회 선거에서 공화당이 하원 의석 93석을 잃는 선거 참사가 벌어졌다. 1876년 대통령 선거 후에는 모두가 재건은 끝장났음을 인정했다. 민주당이 이겼지만 세 개 주의 선거인단 표에 대한 이의 제기가 법정에서 받아들여지고 마지막 연방군을 철수한다는 약속을 대가로 표를 바꾸면서 대통령직은 공화당의 러더

퍼드 헤이스에게 돌아갔다.

재건 종료와 함께 미국의 보수주의는 북부와 남부를 가르는 선과 더불어 지역과 계급의 구분에 따라 다시 형성됐다. 북부의 공화당은 번창하고 빠르게 성장하는 도시의 산업 경제에서 노동조합에 맞서며 공장의 생산 현장을 계속 통제한 기업의 이익을 대변했다. 낙후된 남부의 시골에서는 빈약해진 백인 엘리트가 민주당의 깃발 아래서 가난한 백인과 가난한 흑인을 갈라치며 주 입법부에서 확고한 다수를 차지했다. 그들은 더 부유해진 남부가 연방의 압력에 굴복하고 실용적인 셈법을 받아들인 1960년대까지 민주적 자유주의에 저항했다. 남부의 문화적 보수주의자들 ― 예컨대 남부의 농본주의자들(뒤에서 언급한다) ― 은 북부의 거친 "물질주의"에 맞선 이 지역의 "더 높은" 가치를 옹호했다. 이는 자유주의적 근대의 비판자들이 취한 "퇴거" 전략의 한 예였다. 그들은 우파에서 정치보다는 책으로 저항하는 방식을 택했다.

최초의 미국 보수주의자들로서 반잭슨파 휘그당은 크고 다양한 공화국에서 사회적 갈등을 통제하는 새로운 수단을 물려받았다. 헌법이 그것이었다. 그들은 잭슨파의 경쟁자들과 그 유산을 공유했으므로 법 자체는 정치에 열려 있었다. 그 기제를 어떻게 이해하고 상세히 설명할 것이냐 하는 일은 그 자체로 당파적인 문제였다. 미국 보수주의 전통은 헌법 논쟁의 당파적 특성과 유동적인 근대 사회에서 법이 달라질 가능성을 허용했다. 4장은 위력적인 보수주의의 두뇌인 존 캘훈이 노예 보유자의 이익을 헌법적으로 옹호한 유명한 사례를 소개할 것이다.

여기서 초점을 맞춘 네 나라의 보수주의는 초기에 성장하는 데 분명히 큰 차이를 보였다. 그러나 자유주의적인 근대 세계에서 권위를 되찾으려는 우파가 공통으로 맞닥뜨리는 도전들이 있었다. 1830년대에 우파의 가장 중요한 선택은 근대 자유주의에 저항하거나 아니면 그것과 타협하는 것이었다. 1880년대가 되자 우파는 더 나아가 근대 민주주의를 얼마나 폭넓게 받아들여야 하는가 하는 문제에도 직면했다. 민주주의와 타협하는 것은 자유주의와 타협하는 것과는 또 다른 문제였다. 자유주의는 권력으로부터의 보호와 그들이 누구든 모두에 대한 평등한 존중이 가져다줄 혜택을 약속했다. 그러나 누가 그 혜택을 누릴 것인가에 관해서는 거의 말하지 않았다. "모두"의 범위가 어디까지 확장되는가에 관해서는 침묵했다. 그와 달리 민주주의는 모든 개개인을 위한 자유주의의 혜택을 강조했다. 민주적 자유주의는 다시 말해 권력—국가나 부의 힘, 혹은 사회적 압력—으로부터의 보호를 그가 누구든 모든 개개인이 받을 수 있도록 하라고 요구했다. 여기서 "모든 개개인"에는—교육을 덜 받고 덜 부유한—다수뿐만 아니라 다수의 먹잇감이 될 수도 있는 소수도 포함했다. 소수는 부유할 수도 가난할 수도 있었다. 민주주의를 견제받지 않는 다수의 지배라는 단순한 원칙으로 좁게 이해할 때 그것은 더 이상 진정으로 민주적이지 않고 통속적인 것이 되고 만다. 따라서 그런 민주주의는 배타적이고 비자유적인 것이 되며, 인민의 의지에 대한 거짓된 호소를 통해 "모두"의 이름으로 "소수"에 폭정을 휘두를 수 있다. 그것은 비자유주의적 민주주의이며, 흔히 포퓰리즘으로 불린다. 앞으로 보겠지만 훗날 우파가 20세기와 21세기에 흔히 갖고 놀게 되는 골칫덩이다.

자유주의자들이 처음에 기존 권력에 스스로 정당화할 것을 요구했을 때 공개적인 논쟁은 적당한 의사당에서 몇몇 식자가 내는 목소리에 그쳤다. 그들은 얼마 안 되는 논평과 회보에서 정보를 얻었다. 재산권에 대한 국가의 간섭을 차단하려는 초기 자유주의자들의 요구는 경제력이 거의 혹은 전혀 없는 무산대중에 비해 재산 소유자가 소수였을 때 나왔다. 자유주의자들이 당초 문화적 권위의 후견을 거부했을 때 그들은 윤리적, 지적 자유를 교육받은 유산계급 남성들이 행사할 수 있는 것이라고 상상했다. 민주주의는 그처럼 제한적인 구도를 찢어버렸다. 민주주의 체제에서 국가나 부, 사회의 권력이 응답해야 할 대상은 새로운 유형의 다그치는 개인으로서 사실상 모든 시민이었다.

19세기 말이 되자 정치적 평등은 방해받고 여과되기는 했어도 대체로 인정됐다. 그러나 경제적 평등은 자유주의자와 보수주의자들을 똑같이 불안하게 했다. 경제적 평등의 요구는 정치의 장을 재편했다. 좌파와 우파 모두에서 새 연합들이 형성됐다. 자유주의를 향해 중도로 옮겨가는 보수주의자들은 경제 민주주의로부터 우측으로 옮겨오는 자유주의자들을 만났다. 경제 민주주의를 향해 좌측으로 옮겨가는 자유주의자들은 자유주의를 향해 중도로 옮겨오는 사회주의자들을 만났다. 어느 연합도 안정적이지 않았다. 좌파 자유주의자와 사회주의자들은 경제 민주주의의 정도를 놓고 끝없이 싸웠다. 우파 자유주의자와 자유주의적 보수주의자들은 경제적 평등에 맞서 재산권과 번영을 지키려고 만났다. 경제적 고통을 얼마나 완화할 것인가만 빼고는 모든 사안에서 힘을 합쳤다. 그러나 우파 자유주의자와 달리 보수주의자들은 시장을 중시하는 부류조차 문화적 민주주의에 대해서는 결코 편안하게 느끼지 않았다. 보수주의 2기인 1880~1945년의 정당 정치 이야기는 우파가 그처럼 강하게 부딪치는 흐름을 얼마나 잘 혹은 잘못 관리했는가에 집중한다.

4장
사상과 사상가들:
자유주의 반대론으로 돌아서다

공론장에 던져진 우파는 보수 정치가 비판적이고 까다로운 근대인들의 마음을 잡을 수 있도록 정당화 논리를 제시해야 했다. 잃어버린 정치적 권위를 회복할 방법이 필요했던 우파는 지적으로도 예전의 방어 논리에 의지하지 않고 설득력 있는 관점을 제시해야 했다. 그들에게는 자유주의와 민주주의의 약속에 이끌리는 사람들을 잡을 논리가 필요했다.

두 번째 과업은 어떤 면에서는 더 어려웠다. 정치적으로 우파는 집권 시 유리하게 작용했던 예전의 선례와 오랜 통치 경험을 물려받았다. 지적으로 우파는 그들이 옹호했던 지난날의 기성 권력들—왕과 교회, 지주 엘리트—은 거의 생각지도 않았던 일을 자신들이 해야 한다는 것을 깨달았다. 다시 말해 그들은 순종과 동의를 당연한 것으로 기대할 수 없는, 문해력을 갖춘 대중에게 자신들을 정당화해야 했다. 의문의 여지가 없는 권위에 호소함으로써 정면으로 접근하는 것은 이제 더는 충분치 않았다. 시대에 맞춰가는 보수주의 사상가와 작가들은 당대의 귀를 사로잡을 수 있기를 바라며 정치와 종교, 철학 분야에서 논거를 찾았다.

19세기 중반 전형적인 우파 사상가인 존 캘훈과 프리드리히 슈탈 두 사람은 근대에 배운 것에 민주주의 이전의 반쯤 자유주의적인 체제를 위한 법적 추론을 버무렸다. 둘 다 법률가였고, 보수주의자임에도 새로운 지적 분위기를 용인했다. 캘훈은 헌법적이고 역사적인 논거를 이용해 노예를 소유하는 미국 남부가 근대 자유주의가 제시하는 길보다 궁극적으로 사회 진보로 가는 더 안전한 길이라며 옹호했다. 슈탈은 급속히 근대화하는 프로이센에서 철학과 법학, 신학을 섞어 제한적인 왕권과 성직자의 권위, 사회계급의 간접적인 대표를 옹호했다. 둘 다 헌법적 수단으로 힘 빠진 권력들—미국 남부의 농장주 지배 체제와 옛 프로이센의 사회정치적 위계—이 중앙집권화하는 근대의 정부와 대중의 커지는 불신이라는 이중의 위험에 면역력을 갖게 하려고 애썼다. 둘 다 당장의 목표를 이루지는 못했다. 캘훈은 방어할 수 없는 것을 방어하려 했고, 슈탈은 지속할 수 없는 것을 계속 살려놓으려고 했다. 그러나 두 사상가는 각자 훗날 그들이 지키려던 제도들이 사라진 지 오래됐을 때도 보수주의자들이 의지할 수 있는 원칙적인 주장들을 남겼다. 캘훈은 민주주의에서 왜 다수에 대항하는 힘이 필요한가를 밝혔다. 슈탈은 의문의 여지가 없고 최종적인 법적 권위가 주어질 때 사회질서를 위한 보수의 목표는 다양한 형태의 제도—더 대의적일 수도 있고 더 권위적일 수도 있다—에서 이룰 수 있다고 주장했다.

근대성에 위협받으면서 보수주의자들의 보호를 받았던 지난날의 전통적인 권위 가운데 가장 취약해 보이는 것은 종교였다. 공론장에서 종교의 권위는 이미 약해졌다. 과학은 종교의 전통적인 형이상학적 전제를 침식했다. 종파 간 분열로 공적 권위는 줄어들고 사회 결속을 위한 유용성도 제한됐다. 그러나 종교 자체의 영역에서는 그것이 공유하는 의식이든 개인적인 믿음이든 강력한 상태로 남아 있었다. 여전히 무신앙이 아니라 신앙이 지배했다. 그런 분위기에서 보수주의자들이 중상자들에게 맞서 신앙을 지키면서 종교적 권위를 옹호하지 않고 달리 행동하는 것은 생각할 수 없었다. 설사 이제는 종교가 분열된 것이라 하더라도 마찬가지였다. 보수주의자들은 보통 개인적으로 진실한 믿음과 냉소주의 가운데 선택해야 할 필요가 없었다. 그들은 사회질서는 널리 보급된 종교적 신앙에 의존한다고 상정했다. 대부분 스스로 그렇게 믿었다.

그래도 종교의 영역은 어디까지인가, 공적인 삶에서 종교는 어디에 자리 잡아야 하는가는 여전히 불분명했다. 종교는 계속 공적인 역할을 추구해야 하는가? 아니면 훌륭한 사회 구성원이 되는 데는 필요하더라도 공론장에서는 사실상 침묵하며 개인적인 신앙의 영역으로 물러나야 하는가? 종교는 더 나아가 정당정치에 개입해야 하는가? 그렇게 한다면 종교만의 비세속적 역할을 잃어버릴 위험이 있었다. 그러나 종교가 초연하게 서 있어야 한다면 어떻게 세속의 압력으로부터 스스로 방어할 수 있겠는가? 종교적 보수주의자들에게 세속적인 근대의 문제는 정치적 보수주의자들이 자유주의적인 근대에 직면한 문제와 같은 것이었다. 그것은 타협이냐, 저항이냐, 혹은 적응할 것이냐,

퇴거할 것이냐의 문제였다.

프랑스의 펠리시테 드 라므네와 독일의 빌헬름 폰 케텔러는 실용적인 답을 주었다. 두 사람은 당시 기독교 신앙의 역할을 사회적인 사명에서 찾았다. 그들은 1878년 이후 교황 레오의 가르침이라는 다리를 건너 1945년 이후 유럽의 기독교 민주주의로 가는 길을 열었다. 민주주의를 불신하는 영국 국교도 존 헨리 뉴먼은 로마 교회에서 언제든 쓸 수 있을 반근대적 권위의 원천을 발견했다. 미국에서는 헌법이 자유로운 예배를 보장하면서 국교를 금지함으로써 교회와 국가를 분리했지만, 정치에서 신앙을 배제하거나 신앙에서 정치를 배제하지 않았다. 다양한 종파를 따르는 신자들 사이에서 그것이 어떻게 가능하겠는가? 장로교 신자로 반근대주의 학자였던 찰스 호지와 보수적인 교회와 흔히 불편한 관계였던 자유주의적 가톨릭 신자 오레스테스 브라운슨이 잘 보여주었듯이 미국의 종파들 스스로 우파와 좌파로 갈라졌다. 자유주의의 호소와 과학의 커지는 권위를 걱정하던 작가이자 시인인 콜리지는 전통문화의 윤리적, 정신적 가치를 유지하고 보수주의 사상을 장려하는 일종의 평신도 사제들―콜리지는 그들을 "지식 계급clerisy"이라고 불렀다―의 저항을 촉구했다. 그는 사실상 보수주의에 자체적인 지식인들이 필요하다고 주장하고 있었다.

자유주의 사상가들이 자신의 글에서 하나의 표적 이상의 것을 보여주었을 때 19세기 말 보수주의자들은 철학적으로 자유주의를 표적으로 삼았다. 두드러진 예는 판사이자 작가인 제임스 피츠제임스 스티븐과 법학사가 오토 폰 기르케, 그리고 철학자 F. H. 브래들리였다. 스티븐은 시민적 자유와 사회적 평등에 관해 밀에 반대하는 글을 썼다. 기르케는 건강한 사회를 위해서는 중앙집권화하는 주권 국가의 창조물도 아니고 변덕스러운 사적 이익집단의 산물도 아닌 자발적 기관들이 필요하다는 보수주의자들의 주장에 역사적 무게를 실어주었다. 브래들리는 윤리적 "개인주의"(파악하기 어려운 이 개념의 여러 해석 중 하나로서)에 반론을 폈는데, 개인주의는 일반적으로 정치적 자유주의의 철학적 방어에 필요한 것으로 여겨졌다. 스티븐은 그들 중 가장 공공연히 정치색을 드러냈고, 브래들리는 정치색이 가장 옅었으며, 초기에 자유주의자였다가 국가를 중시하는 보수주의자로 끝난 기르케는 그 중간이었다. 학문과 당파성 사이의 연결 고리는 약해도 그들의 저작은 20세기 공론장의 균형이 바뀌는 긴 변화의 시작이었다. 그 변화로 자유주의자들은 결국 처음과는 반대로 보수주의자들에게 자신들을 정당화해야 하는 방어적 위치에 서게 됐다.

1. 수용될 수 없는 목적을 가진 헌법: 캘훈

존 캘훈(1782~1850)은 노예를 소유하는 이익집단의 변명자로 기억되어야 마땅하다. 그러나 "변명자"라는 말이 주는 느낌과 달리 그는 냉소적이지도, 논리가 짧지도 않았다. 그는 자신이 맞는다고 믿어 의심치 않았을 뿐만 아니라 의회 입성(1911)부터 죽기 직전까지 가차 없이 논쟁의 재능을 발휘했다. 그것은 잘못 쓰인 대단한 재능이었다. 남부를 대변한 마지막 연설은 너무 아파서 말을 할 수 없는 그가 상원 회의장에 앉아서 듣는 동안 누군가가 대독했다.

캘훈의 연설을 듣는 이들은 흔히 설득되기보다는 위압을 느꼈다. 한 독일인 방문자는 그의 연설에서 반대쪽 견해의 "어리석음"에 대한 "메피스토펠레스의 멸시"를 들었다. 해리엇 마티노는 캘훈이 "무쇠"로 만들어졌고 정신적으로 "홀려 있다"고 생각했다. 누구나 그의 불같은 눈에 섬뜩함을 느꼈다. 그는 흔히 정신력은 더 약해도 인간의 기질을 더 잘 파악하는 동료들에게 허를 찔렸다. 밀은 캘훈이 "사색적인 정치 사상가"로서 매디슨이나 해밀턴 이후 미국에서 누구보다 더 뛰어나다고 판단했다. 『자유론』의 저자로 영국 정치계에서 미국 남북전쟁 때 북부 편을 든 몇 안 되는 저명인사인 그가 남부의 노예 소유자를 그토록 칭찬한 것은 깜짝 놀랄 만한 일이었다. 밀은 그러나 캘훈에게서 자신을 괴롭히던 것과 같은, 다수결 민주주의에 관한 당혹스러운 질문을 들었다. 어떻게 단순히 머릿수를 세는 것으로 소수의 견해와 염려를 정당하게 "지워버릴" 수 있는가?

남부에 대한 캘훈의 꺾이지 않는 방어는 자칫 무계획적인 것으로 보였을 진로에 일관성을 부여했다. 그의 아버지는 캐롤라이나 오지의 부유한 노예 소유자였다. 정착민들이 이미 정착한 이들과 살 공간을 놓고 싸우는 곳이었다. 할머니와 삼촌은 인디언의 습격으로 죽었다. 정치에 관한 수준 높은 고전들을 읽던 영리하고 진지한 소년은 기회가 오자 바로 예일대학 진학과 공직생활을 위해 답답한 변경 지대에서 탈출했다. 캘훈은 정치를 이해하는 데는 누구보다 뛰어났으나 동료 정치인들에게 공감하는 데는 서툴렀다. 그는 곧잘 동료들을 의심과 경멸을 품고 보았다.

캘훈은 휘그당이었고, 민주당이었다가, 다시 어느 쪽도 아니었다.

존 퀸시 애덤스, 앤드루 잭슨과 경쟁관계에 있는 부통령이었고, 관세에 대해서는 차례로 옹호자였다가 적이었다가 다시 타협론자가 됐다. 그는 영국이 미국 선박에 간섭하고 변경의 인디언들을 선동했다며 전쟁을 촉구하는 남부의 전쟁 매파를 이끌었다(1812). "한 나라의 명예는 그 나라의 생명이다!"라고 했던 그는 북부에서 탈퇴에 관한 이야기가 퍼지고 그 갈등이 연방을 위험에 빠트릴 것으로 보인 후에야 마음을 바꿨다. 캘훈은 나중에 텍사스를 놓고 멕시코와 전쟁을 벌이는 데 반대했다. 전쟁은 민주당에 인기 있는 대의였지만 캘훈은 승전 후 서부의 노예제를 어떻게 할 것이냐를 둘러싸고 지역 간 갈등이 첨예해질 것이라는 비슷한 두려움 때문에 반대했다. 그는 두 번이나 대통령직을 얻는 데 실패했다(1824, 1844). 잭슨은 정치적으로는 연방 관세를 무효화하려는 사우스캐롤라이나의 시도와 관련해서, 개인적으로는 캘훈을 러닝메이트에서 탈락시킴으로써, 그리고 사회적으로는 캘훈의 얌전한 체하는 아내에게 공개적으로 굴욕감을 줌으로써 그를 이겼다(1832). 그의 더 높은 야망은 끝장이 났다. 그 후 18년에 걸쳐 잠시 정부에 복귀한 것을 빼고는 캘훈은 상원에서 남부의 목소리를 대변했다.

캘훈이 남부를 대변하는 것은 그의 생각으로는 연방을 옹호하는 것이기도 했다. 남북은 함께 연방에 속했다. 각자 다른 쪽과 더불어 살며 번영해야 했다. 한쪽이 더 작고 약할 수는 있어도 여전히 정당하게 평등한 발언권과 평등한 배려를 받아야 했다. 남부가 북부에 남부처럼 되라고 주장할 수 없는 것과 마찬가지로 북부도 남부에 북부처럼 되라고 요구할 수 없었다. 둘 다 남북의 동등성과 평등한 동반자 관계를 부인하는 것이었다. 그렇더라도 사회적 미덕과 인생의 더 높은 목표에 더 잘 맞는 남부는 착취로 돈만 긁어모으는 북부에 교훈을 줄 수 있었다. 캘훈은 여러 연설 및 사후 출간된 저서 『정부론』(1851)과 『헌법론』(1851)에서 그 점을 힘차게 주장했다.

첫 번째 책은 선거민주주의에서 크고 안정적인 소수의 이익을 어떻게 보호할 것인가 하는 문제를 다뤘다. 캘훈의 답은 사실상 입법부의 공동 결정과 지방 행정부의 거부권이었다. 두 번째 책은 제대로 읽는 한 미국의 헌법이 바로 그런 답을 요구한다는 것을 보여주려 했다. 캘훈의 해석자들은 그가 남긴 다양한 영향에 관해 들었겠지만, 그는 건국자들이 그랬듯이 철학이 아니라 법을 공부한 이들과 논쟁했다. 활기찬 서론—사람들은 사회적이고 이기적이다, 정부가 없으면 사회도 없다, 헌법이 없으면 정부도 없다—다음에 캘훈은 본론으로 들어갔다. 헌법은 무엇을 위한 것인가? 그가 보기에 헌법은 부당한 힘을 저지하는 장치였다. 헌법은 견제받지 않으면 압제하는 경향이 있는 정부로부터 피통치자들을 보호했다. 헌법은 또 제대로 만들었을 때 다수에 맞서 소수를 보호했다.

캘훈은 "소수"라는 말을 20세기의 용어와 같은 의미로 쓰지 않았다. 소수는 이를테면 흑인이나 여성, 히스패닉처럼 한때 무시됐던 집단을 뜻하지 않았다. 그가 말한 소수는 지역 혹은 사회의 지속적인 "이익집단"으로 국가 안에서 무게를 가질 만큼 크긴 해도 투표에서 이기기에는 너무 작은 이들을 의미했다. "이익집단"이라는 말이 경제적 계급이나 부문, 혹은 압력집단을 의미하지도 않았다. 그의 이익집단은 정치적, 문화적 통일성을 지녔다. 그들에게는 역사가 있었다. 그들은 사실상 작은 국가들이었다. 캘훈은 그 이상으로 상세히 설명하지 않았다. 그는 폭넓은 개념으로 주장했으나 항상 존재하는 소수 이익집단이 하나 있었다. 대농장과 노예를 가진 미국 남부였다. 다수인 "이익집단"은 남부보다 더 급속히 성장하고 더 많이 생산하며 더 잘 무장한 북부였다.

캘훈이 보기에 이익집단들은 함께 하나의 국가 공동체를 이룬다. "공동체 의식"은 "독립적인 투표권"(쉽게 말해 1인 1표)으로 직접적으로 얻거나 "적절한 기관(한 사람 한 사람이 투표하기보다는 이익집단이 투표하는 수단)을 통해" 여과할 수 있었다. "어떤 이익집단이나 공동체의 일부"가 "불평등하거나 부당한" 영향을 받을 수 있을 때는 법 제정 시 "협력적" 판단이 필요했다. 잘못된 법이 통과될 때는 투표에서 진 이익집단이 실행에 대한 거부권을 행사할 수 있었다.

용어가 숲을 이루고 구체성이 부족했지만 『정부론』에서 캘훈은 그가 말한 모든 것을 하나의 명료하고 단순한 점으로 몰아갔다. "실제로 헌법을 형성하는 것은 바로 이 부정적인 힘, 다시 말해 어떤 용어—거부권, 조정, 무효화, 견제, 혹은 힘의 균형—로 부르든 정부의 행동을 예방하거나 구속하는 힘이다."

조건부나 "협력적" 다수, 혹은 "초"다수의 발상은 새로운 것이 아니었다. 루소는 『사회계약론』(1762)에서 "논의하는 문제가 중대하고 중요할수록 승리할 의견은 만장일치에 더 가까워야 한다"고 주장했다. 매디슨은 『연방주의자 논고』에서 가난한 다수가 부유한 소수를 약탈하는 것을 걱정했다. 그는 크고 다양한 공화국에는 경쟁하는 이익집단이 너무 많아서 어느 한 집단도 다른 이들을 지배할 수 없다고 생각하며 자신의 두려움을 잠재웠다. 게다가 헌법 자체가 캘훈이 추적했던 유형의 단순 다수결 문제를 걸러줄, 민주주의에 대한 대항적 기제를 풍부하게 담고 있었다. 하지만 캘훈의 염려는 누그러지지 않았다. 헌법은 해석하고 판결해야 했다. 그 명령은 집행해야 했다. 이때 법정과 행정부를 정치적 다수가 지배할 가능성이 컸다.

캘훈은 어려운 질문들을 그대로 남겨두었다. 무엇을 크고 지속적인 이익집단으로 여길 것인가? 거부권은 정부의 마비에 이르기 전까지 (여러 사안 가운데, 여러 행사자 가운데) 얼마나 광범위하게 이용할 수 있도록 할 것인가? 소수 이익집단 내에서 누가 그 거부권을 행사할 것인가? 소수가 그 하위 집단 중 위협적인 다수파나 독단적인 작은 폭군에 포획되면 소수의 거부권은 공정하게 평가할 때 무슨 가치가 있는가? 이런 질문들은 민주주의 시대에 근대 국가의 상충하는 압력과 씨름하던 19세기 유럽의 자유주의자와 보수주의자들에게 던져졌다. 효율성의 압력은 큰 국가와 넓은 시장, 그리고 중앙 정부를 요구했다. 평등의 압력은 지역의 관습과 염려에 주의를 기울이라고 촉구했다. 완전히 작동하는 해법은 거의 없었고, 많은 해법이 오래가지도 않았다. 다수결주의에 대한 캘훈의 도전은 지역주의와 다문화주의, 분리주의의 요구가 커지던 자유민주주의적인 20세기 말에 재연됐다.

캘훈은 어떤 제도적 기제도 저절로 잘 돌아갈 수는 없음을 깨달았다. 근대에는 결국 사람들이 그렇게 하기로 선택할 때만 하나의 국가 안에서 여러 지역과 공동체가 평화롭게 더불어 살아갈 것이었다. 일찍이 롤스 이전에 캘훈은 이상적인 국가에서는 정의로운 제도와 정의로운 시민이 서로를 강화한다는 생각을 하면서 지역 간 상호 거부권이 있으면 거부권 행사를 불필요하게 만들 상호 인정을 상정할 것이라고 썼다. 서로를 받아들이는 것 말고는 실패하지 않을 헌법적 답은 없고 오직 분리냐, 전쟁이냐만 있었다.

『헌법론』은 『정부론』으로부터 얻은 그러한 교훈들을 미국 헌법에서 찾으려 했다. 캘훈의 설명에 따르면 건국자들은 연방의 권한이 각 주가 보유한 권한을 침해할 위험을 인정했으며, 그래서 "협력적" 다수라는―다시 말해 소수의 동의가 있을 때만 중대한 조치를 취할 수 있다는―발상을 허용했다. 그것만이 "통합"(지나치게 힘센 중앙 정부)과 "분리"(연방 해체)의 위험을 피할 길이었다.

캘훈은 『헌법론』을 미완성으로 남겨두었다. 그보다 일찍이 덜 교리적인 연설에서 그는 자신의 마지막 20년 동안 몰두할 미국의 대의를 위해 풍부한 논리를 폈다. 그것은 관세에 대한 저항과 노예제 옹호였다. 그 주장은 원칙적이기보다는 실용적이었고, 옹호자로서 그의 힘을 보여주었다. 그는 하나의 목표물을 무너뜨리기보다는 화력을 넓게 분산시켜 곳곳에서 적들에게 상처를 입혔다.

산업 보호 관세는 물가를 올리므로 불공정하다고 캘훈은 주장했다. 북부에서는 물가 상승을 상쇄하도록 임금을 올릴 수 있었으나 노예의 임금이 없는 남부에서는 불가능한 일이었다. 둘째, 미국인들은 기껏해야 연간 면화 생산의 7분의 1을 사주었으므로 남부 경제는 면화 수출에 의존했다. 보호관세가 수출을 위축시키면 누가 그 수요 부족분을 사줄 것인가? 셋째, 보호는 그 필요성이 가장 적은 이들에게 혜택을 주었다. 그들은 부자들과 "보조금 청원서를 들고 의회에 밀어닥친" 그 대리인들, 정부에서 먹고사는 관료와 규제자들처럼 "적극적이고 주의 깊고 잘 훈련된 집단들", 그리고 산업에 돈을 대는 은행가들이었다.

캘훈은 노예제에 대해서도 비슷하게 실용적인 접근 방식을 따랐다. 원칙에 따르는 방어 논리가 없어서 그의 관점은 무너졌다. 그가 말한 다른 모든 것이 언명하든 안 하든 노예제는 정당하다는 추정에 의존했기 때문이다. 그 추정을 빼버리면 캘훈의 주장은 타당한 것들마저 견고함을 잃어버렸다. 『정부론』은 짧은 중간부에서 실제로 불평등 문제를 건드리고 노예제를 완곡하게 다뤘다. 궁극의 도덕적 의미에서 사람들은 평등하다고 캘훈은 인정했다. 그러나 재능과 활력 면에서 그들은 불평등하게 출발했다. 도덕적, 물질적 진보는 그 불평등에 의존했다. 불평등은 사람들이 스스로 향상하도록 자극했기 때문이다. 자유는 권리가 아니며 오로지 사회 진보로 이끄는 노력과 함께 오는 것이었다. 그러나 노력은 정부가 아니라 개인이 하는 것이어야 했다. 진보적인 사회는 행진하는 군대와 같았다. 정부가 강제로 뒤진 이들을 앞으로 보내면 전진은 멈추고 "진보를 향한 행진의 발목을 잡게" 될 것이었다. 그는 자유가 없고 많은 장소에서 읽거나 쓰는 것이 금지된 남성과 여성들이 어떻게 개인적인 노력으로 스스로 향상할 수 있을지는 말하지 않았다.

대중 연설자로서 캘훈은 더 직설적이었다. 그는 1837년 용납할 수 없는 것을 그럴싸하게 변명한 연설로 작은 어록을 남겼다. 캘훈은 그 악명 높은 연설에서 노예제는 전혀 "죄가 되거나 혐오스러운" 것이 아니라 "확실히 좋은" 것이라고 선언했다. 그에 따르면 노예제는 주인과 노예를 공감으로 묶어주었다. 그것은 야만적인 사람들을 천천히 문명화했다. 또 남부의 백인들을 계급의 경계를 넘어 결속했다. 노예제는 북부의 산업에 대응하는 농업경제에 기여했다. 캘훈은 또 관습이 정당성을 부여한다고 시사하는 버크식의 언급에서 노예제에 관해 이렇게 말했다. "좋든 나쁘든 그것은 우리 사회와 제도 안에서 자라온 것이다." 캘훈을 적수로서 존중한 웹스터는 그중 어떤 말도 믿지 않았을 것이다. 1850년 죽어가는 캘훈을 겨냥한 연설에서 웹스터는 남부인들이 시대에 따라 생각을 바꿨음을 상원에 상기시켰다. 그들은 일찍이 노예제는 악이며, 기껏해야 경제적으로 곧 사라질 일시적이고 값비싼 일탈이라는 데 동의했었다. 그러고 나자 노예제는 처음에는 조면기, 그다음에는 서부 개척 때문에 수지가 맞게 됐다. 옹호자들에게 노예제는 더 이상 악이 아니라 은혜였다. 훗날 링컨이 말했듯이 누구도 스스로 원하지는 않은 은혜였지만 말이다.

캘훈은 정치를 고상하지 않은 것으로 보았고, 나중에 비스마르크(냉소적 유머가 없는)와 솔즈베리 같은 보수주의자들에게서 듣게 되는 암울한 어조를 지녔다. 그는 늘 경계하며 정치의 세력균형을 가늠했다. 이는 때로 보수주의자들이 취하는 특유의 태도로, "현실주의자"라는 다의적인 용어로 표현되는 것이었다. 캘훈은 어떤 "부유하고 문명화된 사회"도 "공동체의 일부 사람들이 실제로 다른 사람들의 노동으로 먹고살지 않는" 사회로 존재한 적은 없었다고 말했다. 자유주의적 근대와 벌이는 역사적인 경쟁에서 남부가 패배할 것을 내다본 그는 1828년 "우리의 힘이 소진된 다음에 경쟁은 자본주의자들과 직공들 간에 벌어질 것"이라고 음울하게 예측했다. 경건하게 비치기를 싫어하는 마르크스주의자들은 그의 찬양하지 않는 어조를 선호했다. 미국 역사가 리처드 호프스태터는 그들의 유사성을 지적하면서 캘훈을 "마스터 클래스의 마르크스"라고 잘 묘사했다. 캘훈은 자본주의의 북부가 아니라 노예제의 남부가 문명의 발전을 대표한다는 것을 믿는다고 주장했으나 그에게는 인간의 진보에 관한 휘그당의 희망이나 민주주의적 평등에 관한 잭슨파의 인식이 거의 없었다. 역사적으로 진정한 진보에 관한 그의 포괄적인 주장은 하나의 논점에 지나지 않았다. 북부의 자본주의가 시민적 가치를 부식시켰을 수는 있어도 그렇다고 노예제의 남부가 더 나은 선택인 것은 아니었다.

캘훈은 밀과 다수결의 힘에 대한 자유주의적인 회의를 공유했지만, 그의 보수주의는 네 가지 면에서 명백히 구별된다. 그는 모두를 위한 자유주의적 평등―다시 말해 시민적 존중―을 믿지 않았다. 그는 또 개혁적인 중앙집권 국가가 전통적 권리와 지역적 관습에 가하는 파괴적인 압력을 두려워했다. 그는 자신을 홀린 악령인 노예 폐지론이 어떻게 "연단과 학교, 그리고 자라나는 세대의 가치관을 형성하는 데 중요한 도구인 언론을 상당 부분 사로잡았는지" 지적하면서 정치적 우파가 이제 어떻게 여론을 얻기 위해 싸워야 하는지 이해했다. 캘훈은 민주주의의 실질보다는 절차를 따랐다. 그는 민주주의의 선거 절차를 받아들였지만, 특권적 소수를 보호하기 위한 헌법적 장치로 그 운용을 제한하기 위해 싸웠다. 자유주의적 평등의 불신자로서 캘훈은 자유주의의 혜택은 민주적으로, 다시 말해 모두에게 확대돼야 한다는 실질적인 개념에 관심을 두지 않았다. 그의 사후 자유주의적 국가에 대한 보수주의자들의 저항은 전쟁까지 불러일으켰다. 타협하지 않는 미국 우파에게 남북전쟁은 프랑스혁명에 이어 보수주의의 두 번째 창건을 의미했다.

2. 우파를 위한 추론이 향수를 대체하다: 슈탈

1840년 베를린에서 신임 교수로 취임 강연을 하던 프리드리히 율리우스 슈탈(1802~1861)은 반항적인 젊은 헤겔주의자들의 야유를 받자 그들을 꾸짖었다. "제군들, 나는 여기 가르치러 왔고 제군들은 들으러 온 것이다." 프로이센 당국은 그 나라의 언제나 소란스러운 학생들 사이에 퍼지는 해로운 이성주의적 신념에 맞설 인물로 그를 임명했다. 슈탈은 자신이 탄탄한 추론으로 옹호할 수 있다고 믿는 보수주의를 내세움으로써 최선을 다해 도왔다. 그는 기독교 신앙과 프로이센 국가의 동등한 주권을 주장하면서 입헌군주제를 받아들였다. 인민에 대한 국가의 요구는 선택이나 동의에 따라 생기는 것이 아니었다. "다수가 아니라 권위"가 민주주의에 대항하는 슈탈의 표어였다.

그런 정신에서 슈탈의 『법철학』(1830) 1권은 관리들이 깊이 이해하지 못할 수도 있는 근대 사상가들—17세기 자연권 관련 저자들과 칸트, 헤겔—의 법 이론에 문제를 제기했다. 관리들은 그들의 사상과 평판이 젊은이들 사이에서 비판과 불만을 불러일으킨다고 비난했다. 슈탈의 2권(1833)은 법이 인간의 관습이나 사회적 결정이 아니라 신이 부여한 보편적인 도덕적 질서에서 발생한 것이라는 포괄적인 구도로 반자유주의자와 반민주주의자들을 똑같이 뒷받침했다. 책은 헤겔 좌파의 모호성과 위험성에 특히 가혹했다.

요즘에는 잘 들어볼 수 없고 읽는 이도 드물지만, 슈탈은 당대의 지도적인 인물이었다. 액턴 경은 글래드스턴의 딸에게 독일에서 슈탈이 보여준 재능과 영향력은 영국에서 디즈레일리가 보여준 것 이상이었다고 말했다. 슈탈은 뮌헨 유대인 상인의 아들이었다. 프로이센은 1812년 유대인들에게 시민권을 주었지만—뒤늦은 영국보다 몇십 년 빨랐다—슈탈은 성년이 되면서 디즈레일리처럼 프로테스탄트로 개종했다.

슈탈은 박식하고 무뚝뚝하며 캘훈처럼 모든 점에서 상대를 이기는 데 열심이었다. 그는 법률가와 교수, 성직자의 색조인 회색이나 검은색 옷을 입었는데, 그 자신은 세 직업을 다 거쳤다. 말년의 그는 프로이센의 복음주의 국교회를 지배하는 고위직에 있었다. 슈탈은 친독일파인 콜리지가 영국에서 열망했던 것과 같은 "지식계급"(곧 설명한다)의 전형적인 일원으로 보였다. 지식계급은 성직자 같은 교사와 지식인 집단으로, 한 나라의 문화와 신앙의 규범적 전통이 살아 있도록 지키는 이들이었다. 문제는 그처럼 통합적인 "지식계급"을 위한 사회나 제도가 존재하지 않는다는 점이었다. 슈탈의 독일은 여러 지역과 종파로 이뤄진 다양한 나라였다. 각기 다른 서른아홉 개의 종교적 권위가 얽혀 있는 독일은 그가 추론하고 자신의 강의에서 정당성을 입증하려고 했던 법과 충성의 질서 있는 하향식 구조가 아니었다. 복음주의 교회 자체는 최근 루터파와 칼뱅파의 통합체였다. 새롭게 열의를 보인 프로이센 왕가가 1817년에 강제한 통합은 작센의 루터파에 반박당했고(그들은 투옥되거나 미국으로 이주했다), 비공식적인 분열로 곧 버려졌다.

슈탈은 1848년 혁명으로 정당정치에 휩쓸려 들어갔다. 그는 프로이센의 반자유주의자들과 어울렸고 그들의 새 신문 『크로이츠 차이퉁』에 보수주의 공약을 썼다. 요점은 혁명과 싸우되 반동은 피하고, 법을 존중하고, 군주든 인민이든 전횡하는 것은 물리치되 왕권의 우위를 지키고, 노동과 상속의 자유를 허용하고, 기독교인들의 법적 평등을 옹호하고, 독일의 통일성과 소속 국가들의 독립성을 함께 유지하는 것이었다. 슈탈은 법에 관한 전문성을 발휘해 프로이센의 뒤늦은 헌법을 기초했고 프로이센 상원에 입성했다. 그는 죽을 때까지 상원에 머무르며 보수주의의 대의를 밀고 나갔다.

1848년 혁명은 비록 실패했어도 그 창조자와 파괴자의 마음속에 계속 살아 있었다. 유럽 전역에 걸친 자유주의자와 민주주의자들의 느슨하게 연결된 항의와 봉기, 헌법 기초는 곧 무력이나 다른 방식으로 저지됐다. 그 격동하는 사건은 마르크스가 본 것처럼 1789년의 재연이 아니었다. 하지만 그것은 정치의 장이 좌파와 우파로 갈라졌음을 재확인해주었다. 혁명은 각 진영이 자신들의 약점을 또렷이 알 수 있게 했다. 좌파는 왜 자신들이 졌는지 알아보느라고 애를 썼다. 우파는 좌파의 힘을 느꼈고, 다음에는 좌파가 이길 것을 두려워했다. 그러나 프랑스나 영국과 달리 독일의 우파는 권력을 잡고 있었다. 슈탈은 우파가 그 자리에 머무르려면 논쟁에서 이겨야 한다는 것을 파악했다. 그가 『크로이츠 차이퉁』에 쓴 선언문 「보수주의의 깃발」(1848년 7월)은 우파의 전략을 펼쳐 보였다. 시간을 뒤로 돌리지 말고 현재의 통제권을 잡으라는 것이었다. 보수는 왕이 헌법을 받아들인 것을 비난하지 말고 시대에 적응한 것을 칭찬해야 한다고 그는 주장했다.

슈탈은 두 부류의 청중에게 이야기하고 있었다. 한쪽은 1848년에 충격을 받아 단두대와 헌법을 분간하지 못하거나 종교적 근대주의자와 무신론자를 혼동하는 극보수주의자들이었다. 다른 쪽은 자유주의 견해를 가진 이들로, 슈탈은 그들을 재산을 소유한 중산층으로 이해했다. 그들은 1848년을 발효시켰고, 그런 다음에는 급진주의와 민주주의에 놀라서 물러났다. 슈탈은 우파를 보면서 극보수를 자유주의 쪽으로 끌어오기를 바랐다. 또 좌파를 보면서 중산층을 보수 쪽으로 끌어오기를 희망했다. 슈탈은 보수주의자들 중 타협한 이들과 타협하지 않은 이들의 생각을 모두 표현했다. 그는 보수가 자유주의적인 근대에 살아가야 한다는 것을 알았지만, 그 동거의 조건을 제한하기를 바랐다.

슈탈의 사고에서 얼개가 된 것은 정치나 철학, 종교에서 일어난 혁명의 부당성이었다. 혁명은 반란이나 봉기가 아니라고 그는 설명했다. 명백한 잘못에 항의하거나 나쁜 통치자를 제거하는 것은 논란의 여지가 없는 혜택을 가져다주었다. 그가 든 사례로는 대헌장과 명예혁명(1688)이 있었고, 1789년 프랑스혁명도 있었다. 슈탈은 이렇게 물었다. 프랑스에서 누가 자의적인 체포와 중산층에 대한 부당한 세금, 농민의 예속, 프로테스탄트의 배제로 회귀하기를 바라겠는가? 그런 것들은 잘못된 것이었고, 그 후 적절히 교정됐다. 하지만 그것들은 혁명의 작은 부분이었다. 왜냐하면 혁명은 제대로 보면 사건이나 사고가 아니라 마음속 태도이기 때문이었다.

슈탈이 보기에 혁명은 인간이 제 고집대로 하는 것이고, 윤리적 방종이고, 권위에 대한 무시이며, 규범 없는 세계를 끌어안는 것이었다. 요컨대 혁명은 자유주의적 근대의 사회적, 도덕적 병폐의 주된 원천이었다. 그렇게 일반화함으로써 슈탈의 저작은 프랑스혁명에 반대한 초기 작가들의 주장 및 19세기 말과 20세기에 자유주의에 맞선 보수주의 사상가들 특유의 서사 사이의 기항지 구실을 했다. 보수주의가 유래한 역사적 사건으로부터 혁명을 분리함으로써 슈탈은 자유주의적 관점에 "혁명을 일으킬" 수 있었다. 그는 사회질서를 찾는 자유주의의 실용적이고 점차적인 탐색을 윤리적 파괴를 부르는 규범 없는 운동으로 바꿔놓았다.

비슷한 생각이 프랑스혁명에 반대하는 최초의 작가들에게 잠복해 있었다. 버크는 열정적으로, 겐츠는 신랄하게 썼다. 두 작가에게 사건은 너무 많고 너무 가까이 있었다. 아직 자유주의적 철학자는 고사하고 정치적 자유주의자들도 보이지 않을 때였다. 슈탈은 반자유주의적 교훈을 드러내 보이고 명료하게 만들었다. 1789년의 유해성에 관한 그의 영감은 사실 버크보다는 메스트르와 같은 것이었다. 버크가 보기에 펜을 휘갈기는 이들은 관습을 부인한다는 점에서 어리석은 데비해 메스트르가 보는 그들은 신을 부인한다는 점에서 사악했다. 슈탈이 이해하기에 혁명은 루시퍼와 같은 교만함에서 비롯됐다. 그러나 지옥의 불은 루터교와 같은 방식이 아니었다. 슈탈의 **영혼** 전쟁은 메스트르보다 더 냉정하고, 덜 분노하며, 더 유용했다. 혁명이라는 배교에 대한 그의 답은 교수형이 아니라 법의 지배였다.

법의 지배가 없으면 사회질서도 없었다. 사람들 사이의 분쟁을 심판할 사법私法이 필요했다. 국가를 통제하는 데는 공법이 필요했다. 그것은 독일에 특히 풍부했다. (잉글랜드의 법학자 존 오스틴이 처음으로 공법에 관한 강의를 해야 했을 때 그는 잉글랜드의 자료가 너무 부족하다는 사실을 발견하고 독일의 권위자들을 찾아야 했다.) 슈탈은 국가 권한을 제한할 더 확실한 방법으로 헌법과 의회보다 공법을 생각했다. 공법의 강점을 보여주기 위해 그는 법이 시민과 국가기관을 똑같이 제약하는 프로이센의 새로운 국가와 할러가 선호했고 러시아에 여전히 존재하는 가산국가를 대조했다. 가산국가에서는 통치자의 말이 사법이었고 국가는 사실상 국왕에게 속했다. 프로이센에서는 국왕에게 부여된 주권자의 권력이 절대적이고 나눌 수 없는 것이 사실이지만, 그 행사는 재산을 가진 엘리트의 전문적인 조언과 공법에 따라 조절됐다. 슈탈은 시대의 변화를 존중해 그 조언이 제한적인 권한을 지닌 의회를 통해 전달될 수 있음을 인정했다. 그처럼 제약된 왕정은 슈탈의 표현으로는 "제도적"인 것이었고, 더 익숙한 표현으로는 "입헌적"인 것이었다.

슈탈은 자유주의자와 민주주의자들이 각자 헌법을 잘못 이해했다고 주장했다. 반半파(1848년의 독일 자유주의자들)는 권력을 제한하기 위해 공법이라는 준비된 수단을 이미 손에 들고 있으면서도 불필요하게 의회에서 제정하는 헌법에 기댔다. 전全파(더 광범위한 대의제를 요구한 1848년의 독일 민주주의자들)는 슈탈이 보기에는 위장한 혁명파였다. 민주주의자들은 사람들이―관심과 역량, 권리 면에서―동등하다고 상상하면서 하나의 획일적인 인간을 대변한다고 주장했다. 그들은 실재하는 차이를 무시함으로써 불만을 자아내고 불화의 씨를 뿌리며 광적인 종교에서나 볼 법한 지독한 불신을 조장했다.

슈탈은 1850년 프로이센 헌법을 기초하고 옹호하는 (나중에는 다듬는) 일을 도움으로써 그런 생각을 헌법으로 구체화했다. 국왕은 최종 결정권을 보유하면서 상하 양원의 지도와 함께 어느 정도의 제약을 받았다. 하원은 3등급 선거권으로 선출됐다. 대략 부유층과 중산층, 저소득층―다시 말해 소수와 일부, 그리고 다수―세 조세 계급이 선출한 선거인단이 의원들을 뽑아 전체 의석의 3분의 1씩을 채웠다. 1871년 이후 남성 보통선거로 선출한 제국의회는 분열돼 있는 가톨릭중앙당과 자유주의자들, 사회민주당에 19세기 말까지 다수의 목소리를 부여했다. 그에 반해 프로이센 하원은 1918년 폐지될 때까지 보수주의자들의 손에 단단히 쥐어 있었다. 빌헬름 시대에 체계적이라기보다는 즉흥적으로 왕과 의회, 프로이센과 제국, 명령과 법, 유산과 발명을 섞은 제도는 상반된 것들을 조화시키려는 슈탈의 시도에 많은 빚을 졌다.

슈탈이 즉흥적으로 한 일은 독일의 오래된 "신분제"를 새로운 헌법으로 포장한 것이었다. 그가 쓴 모든 글처럼 그것은 과거와 현재에 좌파와 우파에게 말하는 것이었다. 대의제는 엄밀히 말하면 틀린 이름이었다. 주권의 행사는 공유될 수 없었다(자유주의의 잘못). 주권은 인민에게서 나오지 않았다(민주주의의 잘못). 그렇더라도 의회는 왕을 지도하고 조심시킬 것이었다. 토지 귀족은 오랫동안 의회의 자연스러운 목소리였다. 의회는 왕과 인민 사이에 있으며, 그들의 역할은 인민을 보호하는 것이지 그저 자기 이익만을 다투는 것이 아니었다. 사회의 높은 자리들은 그와 같이 사심 없는 중재의 과업을 수행하기 위한 것이었다. 슈탈은 조세 계급이 어떻게 옛 "신분제"와 잘 맞는가, 왜 귀족들의 의무를 지키는 태도를 믿어야 하는가 하는 문제는 명확히 설명하지 않았다. 그는 대신 귀족의 지위와 특권은 법으로 폐지됐으나 귀족의 임무는 남아 있다는 점에 기댔다. 민주주의의 요구에는 답하지 않는 아리송한 구절에서 슈탈은 "특권이 아니라 책임"을 중시하는 **신분제**(계급이나 사회 계층)를 권하고 있다고 주장했다.

근대 법철학의 구멍을 발견했다고 믿었던 슈탈은 그 구멍을 메우기 위해 프로테스탄트식으로 이해한 기독교의 세계관에 의지했다. 사회질서는 법과 도덕에 의존했다. 법과 도덕은 둘 다 궁극적으로 "도덕의 왕국"을 관장하는 인격신에게서 권위를 끌어냈다. 자유로운 행위성과 책임의 윤리를 지닌 기독교 국가는 도덕의 왕국으로서 최고의 형태였다. 그에 공감하면서 탈신학적 이해를 한다면 도덕적 질서가 사회적이거나 인간적, 혹은 철학적 인공물이 아니라는 슈탈의 주장을 들을 수 있었다. 다시 말해 도덕적 질서는 실제든 추정이든 집단적인 결정으로부터 나오는 것으로 생각할 수 없었다. 혹은 '너도 마찬가지'라는 서로 반박하는 식의 추론으로부터 나오는 것으로 볼 수도 없었다. 도덕적 질서는 회의적인 추론으로 훼손될 수도 없었다. 그렇게 캐묻는 것은 이미 그를 통해 부인하려는 도덕적 질서를 상정하는 것이었다.

슈탈의 신학적인 옷은 정치에 넉넉하게 맞도록 만들어졌다. 그의 기독교적인 권고는 징벌적이고 엄격하면서 동시에 온화하고 느슨하기도 했다. 그는 농노제와 노예제에 반대했다(그러나 미국 남부의 제도를 비난하는 일은 꺼렸다). 그는 더 인도적인 형벌을 환영했다. 또 (적어도 드러내지 않고) 종교를 선택할 권리와 국적을 바꿀 권리를 포함해 여러 시민적 자유를 지지했다. 그와 대조적으로 합법적 이혼에는 동의하지 않고, 사형에 찬성하고, 신성모독을 범죄로 보고, 자살한 이에 관한 한 "명예로운" 매장을 거부해야 한다고 생각했다.

바우어와 포이어바흐 같은 헤겔 좌파뿐만 아니라 자유주의자들도 슈탈이 원칙이 없을 뿐 아니라 순환론에 빠져 있음을 발견했다. 그들은 슈탈이 권위를 정당화하기 위해 권위를 이용했으며 실제적인 판단이 어떻게 더 높은 전제로부터 도출됐는지 불분명한 상태로 남겨두었다고 보았다. 그들의 의심은 설득력이 있었으나 슈탈이 상세히 추론하지 않은 믿음은 놓쳤다. 프로이센에 관한 애착과 기독교인들이 인간에게 두는 높은 가치에 관한 믿음이 없었다면 그의 정치 도덕은 별 의미를 지닐 수 없었다.

슈탈이 보기에 프로이센은 질서 있고 효과적이며 법이 지배하고 의무에 충실한 사회의 특성을 가졌다. 프로이센 엘리트의 의무감을 빼버리면 슈탈의 헌법 구조는 무너지고 말았다. 적절한 것이든 아니든 프로이센의 효과성과 의무감에 관한 긍지는 애국적인 상투어가 됐고, 프랑스의 경박함이나 영국의 가게 주인 같은 의식과 대비됐다.

슈탈이 상세히 추론하지 않은 두 번째 믿음은 인간에 대한 기독교적 존중이었다. 그것은 세속적인 지위와 무관한 존중이었다. 그가 조화의 철학자로 칭찬한 이들은 프리드리히 셸링(그는 슈탈이 법철학을 하도록 고무했다)과 헤겔이었는데, 두 사람 다 하나의 사물은 다른 모든 것의 한 측면이라고 주장하는 경향이 있었다. 슈탈은 그들에게서 물러섰는데, 그들의 사고에서 인격신이 사라진 것으로 보였기 때문이었다. 인격신이 없으면 슈탈은 그의 다른 깊은 신념인 인간의 불가촉성을 합리화할 길을 찾을 수 없었다. 슈탈은 프로테스탄트 기독교가 다른 어떤 신앙보다 더 인간을 소중히 여기며 그들이 법이 지배하는 사회에서 다른 이들과 자유롭게 살아가도록 해주었다고 믿었다.

슈탈은 자신의 보수주의를 전략적으로 생각했고 원칙의 문제로 보았다. 그는 산업자본주의를 멈출 수 없다고 생각했다. 하지만 아직 자본주의적인 근대가 민주주의로 가는 것은 물론이고 자유주의로 가는 것도 막을 수 있기를 바랐다. 실제적인 면에서 슈탈은 다른 보수주의자처럼 자신의 과업을 할 수만 있다면 구질서에서 가치 있는 것을 지속시키는 일로 보았다. 캘훈의 비유를 쓰자면 사회는 행진하고 있었다. 보수주의자가 할 일은 전위가 줄달음쳐 가버리지 않고 후미가 부루퉁하게 앉아 있지 않도록 설득하는 것이었다. 슈탈은 구엘리트가 신분제의 특권을 내놓고 대신 정부의 대의기구에서 우위를 얻도록 설득하려고 했다. 그는 사회주의와 민주주의에 두려움을 느끼는 중산층을 보수주의로 끌어들이려고 했다. 철학적인 면에서 그는 합리적으로 옹호된 신앙은 보수주의 정치와 엄격한 윤리를 모두 지지할 수 있으리라고 믿었다. 다만 그의 신학에서 끌어낸 실제적인 지침은 제한적이었다. 슈탈이 선호한 윤리는 신학 자체가 요구하고 시대와 환경이 바뀌어도 다시 적용할 수 있는 것이라기보다는 당시 환경과 시대의 산물로 보았다.

3. 보수는 어떻게 종교를 옹호하는가:
라므네, 케텔러, 뉴먼, 브라운슨, 호지

자유주의 사고에 적대적인 이는 슈탈만이 아니었다. 일반적으로 종교적 보수주의자들에게 적은 분명했다. 자유주의는 "인간성을 말살"하고 사회를 "합리적이고 자유주의적인 계산 기계"로 바꿔버렸다(케텔러 주교). 일단 자유주의 사상이 장악하면 "누구도 사회 진보나 행복, 심지어 자유조차 기대해선 안 된다."(라므네 신부) 자유주의가 "다중에게 호소하기에는 지나치게 냉담한 원칙"이라는 것은 별로 위안이 되지 않았다(뉴먼 추기경). 사람들은 신조를 필요로 했다. "사회 진보를 종교와 떼어놓으려는 미친 시도는 (…) 근대 자유주의를 어디서나 파괴적으로 만들고 어디서나 실패하게 했다."(오레스테스 브라운슨) 자유주의라는 적이 시야에 들어왔다. 거기까지는 합의가 됐다.

문제는 이것이었다. 보이는 것처럼 자유주의가 사회에서 우세해지고 있다면 기독교 측 반대자들은 무엇을 할 것인가? 맞설 것인가, 물러설 것인가? 저항할 것인가, 적응할 것인가? 종교적 사상가들이 맞서서 저항한다면 어떻게 논쟁할 것인가? 보수주의자들이 일반적으로 그렇듯이 종교적 사상가들도 지적 전략의 난제에 맞닥뜨렸다. 그들이 종교적인 면에서 자유주의적 근대에 맞서 논쟁한다면 그 목소리는 들리지 않을 위험이 있었다. 비종교적인 면에서 논쟁한다면 그들은 싸움이 시작되기도 전에 항복하지 않았던가?

세속적인 현대 사회에서 종교적인 논거는 공론장에서 깎아내려지는 경향이 있다. 신자들의 주장과 주의를 억압한다기보다는 그들이 광범위한 동의를 얻으려면 정치적, 사회적, 혹은 도덕적인 주장을 위해 만든 논점을 세심하게 비종교적인 용어로 제시할 필요가 있다는 말이다. 시점을 뒤로 돌려보면 1960년대 프랑스에서 우파 정당들이 낙태 합법화 법안들에 저항할 때 그들의 논점은 세속적인 것이었다. 프랑스에는 더 많은 아기가 필요하다, 합법적인 유산도 위험하다, 문란한 삶의 비용을 낮춤으로써 그런 삶을 부추기고 있다는 것이었다. 원칙에 따른 주장이 추가됐으나 여전히 세속적인 논리였다. 낙태는 부당하게 생명을 빼앗는다는 것이었다. 그래서 예를 들어 미국에서 종교 신자들이 공개적인 낙태 반대를 계속할 때 신의 금지가 아니라 부당한 죽임이라는 논거를 들었다. 세속적인 현대인들은 신성에서 끌어낸 주장을 신뢰하지 않을 것이다. 하지만 부당한 죽임은 잘못이라는 데는 동의할 수 있다. 그렇다면 종교를 믿는 이들과 세속적인 현대인들은 서로를 무시하고 이야기하기보다는 논쟁할 수 있다. 낙태는 과연 부당한 죽임인가?

더욱이 저마다 자신의 신념과 교리를 가지고 경쟁하는 수많은 종파가 있다면 공론장에서 종교적 논거를 배제해야 할 두 번째 이유를 찾을 수 있다. 논쟁의 평화를 유지하고, 갈등을 빚는 다양한 사회에서 집단적 의사결정을 할 수 있도록 해주면 종교를 믿는 이와 믿지 않는 이들에게 똑같이 도움이 된다.

대중이 세속화한다는 사실과(그것이 사실인 한) 종교적 논거를 사적인 것으로 다루는(다시 말해 공적 토론에서 배제하는) 정책은 종교적 추론과 정치적 추론을 분리하라는 압력이라고 할 수 있다. 그 압력은 오늘날 무척 익숙해서 거의 인지할 수도 없다. 그런 것들이 차가운 봄바람처럼 새롭고 날카롭게 느껴졌던 19세기 중반에는 그렇지 않았다. 그런 압력들이 동시에 작용하면서 종교적 보수주의자들은 자유주의적 근대가 잃어버릴 위험이 있는 것들을 보존하기 위해 분투해야 했다.

보수적 기독교인 다섯 명의 삶과 생각은 여기서 저항이냐 적응이

나를 선택하기 위한 접근 방식을 잘 보여준다. 기독교 종파들은 똑같이 그 선택에 직면했다. 라므네와 케텔러, 브라운슨은 로마 가톨릭이었고, 나중에 로마 가톨릭이 되는 뉴먼은 고교회파 프로테스탄트였다. 호지는 엄격한 장로교 신자였다. 이들은 각자 기독교의 접근 방식으로 다룰 수 있고 다뤄야 하는 동시대의 공적인 삶에서 중대한 실패를 보았다.

그들은 인간의 평등에 관한 자유주의자와 민주주의자들의 호소를 일축했다. 그 호소는 실제 사회에 비춰볼 때 공허하게 들렸다. 그들의 생각에 평등주의는 사람들의 역량을 과장하고, 이룰 수 없는 목표를 설정하며, 실제적인 필요와는 동떨어진 것이었다. 그들은 자유주의가 신을 무시한 채 사회주의의 이름으로 가난한 노동자들을 도우라고 부추기는 것뿐만 아니라 그 노동자들을 비정하게 착취하는 것도 비난했다. 그들은 또 근대 사회의 도덕적 타락을 한탄했다. 문란한 삶을 살면서, 권위에 귀 기울이지 않고, 규칙을 어기고, 규칙 따위는 없다고 부인하거나 우리는 스스로 규칙을 만들었다고 주장하는 영리한 사상가들의 말을 듣는다는 것이었다. 1830년대 이후 더 빨라진 도시화와 더불어 그런 윤리적 불안은 심해졌다. 걱정하는 이들은 도시의 삶에서 건방진 도제들과 이교도 간의 결혼, 시골의 교구 목사와 대지주의 입김에서 벗어난 대중의 전반적인 방종을 보았다. 유럽에서 도시에 대한 윤리적 반감은 전원에 대한 낭만적인 찬사로 이어졌다. 미국의 휘그당은 도시와 시골을 똑같이 걱정했다. 그들은 남성 천지인 서부 개척지의 제멋대로 하는 행동과 혼잡한 도시 슬럼의 되는대로 사는 삶을 모두 고민했다.

기독교계 지식인들에게는 한 가지 불안이 나머지를 한꺼번에 아울렀다. 그것은 기독교 신앙 자체에 대한 불안이었다. 그들이 보기에 사회질서와 도덕, 그리고 신앙은 하나의 사슬로 이어졌다. 신앙을 잃으면 도덕에 대한 신뢰도 잃고, 신뢰가 사라지면 사회질서도 위태로워졌다. 자연과학, 종교의 전거에 대한 학문적 비판, 그리고 비판철학은 모두 기독교에 대한 신뢰를 떨어트렸다. 그 신앙의 여러 사실뿐만 아니라 종교적 믿음의 온당함 자체에 대한 신뢰가 떨어진 것이었다. 라므네와 뉴먼은 이성에 대한 근대의 가차 없는 요구를 예리하게 느꼈고 그것을 피하려 했다. 뉴먼에게 이성주의는 종교를 부정하는 것뿐만 아니라 그것을 쓸데없이 너무 많이 생각하는 것도 의미했다. 그는 "이성주의는 오늘날의 거악"이라고 썼다. 신앙이 비이성적인 것으로 드러난다면 그다음에는 도덕의 온당함도 그렇게 되지 않겠는가?

그러나 기독교가 새로운 자리를 찾도록 라므네가 준 답은 교리적이라기보다는 실제적인 것이었다. 케텔러의 경우에도 그랬다. 자유주의적 근대에 기독교 신앙은 더 높은 진실을 증명하는 것이 아니라 좋은 일을 함으로써 그 가치를 보여줄 것이었다. 케텔러는 그 실용적인 신조를 이렇게 압축했다. "종교와 도덕은 그 자체로 노동자들의 곤궁을 구제할 수 없다." 케텔러와 라므네는 교회의 논쟁이나 정당정치에 참여하기 전에 먼저 필요한 이들을 돕자는 가톨릭의 사회적 행동을 옹호했다. 그들의 행동은 나중에 뒤르켐이 강조한 것처럼 종교를 신학 혹은 과학에 대항하는 세계관이 아니라 공유하는 삶의 방식으로 다룸으로써 근대성 안에서 종교의 자리를 찾으려는 시도의 사회적인 형태였다.

케텔러는 더 전략적이었다. 그는 참여적인 가톨릭이 사회주의를 물리치는 동시에 독일에서 가톨릭을 보호할 수 있다고 믿었다. 우파 극단주의자로 시작한 라므네는 급진적인 민주주의자가 됐고, 1848년 그의 헌법 초안은 동료 공화주의자들로부터 너무 극단적이라며 묵살 됐다. 케텔러는 내부자였고 목표가 명확했으나, 세속의 상대인 헤센 의 반동적 총리뿐만 아니라 바티칸과도 관계를 잘 유지하는 데 유의 했다. 그는 때가 되자 독일의 가톨릭 정당이라는 발상을 받아들였다. 라므네는 외부자였고 우파에서 좌파로 선회했으며, 교황과 사이가 틀 어져 자신의 정치적 안식처 없이 끝났다. 그러나 라므네는 프랑스에서 자유시장 자유주의자들에 대한 적대감을 절대 버리지 않는 좌파 가 톨릭을 위한 공간을 열었다.

펠리시테 드 라므네(1782~1854)는 얼마 전 귀족이 된 부유한 브 르타뉴 집안의 아들로 독학을 했다. 어머니가 세상을 떠난 다섯 살 때 그는 짐을 싸 숙부의 영지로 갔고, 넓은 서재에서 눈에 띄는 책을 다 읽어 스스로 높은 학식을 얻었다. 젊은 시절의 경험으로 그는 정치에 반감을 품었다. 브르타뉴는 특히 잔혹한 혁명기를 겪었는데, 그의 가 족은 반교권적인 자코뱅당원들로부터 사제들을 숨겨주었다. 1801년 나폴레옹이 교회와 휴전을 맺으면서 국가가 재정 지원을 하는 대신 가톨릭 성직자들을 폭넓게 통제하자 정치에 대한 젊은 라므네의 반감 은 확고해졌다. 그는 근대 국가가 재량으로 국민적 종교에 돈을 대면 진정한 신앙을 질식시킬 수밖에 없다고 판단했다. 라므네는 대신 교황 의 지도에 따르는 신정주의적인 유럽 연방을 꿈꾸었다. 복고 왕정 때 라므네는 샤토브리앙의 『콩세르바퇴르』에 글을 썼고, 그처럼 부르봉 왕가의 부패와 무능을 역겨워했다. 라므네는 대신 유익하고 보편적인 신앙을, 국가 독재자를 방어하는 역할과 분리하는 것이 자신의 과업이라고 여겼다.

1830년 라므네는 급진적인 신문 『라브니르』의 창간을 도왔다. 신문은 관용적인 새 헌법을 제정한 벨기에에서 인쇄했는데, 곧바로 바티칸의 규탄을 받았다. 그는 러시아 점령군에 항거한 폴란드인들의 봉기를 지지했다는 이유로 다시 교황의 비난을 받았다. 당시 교황은 애국적 가톨릭에 반대하는 정통파의 독재를 방어하는 것이 더 긴급하다고 보았다(1830~1831). '궁핍한 1840년대'가 되자 대중적이고 사회의식이 있는 가톨릭을 두 팔로 끌어안은 라므네는 교회의 위계 구조와 전쟁을 벌이게 됐다. 이제 사회주의에 가까워진 라므네는 시장 자유주의가 사회적 책임으로 온화해지고 공통의 신앙에 닻을 내리지 않으면 만인에 대한 만인의 투쟁이 될 것이라고 보았다. 그는 개인적 자유를 선호했으나 고삐가 풀린 경제적 시장에서 어떻게 그 자유를 얻을 수 있을지 의문을 가졌다. 신문 발행인으로서 라므네는 언론 자유를 누리는 데 돈이 얼마나 드는지 알게 됐다.

라므네의 종교서 중 사람들이 가장 많이 기억하는 초기 에세이 『무관심에 대하여』(1817)가 그런 사회적 급진주의로 이어졌다고 볼 수도 있다. 이 책은 근대 사회에서 신앙이 있을 자리를 다루었다. 책은 그가 보기에 근대인들이 종교적 가책을 피하려고 쓰는 일반적인 회피 논리를 공격한다. 종교적 신앙은 그럴듯하지 않지만 사회질서에 유용하며 대중에게나 필요하다는 회의주의적인 주장, 모든 신앙이 똑같이 의심스러우므로 자신의 사회가 믿는 신앙을 채택하는 것이 현명한 길이라는 반보편주의적인 주장, 그리고 성서의 계시는 해석자들을 필요로 하므로(그리고 역사적 기록으로서 계시의 주장들은 성서 비판으로 무너졌으므로) 성서에 호소하는 것은 성직자의 권위에 도전할 근거가 될 수 없다는 프로테스탄트의 반교권주의 주장이 그것이었다.

초기와 후기 라므네 사이의 연결 고리는 자유주의적 "개인주의"에 대한 적대감이었다. 이 느슨한 개념은 곧바로 보수주의자들이 타격할 자유주의의 목표물이 됐다. 『무관심에 대하여』에서 라므네는 신과 독대하는 루터와 악마와 독대하는 데카르트가 개인의 판단을 과신하고 언어와 추론은 언제나 사회적인 것이라는 점을 무시했다고 비난했다. 그는 어떤 사고 습관은 지역적인 것이고, 다른 습관은 "천성적"인 것 혹은 인간에게 공통적인 것이라고 썼다. 그런 것들은 공통 감각을 형성하며, 이는 흄이 "습관"이라 불렀고, 라므네가 버크를 따라 "선입관"이라고 한 것이다. 종교에서 그런 정신적 습관은 추론이나 논쟁 없이도 사람들을 종교적 믿음으로 기울게 했다. 정치에서 여론은 적절한 답으로 향하게 했다. 회의적인 비판과 성가신 소수 의견은 그 길을 막았다. 반자유주의적인 라므네에게 교황의 권위와 인민의 권위 사이의 격차는 결국 그리 크지 않았다.

1850년부터 죽을 때까지 마인츠의 주교였던 빌헬름 폰 케텔러(1811~1877)는 독일에서 하향식 사회적 가톨릭의 지도적인 대변인이었다. 케텔러는 자본과 노동이 대립하는 사회의 평화를 위해서는 노동 계급의 정치적 요구가 아니라 경제적 요구가 충족돼야 한다고 생각했다. 그는 비스마르크의 반가톨릭 **문화 투쟁**에 반대하고 가톨릭과 프로테스탄트의 화해에 찬성했다.

케텔러는 성직자로서 자신의 임무를 신교도가 다수인 나라에서 개혁적인 국가의 압력으로부터 독일 교회, 특히 교회의 지배 구조와 교육을 보호하는 일이라고 여겼다. 자신의 외교적 임무는 생각이 같은 가톨릭 주교들과 함께 국내 정치에 대한 바티칸의 침입을 억제하는 것이라고 보았다. 그리고 정치적 임무는 종파를 가리지 않고 노동 계급에 호소하고 협동조합과 노동조합에 찬성함으로써 사회주의자들의 집단소유와 경제의 민주적 통제 요구를 저지하는 것으로 생각했다.

케텔러의 가족은 옛 베스트팔렌 귀족 출신이었다. 그는 예수회 학교에 다녔고, 대학 네 곳에서 공부했으며, 학생 때 붙은 결투에서 코끝을 잃었다. 가톨릭 사제가 되기 전 변호사와 공무원으로 일한 케텔러는 쾰른 대주교의 체포(1838)에 대한 항의로 정부 관직에서 사임했다. 비스마르크의 반가톨릭 문화 투쟁(1870년대)으로 터져나오는 프로테스탄트와 가톨릭 권력 간 분쟁에서 초기의 사건이었다. 범독일 헌법을 희망했으나 실패한 프랑크푸르트 국민의회(1848~1849)의 대의원으로서 그는 온건한 자유주의자들 편에 섰다. 1850년대 라인란트의 산업화가 속도를 낼 때 케텔러는 산업화가 사회에 미치는 가혹한 영향을 무시하지 말라고 설교하며 글을 썼다. 『노동 문제와 기독교』(1864)에서 그는 사람들을 "땅 위에 흩날리도록" 가루로 분쇄될 "물질의 원자"로 여기는 자유주의자들의 파괴적인 사회 구도를 비난했다. 그는 사회주의자 페르디난트 라살의 영향을 받아 노동자들이 노동조합을 만들 수 있고 필요하면 파업도 할 수 있어야 한다고 생각했다. 케텔러의 사회적 메시지는 훗날 막스 베버를 경악하게 한 동프로이센 농장의 노동 조건에 대해서는 별말이 없었다. 그는 개인의 자유를 지지했지만, 남성과 여성에 대한 교회의 가부장적인 관점은 이의 없이 따랐다. 케텔러는 자신의 계급과 신조에서 무심결에 나타나는 반유대주의를 공유했는데, 은행업에 대한 일반화한 반대로 그것을 가렸다.

케텔러는 로마 교황이 근대 세계에 반대하며 스스로 참호 속에 숨음으로써 가톨릭을 주변부로 내몰고 세속적 권력의 보복을 자초한다고 염려하는 독일 주교들 가운데 한 명이었다. 1차 바티칸 공의회(1868)에서 케텔러는 중대한 교리 문제에 대한 교황의 무오류성 선언에 반론을 폈다. 그는 선언이 독일에서 초래할 반동을 두려워했으나 교황을 모욕하거나 바티칸의 권위를 침해하지 않으려고 주의했다. 더 유연한 교황 레오 13세(1878)는 교리에서는 물러서지 않았으나 "나는 그에게서 배웠다"라며 케텔러의 사회적 메시지를 들었다. 칙서 「새로운 사태」(1891)는 노동과 자본의 관계를 누그러뜨릴 것을 호소하고 노동조합을 결성할 권리를 지지했다(그러나 사용자와 노동자의 협의회가 더 낫다고 봤다). 칙서는 사회주의와 파업은 반대했다.

독일 통일로 새로운 제국에서 프로테스탄트가 2대 1로 가톨릭 신자보다 많아졌을 때 정신이 번쩍 든 케텔러는 독일에 가톨릭 정당이 필요하다고 생각했다. 그 전에는 교회의 역할을 정치적인 것이 아니라 사회적이고 종교적인 것으로 생각하며 주저했다. 그는 종파적인 정당이 반가톨릭 정서를 불러일으킬 것이라고 염려했다. 하지만 어차피 가톨릭에 대한 문화 투쟁이 벌어졌고 그 논리는 무너져버렸다. 케텔러는 『독일제국의 가톨릭교도』(1873)에서 새로운 가톨릭중앙당을 위해 목소리를 높였다. 당은 자연법에 관한 신토마스주의적 견해와 사회와 잘 연결된 국가에 대한 헤겔의 구도를 결합했다. 케텔러는 가톨릭 정당의 목표가 당대의 윤리적·지적 오류에 저항하고, 지나치게 힘이 센 국가를 막아내고, 개인의 자유를 보호하며, 교회와 학교·가족 같은 중간자적 기구의 자연적인 권리를 안전하게 지키는 것이어야 한다고 썼다.

케텔러는 정치적 자유주의에 대한 적대감과 대중민주주의에 대한 의심에서 보수적이었다. 그가 이해하기로 정치적 자유주의는 국가를 법의 유일한 원천으로 보고 그보다 높은 어떤 권위―특히 기독교의 도덕―도 부정함으로써 국가를 격상시켰다. "국가가 신이라면 기독교의 발전 전체가 무의미하다." (이는 정치적 논점을 철학적 과장에 의존토록 하는 것으로 보인다. 정치적 자유주의는 법 위의 더 높은 도덕적 권위를 받아들일 수 있고, 실정법이 엄연히 존재할 때조차 확실히 부당할 수도 있음을 인정한다.) 케텔러는 그러나 기독교와 자유주의가 지적으로 사촌 같은 관계임을 알아보았다. 자유와 의무는 떼어놓을 수 없고, 자유와 권위가 싸우는 것도 아니었다. 권위는 사려 깊고 자유로운 개인이 마땅히 해야 할 일이 무엇인지 보여주었다. 이런 주장 가운데 자유주의자들이 동의할 수 없는 것은 별로 없었다. 그러나 케텔러가 "가톨릭교회보다 더 자유주의적인 제도는 없다"라고 썼을 때 더 많은 설명이 필요하다고 생각했을 수는 있다.

중앙당은 사회적 가톨릭을 위한 상향식 민주주의의 틀을 찾는 데 골몰했다. 당은 독일의 지역주의와 씨름했다. 바이에른의 가톨릭은 1894년까지 당에 합류하지 않았고, 1920년에 다시 갈라져 나갔다. 중앙당은 나치의 독재에 길을 열어준 1933년 수권법에 찬성표를 던졌다. 독일의 보수적 기독교인들은 1945년 이후에야 가톨릭과 프로테스탄트 진영이 제휴한 새로운 중도우파 정당에서 자유민주주의 정치의 근거지를 찾았다.

라므네나 케텔러와 달리 추기경 존 헨리 뉴먼(1801~1890)은 그의 주변 세계에 거의 참여하지 않았다. 은행가의 아들로 옥스퍼드에서 교육받은 그는 기독교를 사회적 존재라기보다는 정신적인 길잡이로 보았다. 뉴먼은 프리드리히 슐라이어마허와 쇠렌 키르케고르처럼 신앙을 개인의 삶에서 성패를 가르는 요소로 다루었고, 친절한 도움의 손길이나 다른 방식으로도 얻을 수 있는 심리적 부가물로 여기지 않았다.

뉴먼은 기독교인의 과업을 "무정부적인 세계에서 종교를 유지"하는 것으로 보았다. 그는 민주주의를 "끔찍한" 것이라 생각했다. 그의 생각에 휘그당은 "해충"이었고, 자유주의는 참견하기 좋아하는 소수파의 신조로 남을 수밖에 없었다. 모든 보수주의자가 뉴먼과 같이 사회 상황에 불안을 느낀 것은 아니지만, 대부분은 사회에 종교적 신앙이 필요하다는 그의 확신과 더불어 자유주의자들에 대한 그의 멸시에 공감했다. 그들은 "사회는 불평등한 소유 없이는 존재할 수 없고, 소유의 불평등은 종교 없이는 존속할 수 없다"라고 한 나폴레옹처럼 퉁명스럽게 그 점을 표현하지는 않았을 것이다. 하지만 보수주의자들은 일반적으로 공유하는 건전한 종교가 사회질서에 필수라는 데는 여전히 동의할 터였다. 문제는 어느 종교인가였다. 기독교에는 여러 종파가 있었다. 종파마다 다양한 전통과 자기 이해, 철학적 방어 논리가 있었다. 세속적이고 실제적인 사고를 하는 보수주의자들에게 종파의 선택은 부차적이었다. 널리 수용되고 파괴적이지 않고 친숙한 신조라면 어떤 것이든 괜찮았다. 많은 신자에게 그렇듯이 뉴먼에게도 사회적 효용이라는 면에서 어느 신앙을 따라야 하느냐는 물음에 답하는 것은 경솔한 일이었다. 선택은—그것이 과연 선택이라면—민감한 문제임을 뉴먼은 알았다. 그의 삶은 종교적인 안식처를 찾는 과정이었다. 일련의 조우와 거부, 그리고 또 다른 탐색으로 이어지는 것이었다. 그의 삶은 동시에 급속히 세속화하는 문화에서 종교적 지식인의 역할을 찾는 것이었다.

뉴먼은 배제하면서 탐색했다. 그는 종교적 열정이 되살아나는 가운데 과학과 철학이 나란히 발전하는 시대에 성장했다. 낯선 형식의 공동 예배와 기독교 종파가 대서양 양쪽에서 나타났다. 어떤 것들은 경건파와 퀘이커교, 감리교, 그리고 17, 18세기의 다른 탈성직적인 교파에서 나왔다. 다른 것들은 새롭게 나타났다. 그 복음주의 각성의 공통 요소는 교리나 성서보다는 종교적 감정과 개인적 확신을 강조한다는 것이었다. 세속적인 자유주의자들은 종교적 각성을 딱하게 여기고 무시했다. 전통적인 신자들에게 복음주의자들은 무정부주의자보다 나을 것이 별로 없었다. 1807년 시드니 스미스는 그들에 대해 "공통의 인식과 합리적인 정통 기독교에 반하는 하나의 전면적인 음모"라고 했다. 스미스는 당시의 종교적 각성을 16세기 청교도주의의 재림으로 생각했다. 리처드 후커는 청교도주의를 로마 가톨릭과 더불어 엘리자베스식 종교 갈등 해결의 적으로 보았다.

철학자 중 슐라이어마허는 이 종교 부흥에서 평정과 장려의 철학자였고 키르케고르는 불안과 분투의 철학자였다. 뉴먼에게는 두 음역을 다 듣는 귀가 있었다. 영국의 정통 국교회에 불만을 가진 뉴먼은 처음에 지적인 유형의 복음주의 기독교에 끌렸으나 그것을 새로운 회의와 지나치게 개인화된 판단으로 가는 단계로 생각하게 됐다. 다른 한편으로 성서 비판은 성서에 대한 프로테스탄트의 믿음을 흔들어놓았다. 게다가 어떤 책도 "인간의 길들지 않고 살아 있는 지성에 저항할 수" 없었다. 대신 뉴먼은 일종의 교리에 관한 고고학으로 눈을 돌려 가장 이른 시기의 가르침을 공부함으로써 기독교의 정신적인 정수를 회복하려 했다. 그는 『시대를 위한 소고』(1833~1841)에서 그런 접근 방식을 옹호했고, 그가 국교회 사제로 있던 옥스퍼드에서 많은 추종자를 끌어모았다.

그 접근 방식 또한 곧 뉴먼에게 실망을 안겨줬다. 그는 근대의 회의 속에서 믿음을 강화하는 데 필요한 것은 훗날의 교리와 해석에 흔들리지 않는 고대의 순수한 전거가 아니라 현재의 도전받지 않는 권위라고 판단했다. 뉴먼은 1845년 로마 가톨릭 신자가 됐다. 그는 나중에 『자기 삶에 대한 변론』(1864)에서 개인적인 개종의 단계를 설명한다. 당시 그는 나폴레옹처럼 유용하다는 이유로 무조건적 믿음을 냉소적으로 요구하고 있다는 비난에 괴로워했다. 뉴먼은 『동의의 문법』(1870)에서 "신앙주의"의 더 철학적인 방어 논리를 제공했다. 신앙주의는 개략적으로 말하면 어떤 사람의 삶에서 중대한 순간의 주장에 대해 양쪽 증거의 무게가 균형을 이루거나 불분명할 때는 그 주장을 받아들이는 것이 합리적이라는 견해였다. 뉴먼의 에세이는 훨씬 더 상세한 논증에서 무관심주의에 대한 라므네의 공격에 공명했다.

정치적으로 뉴먼은 완고한 토리주의에서 사회의식이 있는 가톨릭의 가부장주의로 옮겨갔다. 그의 견해로 인간은 부패하고 사회는 불완전했다. 훌륭한 기독교인의 사회조차 정의롭지 않을 것이었다. 사회는 그러나 종교를 공유하는 한 안정되고 건강할 수 있었다. 공통의 신앙은 사회를 결속하고 권위가 동의를 통해 통치할 수 있게 해줄 것이었다. 뉴먼은 에세이 「누구를 비난할 것인가」(1855)에서 설명한 네 가지 통치 방식—"복종"(권위주의), "참여"(대중민주주의), "위임"(권위주의의 관료주의적 변종), "조정"—중 마지막의 조정 방식을 선호했다. 유럽식 조합주의의 정신에서 뉴먼은 하나의 포괄적인 믿음 아래 보호와 자유를 제공하면서 계급 간 화해를 이룰 사회적 연합을 구상했다.

그가 로마에서 만난 가톨릭교회는 실망스러웠다. 그에게 공감하는 철학자 앤서니 케니는 뉴먼이 그의 삶 전반에는 잉글랜드의 교회가 로마의 교회처럼 되도록 설득하면서 보냈고, 후반에는 로마 가톨릭이 성공회처럼 되기를 바라며 보냈다고 썼다. 뉴먼은 로마에서 더 권위 있고 더 많은 믿음을 얻는 신앙을 찾고 싶어했다. 하지만 태어날 때부터 물려받아 당연한 것으로 여기는 신앙, 권위가 있다고 주장하지만 그다지 복종을 받지 못하는 신앙을 발견했다.

오레스테스 브라운슨(1803~1876)은 자국에서 선도적인 교회가 아닌 보편 교회를 생각하며 뉴먼이 겪은 것과 같은 어려움을 미국에서 마주했다. 신앙을 기반으로 한 아메리카니즘의 가톨릭계 주창자인 브라운슨은 개신교의 선입견에 맞설 방어 논리를 제공했다. 그는 또 노동자들의 옹호자였으며, 정부와 시민의 자유를 똑같이 정당한 법에 대한 복종으로 이해한 보수주의자였다. 그는 라므네가 마지막에 그랬던 것처럼 노동계급을 열정적으로 옹호하며 시작했지만, 진보적인 정치를 버리고 뉴먼처럼 로마 교회를 받아들이는 쪽으로 돌아섰다. 브라운슨은 뉴먼보다 한 해 일찍 가톨릭 신자가 됐고(1844), 그처럼 자신의 정신적 여정을 담은 자서전을 썼다.

버몬트의 농장에서 태어난 브라운슨은 어머니가 세상을 떠난 여섯 살 때 입양을 위해 칼뱅파 이웃에게 넘겨졌다. 입양된 집의 침울함을 싫어했던 그는 젊은 시절 채닝과 유니테리언교에 심취했다. 독학을 한 브라운슨은 닥치는 대로 읽었고, 지식인의 삶에 뛰어들었으며, 『보스턴 쿼털리 리뷰』를 창간했다. 그는 휘그당을 위선적인 엘리트주의자로, 그들이 대변하는 중산층을 노동자들의 적으로 생각했다. 산업자본이 새로운 권력이 됐다. 그가 「노동계급」(1840년 7월)에서 썼듯이 남부의 노예제는 혐오스러웠으나 북부의 자유 노동보다 덜 잔인했다. 얼마 후 브라운슨은 진보 정치에 대한 모든 신뢰를 버렸다. 사회를 전면적으로 개혁하려는 어떤 시도도 오만한 것이고, "신과 같이 되려는" 인간의 헛된 시도였다. 사회에는 트집 잡기와 혼란이 아니라 수용과 질서가 필요했다. 개신교에는 너무 많은 교파가 있었다. 오직 가톨릭만이 필요한 일관성을 제공했다. 브라운슨은 자본주의적인 휘그당에 보여준 기백을 개신교도와 초월주의자들, 개인주의자들, 허무주의자들, 그리고 자유주의 본래의 오점으로 얼룩진 다른 모든 "주의자들"에게 보여주었다.

브라운슨은 자신을 그처럼 반자유주의적인 면에서 보수주의자라고 생각했다. 대체로 그렇기는 해도 그의 정치적 견해는 온건하고 본능은 타협적이었다. 1820년대부터 1840년대까지 아일랜드와 라인란트에서 온 이민자가 불어나 가톨릭교도의 숫자가 늘어남에 따라 미국에서 반가톨릭 정서가 터져나왔다. 다수인 개신교도 사이에 퍼져 있는 편견은 여전히 강했다. 브라운슨은 『아메리카 공화국』(1865)에서 의심하는 미국인들에게 훌륭한 시민이 가톨릭 신자가 될 수 있음을 보여주고 싶어했다. 동시에 방어적이고 전통에 얽매인 교회를 상대로 가톨릭 신자도 훌륭한 미국인이 되는 게 가능하다고 설득할 수 있기를 바랐다. 브라운슨은 모든 진영의 종교적 편견에 대항해 종교의 자유를 옹호하고 교회와 국가의 분리를 위해 목소리를 높였다. 바티칸은 미국 주교들에게 보낸 서신(1899)에서 "아메리카니즘"은 잘못이라고 비난하는 것으로 브라운슨과 『가톨릭 월드』의 편집장이자 브라운슨의 추종자인 아이작 헤커에게 보답했다.

　브라운슨은 교회에서는 종교적 자유주의자들 편에 섰지만, 『아메리카 공화국』에서는 정치적 자유주의에 대해서 자유와 사회를 잘못 대변한다며 비판했다. 자유는 정부와 시민에게 똑같이 정당한 법에 복종하는 것이었다. 사회는 하나의 계약이 아니라 "유기체"이며, "개인들이 그 유기체의 삶 안에서 사는 것처럼 그것 역시 개인들의 삶 안에서 사는" 것이었다. 브라운슨은 유익한 도덕적 지침으로 민주적 자유주의를 누그러뜨리려 한다는 점에서 보수주의자였다. 개신교의 편견에 맞선 방어 논리로 제시된, 신앙을 바탕으로 한 아메리카니즘의 가톨릭계 주창자로서 그는 당시 유럽에서도 부상하던 가부장적이고 사회적인 기독교를 옹호했다.

　찰스 호지(1797~1878)는 프린스턴신학교의 장로교 신학자로서 성서를 신의 말씀으로 받들고, 20세기 근본주의자와 보수적 복음주의자들을 고취한 엄격하고 염세적인 칼뱅주의를 옹호했다. 호지는 독일의 성서 비판과 철학에 관한 학식이 깊었으나 칸트의 이성주의나 헤겔의 형이상학도, 슐라이어마허의 감정의 종교도 끌어들이지 않았다. 그는 직관과 상식에 호소해 자신의 엄격한 신학을 방어했다. 이를 위해 호지는 스코틀랜드 계몽주의 사상가들을 인용했는데, 이는 그들을 놀라게 했을 수도 있다. 그는 당시 논란을 빚던 장로교 구학파와 같은 종교의 신학파 간 분쟁에서 확고하고도 정중하게 구학파를 이끌었다. 호지가 보기에 다윈주의는 무신론과 같았다. 그는 종교적 부흥 운동에 반대했고 노예제를 비난하는 데 망설였다. 부흥 운동은 노예 폐지론자인 찰스 피니(1792~1875)의 급진적이고도 대중적인 비전이든 윌리엄 엘러리 채닝(1780~1842)의 상류층을 위한 온건한 복음이든, 호지가 보기에는 세속적인, 다시 말해 신을 섬기지 않는 도덕적 향상과 자기 개선 운동이었다.

　신학적인 용어로 제시된 부흥 운동은 기독교 신자들이 자유롭게 신앙을 끌어안음으로써 정신적인 불안에서 벗어나고 자신들의 삶을 구할 역량을 강조했다. 호지의 더 음울한 칼뱅주의는 사람들이 구원의 시간과 수단을 통제할 수 있다는 것을 부인했다. 세속적인 면에서 호지는 자기 향상의 희망적인 약속과 함께하는 미국적인 자립의 복음에 등을 돌렸다. 그는 루터식 "개인주의"(홀로인 신자들은 신에게 직접 답한다)와 "공동의 연대"(아담으로 인해 우리는 모두 죄인이다, 그리스도로 인해 우리는 모두 구원받을 수 있다)를 둘 다 받아들였다. 노예 보유자로서 호지는 그 제도가 성서적으로 정당화된다고 생각했지만, 남부의 노예 학대를 비난했고 노예의 학교 교육을 부정하는 법을 혐오했다. 어쨌든 호지는 강력한 국가주의자로서 남북전쟁에서 북부를 지지했다. 그가 보기에 미국이 본받아서는 안 될 믿음 없는 국가로는 프랑스가 전형적이었다. 호지는 프랑스에서 "인구 중 지성을 갖춘 이들에게는 종교가 없고 종교적인 이들에게는 지성이 없다"고 단언했다(1852). 호지는 보수적인 종교의 정통을 원했으나, 스스로 방어할 지적 무기를 지닌 정통을 바랐다. 프린스턴신학교에서 오랜 경력을 쌓는 동안 호지는 3000명 넘는 학생을 가르친 것으로 추산됐다.

성서 논쟁에 인내심이 없는 탈종교적 독자들이 호지의 정신적 기류의 느낌을 파악하기 어렵다면 소설적인 상상이 그 틈을 메워줄 수 있다. 미국 칼뱅주의자들의 의식을 강력히 환기한 동시대 작가는 너새니얼 호손이었다. 그의 소설과 우의적인 이야기들은 인간의 타락을 확인하고 개선의 희망을 멸시하며 미국적 사고의 청교도적 요소를 다시 상상할 기회를 제공한다. 호손은 경험과 신념에 따라 휘그당에 반대했다. 그는 보스턴의 민주당원으로서 정부 내 자리에서 밀려났고, 자유주의적 진보도, 노예 폐지론의 대의도 믿지 않았다. 죄의식과 어리석음이 그의 작품에 스며들었다. 호손의 한 작중인물이 읊조렸듯이 모든 새로운 사회는 곧 스스로 감옥과 무덤이 필요하다는 것을 깨달았다. 그의 인기 있는 우화 「대지의 번제」(1844)는 불완전한 인간의 세속적 개량이라는 복음주의적 희망을 조롱했다. 『블라이드데일 로맨스』(1852)는 그가 재정적으로 도움을 주고 잠깐 살기도 했던 브루크 농장의 푸리에주의 코뮌을 풍자했다. 『주홍글씨』(1850)는 개인적 양심과 사회적 수치 사이에 빚어지는 청교도주의의 끝없는 갈등을 해결책 없이 보여주었다. 형식은 달라도 호지와 호손은 초기 미국 국민의 정신을 자유주의적, 민주적, 낙관적으로 그린 미숙한 구도에 보수주의적 반례를 제시했다.

위에서 살펴본 보수주의 사상가들은 공론장에서 근대의 종교적 믿음을 위한 자리를 찾는 데 대조적인 방식을 보여주었다. 세 사람은 정치에서 종교를 이야기했다. 라므네는 성직자의 권위에 저항하면서 기독교 사회의 이상을 개인 차원에서 추구하는 길을 택했다. 케텔러는 교회의 권위라는 틀 안에서 비슷한 이상을 성직자로서 추구하는 쪽을 택했다. 브라운슨은 근대 민주주의에는 보편적인 도덕의 지침이 필요하다고 주장했다.

다른 두 사람은 종교 내의 좌파와 우파 간 경쟁을 이야기했다. 뉴먼은 종교적 자유주의자와 근대주의자들에게 반대해 위계적인 교회의 권위와 함께 추론의 대상이 아닌 신앙을 받아들이는 것의 온당함을 보여주려고 했다. 호지는 같은 종교에서 자유주의적 성향을 지닌 비슷한 반대자에 맞서 권위 있는 해석자들이 엄밀하게 이해한 성서의 권위를 역설했다. 두 사람 다 공론장의 개막전에서 교황이나 성서를 논거로 이기지 못했다. 둘 다 과학을 중시하는 회의적인 문화에서 사려 깊은 신자들에게 안전한 인식의 공간을 만들어내는 것을 목표로 삼았다.

다섯 사람 모두 넓은 의미에서 보수주의자였다. 부정적인 그들은 정치적 자유주의가 공적 도덕으로서 부적절하며 자유주의자들은 근대 사회의 병폐에 대해 지나치게 자만한다고 생각했다. 긍정적인 그들은 자본주의적 진보의 격변 속에서 인간의 삶에 중요한 것을 분리해 그것을 고수하려고 했다. 일반적으로 (저속한) 물질적 가치에 대한 집착에 빠져 있던 (고귀한) 정신적 가치를 구하려는 노력이었다. 교리적인 면에서 그것은 과학으로부터 신앙을, 그리고 가능하다면 자연주의로부터 초자연주의를 보호하는 것을 의미했다. 그 자연주의는 어쨌든 종교를 위한 공간을 거의 혹은 전혀 내주지 않는 형태였다. 이 사상가들은 지식과 종교의 세계가 도덕과 사회질서를 위해 서로 강화하기를 바랐다. 뉴먼은 "지식을 갖춘 속인은 종교적인 사람이 되고 독실한 성직자는 지식인이 되기를" 바랐다. 호지는 "자유는 오직 지성과 종교의 토대 위에서만 존재할 수 있다"고 믿었다.

4. 지성이 필요한 보수주의: 콜리지의 지식계급

뉴먼도, 호지도 직접 정치에 참여하지 않았고, 둘 다 국가 차원에서 이야기하지 않았다. 뉴먼은 보편 교회를 끌어안았다. 호지는 미국의 큰 종파 중 한 곳에서 보수 쪽을 대변했다. 국가 정치에서 그들의 시대에는 거의 존재하지 않았으나 우리 시대에는 인정을 받고 권위를 얻은 어떤 인물을 창조하고 육성하자고 촉구하는 것은 시인 콜리지의 몫이었다. 그 인물은 바로 보수주의 지식인이었다.

새뮤얼 테일러 콜리지(1772~1834)의 여러 정치사상이 담긴 저작은 『교회와 국가의 헌법에 관하여』(1830)였다. 계기는 가톨릭 해방법(1829년 4월)이었다. 콜리지는 영국의 가톨릭교도에게 시민권을 주는 것에 반대했다. 가톨릭은 외국의 권력(바티칸)에 충성해야 한다는 오래된 논거도 들었고, 사제들이 독신이라는 이상한 이유도 댔다. 시사적인 맥락에도 불구하고 이 책의 주요한 두 가지 논점은 다 보수주의 사고의 일반적인 관심을 보여주었다. 하나는 어느 나라보다 영국에서 더 발전한 초기 산업자본주의의 사회적, 인간적 희생에 괴로워하던 낭만주의 작가들 사이에 익숙한 것이었다. 다른 하나는 콜리지 자신의 독창적인 제안이었다.

콜리지는 과거로 돌아가고 우파에 눈을 돌림으로써 자유주의적 근대와는 문화적인 거리를 두었던 시인과 작가 중 한 명이었다. 그중에는 급진주의에서 보수주의로 바뀐 이들도 있었다. 한때 프랑스혁명에 열광했던 워즈워스는 콜리지와 함께 그들의 선언문이자 시선집인 『서정 담시집』(1798)을 출간했다. 이제 토리당의 『쿼털리 리뷰』 기고자이자 계관시인이 된 사우디는 한때 콜리지와 함께 펜실베이니아에 이상향 공동체를 건설하기를 바랐었다. 그들 중에는 윌리엄 코빗도 있었다. 대중적인 토리당 사람인 그는 국가와 국왕을 사랑했으나 궁정인, 금융업자, "혹 같은 도시"(런던)를 먹어치운 "자치구 장사꾼들"(매수된 정치인들)뿐만 아니라 벼락출세한 상인들도 미워했다. 그들 가운데는 또 역사가 토머스 칼라일도 있었다. 그는 콜리지의 『헌법』이 출간된 그해에 얼빠진 기계 시대를 공격한 『시대의 징후』를 출간했고, 자유주의적인 사회의 보수적인 채찍이 됐다.

이 작가들이 공유한 것은 자유주의적 자본주의의 실패에 대한 경악이었다. 로크와 뉴턴으로부터 전해 내려온 원자론적이고 일차원적인 철학, 물질적 번영을 행복으로 여기는 한심한 발상, 그리고 희망한 것처럼 자연에서 자란, 시골의 목가적인 정서 혹은 탁월함과 위대한 인물에 대한 존경에서 나온 것이 아니라 도시적이고 거칠며 조작할 수 있는 것에서 나온 대중문화가 그들을 경악하게 했다. 앞으로 살펴보겠지만, 이런 종류의 불안은 보수주의 전통에서 오랫동안 사라지지 않았다. 이런 불안은 특히 독일에—앞서 보았듯이 뮐러와 레베르크처럼—더 철학적이거나 학문적인 유형이 있었지만, 자유주의적 근대에 도시와 산업의 격변이 맨 먼저 일어난 영국에서 가장 강했다. 그런 걱정들은 콜리지의 방대한 저서와 일상의 이야기를 관통했으며, 그는 『헌법』에서 그 불안을 정치에 투영했다.

콜리지는 영국 사회에서 "분열의 참극"을 보았고, 근대 이전에 충만한 것으로 상상했던 삶의 조화를 상실한 것에 슬퍼했다. 콜리지는 정부에 책임 있는 발언권을 가지려면 재산이 있어야 한다는 것은 맞는다고 보면서도 산업자본주의에서는 그 때문에 "상업적인 정신에 지나치게 기울게" 될까 걱정했다. 그 난폭한 기운은 지주계급이 억제할 필요가 있었다. 다시 말해 상원이 하원을 감독해야 했다. 콜리지는 자신이 괴팅겐에서 들었던, 대립적인 구도를 무너뜨리는 독일 관념론의 어휘로 그러한 사회적, 제도적 생각을 표현했다.

한 사물의 본질을 파악하려면 그것이 지닌 "이데아" 혹은 목표나 목적을 이해해야 했다. 한 국가—콜리지는 state와 nation을 주의 깊게 구분하지 않았다—의 목표는 구성되는 것, 다시 말해 확립되고, 정착되고, 수용되는 것이었다. 헌법은 당대의 사람들 사이에 맺는 계약이 아니었다. 시간이 지나면서 자라는 살아 있는 유기체처럼 헌법은 한 국가 안에서 경쟁하는 힘의 균형을 맞추었다. 그 힘은 (남아 있으려고 애쓰는) 영속성과 (앞으로 밀고 가는) 진보성이었다. 영국에서 영속성은 토지 자본과 농업에서, 진보성은 상업에서 찾아볼 수 있었다. "남작"들은 상원에서 전자를 옹호했다. 그들은 정치적 안정성을 보장했다. "자유 농민과 시민"들, 혹은 중세 이후의 용어로는 평민이나 중산층들은 하원에서 진보성을 옹호했다. 그들은 번영과 개인의 자유를 확보했다. 헤겔의 체제에서처럼 국왕은 각 이해관계를 조정하는 국가의 더 높은 통일성을 대표했다. 그의 장황한 설명 속에 숨겨진 것은 영국의 과두적인 제도에 관한 정확하지만 독창적이지는 않은 간략한 밑그림이었다.

콜리지의 『헌법』에서 두 번째 논점은 더 효과적이었다. 그는 보수적인 근대 사회가 결속을 유지하려면 남작과 자유 농민들만으로는 부족하다고 밝혔다. 보수주의 지식인들이 명료하게 표현하고 널리 보급할 수 있는 공통의 시민적인 신조가 필요했다. 신조와 지식인들은 함께 "지식계급 혹은 국가 교회"를 형성할 것이었다. 그 목적은 대중민주주의의 조악해지는 문화뿐만 아니라 자유주의 사회의 위험—지나친 자유와 윤리적 다양성—을 줄이는 것이었다.

콜리지의 조어 "지식계급"은 시사적이었다. 콜리지는 그 지식인들이 (반드시) 사제의 지위나 종교적 교리를 가지지는 않고 옛 성직자들과 같은 지도적인 권위를 갖기를 바랐다. 그들은 성직자도 평신도도 아니고, 그 중간에—상반되는 것들의 조정자로—있을 것이었다. 어떤 이들은 지식을 키우고 넓힌 "인간성의 수원"이 될 터였다. 다른 이들은 전국에 퍼져나가 누구도 "주민 계도자와 보호자, 교사" 없이 내버려두지 않게끔 선생이 될 것이었다. 선생(버크와 같은 유형)은 "현재를 과거와 묶어주고" 따라서 "현재를 미래와 이어줄" 것이었다. 국가는 이 "영속적인 계급 혹은 신분"을 "국적자"에게서 나온 공익 목적의 돈, 쉽게 말해 세금으로 지원할 터였다. 그 신조는 폭넓고 다양하겠지만, 종교적 신념처럼 결속력을 발휘할 만큼 일관성을 갖되 분열적이고 교리적인 내용은 없을 것이었다.

저항보다는 화해의 보수주의자로서 콜리지는 사회 변화의 불가피성을 인정했다. 그는 사회가 진보할 수 있다는 점을 인정했으나 폭넓은 교육과 높은 문화적 기준이 선택한 방향으로 밀고 가기를 바랐다. 하지만 (18세기의 방종한 상류층의 나쁜 행동을 가려줄) 고상한 "세련됨"이나 (중산층의 더 높은 희망인) 효율성과 편리성을 향해 가기를 원하지는 않았다. 콜리지는 자신이 생각하는 더 인간적이고 더 도덕적인 문화를 옹호했다. 그것이 없으면 사회는 "영속적이지도 진보적이지도 않을" 것으로 봤기 때문이다.

해즐릿은 콜리지가 다루지 않은 주제는 하나도 없고 그는 무엇에도 의존하지 않았다고 썼다. 그의 『헌법』은 교육을 포함해 다른 주제들도 제기했다. 지식계급은 교육적이어야 하는가, 아니면 정치적이어야 하는가? 둘 다여야 한다고 콜리지는 생각했다. 기술적이고 도구적인 시대에 인문 교육을 보존하는 것은 뉴먼이 골몰한 문제였다. 그는 더블린의 새 가톨릭계 대학 총장으로서 교육 과정에 그런 가치를 주입하려고 애썼지만 성공하지 못했다. 매슈 아널드는 『교양과 무질서』(1869)에서 그 문제를 다루었다. 그것은 20세기 들어서도 오랫동안 자유주의적 근대를 문화적으로 비판하는 우파의 뇌리를 떠나지 않았으며, 우리 시대에도 용감하게 그 문제를 다루는 후예들이 있다. 그러는 동안 비판자들은 내내 "우리는 누구를 위해, 혹은 무엇을 위해 싸우는가"를 자문해야 했다. 그 물음은 더 최근의 우파, 특히 T. S. 엘리엇과 미국 신보수주의자들, 그리고 스크러턴의 문화적 비판을 논의할 때 다시 다룬다. 그 물음에 대한 진실하고 명백한 답은 그들이 높은 문화적 가치를 지키고 전파하기 위해 싸운다는 것이었다. 하지만 이를 위해 우파는 사회에서 발언 시간을 얻고 문화적으로 주의를 끌기 위해 싸워야 했다.

콜리지는 모호한 말로 숨기려고 애를 많이 썼지만, 보수주의자들이 사상의 경쟁을 벌이고 있으며 근대 사회에서 그 경쟁에는 기관과 돈이 필요하다는 것을 분명히 알았다. 일찍이 "소프트 파워"라는 개념을 예견한 콜리지는 바라건대 납세자들에게 호소할 수 있는 주장을 내놓았다. 지식계급은 "국가를 위해 전반적인 문명의 특성 면에서 이웃 나라들보다 우월하지는 않더라도 적어도 동등한 수준을 확보할" 것이며, 이는 "함대와 육군, 재정수입과 같은, 혹은 그보다 더 강한 방어와 공격 능력의 기반을 형성할" 것이었다.

밀은 콜리지의 논점을 이해했다. 그는 제러미 벤담과 함께 콜리지를 "이 시대의 두 거두" 중 한 명으로 생각했다. 1840년 밀은 두 사람이 각자 다른 질문을 던졌으나 둘 다 "확립된 것들에 대한 위대한 질문자"라고 썼다. 벤담은 전통적인 견해에 관해 물었다. "그것은 참인가?" 콜리지는 이렇게 물었다. "그것은 무엇을 의미하는가?" 벤담이 보기에 수용된 견해는 귀족이나 사제, 혹은 법률가들의 이기적 관심의 표시에 불과했다. 콜리지가 보기에 그것은 "그들에게 실재하는 것을 말로 표현하려는 노력"의 표시이며, 이는 그것이 보존돼야 한다는 뜻을 내포했다. 밀은 정치와 상관없이 콜리지가 벤담을 인간화하려는 자신의 시도에 동지가 되리라고 봤다. 밀이 『자유론』에서 인간의 행복은 쾌락을 즐기고 고통을 피하는 것이라는 벤담의 좁은 관념을 더 넓히기를 바라며 쓴 구절—"진보적인 존재로서 인간의 항구적인 관심"

— 은 콜리지에게 크게 빚진 것이었다.

콜리지는 얼마나 보수적이었을까? 그는 유니테리언 급진파이자 프랑스혁명의 열광적인 지지자, 미래의 공상적 이상주의자, 영국 노예무역에 반대하는 운동가일 뿐만 아니라 영국이 보인 해외 전쟁 취향의 반대자로 시작했다. 그는 1820년대에 나타난 것과 같은 영국의 종교적, 정치적 제도의 옹호자로 활동을 끝냈다. 그것들이 막 영원히 바뀌려 할 때였다. 그는 추상적이고 사색적이었으며 실제적이지 않았다. 그는 정치적 지식에 대한 회의가 부족했는데, 아마 정치와 정치인들에 관해 아는 것이 너무 없었기 때문일 것이다. 1807년 토리당 총리 리버풀 경에게 경험주의와 다른 철학적 오류에 대한 반대 운동을 이끌라고 촉구하며 보낸 그의 편지가 당혹감을 준 것도 이해할 만했다. 버크처럼 콜리지도 개인적 자유에 대해 비민주적인 자유주의 성향을 보였다. 그 자유는 남성, 다시 말해 어떤 지위를 가진 이들을 위한 것이었다. 그가 국민적 신조와 공통의 도덕을 바란 것은 그리 자유주의적이지 않았다. 콜리지는 개개인의 대표성보다 당시 독일의 보수주의자들처럼 이익집단 혹은 "신분"에 따른 대표성을 선호했는데, 그는 이익집단과 신분을 애써 구분하지 않았다. 콜리지가 버크처럼 헌법을 "유기적" 성장으로 보는 관점과 독일 관념론자들처럼 국가의 "이데아" 혹은 목적의 가시적인 형태로 보는 관점은 둘 다 자유주의적이거나 공리주의적인 목표에 기여할 국가기관의 존재를 조용히 부정한다는 점에서 (반진보적이므로) 보수적인 것이었다.

5. 자유주의적 개인주의에 대한 반대: 스티븐, 기르케, 브래들리

보수주의자들이 자유주의를 그들의 당파적인 적으로 여겼다면, 개인주의는 정치적 상대가 보인 원칙상의 큰 오류로 취급했다. 하지만 그것은 어떤 오류인가? 개인주의는 사회에서 이탈해 사적 네트워크로 물러나는 것일까? 알렉시 드 토크빌은 그와 같은 것을 미국 사회에서 발견했다고 생각했다. 그는 1840년 개인주의를 "공동체의 각 구성원이 스스로 동료 인간의 집단과 단절하고 가족, 친구들과 함께 떨어져 나오게 하는 성숙하고 침착한 감정"이라고 묘사했다. 혹은 개인주의는 국가에 대한 의무로부터 비애국적으로 이탈하는 것일까? 보수적인 휘그당의 헨리 클레이는 1850년 7월 상원에서 질의할 때 그렇게 암시했다. "개인적인 사람이란 무엇입니까? 확대경 없이는 거의 보이지 않는 원자입니다. (…) 그토록 작고 그토록 사소하며 그토록 덧없고 그토록 무상한 존재가 앞으로 대대로 존속할 위대한 국가의 전진을 가로막을 것입니까?" 아니면 개인주의는 공동체와 문명사회 자체로부터 빠져나가는 이기적인 철수일까? 1864년 프랑스의 사회사상가 프레데리크 르 플레는 그렇게 시사했다. "어디서든 개인주의가 사회적 관계를 지배하게 되면 사람들은 급속히 야만으로 전락한다."

"개인주의"라는 용어에는 정착된 용법이 없다. 악의 없는 도덕적 약칭으로서 개인주의라는 말은 일반적인 전통에서 오랜 계보를 가진, 심오하고 잘 증명된 네 가지 신념을 가리켰다. 무엇보다 먼저, 도덕적으로 말하면 사람들은 남성이나 여성, 유대인이나 기독교인 혹은 무슬림, 흑인이나 백인, 부자나 빈자로서가 아니라 그냥 사람으로서 중요했다. 누구도 사회에서 벌거벗고 다니지 않았다. 모든 사람이 뭔가를 입어야 했다. 하지만 그들의 특별한 사회적 의복은 도덕과는 무관했다. 둘째, 모든 사람이 똑같이 중요했다. 사회적 의복이 도덕과 무관하다면 누구도 사회적 배려에서 정당하게 배제되거나 사회의 보호를 거부당하거나 사회의 요구로부터 면제될 수 없었다. 셋째, 모든 사람은 다른 누구도 관여할 바가 아니며 국가든 사회든 침해할 수 없는 사적 영역을 가졌다. 넷째, 모든 사람이 능력과 개인적 성장의 씨앗을 품고 있다. 그것을 돌보지 않고 내버려두면 도덕적 손상을 초래했다.

그런 도덕적 주장을 하는 이를 "개인주의자"라고 부르는 것은 어떤 의미에서는 해로울 것이 없었다. 하지만 "인본주의자"가 논란이 덜하고 더 유용한 정보를 주는 명칭이었다. 그런 도덕적 신념은 누구든 인간이라면 받아야 할 적절한 대우에 관한 것이었다. 요점은 (어느 한 사람이 어떻게 다른 사람 혹은 더 큰 전체와 다른지 말하는) 단독이나 분리, 혹은 고립이 아니라 (누구에게든 주어져야 하는 것을 이야기하는) 보편성이었다. "개인주의자"와 달리 "인본주의자"라는 명칭은 한 사람을 다른 이들과 대립시키는 암시를 주지 않았다. 그 네 가지 도덕적 신념은 당당하게 "나를 건드리지 마라"라고 말하는 개인의 특별함을 부정하지 않으면서 각 개인이 공통으로 지닌 것에 의존했다. 그 신념은 사람들을 그들의 도덕과는 상관없는 위계와 분류, 차별, 무시로부터 보호하는 데 목표를 두었다. 그 신념은 더욱이 초월적인 존재나 다른 동물 종, 혹은 행성처럼 비인격적인 것이 아니라 인간에 관한 것이라는 점에서 "인본주의적"이었다. 그것들은 개별적인 것이며, 민족이나 부족, 혹은 사회계급처럼 사람들의 집단에 직접 주어지는 존경에 관한 것이 아니었다. 그러나 "개인주의자"라는 명칭은 오도되고 편견을 갖게 하는 연상이 뒤엉킨 채 고착됐으며, 보수주의자들이 자유주의자들을 꾸짖으려고 다양한 맥락에서 자유롭게 사용했다.

정치에 던져진 그 네 가지 도덕적 주장—존엄성, 평등, 사적 자유, 자기 계발—은 사람들이 어떻게 사회에 속하는가—실제로 어느 한 사람이 어떻게 더 큰 집단이나 노력에 속하는가—에 관한 논쟁적인 이론들에 접목됐다. 사회와 경제에 관한 연구가 진지하게 진행됨에 따라 생각해낸 방법론의 한 원칙으로서 개인주의 이론은 한 사람 한 사람에게 구성이나 설명 요소로서 으뜸가는 지위를 부여했다. 그 이론은 목표와 역량 면에서 완전한 개별적 인간을, 분리할 수 있고 뿌리째 뽑고 옮겨갈 수 있다는 의미에서 추상적인 존재로—실제로 어느 정도 익명성이 있고 교환할 수 있는 존재로—그렸다. 사람들에 대한 그런 묘사는 벤담식 공리주의를 통해 정치적 자유주의로 전해 내려왔다. 그것이 자유주의가 요청할 수 있는 유일한 철학적 구도는 아니었다. 그러나 19세기 중반이 되자 그런 "개인주의적"인 구도는 일반적으로 자유주의가 받아들이고 그들의 관점에 필요한 것으로 인식됐다. 영국의 헌법학자 A. V. 다이시는 하버드에서 강의하면서(1898) 자유주의의 개인주의에 대한 의존을 사실상 등가를 의미하는 것으로 보았다. "벤담식의 개인주의는 (…) 대중의 어법에 따라 흔히 편의상 자유주의로 불릴 수 있다."

보수주의적인 비판자들은 어느 정도 희화하면서 자유주의 진영의 철학으로 취급할 수 있는 경험주의적 방법론과 관념연합론적 심리학, 공리주의 윤리를 적당히 섞은 것에서 표적을 찾아냈다. 그 철학은 특별한 것에서 시작해 더 큰 전체―과학에서는 설명, 역사에서는 공동체, 도덕에서는 규범적 통일성―로 나아가기를 바랐다. 과학은 개개의 사실들을 축적했다. 역사는 더 큰 운동이나 힘들이 아니라 남성과 여성의 개별 행동을 기록했다. 윤리학은 집단이 아니라 개별적인 사람들의 만족에 주의를 기울였다. 한 사람 한 사람 세면서 사람들의 욕구와 선택에 작용하는 힘을 도출했다. 보수주의적인 비판자들이 보기에 인간 생활과 사회에 관한 그 구도는 틀린 것이었다. 그것이 다 거짓이기 때문이 아니라 잘못된 지점에서 출발했기 때문이다. 그런 구도는 질문자에게―사회적 관습과 규범에 관한 어떤 질문자에게든―일종의 논쟁상의 우위를 부여해 그들이 사회에 관해 묻고 답을 요구할 수 있게 해주었다. "이 규범과 관습들이 나에게는 무슨 의미인가?"

대표적인 세 사상가―스티븐, 기르케, 그리고 브래들리―는 모두 어떤 면에서 반개인주의자였지만, 그들이 몰두한 것은 서로 달랐다. 스티븐은 사회적 관습의 권위를 옹호하려 했다. 그는 밀에 반대해 개성보다 순응의 우위를 주장했다. 스티븐은 사회의 구성이나 가치의 원천에는 관심을 덜 기울였다. 기르케의 목표는 법과 국가가 시민사회의 중개자 없이 개별적인 시민에게 직접 이야기하게 하는 구도에 반론을 펴는 것이었다. 기르케가 보기에 법과 국가는 "신분"과 "단체", 그리고 다른 집단적인 기구로부터 성장했다. 그러한 중간급 집단은 자체의 권리와 견해를 지녔고, 그것은 몇몇 구성원의 권리와 견해로 쪼개질 수 없었다. 순수 철학자인 브래들리는 도덕이 우리에게 요구하는 것의 내용과 특성에 관심을 쏟았다. 브래들리에게 도덕의 내용은 사회적인 것이었다. 사회에서 떨어져나간 사람들은 자신의 의무를 고정할 정박지를 잃었다. 다른 한편으로 도덕은 어디서나 발견되는 특성을 가졌다. 도덕의 특징 가운데는 사람들 개개인을 구속하는 권위가 있었다. 브래들리는 반개인주의자였을까, 아니면 개인주의자였을까? 공동체주의 철학자라는 오도하는 평판에도 불구하고 그는 둘 다이기도 하고 어느 쪽도 아니기도 했다. 스티븐은 가장 공공연하게 정치적이었고, 브래들리는 가장 정치적이지 않았으며, 초기에 자유주의자였다가 독일 보수주의자로 끝난 기르케는 그 중간이었다.

가족을 보면 제임스 피츠제임스 스티븐(1829~1894)은 자유주의적 환경에서 자란 보수주의적 변종이었다. 양가의 기풍은 모두 빅토리아 시대의 복음주의적 개혁파였다. 외조부는 클래펌의 목사이자 유니테리언교 노예제 반대 운동의 정신적 지주였다. 아버지는 식민지 공무원으로 1833년 대영제국 내 노예제 폐지법 기초를 도왔다. 블룸즈버리의 빛나는 별들인 조카 버네사 벨과 버지니아 울프는 젠더에 관한 스티븐의 고루한 이해를 꾸짖는 살아 있는 반례였다.

정치적으로 스티븐은 민주주의의 압력에 함께 놀란 보수주의자와 우파 자유주의자 간의 확대되는 동맹을 보여주는 사례였다. 스티븐은 경제 민주화(6장의 주제다)에도 우호적이지 않았으나 윤리적, 문화적 민주주의를 가장 걱정했다. 보수주의자들의 생각에서 정치적 지혜가 있을 곳은 바뀌었다. 버크가 보기에 사람들—사회의 엘리트를 의미한다—은 관습이나 전통만큼 현명하지 않았다. 스티븐이 보기에 사람들—대중—은 엘리트만큼 지혜롭지 않았다.

논쟁에서 스티븐은 황소 같았다. "퉁명이"라는 별명을 얻은 대학에서 그는 친구와 스승들의 마음을 사로잡았으나 학위를 간신히 따법조계로 갔고 그곳에서도 두각을 나타내지 못했다. 얼마 후 판사 자리에 오른 그는 1869년부터 1872년까지 인도에서 재직했다. 밀처럼 그는 지배적인 관습보다 자유주의적 규범이 인도인들에게 더 도움이 될 것이라 믿었고, 그런 정신에서 카스트와 상관없는 증거의 규칙을 확립했다. 스티븐은 영국의 법정에 돌아왔으나 유명한 살인 사건에 대한 논쟁적인 판결과 건강 악화로 면직됐다. 물 펌프 손잡이에 머리를 부딪힌 후 그는 정신적으로 불안정해졌고, 법적으로 정신이상 판정을 받았다.

스티븐의 주된 수입은 언론에서 나왔다. 그는 주로 솔즈베리의 처남이 창간한 보수적인 주간지 『새터데이 리뷰』에 글을 썼다. '토요일의 비방자'로서 조롱하는 논조와 자유주의자들의 허튼소리에 대한 경멸로 잘 알려진 그 주간지는 교화하는 자유주의자들보다 대중의 맥박을 더 잘 감지한다고 주장하는 스티븐에게 완벽한 배출구였다. 그는 높은 취향을 무시한 벤담을 흉내 내듯 『로빈슨 크루소』를 가장 좋아하는 책이라며 자랑했다. 우파 논객으로서 탁월한 재능이 없었다면 스티븐은 빅토리아 시대의 한 괴짜로만 기억됐을 것이다. 프랑스혁명의 비판자들처럼 스티븐은 공론장에서 보수주의의 주장에 단순하지만 효과적인 무기를 제공했다. 시사적이지도 철학적이지도 않았던 그 무기들은 재사용할 수 있을 만큼 일반적이었지만, 당파적 정치를 완전히 넘어설 수준에 오르지는 못했다. 또 신앙과 과학이 일찍이 겪은 고뇌를 언급하지 않았다는 점에서 그 시대에 잘 맞았다. 스티븐은 신앙을 사회적으로 유용하지만 지적으로 필요하지는 않은 것으로 취급하는 데 만족하는 세속적인 보수주의에 호소했다.

니체에게 관습적인 도덕은 강자에 맞서 약자들이 만들어놓은 비추론적 보호 장치였다. 스티븐에게 그것은 강자들이 약자를 통제하는 비추론적 수단이었다. 그 도구적인 관점에 따르면 도덕이 해야 할 일은 위협으로 뒷받침된 금지였다. 스티븐은 "너는 이 행동을 하지 말아야 한다"는 말은 네가 이 행동을 하면 "신이 너를 저주하고, 누군가가 너를 잡으면 목을 매달 테고 못 잡으면 미워할 것이며, 너는……자신을 미워하게 될 것"이라는 의미로 생각해야 한다고 주장했다. 도덕의 내용은 사회에서 나왔다. 다시 말해 어떤 것에 대한 금지는 사회적 관습에서 나온 것이며, 그것이 종교적 신조에 명시될 수도 안 될 수도 있었다. 사회에 좋은 것―질서와 안정―의 촉진자로서 법이 해야 할 일은 관습적 도덕을 개선하거나 그것이 참인지 묻는 것이 아니라 그것을 유지하는 것이었다. 양심과 의무감은 사회질서에 유용하지만 둘 중 어느 것도 그 자체로 충분하지는 않았다. 주된 임무는 법, 무엇보다 형법의 몫이었다. 그 법은 약화할 것이 아니라 합리화하고 근대화해야 할 것이었다.

스티븐은 자유주의적 신앙심이라는 "제2의 정통"이 교양 있는 의견을 연성화하고 사회 통제의 마땅한 임무에서 이탈하게 할까봐 염려했다. 그의 가장 집중적인 공격은 인도에서 귀국하는 배에서 쓴 『자유, 평등, 박애』(1873)로부터 나왔다. 책의 직접적인 표적은 밀의 『자유론』이었다. 밀처럼 스티븐은 공리주의자였다. 선과 악은 "최대 다수"의 편익이나 손실에 따라 사회적으로 측정할 것이었다. 스티븐은 밀과 같은 지점에서 출발했으나 상반되는 결론에 이르렀다. 둘 다 민주적 사회를 두려워했으나 밀은 교육을 통한 사회질서와 도덕적 진보를 희망한 데 반해 스티븐은 사회 진보를 믿지 않고 형법이 도덕적 질서를 지켜줄 것으로 기대했다.

사회를 지탱하는 질서는 도덕적 절제를 요구했다. 그러나 사회에는 언제나 "악하고 냉담한 사람들의 거대한 집단"이 있으며 그들의 "깊은 도덕적 실패"는 강제적 수단으로만 저지할 수 있었다. 사람들이 개선될 가능성은 별로 없으므로 진보에 대한 자유주의적인 믿음은 미망에 기댄 것이었다. 사람들은 평등하지 않기 때문에 민주적 주권의 바람은 맹목적인 것이었다. "현명하고 선한 이들이 어리석고 악한 이들을 통치해야 한다." 사람들은 박애가 아니라 편애를 하므로 "인간애의 종교"는 사기였다. 스티븐은 밀의 표어들을 하나하나 차례로 기각하거나 제한했다. "사람들을 자유롭게 풀어놓아서는 안 될 엄청나게 많은 사정"이 있었다. 사람들은 "근본적으로 동등하지 않고" 그들은 "전혀 형제가 아니었다".

스티븐은 법정에서 따지듯 개인의 자유에 대한 강제적 간섭을 금지한 밀의 약점을 파고들었다. 밀 자신은 그 점을 인정하고 보완하려 했다. 사회는 개인의 행동이 다른 이들에게 해를 끼치지 않는 한 그에게 참견할 수 없다고 밀은 주장했다. 그 "해악의 원칙"에 스티븐은 익숙한 반론을 폈다. 자신에 대한 해악과 타인에 대한 해악의 구분은 불안정했다. 더욱이 밀은 강제가 얼마나 잘못된 것인지, 자유는 얼마나 가치 있는 것인지에 대한 사용 가능한 척도를 제시하지 않았다. 표현의 자유에 관한 밀의 주장은 그의 공리주의 원칙들에 어긋나거나 그것들과 충돌했다. 스티븐은 밀의 "개성에 대한 찬사"에 설득되지도 않았다. 다양성은 그 자체로 유용하지 않았다. 개성이 가치를 지니는 한 거기에는 자유가 아니라 규율과 억제가 필요했다. 민주주의의 평준화 효과에 관한 토크빌의 염려를 되풀이하면서 스티븐은 모두를 위한 자유는 "부순 돌을 평평하게 까는 도로포장"처럼 개성을 무너뜨린다고 썼다.

평등은 법적인 의미에서만 필요했다. 같은 사건들을 똑같이 다루며 개인을 차별하지 않고 법을 적용한다는 뜻이었다. 다른 어떤 의미에서도 사람들은 평등하지 않았고 앞으로도 그럴 것이었다. 여성은 약하고 남성의 "통솔" 아래 두어야 했다. 적절한 사회질서는 오직 사람들이 네 가지 규칙을 지킬 때만 지속될 수 있었다. 범죄를 저지르지 않고, 해를 끼치지 않고, 자기 의무를 다하며, 자신과 자신이 가진 것을 지킬 수 있는 한 지키라는 것이었다. 그런 질서는 어떤 광의의 평등도 요구하지 않았다. 불평등 자체에는 해로울 것이 전혀 없었다. 가난한 이들에게는 흔히 엘리트가 평등주의자들보다 더 자애로웠다. 정치에서 각자에게 똑같은 발언권을 주는 것은 실제로는 독재로 이어질 때가 많았다. 정치권력을 "작은 조각들로 자르면 그저 그것들을 하나의 큰 무더기로 쓸어 모은 자가 나머지를 지배하는" 결과를 낳았다.

박애는 사실을 무시한 데 따른 헛된 희망이었다. 계급들 사이에는 언제나 적대감이 있을 터였다. 사람들은 무엇이 행복인지 결코 합의에 이르지 못할 것이었다. 인간의 기질상 이타주의는 부족했다. 사회질서는 지옥에서든 현생에서든 벌을 받게 되리라는 두려움에 의존했다. 질서의 바탕은 상호 존중이 아니며, 형제애는 더더욱 아니었다.

직설적으로 말하면 이것이 바로 근대의 도덕적 보수주의의 교리문답이었다. 스티븐의 견해를 섬세하지 않고 전투적인 평론가의 것으로 무시하는 일은 지나치게 좁은 시각이다. 스티븐을 메스트르와 오늘날의 "도덕적 보수주의자들"을 잇는 다리로 보는 것이 더 낫다. 메스트르와 도덕적 보수주의자들, 그리고 스티븐은 모두 사회의 제재를 중시했다. 명확한 기준을 두고 본보기로 처벌하며 수치를 느끼게 하는 것이 사회의 건전성과 질서 유지에 필수라고 보았다. 사회질서 유지 문제에서 도덕적 보수주의자들은 덜 극단적이며 교육을 통한 개선에 더 희망적이다. 그들은 여론이 바뀌고 인권을 보호하는 헌법이 허용하면 쓸 수 있게 스티븐이 중시했던 도구를 유보하고 있다. 형법이 바로 그것이다.

오토 폰 기르케(1841~1921)의 저작은 근대 국가 최초의 옹호자들은 효율성을 중시하며 국가를 건설한 자유주의자들인 데 반해 최초의 반대자들은 공동체를 중시하며 지역에 충성한 보수주의자들이었음을 상기시킨다. 독일 법의 역사를 연구한 기르케의 학문적 경력은 그 두 번째 관점을 옹호하려는 시도로 볼 수 있을 것이다. 두 진영을 구분할 때 편이 갈리는 한 가지 문제는 국가와 법의 권위가 어떻게 작동하는가였다. 법은 시민들 한 사람 한 사람에게 직접 작용하는가? 아니면 매개체를 통해 작동했는가? 도식화하자면 자유주의자들은 하나의 주권 아래 통일된 법과 전국적으로 통합된 시장을 원하는 경향이 있었다. 보수주의자들은 대체로 그런 권력에 다양한 이유로 저항했다. 그들은 국가와 시민 사이에 존재하는 여러 집단과 매개체의 권리 및 의견을 옹호하고자 했다. 그것들은 관습적으로 힘과 특권을 보유한 사회적 "신분"일 수도 있고, 어느 정도 자치권을 지켜온 오래된 지역들일 수도 있었다.

"개인주의자" 대 "집단주의자"라는 용어에 담긴 더 큰 이견은 사회 구성에 관한 것이었다. 사회는 독립적인 사람들의 파생적인 집합체로 그들에게서 도덕적인 힘을 끌어내는가(개인주의 관점)? 아니면 상호의존적인 사람들의 자립적인 공동체로 그 자체의 도덕적인 힘을 지니는가(집단주의 관점)? 개인주의 진영은 로크와 휘호 흐로티위스, 칸트를 지적 지도자라고 주장했다. 그에 반해 집단주의자들은 중세의 전통과 헤겔에게서 자신들의 선조를 찾았다. 그런 면에서 기르케는 집단주의자였다.

　　집단주의자들은 다시 중대한 질문에 맞닥뜨렸다. 사회는 하나의 공동체인가, 아니면 여러 하위 공동체로 구성됐는가? 다시 말해 사회는 단세포인가, 다세포인가? 기르케는 사회가 다세포라고 생각했다. 근대 국가 및 법과 더불어 하나의 국가 사회는 오래된 여러 독립적인 공동체들로부터 부상했다. 그의 답은 자유주의와 보수주의의 생각을 섞은 것이었다. 시민과 근대 국가 사이 매개체들의 권리와 의견을 존중해야 한다고 주장했다는 점에서는 보수주의적이었다. 기르케의 이해는 특히 주권국들이 산재하고 중첩된 독일의 경험에 의존했다. 그의 생각에 근대 국가는 중간에 아무것도 없이 주권자와 국민을 연결하지 않았다. 자유주의의 규범에서 인기 있는 그 구도는 개념적으로나 역사적으로나 틀린 것이었다. 근대 국가는 더 낮은 단계에서 지역적인 권력이 합쳐지고 흐릿해지면서 점진적으로 부상했다. 기르케는 여러 사회집단의 다원적이고 다양한 특성을 주장했다는 점에서는 자유주의적이었다.

　　정당정치 면에서 기르케는 자유주의자로 시작했다. 독일이 통일될 때 그는 열렬한 국가주의자가 됐다. 그는 곧 시작될 프랑스와의 전쟁을 예상하고 베를린의 운터 덴 린덴 거리에 모여든 애국적인 군중과 억누를 수 없는 일체감을 느꼈을 때(1870년 7월) 찾아온 갑작스러운 깨달음을 묘사했다. 훗날의 저작은 독일의 정체성과 그 법과 역사의 예외적인 특성을 더 전면에 내세웠다. 독일이 두 번째 전쟁에서 패한 후(1919) 한 열정적인 연설에서 기르케는 "독일식 국가 개념"을 이야기했다. 죽기 직전에 그는 새로운 독일국가인민당DNVP에 합류했다. 그의 생각을 "독일화"하는 것은 불가피한 일이 아니었다. 영국의 기르케 옹호자이자 번역가인 프레더릭 메이트랜드는—매개체들의 삶과 존재를 진지하게 받아들이는—그의 더 큰 메시지가 독일의 토양에 뿌리 박은 것이 아니라 이식할 수 있는 것으로 해석했다.

법인들의 성격은 그들이 어떻게 존재하게 됐는가, 그리고 구성원들과 독립적으로 자체의 권리를 가지고 있는가에 달려 있었다. 로마법에서 물려받은 견해는 법인들이 법적 허구라는 것이었다. 14세기 이탈리아가 독일의 제국과 오랜 분쟁을 벌일 때 교황의 법률가들이 정제한 생각이었다. 법적 허구로서 법인들은 법으로 인정될 때만 존재할 수 있었다. 기르케는 반대의 관점을 취했다. 법인은 스스로 성장했다. 로마식 개념은 법적 인정을 독립적인 삶과 혼동했다고 그는 주장했다. 그런 생각을 바탕으로 기르케는 법적 허구라는 관점에서 나온 중요한 시사점을 거부했다. 법인들이 허구라면 실제 인격이나 목적, 혹은 자체의 권리를 갖지 못한다는 것이었다. 법인은 오로지 법적인 목적으로만 그런 것들을 갖는 것으로 취급됐다. 기르케는 그게 아니라 법인들은 그 자체로 인격과 목적, 권리를 갖는 실체라고 주장했다.

법의 성격에 관해 로마의 전통은 법을 주권자의 의지로 보았다. 이는 독일 자유주의자들이 선호하는 하향식 관점이었다. 기르케는 상향식 관점을 가졌다. 법은 관습으로부터 발전했다. 당시 논쟁에 참여하지 않았던 이들에게는 주로 현학적인 문제라는 인상을 주었던 그 차이는 1870년 이후 독일 법의 조화와 성문화를 둘러싼 논쟁이 벌어졌을 때 분명해졌다. 국민자유당은 재산권을 보호하고 활기찬 자본주의 경제에 적합한 통일된 법을 원했다. 그에 반해 기르케와 다른 보수주의자들은 당초 그 법이 관습적인 권리를 보호하지 못한다고 믿고 초안에 반대했다.

영어로는 『독일 단체법』으로 번역된 『단체법의 역사』에서 기르케는 중세 초기 이후 독일의 여러 "집단적" 실체의 삶과 성격에 관한 방대한 연구 결과를 내놓았다. 그의 오랜 가정은 그런 실체가 구성원들과 독립적으로 자체의 인격과 도덕적 가치를 갖는다는 것이었다. 방대한 내용 중 주제와 관련된 몇 가지 요소가 눈에 띄었다. 하나는 다양성이었다. 기르케는 길드와 도시, 동맹, 그리고 신분을 설명했다. 다른 하나는 변화였다. 기르케의 설명에 따르면 길드는 시간이 지나면서 회원 자격과 지위가 세습적이고 교환 가능해짐에 따라 부패했다. 처음에는 지배 구조가 더 평등했던 도시들은 "도시귀족"들과 계급의식이 나타나면서 위계적으로 바뀌었다. 기르케는 또 헤겔이나 마르크스와 같은 방식으로 샤를마뉴 이전부터 19세기까지 포괄적인 역사 이야기를 들려줬다. 관통하는 주제는 게노센샤프트(동료의 단체)와 헤어샤프트(영주의 지배) 간의 경쟁이었다. 단체는 800년 이전에는 강력했고, 봉건제 아래서 약했으며, 농민반란(1525) 때 강했다가, 절대주의 체제

(1525~1806) 아래서 약했고, 기르케가 노동조합(좌파)과 농업동맹(우파)을 생각하던 19세기에 다시 강했다.

기르케의 설명에 따르면 민주적 대의제는 신분 대표에서 부상한 것이 아니었다. 그것은 근대적이었다. 버크에게 공명하면서 기르케는 자신의 지역구가 아니라 "전 인민"을 대변하는 대표에 관해 썼다. 다른 대목에서 그는 포퓰리즘으로 쉽게 왜곡할 수 있는 말로 "인민의 정신"을 표현하는 대의 정부에 관해 이야기했다. 더 순진하게 들으면 기르케가 단순히 여론에 관해 이야기한 것으로 들릴 수 있다.

기르케의 저작이 보수주의에 주는 교훈은 엇갈렸다. 그는 지나치게 강력한 근대 국가에 반대했다. 그의 "다세포" 사회는 단체와 길드, 법인, 조합 같은 여러 종류의 매개체와 함께 살아 있었다. 그 두 가지 점에서 그는 자유주의적 근대를 비판하는 이들이 흔히 쌍둥이 적으로 본 것에 반대해 시민사회 편에 선 것으로 생각할 수 있었다. 그것은 완전히 숨 막히게 하는 국가, 그리고 사회와 떨어져 고립된 자유주의적 시민이었다. 그러나 기르케는 그 이상을 이야기했다. 그가 보기에 민족과 인민의 권위는 국가와 사회, 개인의 권위 위에 있었다. 그런 보수주의적이고 반개인주의적인 관점은 두 가지 길을 가리켰다. 그 관점은 자유주의적 다원주의와 다양성을 향할 수도 있고, 비자유주의적인 전체론을 향할 수도 있었다.

F. H. 브래들리(1846~1924)는 19세기 말 영국 관념론의 지도적 사상가였다. 그 형이상학적 전통은 영국의 선조들보다 칸트와 헤겔, 그리고 다른 독일 사상가들에게 더 많은 빚을 졌다. 그 전통의 활력소는 철학의 일반적인 양자택일에 대한 의심, 그리고 부분과 전체, 정신과

세계, 나와 공동체처럼 익숙한 대립을 화해시키는 결정이었다. 그런 전체론적 관념론은 영국에서 정착할 곳을 찾을 수 없었고, 따라서 브래들리의 윤리와 사회사상에 대한 평판도 좋지 않았다.

겉보기와는 달리 『윤리 연구』(1876)에서 브래들리의 목표는 경쟁하는 철학적 과장으로부터 도덕에 관한 우리의 상식적인 믿음을 구하는 것이었다. 우리는 자신의 행동에 책임이 있음을 인정했다. 행동을 시작한 것은 외부의 힘들이 아니라 우리라고 생각했다. 우리는 마법 같은 힘을 가졌다고 상상하지 않고 자유롭게 선택한다고 믿었다. 쾌락을 추구했으나 쾌락 자체를 위해 그렇게 하지는 않았고, 의무를 다했으나 의무 자체를 위해 그렇게 하지는 않았다. 사회는 우리에게 우리의 의무를 보여주었다. 우리가 어릴 때 어떻게 도덕으로 인도됐는지 돌이켜보면 양심과 의무를 그런 것이 아니라고 보기 어려웠다. 우리의 직관인 확신은 그런 것이었으며, 이는 많은 철학이 선택되고 정리되면서 변조됐다. 브래들리는 윤리에 관한 더 나은 심리적 이해가 필요하다고 생각했다. 그러나 영국과 미국에서 윤리적 사고는 논리학에서 그랬듯이 심리학으로부터도 막 사라지려 하고 있었다.

그런 도덕의 심리학이 어떻게 작동할 것인가에 관한 브래들리 자신의 시사는 상식적인 것과는 거리가 멀어 보였다. 브래들리의 설명에 따르면 만족은 사람들과 그들이 욕망하는 것 사이의 (예를 들면 사과를 소유하는) 관계가 아니었다. 그보다 만족은 구분되는 생각들 간의 차이를 메우는 것이었다. 그 차이는 어떤 사람의 바람과 그가 바라는 "이상적인 대상"(생각한 사과) 사이에 나타났다. 사과를 원하고 얻는 것은 우리가 하는 모든 행동의 목표인 "자아실현"의 사소한 예였다. 이 압축된 용어는 나의 목표가 실현되는 가장 단순한 만족을 표현해주었다. 이 용어는 또 그렇게 되려 하고 되어야 하는 이상적인 "자아"가 되려는 크고 중요한 목표를 표현해주었다.

윤리에 관한 브래들리의 저작은 보수주의 철학자로서 평판을 얻게 해주었다. 자유주의적인 비판자들이 보기에 그는 사회를 "헤겔식 자기만족"을 갖고 보며 정치에 대해서는 "가게 주인" 같은 관점을 취한 "패배주의자"였다. 그러한 희화는 『윤리 연구』에서 열정적으로 "공동체주의"를 이야기한 한 장의 선택적 오독에 의존한 것이다. 그 장은 "나의 지위와 그 의무"라는 제목 하나만으로도 흥미를 끌었다. 흠을 잡으며 개선을 되뇌는 자유주의자에게 대항할 무기를 찾던 위계적이고도 전통을 중시하는 보수주의자는 그 장에서 풍부한 탄약을 발견할 수 있었다. "'개인적인' 사람, 그의 진수에 다른 이들과 함께하는 공동체 의식이 끼어들 수 없고 그 자신의 존재에 타인과의 관계를 포함하지 않는 그런 사람은 말하자면 허구다." 인간의 공동체를 "강제나 환상, 혹은 계약으로 묶어놓은 '집합체'"로 취급하는 "개인주의자의" 잘못은 철학적으로 부적절할 뿐만 아니라 우리가 사회적 동물에서 진화했음을 보여준 과학(브래들리는 다윈주의를 의미했다)의 견지에서도 신뢰를 잃었다. 우리 삶의 더 큰 목표와 관련해서는, 우리는 "나의 지위와 그 의무보다 더 나은 것은 아무것도 없는" 듯이 우리 자리를 지켜야 하는 것으로 보였다. 우리 자신을, 혹은 암묵적으로 사회를 향상시키려는 목표를 잡는 것은 주제넘은 짓이었다. 우리 세계에서는 모든 것이 괜찮기 때문이었다. "이 세계보다 더 좋아지기를 바라는 것은 이미 부도덕의 문턱에 가 있는 것이다."

병들고 괴팍한 남자인 브래들리는 자신의 대학 창문에서 길 잃은 고양이들을 쏘았다고 한다. 그것은 철학에서 그가 보여준 방식이 아니었다. 그는 극단적인 입장을 오가며 각각의 실패를 드러냈고 해결책을 찾기를 바라며 밀고 나갔다. "나의 지위와 그 의무"는 공동체적이고 사회적인 도덕의 뿌리를 찾는 구도는 사실상 실패했다고 선언하며 끝냈다. 한 가지 이유는 사회가 요구하는 대로 살아감으로써 "이다"와 "해야 한다"를 일치시키는 "좋은" 자아와 자기 자신의 목적을 추구하는 "나쁜" 자아 사이의 대립은 억누르거나 지워버릴 수 없다는 점이었다. 다른 이유는, 어떤 개인이든 관습의 틀 바깥으로 나와 사회가 "부패한 상태"에 있음을 확인할 수 있다는 점이었다. 브래들리는 언제든 팀의 기대를 저버릴 수 있는 "개인주의자"와 더 나은 사회를 요구하는 사회적 비판자는 어쨌든 상황에 따라서는 옳을 수 있다고 인정하고 있었다.

"이상적 도덕"이라는 다음 장에서 브래들리는 아직도 대단원을 기대하고 있는 이를 더 낙담케 했다. 도덕 자체도 그렇듯이 우리는 하나의 "자기모순"이었다. "실제로"라는 말을 더 일반적인 표현인 "이상적으로"라는 의미로 사용하면서 그는 이렇게 썼다. "우리는 결코 실제로 우리가 느끼는 것과 같은 존재가 아니다. 우리는 실제로 우리가 아니라고 알고 있는 존재다. 그리고 만약 우리가 생각하는 존재가 되면 우리 자신이 되는 경우는 거의 없을 것이다." 격언처럼 표현된 이 말은 우리가 완벽하지 않으며, 바라는 많은 것을 하지 못한 채 남겨졌다는 상투적인 말이 아니었다. 브래들리가 보기에 미완성은 우리의 모든 사고에서 숙명 같은 것이었다. 모든 판단은 부분적이고 잠정적이었다. 형이상학이나 과학, 혹은 도덕에서 우리는 완결성을 추구했다. 그것은 제한적인 경우에 필요하지만 달성할 수는 없었다. 윤리학에 관해 브래들리는 그 점을 또 다른 경구로 표현했다. "도덕은 그것을 가능하게 하는 것의 정지를 목표로 한다." 지나친 요구를 하더라도 피할 수 없는 도덕의 "모순성"은 한탄할 것이 아니라 이해해야 할 것이었다. 그것은 욕구와 선택의 "구조"에서 생겨나는 것이며, 우리 인간의 기질 가운데 일부였다. 아마도 그렇겠지만, 도덕이 지나친 요구를 한다면 "해야 한다"가 "할 수 있다"를 암시한다는 매력적인 원칙을 위반할 수 있었다. 그 경우에 도덕은 불합리할 것이었다.

브래들리는 잠시 이상적인 자아를 "실현"하고, 그래서 도덕의 가장 광범위한 요구를 충족시키려는 우리의 바람은 종교적 경험에서 이뤄질 수 있다는 생각을 했다가 곧 버렸다. 다시 말해 그는 도덕의 온당함에 대한 최종적인 옹호를 하지 않았다. 비신자로서 그는 도덕이 우리에게 미치는 영향력에 관해 전적으로 세속적인 이야기를 하며, 자신의 이야기가 미완이라고 시사하는 데 만족했다.

대부분의 보수주의자에게 사회질서를 위해 도덕의 개입이 필요하다는 것은 그들의 교리문답에 속하는 원칙이었다. 그러한 개입에는 도덕의 요구를 이룰 수 있다는 믿음이 필요한 듯 보였다. 하지만 그 요구는 완전히 충족하기 어려운 것이므로 추가적인 확신이 필요했다. 기독교 신앙은 그런 확신을 제공했다. 기독교인들은 불완전한 "실재"와 과도한 요구를 하는 "당위" 사이의 격차를 메워줄 신성한 구원자를 믿었다. 기독교 신앙은 구원을 약속했다. 다시 말해 기독교는 어쨌든 그 "이상적 자아"를 성취할 수 있다고 약속했다. 신앙을 부정하면 그 확신은 사라졌다. 그러므로 기독교 보수주의자들의 급선무는 신앙의 온당함을 보여주는 것이었다. 도덕의 온당함이 그 신앙에 달려 있었기 때문이다.

자유주의적인 사회의 유동성에 혼란스러워하는 공동체주의적 보수주의자들은 브래들리 자신은 추구하지 않았던 일단의 생각에 끌렸을 수 있다. 사회는 다양한 방식으로 "부패"할 수 있었다. 브래들리는 사람들이 어떻게 스스로 고립되거나 의무를 거부함으로써 자신과 사회를 저버릴 수 있는지 숙고했지만, 사회에도 그에 상응하는 위험이 있었다. 사회는 구속력 있는 의무와 자의식이 생기는 지위 및 안정성을 제공하지 않음으로써 사람들을 저버릴 수 있었다. 그런 생각은 극도로 유동적인 현대의 자유주의적인 사회에 대한 21세기의 비판자들에게 화살처럼 날아왔다. (이 문제는 예를 들어 5부에서 매킨타이어를 논의할 때 다시 이야기한다.)

우리의 사회적 뿌리에 대한 브래들리의 관점에 엄밀하게 정치적인 것은 아무것도 없었다. 사람들은 어쨌든 전통적이고 보수적인 사회만큼 자유주의적이고 진보적인 사회에 속할 수도 있었다. 사회적인 뿌리가 모든 사람이 같은 도덕적, 혹은 정치적 결론에 이른다는 것을 의미하지도 않았다. 자유주의적인 사회에 대한 상식적인 도덕에 입각한 관찰과 판단은 도덕적 보수주의자가 자유주의의 방종이나 무질서에 문제를 제기할 수 있게 해주었다. 섀프츠베리가 아동 노동에 반대한 것만큼 윌버포스는 노예제에 저항할 수 있었다.

몇 안 되는 시사적인 글로 판단할 때 브래들리의 비철학적인 견해는 맹렬하고 비자유주의적이었다. 그는 "인간애의 종교"에 대해 스티븐보다 참을성이 더 많지 않았다. 그는 오늘날의 보수주의자들처럼 그것을 사회 개량주의의 감상으로 생각했다. 형벌에 관해 브래들리는 "개인의 권리는 (…) 오늘날 진지하게 비판할 가치가 없다"며 "도덕적 기관이 그 구성원들에 대해 갖는 권리는 절대적"이라고 썼다. 전쟁과 평화에 대해서는 이렇게 썼다. "한 국가는 인류의 평화와 최종적인 평화를 목표로 해야 하지만, 실제로 이 원칙은 어떤 경우에는 폭력도, 심지어 절멸도 정당화할 것이다. (…) 유순한 이들은 지구를 물려받지 못할 것이다." 좌우 할 것 없이 동시대 다른 사람들처럼 그는 더 낮은 계급들의 "타락"을 염려했으며, "병든 자식들을 제한 없이 내지르는 개인의 권리"에 격분했다. 그의 바람에 따라 사후에 출간된 『아포리즘』(1930)에서 보인 젠더에 관한 그의 견해는 원시적이었다. 하지만 그중 어느 것도 브래들리가 보수주의의 철학자라기보다 보수주의자인 동시에 철학자라는 점을 헷갈리게 해서는 안 된다. 철학자라면 그래야 하듯이 그는 답은 하지 않은 채 도덕이 우리에게 미치는 영향의 온당함에 대한 의문을 제기했다. 브래들리는 그에 대해 일부 보수주의자가 생각하는 것처럼 도덕은 사회적인 뿌리를 가졌다고 말하지 않았다. 그보다는 도덕의 요구가 어떻게 지역적이면서도 보편적이고, 공동체적이면서도 개인적일 수 있는지 생각하며 그 둘을 화해시키려고 애썼다. 도덕은 철학에서 익숙한 대립을 극복하기 위한 그의 폭넓은 운동의 한 가지 주제였다. 브래들리는 그 운동이 상식에 의해 거부되는 것으로 믿었다. 그것은 고귀한 목표였으나 공론장에서 큰 성공을 약속하지 못했다. 그곳에서는 **개인**과 **공동체** 같은 엉성하고 제대로 이해되지 못한 개념들이 격투기 선수들처럼 맞붙었다.

이 세 사람이 보여주었듯이 보수주의 사상가들은 자유주의적 개인주의로 알려진 것과 직면했을 때 서로 다른 방향으로 끌어당길 수 있었다. 한쪽은 "집단주의"의 깃대를 향했다. 그곳에서는 공동체나 사회 기관이 그 자체로 목표와 목적을 가진 일종의 초개인이 됐다. 그 구성원들은 수동적인 추종자였다. 그 구도는 보수적인 포퓰리스트와 국가주의자, 그리고 인민을 대변한다고 주장하는 배타적 우파에게 유용했다. 다른 쪽은 자유주의적인 의식을 갖고 개인의 가치와 도덕적인 독립성을 인정하는 방향으로 끌어당겨졌다. 특히 신자와 신 사이에, 혹은 행위자와 그들의 의식 사이에 매개자를 두지 않는 프로테스탄트의 종교적 개인주의 전통에서 그랬다.

또 개인주의와 집단주의의 공개적인 논쟁을 이해하는 실제적이고 경제적인 길도 있었다. 그 길은 경제적 이해관계와 자본과 노동의 갈등에 좌우됐다. 헨리 시지윅은 『정치학의 요소』(1891)에서 경제적 대립에 관한 그런 설명을 내놓았다. "정부의 불간섭 원칙상, 어떤 분별 있는 성인이 다른 사람에게 주도록 법적으로 강제된 것은 소극적인 서비스일 뿐이다. 그가 자발적으로 적극적인 서비스를 수행하는 한 그렇지 않다. 고의적이거나 부주의한 행동으로 끼친 손해를 바로잡거나 배상할 의무, 혹은 그러지 않으면 이전의 어떤 행동으로 발생할 손해를 예방하는 의무를 불간섭의 개념에 포함한다면 그렇다. 정부 간섭의 본질과 한계를 정하는 이 원칙은 현재 '개인주의'로 알려졌다. (…) 계약이나 배상 요구를 제외하고 어떤 분별 있는 성인이 다른 사람들을 돕는 데 돈이나 용역으로 적극적으로 기여하도록 요구하는 것을 나는 '사회주의'라고 부를 것이다." 맬록과 섬너, 그리고 슘페터 같은 경제 민주화 비판자들이 6장에서 보여주듯이 "사회주의" 원칙에 맞서 경제적 자유를 옹호하는 보수주의자들은 우파 자유주의자들과 합류했다.

4부

보수주의 2기(1880~1945):

적응과 타협

ONSERVATISM

1880년

쾰른 대성당이 600년 넘게 걸려 완성됐다. 팔레르모 지하 묘지는 폐쇄됐다. 아비뇽 남서부의 베네딕토회 사제들과 경찰 사이에 벌어진 나흘간의 대치는 프랑스의 승인받지 않은 교단의 회원 5600명을 크고 작은 수도원에서 추방한 사태의 절정이었다.

미국 잡지 『사이언스』가 판매에 들어갔다. 인디애나에 전기 가로등이 설치됐다. 호주의 냉동 양고기가 잉글랜드에 도착했다. 현금 등록기가 완성돼 곧 특허를 받았고, 최초의 공중전화가 설치됐으며, 집합을 그리기 위한 벤 다이어그램이 고안됐다. 런던대학이 여성에게 학위를 주었다. 겨울 안개가 런던을 뒤덮었다. 영국군은 남아프리카와 아프가니스탄에서 제국을 방어했다. 프랑스는 타히티를 병합했다.

유럽과 미국 경제는 오랜 확장기를 누렸고, 간간이 파열과 붕괴를 겪었다. 1873년의 짧은 파열 후 새로운 성장은 1884년에 끝났고, 급속한 회복이 뒤따랐다. 농민들에게 타격을 입힌 저물가는 10년 내내 계속됐다. 부와 자산은 불균등하게 분배됐다. 프로이센에서는 인구의 60퍼센트가 땅을 소유했지만, 그 땅의 절반 이상을 1만5000명의 대지주가 쥐고 있었다.

헨리 제임스는 『여인의 초상』 첫 연재를 시작했고, 헨리 애덤스는 『민주주의』를 펴냈다. 귀스타브 플로베르와 조지 엘리엇이 죽었다. 아폴리네르와 H. L. 멩켄, 숀 오케이시가 태어났다.

1870년대 여성의 날씬한 의상은 넓은 치마와 꽉 조인 허리, 넓은 허리받이에 자리를 내주었다. 중산층 사이에서 남성 정장이 프록코트를 대체하고, 장인과 노동자들 사이에서는 작업복이 재킷으로 바뀌면서 계층 수렴 현상이 나타났다.

5장

정당과 정치가들:

권위의 회복과 탕진

"공화국은 보수적일 것이며, 그렇지 않으면 생존할 수 없을 것이다." 아돌프 티에르는 1872년 11월에 선언했다. 1830년 자유주의의 투사였고 루이 나폴레옹의 오락가락하는 협력자였으며 파리코뮌의 대적이었던 티에르는 제3공화국 대통령을 지냈고 장수하면서 언제든 적응할 수 있었다. 그는 자유주의 성향의 온건한 우파 없이는 자유민주주의가 버틸 수 없으리라고 모든 진영에 경고하고 있었다.

티에르는 자유민주주의라는 말을 쓰지 않았으나 의미하는 것은 바로 그것이었다. 프랑스어로 "공화주의"는 영어에서 "자유민주주의"라고 불리게 된 것과 같은 정치적 공간을 가리켰다. 1789년 이후 근대 정치의 틀을 찾으려고 분투했던, 걸핏하면 싸우려드는 나라에서 공화주의는 티에르가 보기에 "가장 덜 분열적인" 틀이었다. 그에게 공화주의는 모두에게 확장된, 민주적인 유형의 자유주의를 의미했다. 공화주의는 왼쪽 혹은 오른쪽으로 기울 수 있었다. 그 약속은 더 포용적일 수도 있고 그렇지 않을 수도 있었다. 하지만 그것은 어느 쪽이든 집단주의로 끌려가지 않고 자유주의적 중도에서 작동해야 했다.

프랑스 보수주의자들에 대한 티에르의 경고는 우파 자유주의자들과 동맹을 맺거나 아니면 적합성을 잃을 위험을 지라는 것이었다. 좌파에 한 경고는 정치적, 경제적 야심을 줄이고 보수주의와 재산권을 어떻게든 싹 쓸어버릴 수 있는 역사적 유물로 취급하지 말라는 것이었다.

티에르의 경고는 프랑스에만 적용되는 것이 아니었다. 우파의 정당정치(1880~1945)는 대체로 보수주의자들이 티에르의 경고에 얼마나 주의를 기울이는가에 달려 있었다. 그것은 우파 자유주의가 시대의 과업을 얼마나 잘 혹은 잘못 이뤘는가, 그리고 보수주의자들이 타협자와 거부자들의 경쟁하는 세력을 얼마나 잘 아울렀는가에 달려 있었다. 압축적인 용어를 쓰자면 이렇게 말할 수 있다. 프랑스와 영국, 그리고 어느 정도는 미국에서 우세했던 타협적인 보수주의는 자유민주주의가 1880년 이후 우파의 두려움과 망설임뿐만 아니라 제국의 지나친 확장과 전쟁, 경제의 침체 같은 스스로 일으킨 재난을 극복하고 살아남게 해주었다. 타협은 자유주의와 민주주의에 기반을 제공함으로써 보수주의 스스로 정당정치 세력으로 생존할 수 있게 해주었다. 타협을 거부하는 우파가 우세한 곳에서는 보수주의가 포퓰리즘이나 권위주의라는 극단적인 형태로 타락했다. 최악일 때 보수주의는 자유주의적인 근대 정치의 장을 완전히 포기하고 파시즘이나 나치즘과 어울렸다.

압축했던 것을 풀어서 여기서 사용하는 용어를 다시 풀이하자면,

자유주의와 민주주의는 각자 몇 가지 요구를 했다. 자유주의자들은 국가의 강제력과 사회의 문화적인 힘을 제한하려고 했다. 좌파 자유주의자들은 또 부의 힘을 제한하기를 바란 데 반해 우파 자유주의자들은 부를 그냥 내버려두기를 원했다. 민주주의자들은 그런 자유주의적인 제한이 모두를 위한 것이기를 바랐다. 자유민주주의가 하나 이상의 조합이 된 이후 보수주의자들은 타협을 통해 다양한 수준으로 참여할 수 있게 됐다. 타협은 보수주의자들이 우파 자유주의자들과 결속할 지점들을, 좌파 자유주의자들과 함께 반대할 지점들을 마련해주었다.

타협한 보수주의자들은 선거민주주의(모두를 위한 투표권)에 대한 저항을 멈추었다. 그러나 우파 자유주의자들과 함께 경제 민주주의(모두를 위한 경제적인 몫)에 저항했다. 경제 민주주의가 좌파 자유주의자들의 개혁주의로 가든 더 급진적으로 사회주의로 가든 보수는 저항했다. 보수주의자들은 또 윤리적, 종교적 권위를 보존하기를 간절히 바라고 도덕적 감시를 끝내기는 싫어하면서 문화적 민주주의에 저항하는 경향이 있었다. 보수주의의 타협은 다시 말해 부분적이고, 점진적이며, 마지못해 하는 것으로, 번복할 수 있는 것이었다. 그러나 1880년부터 1945년까지 우파는 실제로 타협했다. 타협이 이뤄진 곳에서는 1945년 이후 중도좌파와 중도우파가 어쩔 수 없이 공개 경쟁을 벌이는 가운데 마침내 민주적 자유주의가 깊숙이 자리 잡았다.

선거 면에서 타협은 우파에게 전략적 승리로 드러났지만, 차별성과 정체성 면에서 대가를 치러야 했다. 선거 승리와 집권으로 보수주의자들은 자유주의적인 현재의 소유자가 됐다. 정당 면에서 타협은 사라져가는 과거를 위해서든, 아니면 탈자유주의 비전을 추구해서든 자유주의적 근대와 타협하기를 거부하며 저항하는 우파에게 보수의 공간을 차지할 가능성을 열어놓았다. 지적인 면에서 보수주의자들의 적응은 무엇이 그들의 관점을 특별하게 해주는지, 그들이 무엇을 옹호하는지 확신하지 못하게 했다.

자유주의적인 근대를 거부하고 화해하지 않았던 우파는 20세기까지 살아남았다. 그들은 미국에서 자유민주주의의 완전한 성취를 1960년대까지 지연시켰고, 프랑스의 제3공화국에서 자유민주주의를 위협했으며, 1918년 이후 독일에서 자유민주주의의 약속을 깼다. 영국에서 자유주의 우파와 비자유주의 우파 사이의 갈등은 추적하기가 더 어려웠다. 우파는 하나의 훈련된 전국 정당 안에서 살아갔다. 영국의 토리당은 곧잘 전복될 위험에 직면하면서 우파의 엇갈리는 조류를 헤쳐나갔으나 1980년 이후에는 그다지 성공적이지 못했다.

보수주의 2기(1880~1945)에 정당정치에 남아서 집권을 다툰 주류는 경제 문제에서는 시장을 중시하는 자유주의자, 혹은 클린턴 로시터가 일컬은 대로 경제적인 의미에서 "자유방임 보수주의자"들이었다. 그들은 오랜 애착을 이야기했으나 광범위해진 이익집단을 위해 싸웠다. 또 그들의 전통을 상징하는 것들을 들먹이면서 자유주의적 경제 의제를 채택하고 경제 민주주의의 더 거세진 요구에 저항했다.

부의 권력으로부터 보호하겠다는 자유주의의 약속을 민주주의의적으로 했을 때 그 약속은 모두를 위한 것이었다. 경제 민주주의의 열망에 따르면 무일푼인 이들은 이용할 수 없는 시장이나 사장이 최종적인 발언권을 갖는 일터에서 누구도 무력하게 내버려두지 않을 것이었다. 20세기 중반에 채택된 경제 민주주의 관행은 사회복지와 노동조합의 권리, 품질 기준, 소비자 보호, 시장 규제를 제공하게 됐다.

경제 민주주의는 자유주의적 형태와 비자유주의적 형태로 왔음을 강조할 필요가 있다. 자유주의적 형태는 권력으로부터의 보호를 모두에게 확대했다. 놓치기 쉽지만 그 약속은 이중적이었다. 그 약속은 사람들을 부의 힘으로부터 보호하고, 부를 국가와 사회의 힘으로부터 보호한다는 것이었다. 자유주의적 형태의 경제 민주주의는 두 가지 요구를 모두 인정했다. 비자유주의적 형태의 경제 민주주의는 그 인정을 보류했다. 그런 체제는 국가와 사회에 반박할 수 없는 패를 주어서 부와 시장은 정치적으로 보호받지 못했다. 견제받지 않는 시장의 자유주의적 비민주주의와 집산화된 경제의 비자유주의적 민주주의 사이에는 자유주의자와 보수주의자, 좌파나 우파가 논쟁하면서 항해할 수 있는 대양이 있었다.

보수주의자들은 사상의 부족을 강점으로 바꾸면서 유권자의 마음을 끌기 시작했는데, 그들의 약속이 자유주의자들이 내놓은 것과 달라서라기보다는 그것을 더 잘 이행했기 때문이다. 보수주의자들은 그들의 이상을 민주적 감수성에 맞게 다시 구성하기 시작했다. 예를 들어 계급의 위계 구조는 그들의 사회적 통일성을 체현한 단일 국가의 단일 국민이라는 호소에 길을 내주었는데, 그 호소는 이민 배척주의와 포퓰리즘, 전체주의 쪽으로 밀어붙일 수 있는 것이었다. 보수주의자들은 여전히 사회질서에는 재산권과 권위가 필요하다고 주장했지만, 둘 다 새로운 방식으로 생각하고 말했다.

재산권은 형태를 바꾸었다. 가진 자들의 당으로서 보수는 토지

자산뿐만 아니라 산업과 상업, 은행업도 보호하고, 그와 더불어 급속히 자라나는 변호사, 회계사, 판매원, 도시 사무원과 상점 직원의 행렬까지 옹호하게 됐다. 보수의 주된 맞수는 더 이상 반쪽 민주주의의 좁은 정치권에서 지배권을 다투는 자유주의의 귀족들이 아니었다. 19세기 말이 되자 자유방임 보수주의자들은 흔히 우파 자유주의의 품 안에서 산업계 노동조합과 경제 계획가, 국가 개입주의자들과 맞섰고, 그들 자신의 더 작지만 자신 있게 표현하는 정부 관료, 지식인 집단과 함께했다.

1880년부터 1945년까지 정부의 보수주의자들은 조직화한 노동자를 저지하고 시장에 대한 정부 간섭을 완화하기를 바라는 기존 자유주의 정당들과 동맹을 맺거나 합쳤다. 그들은 역사적 타협으로 자유민주주의의 제도적 틀을 대체하거나 그 경제적 동력인 시장 자본주의에 저항하는 싸움을 멈췄다. 대신 우파 자유주의와 옛 보수주의 요소들이 섞이면서 발전한 전통의 상충하는 요구를 관리하는 쪽으로 돌아섰다. 다시 말해 제한적인 국가와 권위 있는 국가, 혁신적인 자유 시장과 안정된 공동체, 개인의 자립과 사회적 결속에 대한 요구를 관리해야 했다. 오늘날 보수주의 내의 공공연하고 격렬한 갈등은 19세기 말과 20세기 초에서 뿌리를 찾을 수 있다.

보수가 윤리와 문화 면에서 자유방임의 지배를 얼마나 허용해야 하는가는 계속해서 우파를 갈라놓았다. 옛 권위들은 약화하거나 사라졌다. 그 전에 왕과 귀족, 사제가 독자적으로 했던 결정이나 통제는 이제 포괄적인 근대 국가에 흡수되거나 국가의 제한을 받았다. 처음에 근대 국가는 윤리 기준과 문화생활에 대한 오래된 통제를 유지했다. 국가는 법률과 법정을 통해 직접적으로 통제하거나 교회와 학교, 대학, 언론, 출판 같은 문화적 중재자의 권위를 뒷받침함으로써 간접적으로 통제했다. 시간이 지나면서 국가는 대중의 태도 변화와 개혁을 압박하는 자유주의 운동에 굴복했다. 보루는 19세기 말부터 서서히―그리고 1945년 이후에는 급속히― 문화적 민주주의에 의해 하나씩 하나씩 무너졌다. 누구도 심미적으로 무엇을 소중히 여겨야 하는가, 혹은 윤리적으로 어떻게 생각하고 살아가야 하는가 하는 삶의 선택에서 국가 혹은 사회의 윤리적, 교육적 중재자들에 의해 부정될 수 없었다. 그처럼 새로운 환경에서 옛 질서의 보수적인 옹호자들은 고통스러운 선택에 직면했다. 그들은 지킬 수 없는 것을 지키기 위해 용감하게, 그러나 헛되이 싸울 수도 있었다. 아니면 속이 상해도 자유주의적 근대와 함께 살아가면서 그들이 보기에 자유주의자들이 어떤 기준도 포기했다며 측면에서 비판할 수도 있었다. 1980년 이후 보수가 경제 민주주의를 후퇴시키는 데 성공할 때도 우파에서 문화적 민주주의와 윤리적 아노미에 관한 불안은 커졌다.

1. 프랑스 제3공화국의 온건한 우파

1880년까지 프랑스의 책임 있는 우파는 이미 자유민주주의를 물리치는 희망을 포기했다. 사회적, 직업적 엘리트는 제3공화국에서 계속 살아남았지만, 예전의 프랑스 명사들은 더 이상 통치계급을 형성하지 못했다. 대통령 마크마옹은 1879년 1월 공화파가 앞서 하원에서 얻은 승리에 더해 상원의 통제권까지 획득한 후 새로운 세력에 굴복해 물러났다. 혼란스러운 첫 10년을 견뎌낸 공화국은 안정을 찾고 정착했다. 왕당파의 후예는 대통령직에서 배제됐다. 공무원 조직에서 승진의 사다리인 후견제는 시험제로 대체됐다. 언론에 대한 제약은 해제됐다. 시장들은 (파리를 빼고는) 선출하게 됐다. 일요일 노동이 법제화됐다. 병원과 묘지는 교회에서 벗어났다. 국립 학교에서 종교 교육은 끝났고, 프랑스 국가는 가톨릭 성직자에게 주던 돈을 끊었다. 국제적으로 독일에 대한 복수는 식민지 확장보다 뒷전이었다. 그러나 많은 것이 변하지 않았다. 상원의 종신제는 폐지됐으나 상원 자체는 남았다. 시골 지역의 과도한 대표성을 줄이는 조치는 거의 없었다. 노동계급의 요구는 무시됐다.

1880년대와 1890년대의 선거 승리로 친공화주의 우파는 결속하고 화해하지 않는 반공화주의 우파는 거리로 내몰렸다. 1914년 이전 체제에서 1876년부터 1910년까지 아홉 차례 선거를 치르면서 하원의 반공화주의 다수파—두 갈래의 왕정주의자와 보나파르트주의자들—는 쪼그라들어 전체 의석의 3분의 1을 가진 소수파가 됐다가 그다음에는 희미한 자취만 남게 됐다. 의회에서 좌우 경쟁은 다양한 당명의 급진파인 자유주의적 좌파와 공화파인 자유주의적 우파의 싸움이었다.

제3공화국 시대 프랑스 보수주의를 이해하는 데 두 가지 걸림돌을 여기서 간략히 다룰 수 있다. 첫째, 프랑스에서 정당의 경쟁은 가면무도회 같았다. 프랑스 의회의 보수주의자들은 스스로 자유주의자, 온건파, 진보주의자, 심지어 좌파 공화주의자로 불렀고, 여러 원내 그룹의 이름은 흔히 선거운동 때의 이름과 일치하지 않았다. 옛 우파가 소멸해가던 1880년대의 선거운동 때 그 잔재 세력이 보수연맹으로 모였으나 불랑제의 대실패가 망쳐놓은 콩세르바퇴르라는 명칭은 선거 정치에서 사라져버렸다. 하지만 그 표현을 버려도 보수주의나 우파 자체가 사라졌다고 오인하는 이는 아무도 없었다.

둘째, 보수의 성공은 끊임없이 바뀌는 연합에 의존했다. 영국과 달리 프랑스의 우파는 하나로 통합된 정당으로 발전하지 않았다. 이는 남부의 중요한 예외를 빼면 미국과도 다른 점이었다. 어떤 면에서는 그럴 필요가 없었다. 보수는 확실한 강세를 보이는 특정 지역—가톨릭교도가 많은 서부, 북동부 일부, 마시프 상트랄 남쪽 끝부분—에 의존할 수 있었다. 게다가 보수파 의원들은 보통 밀어낼 수가 없었는데, 지역구 결선투표제(1875)가 어느 당이든 그 지역 현직 의원에게 유리하기 때문이기도 했고, 보수적 유권자들이 관습적으로 권위에 따르기 때문이기도 했다. 우파 의회 정치인들이 성공하는 데 전국 정당의 참견은 필요 없었다.

처음에 하원에서 다수를 차지한 우파 의원들은 '기회주의자'로 불렸다(공화주의 우파 지도자 레옹 강베타에 대해 급진파가 조롱한 데서 유래한 용어다). 기회주의자들과 급진파는 여러 제도에 관해(상원에 대한 찬성 혹은 반대), 교회와 국가에 관해(온건하거나 급진적인 반교권주의), 그리고 각자의 친밀한 관계(옛 우파와 새로운 사회주의자들에 대해)에 관해 의견이 달랐다. 1890년대 공화주의자들이 그 자체의 좌익과 우익으로 쪼개지자 단합은 깨졌다. 공화주의 우파는 다시 평신도가 많고 도시적인 민주동맹(1901)과 성직자와 시골 중심의 공화주의자연맹(1903)

으로 갈라졌다.

의회의 이 친공화파 보수주의 집단들은 왼쪽에 그들 자체도 변동하는 집단인 급진파를 두고 1880년부터 1914년까지 회전목마식 내각에서 27명의 총리를 냈다. 회전목마는 얼핏 보면 곧 무너질 것 같았지만 밑바탕에 안정된 중심을 두고 돌아갔다. 의회는 부르주아 엘리트와 가족 기업, 소농, 지방의 전문직, 상인 같은 프랑스의 다양한 소규모 이익집단들을 만족시키는 거래를 찾았다. 그 사회계약에서 빠진 이들 중에는 산업계의 늘어나는 노동계급뿐만 아니라 1944년까지 투표권을 얻지 못한 모든 계급의 여성들도 있었다. 공화국은 남성 위주의 엘리트가 이끌었지만 축제나 상징과 더불어 대중적인 호소력을 지녔다. 공화국을 1789년의 좋은 혁명과 연결하려고 7월 14일(바스티유가 함락된 혁명 기념일)을 공휴일로 제정했다. 한때 보호자였던 가톨릭교회의 세속의 딸로서 해방된 노예의 모자를 쓴 마리안은 공화국의 상징으로 선정됐다. 영국 국민의 전형적인 특성을 의인화한 존 불 혹은 미 연방의 힘을 대변하는 엉클 샘과 달리 마리안은 보통의 삶을 이상화한 체제를 상징했다.

보수적인 색채의 "공화파 통합" 세력은 뇌물과 독직, 뒷돈의 추문에도 불구하고 살아남았다. 그들은 1882~1896년의 경제 침체를 헤쳐 나갔고, 이어서 1914년까지 장기간의 고속 성장에서 이득을 봤으며, 자유주의적인 프랑스 제국의 몇 안 남은 비판자들을 무시했고, 19세기 말 반독일 보복주의자와 민족주의적 반유대주의자, 가톨릭 반공화주의자, 이 세 유형의 적대적 보수 세력이 펼친 "반대" 운동을 물리쳤다.

군인이자 시인으로 프랑스-프로이센 전쟁의 포로였고 강경우파의 전위였던 폴 데룰레드(1846~1914)는 복수의 선도적인 옹호자였다. 데룰레드는 담시로 엮은 짧은 책 『병사의 노래』(1872)로 이름을 얻었는데, 책은 쓰러진 동지들을 애통해하고 국가적 복수를 촉구하며 프랑스의 전원에 대한 사랑과 전몰자에 대한 애도를 연결했다. "그들은 저곳 어두운 숲속에 있네. (…) 저곳 우리 프랑스 땅에." 1882년에 데룰레드가 의회에 대한 국가주의자들의 압력집단으로 결성한 애국자동맹은 거리의 반공화주의 세력으로 자랐다. 데룰레드는 갈수록 더 소란스럽고 바로 비웃음을 사는 인물이 됐다. 그는 부유한 반공화주의자들이 약하고 불안정한 공화파 장군에게 지난날의 보나파르트처럼 이 나라를 구할 스트롱맨의 역할을 잘못 맡겼던 불랑제 사건(1889) 때 앞장섰다.

　　가톨릭 전통이 강하게 남아 있는 나라에서 유대인에 대한 편견은 프로테스탄트를 향한 적대감처럼 고질적인 것이었다. 그러나 민주정치에 반유대주의를 섞는 데는 작업이 필요했다. 제3공화국에서 그 작업을 한 가장 강경한 일꾼은 『유대인의 프랑스』(1886)의 저자이자 『리브르 파롤』(1892년 창간)의 편집장인 에두아르 드뤼몽(1844~1917)이었다. 드뤼몽은 합리적인 듯한 것들을 명백히 불합리한 변종들과 구분함으로써 편견을 수용 가능한 것으로 보이게끔 하는 재주를 지녔다. 그는 기독교 전통(그리스도를 죽게 한 유대인)과 인류학적 주장("과학적" 인종주의), 정치·경제적 불만(금융자본주의의 통제자인 유대인)의 형태로 나타난 반유대주의를 식별했다. 이를 통해 첫 번째 것은 신화이고 두 번째 것도 아마도 신화이겠지만 세 번째 것은 사실에 근거한 것이라는 암시를 주는데, 그럴싸한 거짓이지만 부주의한 이들에게는 솔깃하게 들렸다.

드뤼몽의 못된 장난은 드레퓌스 사건에서 효과를 봤다. 알자스 출신 유대인인 프랑스 육군 대위가 독일 스파이라는 잘못된 판결로 군에서 내쫓기고 악마의 섬에 투옥됐다(1894). 드레퓌스를 옹호하는 쪽과 반대하는 쪽의 전국적인 운동은 국민 여론을 갈라놓았다. 한동안 "드레퓌스파"와 "반드레퓌스파"는 "좌파"와 "우파"로 바꿔 쓸 수 있는 말이었다. 그 사건에서 잊어버리기 쉬운 사실은 우파가 졌다는 것이다. 드레퓌스는 결백이 증명돼 군에 복귀했고 프랑스 국가의 배상을 받았다. 반공화파 장교들은 해임되거나 조기 퇴직했고, 군대에 대한 문민 통제가 확고해졌다. 그러나 대가도 따랐다. 정부가 당당하게 스파이를 이용하고 맹비난하며 군을 숙청하는 것은 드레퓌스파조차 경악하게 했다.

제3공화국 초기 몇십 년 동안 특히 교육 분야에서 문화적 권위를 확보하려는 노력은 가톨릭교회의 강력한 저항에 부딪혔다. 하향식 세속화에 맞선 성직자들의 방해와 중산층 가톨릭교도의 동원으로 경쟁이 벌어졌다. 수많은 순례와 성모 발현 축전에서 새롭게 느끼는 대중의 신앙심을 볼 수 있었다. 교단의 회원 수는 증가했다. 가톨릭 학교는 국립 학교에 뒤지지 않았고 어떤 면에서는 그들보다 커졌다. 사제들은 강론에서 교구민들에게 공화파에 표를 주는 것은 대죄라고 경고했다. 그러나 공식적인 교회의 적대감은 교황이 공화국 지지를 촉구했을 때 가톨릭의 '가담'(1892)으로 갑자기 반전됐다. 바티칸의 적대감을 누그러뜨린 것은 범세계적인 신앙의 더 큰 대의였다. 로마 교황은 공화적인 프랑스와 이해관계가 일치한다고 생각하게 됐다. 공화국은 급속한 식민지 확장을 선호했고, 가장 적극적인 가톨릭 선교자들은 프랑스인 이었다.

프랑스의 교권주의와 반교권주의의 갈등은 어느 쪽도 완전하거나 최종적인 승리를 얻지 못한 가운데 계속됐다. 페리의 교육 개혁(1880년대)과 국교분리(1901, 1905) 때는 모두 타협이 필요했다. 페리는 비성직자의 국립 학교 통제를 재천명했지만, 사적으로 자금을 대는 종교적 사립학교는 허용했다. 훗날 콩브의 여러 개혁은 교회의 특권을 없애고 프랑스 국가가 이 나라의 주된 신앙에 보조금을 주는 방식을 바꾸었다. 하지만 가장 철저한 반교권주의자들이 바란 것처럼 가톨릭의 윤리적, 문화적 실재를 제거하지는 않았다.

1890년대의 경제 회복은 불만을 줄이고 갈등을 누그러뜨렸다. 행복감이 번지면서 훗날 벨 에포크로 기억되는 시대가 왔다. 생기 넘치는 파리는 그 문화적 중심이었다. 반독일 보복주의는 가라앉았고, 1870년의 패배에 따른 상처는 이미 아물고 있었다. 프랑스는 독일에 대한 혐오스러운 배상금을 재빨리 갚았다. 재원은 (금리가 3.5퍼센트일 때) 5퍼센트 이자로 유혹하는 국채로 조달했다. 점령지 로렌 지방의 프랑스 철광석과 독일 석탄은 곧 두 나라의 철강을 만드는 데 함께 쓰였다. 식민지에 관심 없는 비스마르크는 프랑스의 공화파와 잘 지냈다. 그들은 자유주의적 식민주의자로서 알자스-로렌 지방을 되찾는 것보다 해외에서 프랑스 제국을 확장하고 강화하는 데 더 열심이었다. 반유대주의는 일반적이기는 해도 강경우파만 넘어서면 개인적인 편견으로 퇴조했다. 뚜렷한 변화는 대중적인 언론에서 나타났다. 1900년대에 반유대주의 매체인 『프티 주르날』의 구독자는 줄어들었고, 드레퓌스 사건 때 처음에는 주저하다가 일단 누가 이길지 분명해지자 드레퓌스파 지지로 돌아선 『프티 파리지앵』에 추월당했다. 반항하는 우파에서는 여전히 적대적 열정이 끓고 있었다. 그들은 특히 샤를 모라스가 설립한 악시옹 프랑세즈(1898)로 살아남아 1920년대와 1930년대 극단주의자들의 동맹에서 다시 타올랐다.

그러나 더 절박한 것은 경제와 사회 문제였다. 프랑스 경제는 1880년대에 비틀거리다가 1890년대 중반부터 1914년까지 급속히 성장했다. 프랑스 우파를 갈라놓은 것은 다른 나라에서처럼 무역 보호 문제였다. 자유무역 로비스트들 — 수출업자들 — 은 보수적인 보호론자인 쥘 멜린(1838~1925)이 이끄는 농업 이익집단에 굴복했다. 보주 출신의 변호사인 멜린은 의회에 들어갔고(1872), 다른 나라에서 보호 장벽이 높아지자 자유무역에 반대하는 프랑스의 로비를 이끌었다. 그는 농산물 수입에 부과하는 세금을 3퍼센트에서 21퍼센트로 올리는 멜린 관세(1892)를 통과시켰다. 1903년부터 그는 온건한 우파의 친교권 정당인 공화주의자연맹의 지도자였다. 반국가주의(소득세 반대)와 상호부조론(멜린은 1894년 크레디 아그리콜 설립을 추진했다), 가톨릭 학교 지원을 혼합한 이 연맹은 농업과 소규모 상업의 이익집단에 호소했다.

산업 직공들에게 양보하는 개혁이 이뤄졌으나 노동자 보호는 여전히 미약했다. 노동조합은 합법화됐지만(1901), 파업은 공화파뿐만 아니라 (조르주 클레망소가 이끄는) 급진파도 모질게 진압했다. 국가 재정수입은 역진적인 관세와 판매세에 크게 의존하는 가운데 보수주의자들이 이끄는 상원은 자유주의자들의 소득세 제안을 뭉개버릴 수 있었다(1895). 1914년 조제프 카요의 소득세 법안이 하원을 통과했을 때도 세수에 목말라하는 전시임에도 내키지 않아 하는 상원이 용인하기까지 2년이 걸렸다.

1918년 평화가 찾아왔을 때 모든 정당이 모인 '신성동맹'은 깨졌고, 유권자들은 국민연합으로 조직된, 확실히 보수적인 하원을 돌려줬다. 제거하기 어려운 용해제로서 프랑스 우파는 일종의 관성적인 무게를 지녔다. 의회에는 이 나라에 필요한 사회 개혁을 추진할 안정적인 다수파가 없었다. 개혁의 타고난 옹호자인 좌파 정당들은 분열됐다. 급진파는 의회 운영에 지나치게 몰두하고 현실과 동떨어진 온정주의자들로 보이게 됐다. 사회주의자들은 초조해하면서도 고분고분하게 모스크바의 변덕스러운 노선을 따르며 공산주의자들과 좌파의 지배권을 다투었다. 급진파와 사회주의자의 좌파연합이 얻은 신승(1924, 1932)과 급진파와 사회주의자, 공산주의자의 인민전선이 거둔 대승(1936)은 좌파 내각을 낳았지만, 그 내각들은 곧 조세와 공공지출, 그리고 사회적 보호를 둘러싼 논쟁이 벌어지는 가운데 무너졌다.

제3공화국의 보수적인 중도주의를 가장 잘 체현한 사람은 레몽 푸앵카레(1860~1934)였다. 로렌 지방 출신인 그는 소년 시절 독일 점령을 목격했다. 그의 적대감은 1900년대에 누그러졌으나 전쟁과 함께 되살아나 푸앵카레는 끈질긴 반독일 매파가 됐다. 그는 1919년 철저한 평화를 압박했고, 1923년 독일의 배상이 지연됐을 때 루르 지방에 프랑스군을 보냈다. 부르주아이자 법률가인 푸앵카레는 중산층의 노동 가치와 검약, 정직을 강조했다. 제3공화국에서 정당의 부패는 만연했지만, "담비처럼 하얀" 사람으로 알려진 푸앵카레에게서는 40년 간의 공직생활에서 추문을 암시하는 어떤 낌새도 볼 수 없었다. 그와 클레망소는 반독일주의에서는 생각이 같았으나 클레망소가 푸앵카 레를 군자연하는 사람으로 생각한 것만큼 푸앵카레는 자신의 호적수 를 지조 없는 사람으로 여겼다. 푸앵카레는 예리함과 일에 대한 헌신 에서는 경쟁자보다 빛났으나 대중적인 감성이 부족했다. 그는 1913년 부터 1920년까지 대통령으로서 전쟁 중인 나라를 이끌었다. 하지만 적어도 프랑스 내에서는 조르주 클레망소('승리의 아버지')가 군 지도자 인 포슈, 페탱과 함께 승리의 공을 더 많이 차지한 데 반해 푸앵카레 는 카르타고식 평화를 고집한 것에 대한 해외의 반감을 샀다. 빳빳하 고 꼿꼿한 그가 가장 일정하게 충실했던 곳은 민주공화동맹이었으나 그는 정당의 충직한 일꾼보다는 정치가의 역할을 선호했다. 푸앵카레 는 전쟁 전에 한 차례, 전후에 두 차례 총리를 지내면서 의회를 좌파 가 통제할 때와 우파가 잡았을 때 모두 재임했다. 은행가들이 지지하 는 경화론자로서 그는 1926년 추락하는 프랑화를 구했는데, 작전은 매우 성공적이어서 프랑스 중앙은행에 금이 넘쳤고 이는 나중에 유럽 의 금융 불안을 악화시키는 데 한 가지 원인이 됐다.

정치에 관한 푸앵카레의 보수적인 비전은 대의나 이상보다는 손 에 잡히는 결과에 의존했다. 사회질서라는 보수주의의 익숙한 요소들 을 포함한 그 비전은 경제 면에서 국력을 바탕으로 통화 안정과 사회 통합을 이루는 것이었다. 정당 면에서 푸앵카레는 필요하면 책임 있는 좌파의 도움을 받는 온건한 보수가 중도에서 정부를 운영할 때 가장 잘 돌아갈 수 있다고 생각했다. 1945년 이후 푸앵카레의 후계자는 앙투안 피네였다. 그는 푸앵카레의 민주공화동맹을 물려받은 소상공인 국민중심의 당수였다. 피네의 당은 중산층과 평신도가 주축을 이루고 경제 면에서 자유주의적인 우파 정당으로, 1970년대에 다시 문화적 자유주의 요소를 더한 지스카르 데스탱의 독립공화당과 섞였다.

프랑스의 외교정책은 1920년대와 1930년대에 좌파와 우파를 모두 얼어붙게 한 갈등으로 혼란스러웠다. 긴급한 과제는 전쟁 부채를 관리하고 세계 경제의 침체에 대응하면서 되살아난 독일을 봉쇄하는 것이었다. 1918년 이후 좌파는 주로 평화주의적이었다. 우파에서는 독일을 억제하려는 바람과 약한 독일은 곧 볼셰비즘의 승리를 의미한다는 두려움이 부딪쳤다. 게다가 이탈리아와 독일에서는 파시즘이 부상하면서 프랑스 우파의 시끄러운 소수파 사이에서 토종 파시즘이 사회 문제와 외교 문제를 한꺼번에 해결해줄 수 있으리라는 꿈을 부추겼다.

보수적 중도주의는 프랑스 경제와 외교의 시험을 통과하는 데 실패하고도 1930년대까지 살아남았다. 그동안 여러 내각은 해결하지 못한 난제를 다음 내각에 물려줬다. 그들은 우파 쪽에서 길거리의 원외 동맹들이 노골적으로 반대하는 데다 정계 자체에서도 국가의 낙후성과 재건의 필요성을 확신하는 정치인과 지식인들의 불만이 커짐에 따라 혼란을 겪었다.

거리에는 1880년대와 1890년대의 반공화주의 유령들이 돌아왔다. 참전 군인들의 불만은 프랑수아 드 라로크의 불의 십자단을 통해 표출됐는데, 이들은 300만 명의 추종자가 지지하는 산만한 대중운동을 우파의 작은 타격대로 바꿔놓았다. 가톨릭교회는 초기의 반자유주의적 적대로 돌아가 교구의 강론과 신문을 통해 공산주의가 파시즘보다 더 위험하다는 점을 이해시켰다. 자유주의와 보수주의의 타협을 혐오한다는 점에서 극단적인 정치 세력 간의 경계는 흐릿해졌다. 파리의 "붉은 띠"에 속하는 생드니의 시장으로 공산주의자였던 자크 도리오는 반공주의자로 변신해 극우 프랑스인민당을 창설했다(1936). 그와 같은 반체제 대의는 공화주의자연맹 소수파로부터 면죄부를 받았을 뿐만 아니라 예컨대 파시스트적인 화장품 제조업자 프랑수아 코티 같은 기업가들로부터 재정 지원을 받았다.

그런 집단의 분노와 극적인 맹위는 제3공화국을 흔들었으나 무너뜨리지는 못했다. 파리에서 일어난 반의회 폭동(1934년 2월)은 저지되고 대부분 금세 잊혔다. 정치적 동맹을 금지한(1936) 인민전선의 총리 레옹 블룸은 국가의 권위를 재확인했다. 공화국의 안정에 대한 덜 극적이지만 더 큰 위협은 인민전선의 사회 개혁에 대한 중산층의 저항이었다. 저항은 인민전선의 노동 시간과 임금 관련 개혁(1938)을 완화하거나 중지시킨 달라디에 정부에서 누그러졌다. 에두아르 달라디에는 또 이민 반대자들의 두려움을 달래려고 스페인 내전을 피해 온 공화파 난민들과 다른 무허가 입국자들을 가둘 강제수용소를 설치했다. 1930년대 말까지 제3공화국은 프랑스 강경우파의 교란을 견뎌냈지만, 비자유주의적이거나 비민주주의적인 요구에 양보하면서 값비싼 대가를 치러야 했다.

다음 장들에서 살펴보겠지만, 국가적 쇠퇴에 집착하는 것은 보수주의자들의 주된 논제로 정치적 형태뿐만 아니라 윤리적이고 문화적인 형태를 취한다. 정치적으로 그것은 1920년대와 1930년대에 프랑스의 이른바 "구조적" 낙후성과 광범위한 근대화의 필요성에 초점을 맞추었다. 그런 관점에서 낙후성의 징표는 여러 가지가 있었다. 프랑스는 지나치게 농업에 의존하고, 경제적으로 너무 부진하며, 다리와 도로의 유지 관리에 너무 해이하고, 사회적으로는 구태의연하고, 너무 정파적이며, 시대에 뒤떨어진 행정은 몹시 형편없었다. 그런 관점이 적합하든 그렇지 않든—선정적으로 과장됐다는 의견이 많다—특히 1934년부터 1936년까지 정치의 극적인 사건들 이후 저명한 추종자가 많았다.

앙드레 타르디외(1876~1945)는 기술관료적 근대화의 주요 옹호자 중 한 명이었다. 그는 보수적 정치인이자 저널리스트로 1914년 의회에 진입했고, 총리(1929년부터 1932년까지 세 차례)를 포함해 모든 최고위 각료직을 거쳤다. 그의 표어는 강한 국방과 사회의 근대화, 그리고 효과적인 국가였다. 타르디외는 종교 정치에 전혀 관심을 두지 않았고, 프랑스의 도덕적 질서가 침식된다는 세평에 개의치 않았다. 그가 보기에 근대화된 국가는 더 합리적이고 전문화되고 산업적이고 도시적이며 민주적일 것이었다(무엇보다 그는 여성의 투표권을 원했다). 그는 정당의 말싸움이 토해내는 "자욱한 먼지" 속에서 근대화의 걸림돌을 보았다. 이는 그가 보기에 주요 정당 간에 사업과도 같은 폭넓은 합의가 이뤄지는 미국과 대조적이었다. 타르디외는 미국의 그런 점을 높이 샀다. 개혁에는 방심하지 않는 평화(그래서 베르사유 조약을 옹호했다)와 좌파의 배제 혹은 방향 전환을 통한 지원 체제가 필요했다(그는 "사회주의는 적"이라고 할 터였다).

1920년대 타르디외의 실제 공공사업 계획은 대단하지 않았고, 경제 위기 때 총리로서 추진한 케인스 이전의 정책은 혼란스럽고도 소심한 것이었다. 그는 일찍이 프랑스의 기술관료 정신을 보여준 인물로 기억되는데, 이는 1959년 이후 제5공화국 때 중도우파의 특징이 됐다. 대중민주주의의 실행 가능성에 대한 회의—그의 미완성 원고인 『혁명의 완성』에 표현됐다—를 키우고 프랑스의 낙후성을 강조한 타르디외는 비난을 전가하는 관점을 부추겼는데, 이는 더 즉각적인 영향을 미쳤다. 1940년 프랑스의 붕괴 이후 우파에게 인기를 얻은 이 관점에 따르면 군사적 패배는 정치적인 주저와 군사적 오판, 불운이 아니라 국민적 타락에서 초래된 것이었다. 우파가 내부적으로 합의할 수 없었던 점은 프랑스를 위험에 빠트린 취약성의 원인이 무엇인가, 즉 타르디외가 믿었듯이 근대화에 실패했기 때문인가, 아니면 문화적 보수주의자들이 주장했듯이 무작정 근대에 나라를 내맡겼기 때문인가 하는 것이었다.

　제3공화국은 좌우의 반감, 가톨릭교회의 적대감, 북동부 전역에 대한 독일의 군사적 점령, 그리고 군 복무 연령대 남성의 10퍼센트에 이르는 인명 손실(1914~1918)과 더불어 경제적 침체를 견디고 살아남았다. 프랑스 경제의 침체는 깊었지만 1930년대 말에는 되살아나고 있었다. 공화국은 군사적 패배(1940) 후에야 쓰러졌는데, 여기서 제3공화국이 마치 자연재해를 겪거나 질병에 굴복한 것처럼 "쓰러졌다"라는 것은 반쪽짜리 진실이다. 1940년 7월 상하 양원은 프랑스의 점령되지 않은 온천 도시 오베르뉴에서 회의를 열고 압도적 찬성으로 공화국을 권위주의적인 비시 정권으로 대체하기로 했다. 사회주의자와 급진 좌파들만 그 변화에 반대했고, 다른 급진파와 공화주의자연맹의 몇몇 보수주의자는 기권했다. (공산당 의원들은 프랑스를 침략한 독일과 평화를 유지한 소련에 충성했으므로 투표 자격이 없었다.) 해방 후 프랑스 헌법의 기록은 제3공화국이 스스로 억압한 사실을 지워버렸다. 1940년 7월의 법은 무효로 선언됐고, 비시 정권은 비프랑스적인 막간으로서 삭제됐다. 전후 임시정부 체제로 28개월이 지난 후 프랑스 제4공화국이 마치 중단이 없었던 것처럼 제3공화국을 이어받았다.

프랑스의 패배가 없었다면 비시의 막간도 없었을 것이다. 그러나 전쟁 전 프랑스 우파의 반자유주의적이고 반민주주의적인 전통이 없었다면 비시 정권은 어떤 형태를 취해야 할지 몰랐을 것이다. 페탱의 지도 아래서 비타협적인 우파—권위주의자와 도덕적 질서 옹호자, 교권주의자, 조합주의자, 파시스트—는 서로 밀쳐대며 기회를 보고 영향력을 다퉜다. 비시의 표어는 "노동, 가족, 조국"이었다. 공화주의자들의 "자유, 평등, 박애" 세 가치의 대안이 되기를 바란 것이었다. 실제로 비시 정부는 국가의 쇄신, 프랑스 국민의 "보호", 질서 유지라는 상충하는 목표 사이를 오락가락했다. 비시의 당파들이 국가 쇄신은 도덕적인 것이어야 하는가, 기술적인 것이어야 하는가에 합의하지 못한 것은 별로 중요하지 않았다. 정권은 어느 수단도 갖지 못했다. 어떤 이들은 독일의 점령과 강요로부터 프랑스 사람들을 보호하는 목표는 부분적으로 달성했다고 주장했다. 그러나 다른 이들은 공화주의의 프랑스가 70년 동안 거부했던 강경우파 의제를 위한 어설픈 변명이라며 일축했다. 시간이 지나면서 비시의 목표는 질서 유지로 좁혀졌는데, 이는 감시를 더 하고, 자국민에게 폭력을 더 휘두르며, 프랑스의 유대인 추방에 협력하는 것을 포함해 독일 점령군에 더 양보해야 한다는 의미였다.

그런 갈등을 상징하는 인물은 도리오처럼 좌파에서 우파로 옮겨 온 피에르 라발(1883~1945)이었다. 그는 제3공화국에서 두 차례 총리를 지냈고, 비시 정권의 페탱 아래서 두 차례 부총리를 지냈다(1940, 1942~1944). 오베르뉴의 여관 주인 아들인 라발은 노동 변호사이자 사회주의자에서 반의회 권위주의자로 부상했고, 기업가 친구들의 도움으로 부자가 됐다. 교조적이지 않은 그는 비시 정권에서 자신이 할 일은 도덕적 회복을 추구하는 것이 아니라 프랑스와 독일의 화해를 돕는 것이라고 보았다. 라발은 자신의 예리한 판단력을 믿었으나 점령자와 피점령자 간 힘의 불균형을 파악하지 못했다. 그는 "타협"에 집착하다 히틀러의 독일은 이성적으로 다룰 수 없다는 점을 보지 못했다. 라발은 1945년 논란이 있는 재판 후 처형됐다. 프랑스 우파에서 제3공화국을 끝내는 데 표를 던진 정당정치 집단들에 1944~1945년은 더는 나빠질 수 없는 영점이었다.

2. 영국 보수주의자들의 적응

영국에서 자유주의적 자본주의와 선거민주주의에 대한 보수의 적응은 솔즈베리 경으로 더 잘 알려진 로버트 개스코인-세실(1830~1903)의 오랜 경력에서 볼 수 있었다. 솔즈베리는 19세기 중반의 젊은 언론인이자 하원의원이었는데, 반자유주의적인 비판자로 출발한 그는 1880년 이후 성공적인 대중 정당의 통합자가 됐다. 그 당은 다음 140년 중 대부분에 걸쳐 우파 자유주의의 정신으로 영국을 통치했다. 초연하고 박식한 솔즈베리는 근대화한 토리당을 세운 설계자였다. 토리당은 자유민주주의 진영의 적들을 경제적, 제도적, 문화적인 세 유형으로 나누었다. 솔즈베리의 지도 아래서 토리당은 토지 기반의 이익뿐만 아니라 기업과 금융을 대변하는 법을 배웠다. 이 당은 오래된 제도(왕, 상원, 국교회)에 대한 애착을 계속해서 존중하는 한편으로 점차 그것을 포기하고 더 모호하긴 해도 똑같이 열정적인 충성을 제국과 국가에 바쳤다. 당은 특히 잉글랜드의 중산층과 다른 유권자들 사이에서 충분히 인기를 얻어 20세기 이후 가장 강력한 정당이 됐다. 디즈레일리가 죽자(1881) 솔즈베리는 상원에서 당을 이끌었다. 그는 세 차례 총리를 지냈고(1885~1886, 1886~1892, 1895~1902), 네 번이나 외무장관으로 일했다(1878~1880, 1885~1886, 1887~1892, 1895~1900).

돈이 필요했던 젊은 솔즈베리는 『쿼털리 리뷰』와 『새터데이 리뷰』 같은 보수주의 잡지에 기사를 쏟아냈다. 그는 자유민주주의에 대한 신앙심을 겨냥해 경멸을 퍼부었는데, 훗날 공개적으로는 신랄한 어조를 누그러뜨리긴 했어도 평생 그 멸시를 거두지 않았다. 자유주의는 "옹호할 수 없는 종교"와 같고 실제로 인간애에 관한 감상적 견해와 기독교에 관한 오해에 뿌리를 두고 있다고 솔즈베리는 주장했다. "기독교 국가의 상식은 언제나 산상수훈에서 가르친 것과는 정반대의 국가 정책 원칙을 처방했다." 민주주의에 관해 솔즈베리는 평등주의자들이 오도하지만 않으면 모든 공동체가 사람들이 두말없이 따를 "타고난 지도자들"을 배출한다고 생각했다. 무제한의 민주주의는 더 훌륭하고 합의적인 정부를 장려하기보다 출세주의자와 전문가들만 키워줄 것이었다. 더 나쁜 점은 그런 민주주의가 부자들 못지않게 사악하고 숫자만 많은 빈자가 부자들을 강탈하도록 부추긴다는 것이었다.

스스로를 "국가의 병리학자"로 생각한 솔즈베리는 캘훈처럼 정치가 물질적 이익 추구에 지배된다고 본다는 점에서 마르크스주의자에 가까웠다. 그는 관습과 전통 자체에 대해서는 공리주의자들보다 더 애착을 갖지는 않았다. 제도는 성과로 판단할 것이지 그가 유용성을 가늠할 어설픈 잣대라고 생각하는 친숙함이나 지속성으로 판단할 것이 아니었다. 젊은 솔즈베리가 보기에 어떤 제도든 시금석은 사회의 안정과 안전, 번영에 얼마나 공헌하느냐였다. 특히 토지 기반 사회는 그런 것들이 없으면 질서가 유지될 수 없을 터였다.

시골의 이익이 가장 중요하다고 믿었던 솔즈베리는 시간이 지나면서 가진 자들이란 지주뿐만 아니라 은행가와 산업가를 포함해 일반적으로 큰 재산을 보유한 이들이라는 것을 인정하게 됐다. 정치를 찬양하지 않는 그의 생각은 본질적으로 바뀌지 않았으나 자유주의적 자본주의를 마지못해 인정하면서 그 어조는 어두워졌다. 「와해」(1883)라는 기사에서 솔즈베리는 경제의 부침에 따라 근대 사회가 불안정해지는 효과를 한탄했다. 경제가 좋을 때는 번영이 확산했지만, 사람들이 귀족의 신분과 특권보다 더 못마땅해하는 물질적 불평등도 함께 확대됐다. 경제가 나쁠 때는 "급진적 선동가들"이 물질적 결핍이 심해지는 틈을 타 대중의 분노를 사회 제도에 대한 반대로 몰아갔다. 솔즈베리는 "고래로 공동체의 치명적 질병이었던, 가진 자와 못 가진 자 간의 긴 투쟁"을 음울하게 예견했다.

솔즈베리가 생각하기에 보수주의의 과업은 자유를 제한하지 않고 질서를 유지하는 것이었다. 그는 밀의 견해에 따라 자유를 "이웃을 해치지 않는 한 하고 싶은 대로 하는 것"으로 생각했다. 자유를 지킨다는 것은 "용암처럼 끓는 인간의 열정"을 억누르는 것이며, 문명의 "표층"이 부서지기 쉽다는 점을 무시하는 기만적인 진보의 희망을 억제하는 것이었다.

정당의 지도자이자 총리로서 솔즈베리는 보수주의에 대한 그런 생각을 뒤집거나 그 독특함을 흐리지 않으면서 상황에 맞게 변형했다. 부친이 세상을 떠났을 때(1868) 그는 솔즈베리 후작의 작위와 함께 지금 돈으로 5000만 파운드 상당의 소득을 물려받았다. 그는 선거권 확대(1867)에 항의해 더비 정부에서 사임했다. 1870년대에는 내각에서 인도와 동유럽에 대한 책임을 맡았다. 외교 일을 마치고 돌아왔을 때 민주주의에 대한 솔즈베리의 불평은 그 전보다 더 커졌으나 실제로 그의 노련한 운용에는 별다른 영향을 미치지 않았다. 보수주의자들은 투표권을 시골 지역의 가난한 계층에까지 확대한 참정권 개혁(1884) 후 첫 선거에서 승리하면서 스스로 놀랐다. 솔즈베리는 진보의 망상에 관해 사석에서 계속 불평했으나 공석에서는 귀족 민주주의자 역할을 성공적으로 해냈다.

아일랜드는 솔즈베리에게 기회였다. 아일랜드 자치법은 자유주의자들을 갈라놓았고, 솔즈베리는 자유당 출신 조지프 체임벌린과 동맹을 맺을 수 있었다. 체임벌린의 통합론자들은 솔즈베리를 지지하고 1895년부터 보수당과 동맹을 맺었으며, 1912년에는 서로 합쳤다. 바서만의 독일 국민자유당처럼 체임벌린은 우파의 새로운 세력으로서 대기업과 제국, 관세를 지지하고, 무엇보다 사회주의를 저지하려 했다.

체임벌린과 함께 솔즈베리는 세 번의 선거에서 승리한 다수파나 연정을 만들어냈다(1886, 1895, 1900).

솔즈베리는 아일랜드와 제국 문제에서는 확고했으나 체임벌린의 압력에 따라 자유주의적인 개혁파에 양보했다. 그의 정부는 노동자 재해 보상 제도를 도입했다(1897). 정부는 1884년의 선거권 개혁을 전혀 방해하지 않았고, 오히려 카운티 의회를 선거로 뽑도록 해서 지방 정부에 대한 시골 지주들의 마지막 영향력을 무너뜨림으로써 선거민주주의를 심화했다. 솔즈베리가 이끄는 당은 스스로 근대화해 민주주의 경기에서 이길 수 있도록 훈련된 전국 조직이 됨으로써 영국 보수주의의 미래에 뚜렷한 영향을 미쳤다. 대중적인 보수주의를 장려하기 위해 1883년 창립한 앵초연맹은 1900년대 초 회원이 150만 명에 이른다고 주장했다. 지역의 "배후 조종자들"은 전문적인 정당 운동원으로 대체됐다. 선거 공약이 도입되고 야당에서 집권을 준비하는 그림자 내각이 구성됐다. 보수당의 중앙사무국(1870년에 처음 개설됐다)은 강화되고 처음에는 원내대표가 운영했다. 이런 발전은 프랑스 우파 정당의 유동성이나 독일 보수주의자들에 대한 지역적으로 불균등한 지지와 비교하면 놀라운 것이었다. 1918년 이후 하나의 큰 우파 정당이 보여준 범위와 응집력은 영국 보수주의가 1920년대와 1930년대에 강경 우파를 흡수하거나 피하기 쉽게 해주었다.

가리발디처럼 솔즈베리는 사람들 앞에서 수줍어해도 군중은 잘 다루었다. 그는 『데일리 메일』(1896년 창간)을 "사환들을 위해 사환들이 쓴" 신문이라고 비웃었으나 언론을 이용할 필요가 있음을 이해했고, 기자들에게 브리핑하기 시작했다. 보수주의자들이 다음 세기 이후에도 고마워하며 기억하는 솔즈베리의 경력은 지나치게 확장됐다. 쇠퇴하는 권력을 대신해 산만한 신조와 약한 패를 들고 어떻게 게임을 하는지 보여준 마스터 클래스였다.

솔즈베리가 보기에 정치를 몰고 가는 것은 이해관계이지만, 그는 정치는 또한 상징으로 생각하고 말해야 한다는 점을 파악했다. 그는 공통적인 충성의 대상으로서 국가와 제국, 그리고 국왕을 교묘하게 섞었다. 1897년 6월 빅토리아 여왕 즉위 60주년 연설에서 솔즈베리는 "전적으로 상호 간의 선의를 바탕으로 이 같은 제국을 유지하려고 시도한" 이 나라의 "위대한 실험"을 칭송했다. 보수의 새로운 애착의 대상으로서 제국은 교회나 상원과 달리 대중에게 호소할 대단한 매력을 지녔다. J. R. 실리의 친제국주의 역사서인 『잉글랜드의 확장』(1883)은 3년 만에 8만 부가 팔렸고 20년 후에도 한 해에 1만 부 넘게 나갔다. 예상치 못한 손실로 시큰둥해지기 전까지 보어전쟁은 잉글랜드에서 인기가 있었고, 토리당이 1900년 정략 선거에서 이기는 데 도움이 됐다.

솔즈베리가 권력을 잡았던 21년은 수성守城의 시간이었는데, 보수주의에 관한 그의 우울한 견해에 따르면 그 작전은 하나의 성취로 볼 수 있었다. 그는 계승자들에게 이 당은 무엇을 옹호하는가에 관한 의문을 남겼다. 그것은 전술적 책략과 애국적 호소로 숨길 수 없었다. 1902년 솔즈베리가 총리직과 당수 자리를 조카 아서 밸푸어에게 넘기고 얼마 안 가 토리당은 사회의식을 가지고 되살아난 자유당에 짓밟히고 말았다. 자유당은 자유방임에서 사회 개혁으로 방향을 전환한 터였다. 1906년 선거에서 토리당은 157석으로 쪼그라들었는데, 그

중 100석은 체임벌린의 통합론자들이거나 그의 보호주의 정책 지지자가 차지했다. 보수는 찢어졌다. 보호론자들에게 관세는 세 가지 문제를 한꺼번에 풀어줄 것으로 기대됐다. 관세는 외국의 경쟁자들에게 기반을 잃고 있는 영국 산업에 도움이 될 테고, 프랑스에서처럼 사회 개혁의 재원이 돼서 부자들에게 직접 세금을 걷지 않고도 좌파의 공세를 피할 수 있을 것이었다. 바로 그 이름이 시사하듯이 보호 정책은 또한 영국의 탁월성 상실과 경제의 상대적 쇠퇴, 남아프리카 전투에서 드러난 군사적 취약성에 관한 일반적인 불안을 완화해줄 것이었다. 그 전투는 일찍이 군중이 기대한 것처럼 환호할 것이 아니었다. 아서 밸푸어와 자유당 쪽으로 달아난 윈스턴 처칠 같은 자유무역론자들이 보기에 보호 정책은 선거에서 확실히 지는 길이었다. 값싼 식량을 약속하는 자유무역은 많은 유권자에게 1945년 이후 국민건강보험이 그랬듯이 영국의 성문화되지 않은 헌법과도 같은 것으로 여겨졌다.

영국의 보수주의는 이미 프랑스에서 봤던 것과 같은 우파의 딜레마에 직면했다. 민주주의적인 힘이 자유주의를 왼쪽으로 밀고 갈 것을 경계하면서 자유주의자들과 타협할 것이냐, 아일랜드와 상원, 노동조합 문제에 관해 보수주의 과격파를 달래기 위해 오른쪽으로 굽힐 것이냐 하는 딜레마였다. 당은 의회를 통해 표현된 민주적인 의지에 머리를 숙일 것인가? 아니면 의회 밖에서 대단원에 이를 위험을 질 것인가? 당은 양다리를 걸치며 타협하는 이들과 완강하게 버티며 저항하는 이들로 갈라졌다. 아일랜드 문제를 놓고 내전 가능성이 대두됐다. 보수의 저항자들이 부채질했고, 토리당 지도자들은 그들에게 지지를 보냈다.

보수주의를 연구하는 역사학자 키스 페일링의 작은 책 『토리즘』(1913)은 20세기 초 영국 우파의 딜레마와 불안을 전형적인 보수주의자 네 사람의 풍자적인 대화로 표현했다. 그들은 당 내부의 다채로운 성향을 보여주었다. "진정한 토리당원"으로 "귀족으로 태어난 냉소적인" 사람(솔즈베리의 환영), "원칙상" 토리당원으로 "부와 여가를 즐기는 사람"(다시 말해 개인적 이해에 따라 보수 편에 선 부자), 자유당에서 이탈한 의원(편의상 토리당원이 된 정치적 출세주의자), 그리고 급진적이고 제국주의적인 토리당 내 민주주의자(거창한 이상을 가지고 체임벌린식으로 운동하는 사람)였다. 네 사람 모두 "배 위쪽이 무거워 불안하다"며 걱정했다. 제국은 큰데 나라는 작고, 세금은 무거운데 납세하는 계층은 소수이며, 수입은 많은데 통화는 약하고, 세계는 불확실한데 군대는 작다는 것이었다. 분명한 결론은 없이 그들은 또 보수당이 목적과 차별성을 잃어버리고 있다며 염려했다. 이 책의 장난스러운 어조도 1846년 이후 당이 분열되고 스스로 확신하지 못하며 지도 사상이 없다는 두려움을 숨길 수 없었다. 2020년에도 영국 토리당에서 그와 비슷하게 구분한 네 사람을 모으고 "제국"을 "브렉시트"로 바꾸기만 하면 국가와 당의 상태에 관한 걱정은 그때와 크게 다르지 않을 것이다.

세계대전은 보수주의자들을 실의에서 구해주었다. 전쟁은 정당의 경쟁을 동결하고(1916년 토리당은 데이비드 로이드 조지가 이끄는 집권 자유당에 합류했다), 아일랜드 문제를 미뤄놓고, 보수주의자들에게 다시 생각하고 재집결할 시간을 주었다. 그들은 1918년까지 의제를 되찾지 못했으나 곧 의회에서 최대 의석을 차지했고 다음 27년 동안 3년을 빼고는 그 자리를 지켰다. 전후 첫 선거(1918)에서 보너 로의 토리당은 382석을 얻었고, 분열된 자유당은 100석 넘게 잃어 주변부로 미끄러지기 시작했다. 1908년부터 의원들이 급여를 받으면서 떠오르는 노동당이 하원에서 대표성을 얻을 기회를 열어주었다. 노동조합은 가입자를 400만 명(1914)에서 두 배인 800만 명 이상으로 늘렸다. 그 전후 선거에서 노동당은 57석을 얻었다. 5년 후에는 197석을 차지해 자유당을 제치고 2대 정당이 됐다.

좌우를 보자면 의회 내 사회주의는 개혁적인 노동당의 형태로 나타나 토리당 왼쪽의 적수로서 자유당을 대체했다. 사업적 감각을 지닌 새로운 유형의 보수주의자들이 옛 자유당의 자리에 앉았다. 로이드 조지의 비꼬는 표현으로는 "전쟁 덕분에 잘나간 낯두꺼운 남자들"이었다. 토리의 회복을 이끈 지도자는 미들랜드 제조업자의 아들인 스탠리 볼드윈이었다. 그가 솔즈베리와 보너 로에게서 물려받은 당은 내부 갈등이 있기는 해도 경쟁자들과 비교하면 가공할 만한 전국 정당이었다.

볼드윈(1867~1947)은 기민하고 노련하게 국민 통합과 공통의 가치, 계급의 무차별을 내세우며 보수주의를 영국 중산층이 자연스럽고 불가피하게 선택할 정치로 만들었다. 경솔한 이들에게는 아무것도 모르는 허세라고 무시됐으나 볼드윈은 말의 중요성을 이해했다. 볼드윈의 사촌 러디어드 키플링은 그를 가문의 진정한 시인이라고 불렀다. 『잉글랜드에 관하여』(1926)라는 선집에 모아놓은 연설문과 에세이에서 볼드윈은 영국인의 비전과 그들에게 중요한 가치로서 그의 당이 오랫동안 추구해온 것은 무엇인지 제시했다. 볼드윈은 애국주의를 보수주의와 섞고, 잉글랜드에 대한 애정을 사회주의에 대한 적대감, 지성주의와 버무렸다.

그는 총리를 세 차례 지내고(1923년 5월~1924년 1월, 1924년 11월 ~1929년 6월, 1935년 6월~1937년 5월) 선거에서 세 차례 이겼다. 보수당이 밉살스러운 로이드 조지와의 연정을 버리기로 의결한 1922년 칼턴 클럽 회의 후 볼드윈은 당의 강자로 부상했고 1923년 당수가 됐다. 볼드윈은 짧은 총파업(1926)을 물리쳤고, 대공황을 헤쳐나갔으며, 모슬리의 파시스트를 저지했고, 여전히 왕가에 호의적인 나라를 혼란스럽게 했던 에드워드 8세의 양위를 관리했다. 그런 실적에도 불구하고 볼드윈은 총리로서 치른 세 차례 선거에서 두 번을 졌고, 고율 관세를 주장하는 당내 계파에 양보했으며, 북부를 무시하면서 남부에 애정을 쏟았고, 히틀러를 다루는 데—다른 사람들처럼—실패했다. 그는 병 때문에 물러나거나 허약한 지도자들을 재빨리 버리는 습성이 있는 당에서 쫓겨나지 않고 자신이 선택한 때에 떠난(1937) 몇 안 되는 보수주의자 중 한 명이었다.

볼드윈은 적들을 합리적이고 타협에 열려 있는 이들로 생각했다. 그는 좌우의 동등성을 받아들이고 노동계급의 유권자를 잡으려고 애쓰면서 노동당을 정당한 경쟁자로 대했다. 볼드윈은 총파업에 힘으로 대응하라는 (특히 처칠의) 요구를 무시하고, 이 사태를 계급의 문제가 아닌 국민에 대한 시험으로 제시하면서 제풀에 잦아들도록 했다. 처음에 그는 노동조합을 단속하라는 당내 우파의 요구에 저항했지만, 나중에는 굴복해 동조파업을 금지하고 조합비에서 걷는 강제적인 정당 기부금—노동당의 큰 돈줄이었다—을 제한하는 노동쟁의법(1927)을 받아들였다.

볼드윈은 대중을 대하는 기지가 있었다. 그는 상대방이 먼저 한 방을 날리게 허용했다. 또 자신의 강한 종교적 신념을 드러내지 않았다. 그리고 영국 유권자들이 일반적으로 문화적 과시를 싫어하고 지식인들의 허위를 의심하는 것을 알고 자신의 피아노 연주와 그림에 대한 애정, 폭넓은 독서에 관해 입을 다물었다. 그는 언젠가 "지식계급은 대단히 추한 것에 대한 대단히 추한 말"이라고 썼다. 자기네끼리 편하게 느끼고 어쩐 일인지 세계로부터 격리된 섬나라 사람들에 관한 볼드윈의 묘사는 오랫동안 사라지지 않은 매력적인 허구였다.

보수당은 아무것도 안 한다는 평판과는 달리 1920년대와 1930년대에 사회 개혁을 향한 걸음을 내디뎠다. 미망인과 고아, 고령자를 위한 연금(1925), 슬럼가 정리와 주택 건설, 산업과 농장에서 걷는, 지방세로 알려진 부동산세를 전가하고 지방 당국에 남은 세수 부족을 중앙 정부 보조금으로 메우는 제도 변경, 석탄과 섬유, 전기 부문의 산업 "합리화"가 이뤄졌다. 볼드윈 정부는 비상업적인 영국방송공사(1927) 설립을 허가했으며, 여성은 좌파보다 우파에 투표하리라는 믿음에 안심하고 여성의 투표 연령을 21세로 내렸다(1928년 평등선거권법). 1935년 여성이 유권자의 절반을 넘게 차지했을 때 토리당은 386석을 얻었다.

강력한 전국 조직을 갖춘 하나의 포용적인 정당 덕분에 영국의 보수주의는 1920년대와 1930년대에 프랑스처럼 우파의 분열적인 과격파가, 혹은 독일처럼 파괴적인 극단주의자들이 차지할 공간을 거의 남겨주지 않았다. 보수당에서는 처음에 히틀러의 강한 지도력과 독일 좌파에 대한 억압, 독일 경제의 재생에 대한 찬사가 나왔으나 영국 주변부의 토종 파시즘에 대해서는 그런 찬사가 거의 없었다. 영국의 다른 정당들은 쇠퇴하거나 분열했다. 토리당은 1931년부터 1935년까지 중앙 정부의 권력을 공유했지만, 다른 어떤 당도 1930년대에 의회에서 다수를 차지하지 못했다.

볼드윈은 토리주의의 지적 열등감을 극복하기 위한 실제적인 노력을 장려했다. 초기의 반응은 문제를 부인하는 것이었다. 보수주의 작가 아서 바우트우드는 『내셔널 리뷰』(1913)에서 보수주의는 실제적인 태도이므로 "정치철학"이나 "독특한 이상"이 필요 없다고 주장하며 이 당의 사상 결핍을 합리화했다. 그는 휴 세실이 『보수주의』(1912)에서 했던 주장을 되풀이하고 있었다. 보수주의는 일단의 목표와 이상이라기보다는 통치에 대한 이차적인 태도라는 것이었다. 세실의 책은 발행인의 요청에 따라 레너드 홉하우스의 『자유주의』(1911)에 답한 것이었다. 세실이 보기에 희망과 이상을 지닌 자유주의와 달리 보수주의는 크거나 빠른 변화를 경계하는 자연스러운 "성향"과 "알지 못하는 것에 대한 불신", 그리고 "우리가 익숙한 것에 대한 선호"에 뿌리를 두었다. 그는 수수께끼 같은 표현으로 "관습은 실제로 우리의 본성을 그것에 동화시킨다"라고 썼다. 그 "자연스러운" 태도는 프랑스혁명에 대한 보수의 반응에서 역사적인 형태로 나타났다. 세실은 그런 전제로부터 철학자 앤서니 퀸턴이 말했듯이 "제한적인 조세, 대영제국과 상당히 부수적인 요소들의 유지, 그리고 에드워드 시대 보수당 정강에 대한 다소간의 독창적인 방어 논리"를 끌어냈다.

보수주의자들이 모두 바우트우드와 세실처럼 자기만족에 빠져 사상을 무시한 것은 아니다. 앤서니 루도비치는 『보수주에 대한 옹호』

(1927)에서 좌파의 지적 발효를 마주한 토리당의 침묵을 한탄했다. 1920년대에 보수는 좌파도서클럽과 페이비언협회, 노동자교육협회와 함께하는 좌파의 지적 반대에 직면했다. 로이드 조지의 재촉에 따라 자유주의 지식인들은 옐로북, 오렌지북처럼 색깔로 식별되는 정책 문서들을 발간했다. 방심하지 않는 보수는 그에 대응했다. 해럴드 맥밀런은 (다른 여러 책과 함께) 『산업과 국가』(1927)와 『중도』(1938)를 출간했다. 보너 로 기념 신탁에서 나온 돈으로 1929년에 애시리지 칼리지가 문을 열고 보수당 간부들을 훈련했다. 그해 보수당 정책연구부도 출범했다. 관심사는 사회가 어떠했는가 혹은 어떠해야 하는가보다 지금 어떠한가를 알아보는 것이었다. 그 정신은 프랑스의 타르디외처럼 기술관료적인 것이었다. 보수의 담론에서는 관습과 전통보다 현재의 문제와 해결 방법이 더 중요한 자리를 차지했다. 우파의 통치 자격으로서 전문성이 당연한 권위를 대체하고 있었다.

히틀러주의에 대해 당초 영국 우파가 보인 공감은 독일 공산주의에 대한 공포가 부추긴 것이었다. 히틀러가 약해지고 독일 공산주의가 되살아나면 유럽의 우파는 위험에 처할 것으로 보였다. 아마 영국의 우파도 그럴 것이었다. 하지만 독일의 힘이 강해지고 요구가 늘어나면서 히틀러주의를 대하는 두려움도 커졌고, 영국 보수주의자들은 어떻게 생각해야 할지 몰랐다. 노동당은 프랑스의 좌파처럼 평화주의적이었다. 영국 관료와 외교관들은 유화론에 찬성도 하고 반대도 했다. 그것은 어디서 어떻게 양보하느냐의 문제였다. 독일의 압력에 저항한다는 더 큰 목표를 위해서는 전술적 양보를 해야 했다. 그 정도는 합의할 수 있었다. 하지만 어떤 양보를 할 것인가? 이 논의의 핵심 참여자 가운데 모든 선택지에 대해 그것을 저지할 수 있는 다수가 있었다. 양보는 제국 내에서 할 것인가, 아니면 동유럽에서 할 것인가? 프랑스와 동맹을 맺을 것인가, 말 것인가? 해군력을 키울 것인가, 공군력을 키울 것인가? 재무부는 어느 쪽에 대해서도 재원이 없다고 밝혔다. 독일이 유일한 위협인 것도 아니었다. 영국이 두려워해야 할 것으로는 (지중해의 자유에 대한) 이탈리아의 위협뿐만 아니라 (아시아의 영국 식민지에 대한) 일본의 위협도 있었다. 군 수장은 고립된 영국이 세 전선에서 싸울 순 없다고 경고했다. 그 문제는 볼드윈도, 1937년 그에게서 총리 자리를 물려받은 네빌 체임벌린도 풀지 못했다.

전후에 볼드윈이 얻은 잃어버린 10년의 몽유병자라는 평판은 처칠과 비버브루크의 신문에 있는 그의 친구들이 부추긴 것으로 볼드윈 자신의 잘못에 따른 것은 아니었다. 1970년대와 1980년대의 역사적 재평가는 영국의 1930년대를 전문가와 대중이 상상하는 것보다 덜 나쁘게 그렸다. 이번에는 볼드윈이 사회적, 경제적 성취와 당 근대화의 공을 인정받았다. 더 균형 잡힌 것이기는 해도 새롭게 내린 판단 역시 왜곡의 위험이 있었다. 하나로 통합된 국가를 공언한 정당이 둘로 갈라진 나라를 통치했다. 보호되고 번영하는 남동부와 중부(엔지니어링과 자동차 산업이 발전하고 노동생산성이 높은 지역), 그리고 가난한 북부로 갈라진 나라였다. 볼드윈의 보수당은 북부에 대해 할 말이 별로 없었다. 국가적 긍지와 제국적 야심은 처칠이 1925년 파운드화 가치(그리고 금리)를 너무 높게 정하도록 오도했다. 또 물가가 떨어지고 경기가 침체한 데다 긴축을 계속해 공공부채를 줄이는 데 실패했다. 1939년 취업자 수는 1929년보다 많았지만, 1920년대 중반에 갑자기 증가한 실업은 제2차 세계대전까지 높은 수준에 머물렀다.

볼드윈은 그에 대한 저평가를 바로잡더라도 20년 동안 당의 오른쪽에서 그를 괴롭혔던 동료 윈스턴 처칠보다 역사적 상상 속에서 절대 더 밝게 빛날 수 없을 터였다. 일단 총리가 되자 처칠은 그를 자기 잇속만 차리는 괴짜로 여기던 당을 맡으면서 영감을 주는 전시 지도자가 됐다. 처칠(1874~1965)은 디즈레일리나 마거릿 대처처럼 큼직한 존재감으로 당의 내부 갈등을 해소한 것으로 보였다. 처음에는 보수당에 있었고, 자유당으로 갔다가 다시 보수당으로 온 처칠은 1908년부터 계속 국가 고위직을 맡았으며, 두 차례 총리로 재임했다 (1940~1945, 1951~1955).

술과 우울증, 그리고 빚이 그랬듯이 재임 시에는 큰 실수와 실패가 그를 따라다녔지만, 운이 따르고 결의가 굳은 그는 절대 결정적으로 추월당하거나 쫓겨나지 않았다. 충동적이고 굽히지 않는 성격의 처칠은 10년마다 비난과 조롱을 받았다. 군사적 참사(1915년 갈리폴리)와 통화 관리의 실책(1925년 파운드화를 지나치게 고평가해 금본위제로 복귀시킨 것), 제국적 향수, 파시즘에 대한 찬사, 유화책에 대한 모호한 태도(1930년대), 다시 군사적 참사(1940년 노르웨이), 그리고 국내 문제에 대한 무관심(1940~1945) 탓이었다. 1940년 5월 당의 첫 번째 선택인 핼리팩스 경이 총리가 되기로 동의했다면 처칠은 분열적이고 돈키호테 같은 인물로 기억됐을 것이다. 일단 전시 지도자로서 책임을 맡자 그는 처음에는 내각과 장군들을 무자비하게 다그쳤고, 그런 다음에는 라디오와 하원 연설로 국민에게 불굴의 저항 의지를 알렸다. 서로 잘 지낸 적이 없는 드골처럼 처칠은 창의력을 발휘한 언어로 단순한 구도를 만들어내고 수백만 명의 마음속에 분명한 길을 제시했다. 그는 처음에는 히틀러주의, 다음에는 공산주의를 전쟁 상대로서 반박할 여지가 없고 용서할 수 없는 적으로 규정하면서 가정의 보호와 문명의 생존을 아우른 길을 제시했다. 그의 『제2차 세계대전』(1948~1953)은 승자의 역사라는 비판을 받았고, 『영어 사용 민족들의 역사』(1956~1958)는 바로 그 제목부터 탈제국주의 시대의 허구를 만들어냈다는 비난을 받았다. 그러나 그 저작들은 공통의 기억을 각인시키면서 엄청난 인기를 끌어 그에게 노벨문학상을 안겨줬다(1953).

당에는 무관심하고 교리를 참지 못하는 처칠은 자신이 늘 자유주의자였다고 주장했다. 그는 실제로 자유방임을 믿는 유형의 우파 자유주의자였다. 그는 사람들에게 어떻게 행동할지 말해주는 것도, 그들이 살아가는 데 많은 도움을 주는 것도 좋아하지 않았다. 빅토리아 시대 도덕적 잔소리꾼이나 에드워드 시대 사회개혁가들과 달리 그는 악덕이나 가난에는 그다지 관심이 없었다. 다른 한편으로 처칠은 코브던과 달리 전쟁에 흥미가 있었고, 날 때부터 부(미국인 어머니 쪽)와 영국 귀족의 작위(아버지의 것)를 가졌던 그는 지도하는 자리가 자신의 당연한 지위라는 가부장적인 믿음을 지녔다.

처칠은 대중민주주의의 극적인 요소를 이해했다. 그의 연설과 이력들은 믿을 만한 국민적 서사시를 빚어냈다. 그 자신이 등장인물 역할을 했다. 흥행사이자 악동, 샴페인과 시가의 방종한 애용자, 흔히 빚을 지고 돈에 탐욕스러운 당당한 야심가, 그리고 무엇보다 연속극에서처럼 실패에서 성공의 기회를 잡고 그 반대가 되기도 하는 꺾이지 않는 투사의 역할이었다. 처칠이 단지 배우이기만 했던 것은 아니다.

그가 맡은 역할은 자신을 과장하는 것이었다. 자신보다 나은 사람들을 불신하는 유권자들에게는 처칠의 가식 없는 모습이 믿음을 주었다. 대중과 동떨어진 보수주의자들과 달리 처칠은 드골처럼 대중의 정서에 대한 감각을 지니고 있었다.

영국은 1930년대에 최악의 상황을 모면했지만, 겉보기처럼 예외적인 것은 아니었다. 이 나라는 프랑스보다 더 매끄럽게, 그리고 독일처럼 자초한 재앙을 겪지 않고 자유민주주의 국가가 됐다. 그래도 영국에서는 시간이 걸렸다. 19세기 대부분의 기간에 비민주적인 자유주의에 머물렀던 이 나라는 20세기 초에는 더 민주적인 방식으로 자유주의를 발전시켰다. 모두를 위한 투표권과 노동자들의 발언권, 사회적 보호 제도들이 도입되고 헌법의 알맹이가 됐다. 보수주의는 방해도 하고 돕기도 했다. 민주적인 자유주의를 가로막고 지연시키기도 했지만, 결국 자유주의자들―그리고 나중에는 사회주의자들―의 옷을 훔쳤다. 영국 보수주의의 주류는 더비와 솔즈베리의 전략적 노선을 따랐다. 고집 센 것처럼 보이되 헛되이 싸우기보다는 양보하라는 것이었다. 1880년부터 1945년까지 보수주의의 진로는 그런 만큼 역사가 E. H. H. 그린이 "자유주의의 점차적인 흡수와 지배"라고 한 것을 확인해주었다. 토리의 완고한 반항자들이 남아 있었지만, 그들은 자신들의 급진주의를 밖으로 돌려 방어할 수 없는 제국을 방어하고, 아일랜드에서 프로테스탄트 대의를 주장하며, 나중에는 반유럽주의를 부추겼다.

3. 독일 보수주의자들의 양가성

독일이 훗날 자신과 세계에 안겨준 재앙 때문에 1933년으로 가는 일련의 치명적인 발걸음으로서 빌헬름과 바이마르 시대 보수주의의 정당정치적인 이야기를 하지 않을 수 없다. 그 이야기에 따르면 독일은 처음에 전쟁 중 위로부터 통일됐고, 그다음에는 동프로이센의 반동에 복무하는 보수적 권위주의자 비스마르크의 위협을 받았다. 그가 사라지자 조선업자와 무기 제조업자들이 부추긴 군사계급이 사회주의와 국가의 "포위"를 두려워하던 보수 엘리트를 압박해 전 유럽에 걸친 재앙적인 전쟁을 벌이게 했다. 독일이 패하자 신뢰를 잃은 우파가 찾은 유일한 목적은 새 공화국을 전복하고 히틀러가 부상할 수 있게 돕는 것이었다.

이런 희화의 여러 요소가 참이지만 복잡성과 운을 제거해버리고 재앙으로 가는 외길을 묘사한 것은 틀렸다. 1880년부터 1945년까지 독일 보수주의는 단순하거나 획일적이지 않았다. 보수는 단일 이익집단의 대변자가 아니었다. 1918년 이전 융커들의 수동적인 도구도 아니었고, 그 후 배아기의 파시즘도 아니었다. 빌헬름 시대 보수주의는 동프로이센 밖에서 지지를 얻었고, 상류층뿐만 아니라 중산층과 소농들의 마음도 끌었다. 바이마르 시대 보수주의는 공화국의 적들뿐만 아니라 지지자들도 아울렀다. 우파가 직면한 선택은 독일에만 특수한 것도 아니었다. 자유주의적 근대에 맞선 독일의 우파는 적응이냐, 아니면 저항이냐의 익숙한 선택에 직면했다. 프랑스와 영국, 미국의 우파도 마주한 문제였다.

보수주의는 어디에 있든 특유의 색깔을 지녔다. 각자 나름대로 특별했지만, 독일 보수주의만 특출나게 다르지는 않았다. 영국의 보수처럼 하나의 강력한 전국 정당이라기보다는 서투르게 조직되고 여러 당파가 경쟁한다는 약점은 프랑스 우파와 같은 것이었다. 정책을 둘러싼 독일 보수주의자들 사이의 논쟁―관세냐 자유무역이냐, 제국을 지지하느냐 반대하느냐, 간접세냐 부와 소득에 대한 누진세냐―은 프랑스와 영국, 미국의 우파에게도 공통된 것이었다. 종파 갈등―가톨릭과 프로테스탄트, 루터파와 칼뱅파―은 독일 보수주의에 영향을 미쳤지만, 영국과 미국의 우파에도 어느 정도 파장을 미쳤다. "낙후된" 동부와 "근대적인" 서부는 독일 보수주의에 지역적 특색을 부여했지만, 북부와 남부가 갈등을 빚은 미국에서도 마찬가지였다.

그렇기는 해도 독특하게 독일적인 요인들이 보수가 자유민주주의를 서두를지, 미룰지 선택하는 데 복잡성을 더했다. 하나는 빌헬름 제국에서 빚어진 권위의 혼란이었다. 다른 하나는 1918년 이후 의회 정부의 생소함이었다. 1870년대와 1880년대에 권위의 혼란은 비스마르크라는 지배적인 인물과 의회의 상대적인 허약함에 가려졌다. 그 혼란은 자신의 목소리를 꼭 내고 싶어하는 젊은 황제가 용케 비스마르크를 사임시킨(1890) 후 의회가 힘을 얻으면서 드러났다. 바이마르공화국에서 의회의 권위는 이론적으로는 인정됐다. 하지만 실제로 권위를 가지려면 자유주의적이고 민주적인 우파의 지지가 필요했으나 완전한 지지를 받은 적은 없었다.

비스마르크가 추락한 후 그 없이는 어떤 것도 작동하지 않는다는 비스마르크 신화가 자라났다. 비스마르크의 충성스러운 보좌역이자 논객이었던 로타르 부허는 "그는 절대 실패와는 관련이 없고 그만이 중요했다"고 회고했다. 비스마르크가 이 나라에 정치 교육을 하지 않았다는 막스 베버의 비판이 나오기 훨씬 전에 좌파 자유주의자 테오도어 바르트는 1888년 이렇게 썼다. "그는 학교를 남겨놓지 않은 교장 같은 사람이다. 그의 추종자들은 있으나 계승자는 없다."

비스마르크 신화는 기껏해야 반쪽의 진실이었다. 빌헬름 시대 정당과 정치, 제도는 비스마르크 없이 그들 자신도 모르게 작동했다. 그 신화에서 진실은 비스마르크가 우파에서 과도한 공간을 차지한다는 점이었다. 그의 지배적인 존재는 성마른 독일 우파가 민주정치의 정당 세력으로서 더 잘 조직하지 않아도 되게 도왔다.

철의 총리 오토 폰 비스마르크(1815~1898)는 19세기 보수주의자들 중 특별한 유형에 속했다. 그는 자유주의자와 민주주의자들을 멸시했으나 자신이 최종적인 결정권을 갖는 한 어느 쪽과도 일할 실용적인 권위주의자였다. 그는 1873년 10개월만 빼고 1862년부터 1890년까지 프로이센의 총리와 외무장관이었고, 1867년부터 1871년까지 북독일 연방 총리, 1871년부터 1890년까지 제국 총리였다. 그가 거의 30년 동안 독일 정치를 지배할 수 있었던 것은 개인적으로 왕과 가까운 관계를 유지하고(그의 권위주의적 측면) 의회와 대중의 상상 속에서 공적 무대를 장악한(자유주의적이고 민주적인 요소) 덕분이었다. 니더작센에서 태어난 융커로서 그는 자신의 계급에 따른 태도를 지녔다. 비스마르크는 사업가와 중산층에 대한 의심, 대중에 대한 경멸, 그리고 솔즈베리처럼 삶의 가능성에 대한, 경건과 신앙으로 유지된 음울한 견해를 가졌다. 그의 고압적인 성격은 거대한 사고의 틀과 냉소적 위트,

그리고 불면증과 우울증에도 불구하고 일에 대해서는 강렬했던 욕구에서 나온 것이었다. 부허의 도움을 받은 그의 『회상록』(1898)에서 잘 드러났듯이 비스마르크에게 건전한 정치란 정당과 제도가 서로에게 맞서 승자를 가리는 것을 의미했다. 노련한 외교는 (1877년 키싱겐 비망록이 전형적으로 보여주듯이) 경쟁하는 외국 세력들이 승자를 가리도록 하는 것이었다.

비스마르크는 (덴마크, 오스트리아, 프랑스와 싸운) 세 번의 전쟁에서 설득보다는 무력으로 위로부터의 독일 통일을 추구했다. 제국의 총리가 되자마자 그는 의회의 자유주의자들을 밀어내고, 처음에는 가톨릭교회에(1872~1878년 그들의 강론은 제국의 권위에 의문을 제기했다), 그 다음에는 사회주의자들에게(1878~1890년 선거에서 대표성을 얻으려는 그들의 요구는 기업과 금융계를 불안하게 했다) 국가 권력을 휘둘렀다. 또 나중의 공격과 균형을 맞추려고 1883년부터 1889년까지 사회 개혁 정책으로 질병 보험과 산업재해 보험, 국영 고령자 보험을 도입했다. 반사회주의 법들은 네 차례 연장됐으나 비스마르크의 시대가 저물었을 때 제국의회는 다섯 번째 요청을 거절했다. 국제적으로 비스마르크는 1878년 자유무역으로부터 방향을 돌리는 쪽에 합류했지만, 유럽에서 독일의 지배력을 확보하는 데 집중하기 위해 자유주의자들의 식민지 경쟁은 일축했다.

비스마르크는 자신이 감독자로서 재능을 발휘해야 할 복잡한 제국 헌법을 즉흥적으로 만들어냈다. 헌법은 남성 보통선거를 적절한 징세권이 없는 허약한 의회와 결합하며, 총리를 황제가 선택하고 해임하는 장관들과 결합했다. 권리장전, 독립적인 법원, 의원들의 의회 밖 면

책권은 없었다. 제국은 프로이센의 옛 기관들 곁에 있었고, 프로이센은 왕이 (직접, 황제를 겸하며) 수반의 자리에 있어도 견제 세력으로서 비민주적으로 선출된 우파가 통제했다.

그렇게 짜맞춘 것이 조금이라도 작동하려면 강력한 손이 필요한 것으로 보였다. 비스마르크 사후에 그를 숭배하기 위한 수백 개의 탑과 갑옷을 입은 그의 동상이 독일 전역에 세워졌다. 제국의회나 그 정당 정치가들의 기념물은 거의 세워지지 않았다. 하지만 돌에 새긴 숭배는 오해를 낳을 수 있었다. 비스마르크는 빌헬름 시대 보수주의의 전부가 아니었다. 그것은 강한 힘의 서사인 만큼 허약함의 서사이기도 했다.

통일 후 빌헬름 시대 우파는 민주적인 방식으로 싸워야 한다는 점을 대체로 받아들였다. 다시 말해 우파는 대중의 지지가 필요하다는 점과 왼쪽에 활기찬 새 경쟁자들이 있는 만큼 수동적인 동의를 더는 지지로 볼 수 없다는 점을 받아들였다. 그러나 1880년부터는 줄곧 선거에서 우파의 약점이 드러나기 시작했다. 세 우파 정당―독일보수당DKP, 자유보수당FKP, 국민자유당NL ― 은 1887년 제국의회 선거에서 함께 47퍼센트를 득표해 정점에 이른 후 갈수록 지지 기반을 잃었다. 1912년 DKP와 FKP, NL은 모두 합해 총투표의 26퍼센트의 지지를 얻는 데 그쳤다. 우파의 늙은 정당들에 대한 지지가 갈수록 주는 동안 사회민주당과 가톨릭중앙당에 대한 지지는 늘어나 제국의회 의석과 득표에서 절반 넘게 차지했다. 자유주의와 보수주의의 날개를 다 가진 중앙당은 어떤 때는 왼쪽으로, 어떤 때는 오른쪽으로 기울었다.

보수 정당들의 득표율이 떨어진다는 것은 그들이 시골 지역에서 벗어나 독일의 급속히 성장하는 도시로 진입하는 데 실패했다는 뜻이었다. 1912년에 우파는 인구 2000명 이하 지역에서는 55퍼센트를 득표했지만, 10만 명 이상 도시에서는 25퍼센트를 얻는 데 그쳤다. 우파는 동프로이센 바깥에서 지지를 얻기는 했으나 일반적으로 보수적인 지역에서 가톨릭중앙당에 밀렸다. 독일의 선거 지도는 사회민주당SPD의 공직 진출과 선거운동에 대한 금지가 끝난 1890년 이후 점차 삼색기를 닮아갔다. 가톨릭과 중앙당이 강세를 보이는 라인란트와 바이에른 지역은 검은색, 산업화한 작센 지역은 붉은색, 동프로이센 지역은 푸른색(보수당)이었다.

더 근본적인 어려움은 보수가 무엇을 옹호해야 하는지가 불확실하다는 것이었다. 당초 그들의 적수였던 자유주의는 이미 달라졌다. 자유주의자들 가운데 일부는 좌파, 일부는 우파로 돌아서면서 이제 자유주의는 보수주의의 명확한 표적이 되지 못했다. 보수주의는 그들의 상대로서 자신을 규정할 수 없었다. 자유주의자들도, 보수주의자들도 지배적인 단일 정당을 갖지 못했다. 자유무역에 대한 비스마르크의 방향 선회로 국민자유당은 쪼개졌다(1880). 당에서 떨어져나온 이들은 작지만 시끄러운 좌파 자유주의 진영을 형성했다. 남은 다수파는 비스마르크를 지지하고 "보수의 이름"을 가진 정당들과 협력했다. 세 정당 모두 목표와 정책뿐만 아니라 외부의 이런저런 특수 이익 집단에 포획될 위험 때문에 내분에 직면했다. 그 집단들은 관세 인상, 식민지 확대, 해군 증강, 그리고 유대인을 비롯한 이민자 축소를 위해 영향력을 미치려는 우파의 동맹들이었다.

그런 압력들은 1880년부터 1906년까지 자유보수당을 이끈 빌헬름 폰 카르도르프를 괴롭혔다. 기업의 대변자로서 카르도르프는 1876년 산업계의 전국적인 로비 단체를 설립했다. 그의 당은 관점과 이해관계가 비슷한 국민자유당처럼 도시 중산층 유권자들에게 의존했다. 영국의 도시지역 토리당과 우파 자유주의자들처럼 자유보수당은 지주의 이해관계에서 벗어난 효율적인 지방 정부를 원했고, 카르도르프는 그것을 성공적으로 촉진했다. 대기업을 돕기 위해 그는 보호관세를 지지했으나 복본위제와 값싼 통화에 대한 지지를 얻는 데는 실패했다. 그는 또 당의 세 번째 선거 기반인 서부의 소농들을 만족시키지 못했다. 그들은 농산물 수입에 더 높은 관세를 물리기를 원했지만, 도시 유권자들은 식량에 물리는 세금이라며 반대했다. 카르도르프의 어려움은 독일만의 독특한 문제가 아니었다. 프랑스와 영국의 우파도 위에서 본 것처럼 시골과 도시 간 갈등에 준비된 해법이 거의 없었다. 당의 득표가 3.5퍼센트(1903)로 거의 사라지자 카르도르프의 운도 다했다.

독일보수당(1876~1892)의 당수인 헬도르프의 과업도 그에 못지않게 곤란한 것이었다. 그의 지휘는 유명무실했고, 다루기 힘든 파벌들은 같은 방향으로 행진하려 하지 않았다. 그들 중에는 새로운 기독교 낭만주의자와 사회복지를 중시하는 보수주의자, 그리고 프로이센 의회에서 비스마르크에 반대하는 의사 방해자들이 있었다. 여러 어려움에도 불구하고 헬도르프는 1880년대 내내 제국의회에서 비스마르크를 강력히 지지했다. 이 당은 1890년 실패로 끝난 비스마르크의 다섯 번째 반사회주의법 연장 시도를 충성스럽게 지지했다. 그러나 기류는 바뀌었고 우파는 갈라졌다. 사회주의를 불법화하기보다 길들이는 것이 더 현명하다고 생각한 가톨릭중앙당과 국민자유당이 좌파 자유주의자들과 함께 그 법에 반대했다.

헬도르프는 그의 당이 오른쪽으로 더 기울어진 1892년에 밀려났다. 당은 대중의 반유대주의에 허를 찔릴 것을 두려워했다. 헬도르프의 강적은 루터교회 목사이자 선동가인 아돌프 슈퇴커였다. 그는 1878년 자신의 기독교사회당을 설립했는데, 은행가와 유대인, 그리고 자유주의자들에 대한 적대감을 빈자를 돕는 기독교의 경건함에 대한 호소와 결합했다. 슈퇴커는 자신이 설교하는 궁정에서 추종자들을 거느렸고, 헬도르프의 DKP를 고루하고 진부한 세력으로 보는 대도시 군중과 교감했다. 슈퇴커는 역사가 트라이치케와 함께 동쪽에서 오는 유대인 이민을 막으라고 촉구했다. (트라이치케의 우익 국가주의는 6장에서 별도의 주제로 다룬다.) 슈퇴커의 호소에 겁을 먹은 DKP는 티볼리 계획(1892)으로 반유대주의를 공식 정책으로 채택했다. 그 방향 전환은 당에 별로 득이 되지 않았다. 의석을 늘려주지도 못했고, 프랑스에서처럼 대중의 반유대주의가 가라앉자 오히려 불리하게 작용했다. 대중 선동의 효과에 실망한 DKP는 다시 관세를 지키고 부에 대한 과세에 저항하는 데 초점을 맞췄다. 슈퇴커의 운은 다했지만, 이미 내부의 적들에 낙인을 찍는 새로운 유형의 통속적 보수주의를 위한 각본을 쓴 다음이었다.

바이마르공화국 시대 독일의 보수주의는 부재의 힘을 보여준다. 공화국의 탄생과 짧은 삶, 그리고 죽음은 아주 잘 알려져 요약할 필요도 없지만, 각 국면에서 독일 우파의 역할은 보수주의 정당정치의 역사에 속한다.

1914~1918년 전쟁이 끝나면서 빌헬름 제국이 무너졌을 때 의회의 우파 3당은 해체돼 새로운 두 집단으로 재편됐다. 옛 국민자유당의 다수파는 구스타프 슈트레제만이 이끄는 독일인민당(독일어 약자는 DVP)을 형성했다. 이 당은 처음에는 공화국에 적대적이었으나 나중에는 지지하게 됐다. 옛 독일보수당과 자유보수당은 함께 단일 우파 정당인 독일국가인민당DNVP을 창립했다. 이들은 빌헬름 시대 두 정당을 통합한 것 외에 슈퇴커가 이끌던 기독교사회연합의 남은 세력과 국민자유당의 극우 과격파를 끌어들였다. 또 대중적인 로비 그룹 중 새로운 것과 오래된 것을 하나씩 흡수했는데, 전후 참전 군인들이 모인 철모단과 농민들을 위한 토지연맹이 그것이었다. 이 신생 정당의 조직은 옛 독일보수당의 허약한 전국망에 의존했다. DNVP는 당명에 "국가"를 넣었어도 프로테스탄트 색깔이 강했고 동프로이센에 기반이 집중돼 있었다. 이 당은 새 공화국에 대해 노골적인 적대감과 불만스러운 묵인 사이를 맴돌았다.

새 당의 이름 ─ 독일국가인민당 ─ 은 시사적이었다. 창당(1918년 11월)할 때 "보수"라는 상표를 거부했다. 반대자들은 보수라는 이름이 신뢰를 잃은 빌헬름 시대 엘리트와 연관돼 더럽혀졌다고 주장했다. 유권자들은 전쟁을 일으킨 엘리트를 미워했다. 그와 달리 전통적인 보수주의자들은 "인민"의 당으로 부르는 것을 못마땅해했다. 그들이 보기에 당은 군중에게 굽실거리고 있었다. 당명을 둘러싼 다툼은 신당의 양면성을 보여줬다. 당은 엘리트적이면서도 대중적이었고, 온건하면서도 급진적이었으며, 공화국에 협력할 자세가 돼 있으면서도 기꺼이 공화국을 난파시키려고 했다.

위험한 첫해에 공화국을 난파시킬 기회가 생기자 우파는 그것을 잡았으나 실패했다. 1919년 제헌 국가의회에서 DNVP와 DVP 모두 베르사유 평화조약과 바이마르 헌법에 반대했으나 소용없었다. DNVP의 지도적 인사들은 실패한 카프 폭동(1920)을 지지했다. 그러나 두 당 모두 스티네스-레기엔 협정(1918)에 구체화한 노동자와 기업의 평화를 받아들이는 것 말고는 진지한 대안을 갖고 있지 않았다. 1923년의 위기—좌파와 우파의 쿠데타 시도와 외국의 점령, 초인플레이션—후 공화국은 안정됐다. 경제는 개선되고 사회 평화가 다시 찾아왔으며, 프랑스와 독일의 긴장이 완화되고 의회 정부가 작동했다.

1924~1928년의 두 번째 국면에 쿠노 폰 베스타르프가 주도하는 DNVP 온건파는 당을 공화국과 협력하는 쪽으로 이끌었다. 자유투표에서 당의 절반이 밉살스러운 전쟁 배상금에 따른 어려움을 미국의 차관으로 완화하는 도스 안에 찬성했다. 베스타르프는 앞서 실패한 카프 폭동을 지지했지만, 노골적인 저항이 쓸데없다는 것을 알게 됐다. 공화국에 반대하는 급진주의는 호소력을 잃고 있었다. 공화국이 안정되면서 내각 구성에 관한 약속은 베스타르프의 당에 매력으로 작용했다. 1924년 이후 DNVP는 몇몇 장관 자리를 가져갔다. 보수주의는 더 넓은 의미에서 급진적 성향이 줄었다. 사회가 스스로 안정되자 우파의 저항과 교란에 따르는 정치적 비용이 늘었다. 일상적이고 비당파적인 의미에서 혼란보다 질서를, 불확실성보다 안정성을 선호하면서 기업과 법원, 교회, 대학, 심지어 독일의 축소된 군대의 보수주의 세력까지 극우파가 꿈꾸는 대안들보다 공화국이 더 작은 악임을 알게 됐다. 1920년대 중반 잠시 공화국이 어려움을 견디고 안정되기 시

작하자 과격한 우파의 길은 막혀버린 듯했다. 새로운 정상이 자리를 잡아가는 것처럼 보이자 우파의 핵심 저항 세력은 정당정치를 포기하고 지적인 주변부가 됐다. 이 점은 6장에서 "보수 혁명"으로 다시 다룰 것이다.

그러나 독일의 새로운 자유민주주의가 누리던 휴식은 베스타르프가 DNVP를 잡고 있던 것만큼이나 짧았다. 이 당이 무엇을 옹호하는지는 불분명했다. 당이 우파 자유주의와 섞이면 차별성을 잃어버렸다. 거부하면 반바이마르 "보수 혁명"으로 빨려 들어갔다. 그들은 소규모 비평지들의 독자를 흥분시켰으나 정당정치에서는 장악력이 거의 없었다. 입헌군주제를 부활시키자는 극적인 제안을 빼면 베스타르프의 당은 더 이상 공공연히 바이마르 체제에 반대하지 않았다.

슈트레제만의 DVP는 기업을 지지하는 당으로서 무게감이 더 있었다. 독일의 경제적 변화를 만들어내는, 동프로이센 바깥 지역에서 DNVP는 우파의 다수에게 적합성을 잃은 정당으로 보였다. 1928년에는 선거의 재앙이 닥쳤다. 이 당의 득표율은 반 토막이 났고 의석은 서른 개나 잃었다. 알프레트 후겐베르크(1865~1951)가 이끄는 우익은 베스타르프를 밀어냈고, 그는 한 줌의 동지들과 떨어져 나가서 힘없고 곧 잊힐 보수인민당을 결성했다. 베스타르프는 뒤에 은퇴해서 여러 권으로 된 독일 우파의 역사를 썼다. 후겐베르크는 무대 전면으로 나서서 바이마르 시대의 혼란스러운 세 번째 국면(1929~1933)에 주도적인 역할을 했다.

바이마르공화국에서 화해하지 않는 우파의 이해와 관심을 가장 잘 보여주는 이가 있다면 그는 후겐베르크였다. 그는 무기 제조와 신문, 영화를 포함한 기업제국을 보유하고 있었다. 돈 버는 일은 독일을 강한 나라로 만들고 사회주의 국가가 되지 않게 막으려는 그의 정치적 목표와 잘 어울렸다. 그가 보는 독일의 힘은 국민의 힘이자 불순물과 섞이지 않은 독일의 정체성이었다. 사회주의를 막으려면 소기업들과 어려움을 겪는 농민들을 도울 필요가 있었다. 상호부조와 상호 저축을 믿는 사람으로서 후겐베르크는 대규모 자본과 거대 노조의 조합주의적인 협정을 경계했다.

그의 사업상 이해와 정치는 구분하기 어려워졌다. 후겐베르크는 무기 제조업체 크루프의 재무책임자가 됐고, 그의 지도 아래서 이 회사는 배당을 5년 안에 75퍼센트 늘렸다. 1914년 전쟁이 터졌을 때 그는 병합주의 전쟁 목표를 제시했다. 1920년 후겐베르크는 전후 DNVP에 합류한 국민자유당 강경우파 중 한 명이었다(전시에는 잠시 협상에 의한 평화를 반대하기 위해 결성된 조국당을 거쳤다). 후겐베르크의 미디어 사업으로는 인쇄와 광고 대행, 의회 보도, 지역 신문, 뉴스 영화, 그리고 영화 스튜디오 UfA가 있었다.

후겐베르크는 그의 모든 관계와 사업상의 영향력에도 불구하고 정당정치에는 이상하게 서툴렀다. 그가 접수하고 경영하려던 정당의 다수파와 달리 후겐베르크는 왕정주의자도 반유대주의자도 아니었다. 그러나 자신의 신문들이 유대인을 매도할 때 개입하지도 않았다. 독일의 배상금 부담을 덜어주려는 두 번째 시도였던 영 안Young Plan에 반대하는 그의 국민투표 운동(1929)은 실패했다. 후겐베르크는 그에 대한 반발로 DNVP와 나치당, 그리고 철모단 간의 연합인 하르츠베르크전선(1931)을 띄웠다. 그 단명한 연합의 중요한 결과는 그 전에는 보수적이었던 중산층 지역으로 나치가 진입할 수 있게 된 것이었다. 1932년 실업률이 17퍼센트 이상으로 치솟자 나치는 으뜸 패를 쥐게 됐다. 정당정치의 국외자인 그들은 아직 실패하지 않은 실험 전 대안이었다. 친바이마르 정당들이나 보수적인 우파와 달리 나치는 비난의 대상이 아니었다. 그 점에서는 공산주의자들도 같다고 할 수 있었으나 나치는 중산층에 덜 위협적이었다. 후겐베르크는 다른 독일 보수주의자들처럼 그 모든 것을 너무 늦게 깨달았다. 그들이 히틀러를 저지하려 움직였을 때는 이미 그럴 능력이 없었다. 그들의 바람대로 히틀러를 통제하려면 자유주의적이고 민주적인 수단이 필요했는데 보수는 그것들을 지지하기 위해 한 일이 너무 없었다.

바이마르공화국은 독일이 자유민주주의로 가는 돌파구였다. 그러나 자유민주주의는 좌파와 우파가 각자 상대방의 정당성과 번갈아 집권할 기회를 인정하는 동등성을 요구한다. 1918년 이후 독일의 우파는 조직화하지 못했고, 어느 조건도 충족할 자세가 돼 있지 않았다. 역사가들은 적극적이고 적대적인 우파의 힘이 바이마르공화국을 침식했는지, 아니면 반대로 우파가 민주적 게임에서 이기기에는 너무 약하다는 두려움을 갖고 머뭇거렸는지에 대해 논쟁한다. 어느 쪽이든 독일의 보수주의는 부재의 힘을 보여주었다. 바이마르 체제의 붕괴는 많은 부분 자유민주적 보수주의의 허약함에 기인했다.

4. 예외가 아닌 미국

　미국의 도금시대—대략 재건 시대가 끝날 때부터 새 세기가 시작될 때까지—는 두 얼굴을 가졌다. 하나는 웅장한 국가 건설과 엄청난 경제적 확장이었고, 다른 하나는 사회적 방치와 누추한 도시, 그리고 북부와 남부의 고질적인 분열이었다. 어느 쪽에 초점을 맞출지는 각자의 위치에 달려 있었다. 부의 옹호자들은 명백하고 거의 자연적인 성공을 보았다. 빈곤의 반대자들은 바로잡을 수 있는 사회적 실패를 보았다. 대조적인 관점은 현상 유지를 고수하는 보수 우파와 개혁을 열망하는 좌파를 갈라놓았다.

　남북전쟁 후 반세기 만에 미국은 산업화한 북부와 중서부에 집중된 경제 성장의 놀라운 폭발력으로 스스로 탈바꿈했다. 농업과 무역, 노예로부터 약간의 자본을 뽑아냈던 대서양의 작은 경제가 자체적인 기술 혁신과 산업을 통해 부를 창출하고 재투자할 수 있는 현대적인 원동력으로 변모했다. 누구나 차지할 수 있었던 거대한 대륙과 전쟁의 자극은 경제의 도약에 도움이 됐지만, 그러한 이점들은 그 자체로 활성화되는 것이 아니라 누군가가 활용해야만 했다. 1880년대에 미국은 영국을 제치고 세계 최대의 철강 생산국이 됐다. 미국은 1913년까지 서유럽의 두 배인 20만 킬로미터 이상의 철도를 건설했다. 20세기 초 미국은 그때까지 호주를 제외하면 1인당 GDP에서 세계 최고였던 영국을 추월했다. 미국의 무용武勇은 1870년부터 1913년까지 전체 경제의 연평균 성장률에서 볼 수 있었다. 뒤처진 영국은 1.3퍼센트, 프랑스는 1.4퍼센트, 독일은 1.8퍼센트인 데 비해 미국은 2.2퍼센트에 달했다. 그 놀라운 변모는 가진 자들의 당이 대단히 자랑스러워할 만한 것이었다.

미국의 보수주의는 그 시대의 위대한 기업가와 금융가들 ― 앤드루 카네기(철강), 존 D. 록펠러(석유), 코넬리어스 밴더빌트(철도), J. P. 모건(금융) ― 에게서 근대의 영웅들을 스스로 찾아냈다. 그들은 과거에서 발굴할 필요가 없고 미래의 희망으로 어렴풋이 그릴 필요가 없었다. 야망을 실현한 본보기이자 진보의 실행자로서 이 거인들은 어떤 정당의 정치인이나 정치사상가도 필적할 수 없는 권위를 지니고 자유방임 보수주의를 옹호했다. 앤드루 카네기(1835~1919)가 자신의 에세이 「부」(1889)와 엄청나게 인기를 끈 『자서전』(1920)에서 유창하게 설교한 것처럼 그들은 보수주의적인 "부의 복음"을 정당의 공약보다 더 훌륭하게 몸소 체현했다. 카네기의 복음에서 사회 진보는 자연적인 힘처럼 다뤄졌으며, 그 순편익은 도움 없이 홀로 확산하도록 내버려두는 것이 최선이었다. 카네기는 에세이에서 사회는 "경쟁의 법칙"에 따라 발전한다고 썼다. 경쟁은 선의의 간섭으로 방해받지 않으면 "모든 부문에서 적자생존"을 보장하기 때문에 흔히 "개인에게는 힘들어도 인류에게는 최선"이었다. 윤리적으로 진보만이 옳고 그름을 가려주었다. 카네기는 그가 죽은 직후 출간된 『자서전』에서 "인간은 천성적으로 모든 해로운 것, 즉 그른 것을 거부하고 시험을 통해 이로운 것, 즉 옳은 것은 흡수하는 하나의 유기체"라고 썼다. 카네기는 허버트 스펜서와 사회적 다윈주의자들에게서 받아들인 것을 그처럼 거창하면서도 사실처럼 들리는 방식으로 이야기했다. 잘못 비틀면 그 말은 먹고 먹히는 경쟁을 정당화하면서 약자를 돌보지 않으려는 것처럼 들리게 할 수도 있었다. 카네기에게 "유기적"이라는 은유는 다른 의미로 쓰였다. "부자로 죽는 것은 욕되게 죽는 것"이라고 믿었던 카네기는 수치와 감사라는 사회의식이 있는 감정을 인정했다. 그는 세계 평화를 연구하고 증진시키는 기관의 설립뿐만 아니라 공공도서관 건립과 다른 여러 목적을 위해서도 수백만 달러를 기부했다.

정당 면에서 공화주의는 분열됐다. 당초 "충성파"로 알려졌던 다수파 공직자들은 기꺼이 기업들, 그리고 그들과 기업의 유착관계를 내버려두었다. 소수파인 개혁가들은 정치와 기업계를 정화하려고 했다. 무엇보다 그들끼리 서로의 밥그릇을 나눠 갖는 것을 막으려 했다. 이 공화당원들은 "잡종"이나 "머그웜프Mugwumps", 나중에는 "진보주의자"처럼 여러 이름으로 불렸다.

자유방임주의를 믿는 다수파는 기업이 스스로 부를 창출하도록 내버려두는 것이 최선이라고 생각했다. 법은 그런 목적에 충실한 것이 가장 좋고, 선출된 공직자들은 개혁에 나설 때보다 매수될 때가 가장 안전하다고 보았다. 뉴욕 공화당의 최고 해결사인 로스코 콩클링은 정치인들의 의무에 관한 충성파의 고상하지 않은 관점을 이렇게 요약했다. "정당은 얌전한 품행이나 여성 잡지나 터져나오는 감정으로 세운 것이 아닙니다."

개혁적인 공화당 소수파는 처음에 더 깨끗한 정치와 더 청결한 도시를 요구하며 시작했다. 그들은 아직 정부가 기업에 개입하라거나 국가가 공장 노동자와 소규모 농민을 보호하라고 요구하지 않았다. 그러나 1890년대에는 농업의 오랜 침체와 1893년 경제 붕괴 후 공화당의 진보주의자들이 새로운 길을 요구하면서 상황이 바뀌었다. 시어도

어 루스벨트의 지도 아래서 그들은 당을 우파와 좌파, 보수와 반보수로 쪼개서 우드로 윌슨이 이끄는 진보적인 민주당이 백악관을 차지할 수 있게 허용했다(1912).

민주당에도 우파와 좌파가 있었다. 버번 민주당은 북부와 남부에서 자유방임형 우파를 형성했다. 경제적 자유주의에서는 거의 코브던식이었던 그들은 높은 관세와 느슨한 통화, 그리고 미국이 남북 아메리카와 태평양 지역에서 추구하던 제국적 확장에 반대했다. 그들은 뉴욕주 버펄로의 부패 구조를 깼던 그로버 클리블랜드를 내세워 1884년과 1892년 두 차례 공화당으로부터 백악관을 탈환했다. 버번 민주당의 목표는 기업들이 정부보다는 시장에 의지하고 정부는 정치에 접근하지 않게 하는 것이었다. 버번 자유방임은 남부에서는 다른 의미였다. 그곳에서 자유방임은 곤궁해진 대농장의 엘리트를 자유롭게 내버려두고 백인에 대한 흑인의 종속을 방해하지 않는 것을 의미했다. 노예제가 폐지된 후 그 종속관계는 각 주의 민주당 입법자들이 1960년대까지 유지한 차별적 법률로 다시 고착됐다.

민주당 좌파에서는 도금시대가 끝나가던 1896년 이후 (윌리엄 제닝스 브라이언이 이끄는) 포퓰리스트들과 (우드로 윌슨이 이끄는) 진보주의자들이 버번 민주주의를 제쳤다. 그들은 사회에 대한 국가의 의무를 확장해야 한다는 주장을 펴며 각각 노동자와 중산층을 상대로 운동을 벌였다. 유럽에서처럼 20세기 미국에서도 적극적인 의무를 지닌 국가라는 민주당의 새로운 비전이 정파 간 경쟁에 색깔을 더했다. 미국에서 양당 보수주의자들은 이제 자신들을 명확히 규정된 '그들'의 반대자로 정의할 수 있게 됐다. 민주당의 포퓰리스트와 진보주의자 모두 남부에 대한 개입은 국가의 확장된 의무에 포함하지 않았고, 북부에서 흑인을 차별하는 만연한 편견에는 민감했다.

1869년부터 1933년까지 64년 동안 공화당은 백악관을 48년, 상원을 56년, 하원을 32년간 차지했다. 그들의 성공 요인으로는 몇 가지가 있었다. 하나는 선거운동이었다. 이 기간 내내 그들은 기업을 대변했지만, 기업들처럼 그들도 변화하는 사회에 적응했다. 우선 공화당은 북부 전역에 걸쳐 다양한 국가주의적 호소로 시골 지역과 소도시 미국인들의 표를 얻었다. 처음에 선거철에 도움을 준 이들은 '공화국의 위대한 군대'였는데, "피 묻은 셔츠를 흔드는" 이 참전 군인 집단은 민주당을 "반란의 당"으로 표현했다. 남북전쟁의 기억이 흐릿해지자 공화당은 민주당을 불건전한 도시에 이질성을 퍼트리는 이민자들—아일랜드와 이탈리아, 폴란드에서 온 가톨릭교도, 동유럽에서 온 유대인들—의 당으로 묘사하며 미국의 희석을 두려워하는 이민 배척주의자들에게 호소했다. 그러나 유럽에서처럼 국민적 자부심과 편견에 호소하는 것이 언제나 득표 요인이 되는 것은 아니었다. 그런 것들은 어떤 상황에서도 통하는 선거운동 재료인 임금과 물가처럼 먹고사는 문제의 관심에 너무 쉽게 덮여버렸다. 현대적인 기법도 필요했다. 무엇보다 선거 자금 조달이 중요했다. 선거를 중시하는 새로운 공화주의의 전형은 마크 해너(1837~1904)였다. 솔즈베리의 영국 보수당 관리자들처럼 해너는 20세기 미국 선거운동의 도구들을 만들어냈다.

해너는 클리블랜드에서 자란 기업가이자 공화당의 정치 조직 관리자로 1896년 대선에서 윌리엄 매킨리의 성공적인 선거운동을 관리했다. 해너는 스탠더드 오일과 모건 은행, 그리고 다른 이익집단들로부터 오늘날의 화폐 가치로 1억 달러 넘게 걸었다. 그는 카리스마가 없는 매킨리를 오하이오에 있는 그의 현관에 잡아두고, 공화당 연설자들을 전국에 보내 건전한 통화와 높은 관세, 그리고 부활한 번영을 이야기하게 했다. 매킨리의 상대인 윌리엄 제닝스 브라이언은 민주당과 인민당의 공동 후보로 침체한 경제의 치료법으로 값싼 통화를 주장하며 공장 노동자들과 소규모 농민, 그리고 도시 빈민에게 호소했다. 그는 일반 유권자 투표에서는 공화당 후보와 거의 맞먹었지만, 남부와 서부의 평원, 산악지대 외 지역의 선거인단에서 크게 졌다. 브라이언은 1900년과 1908년에 두 차례 더 졌는데, 공화당이 노동계급의 표를 잠식해오면서 선거 때마다 그의 득표율은 떨어졌다. 조직화한 노동자들에 대한 그들의 첫 선택은, 신속한 강제 수단을 보유하면서도 유럽처럼 회유하는 것이었다. 예를 들어 오하이오 주지사로서 매킨리는 노동조합을 옹호했다. 그는 계급 전쟁을 벌이기보다는 그들을 포용하는 쪽을 선호했다. 그의 부드러운 구호는 "기업에 좋은 것, 따라서 노동에 좋은 것"이었다. 공화당은 노동계급의 충성과 편견을 잊지 않았다. 그들은 "일하는 미국인들"의 표를 요청했다. 첫 번째 단어를 강조하면서 그들은 조용히 게으름뱅이들을 꾸짖었다. 두 번째 단어를 강조함으로써 말없이 가톨릭과 이민자, 흑인들을 배제했다.

여러 제도를 통제한 것은 보수의 성공에서 두 번째 요인이었다. 무엇보다 의회와 법을 통제한 것이 그랬다. 우드로 윌슨이 『의회 정부』(1885)에 쓴 것처럼 대통령은 약하고 의회는 강했다. 초기의 자유주의적 보수주의자인 매디슨이 침해적인 정부에 관한 두려움을 갖고 헌법 설계를 도왔던 일을 상기할 수 있을 것이다. 지나치게 적극적인 행정부를 저지하기를 바라는 보수주의자들이 의회에서 쓸 수 있는 지연과 오도의 기술은 많았다. 보수의 방해주의를 잘 보여주는 예는 오랫동안 일리노이 출신 의원으로 활동한 조지프 캐넌(1836~1926)이다. 1903년부터 1911년까지 모든 것을 통제하는 하원 의장으로서 캐넌은 시어도어 루스벨트와 그의 진보적 공화당원들이 제안한 분별없는 실험들을 좌절시키는 것을 자신의 과업으로 여겼다. 싸우기 좋아하는 "엉클 조" 캐넌은 개혁 법안들이 자신의 친위부대를 몰래 통과하지 않도록 위원회 자리를 배정했다. 루스벨트의 후임으로 백악관을 차지한 공화당의 윌리엄 하워드 태프트는 보수를 위해 캐넌을 이용할 수 있기를 고대했다. 그러나 민주당은 공화당 진보파와 손잡고 캐넌이 장악한 권력 구조를 깸으로써 하원의 보수주의자들이 변화에 대해 거부권을 행사할 수 없게 했다. 이 변화로 윌슨의 첫 번째 행정부(1913~1917)는 그 전에 의회의 방해자들이 가로막았던 소득세와 상원직접 선거를 포함한 개혁 법안을 통과시킬 수 있었다.

20세기 들어 상원의 저지력은 공화당과 남부 민주당 간 보수 연합의 손에 들어갔다. 민주당 우익은 남부의 선거에서 실제로 흑인들이 투표하지 못하게 막는 법률 덕분에 이겼다. 남부의 상하원 의원들은 공화당 상대 후보나 민주당 반란군과 싸울 필요 없이 종신제나 다름없이 재선되며 연공을 쌓고 의장 자리를 차지했다. 남부는 북부의 공화당 보수주의자들의 도움으로 상원을 거부원으로 만들었다. 그 저지력은 1960년대에 와서야 깨졌다. 남부는 북부 민주당과 함께 1933년 이후 뉴딜의 큰 정부를 지지했는데, 당시는 연방정부가 공공사업으로 가난한 지역을 돕고 가격 지지로 농민들을 도와 특히 대규모 농장이 혜택을 볼 때였다. 1945년 이후 남부는 더 부유해지고 더 산업화했다. 남부 민주당은 북부 공화당과 함께 큰 정부와 대규모 노조에 반대했지만, 남부에 도움이 되는 대규모 국방비 지출은 지지했다. 상원의 남부 민주당 의원들은 여성 참정권과 흑인 시민권을 지연시키고 강제 건강보험과 인도적 형벌을 좌절시켰다. 미국 보수주의자 가운데 전부는 아니어도 많은 이가 의회의 저지는 해롭거나 부적절한 사회적 공학에 대한 의미 있는 저항이라고 생각했다. 의회의 방해주의자들은 윌슨주의(1910년대)와 뉴딜(1930년대), 그리고 '위대한 사회'(1960년대)에 반대해 자유주의적 개혁에 대한 보수주의자들의 세 가지 논점을 인용할 수 있었다. 개혁은 편익에 견줘 비용이 너무 많이 들거나, 흔히 무용하고 비효과적이거나, 의도하지 않은 잘못된 결과를 낼 수 있다는 것이었다.

보수의 성공 요인 중 마지막은 법이었다. 국가 건설기인 남북전쟁과 뉴딜 사이에 미국 법은 기업의 자유를 보호해 경제를 확장하고 번영을 확산한다는 큰 목적에 봉사했다. 법은 국내 장벽들을 제거해 전국 시장을 창출하고, 각 주의 법을 조화시키고, 철도를 비롯한 운송 체계 발전을 원활히 하며, 남부 흑인들의 법적 예속을 위협할 연방정부의 개입을 차단했다.

대법원은 노조의 조직화를 제한했고, 최저임금과 최대 노동 시간, 아동노동 기준을 정하는 각 주의 규제를 무너뜨렸으며, 연방소득세가 위헌적이라면서 거부했다. 또 회사들을 보통 시민들처럼 완전한 권리를 가진 법인으로 인정하고 수정헌법 14조에 따라 적법 절차의 보호를 받도록 했다. 대법원을 비롯한 미국의 법원들은 전후 시민권 법률들의 실질을 제거하고 남부의 인종차별을 뒷받침하는 "분리하되 평등하다"는 악명 높은 신조를 유지했다. 캘리포니아 출신의 연방 옹호자인 스티븐 J. 필드(1816~1899)는 당시 지도적인 보수 성향의 판사였다. 필드는 1863년부터 대법원에서 뜻을 같이하는 판사들과 함께 경제적 자유주의를 옹호하는 연방 법을 유지하려고 애썼다. 그들은 단순히 형식적인 절차가 아니라 "실질적"으로 정당한 절차를 요구하는 교리로 쐐기를 박았다. 수정헌법 5조와 14조는 "정당한 법 절차"에 따르지 않고는 미국 시민들의 권리를 침해하지 못하게 보호했다. 필드는 권리가 부여되고 확립돼서 각 주의 사회적 입법에 따른 개입에도 손상되지 않는 재산권이 바로 그렇게 보호받을 권리에 포함된다고 보았다.

40년 전 초트가 고대했던 "미국 법정의 보수 세력"이 모습을 드러내고 있었다. 변호사들의 윤리 기준을 높이고, 각 주의 자격 조건을 조화시키고, 부정을 저지른다는 혐의를 벗기 위한 미국변호사협회가 설립됐다(1878). 법학대학 학생 수는 1870년 28개교 1600명에서 19세기 말 100개교 1만 3000명으로 늘어났다. 최고의 법학대학들은 영국의 옥스퍼드나 케임브리지, 프랑스의 그랑제콜처럼 국가 엘리트를 훈련해 정부 관료나 정치가로 활동하며 직간접적으로 미국의 공론장에 독특한 법률주의 색깔을 입히도록 했다.

1920년대 미국의 보수주의 사고는 흔히 애조를 띠기는 했어도 공화당의 연설에는 위안을 주는 향수 어린 요소가 가미됐다. 그 어조는 영국의 정체성에 관한 볼드윈의 "하나의 국가" 찬가와 같은 것이었다. 그것은 보수주의자들이 본래 관심을 쏟았던 사회 통합과 공유된 충성에 호소하면서 급속하고 당혹스러운 변화에 대한 불안을 잠재우려고 했으며, 미국인은 누구인지, 미국은 무엇을 옹호하는지 말하고자 했다. 사회와 경제, 그리고 국가는 보수주의자들이 바라는 모습이 아니었으므로 웅변이 필요했다. 사회는 다양하고 분열됐다. 정부는 작지만 빠르게 커가고 있었다. 그리고 좋든 싫든 미국은 세계에 개입돼 있었다. 그처럼 혼란스러운 상태를 얼마나 받아들여야 할지, 아니면 바꾸려고 시도해야 할지는 미국 우파의 골칫거리였다. 그 질문은 세 가지 문제를 건드렸다. 사회의 응집성과 정부의 역할, 그리고 국가의 힘을 사용하는 문제였다. 아무것도 하지 않는 것은 받아들일 수 없는 것을 받아들인다는 뜻이었다. 저항하는 것은 보수주의자들을 급진파나 혁명가들로 바꾸는 것을 뜻했다. 그 딜레마는 19세기 내내, 그리고 그 후에도 미국 우파를 짓누르고 분열시켰다.

미국은 스스로 백인과 개신교도가 압도적이고 대부분 작은 도시에 흩어져 산다고 생각했으나 사정은 크게 달라졌다. 산업화에는 상당히 익숙해졌으나 새로운 세기는 다시 더 깊은 변화를 불러왔다. 대다수의 주민이 평생 농사를 지으며 살았던 이 나라는 독일처럼 산업화를 향해 질주했으며, 가게와 사무실에서 최고의 생산성 향상을 이루고 있었다. 서비스 기반 경제로 이행하는 과정도 급속히 진행됐다. 시장은 인간의 삶에서 전에 없이 넓은 영역으로 확산하고 있었다. 인간의 숙련을 사고파는 시장은 마르크스가 대부분 발견했던 것으로, 들과 공장뿐만 아니라 어디서나 볼 수 있었다. 더 나은 삶의 조건에 자부심을 느끼고 편리하고 값싼 상품이 갈수록 풍부해지면서 물질적 진보의 가치에 관한 보수주의자들의 불안은 되살아났다. "도덕적 향상"에 관한 콜리지의 회의와 "근대의 불행"에 관한 텐의 염려를 상기하

자. 그들과 같은 정신에서 미국 보수주의 사상가들은 세속적인 성공이 윤리에 미칠 영향을 염려했다. 개신교든 가톨릭이든 종교적 보수주의가 교회에서 기반을 넓혀갔다.

따라서 더 오래되고 안전한 미국적 세계의 이미지는 우파의 글과 연설에 계속 남아 있었다. 워런 G. 하딩과 캘빈 쿨리지는 취임 연설에서 1920년대 공화당의 논조를 보여주었다. 그 연설의 초안은 하딩과 쿨리지의 백악관 "서기" 저드슨 웰리버(1870~1943)가 작성했다. 중서부 출신 기자로 훗날 미국석유협회를 위해 로비활동을 한 웰리버는 정치적 업무가 갈수록 전문화하고 있음을 보여줬다.

1921년 하딩의 주제는 미국의 섭리주의와 일방주의였다. 하딩이 보기에 이 나라는 선택받았고 예외적이었다. 그는 청중에게 이렇게 말했다. "확실히 이 신세계의 공화국을 만드는 데 신의 뜻이 있었다는 것은 틀림없습니다. (…) 우리는 증명되고 영광스러운 시민적, 인간적, 종교적 자유를 보았습니다." 미국은 다른 나라들에 후견자나 보호자가 아니라 본보기가 될 것이었다. 이 나라는 주권국으로서 속박될 수 없었다. "이 나라는 어떤 정치적 공약도 할 수 없으며, 우리 결정을 우리 자신의 권위가 아닌 다른 어떤 것에 종속시킬 어떤 경제적 의무도 떠맡지 않을 것입니다."

1925년 쿨리지의 취임사는 국민적 자부심과 재산의 진정한 가치, 그리고 검약의 미덕을 주제로 삼았다. 그는 재산에 관한 애매한 표현으로 더 공정한 경제적 분배 요구를 비켜갔다. "우리가 개인들의 권리를 충실하게 지킨다면 재산권에 관해 너무 걱정할 필요는 없습니다. 우리의 제도 아래서 개인의 권리는 최고의 권리입니다. 우리 헌법이 보장하는 것은 재산이 아니라 크든 작든 재산을 보유할 권리입니다." 검약의 미덕은 가계에 중요한 만큼 정부에도 중요하다고 했다. "우리 사회의 바로 그 안정성은 생산과 절약에 달려 있습니다. 개인들이나 정부가 자원을 낭비하고 탕진하는 것은 이러한 권리를 부정하고 이러한 의무를 무시하는 것입니다. 국가의 경제적 방탕함은 언제나 도덕적인 퇴락을 낳습니다."

쿨리지는 곧 폐기될 생각을 이야기하고 있었다. 얼마 후 심각한 침체가 미국의 번영에 손상을 입혔다. 구원자는 시장이 아니라 정부와 전쟁이었다. 민주당은 대통령 자리와 의회를 차지했다(1932). 대통령 자리는 20년 동안, 의회는 두 번의 짧은 막간을 빼면 거의 50년 동안 지켰다. 좌파의 비판자들이 보기에 민주당의 정부 주도 개혁—차례로 뉴딜, 페어 딜, 뉴프런티어, 위대한 사회—은 사회적 병폐와 경제적 불평등을 바로잡는 데 지나치게 소심했다. 우파의 비판자들이 보기에 사회적 목적을 위해 국가를 이용하는 것은 사회주의적 발상으로, 보수주의자들이 다른 불화에도 불구하고 함께 공격할 수 있는 목표였다.

1930년대에 공화당은 선거에서는 황야에 내몰렸으면서도 오랜 지적 반격을 시작했다. 1934년 듀폰 형제의 돈으로 자유 기업을 장려하고 정부 간섭에 저항하기 위한 미국자유연맹이 창립됐다. 프리드리히 하이에크와 루트비히 미제스의 저작들은 유럽에서는 경제학자의 글로서는 대체로 무시됐지만, 미국에서는 기업을 위한 평론가의 글로 환영받았다. 그들은 미국 우파에서 적지만 늘어나는 추종자를 거느렸다. 킴 필립스-페인이 『보이지 않는 손』(2009)에서 인용했듯이 미국의

하이에크 후원자 재스퍼 크레인은 보수주의 지식인이 필요하다는 콜리지의 당초 교훈을 훗날의 언어로 바꿔 잘 표현했다. "이마 넓은 지식인들이 오늘 이야기한 것은 내일 대중의 여론에 결정적 영향을 미치죠." 크레인은 자유지상주의자 레너드 리드와 다른 사람들을 모아 경제자유재단(1946)을 설립했다. 1970년대부터 정치와 정부 지형의 일부가 된 자유시장 싱크탱크들의 선구였다.

이 장은 우파에 대한 티에르의 경고—자유민주주의를 받아들일 것이냐, 적합성을 잃을 것이냐—로 시작했는데, 미국의 맥락에서 보면 이 나라에서는 그 경고가 불필요해 보일 수도 있었다. 미국 정치는 탄생할 때부터 자유주의적이었고 그 후 곧 민주적으로 되지 않았나? 우리가 봤듯이 그것은 기껏해야 반쪽짜리 진실이다. 미국의 보수주의는 처음부터 강했다. 어떤 면에서는 자유주의적이었으나 다른 면에서는 그렇지 않았다. 미국의 보수주의자들은 도식화하자면 경제적으로는 자유방임형이어도 무한한 진보에 대한 자유주의적인 믿음은 의심했다. 그들은 평등을 믿지 않았고, 대중의 자치 역량을 의심했으며, 여과되지 않은 직접민주주의에 반대했다. 종교적인 면에서 미국의 보수주의는, 인간은 결함이 있고 이 세상에서는 구원받을 수 없다고 본다는 점에서 펠라기우스가 아니라 아우구스티누스를 따르는 경향이 있었다. 윤리적, 문화적으로 누구나 자유롭게 참여하는 자유주의적 자본주의에 대한 저항은 일찍이 프로테스탄트와 가톨릭교회에서 지지를 받았다.

미국의 보수주의는 색달랐지만 독특하게 다르지는 않았다. 유럽처럼 미국의 보수에도 내부 갈등과 긴장이 있었다. 모두 자본주의와 자유주의, 그리고 민주주의 체제 아래 근대화의 급속한 변화에 맞닥뜨렸다. 각자 일찍이 적이었던 자유주의와 얼마나 타협할지 결정해야 했다. 그들은 모두 경제적으로 자신들이 맨 먼저 책임져야 할 가진 자들의 이익이 얼마나 많은 타협을 견딜 수 있는지 가늠해봐야 했다. 또 정치적으로 자기네 당이 자유주의자들과 타협하고도 얼마나 차별성을 지킬 수 있을지 재봐야 했다.

답은 하늘에서 떨어지지 않았다. 보수주의자들은 정치적 우파에게는 거창한 사상이 필요 없다는 버크의 주장을 말할 수는 있어도 더 이상 믿지는 않았다. 재산권과 자본주의의 방어로 시작한 거대한 지적 전투가 자유주의적, 비자유주의적 좌파를 상대로 벌어졌다.

6장

사상과 사상가들:

민주주의와 공적 이성에 대한 불신

보수주의와 자유주의의 역사적 타협은 결코 정연하거나 완전하거나 최종적이지 않았다. 19세기 말에는 자유주의 자체가 선거와 경제, 문화적인 면에서 민주주의의 요구에 대응해 변화하고 있었다. 진보적 자유주의자들은 복지와 규제 개혁으로 경제적 불만을 누그러뜨리려고 왼쪽으로 움직이고 있었다. 시장을 중시하는 자유주의자들은 그처럼 완화적인 노력에 저항하기 위해 오른쪽으로 이동하고 있었다. 그들은 오른쪽에서 자신들에게 다가오는 보수주의자들을 만났다. "어제의 세계"를 보존하는 것에서 사회주의적 미래를 예방하는 쪽으로 돌아선 보수주의자들이었다. 19세기 초 독일에서 선견지명이 있는 한 법률가가 발견한 보수적 자유주의는 세기말이 되자 전체적인 모습을 드러냈다.

첫 번째 의문은 보수주의 사상이 단지 신중의 처세훈과 훈계조의 조언에 그치지 않고 그 이상을 제공할 수 있느냐였다. 보수가 자유주의자와 민주주의자들보다 자유민주주의를 더 잘 운영할 수 있다는 점 외에 더 이야기할 것이 있는가? 보수주의 사상에 이야기할 것이 더 있다면 그것을 차별성 있는 목표와 이상의 형태로 분명히 표현할 수 있는가? 그 사상은 부정적이고 반동적인 수준을 넘어섰는가? 다시 말해 자유주의와 민주주의 자체의 정당화 시도에 맞설 때 활용할 비판적인 안내서 수준을 넘어섰는가? 19세기 후반부터 보수주의 사상가들은 상대의 결함을 드러내는 데 만족하는 이들과 계속 보수주의 자체의 철학을 찾는 이들로 갈라지는 경향을 보였다.

1880년부터 1945년까지 보수주의 사상가들은 민주적 자유주의에 맞서 강력한 무기를 끌어모았다. 그들은 사회주의의 경제적 요구를 거부하고 자유주의의 임시방편식 개혁의 효과를 부인했다. 그들은 또 큰 집단을 이룬 사람들의 합리성과 공적 이성의 한계에 의문을 제기했다. 그리고 윤리적 목적의 결여와 민주적인 문화가 장려하는 평범함을 애석해했다. 우파의 비판자들은 자유민주주의의 가장 중요한 약점을 파고들었다. 자유주의가 잘못된 약속을 했거나, 옳은 약속을 했더라도 그것이 모두에게 확장될 순 없다는 비판이었다. 모든 사람에게 똑같은 역량이나 자격이 있는 것은 아니었다. 보수의 가장 가혹한 비판자들은 근대의 조건에서는 민주적 자유주의의 특징적인 형태―선거로 뽑는 다당제 의회 정부―가 실패할 수밖에 없다는 파괴적인―실제로 혁명적인―교훈을 끌어냈다.

맬로크와 섬너, 슘페터는 경제적 효율성을 해치는 민주주의의 위협에 놀라서 경제에 대한 인민의 통제라는 사회주의자들의 희망을 좌절시키려고 했다. 맬로크와 섬너는 좋은 의도를 지닌 사회 개혁의 무용함을 강조했다. 그들은 모두 사회에는 유능한 엘리트가 필요하다고 주장했다.

다른 이들은 자유주의적 근대의 사회적, 문화적 측면에 초점을 맞추었다. 르봉과 트라이치케, 소렐은 대중의 비합리성과 대중사회의 변동성에 집중했는데, 쓸데없이 많은 생각을 하며 지나치게 신뢰하는 자유주의자들이 이해하지도 못하고 답을 갖지도 못한 문제였다. 같은 맥락에서 막심 뒤캉과 헨리 애덤스, H. L. 멩켄 같은 작가들은 근대의 우파를 위해 보통 사람들은 발달이 부진하고 가축 떼처럼 쉽게 몰 수 있다는 고래의 관점을 다시 환기하며 대중의 취향과 일반의 견해를 멸시했다.

엘리엇 같은 보수주의 작가들은 자신들이 타락하고 얼빠진 것으로 여긴 문화에 맞닥뜨리자 탁월성으로 돌아가라고 촉구했다. 자유민주주의 사회로부터 소외된 작가들은 국민적 가치의 갱신(묄러)이나 행동으로의 도피(윙거)를 설교했다. 자유주의적 근대 세계에 대한 혐오는 모라스와 슈미트가 읽었던 의회민주주의에 대한 조사弔辭의 바탕에 깔려 있었다.

19세기 말과 20세기 초 보수주의 사상을 대표하는 이 사상가들은 다 같이 몰두하는 것이 있었다. 그들의 글은 대체로 비판적이었다. 그 글들은 자신들이 무엇을 지지하는가보다 무엇을 반대하는가를 더 명확하게 밝혔다. 그들은 평등을 믿고 사람들의 합리성을 신뢰하는 민주적 자유주의자들을 비판했다. 그들의 사회적, 문화적 비판에 베이스 노트처럼 깔린 것은 그들이 보기에 사회질서의 바탕이 되는 것이지만 자유주의자들이 고집스럽게 부인하는 것이었다. 그것은 바로 믿고, 따르고, 소속되고자 하는 욕구였다.

1. 자본주의 옹호: 맬로크, 섬너, 슘페터

윌리엄 맬로크(1849~1923)는 영국의 관념소설가이자 활발한 정치 작가, 그리고 보수주의의 대변인이었다. 그는 인류가 향상되는 진보를 믿지 않았다. 좌파 자유주의자와 사회주의자들이 보수주의자들과의 논쟁에서 이기고 있다고 확신한 맬로크는 정신적 무기력 상태의 영국 우파를 흔들어 깨우기 시작했다. 우파의 정신적 나태로 보이는 것을 마주한 이 반사회주의자는 좌절감에 빠져 소리쳤다(1882). "지금껏 무엇이든 조직적 사고나 체계 비슷한 것이라도 있는 이들은 모두 공격하는 당—좌파를 의미했다—에 속했다." 자기편에서는 단지 "자신조차 설명할 수 없는 낡은 교조주의"로 대응할 뿐이었다.

온건한 의회제 사회주의를 요구하는 영국 페이비언협회는 1884년 창립 후 곧바로 저명한 지식인들을 추종자로 끌어들였다. 그들 중에는 비어트리스와 시드니 웹, 버나드 쇼, H. G. 웰스, 그리고 에멀린 팽크허스트가 있었다. 그 전에 부유한 보수주의자에서 마르크스주의자로 돌아선 헨리 하인드먼은 사회민주연맹(1881)을 출범시켰다. 헨리 조지의 『진보와 빈곤』(1879)은 노동자와 자본가들이 각자 정당하게 번 것은 가져야 하나 불로소득인 지대는 모두의 것이라고 주장했는데, 책은 조지프 체임벌린이 지지하는 자유당 혁신파의 급진적 세제 개혁안(1885)을 고무하는 데 도움을 주었다.

맬로크가 보기에 경제 민주화 주장은 사회주의로 포장하든, 사회 민주주의나 마르크스주의 혹은 조지주의로 포장하든 희망적 사고에 의존하는 것이었다. 생산에 대한 국가의 지시나 사회복지의 공적 제공, 산업 노동자의 발언권에 대한 요구는 도표와 통계로 뒷받침할 수 있더라도 근대 경제 생산의 복잡성에 대한 과소평가와 사람들의 자기 조직화 역량에 대한 과대평가라는 이중의 잘못에 기초했다. 맬로크가 『사회적 평등』(1882) 이후 많은 반사회주의 저서에서 줄곧 주장했듯이 물질적 향상과 지속 가능한 번영은 재능 있는 엘리트의 현명한 지도에 의존했다. 그가 말하는 엘리트는 세습적 계급이나 사회적 카스트가 아니라 재능 있는 기업가 집단이었다. 특별한 기술과 탁월성은 사람마다 다를 수 있어도 기업가 정신에 일반적으로 요구되는 혁신성과 조직화의 노하우, 그리고 관리자로서의 재능은 달라지지 않았다. 그런 생산적인 미덕은 본질적으로 부족한 것이었다. 그런 미덕을 교육을 통해 대중에게 확산하거나 노동 현장의 민주주의로 다시 구현할 수 있으리라고 기대하는 것은 어리석었다. 맬로크는 "일정한 인구로 총생산을 늘릴 수 있는 유일한 방법은 노동하는 다수의 새로운 노역이 아니라 능력이 탁월한 소수가 다수를 지적으로 지도하는 것"이라고 썼다.

맬로크는 맬서스식 비관론자가 아니었다. 그는 경제적 번영이 증대되고 확산할 수 있다고 믿었다. 그러나 번영은 다수의 생산 기술을 향상함으로써 얻을 수 없었다. 다수의 역할은 구매자로서 수요를 늘리는 것이었다. 맬로크가 『귀족과 진화』(1898)에서 썼듯이 물질적 진보는 "예외적으로 재능을 타고난 소수의 활동"으로만 가능했다. 게다가 부가 확산하면서 모든 사람의 물질적 조건이 개선될 수 있겠지만,

그 결과는 절대 똑같지 않을 것이었다. 빈곤은 줄일 수 있고 제거할 수도 있겠지만, 불평등은 사라지지 않을 것이었다.

맬로크는 자신의 솔직한 불평등주의를 정치적 민주주의에 적용했다. 민주적 정당성에 관한 그의 회의적인 견해는 파레토와 모스카, 미헬스 같은 엘리트 이론가들이 정교하게 주장한 회의론에 공명했다. 그가 보기에 정치는 대중의 의견을 반영하는 것이 아니라 작은 집단들끼리 권력을 다투는 것이었다. 그는 보수가 참정권의 추가 확대를 묵인하기보다 이에 저항해야 한다고 주장했다. 1884년 개혁법은 투표권을 사실상 도시의 노동계급 남성 대부분으로 확대했다. 모두 합하면 당시 영국 남성의 약 60퍼센트가 투표권을 가졌고, 맬로크는 그것이 경제 민주주의에 미치는 연쇄적인 효과를 염려했다. 산업 노동자와 빈곤층을 돕는 복지 계획에 돈을 대기 위해 부자들에게 더 무거운 세금을 물리고 일터에서 노동조합의 권력을 과보호하게 되리라는 걱정이었다.

1900년대에 보수당 중앙사무국은 맬로크의 『노동과 대중의 복지』(1893)를 연설자들의 선거운동 자료로 활용했다. 앨프리드 마셜의 『경제학 원리』(1890)에 기댄 그 책은 "모든 부는 노동에 따른 것"이고 이윤은 착취적이며 부는 재분배를 위한 과세를 시행하기에 충분하다는 사회주의자들의 인기 있는 주장에 반박하는 논리를 제공했다(그는 조지주의 진영이 영국의 지대 수입을 75배나 과대평가했다고 지적했다). 훗날의 슘페터처럼 맬로크는 기업가 정신을 노동과 토지, 자본에 이어 생산의 네 번째 요소로 강조했다. 맬로크는 기업가 정신을 "산업적 역량"이라고 표현했으나 분석 기법을 써서 계량화하지 않고 어느 정도 모호한 개념으로 남겨두었다. 그는 모든 경제적, 사회적 개혁에 반대하는 편에 서지 않았다. 노동조합은 노사관계 개선과 임금 안정을 촉진할 수 있지만, 임금 수준을 영구적으로 올릴 수는 없었다. 어떤 공공 서비스에 돈을 쓰는 것은 유용하고 필요하며, 그런 지출이 "사회주의적"인 것이라면 맬로크는 자신도 사회주의자라고 인정할 터였다.

맬로크는 주로 펜에 의지했으나 귀족들과 철도 거물, 그리고 대기업 소유주들이 사회주의에 반대해 설립한 '자유와 재산권 보호 연맹'(1882)에 참여했다. 그는 의회 진출을 고민하다 물러섰다. 잠시 업계에 발을 담갔으나 이사회의 일상적인 주고받기에 흥미를 잃었다. 회사 일은 맬로크가 할 일이 아닌 듯했다. 그는 심술이 난 듯 『회고록』(1920)에 "여러 사람이 수행하는 어떤 사업도 예외적으로 강한 사람을 우두머리에 앉히지 않으면 성공할 수 없다"고 썼다.

사회적 다윈주의의 서사들은 맬로크의 시대에 상투적인 것이었다. 그는 『귀족과 진화』에서 진화를 큰 부분에서 "소수의 의도적인 행동"으로 방향을 잡으면 그에 따라 작은 부분에서 "의도하지 않아도 질서 있게 이어지는 사건"으로 설명했다. 결연히 섭리적인 권위를 찾으려고 했던 맬로크는 자연의 우연적인 힘을 받아들이지 않으려 했다. 진화에 대한 그의 설명은 즉흥적인 합성물이었다. 그는 사회에 적용한 동물 진화 이론을 기독교적 섭리주의와 엮었는데, 이때 "초능력"을 가진 소수가 신의 역할을 대신했다.

맬로크는 사상가라기보다는 논객이었다. 데번에서 성직자의 아들로 태어난 그는 옥스퍼드에서 평범한 학생이었으나 빈번한 기고와 서른 권이 넘는 저서로 먹고사는 능란한 작가였다. 그는 자유주의적이고 세속적인 지성주의를 조롱한 관념소설 『새로운 공화국』(1877)으로 이름을 얻었다. 소설에 등장하는 잉글랜드 시골의 어떤 집에서 주인은 손님들에게 저녁 자리에서 "인생의 목표"에 관해 이야기하라고 시킨다. 러브 피콕보다는 무겁고 에벌린 워처럼 심술궂지는 않은 맬로크의 풍자는 아널드와 헉슬리, 조웨트, 러스킨을 포함해 당대의 유력한 두뇌들을 억지로 놀린다.

맬로크는 그릇된 이분법이라는 약점을 지녔다. 경제와 정치에 관해 그는 배타적인 대안들로 여겨지는 개인주의와 집단주의의 구분에 크게 의존했다. 그는 개인의 탁월성과 우월적 재능의 존재를 인정함으로써 어떤 인간 집단의 권위나 도덕적 가치도 부정해야 한다고 암시하는 것으로 보였다. 신앙과 도덕에 관한 그의 에세이 「인생은 살 가치가 있는가?」(1879)는 사람들이 초자연적인 것에 관한 믿음을 버림으로써 마치 도덕 자체에 대한 허무주의적인 거부에 맞설 방어 수단을 잃어버린 것처럼 주장했다.

맬로크는 기질상 통념을 깨는 독설가였으나 실제로 정신적인 것을 잃어버린 근대에 당혹스러워하며 종교적 믿음을 갈망했다. 같은 에세이에서 그는 근대의 "특이성"으로 서양 사회의 형성에 미친 기독교의 영향, 이제 기독교를 하찮은 것으로 환원하고 있는 과학, 그리고 불안한 "근대인들의 자의식"을 지적했다. 맬로크는 근대인들이 지나치게 자신에게 몰두하며 자기비판을 한다고 보았다. 그는 초자연적인 것에 관한 믿음을 잃어버린 사람들이 예술에서 "모든 기이한 흥미"를 없애버리고 "도덕적 지형이 파괴된" 세계를 만들어냈다고 주장했다. 맬로크는 로마 가톨릭교회에 합류한 적이 없지만, 뉴먼처럼 위엄 있는 권위를 주장하는 가톨릭을 칭송했다. 그는 가톨릭교회가 "초자연적인 보호 아래 조직되고 발전한 인류의 성장하는 도덕의식"을 보여준다고 썼다.

맬로크는 도덕의 비종교적 기반을 찾으려고 세속주의자들과 다투기보다는 그런 시도 자체를 "실증주의"라며 조롱했다. 이 세계의 도덕적 지침으로서 섭리적인 창조자를 이상화된 인간으로 대체한 것은 "미신"이었다. 인간은 의지가 약하고 다양하며 관대함이나 이타심이 부족했기 때문에 실증주의는 사람들을 실제보다 더 나은 존재로 생각해야 했다. 따라서 실증주의의 세속적 도덕은 꾸며낸 "인간애의 열정"을 부풀렸다. 그 열정은 인간에 관한 우울한 사실과 맞닥뜨렸을 때 "자책과 삶의 피로, 무관심"에 대한 실망감으로 무너졌다. 여기서 또 하나의 그릇된 이분법을 볼 수 있다. 종교적 믿음의 열정 또한 똑같이 실망에 이를 수 있었다. 맬로크의 비판에서는 부족한 설득력보다 표현하는 기백이 더 중요했다. 자유주의적 사회 개량주의와 세속주의에 대한 그와 같은 유형의 공격은 20세기 보수주의의 전범처럼 계속됐다.

미국의 사회사상가 윌리엄 그레이엄 섬너(1840~1910)는 맬로크처럼 보수가 사회주의와 자유민주주의 개혁가들에게 응답하려면 지적 게임의 수준을 올려야 한다고 확신했다. 맬로크와 달리 섬너는 신의 초자연적 권위를 이 세상의 자연적인 권위와 기꺼이 바꾸었다. 후자가 도덕과 정치에 탄탄한 기반이 돼주리라는 바람에서였다.

섬너는 종교와 함께 자랐고 목사가 됐지만, 결국 종교적 믿음은 그에게서 빠져나가고 말았다. 그는 자신이 종교적 신념을 버리지 않았다고 기록했다. 그의 표현으로는 자신이 단순히 그것을 서랍 속에 넣

어두었는데 나중에 열어보니 거기에는 아무것도 없었다. 그가 설교에서 교육으로 옮겨간 것은 쉬워 보였다. 섬너는 공식적으로 성직을 그만두지 않고 예일대학 교수가 됐고(1872), 그곳에서 이후 37년 동안 사회과학을 가르쳤다. 예일은 젊은 남성을 위한 교양 학교 겸 성직자 교육 대학이었는데, 돈벌이가 되는 과학과 인문 지식에 전념하는 독일 계통의 대학원 연구 과정을 두고 근대적인 대학으로 진화했다. 섬너는 그 진화의 일부였다. 그에게 사회 연구는 실증적인 문제로, 그런 특성상 자연과학과 그리 다르지 않았다.

섬너는 자신의 여러 저서와 논설에서 자유방임형 보수주의를 내세웠다. 인간의 삶을 "경쟁의 자극"에 이끌리는 것으로 그리고, 규제받지 않는 시장이 더 큰 번영을 가장 확실히 보장한다고 보며, 인민에 대한 국가의 의무는 "오직 평화와 질서, 그리고 권리의 보장"뿐이라고 생각하는 보수주의였다. 그는 공상적인 무정부주의자나 자생적이고 자기 교정적인 질서에 대한 교조적인 신자가 아니었다. 그가 생각하는 끊임없는 경쟁은 홉스의 만인에 의한 만인의 투쟁이 아니었다. 사회에는 제도와 공통의 규범이 필요했다. 어린이들은 도덕적 삶으로 이끌고 교육해야 했다.

그러나 섬너와 자유민주주의적, 사회주의적 상대의 공통적인 기반은 거기까지였다. 섬너는 전 세계 인류를 포괄하는 도덕 기준이 있다고 믿지 않았다. 사회마다 그들에게 맞는 규범과 제도—그는 "민습"이라고 불렀다—가 있었다. 민습은 사람들이 거의 혹은 전혀 통제할 수 없는 적응과 선택의 힘에 이끌려 알아채지 못할 만큼 느리게 변했다. 사회 비판은 공허하고 선의의 개입은 무용했다. 섬너의 어두운 구도에서 사람들은 평등하지도 않았다. 냉혹한 경쟁의 요구는 사람들을 "개인적, 사회적 가치"를 지닌 "적합하고 능력이 많은" 이들과 가치와 능력이 더 적은 "부적합한" 이들로 나누었다. 평등은 "새빨간 거짓"이었고 모든 위대한 성취는 인류의 엘리트가 이룬 것이었다. 그는 『민습론』(1906)에서 "어느 시대 어느 사회에서든 오직 엘리트만 생각을 한다"고 썼다.

그는 도덕적 사실을 "자연적" 사실로 마법처럼 바꿔놓고, 그처럼 확신하는 전제로부터 실제적인 권고를 도출했다. 세계적으로 사람들의 "민습"은 다양하므로 낯선 방식을 강요하는 제국주의적인 시도는 실패할 수밖에 없었다. 섬너는 스페인이 지배했던 아메리카를 미국이 병합하면서 자유주의적 제국주의로 가는 데 반대했다. 인민은 향상 가능성이 그리 크지 않으므로 정부와 문화적 권위는 두뇌와 판단력을 지닌 소수에게 맡겨두는 것이 최선이었다. 민주적인 대의정부는 "적자"가 통치하리라는 확신을 거의 주지 못했다. 뉴헤이븐에서 잠시 그런 정부를 경험했던 섬너는 지방 정부에서 재산 소유자는 추가적인 발언권을 갖고 "게으름뱅이"는 아무 발언권도 갖지 말아야 한다고 생각했다. 남북전쟁 후 투표 부정을 조사하는 대표단의 일원으로 루이지애나를 방문했을 때(1876) 해방된 흑인들의 투표권을 부인하는 일은 임시적인 것이라면 정당한 방편이라고 생각하게 됐다.

섬너는 민주주의자가 아니었지만 철저한 경제적 자유주의자였다. 그는 빈곤의 원인은 착취가 아니며 자본가들을 궁핍하게 함으로써 이를 치유할 순 없다고 주장했다. 빈곤을 치유하려면 생산성을 높여야 하고, 그러자면 맬로크와 슘페터가 믿었던 것처럼 간섭하는 개량주의자가 아니라 현명한 자본가들이 필요했다.

섬너의 엘리트 옹호는 하나의 계급을 옹호하는 것이 아니었다. 섬너는 어떤 귀족은 통치에 적합하지 않다고 생각한 레베르크보다 더 나아가 일찍이 모든 계급은 통치에 부적합하다고 했던 영국의 자유주의자 액턴 경의 노선을 따랐다. 모든 이익집단이 정부를 포획하려고 했다. 부자들은 지대를 추구했다. 관세는 경쟁력이 떨어지는 산업의 응석을 받아주기 위한 것이었다. 섬너는 자유시장을 가장 중시하는 믿음을 강력히 설파했지만, 언행일치가 늘 쉽지는 않았다. 진보주의자들이 경쟁을 명분으로 기업과 은행 트러스트를 공격 목표로 삼았을 때 그들에게 맞선 보수주의자 섬너는 트러스트 편에 섰다.

섬너는 도덕적 사실은 "자연적" 사실에서 찾을 수 있다는 확신에 충실해 모든 것을 아우르는 인상적인 사회적 진화론을 이야기했고, 그로부터 앞서 말한 여러 일반적인 주장과 실제적 권고가 도출됐다. 그의 정치적 생각을 정리하는 방식으로 덜 호의적인 것은 주장의 논리적 순서를 뒤집어보는 것이다. 섬너가 정치에 관해 말한 거의 모든 것은 그가 출발점으로 삼은 한 쌍의 자유방임적인 도덕적 가정에서 나왔다. 도움을 받을 자격이 없는 빈자들은 자연에서 필연적으로 나오는 패자들이며 그들을 도우려고 자원을 쓰는 것은 낭비라는 가정, 그리고 사회의 관습과 도덕적 태도를 느닷없는 "독단적" 개혁으로 바꾸려는 대대적인 노력은 효과가 없고 그런 개혁을 추구하는 것은 잘못이라는 가정이었다.

보통 섬너를 사회적 다원주의자라고 부르지만, 그의 주요한 견해는 다윈의 저작을 읽기 전에 형성됐다. 그는 스펜서의 "적자생존"이라는 경구를 썼으나 섬너의 사회적 진화론은 독특하게 그 자신의 것이었다. 그는 인간 사회를 동물의 왕국에 비유하거나 사회적 사실을 생물학적 사실로 환원하려고 하지 않았다. 그는 인간의 본능을 유전된 특성, 즉 먼 동물 조상으로부터 오늘날의 사람들에게 전해진 신체적 특성으로 취급하는 데 신중했다. 섬너의 구도에서 사회적 변화는 "자연 선택"에 지배되는 것이 사실이지만, 그가 보기에 선택은 생물학적 변이보다 경쟁하는 신념과 관행, 제도에서 이뤄지는 것이었다. 조건에 "적합"한 제도는 살아남았다. 그런 제도만이 "좋은" 것 혹은 "옳은" 것이고, 지속성은 그들의 가치를 증명했다.

사회적 경쟁과 선택의 역학은 모호했다. 섬너는 "생존을 위한 투쟁"(인간 대 자연)과 "삶을 위한 경쟁"(인간 대 인간)을 구분했지만, 그 싸움들을 따로 나누기가 쉽지 않다는 것을 알았다. 섬너를 의심하는 이들이 보기에 진화론의 장치 전체가 독자적인 자유방임 견해를 위한 무대 장식이었다. 『민습론』에서 개혁에 대한 규범의 자연스러운 저항을 옹호할 때 섬너는 다윈주의에서 보통의 역사로 돌아와 르네상스의 인본주의자와 뉴잉글랜드의 청교도들, 오스트리아의 요제프식 개혁가들, 그리고 빌헬름 시대 독일의 사회정책 개혁가들을 잇달아 등장시켰다. 섬너의 설명에 따르면 이들은 모두 외국의 방식을 자국 사회에 접목하거나 감지할 수 없을 만큼 느린 문화적 변화의 자연적인 속도를 높이는 데 실패했다. 섬너의 보수적인 견해가 그의 사회적 진화론과 따로 논다는 의심은 섬너와는 거리가 먼 견해를 옹호하기 위해 진화론적 장치를 활용했던 동시대 진보주의자와 여성주의자의 주장으로 인해 더 짙어졌다.

섬너는 아마도 "잊힌 사람" 주장으로 가장 잘 기억될 것이다. 잊힌 사람은 당초 『사회 계층이 서로에게 빚진 것』(1883)에서 사회의 "자연스러운" 작동에 대한 간섭을 반대하면서 주장한 것이었다. 예를 들어 국가의 명령으로 가난한 사람들을 도우면 그 부담은 일반적으로 납세자에게 불균등하게 배분됐다. 여기서 "잊힌 사람"은 자신도 쪼들리면서 저 멀리서 간섭하는 C가 선택한 개혁 프로그램에 따라 가난한 B를 도우려고 세금을 낸 A였다. "잊힌 사람"은 임금을 높은 수준으로 유지하려고 가입자를 제한한 노동조합 때문에 일자리에서 배제된 구직 노동자일 수도 있었다. 섬너는 이런 간섭에 도덕적 감시—예컨대 금주운동—도 포함했는데, 그는 이를 "분출하는 복음"이라고 불렀다. 그는 "악을 막으려는 거의 모든 입법 노력이 실제로는 악을 보호한다"고 주장했다. 섬너는 그런 법들이 악에 대한 "자연의 치유"인 쇠퇴와 소멸을 방해한다고 주장했다. 그는 빈민가 주정뱅이를 생각해보자고 제안했다. 경찰이나 다른 사람들이 그를 돕도록 돈을 대는 것은 무의미한데, 왜냐하면 빈민가 주정뱅이는 "사물의 적합성과 기질에 따라 정확히 그가 있어야 할 곳"에 있기 때문이었다. 그를 구하려고 돈을 쓰는 것보다 "자연"이 제 할 일을 해서 "그를 길에서 치우도록" 하는 것이 나았다.

눈길을 사로잡기는 하지만, 여기서는 사회 개혁가들이 답할 수 있는 별개의 주장들이 경합하고 있었다. 세금은 또한 모두가 누리는 사회질서라는 편익을 위해 내는 것이라고 볼 수도 있었다. 노동조합의 비용은 편익과 비교해 그 차이를 따져야 하며, 이 점은 맬로크를 포함해 다른 보수주의자들도 인정했다. 주정뱅이는 사회에 쓸모없을지 모르지만, 자연이 그를 거부했다는 주장은 왜 그가 동포애를 거부당해야 하는가 하는 실제 질문을 단순히 피해갔다.

섬너가 공감을 사회적 미덕에서 사회의 악으로 깎아내린 것을 두고 사회학의 역사를 연구하는 J. H. 에이브러햄은 그의 저작이 "사회에 대한 극단적이고도 비인간적인 접근 방식"이라고 평가했다. 섬너는 아마도 젊은 시절에 배운 냉혹한 자립의 교훈을 지나치게 일반화하고 있었다. 여덟 살 때 어머니가 죽자 그는 매정한 계모에게 맡겨졌다. 다정하지만 곧잘 집을 비우는 아버지는 랭커셔 출신의 기계공으로 한몫 잡으려고 당시 오하이오에서 멀지 않은 서부의 변경을 떠돌다 파산한 채 죽었다. 신학과 고전을 공부한 후 독일과 옥스퍼드에서 더 수준 높은 학문을 하고 예일대학에서 교수직을 얻은 섬너의 놀라운 상향 이동은 재능과 근면을 빼고는 설명할 수 없었다. 그가 할 수 있었다면 다른 사람은 왜 못 하는가? 이 물음에서 느껴지는 공감 부족은 미국의 모든 보수주의자가 기꺼이 끌어안지는 않을 자유주의의 가혹함을 말해주었다.

홀로서기를 찬양했다는 면에서 섬너의 자유방임형 보수주의는 예외적이었다면 그는 다른 면에서는 보수주의 전통에 딱 들어맞았다. 그가 보기에 시장은 방해받지 않고 자유롭게 변화하도록 내버려두어야 하나 사회질서를 위해서는 권위 있는 엘리트와 지속성 있는 관습, 그리고 안정적인 제도도 필요했다. 물질적 조건이 고르게는 아니어도 빠르게 향상되는 가운데 엘리트가 아래로부터의 민주적 압력에 불안해하는 자유경쟁 사회에서 그의 견해는 매력적이고 영향력이 컸다.

보수가 전통과 변화를 조화시킬 수 있다는 섬너의 긍정적인 생각은 좋은 의도에는 한계가 있다는 그의 부정적인 확신보다 더 모호하고 약했다. 정치에서 이른바 의도하지 않은 결과의 법칙을 이해하지 못한 개혁적 "감상주의자들"에 대한 그의 멸시는 20세기의 우파가 진보적이고 자유주의적인 사회 개혁안에 대항해 쓸 수 있는 수사적 무기의 일부가 됐다. 그러나 철학자 C. D. 브로드는 섬너가 죽은 후 얼마 지나지 않아 또 다른 문제와 관련해 개혁에 대한 합리적 의심은 양날의 칼임을 지적했다. 실제로 언제나 제안된 변화의 효과를 모두 예측할 수는 없다. 그러나 "의도하지 않은 결과의 법칙"은 한 걸음 더 나아간다. 예측 못 한 결과는 좋은 것보다는 나쁜 것일 가능성이 크다고 주장하는 것이다. 하지만 그렇게 믿을 만한 충분한 근거는 없다.

오스트리아 태생의 경제학자이자 자본주의의 보수적인 옹호자인 조지프 슘페터(1883~1950)는 덜 극단적이고 더 세속적이며 기초가 더 탄탄한 사상가였다. 슘페터는 역사적인 향수와 도덕적 비판은 제쳐놓고 정치경제학을 보수주의의 중심으로 끌고 왔다. 그는 『자본주의, 사회주의, 민주주의』(1942)에서 자유주의적 자본주의는 안정된 사회를 조직하는 나쁜 방식 중 최선이며 이루지 못한 상태로 있을 좋은 방식이라고 주장했다. 그의 보수주의와 근대 자유주의의 타협은 미묘한 것이었다. 대립적인 것의 화해라는 점에서 헤겔-마르크스주의적이었고, 흔히 "만약 ~라면 그렇다"와 "그렇다, 하지만"이라는 식으로 표현됐다. 자본주의는 창조적이면서도 파괴적이었다. 혁신은 익숙한 상품과 기업, 직업을 끊임없이 파괴하고 낯선 것들로 대체했다. 자본주의는 그런 혁신과 더불어 그것을 시장에 내놓을 기업가를 요구했지만, 더 크고 복잡해진 자본주의는 관료적 합리화를 갈망했다. 대중이 받아들이지 않으면 자본주의는 지속할 수 없었지만, 민주적 개입은 그 효율성을 위협했다. 자본주의는 민주주의에서 살아남을 수 있을까? 슘페터는 그렇게 생각하지 않았으나 곧바로 "~라면 그렇다"를 덧붙였다. 자본주의는 개방적이고 권위 있는 상류층과 효율적이고 부패하지 않은 관료 체제, 폭넓은 사회적 합의, 그리고 특히 경제와 금융의 관리 면에서 다수의 압력을 막아줄 제도적 방파제가 있다면 살아남을 수 있었다.

슘페터가 태어난 해(1833)는 경제학에서 특기할 만했다. 존 메이너드 케인스도 같은 해에 출생했고 카를 마르크스는 이해에 사망했다. 마르크스와 달리 슘페터는 자신을 먹어치우는 자본주의의 특성을 치명적인 것으로 보지 않았다. 케인스와 달리 국가의 행동이 경기 순환을 길들일 수 있다고 생각하지 않았다. 근대의 삶에서 자본주의의 혼란은 있는 그대로 하나의 사실이었다. 그는 "창조적 파괴는 자본주의의 본질적 사실이다. 자본주의의 본질은 창조적 파괴에 있고 모든 자본주의 기업은 창조적 파괴와 함께 살아가야 한다"고 썼다. 슘페터가 보기에 경제적 삶은 균형을 찾는 것이 아니라 그의 표현대로 "변화하는 과정"이었다. 보수주의자, 특히 자유주의적이고 자유방임을 주장하는 보수주의자에게 그것은 명확히 표현하고 옹호하기 어려운 교리였다. 반어법을 쓰는 슘페터는 그러한 갈등을 알고 있었다.

슘페터는 아무런 경험도 없이 기업과 금융을 무시하는 글을 쓰는 반자본주의 지식인들을 평생 경멸했지만, 자본주의가 침식한 옛 엘리트의 문화적 권위와 통제의 관습을 아쉬워했다. 그 자신의 배경은 이중적이었다. 계급 의식이 있는 오스트리아에서 슘페터는 상업적이면서 상류층에 속하는 삶을 살았다.

1914~1918년의 전쟁이 끝날 때 슘페터는 자본주의와 제국주의를 성찰하면서 자본주의와 세계의 투쟁을 연관 짓는 레닌주의를 거부했다. 슘페터는 「제국주의의 사회학」(1918)에서 상업이 태도를 온화하게 하고 투쟁적인 삶의 방식을 버리도록 해줄 것으로 기대한 18세기 사상가들과 공명하면서 자유민주주의 제도의 교화와 진정화 효과에 관해 썼다. 사반세기 후 훨씬 더 끔찍한 세계대전의 와중에서는 그런 사건들 때문에 짙어진 회의론을 품고 민주주의와 자본주의의 취약성에 관해 썼다.

1920년대와 1930년대에 유럽의 대부분—이탈리아와 스페인, 포르투갈, 폴란드, 그리스, 리투아니아, 유고슬라비아—이 파시스트나 권위주의적 독재 체제 아래 떨어졌다. 독일과 오스트리아는 나치주의에 굴복했다. 슘페터는 이제 미국에서 가르치고 있었는데, 이 나라 경제는 부분적으로 전쟁 준비 덕분에 깊은 침체에서 회복했다. 지적인 면에서 시장 자본주의 옹호자들은 수세에 몰렸다. 좌파에서는 사회주의적 계획과 공적 소유, 그리고 케인스식 개입이 실패하는 사회경제 체제를 구하는 데 필요한 것으로 지지를 얻고 있었다. 가격은 시장을 필요로 하며 자원은 가격 없이 효율적으로 배분될 수 없으므로 시장이 없는 계획경제는 실패할 수밖에 없다는 미제스의 반사회주의 주장에 폴란드 경제학자 오스카어 랑게와 다른 사람들은 답을 제시했다.

그와 같은 자기 회의의 분위기에서 슘페터는 『자본주의, 사회주의, 민주주의』를 통해 자본주의가 자신을 침식하는 여러 방식을 설명했다. 자본주의는 스스로 건전성을 해치는 사회적 악덕을 조장하고,

검약과 절제, 그리고 자신의 생존에 필요한 규율 같은 사회적 미덕을 억제했다. 자본주의는 스스로 초래한 무질서 속에서 그 혼란의 희생 자들에 대한 과장된 염려를 불러일으켰다. 그런 염려는 글래드스턴의 자유주의가 전형적으로 보여주었고 케인스의 개혁에 물려주었다. 슘 페터는 이렇게 썼다. "급진주의자들은 대중이 견딜 수 없는 고통에서 구해달라며 비명을 지른다고 주장할지 몰라도 모든 개인이 이토록 많 은 정신적, 신체적 자유를 누린 적은 없었고 (…) 이토록 많은 적극적 인 공감을 한 적도 없었으며 (…) (그리고) 근대 자본주의 사회에서 지 금처럼 각종 부담을 받아들일 태세가 돼 있었던 적도 없었다."

슘페터는 자본주의에서 잘 방어된 요새 대신 "무너지는 장벽"을 보았다. 그는 모험적이고 혁신적인 초기 자본주의 정신이 쇠퇴하는 것 을 지켜보면서 걱정스러워했다. 또 기업가 정신은 기업의 관리주의와 정부 규제에 자리를 내주고 있다고 그는 염려했다. 매매할 수 있는 주 식을 발행한 유한 책임 회사들은 소유권과 혁신 사이의 결정적인 연 결 고리를 끊어버렸다.

더 미묘한 문제는 "봉건적" 유물들—자본주의 이전 옛 엘리트의 지속하는 관행과 권위 있는 관습—이 쓸려가버린 것이었는데, 슘페 터는 유동적인 시장 자본주의에서 그것들을 대체할 것이 없다며 염려 했다. 베버처럼 그도 합리주의적이고 겁이 많으며 국가적인 일에 진지 할 수 없는 부르주아 계급은 "보통 웬만한 국가라면 직면할 국내와 국 제 문제에 대응할 태세가 잘 안 돼 있다"고 걱정했다. 뉴딜 댐과 고딕 성당을 엮은 은유에서 슘페터는 이렇게 썼다. "자본주의 이전 사회의 구조를 무너뜨릴 때 자본주의는 (…) 그 진보를 방해하는 장벽뿐만 아니라 그 붕괴를 막는 버팀 도리까지 부수었다."

앨버트 O. 허시먼이 기교적인 에세이 「시장사회에 대한 상반된 해석들」(1982)에서 지적했듯이 슘페터의 이야기에서는 자본주의의 미래에 관한 다른 섭리론적 이야기에서처럼 무엇이 무엇의 원인인지가 명확하지 않았다. 실제로 자본주의가 태도를 부드럽게 하고 경쟁이 전쟁처럼 벌어지지 않게 해준다면 그것은 좋은 것일까, 나쁜 것일까? 처음에 슘페터는 국가가 서로 덜 열심히 싸우게 되므로 좋다고 생각했다. 나중에 그는 그 "완화 효과"가 낡은 질서의 "족쇄"를 던져버려야 할 부르주아 계급이 역사적 과업을 수행하지 못하게 무장해제하는 동시에 그들이 실질적인 자본주의를 구현하는 데 필요한 자기부정의 기회를 빼앗아버린다며 걱정했다. 20세기 중반의 다른 관찰자인 자유주의자 루이스 하츠처럼 슘페터는 시장의 권위에 완전히 넘어간 자본주의 사회라도 문화적, 도덕적 지침을 제공하는 오랜 족쇄가 어떻게든 유지될 때 더 잘 돌아가지 않을까 하고 궁금해했다. 허시먼이 시사한 것처럼 이 거창한 주장들은 저마다 부분적인 진실을 담고 있었다. 그 주장들은 1950년대와 1960년대 독일과 미국 신보수주의자들의 "문화적 모순"에 관한 생각으로 이어졌다.

슘페터는 자본주의의 여러 걱정거리 중에서도 반자본주의 지식인들을 가장 염려했다. 그는 "적대감이 커가는" 가운데 사회적 비판자들이 부상했으며 그들이 끼친 손상은 부식성이 있어서 "부르주아의 요새를 (…) 정치적인 무방비 상태로" 만들 수 있는 위협이라고 썼다. 지식인들은 언어의 재능이 있어야 했으나 일을 수행할 책임은 없었다. 불평하는 그들은 고용될 수 없었다. 그들은 표현의 자유에 관한 자유주의적 부르주아의 믿음 때문에 통제할 수도 없었다. 권위주의자들만 지식인들을 제 자리에 잡아둘 수 있었다. 슘페터의 교훈 중 1945년 이후 보수주의자들의 가슴에 가장 크게 와닿은 것은 우파가 자본주의를 방어하는 사상의 전투에 대비해야 한다는 호소였다.

앞서 언급한 엘리트 이론가들처럼 슘페터도 가장 제한적이거나 상징적인 의미로만 인민 주권을 믿었다. 그는 선거민주주의를 얼마 안 되는 집단들이 공직을 차지하려고 벌이는 경쟁으로 보았다. "민주주의는 정치인들의 규칙"이었다. 민주 정부의 ― 공동선에 봉사한다거나 인민의 의지를 표현한다는 ― 오래된 상향식 정당화는 실제로 작동하지 않았다. 공동선은 이론적인 허구이거나 실제로 있어도 측정은 불가능한 것이었다. 사람들은 단독으로나 집단으로 식별할 수 있는 일정한 의지를 가질 만큼 합리적이지 않았다. 슘페터는 대신 지도자 자리를 향한 경쟁이라는 하향식 이론을 제시했다. 선거민주주의는 "개인들이 인민의 표를 얻으려는 경쟁을 통해 결정권을 획득하도록 하는, 정치적 결정에 이르기 위한 제도"라고 그는 썼다. 슘페터는 민주주의를 그런 식으로 한정적으로 받아들이면 여러 이점이 있다고 했다. 결단력 있는 지도력을 위한 논란의 여지가 없는 공간을 창출하고, 계급투쟁을 무디게 하며, 원치 않는 정부를 정기적으로 제거할 기회를 얻고, 인민의 뜻이라는 이름으로 소수에 반대하는 포퓰리스트의 호소를 거부할 수 있다는 것이었다.

슘페터는 그 민주적인 "정치인들의 규칙"이 자본주의를 훼손하지 않도록 몇 가지 조건을 설정했다. 우선 역량 있는 정치인들이 있어야 했다. 정치적 결정은 특히 경제와 통화 문제에 관해서는 제한적으로 이뤄져야 했다. 또 민주적인 "자기 통제"의 힘이 우세해야 했다. 즉, 사람들은 정당하게 부여된 법을 설사 그 법에 동의하지 않더라도 받아들여야 하고, 모든 사람이 다양한 의견을 용인하도록 해야 했다. 전체적으로 그 조건들은 대단히 엄격해서 슘페터가 사실상 자본주의는 살아남을 수 없다고 말하는 것은 아닌지, 아니면 계속 살아남기는 해도 선의의 사회주의적 개혁으로 거세돼야 한다고 말하는 것은 아닌지 묻게 했다.

그 우울한 견해를 강조라도 하듯이 슘페터는 누가 통제력을 갖는지—혹은 그보다는 누가 갖지 않는지—를 명확히 했다. 그는 "인간은 자유롭게 선택하지 않는다"고 썼다. "경제와 사회의 일들은 그 자체의 계기로 움직이며, 그에 따른 상황은 개인과 집단이 무엇을 바라든 간에 특정한 방식으로 행동하도록 강요한다. 실제로 선택의 자유를 파괴하는 것이 아니라 (…) 선택 대상이 되는 가능성의 영역을 좁힘으로써 그렇게 한다. 이것이 마르크스주의의 진수라면 우리는 모두 마르크스주의자가 돼야 한다."

슘페터가 반어법을 쓴다는 점을 상기하자. 그의 취지는 언제나 겉보기와 같지는 않았다. 그는 진보의 찬가와 희망을 믿기에는 너무 보수적이고 그 시대의 실패와 재난을 너무 잘 알았다. 사회주의에 대한 낙관주의자들에 둘러싸인 그는 자본주의에 대한 비관주의자의 역할을 했다. 슘페터의 생각을 그렇게 읽는 것이 맞는다면 그는 겉보기보다 자본주의에 대해 더 희망적이었다. 1950년 그가 세상을 떠난 후 반세기는 그가 옳았음을 증명했다. 그러나 슘페터의 반어법에는 또 다른 면이 있었다. 그는 보수주의가 자본주의 체제에서 살아남을 수 있다고 얼마나 확신했을까?

레옹 발라의 분석적 경제학을 높이 샀던 슘페터는 그 자신이 아주 수학적이지는 않았어도 발라가 창시한 계량경제학을 옹호했다. 그러나 경제를 균형을 찾아가는 체계로 모형화하는 것은 불완전하다고 느꼈다. 그런 모형은 경제의 역사적인 형태를 없애버렸다. 단순히 정적인 것이 아니라 동적인 경제학을 추구한 이는 슘페터만이 아니었다. 그의 시대에는 경기 순환과 성장 이론이 풍부했다. 그러나 슘페터는 더 나아갔거나 아마도 옆길로 들어섰다. 그가 자본주의에서 발견한 역사적 형태는 기술적인 용어를 피하자면 혼돈이었다. 기술 혁신과 그것을 시장에 가져오는 기업가 정신은 사람들이 일하고 살아가는 사회경제적 방식을 끊임없이 뒤엎었다.

사람들이 선택한 목표나 그들의 의무에 관심을 기울이는 보수주의자들에게 그것은 불안한 비전이었다. 자유주의에 반대하는 보수주의자들은 기본적으로 사람들의 목표와 의무는 사회의 안정된 틀 안에서만 의미를 지닌다고 생각했다. 그 틀은 가장 느리게 변하는 것이었다. 하지만 자본주의에서는 그 틀이 계속해서 예측 불허로 바뀔 수밖에 없는 것으로 보였고, 그렇다면 목표와 의무를 이야기하는 것은 설득력을 잃었다. 공통의 윤리와 문화의 기초는 사라지기 시작했다. 그런 자본주의는 사회가 인간적인 삶을 유지해줄 관습과 관행, 충성을 보존하도록 허용할까? 모든 것을 거래할 수 있어도 어제의 가격이 유지되는 경우는 드문 무한 경쟁의 시장에서 그것이 허용될까?

반어법을 쓰는 슘페터는 명백한 답을 주지 않았지만, 그의 취지는 또 하나의 "~라면 그렇다"였다. 자유주의적 보수주의는 개방적이고 수용성 있는 상류층과 능숙하고 독립적인 관료 조직, 그리고 사람들 사이에 공동생활의 윤리적, 문화적 가치에 관한 어느 정도의 합의가 있다면 살아남을 수 있었다. 한마디로 자유주의적 보수주의는 시장이 사회를 집어삼키지 않으면 가능한 일이었다.

슘페터는 20세기 후반의 보수주의에 경제적 신중에 관한 여러 조언과 사회적 수수께끼 하나를 남겼다. 그는 경제의 건전한 관리 면에서 조용한 정치와 유능한 정부에 관한 옛 보수주의자들의 경계를 다시 이야기했다. 슘페터는 경제, 특히 통화 관리에 대한 민주적 압력을 차단하고, 기업가 정신을 억누르는 정책과 개혁을 경계하며, 자본주의에 대한 강력한 옹호로 파괴적인 좌파 지식인들에게 반격하는 것이 긴요하다고 강조했다. 그는 가장 일반적인 말을 빼고는 사회적 수수께끼의 답을 주지 않고 남겨두어서 훗날 특히 독일과 미국의 보수주의 사상가들을 힘들게 했다. 그것은 창조적 파괴가 생산 체계를 휘젓는 가운데 어떻게 탁월성과 권위, 그리고 윤리적 가치를 보존할 수 있는가 하는 수수께끼였다.

슘페터 사후인 20세기 후반 경쟁적인 요구를 해오는 경제적 자유주의와 사회의 윤리적 바탕을 염려하는 보수주의를 화해시켜야 할 우파 주류 사상가들은 그 방법을 선택해야 했다. 시간이 지나면 효율성이 윤리 문제도 해결해주리라는 바람을 갖고 힘으로 밀어붙여 사회를 경제에 종속시키는 방식으로 그 갈등을 풀 수도 있었다. 아니면 디오게네스처럼 익숙한 규범과 윤리적 권위에 대한 존중이 당혹스러운 속도로 사라져가는 것으로 보일 때 간직해야 할 사회적 가치를 계속 찾을 수도 있었다.

2. 사람들을 상상하는 여섯 가지 방법:
트라이치케, 르봉, 뒤캉, 애덤스, 멩켄, 그리고 소렐

　1880년까지 국가 건설과 민주주의는 국민국가라는 새로운 존재를 만들어냈다. 하지만 국민국가란 무엇인가? 옥스퍼드 영어사전은 "국민국가"라는 표제어를 이렇게 설명한다. "역사적, 문화적, 혹은 인종적으로 공통의 국민적 정체성을 공유하는 사람들로부터 형성된 독립적인 정치적 국가. 더 일반적으로는 모든 독립적인 정치적 국가. 국민국가는 역사적으로 구별되는 둘 이상의 민족으로 구성된 국가, 혹은 역사적인 민족의 일부만으로 구성된 국가와 구분될 수 있다." 설명은 아주 절제된 표현으로 이렇게 덧붙인다. "그러나 이런 구분은 흔히 문제가 된다." 자유주의자들 못지않게 보수주의자들도 그처럼 변덕스러운 민족, 국민, 국가라는 개념을 이해하는 데 어려움을 겪었다.

　고전 시대 이후 "인민"은 다른 것들을 의미했다. 정치적인 용어로서 이 말은 한 도시나 주, 혹은 국가의 시민, 즉 시민적 의무와 공통의 권리, 그리고 공론장에서의 역할을 갖고 그런 것들이 없는 이들과 구별되는 남성들을 의미할 수도 있었다. 머릿수와 관련된 용어로서 이 말은 식별할 수 있는 영토 안에 사는 사람들의 집합체로 나이나 지위와 무관하고 아마도 외국인들을 포함하는 주민을 의미할 수도 있었다. 다음으로 계급적 용어로서 "인민"은 평민을 뜻할 수 있었다. 그들은 사회의 큰 집단으로 부나 지위, 혹은 목소리가 없으나 분노하거나 배고플 때는 많은 요구를 하는 군중을 형성할 수 있었다.

　마지막으로, 그리고 가장 얽히고설킨 용어로서 "인민"은 국가의 인민 혹은 **국민**을 의미할 수도 있었다. 자연스러워 보여도 논란이 많은 개념으로 최근에 다른 세 가지 측면의 요소들을 섞은 것이다. 한 나라의 인민—프랑스인, 잉글랜드인 등—은 다른 나라 사람들(외국인들)과 구분됐다. 그들은 귀족이나 부자, 혹은 평민을 막론하고 어느 계급에든 속할 수 있었다. 그들은 같은 법과 정부의 지배를 받았으며, 현명한 정부라면 인민이 하는 말을 들었다. 광범위한 사회적 무지 속에서 누가 국민을 구성하는가—국민은 누구이며 그들에게 특성이 있다면 어떤 것인가—는 처음에는 상상에 맡겨졌다.

그처럼 부딪치는 관념들을 아우를 때 19세기의 자유주의자와 보수주의자는 정반대 쪽에서 출발하며 날카롭게 대립했다. 낯설거나 논란이 있는 개념은 무엇이든 어디서 유래했고 어떻게 구성됐는지 당연히 묻게 된다. 국민도 마찬가지다. 국민은 어떻게 형성됐는가? 사람들은 어떻게 하나의 국민이 됐는가? 이런 물음에 답할 때 자유주의자들은 한 국가의 시민에서 시작해 그로부터 국민 개념을 끌어냈다. 그 자유주의자들이 민주주의자라면 시민 안에 평민을 포함시켰다. 따라서 자유주의자들에게 국민은 파생적이고 정치적인 개념이었다. 보수주의자들은 이와 대조적으로 국민에서 시작해 그로부터 시민의 개념을 쌓아올렸다. 구별되는 사람들의 집합체로서 국민은 선조들 및 문화와 연관 지어 상상했다. 다시 말해 그 사람들을 기원을 공유하거나 신념과 애착, 역사적 기억을 공유하는 이들로 다루었다. 어느 한 요소 혹은 다른 요소를 갖추지 않은 사람들은 같은 시민이 될 수 없었다. 따라서 보수주의자들에게 국민은 기본적이고 사회적인 개념이 됐다.

정반대에서 시작했지만 경쟁하는 진영들은 만날 지점을 찾았다.

자유주의자들은 하나의 국민을 형성하려면 사람들이 실제로 어떤 종류든 "같은 생각"을 가져야 한다고 주장할 것이었다. 예를 들어 밀은 『대의정부론』(1861)에서 그 점을 훌륭하게 표현했다. 보수주의자들은 시민을 형성하는 데 필요한 공유된 믿음에는 주어진 정치적 삶의 방식에 대한 명시적 약속이 포함된다고 할 터였다.

19세기까지 인민과 국민, 국가에 관한 그처럼 수수께끼 같은 문제는 주로 법률가, 혹은 왕이나 귀족에게 조언하는 성직자들이 다루었다. 민주주의 시대에 그 질문들은 하나는 수평적, 다른 하나는 수직적인 형태로 정치 속으로 치고 들어왔다. 분리돼 있으나 생각이 같은 사람들은 뭉치기를 원했다(독일이 그런 예다). 생각이 다른 사람들은 분리되기를 바랐다(미국의 남부인들, 오스트리아-헝가리제국과 오스만제국의 민족들이 그랬고, 영국의 분쟁 지역인 아일랜드에는 두 가지 문제가 다 있었다). 인민과 국민, 국가에 관한 수직적 질문은 인민 주권의 성격을 묻는 것이었다. 민주적 통제는 얼마나 폭넓고 단단해야 하는가? 인민 주권은 규모가 작고 서로 다투기는 해도 친숙한 내집단이 행사할 때는 별개의 문제였다. 그러나 어마어마하고 잘 알지 못하는 인민 대중이 행사할 때는 또 다른 문제였다.

보수주의자들은 사람들에 관해 많은 것을 알았다. 지주들은 차지인들을 알았다. 사장들은 노동자들을 알았다. 정치인들은 유권자들을 알았다. 사제들은 교구민들을, 교사들은 학생들을 알았다. 하지만 그들의 지식은 사회적인 것보다는 친밀한 것, 익명적인 것보다는 개인적인 것이었다. 사람들에 관한 우파의 지식은 다시 말해 얕고 넓은 것이라기보다는 두텁고 좁은 경향이 있었다. 이는 좌파가 자신들이 대변한다고 공언한 인민 대중에 관한 지식을 지나치게 책과 이론에 의존해서 얻은 것과 비교할 때 일종의 우위를 부여했다. 그러나 우파 역시 민주주의 체제에서 번창하려면 인민 대중을 생각해야 했다. 그 사람들은 적대적인가, 우호적인가? 변덕스러운가, 믿을 만한가? 사회의 파괴자들인가, 아니면 사회의 반석인가? 우파는 답이 필요했다. 그러나 어디에서 얻을 것인가? 사회 이론은 넘쳤으나 사회 통계와 여론조사, 사회에 관한 일반적인 지식은 아직 유치한 수준이었다. 앞서 언급한 것처럼 1840년대부터 프리드리히 빌라우, 외젠 뷔레, 프리드리히 엥겔스, 루이-르네 빌레르메 같은 사회적 관찰자들은 공장 노동자와 도시의 빈곤을 연구했다. 1850년대에 프랑스 공학자이자 초기 사회학자인 프레데리크 르플레는 가족 구조와 재산 이전 패턴을 연구했다. 독일의 역사학파 경제학자 구스타프 슈몰러는 유럽 최초의 사회경제학 싱크탱크인 사회정책학회를 개설했다(1872). 그러나 아직 한 덩어리로 모인 사람들에 관해 확실한 것은 거의 알지 못했다. 그들은 이제 보수주의자들이 내키지는 않아도 새로운 주인으로 여기는 사람들이었다. 사회를 계량하고 분류하고 유형화하는 연구가 느리게 진행되는 가운데 우파 역시 상상에 의존했다. 보수는 사람들에 관해 모르는 틈새를 상상으로 채웠다. 그 구도는 처음에는 불안하고 어두웠다.

사람들을 상상할 때 19세기 말과 20세기 초 보수주의 사상가와 작가들은 보통 여섯 주제 가운데 하나를 중심으로 구도를 짰다. 하인리히 폰 트라이치케 같은 애국적 역사가들은 사람들의 **국민성**이 가장 중요하다고 강조했다. 귀스타브 르봉은 군중의 **비합리성**을 역설했다. 그보다 저속한 변종인 **야수성**은 막심 뒤캉이 파리코뮌을 과열된 어조로 묘사할 때 이야기했다. 헨리 애덤스는 선거민주주의에 대한 양가적인 풍자에서 사람들의 일상적인 **부패성**을 유감스러워했다. H. L. 맹켄은 자유주의적 견해와 중산층 문화에 대한 풍자에서 사람들의 **우매성**을 조롱했다. 조르주 소렐은 자유주의와 의회민주주의에 반대하며 구원자로서 대중의 **적대성**을 말했다. 분류하기 어려운 급진주의자 소렐은 진보를 말하는 자유주의자들의 위선에 대한 보수의 혐오에 공감하며 대중을 말은 없어도 효과적인 구원자로 보았다.

　　국민은 19세기 말 보수주의자들에게 유용한 통합의 개념이었다. 그 개념은 사람들이 자기네끼리 평화롭게 지내기를 바라는 보수의 희망찬 비전과 사회의 명백한 분열 사이의 긴장을 완화하는 역할을 했다. 내부적으로 국민의 개념은 옛 군주처럼 공통의 충성이 향할 초점으로 온건하고 포용적인 방식으로 활용할 수도 있었다. 아니면 진정한 국민에 속하는 사람들과 속하지 않는 사람들을 나누는 난폭하고 배타적이며 흔히 인종차별적인 방식으로 이용할 수도 있었다. 대외적으로 국민은 다른 사람들과 경쟁하는 세계에서 하나의 상태로 생각됐다. 평화적인 관점에서 세계를 위한 본보기이자 개선자로 생각되거나, 호전적인 관점에서 다른 국민의 잘못을 바로잡는 무장한 교정자로 생각됐다. 그 각각의 방식에서 국민은 특정한 사람들을 상징함으로써(공통된 전체), 사람들을 정화함으로써(원치 않는 이들의 배제), 그리고 긍지나 복수로 사람들에게 활기를 불어넣음으로써(더 넓은 세계에서의 행동) 통합의 개념으로 작용했다. 디즈레일리식 보수주의자들과 미국 공화당은 하나의 상징적인 통합체로서 포용적 국민에게 호소했다. 1880년대와 1890년대 프랑스와 독일 우파 세력들은 배제하고 정화하는 국민 개념을 채택했다. 영국과 프랑스의 자유주의적 제국주의자와 독일의 현실 정치가들은 군사-외교적 목적을 위해 국민의식을 자극했다.

현실정치와 배제를 결합한 국가주의 역사가의 두드러진 예는 하인리히 폰 트라이치케(1834~1896)였다. 동료 학자들에게는 무시당했으나 그는 대단한 영향력과 인기를 얻은 작가였다. 18세기와 19세기 독일 역사를 여러 권에 담은 저서는 교육받은 중산층의 서가를 장식했고, 세계의 강국들과 동등한 지위를 바라는 독일의 전략적 요구가 여론의 지지를 받을 수 있게 했다. 그의 학문을 의심하고 그의 반유대주의를 꾸짖은 역사가 테오도어 몸젠은 트라이치케의 펜이 이 나라의 가장 날카로운 칼이라고 말했다. 그는 대학교수이자 정치 월간지 『프로이센 연보』의 오랜 편집인, 그리고 제국의회 의원으로서 지적·정치적 기반을 가졌다. 트라이치케의 자유주의는 얄팍했으나 그는 국민자유당 소속으로 의석에 앉았다. 드레스덴에서 태어난 작센 사람인 그는 프로이센의 열렬한 애국자가 됐다. 트라이치케는 처음에 자유무역을 지지했다가 보호주의로 돌아섰다. 당초 비스마르크에게 회의적이었으나 나중에는 숭배자가 됐다. 트라이치케의 호엔촐레른 왕가 찬양과 반유대주의는 1880년대와 1890년대 독일 우파에게서 때를 만났다. 보수주의는 신중한 자유주의적 개혁 및 대중적 행동주의와 결합한 국민적 자기 확신 사이에서 갈라졌다. 트라이치케의 보수주의는 두 번째 유형이었다.

트라이치케는 프로이센 왕가의 지도로 독일 땅의 복잡성과 분열을 넘어 빌헬름 제국이라는 하나의 길로 모이는 민족의 역사를 썼다.

라인란트와 동프로이센, 가톨릭과 프로테스탄트, 농업과 산업이 공존하는 독일의 다양성은 프로이센 국가의 더 높은 통일성에 섞여들어갔다. 그의 역사는 나폴레옹 시대 이전 독일의 민족 감정을 발견하고, 나폴레옹 이후 독일 연방과 오스트리아, 그리고 남부 독일이 함께 독일 통일을 방해했다며 공격했다. 그의 역사는 프랑스 자유주의자와 자연법 합리주의자, 그리고 유대인 세계주의자들을 공격하고 시인 하이네를 저격했다. 트라이치케는 또 사회주의가 "질투와 탐욕"으로 "동지들을 국가와 조국의 땅으로부터 소외시킨다"며 공격했다(1874). 그는 슈몰러가 제안한 것과 같은 임시방편식 자유주의 개혁을 자연적인 열등성과 취약성을 감상적으로 부인하는 것으로 보았다. 하지만 그는 보편적인 선거권을 받아들였고 프로이센 3계급 참정권에 적대적이었다.

친구에게 쓴 편지(1879)에서 트라이치케는 독일이나 프랑스 국민의 실패에 대해서는 가장 가혹한 말을 할 수 있어도 유대인에 대해서는 그렇지 못하다고 한탄하며 아직 그 '용어가 생기기도 전에' 정치적 올바름에 대해 불평했다. 1880년에 쓴 악명 높은 소책자에서 그는 역사가로서 자신의 권위를 확산하는 반유대주의에 넘겨주었다. "해마다 폴란드에서 떼로 우리 동쪽 국경을 넘어와 기운차게 잡동사니를 팔고 다니는 젊은이들이 끊이지 않는데, 그들의 자녀와 그 자녀의 자녀들이 언젠가 독일의 증권거래소와 신문을 호령할 것이다." 몸젠은 트라이치케가 라이프치히 학생들의 반유대주의 시위를 조장했다고 비난했다. 그들의 논쟁은 동화同化에 대한 이해 차이에 따른 것이었다. 몸젠은 유대인들이 정치적으로 제국 안에 통합돼야 한다고 생각했다. 트라이치케는 그런 시민적 동화를 유대인들이 그들의 신앙을 버리는 것과 혼동했다. 두 사람을 갈라놓은 것은 자유주의적이고 포용적인 국민 개념과 보수주의적이고 배타적인 국민 개념이었다. 자유주의적인 몸젠이 보기에 훌륭한 독일인이 되려면 훌륭한 시민이 돼야 했다. 보수적인 트라이치케가 보기에는 훌륭한 독일인이 되려면 특별한 종류의 사람이 돼야 했다.

카를 로차우가 1853년에 만든 **현실정치**라는 조어는 자유주의자들이 실제 상황에 주의를 기울여야 한다고 스스로 경고하는 말이었다. 하지만 트라이치케는 그것을 국가의 힘을 제약 없이 사용할 것을 우파가 촉구할 때 쓰는 말로 바꿔놓았다. 트라이치케에게 "국가는 빗기고 씻겨서 학교에 보낼 착하고 어린 소년"이 아니었다. 헤겔의 사상에서 그런 것처럼 국가는 "윤리적 삶"의 가장 포괄적인 틀이었다. 그것은 사회에서 함께 사는 사람들이 공통의 규범에 따라 사는 삶이었다. 그 틀은 가족부터 법과 상업, 관료 체제를 통해 국가의 힘을 가진 가장 높은 기관들에까지 확대됐다. 헤겔은 그 기관들을 왕과 행정부, 입법부로 나누었지만, 트라이치케는 권력 분립을 믿지 않았다.

독일 통일과 관련해 그는 사람들이 "서로 증오하고 학대하는 것을 배우는" 제국의회가 아니라 군대가 더 강하게 국민을 결속한다고 썼다. 트라이치케의 글은 마치 약함(평화, 사회, 중산층, 자유주의적 사회 정책)과 강함(전쟁, 국가, 군대, 융커식 보수주의)을 대비하는 도식을 따르는 듯했다. 그가 보는 통제의 위계에서 프로이센은 독일을 감독하고, 독일은 유럽(특히 위선적인 잉글랜드)을, 그리고 독일제국은 식민지의 더 열등한 사람들을 감독했다.

독일인은 어떤 사람들인가? 트라이치케가 보기에 그들은 무엇보다 국민이라는 관념에 대한 헌신을 공유하는 애국자였다. 선조나 생물학적 특성이 아니라 그 헌신에 독일인다움이 있었다. 그 헌신은 모든 진정한 독일인이 공유했는데, 귀족과 하층 계급에도 있었으나 사회의 핵심인 교육받은 중산층에서 가장 강했다. "하나의 국민은 스스로 과대평가하지 않고는 자신에 대한 인식에 전혀 이를 수 없다. (⋯) 독일인은 언제나 자신의 국민성을 잃어버릴 위험에 처해 있는데, 이 단단한 긍지가 너무 적기 때문이다." 공유하는 과거와 국민적 자부심을 지각하는 동포의식은 밀과 19세기의 다른 여러 자유주의자가 국민을 보는 관점과 크게 다르지 않았다. 하지만 그 관점과 트라이치케의 보수주의적 관점 간에는 차이가 있었다. 자유주의자들에게 국민에 대한 애착은 여러 정치적 미덕 가운데 하나일 뿐이었다. 그것은 으뜸가는 가치가 아니었다. 트라이치케에게는 국민의식이 전부인 것 같았다.

독일의 20세기 초 역사에 주목하면서 배타적인 국가주의가 모든 독일인에게 전형적이거나 독일에만 독특한 점으로 다루는 것은 듣기에는 솔깃해도 틀린 것이다. 독일에서 그런 국가주의는 강력하기는 해도 널리 퍼져 있지도 안정적이지도 않았다. 1890년대 독일의 맹목적 애국주의와 1914년 무장을 위한 집결은 1910년대의 데탕트와 군에 대한 환멸, 평화 노력, 1917~1918년의 반란과 대비됐다. 빌헬름 제국은 국가의 상징이 부족했다. 1922년까지 독일의 공식 국가國歌는 없었다. 1871년의 적-백-흑색기는 애국심이 아니라 국기가 필요한 해운사들의 요구에 따라 프로이센(백과 흑)과 독일의 큰 교역 도시들(적과 백)을 다 만족시키기 위해 선택한 것이었다. 제국의 호칭은 정착된 적이 없었다. 독일제국 내 각국은 그들 자신의 상징과 제도를 유지했다.

제국 헌법은 앞서 지적한 것처럼 새로운 나라의 세례 증명서가 아니라 하나의 국제조약으로 널리 인식됐다.

통합하는 국가의 신화는 19세기 후반 미국과 영국, 프랑스에서도 대중에게 보급됐다. 조지 뱅크로프트의 장대한 역사(1854~1878)는 미국의 건국과 뒤이은 진로를 헌신적인 미국인들이 문명세계의 자유를 위해 목적의식을 가지고 벌인 성전으로 묘사했다. 존 피스크의 대중적인 역사는 다원주의적인 추론과 섭리적인 아메리카니즘을 섞었다. 시어도어 루스벨트의 베스트셀러 역사서인 『서부의 정복』(1889~1896)은 변경에 정착할 때 어떻게 좋은, 즉 협력적인 "야만인들"은 이주시키고 나쁜, 즉 저항적인 이들은 쓸어버렸는지 상세히 설명했다. 영국에서 "제국주의의 바이블"인 J. R. 실리의 『잉글랜드의 확장』(1883)은 영토에 한정되지 않고 평화롭게 전 세계로 퍼져나간 영국인의 특성에 관해 썼다. 하지만 실리는 인도에서는 그렇지 않았다고 생각했다. 책은 3년 만에 8만 부나 팔렸고 1911년까지도 여전히 한 해에 1만 부 넘게 팔리고 있었다. 토머스 칼라일의 전기를 쓴 옥스퍼드의 역사학 교수 제임스 프루드는 아일랜드의 반가톨릭 역사를 썼고 대영제국에 대한 애국주의적 찬사를 보냈다. 에드워드 프리먼의 『노르만 정복의 역사』(1867~1879)는 초기 영국 색슨족이 누리던 자유와 프랑스에서 온 노르만족의 억압을 대비했다. 프리먼은 정파적인 면에서는 글래드스턴식 자유주의자였으나 흑인과 유대인, 아일랜드인을 멋대로 경멸하는 악명 높은 고집통이었다. 영국해협 건너편에서는 프랑스 고고학자이자 역사가인 뉘마 퓌스텔 드 쿨랑주가 자신의 초기 프랑스 연구에서 게르만족을 삭제해버렸다. 위대한 교육자이자 제3공화국의 "국민

교사"였던 에르네스트 라비스는 프랑스의 역사를 찬양한 학교 교과서 서술을 감독했다. 가장 어린 학생들을 위한 입문서에서 그는 이렇게 말했다. "자연이 이 나라를 아름답게 만들고 역사가 위대하게 만들었으므로 여러분은 프랑스를 사랑해야 한다."

국민의식은 어디에서도 자생적이지 않았다. 국민에 관한 상상은 어디서나 작가와 지식인들이 촉진하고 길러낼 필요가 있었다. 하지만 국민은 가상적인 것이 아니었다. 그것을 촉진하고 길러내려면 먼저 공통의 신념과 애착이 있어야 했다. 보수주의자들에게 중요한 것은 국민을 포용적으로 상상하느냐, 배타적으로 상상하느냐였다.

일반적인 전통은 무리 지은 사람들을 두려움과 공포를 주는 어리석고 야만적이고 금수 같은 존재로 다루었다. 조용할 때면 그들은 생각 없이 가축 떼처럼 서로를 따라 했다. 분기했을 때는 난폭한 주정뱅이나 변덕스러운 여자, 혹은 미치광이처럼 행동했다. 일반적인 전통은 한 덩어리가 된 사람들을 그렇게 묘사했다. 귀스타브 르봉(1841~1931)의 공헌은 군중에 대한 아주 오래된 공포를 사실처럼 들리는 토대에 올려놓은 것이었다. 호기심 많은 프랑스 의사이자 사회사상가로 과학을 대중화한 르봉은 정치인과 사상가들 가운데서 이름을 얻었는데, 그들은 르봉의 방법론을 의심하면서도 집단으로서의 대중은 믿을 수 없다는 그의 결론은 환영했다.

르봉의 성공 요인은 고래의 편견을 재구성한 것이었다. 군중은 생각이 없는 것이라기보다는 특별한 종류의 생각을 하는 사람들이라고 그는 주장했다. 『군중심리』(1895, 영어판은 『군중: 대중 심리 연구』)에서 르봉은 감춰진 본능에 이끌리는 집단 사고에 관해 썼는데, 그 본능은 군중의 가장 이성적인 구성원들조차 침묵하게 하는 것이었다. 그는 "사람은 홀로 있을 때는 교양 있는 개인일 수 있지만, 군중 속에서는 야만인이다"라고 썼다. 그는 곧잘 경구를 썼다. 파리에서 살롱을 드나드는 저명인사였던 르봉은 사회과학의 복잡하고 불확실한 요소를 줄여 소화하기 좋게 만들어주었다. 그런 과학 대중화의 재능은 요즘에는 익숙한 유형의 초기 사례였다. 프랑스 작가이자 사교 모임 주최자인 마르테 비베스코는 정계의 명사들이 왜 르봉을 참아주느냐는 질문을 받자 그가 정치인들에게 상투어를 만들어주었고 요리사가 조리법으로 살듯이 정치인들은 상투어로 산다고 답했다.

대중민주주의에 놀란 독자들에게 『군중』은 좋은 소식과 나쁜 소식을 알렸다. 사회는 급진적인 개입으로 개조된 적이 없었다. 사회는 사상과 일상의 점진적인 진화 과정에서 느리게 변화했다. 그것은 위안으로 들릴 수도 있으나 민주주의 이전 체제는 이미 사라져버렸음을 받아들여야 한다는 것은 나쁜 소식이었다. 대중은 그들이 선거에서 지니는 비중보다는 그들의 벅찬 요구 때문에 위협적이었다. 게다가 대중은 비합리적이었다. 그래도 군중으로서 그들을 제대로 이해하면 여전히 통치할 수 있었다.

군중은 우연히 한데 뭉친 것이 아니라고 르봉은 설명했다. 군중은 무의식적이며 불합리하더라도 조직되고 목적이 있었다. 군중은 구성원들이 깨닫지 못하는 사이에 형성됐다. 각 구성원은 숫자가 부여한 "무적의 힘"을 느꼈지만, 모두가 "남의 영향을 받기 쉬웠고" "전염"을 통해 군중 자체의 목적을 얻었다. 군중 속에서는 모든 사람이 "야만인, 즉 본능에 따라 움직이는 동물"이 됐다. 군중은 추론 대신 상상과 비유로 생각했다. 그들은 환경에 따라 정해지는 "기분"은 느꼈을지 몰라도 지능적으로 행동하지는 않았다. 그 기분은 즐겁고 평화로울 수도, 미움으로 차 있고 공격적일 수도 있었다. 따라서 군중은 범죄적으로 행동할 수도(폭동), 영웅적으로 행동할 수도(전투) 있었다.

대중사회에서 사람들에 대한 낡은 통제 장치는 효과가 없었다. 종교도, 관습적인 제도도 군중을 지배할 수 없었다. 그러나 지도자들은 군중에서 부상해 그들의 길잡이로 봉사해야 했다. 그들은 폭군일 수도, 정치가일 수도 있었고, 악일 수도, 선일 수도 있었다. 그들은 언제나 독재적이었고 지력이나 우월한 능력이 아니라 군중을 이해하고 구성원을 대표함으로써 권위를 끌어냈다. 군중의 성공적인 지도자는 절대 자신이 말하는 것을 설명하거나 정당화하려 하지 않고 그냥 공표한 다음 되풀이해 말했다.

르봉은 군중을 (구성원이 섞여 있는) 이질적인 것과 (구성원이 같은 부류인) 동질적인 것으로 나누었다. 첫 번째 유형은 (거리의 군중처럼) "익명적"일 수도 (집단 사고에 빠지기 쉬운 배심원단이나 의회처럼) "비익명적"일 수도 있었다. 동질적인 군중에는 당파나 카스트(예컨대 사제, 판사, 군 장교, 공장 노동자들)뿐만 아니라 사회 계급(농민, 중산층)도 포함했다. 군중식 사고가 사회적 카스트를 사로잡을 때 그것은 단단히 굳어져 지속하는 경향이 있었다. 그러면 카스트는 오로지 자체의 이야기만 들으면서 대중을 통제하기 위해 권위를 차지하려 했다.

군중과 같이 사고하는 성향은 사회 엘리트와 "문명화된" 사람들이나 하류층과 "야만적인" 사람들이나 다르지 않으므로 르봉은 일반적 편견에 기대어 여성(자연적으로 남성보다 열등하다)과 보편적 무상교육(학교 교육으로 향상될 수 있는 사람은 거의 없다), 그리고 흑인(르봉은 "검둥이에게 문학사나 박사 학위를 줄 수는 있어도 그를 문명화할 수는 없다"고 했다)에 적대적인 자신의 견해를 폈다.

르봉의 견해로 보통선거는 유감스럽지만 불가피했다. 정부가 여론을 이끄는 것은 갈수록 더 어려워졌다. 그러나 르봉은 "문명화된 사람들"에게 의회는 여전히 최선의 정부 형태라고 인정하면서도 반어적으로 "어쨌든 사상가와 작가, 예술가, 배운 사람들에게는 그렇다"고 덧붙였다. 군중은 참을성이 없고 전제적이며 보수적이었고 "전통을 절대적으로 숭배하고 삶의 조건을 바꿀 수 있는 새로운 것은 무의식적으로 혐오"했다. 그들을 다스릴 수 있는 이는 압도적이고 강력한 지도자였다.

르봉이 사실을 바탕으로 대중의 행동을 연구해 내놓은 밑그림에는 명백한 모순과 중복이 있었지만, 완전히 이해하지 못한 힘에 밀려 군중으로 뭉친 사람들에 대한 그의 생생한 묘사는 좌우를 막론하고 모든 이의 상상 속에 각인됐다. 그들은 자유주의적인 의회주의가 1893년의 경제 침체와 취약한 재정, 부패 추문, 그리고 확산하는 파업 같은 제3공화국의 시험을 통과할 수 있을지 의문을 제기했다.

르봉은 당파적 의도를 부인했으나 짧은 시간 동안 여러 판을 낸 『군중』은 명백히 민주적 자유주의에 관한 보수주의자들의 회의를 부추겼다. 책은 집단의 행동을 군중의 행동으로 낙인찍고, 군중의 행동은 비합리적인 것이라는 오명을 씌움으로써 노동계급의 조직과 요구(노동조합의 권리와 더불어 사회 개혁과 경제의 국가 통제를 위한 유권자들의 압력)에 대한 우파의 두려움을 변호하는 것으로 보였다. 르봉의 저작은 사회집단의 모든 행동이 군중과 같이 비합리성에 빠지기 쉽다고 암시함으로써 정치적 자유주의가 의존하는 합리적이고 독립정신이 있는 시민들의 영향력, 심지어 그 존재에 관한 보수의 의심을 견고히 했다.

1921년 지크문트 프로이트는 르봉이 최초로 그렇게 했다고는 하지 않았으나 그가 "무의식적인 정신적 삶"의 역할을 인식했다고 칭찬했다. 슘페터가 보기에 르봉은 "민주주의의 고전적 교리와 혁명에 관한 민주적 전승의 바탕에 깔린 인간 본성의 구도에 강력한 타격"을 주었다. 슘페터는 한껏 과장해 르봉이 "우리가 모든 사람이 알아도 아무도 보고 싶어하지 않는 원시적인 충동과 유치증, 범죄 성향의 섬뜩한 사실을 마주하게 했다"고 썼다.

르봉은 체계적인 사상가라기보다는 다른 생각을 빌려오는 사람이자 온갖 생각을 합치는 사람이었다. 그는 스펜서식의 사회적 다윈주의에서 인류를 높은 문명과 낮은 문명으로 나누는 생물·문화적 위계의 개념을 가져왔다. 르봉은 알프레드 푸이에(1838~1912)로부터 도덕과 사회에 관한 우리의 이해는 우리가 알지 못하는 질료적인 힘에 따라 조용히 형성되는 것이 전혀 아니라 그와 반대로 푸이에가 "주도 이념"이라고 일컬은 지도적 관념에 따라 형성된다는 생각을 가져왔다. 사회생활에서 모방의 힘에 관한 가브리엘 타르드(1890)의 저작과 범죄적 군중에 관한 스키피오 시겔레(1891)의 저서 뒤에 나온 르봉의 책은 무엇이 먼저인가에 대한 논쟁을 불렀다. 그런 저작은 다음 세기까지 자유민주주의 사회에 관한 보수의 사고에 각인됐는데, 스페인의 우파 사상가 호세 오르테가 이 가세트의 『대중의 반란』(1930)이 대표적이었다. 책은 1945년 이후 민주주의 윤리와 문화에 대해 미국과 독일의 신보수주의가 집착한 음울한 견해로 이어졌다.

대중에 관한 연구는 더 정교해지고 실증적이며 전문화됐다. 그러나 과학화의 열망에도 불구하고 그런 연구는 탈정치화에 성공한 적이 없었다. 20세기에 대중을 보는 관점에서 별개의 전통이 나타났는데, 하나는 사회심리학에서, 다른 하나는 자유시장 경제학에서 두드러졌다. 사회심리학의 전통은 민주주의에 관한 보수의 두려움에 우호적이었다. 그 전통은 군중의 어리석음과 독재적 지도자에 복종하는 경향에 관한 르봉의 주장을 확인해주려고 했다. 1920년대와 1930년대 자유민주주의의 붕괴는 파시즘과 나치즘, 소비에트 공산주의의 부상과 더불어 정치의 비합리성과 분열적인 대중운동, 그리고 이른바 "권위주의"의 (즉 순종적인) 인간형에 관한 세기 중반의 연구를 부추겼다. 미국의 사회심리학자 에릭 호퍼의 광신의 뿌리에 관한 탐구인 『맹신자: 대중운동의 본질에 관한 단상』(1951)은 베스트셀러가 됐고, 아이젠하워가 방문자들에게 가장 즐겨 주었던 책이라고 한다.

경제학의 전통은 그와 대조적으로 군중의 지혜를 강조했다. 합리적 선택 이론과 자유시장의 우월한 정보 수집 능력에 관한 주장에 의지해 대중의 의사결정에 대해 불안해하지 않고 더 희망차게 보았다. 집단적 의사결정에는 주의를 돌리는 함정과 역설이 따랐지만, 현명한 군중에 대한 신뢰를 무너뜨릴 만큼 중대한 것은 아무것도 없었다. 문제의 군중이 다양하고, 독립적인 사고를 하며, 무엇보다 지도나 위협, 혹은 지시를 받지 않는 한 군중이 커질수록 더 나은 집단적 의사결정이 이뤄졌다.

도식화하면 19세기 말부터 20세기 중반까지 어리석은 군중에 집착한 이들은 불안한 보수주의자들이었다. 1945년 이후 보수주의에서 시장 자유주의자로 돌아선 이들은 어리석고 권위를 갈망하는 군중을 완전히 잊지는 않은 채 현명한 군중을 환영했다. 보수주의는 불안과 희망 사이에 널리 퍼져 있었다. 재산권을 옹호하고 시장을 신뢰하며 정부를 의심하는 보수주의자들은 수없이 많아도 서로 연결되지 않은 현명한 군중에게서 무계획적이고 지도받지 않은 판단의 명민함을 알아보게 됐다. 그들을 다른 쪽으로 이끈 것은 똑같은 다수이지만 뭉쳐지고 어리석은 군중에 대해 당초 그들이 느꼈던 두려움이었다. 보수주의자들은 경제 이론상의 현명한 군중이 자생적 질서의 원천과는 거리가 멀고 사실은 비도덕적인 무한 경쟁을 가리고 있을 뿐이라는 의심을 완전히 떨쳐버린 적이 없었다.

군중으로 무리 지은 사람들에 관한 단순하지만 이해하기 쉬운 르봉의 묘사는 대중민주주의에 대한 보수주의자들의 두려움과 문화적 평준화에 대한 유감, 그리고 자립적이고 합리적인 시민을 상정하는 정치적 자유주의에 대한 거부를 자양분으로 삼았다. 동시대 언어로 폭도의 변덕과 위험에 관해 쓴 문학 작가들은 그런 묘사에 현란한 색깔을 입혔다. 프랑스의 특기할 만한 예는 막심 뒤캉(1822~1894)이었다. 군소 작가이자 모험적인 초기 사진가였던 뒤캉은 귀스타브 플로베르, 보들레르와 나눈 문학적 우정으로 가장 잘 알려졌는데, 보들레르는 『악의 꽃』에 수록한 환멸에 관한 신랄한 찬가 「여행」을 그에게 바쳤다. 뒤캉은 1871년 코뮌에 관한 네 권의 격렬한 서사인 『파리의 격동』(1878~1880)이 없었다면 쉽게 잊혔을 수도 있다. 책은 파리의 폭도에 대한 보수주의자들의 혐오를 불러일으킨 중요 사건으로 1793년과 1848년의 코뮌을 추가했다. 독설과 조소의 걸작인 뒤캉의 글은 코뮌의 문서와 공식 보고서의 기만적인 사실적 구도를 바탕으로 했다. 1848년 국가 방위군으로서 반란자들과 싸우다 부상한 뒤캉은 그의 책에 문학적 힘을 준, 공화주의자들에 대한 혐오를 품고 있었다. 『격동』은 이 도시의 보통 사람들이 몇백 명의 어설프게 교육받은 악한들에 이끌려 길을 잃었다며 그들을 사회 병폐에 취약한 의지박약의 숙맥으로 묘사하는 논쟁적이고 공상적인 구도를 제시했다.

뒤캉은 파리 사람들을 악마화할 때 사건의 앞뒤를 교묘하게 바꿔놓았다. 코뮌은 반란이라기보다는 국가의 권위가 사라졌을 때 파리가 살아남기 위한 분투였다. 프로이센과 잘못 벌인 전쟁에서 프랑스군이 무너짐에 따라(1870년 7~9월) 권위주의적인 제2제정은 끝장났다. 독일군은 승리를 확정해 전쟁을 끝내려고 수도를 포위했다. 1871년 1월 식량 공급이 끊기면서 프랑스는 교섭을 제의했다. 선거운동에서 프랑스의 급진적인 도시들은 보수적인 시골 지역과 허약한 새 공화국의 통제권을 놓고 다투었다. 전쟁에 지친 유권자들은 티에르가 이끄는 우파 정부를 선택해 그가 독일의 가혹한 평화 조건을 수용하도록 위임했다.

그 선거에서 급진파 후보들이 파리의 의석을 휩쓸었다. 더 가난하고 인구가 많은 동쪽 구들에서는 평화 조건에 대한 반감과 싸움을 계속하려는 열망, 채권자들을 돕는 정부에 대한 분노가 민주적 권리와 사회 개혁에 대한 희망과 뒤섞였다. 정규군이 파리의 민병대를 친하게 대하기 시작하자(1871년 3월) 티에르는 화들짝 놀라 군과 내각을 베르사유로 불러들였다. 국가의 권위를 빼앗긴 파리는 약 90명의 평의원으로 자치적인 코뮌을 수립했다. 그들 대부분은 소규모 전문직과 자영업 장인들이었다. 급진적인 파리는 코뮌에서 자치를 봤으나 보수적인 베르사유는 혁명을 감지했다. 베르사유가 정치적 질서를 되찾았다고 본 것을 코뮌은 부자들의 계급 전쟁으로 여겼다.

정치 클럽에서는 무정부주의와 공상적 사회주의의 목소리가 들렸지만, 코뮌은 프롤레타리아적이지도, 혁명적이지도 않았다. 코뮌의 목표는 파리가 더 많은 자치를 이루고 장인과 소기업에 대한 부담을 없애는 것이었다. 코뮌은 72일 동안 지속했다. 어떤 목표라도 이루기에는 불충분한 시간이었지만, 티에르가 다시 힘을 모아 자신의 정부가 상당한 원인을 제공했던 자생적 봉기를 진압하기에는 충분한 시간이었다. 5월에는 프랑스 정규군 13만 명이 서쪽 교외에서 파리로 진입했다. 이 군대는 7일 동안 약 1만 명의 수비대와 무장하지 않은 조력자, 무고한 행인들을 죽였다. 포로들은 즉결 처분됐다. 체포된 3만6000명 중 1만 명이 처형되고 투옥되고 추방됐다.

뒤캉은 검사와 같은 기술로 이 혼란스럽고 끔찍한 사건에서 한 가지 비난거리를 끌어냈다. 그것은 "제4신분"이라는 과격한 말썽꾼과 좌파 지식인들이었다. 그들의 목표는 "오직 그들의 상상 속에만 존재하는" 특권을 끝장내고 "아무것도 배우지 못하고, 아무것도 알지 못하고, 아무것도 하고 싶어하지 않는 이들에게 천부적인 권리로서" 통치권을 부여하는 것이었다. 그들은 "의심하는 마음을 가진 비천한 사람들의 원초적 악"인 시기심으로 고무됐다. 이처럼 실망한 이들의 대표성 없는 무리에는 "몰락한 프티부르주아지와 사장이 아니어서 절망한 노동자, 한몫 벌지 못해 화가 난 사장, 신문 없는 신문인, 환자 없는 의사, 가르칠 학생이 아무도 없는 교사들"이 포함됐다. 이 상상 속 괴물에 굴복하는 것의 정치적 교훈은 뒤캉이 보기에 전 유럽에서 매우 일반적인 것이었다. "집산주의자와 프랑스 코뮌 지지자, 독일 사회민주주의자, 러시아 허무주의자들은 (…) 상표는 달라도 같은 독"이었다.

뒤캉이 흥분하고 직설적일 때 미국 작가이자 역사가인 헨리 애덤스(1838~1918)는 암시적이고 애조를 띠었다. 진보에 환멸을 느낀 애덤스는 대중이 선의를 가졌으며 순종적이라고 봤다. 정치 참여는 그들 삶의 일부였으나 큰 부분은 아니었다. 열심히 경계하는 시민이 없었다면 자국의 훌륭한 민주주의 제도는 정치인들에게 인민의 이름으로 통치하도록 돈을 대주는 부유한 이익집단에 포획됐을 터였다. 애덤스가 보기에 그것은 더러운 거래였다.

한 대통령의 손자이자 또 다른 대통령의 증손자인 애덤스는 부유하고 탁월한 집안에서 태어났다. 부는 존중하고 탁월성은 불신하는 나라였다. 애덤스는 민주 국가에는 그 두 가지 다 필요하다고 믿었지만, 부와 탁월성, 그리고 민주주의가 어떻게 어울리는가 하는 문제는 풀 수 없었다. 그 긴장은 그의 삼인칭 자서전 『헨리 애덤스의 교육』(1907)과 도금시대 워싱턴의 부패한 로비를 소설적이면서도 언제나 시사적인 풍자로 쓴 『민주주의』(1880)를 관통한다.

역사가로서 초기 미국을 돌이켜보면서 애덤스는 이 나라가 영국과의 두 번째 전쟁(1815)까지는 특별하고 확고한 특성을 보이게 된 것으로 다루었다. 이 나라는 그 시대에 독특하게 민주적이었다. 1889~1891년에 출간한 초기 공화국의 역사에서 그는 이렇게 썼다.

"전쟁은 그다지 중요하지 않았고 영웅은 그보다 덜 중요했다. 인민만이 영원히 주목받을 수 있었다." 자신의 시대를 돌아보면서 애덤스는 실제로 사적 이익에 왜곡된 민주적 자치정부에 대한 희망을 거의 품지 않았다.

환멸은 『민주주의』를 관통하며 이 소설에서—결혼의 로맨스와 정파적 음모를 섞은—구성은 애덤스의 관념 놀이보다 훨씬 덜 중요한 자리를 차지했다. 여주인공은 자선가인 미망인으로 워싱턴이 어떤 식으로 돌아가는지 관찰하게 된다. 그 반영웅은 부패하나 힘센 상원의원 래트클리프다. 래트클리프의 입을 통해 애덤스는 대중의 참정권과 사회 개혁을 멸시하는 관점을 드러낸다. 그는 이렇게 말한다. "어떤 대의 정부도 그 정부가 대표하는 사회보다 오랫동안 훨씬 더 좋거나 훨씬 더 나쁠 수 없다. 사회를 깨끗이 하면 정부가 깨끗해진다." 젊은 진보주의자로서 애덤스는 사회 개혁을 믿었으나 그 신념을 잃어버렸다. 독자들은 애덤스가 래트클리프의 냉소주의에 역겨움을 느끼는지 그의 솔직함에 끌리는지 알아내기 어렵다. 자서전에서 애덤스가 실존하는 펜실베이니아의 상원의원이자 정치적 책사인 사이먼 캐머런에 관해 쓸 때도 똑같은 불확실성이 생긴다.

여주인공은 애덤스처럼 래트클리프에 끌리나 그의 접근을 거절한다. 그녀가 래트클리프의 부패한 거래를 따지자 그는 안전하지 않은 증기선 회사로부터 유리한 입법을 대가로 돈을 받는 것은 그것이 자신의 당에 도움이 되는 한 해로울 것이 없다고 답한다. 그의 당은 상대 당보다 사회를 위해 더 잘했고 사회가 잘되도록 하는 것은 그의 가장 중요한 의무이기 때문이라는 것이다. 여주인공은 래트클리프가 "도덕적 미치광이"임을 알지만, 그를 거절한 것을 두고 "우리 나라 사람 열 중 아홉은 내가 실수했다고 말할 것"이라며 유감스러운 결론을 내린다. 여주인공은 "그녀의 빈민들에게, 그리고 그녀의 감옥, 학교, 병원에" 좋은 일을 하려고 워싱턴 정치판을 떠난다. 애덤스는 정치를 조직하는 가장 덜 나쁜 방식으로서 인민 주권의 이상에 관한 믿음을 잃은 적이 없지만, 대중은 너무 흩어지고, 여념이 없고, 집중된 금권에 저항하기에는 약하다고 생각하게 됐다.

애덤스는 머뭇거리며 당혹스러워하는 보수주의자였다. 그와 대조적으로 H. L. 멩켄(1880~1956)은 상대를 때려눕힐 듯 포효하는 우파의 경구 제조기이자 통념을 깨는 사람이었다. 애덤스는 인민이 실제보다 더 현명하기를 바랐다. 멩켄은 그들의 우둔함을 의심한 적이 없었다. 그는 "우중 정치"라며 중산층 독자들의 허세와 순응을 조롱했다. 그러나 바로 그 독자들이 그가 이 나라의 가장 인기 있는 괴팍한 현인으로 빛나는 경력을 쌓게 해주었다. 멩켄은 볼티모어의 기자이자 비평가, 편집인으로, 정치적 어리석음을 폭로하고 문화적 노력을 조롱하는 잡지 『스마트 세트』와 『아메리칸 머큐리』를 이끌어가는 주동자로 알려졌다.

멩켄의—흑인과 유대인, 그리고 그가 유일하게 칭찬한 민족인 독일인을 제외한 거의 모든 외국인에 대한—개인적 편견은 거칠 것이 없었는데, 이제 그것들은 분명한 인용 부호를 달거나 간접화법을 쓰지 않고는 더 이상 출간할 수도 없다. 출간된 글과 미출간 원고에서 간략하게 발췌한 것만으로도 그 신랄함을 느낄 수 있다. "여성 혐오자, 여성끼리 서로 미워하는 만큼이나 여성을 미워하는 남성" "오늘날의 교육받은 검둥이는 실패작인데, 그가 삶에서 이겨낼 수 없는 어려움에 부딪히기 때문이 아니라 그가 검둥이이기 때문이다. 요컨대 그는 타고난 하층 카스트 사람으로 문명에서 50세대를 살아도 여전히 둔하고 비효율적일 것이다. 그때가 되도 더 우월한 백인종은 그들보다 50세대 앞서 있을 것이다."

멩켄은 정부와 보통 시민, 그리고 일반 대중의 지력을 똑같이 조롱했다. 민주주의는 "원숭이 우리에서 서커스를 하는 기술"이었다. "모든 정부는 그 본질에서 더 우월한 인간에 대한 음모다. 정부의 단 하나 영구적 목표는 그를 억압하고 불구로 만드는 것이다." 멩켄은 농담으로 독자들의 폭력을 부추겼다. "하원의원 3분의 2가 내일 워싱턴의 쓰레기 소각로에 던져진다고 해보자. 그들의 급여와 그들에게 빌붙은 기생충들의 급여를 절감해 우리가 얻는 이득을 상쇄하고 잃을 것이 무엇인가?" "나는 관리를 시민이 주먹으로 때리고, 쇠가죽으로 치고, 발로 차고, 도려내고, 자르고, 상처 입히고, 멍들게 하고, 병신으로 만들고, 태우고, 곤봉으로 치고, 매질하고, 가죽을 벗기고, 심지어 사적 형벌을 주는 것도 더는 '그 자체로 죄'가 되지 않게 할 것을 제안한다."

보통 시민의 도덕적, 정신적 역량에 관해 멩켄은 이렇게 썼다. "평균적인 사람의 자유에 대한 사랑은 그의 지각과 정의, 진실에 대한 사랑과 똑같이 9할이 가상적인 것이다. 그는 실제로 자유로울 때 행복하지 않다. 그는 불편해하고 조금 불안해하며 참을 수 없을 만큼 외로워한다." "종교는 일반적으로 말해 인류에게 저주"였으므로 독실한 미국인들은 곧잘 속았다. 사람들은 명료하게 추론할 능력이 없었다. 시민들은 신중한 완전체를 형성한 적이 없고 생각 없는 군중으로 남아 있었다. "공직 후보자가 유권자들을 마주할 때 그는 지각 있는 사람들을 대면하는 것이 아니다. 그는 생각을 저울질할 능력이 전혀 없다는 것이 가장 중요한 특징인 군중을 마주한다."

지성을 갖춘 계층들도 큰 도움이 되지 않았다. 이 나라는 "지적인 귀족, 다시 말해 정보 면에서 정통하고, 사고 습관에서는 회의적이며, 무엇보다 지위와 권위가 안정된 이들"이 부족했다. 윤리적, 문화적 권위자로 봉사해야 할 사람들이 그들의 임무를 다하는 데 터무니없이 실패했다. 전형적인 대학 총장은 "지식을 좇고 보급하는 사상의 전투"가 아니라 "부유한 얼뜨기의 환심을 사고 군중을 환대하는 일"에 참여하는 "배회하는 아첨꾼"이었다.

멩켄은 당시 전통적 견해에 관한 독설과 기지로 일반적으로는 아니더라도 널리 존경을 받았다. 1920년대에 월터 리프먼은 그를 "이 세대의 모든 교육받은 사람들에게 개인적으로 가장 강력한 영향을 미치는" 인물이라고 생각했다. 1930년대가 되자 책 읽는 대중의 분위기도 바뀌었다. 멩켄은 피곤하고 케케묵은 목소리로 들리게 됐다. 그는 자신의 적극적인 견해는 없이 히틀러보다 루스벨트가 더 비난할 만하다고 말하는 심술 많고 유리된 보수주의자가 됐다.

그의 재담이 심술에서만 나오는 것은 아니었다. 그는 가장 좋아하는 사상가인 니체를 읽고 그에 관해 연구한 바를 썼다. 조지 오웰과 빅토르 클렘페러처럼 멩켄은 우리가 선택하는 말의 정치학을 이해했다. 『미국어』(1921)에서 그는 "올바른 용법"의 격식에 반대해 미국인이 쓰는 말의 창의성과 통속적인 활력을 옹호했다. 그러나 멩켄 자신은 파괴적인 말을 아무렇게나 내던졌다.

옹호자들은 멩켄이 거만하거나 독선적이지 않았다고 항변해왔다. 그의 편견은 몹시 과장돼서 편견 자체를 우스꽝스럽게 만들었고, 최근 출간된 그의 일기가 보여주듯이 대상을 가리지 않았다. 그들은 인간의 어리석음에 대한 멩켄의 경멸은 선택적인 것이 아니라 보편적인 것이었다고 주장한다. 다시 말해 인간과 그들의 실패를 신조나 종족을 가리지 않고 조롱했다는 것이다. 더욱이 「내가 믿는 것」(1930)에서 멩켄 자신이 주장했듯이 가장 중요한 원칙으로 여긴 언론 자유를 위해 그보다 더 열심히 싸운 이는 없었다. 마지막으로, 열성적인 이들은 대중에 대한 멩켄의 두려움에서 포퓰리즘처럼 여과되지 않은 민주주의에 대한 경고를 알아봤다. 멩켄은 미국이 그런 흐름에 휩쓸리기 쉽다고 염려했다.

멩켄의 평판은 정치 풍토에 대한 비공식적 리트머스 시험 구실을 했다. 그의 평판은 1930년대에 추락했다가 거칠어진 멩켄주의가 미국 우파 미디어에서 인기를 끌고 자유주의자들은 정치적 올바름 때문에 웃음거리가 된 1980년대에 회복했다. 2010년대 독일과 프랑스의 강경 우파는 멩켄의 정신에서 그들의 주장에 따르면 "말하도록 허락되지 않은" 것을 용기 있게 말하자는 분명한 외침을 만들어냈다. 현명한 선택을 내릴 수 있는 민주적인 유권자들의 역량에 관한 멩켄의 불신은 오늘날 미국의 우파 학자들에게 반향을 일으켰다. 그들은 어리석거나 무지한 유권자들의 선거권을 사실상 빼앗는 것을 옹호한다.

멩켄에 대한 반응은 부분적으로 사람들이 일단 멩켄이 쓴 것과 같은 이야기를 공개적으로 해서는 안 된다는 교훈을 배우는 것이 유감스러운 일이라고 보는지, 좋은 일이라고 보는지에 따라 달라진다. 그 반응은 또 사람들이 멩켄의 모든 것을 안다는 듯한 논조를 얼마나 믿는지에 달려 있다. 그 논조는 "p는 일반적으로 믿는 것이다. 일반적인 믿음은 흔히 틀렸다. 그러므로 p가 아니다"라는 허울만 그럴듯한 주장에 의존했다. 멩켄은 도덕에 관한 니체의 저작을 마음속 깊이 무비판적으로 찬양했다. 도덕적 회의론자로서 니체의 문제는 도덕을 무너뜨리기 위해서는 그중 일부는 서 있게 남겨둬야 한다는 점이었다. 보수적인 반대론자로서 멩켄은 언제나 어느 의견이 틀렸는지 아는 것처럼 보였다. 그러나 그가 어느 것이 옳은지 말할 수 있었던 경우는 거의 없었다.

이 장에 나오는 사상가와 작가 중 조르주 소렐(1847~1922)은 가장 공공연히 정치적이었지만, 또한 정치적으로 가장 분류하기 어려운 사람이었다. 그는 대중을 노동계급으로 상정하고 노동계급을 자유주의자와 의회민주주의자들에 맞서 쓸 수 있는 적절한 무기로 여겼다. 둘 중 어느 구도도 완전히 참이거나 완전히 거짓이 아니므로 소렐의 저작은 자유민주주의를 구제할 수 없는 것으로 생각하는 모든 이가 뒤져봐야 할 중요한 문헌으로 남아 있었다. 소렐은 괴짜 마르크스주의자이자 파시즘의 선구자로 분류됐다. 그의 사고에서 가장 분명한 가닥은 자유주의에 대한 멸시였다. 이는 그를 급진적 좌파뿐만 아니라 완고한 우파와도 어울릴 수 있게 해주었고, 따라서 그는 보수주의 역사에 반쯤 걸치게 된다.

소렐은 다작했으나 주로 『폭력에 대한 성찰』(1908)과 『진보의 환상』(1908)으로 기억된다. 전자는 자유주의와 사회주의에 관한 에세이 모음이고 후자는 정치사상으로서 진보의 역사다. 책들은 강력한 공통의 주제를 담고 있었다. 정치적으로는 공적 이성과 선거, 의회 정부에 대한 자유민주주의의 믿음을 조소하고, 사회적으로는 자유민주주의가 의지하는 중산층의 무기력함을 책망하는 것이었다. 소렐은 노동계급의 적대감에서 자유민주주의의 위선을 까발리는 수단과 퇴폐적인 사회를 재생시킬 에너지원을 모두 보았다.

자유주의적인 사회는 한때 자본주의에서 끌어냈던 생산적인 에너지를 잃었다. 초기의 활력이 사라지자 그 대신 퇴폐적이고 태평한 소비의 윤리가 널리 퍼졌다. 정치적으로 그 윤리는 자유민주주의의 숨 막힐 듯한 가식으로 표현됐다. 그것은 절차와 논의, 그리고 임시방편식 개혁 과정에서 사회적 활력을 질식시켰다. 소렐은 노동계급의 적대감으로 인해 평등한 진보에 대한 자유주의적인 믿음과 계급으로 나뉜 자유주의 사회의 실제 상황 간 위선적인 격차가 드러나기를 기대했다.

소렐은 이성과 논리가 집단행동을 이끈다는 것을 부인할 때 르봉과 타르드를 따랐다. 둘 다 소렐이 칭찬하는 이들이었으나 르봉과 타르드는 큰 무리를 이룬 사람들이 **어떻게** 생각하는가에 집중한 데 반해(군중처럼 생각하고, 다른 사람을 모방한다고 봤다) 소렐은 그들이 **무엇**을 생각하는가에 초점을 맞추었다. 소렐은 사회적 행동은 신화에 이끌린다고 썼다. 신화는 숙고하기 전의 것이며, 추론되지 않고, 반박될 수도 없었다. 그런 만큼 비합리적이었다. 그러나 신화는 아무 생각이 없는 것이 아니었다. 내용이 있고 뭔가를 이야기하는 것이었다. 신화는 사회가 어떤 것인지, 어떠해야 하는지를 그려냈다. 그러므로 보수주의자인 르플레(소렐은 그도 칭찬했다)가 사회질서에 필수라고 생각했던 "권위"와 같이 집단의 규범으로서 역할을 했다. 소렐이 보기에 신화는 깊이와 권위가 있었다. 신화는 사람들의 가장 강한 약속들을 표현했다.

소렐은 대중의 진실한 혁명 신화를 지식인들이 겉치레로 만들어 낸 유토피아와 구별했다. 대중의 신화는 지속할 수단을 갖췄지만, 지식인의 신화에는 그것이 없었다. 대중의 신화는 어떤 의미에서 근거가 있고 믿을 만했다. 지식인의 신화는 꾸며낸 것이고 기만적이었다. 지식인이 만들어낸 유토피아적 신화 중 시장사회의 자기 조직화에 관한 자유주의적 신화보다 더 허약한 것은 없었다. (소렐은 훗날의 자유주의적 신화인 신화의 종말이라는 신화를 추가할 수도 있었을 것이다.) 사회주의 신화에는 혁명적인 면과 유토피아적인 면이 있었다. 그것은 "진지하고 굉장하고 숭고한" 것이었다. 그보다 더 진정으로 혁명적인 신화는 총파업을 옹호한 생디칼리슴의 신화였다. 사회주의자들은 국가 운영자들을 교체하고 싶어했다. 생디칼리슴 옹호자들은 국가 자체를 대체하기를 원했다.

소렐이 말한 "폭력"은 가게 유리창을 박살 내거나 부자들을 도륙하는 것을 뜻하지 않고 언제든 자유주의적이고 민주주의적인 규범에 갑자기 단호하게 등을 돌리는 것을 의미했다. 그렇게 이해한 정치적 폭력은 법의 속박을 받지 않고 낡은 질서를 뒤엎으려는 모든 급진적 행동을 포함했다. 그런 행동은 증오나 복수심 없이, 감정에 휘둘리지 않는 군사작전처럼 수행됐다. 총파업은 이런 의미에서 폭력적일 것이었다. 기꺼이 사회 규범을 전복하려는 태세는 풍토적인 것이었다. 그렇게 이해하는 폭력은 절대 지나치게 확대되지 않을 것이었다. 유일하게 답하지 않은 문제는 폭력이 야수적일 것이냐, 고결할 것이냐였다. 물리적 폭력은 국가의 감시에 직면했을 때 극단적 방어 수단이 될 한 가지 형태일 뿐이었다.

소렐은 엄밀히 보수주의자가 아니었다. 그는 엄밀히 어느 정치 진영에도 속하지 않았기 때문이다. 드레퓌스파로서 그는 자신들의 원칙과 경력을 위해 정부를 남용하는 자유주의 정치인들에게 반대하는 쪽으로 돌아섰다. 그런 다음 급진적인 생디칼리슴 지지자로서 프랑스에서 마르크스를 옹호하고 1900년대 초 파업 물결을 지원했다. 그의 마르크스주의는 경제적이라기보다는 윤리적인 것이었다. 소렐이 보기에 마르크스는 자신이 비판했던 정치경제학자들과 똑같이 환원주의의 실패를 겪었다. 양쪽 다 윤리를 경제학의 토대 위에 올려놓았지만, 소렐이 보기에는 그 반대여야 했다. 소렐은 부르주아 계급이 돈을 가졌기 때문이 아니라 허약하고 의지가 부족해서 노동자들에게 쫓겨난다고 생각했다. 제1차 세계대전 후 그는 반자유주의 우파에 눈길을 보내기도 했고 마지막에 레닌을 칭송하기 전에는 반유대주의로 돌아서기도 했다.

소렐의 마르크스 비판은 인간의 진보를 좁은 개념으로 보는 것에 대한 일반적인 불만으로 확장됐다. 『진보의 환상』 뒷부분에서 그는 더 풍부한 지식과 재화, 여가가 언제나 사람들을 더 행복하게 해주지는 않는다고 썼다. 그에 대한 잘못된 사고는 계몽된 18세기의 개혁가들에게서 물려받은 것이었다. 그런 사고는 연약한 "소비의 윤리"에서 생긴 것이었다. 소렐은 이 문제에 관해 태고의 지혜를 받아들였던 밀에 공명하는 짧은 구절에서 행복은 무엇보다 적극적으로 활동하며 만족스러운 일을 갖는 데 달려 있다고 시사했다. 생산 윤리와 소비 윤리를 대비하는 소렐의 주장은 1945년 이후 자본주의의 스스로 활력을 떨어트리는 힘에 관한 불안과 함께 다시 들려왔다.

소렐의 생각에는 서로 충돌하는 요소들이 있었다. 역사적 단계는 날카로운 파열을 거치며 진보할 뿐만 아니라 상승과 하강의 순환 주기를 가졌다. 사회적 신화는 참도 거짓도 아닌 계급적 무기도, 시대에 맞는 실용적인 사회 규범도, 혹은 환상과 기만(그른 쪽에 악용될 때)이나 해방의 진실(옳은 쪽에 이용될 때)도 될 수 있었다. 눈에 보이는 체제의 결함(자유민주주의)은 확실히 이야기하지만, 아직 보이지 않는 대안에 관해서는 사실상 침묵했다. 민주적 자유주의는 죽어가고 있다고 확신하는 (그리고 기뻐하는) 이들에게 소렐의 글들은 수사적 무기를 제공한다. 민주적 자유주의를 개혁하기를 희망하는 비판자들에게 소렐의 저작은 지나친 매도의 실패를 보여주는 유익한 교훈이다.

소렐의 흡인력은 자유민주주의와 임시방편식 개혁을 다 멸시하며 비판한 것이었다. 소렐이 보기에 그 둘은 대중을 속이고 주의를 돌리면서 오로지 부르주아 계급과 그 정치적, 지적 조력자들에게 봉사했다. 선거와 의회, 그리고 끊임없는 논쟁에 대한 소렐의 경멸은 마치 전류를 타듯 20세기 깊숙이 흘러들어왔다. 무솔리니는 소렐의 저서를 그의 침대 옆에 둔다고 주장했다. 슈미트의 법 집행자의 "결단주의" 위로 소렐의 비합리적인 행동에 대한 찬양과 의회에 대한 멸시가 어른거렸다. 동질적 집단으로서의 대중에 관한 그의 묘사는 자유주의적 엘리트에 대한 경멸과 어우러져 2010년대 강경우파 포퓰리스트가 부상할 때 요란스러운 반향을 일으켰다.

3. 문화적 타락과 윤리적 아노미: 윙거와 독일 사상가들, 드리외 라로셸, 미국 남부의 농본주의자들과 엘리엇

1914~1918년 전쟁 때부터 자유민주주의의 자신감이 손상되면서 완고한 보수주의자들이 활기를 되찾았다. 자유주의적인 사회를 천박하고 목표가 없으며 얼빠진 것으로 보는 그들은 그 사회를 비방할 풍부한 기회를 얻었다. 번영하고 개방된 나라끼리 서로 살육하는 것은 자유주의 이론에 따르면 결코 일어나서는 안 될 일이었다. 살육은 자유주의에 대한 확신을 뒤흔들었다. "열등한" 민족에 대한 식민 지배와 살육으로 가는 길을 닦아준 제국주의 경쟁은 진보와 평등에 관한 자유주의 서사의 민낯을 폭로했다. 전쟁이 시작될 때 대중이 보인 열광적 지지는 전쟁이 끝나자 폭동과 반란, 혁명으로 바뀌어 선거민주주의에 대한 자유주의적인 신뢰에 암운을 드리웠다.

자유주의의 동요하는 분위기는 1923년 경제학자 존 메이너드 케인스의 논문에 거의 절망적으로 표현됐다. "오늘날 우리는 가장 신념 없는 사람들이다. 우리의 종교적, 정치적 구조의 모든 부분이 좀먹은 것이다." 케인스는 정당정치적 의미로 "자유주의적"이라는 말을 쓰지 않았다. 그는 보수 정부도 많은 공헌을 해서 창조된 자유주의적인 세계에 관해 말하고 있었다. 1914~1918년 전쟁에 대한 비난과 뒤이은 가혹한 평화의 문제를 해결하는 데 있어서 보수주의 주류, 특히 우파 지식인들이 큰 몫을 담당했다.

프랑스혁명이 그 비판자들에게는 더 중대한 결함의 징후로 여겨졌듯이 제1차 세계대전은 1920년대와 1930년대의 완고한 우파에게 자유주의적 정통의 실패를 보여줄 결정적인 듯한 증거를 내밀었다. 그런 우파의 일부는 정계에 남아 주변부 투사로 활동하며 주류를 변화시키려고 했다. 다른 이들은 주로 작가와 사상가로서 정신적으로 공허한 자유주의와 조야해진 민주적 문화를 차원 높게 비판하는 자리로 물러났다. 그들을 구분하는 선은 미세할 수 있다. 프랑스의 모라스와 한동안 독일의 에른스트 윙거는 두 가지 역할을 다 했다. 미국에서 태어나 영국으로 온 시인 엘리엇은 근대에 저항하는 비판으로 물러난 순수한 사례였다. 모두가 실용적인 변명과 보수주의 주류 작가들의 "더 나쁠 수도 있다"는 피곤한 방어 논리를 대조하면서 비판적 에너지를 끌어냈다. 당시 우파의 소란스러운 견해는 현재 보수주의의 지적 혼란에 반향을 일으킨다. 한편에서는 불같은 불평분자들이 대담한 공격과 거창한 주장을 펴고 다른 한편에서는 우파 자유주의자들이 피곤한 방어 논리를 고집스럽게 편다.

1920년대와 1930년대의 소란은 음조와 성량이 다양했다. 독일의 오스발트 슈펭글러와 아르투어 묄러 판 덴 브루크, 에른스트 윙거가 서로 다른 방식으로 "보수 혁명"을 대변했다. 미국 남부의 농본주의자들은 도시의 공장노동보다 농장과 전원생활을 더 고양된 삶으로 옹호했다. 프랑스 우파 작가이자 파시스트 동조자인 피에르 드리외 라로셸은 그의 주변에서 본 자유주의적인 쇠약과 더불어 개인적 행동에 대한 예찬과 맞닥뜨렸다. 미국인으로 태어나 영국인이 된 위대한 모더니스트 시인 엘리엇은 자유주의적 근대의 아노미에 맞서 마치 콜리지와 공명하듯 기독교 전통에 깔린 높은 문화적 기준을 옹호했다. 그들은 각자 정치적 국외자였다. 민주적 자유주의의 지적 풍토에 대해 그들은 터놓고 윤리적, 문화적 비판을 했다. 또 보수주의자로서 자신의 비판이 정치적으로 중요하다고 생각했다.

"보수 혁명"이라는 표현은 저명한 독일 보수주의자 아르민 몰러가 1949년에 출간한 동명의 저서에 쓰면서 두루 쓰이게 됐다. 몰러는 바이마르공화국 초기를 돌이켜보면서 1918년 이후 독일 우파의 지적 효소를 다섯 유형으로 분석했다. 그들은 젊은 보수주의자와 민족주의자, 반바이마르 동맹의 다양한 참여자, 농본주의자, 국가주의 혁명가들이었다. 몰러는 나중에 분류법을 바꾸었는데, 그 세부 내용과 정확성보다 더 넓은 의미의 역사적 목적이 중요했다. 그 분류의 목적은 1920년대에 보수적이고 반자유주의적인 급진주의의 더 순수한 혈통을 찾는 것이었다. 이때 파시즘과 나치즘은 오염된 것이거나 완전히 다른 유형의 비보수주의적 운동으로 취급될 것이었다. 몰러의 설명에 따르면 보수 혁명의 사상가들이 공유하는 것은 자체의 모순을 인정할 수 없는 자유주의의 무능력에 대한 지각과 자유주의의 위선에 대한 멸시였다. 그 위선은 보편적인 선을 공언하면서 계급과 부에 봉사하고, 진보의 믿음을 확언하면서 세계를 약탈하고 그곳 사람들을 전쟁으로 몰아넣는 것이었다.

한 세기의 거리를 두고 보면 독일 "보수 혁명"의 세 작가가 두드러진다. 『서구의 몰락』(1918)의 저자 오스발트 슈펭글러와 『제3제국』(1923)을 쓴 아르투어 묄러 판 덴 부르크, 그리고 묄러가 문학 담당 비서(1948~1952)로 일한 장수한 논쟁적 작가 에른스트 윙거가 그들이다.

문명의 흥망에 관한 슈펭글러의 방대한 연구가 "세계 역사의 형태론 개요"라는 부제로 알려졌다면 과연 책 출간 후 8년 만에 10만

부 넘게 팔렸을지 물어볼 만하다. 많은 독일인이 국가의 패배와 베르사유 조약의 굴욕에 관한 연구라는 세평을 듣고 이 책을 집어들었으나 슈펭글러는 그의 파노라마를 상대적으로 긴장이 완화되고 자유주의의 희망이 있었던 1910년대 초부터 펼치기 시작했다. 발레 교사 겸 댄서의 아들인 슈펭글러(1880~1936)는 저명한 경제학자와 철학자들 밑에서 공부했고, 어머니가 세상을 떠났을 때 물려받은 돈 덕분에 신사 학자로 살 수 있었다.

높은 고딕풍 건물의 수석 건축가처럼 슈펭글러는 구조의 명확성과 종합적인 상징주의를 열망했다. 그는 알기 쉬운 순서로 정리한 명료하고 포괄적인 범주들로 광대한 역사적 공간을 펼쳐 보이려 했다. 인간의 삶 중 거의 모든 측면이 상징적 의미를 지니고 전체에 어울리게 될 것이었다. 근대적인 현재는 혼란스럽고 당혹스러울 수 있었다. 슈펭글러가 쓴 초역사는 현재가 세계 질서 안에서 자리를 찾도록 약속하는 것이었다. 서구의 근대—슈펭글러는 진보적 자유주의 시대를 의미했다—에 관한 이야기는 맥빠지는 것이었다. 자유주의적 서구가 세계사적 구도에서 마땅한 역할을 했다는 것은 일종의 위안이 되었다. 그리 위안이 되지 않는 것은 이제 서구의 역할이 끝났다는 슈펭글러의 시사적인 메시지였다.

슈펭글러에 따르면 수준 높은 문화는 대략 1000년의 주기로 발생하고 지배한 후 쇠퇴했다. 서구는 슈펭글러가 알아본 여덟 개의 "고급" 문화 중 마지막 세 개인 아폴로(그리스), 마기(유대교-고기독교-이슬람교), 파우스트(후기 기독교) 문화에서 부상했다. 모든 문화는 생동하고 자기 성찰적인 전체였다. 어느 것도 상상된 인종이나 종족 집단에 체현된 것이 아니었다. 문화는 계급들을 통합하고, 신념과 관습, 예술을 융합했다. 순수한 초기 형태의 문화는 뿌리가 있고 유기적이며 전원적이었다. 문화는 도시와 더불어 성장했으니 퇴락의 씨앗을 품고 있었다. 과도하게 생각하고 천성을 무시하며 친밀함과 자연스러움을 잊어버렸다. 고급문화는 확장하는 과정에서 "미라처럼 보존돼서" 문명이 됐다. 슈펭글러의 구도에서 드러나는 관점은 낭만적 보수주의에서 익숙한 반근대적인 대비였다. 시골과 도시, 감정과 이성, 전체와 부분을 대비하면서 도시민과 비판적 사상가들, 그리고 자유주의자들을 그 대비의 나쁜 쪽에 세우는 가정을 계속 유지했다.

서구는 강에서 약으로, 문화에서 문명으로 옮겨갔다. 그 미라화는 정치에서 명백했다. 자유로운 민주 제도와 화폐는 귀족에 대항하는 부르주아 계급이 언론의 도움을 받으며 쓰는 무기였다. 자유는 창의적인 이들이 인간을 돕기도 하고 노예화하기도 하는 기계를 만들어낼 수 있게 해주었다. 화폐는 모든 가치를 시장으로 이끌었다. 화폐의 독재는 "마지막 전투"에서 전제정치로 끝장나고 역사의 순환은 다시 시작될 것이었다.

슈펭글러의 정치적 논점은 잔뜩 부풀린 역사나 낭만적 반근대주의 없이도 이해할 수 있었다. 그는 『프로이센과 사회주의』(1919)에서 독일은 마르크스주의도 자유주의도 필요 없고 "프로이센 사회주의"가 필요하다는 점을 분명히 했다. 보수의 통제를 받는 인민의 동의를 사회 복지와 결합한 혼합 체제가 바람직하다는 것이었다.

아르투어 묄러 판 덴 브루크(1876~1925) 역시 보수적인 독일의 미래에 대한 그의 비전인 『제3제국』(1923)에서 상반되는 것들의 화해를 바랐다. 독학한 뮐러는 그의 이름을 철학적 비관론자 쇼펜하우어를 따라 아르투어로 지어준 건축가의 아들이었다. 그의 건축 연구인 『프로이센 양식』(1916)은 러스킨처럼 건축 형식에서 도덕적 의미를 발견했으나 국수주의적 목적을 노골적으로 드러냈다. 뮐러는 프로이센의 사무적인 건조함과 충실함, 권위의 존중, 자기 절제의 전통에서 발견되는 "남성적" 가치를 독일 내 다른 지역의 바로크 양식 및 낭만주의 건축에서 발견되는 공상적 보편주의와 감각적 충일의 "여성적" 가치와 대비했다.

정치적으로 뮐러는 슈펭글러처럼 대개 부정적이었다. 그는 자신이 반대하는 것, 즉 현재를 가장 잘 알았다. 『제3제국』에서 바랐던 새로운 독일은 진보적이지도 반동적이지도 않고, 절대적이지도 입헌적이지도 않을 것이었다. 독일의 흐릿하게 구체화한 가치는 변함없이 보수적이나 "모순과 함께" 살아갈 근대적인 용기를 지닐 것이었다. 독일의 사회주의는 "유기적"일 것이었다. 다시 말해 민족적 특성에서 자라날 것이었다. 새로운 제국은 고래의 것이면서도 근대적일 것이었다. 그것은 무엇보다 자유주의적이거나 의회주의적이지 않을 터였다. 뮐러는 "자유주의는 국가의 죽음"이라고 썼다. 미국의 역사가 프리츠 스턴은 뮐러의 논증 방식을 "명칭으로 전멸시키는 것"이라고 정확하게 평가했다. 근대적이면서 동시에 전통적이기를 바라는 뮐러의 소망은 나치의 연설과 교리에 울림을 주었다. 분노와 불만, 그리고 유사 학문을 버무린 그의 주장은 1920년대 독일 우파의 대부분에서 보인 비이성적 공론에 대한 전형적인 환대였다. 그들의 비하는 오늘날 강경우파에도 메아리를 남겼다.

논란 속에 장수한 에른스트 윙거는 군사적으로 1914~1918년 전쟁에서 자국의 최고 영예인 청십자훈장을 받은 최연소 장교로 이름을 얻었다. 문학적으로는 참호전을 기록한 전쟁 일기를 바탕으로 쓴 『강철 폭풍』(1920)이 베스트셀러가 되면서 이름을 날렸다. 영국의 전쟁 회고록들은 애조를 띠고, 자기비하적이며, 심지어 희극적인 경향을 보였다. 윙거는 달랐다. 윙거의 책은 나중에 여러 에세이를 추가해 편집하고 특히 「내면의 경험으로서의 전투」(1922)를 통해 부연 설명하면서 전쟁의 도덕적 기회를 강조했다. 윙거는 공포와 직면할 때의 용기가 평범한 삶을 고양할 수 있다고 시사했다.

윙거의 전시 교훈은 훗날의 저작에서 철수를 통한 구원의 윤리로 일반화됐다. 대중사회에서는 모든 사람이 짓밟혔다. 짓밟는 힘은 혼란스러운 것(자유주의)일 수도, 조직화한 것(전체주의)일 수도 있었다. 하지만 전쟁이 끝날 때 윙거가 자신의 쪼그라든 부대를 보며 생각한 것처럼 짓밟혔다는 것은 정복당했다는 의미가 아니었다. 개인의 자존감은 거부의 전술로 지킬 수 있었다. 정치적으로는 전통적인 정당정치 활동을 거부함으로써, 문화적으로는 초연하게 관찰하기 위해 감탄과 열광을 부정함으로써(윙거는 딱정벌레 전문가였다), 윤리적으로는 거창한 사상을 피하고 동료와 가족 곁에서 의무를 다함으로써 가능한 일이었다. 윙거는 자신이 사상가는 아니어도 보수주의자로서 자유주의적 근대를 병들게 한 도덕적 허무주의의 적이라고 생각했다. 휴식할 곳을 찾는 그의 여정은 1920년대 "보수 혁명"을 통과하고 1930년대 내적인 이주를 거쳐 1945년 이후 영국 오크숏의 조용한 충실함과 그리 다르지 않은 지점에서 끝났다. 그 지점은 전시에 금욕적으로 복무하고 평시에는 정치적 고뇌를 피하는 것이었다.

1920년대에 보수 혁명에 합류한 윙거는 그가 혐오하는 자유주의와 민주주의를 실현하려는 바이마르공화국에 맞서 저서와 소책자들을 쏟아냈다. 그는 근대의 삶이 문명적으로 병든 것에 대해 부르주아 자유주의자들을 비난했다. 1925년 그는 민주주의에 관해 "나는 그것을 역병처럼 혐오한다"고 썼다. 이 시기에 윙거는 분류하기 어렵기로는 그와 마찬가지인 에른스트 니키시 같은 동료들과 우파 노동자 운동을 창설하려고 시도했으나 당파적인 내부 투쟁에 지쳐갔다. 윙거의 공공연한 정치사상은 『노동자』(1932)에 가장 충실히 표현됐는데, 책은 엘리트 예술가와 군인들의 지도를 받는 조립라인 같은 사회를 흐릿한 비전으로 제시했다. 그 비전은 묄러의 "프로이센 사회주의"와 구분하기 어려웠고, 비판자들은 그것을 우파 볼셰비즘으로 적절히 표현했다. 히틀러 집권 후 나치가 아니었던 윙거는 그를 문단의 스타로 만들려는 나치 당내 찬양자들의 노력을 물리치고 공적인 삶에서 물러났다. 『대리석 절벽에서』(1939)는 평화적인 호숫가 주민들이 악마에 이끌린 무법자에게 짓밟히는 이야기를 투명하게 그려낸 우화로, 일반적으로는 아니더라도 많은 이에게 조용한 저항의 이야기로 읽혔다. 그것은 어떤 이들에게는 히틀러주의에 대한 은밀한 공격이었고, 다른 이들에게는 탁월성과 대담성을 짓밟는 대중사회에 대한 신니체주의의 항변이었다.

근대의 무질서를 꾸짖는 정치적 보수주의자인 윙거는 대단히 근대적이고 비보수주의적인 글을 썼다. 앙드레 지드와 베르톨트 브레히트, 호르헤 루이스 보르헤스가 그의 찬미자였다. 그는 1939년에 다시 자원해 독일 침공군 장교로 점령지 파리와 동부 전선에서 두 번째 전쟁 일기를 쓰기 시작했다. 잠언과 설익은 철학, 종교적 묵상이 이상하지만 기이하지는 않은 꿈과 뒤섞인다. 작은 즐거움과 갑작스러운 공포가 함께 배치된다. 마치 호수의 표면에서처럼 흔들리는 이미지가 나타났다 사라진다. 독일의 비평가인 카를-하인츠 보러는 윙거의 글을 "충격의 미학"으로 적절히 표현했다. 어느 것도 앞뒤가 맞지 않는다. 어떤 선도 긋지 않고 균형도 맞추지 않는다. 찬미자들은 그의 냉정하고 초연한 글이 근대적인 삶의 단절에 충실한 것으로 봤다. 회의론자들에게 그것은 자연스럽지 못하고 비도덕적이었다.

1944년 말 집 근처의 폭격당한 시골길을 따라 걸으면서 윙거는 보수주의의 흥취를 느끼는 순간에 빠져들었고 그것을 일기에 기록했다. 산책하는 동안 윙거는 사태의 책임이 자유주의자들에게 있다고 자신에게 말했다. 그는 "오래된 방책을 파괴하고 질서를 훼손하는 데 전념한 삶의 끝자락에 도덕을 말하기 시작한 옛 자유주의자들과 다다이스트, 그리고 자유 사상가들의 연극을 지켜보는 것"은 얼마나 놀라운 일인가를 썼다. "자유주의자들을 비난하라!"는 고발은 보수주의가 태어나면서부터 한 것이었다. 그것은 바이마르공화국을 절뚝거리게 했고 우리 시대 정치를 홀린다. 윙거의 개인적 고통 —한 아들은 작전 중 사망하고 다른 아들은 자살했다—을 애석해하지 않는다면 온전한 정신이 아닐 것이다. 그 글에 반응하지 않는다면 귀가 먼 것이리라. 하지만 정치적으로 보면 그는 아무것도 배우지 못한 것으로 보였다.

1945년 이후 윙거는 "세계의 젊은이에게 호소한다"라는 기획을 포기했다. 약간 신비적인 어조에도 불구하고 유럽 국가 간의 평화와 기독교적 이해라는 그 비전은 1945년 이후 자유민주주의적인 우파를 재건하려는 독일 보수주의자들에게 널리 공유됐다. 윙거는 그 과업에서 비켜섰다. 곧잘 우의성을 띠는 글에서 그는 이 책 5부에서 다시 이야기할 여러 비판을 전후 독일 우파 지식인들과 공유했다. 전쟁 책임의 부당한 형량, 근대 국가의 견제받지 않는 권력, 지역성과 전통의 전 세계적인 침식, 그리고 통제되지 않는 기술의 무분별한 세계적 확산에 대한 비판이었다.

윙거는 언젠가 보수주의자들이 자신들의 적을 보존한다고 썼다. 그의 논점은 보수주의란 저항의 교의라는 것이었다. 다른 글에서 그는 같은 취지로 보수주의를 무정부주의적이라고 묘사했다. 그런 종류의 보수주의는 대체로 부정적이어서 민주주의 사회와 문화에 등을 돌렸다. 유일하게 건설적인 조언은 개인적인 도피였다. 그것은 『숲속 길』(1951)에서 권한 행동 방침이었다. 나중에 살펴보겠지만, 그와 같은 개인의 구원을 위한 "개인주의적" 보수주의는 1980년 이후 문화적, 철학적 비판자들 사이에 다시 찾아왔다. 자유주의적 근대와 타협할 여지가 없다고 보는 보수주의 소수파를 위해 원칙에 따른 철수를 촉구한 이들이었다.

1914~1918년 전쟁은 프랑스 작가 피에르 드리외 라로셸(1893~1945)이 보기에도 자유주의의 자살이었다. 그러나 윙거와 달리 드리외의 참전자들은 영웅이 아니라 냉소자였다. 더욱이 드리외의 견해로는 더 나쁜 참화가 기다리고 있었다. 프랑스 우파의 다른 사람들처럼 그는 사회의 타락과 국가의 쇠퇴에 집착했다. 당시 프랑스 상황에 관한 불안은 정치계 전반에 걸쳐 공유됐음을 강조할 필요가 있다. 특히 프랑스의 늦은 산업화와 전쟁 피해(활동적인 남성의 10퍼센트 이상이 희

생됐다), 떨어지는 출산율, 지방과 소도시의 인구 감소, 프랑스어의 퇴조, 그리고 미국 문화의 침투, 무엇보다 프랑스가 개척한 영화 분야의 침투에 대한 염려가 많았다. 각각의 불안을 합쳐보면 해법은 무산되거나 쓸모없어지곤 했다. 예를 들어 더 많은 공장과 도시가 필요했지만, 토지는 계속 경작해야 하고 도시민들은 자녀를 더 적게 낳았다. 혹은 프랑스인들은 더 열심히 일해야 하고 동시에 문화생활에 더 많은 시간을 내야 했다. 어쨌든 쇠퇴의 복음은 인기를 끌었고 응답하기 어려웠다.

프랑스가 꼼짝할 수 없다면 외부의 어디를 봐야 하는가? 앞서 언급했듯이 타르디외 같은 온건한 보수주의자들은 미국을 근대 양당 체제의 본보기로 여겼다. 프랑스의 문화적 보수주의자들은 그와 대조적으로 아메리카니즘을 줏대 없는 자유주의와 대중의 방종이 뒤섞인 문명의 병폐로 보는 경향이 있었다. 『미래 생활의 풍경』(1930)에서 조르주 뒤아멜은 동시대 미국을 멍청한 영화와 야만적 재즈, 가공식품, 저속한 스포츠라는 반프랑스적 문화로 그렸다. 인간적이고 뿌리가 있는 프랑스인과 달리 '뿌리를 잃은' 미국인들은 일상의 일에서 벗어난 얼마 안 되는 시간을 징벌적인 자기 향상에 쓰는 양심의 노예들이었다. 뒤아멜은 어떤 나라든 "바꿀 수 없는" 가치가 필요한데 미국 문화는 "바꿀 수 있는"—다시 말해 변할 수 있는—가치라고 생각했다. 로베르 아롱과 아르노 당디외의 『미국의 암』(1931)도 그와 비슷하게 미국 문화를 즉각 일축한다.

드리외의 응시는 더 건조하고 흥분을 덜 한다. 그는 기술관료적인 쇄신을 믿을 수 없었고, 문화적인 트집은 요점에서 빗나간 것으로 느졌다. 그는 남쪽과 동쪽을 바라보며 로마와 베를린, 모스크바의 비자유주의적이고 집산적이며 일당 체제인 근대에 기대를 걸었다. 모두 마음을 끌었으나 그는 어느 것에도 정착할 수 없었다. 대신 드리외는 공산주의도 파시즘도 아닌 비자유주의적 공간을 찾아 정치적 변방에서 방황했다.

그의 방랑은 전간기 프랑스 강경우파의 대략적인 지형을 보여준다. 그는 처음에 좌파 초현실주의(비이성이 매력이었다)로 시작해 악시옹 프랑세즈(권위주의가 매력이었으나 기독교적 교화에는 역겨워했다)로 옮겨갔다. 드리외의 『파시스트 사회주의』(1934)는 프랑스에서는 어느 것도 작동하지 않는 "이즘"들의 체증으로 읽힌다. 자본주의(기운이 소진됐다)와 마르크스주의(지나치게 경제 중심적이고 니체에 충실하지 않았다), 국가주의(충분히 파시즘적이지 않았다), 파시즘(카리스마적 지도자가 필요하나 프랑스에서는 아무도 찾을 수 없었다)이 뒤엉켰다. 드리외는 도리오의 반의회적인 인민당을 다른 일당 체제의 대안으로 의지했으나 다시 발을 빼고 말았다. 독일의 점령 후 그는 『신프랑스 평론』의 편집을 맡았고 나치의 검열에 협력했다. 파리 해방 후 드리외는 불명예스럽게 자살했다.

드리외의 걸작인 『질』(1939)은 전쟁 전 파리의 정치에 대한 절망과 자기혐오를 그린 반쯤 자전적인 소설이었다. 매혹적인 반영웅 질은 드리외처럼 참호전에서 부상하고 그 자신과 그의 부유한 유대인 정부, 마르크스주의자이자 보헤미안인 친구들, 그리고 프랑스의 포위된 공화주의적 자유주의자들을 경멸하며 도시를 떠돈다. 질은 증오 연설과 역겨운 사상을 우아하게 표현하면서 소소하게 품위 있는 행동을 했다. 혹은 품위 있게 행동할 것을 촉구만 했다. 왜냐하면 무기력과 자기혐오가 걸핏하면 행동을 가로막았기 때문이다. 질의 문제는 무력함이었는데, 그것은 드리외의 생각에 프랑스의 문제와 같은 것이었다. 드리외의 소설적 출구는 질이 스페인 내전에서 불운하고 회의적이며 준비가 안 된 상태로 반공화주의 자원자로서 스스로 순교하는 것이었다. 드리외가 보기에는 프랑스가 군사적으로 패배(1940)하기 훨씬 전에 이미 그와 같은 국민적 순종만이 프랑스의 유일한 실제적 선택이었다. 그의 지적 소진을 잘 보여주는 절망적이고 과장된 결론이었다. 프랑스의 자유민주주의 정통에 대한 그의 거부는 전면적이어서 어떤 대안도 상상할 수 없었다. 그는 자신이 "파시스트인지 알지 못하는 파시스트"라고 말했다. 더 나은 표현은 우파 허무주의자일 것이다. 드리외는 "프랑스를 사랑하는 유일한 길은 프랑스의 현재 형태를 미워하는 것"이라고 썼다.

유럽의 전쟁에 미국이 뛰어들고(1917년 4월) 볼셰비키 혁명이 일어나면서(1917년 11월) 미국 보수주의의 각본도 바뀌었다. 패트릭 앨리트가 『보수주의자: 미국 역사 속 사상과 인물』(2009)에서 멋지게 표현한 것처럼 소련의 부상은 한때 혁명적이었던 나라를 반혁명적인 강국으로 바꿔놓았다. 이제 반공산주의로 미국 우파를 좌파와 구별할 수 없었다. 그와 대조적으로 해외의 전쟁은 미국 우파를 갈라놓았다. 보수주의자들은 실제로 미국이 세계적인 힘을 사용할 때 다른 나라와 더불어 할 것이냐, 홀로 할 것이냐를 놓고 갈렸다. 공화당은 국제 정치에서 다자주의자와 일방주의자로 나뉘었다. 일방주의자는 더 익숙하지만 오도하는 표현인 고립주의자로 알려졌다.

개입이냐 불개입이냐를 가르는 선은 국내 정치에서 보수주의자들을 갈라놓았다. 보수주의의 주류는 경기장에 머무르면서 민주적 자유주의자들과 경쟁하고 타협했다. 미국 우파에서 시끄러운 소수는 멀리 떨어져 있었다. 그들은 말하자면 익숙한 정당 경쟁의 외부에서 동시대 사회를 비판했다. 1930년대 보수주의의 두드러진 사례는 남부의 농본주의였다.

농본주의자들은 밴더빌트대학과 연결된 남부의 작가와 지식인들로, 북부의 편견에 맞서 지역의 문화적 목표와 이상을 위한 방어 논리를 제시했다. 그들의 에세이를 모은 책 『나는 주장한다』(1930)는 "미국적 혹은 지배적 방식"에 맞서 "남부의 생활 방식"을 옹호했다. 이는 "농업 대 산업"의 경쟁으로 이해됐다. 아득한 옛날부터 친숙한 농업사회는 따로 정의할 필요가 없었다. 농업사회는 산업과 직업, 학자, 예술가, 심지어 도시를 위해서도 필요했다. 그러나 부를 좇든 즐거움이나 신망을 추구하든 농업은 "주된 직업"이며 가장 보람 있는 노동이었다. "땅을 경작하는" 것은 "가장 섬세한 최고의 직업"이며, 따라서 "경제적인 우선권을 갖고 최대한의 노동자를 모을 수 있게" 해야 했다.

남부 문학의 기념비인 이 책은 멩켄의 「순예술의 사하라」(1917)에 대한 뒤늦은 힐책이었다. 이 풍자는 ("순수 예술"의 남부식 발음을 가지고 말장난하며) 문화적 우월성을 주장하는 새로운 남부를 "4등급의 거대한 낙원"이라며 일축하고, 남부의 백인들은 대부분 혼혈이라며 그들의 인종차별주의를 조롱했다. 『나는 주장한다』의 선도적인 에세이로 반격에 나선 존 크로 랜섬은 진보와 근면, 혁신에 대한 자유주의자들의 믿음을 겨냥했다. 어떤 역사가는 남북전쟁을 노예제에 대항한 십자군

전쟁으로 다시 쓰는 북부의 위선을 공격했다. 그 전쟁은 사실 농업에 맞선 산업의 싸움이었다고 그는 주장했다(흑인들에 대한 인종차별적 비하로 그의 주장은 약해졌다). 로버트 펜 워런은 자신이 기고한 「가시덤불」에서 생생하지만 뒤엉킨 주장으로 인종 분리와 "분리하되 평등하다"라는 신조를 옹호했다. 그는 남부의 흑인이 백인에게 제공되는 것처럼 편안한 호텔 침대를 기대하는 것은 괜찮지만 같은 호텔에 묵겠다고 요구하는 것은 그렇지 않다고 시사했다. 차별의 해악은 안락함이 아니라 존엄성으로 따져야 한다는 단순한 논점을 피해간 것이다.

영국의 보수적 가톨릭 신자인 힐레어 벨로크와 G. K. 체스터턴처럼 농본주의자들은 사람들에게 작은 공동체에서 경작할 땅을 나눠주자는 "농지 분배론자"들의 주장에 찬성했다. "땅으로 돌아가자"는 청원은 지나치게 희망찬 것이었다. 도시의 부유한 형에게서 농장을 물려받은 작가 앨런 테이트는 곧바로 그 일이 너무 힘들다는 것을 알아챘다. 더 세속적인 기고자들은 그들이 요구하는 쇄신이 유토피아적인 것은 아니더라도 급진적인 것임을 알았다. 그들은 마지못해 산업을 받아들였지만 북부의 강요나 운영이 아닌 남부의 조건에 따랐다.

미국의 상업적 문명에 대한 반대는 농본주의자들의 독특한 주장이 아니었다. 좌우의 사회적 비판에서 똑같이 나온 반대였다. 문화적 좌파는 개인의 해방과 더 풍부한 삶을 명분으로 미국의 소비주의와 물질주의의 천박함을 비웃었다. 어빙 배빗과 엘머 모어 같은 인물이 대표한 문화적 우파는 더 높은 인간적 가치를 내세우며 함께 조소했다. 농본주의자들은 그런 문화적 엘리트주의를 부분적으로 공유했으나 또 다른 방식으로 "상업 문명"을 공격했다. 남부를 위해 그들만의 특수한 방식으로 비판한 것이다. 그들은 캘훈처럼 그냥 내버려두라고 요청했다. 그렇다면 농본주의자들은 얼마나 보수적이었을까? 분리주의와 지역주의 자체는 우파도 좌파도, 혹은 보수도 비보수도 아니었다. 그러나 캘훈이 그랬듯이 농본주의자들이 옹호한 지역적 가치와 태도는 비민주적이고 비자유적인 우파에 잘 맞았다.

T. S. 엘리엇(1888~1965)은 일찍이 자신이 태어난 미국 중서부를 버리고 유럽으로 가 저명한 모더니스트 문학가가 됐다. 엘리엇은 시인이자 극작가, 출판인, 비평가, 그리고 문학적 근대성에 대한 보수적 저항자였다. 엘리엇의 문학에서 문화적 전통은 보수주의 정치에서 안정적인 제도가 의미하는 것과 같았다. 전통은 『황무지』(1922)에서 시적으로 탐험한 근대의 정신적 공허함에 답했다. 엘리엇은 『성스러운 숲』(1920)에서 전통은 물려받는 것이 아니라 노력을 쏟고 지켜내는 것이라고 설명했다. 그의 에세이는 시적인 규범을 정하고 금욕적이지도 교훈적이지도 않게 "열정에서 보이는 진실"로서 시의 독특한 도덕적 가치를 확립하는 것을 목표로 삼았다. 중추적인 전통이 없는 작가와 사상가들의 글은 갑갑하고 궁핍했다.

엘리엇은 『기독교 사회의 이념』(1939)에서 사회적 비판에 이르렀다. 이때는 그가 1922년부터 편집했던 『크라이티어리언』을 폐간한 해였다. 근대 사회에 대한 그의 진단은 암울한 것으로, 오늘날 종교적 보수주의자들이 마음에 들어할 만했다. 그는 "자연에 순응하는" 종교적인 사회와 그런 순응에서 벗어난 신앙심 없는 사회를 대조했다. 후자는 실제로 "사적 이익"과 "공적 파괴" "자연 자원의 소진"을 바탕으로 하는 사회였다. 당시 자유주의는 실패하고 있었지만, 어떤 대안도 뚜렷이 나타나지 않았다. 파시즘은 권위와 공동체를 화해시켰으나 신앙이 없다는 결점을 지녔다. 무신앙과 물질주의의 진보에 저항하기 위해 엘리엇은 대신 "기독교 사회의 가능성"에 기대를 걸었다. 엘리엇은 그 생각이 다수의 마음을 끌지 못하리라는 점을 인정했다. 하지만 대안은 무엇인가? 대안은 "신앙이 없고, 그래서 우리 자신에 관한 믿음도 없으며, 기독교적인 것이든 이교도적인 것이든 삶의 철학이 없고, 예술도 없는 가운데 겪을 냉담한 쇠퇴"일 수도 있었다. 혹은 "효율성을 위한 위생적인 도덕"으로 "통제와 획일성"을 중시하는 "전체주의적 민주주의"일 수도 있었다. 그러는 동안 비기독교 사회에서 기독교적인 삶을 이끌어가는 것은 갈수록 더 어려워지고 있었다. 기독교인들은 더는 중립적이지 않고 비기독교적인 "제도의 연결망"에 얽혀들어가 스스로 탈출할 수 없기 때문이었다. 기독교인들이 소수로 용인되는 것만으로는 충분치 않았다. 사실 "기독교인들이 용인된다는 것이 가장 참을 수 없는 일이 될 수도" 있었다.

엘리엇의 전후 관점은 더 희망적이었다. 『문화의 정의를 위한 노트』(1948)에서 그는 높은 감수성은 여전히 더 넓은 문화에 "스며들" 수 있다고 주장했다. "문화"라는 용어는 말끔히 정의될 수 없다고 엘리엇은 인정했지만, 문화는 인식할 수 있고 특징지을 수 있었다. 그는 문화가 주로 가족을 통해 전해 내려온다는 것을 무엇보다 강조했다. 위계는 또 다른 요소였다. "활기찬 사회에서는 계급과 엘리트가 모두 보일" 것이었다. 특히 종교 없이도 문화가 있을 수 있다고 생각하거나 아르노와 같이 문화를 종교로 생각하는 것은 잘못이었다. 엘리엇은 문화로부터 종교를 만들어낼 수는 없다고 썼다.

엘리엇은 반자유주의적인 과거에 정통했다. 그는 보수 지식인들이 정치와 사회 문제에 분명한 견해를 가져야 한다는 콜리지의 주장을 칭찬했다. 그 자신의 대학 논문은 브래들리의 윤리 사상에 관한 것이었다. 엘리엇은 브래들리가 그랬듯이 개인의 자유와 타인에 대한 의무, 그리고 사회질서가 서로 엉켜 있는 것을 풀 수는 없다고 믿었다. 하버드대학의 스승 어빙 배빗이 쓴 『민주주의와 리더십』(1924)에 관한 초기 에세이에서 엘리엇은 인문적인 학문을 지지하는 것과 종교적 의미에서 세속적인 인본주의를 대조했다. 전자는 그가 동의하는 것이고 후자는 동의하지 않는 것이었다. 배빗은 대학의 전면적인 인문 교육을 민주적 문화에서 균형을 맞추는 데 필요한 것으로 옹호했었다. 그는 학부생들에게 너무 많은 선택을 주는 찰스 엘리엇 노턴의 선택 강좌와 좁은 분야의 전문가들을 배출하는 독일 모형의 대학원생 연구 과정에 반대했다. 엘리엇은 그 논란에서 배빗을 지지했지만, 인본주의를 "종교와 함께 인도주의와 자연주의에 맞서도록 전투 대형으로 정렬"하려는 배빗의 시도에 대해서는 망설였다. 엘리엇이 의미한 것은 종교적 성향의 보수주의자에 관한 한 인본주의자(교양 있는 세속주의자)와 인도주의자(세속적이고 개량주의적인 자유주의자), 그리고 자연주의자(과학적 성향의 종교 거부자)는 모두 전선의 잘못된 편에 있다는 것이었다. 배빗은 엘리엇이 보기에 아르노처럼 문화를 종교로 변환하려는 실수를 저지르고 있었다. "인본주의 자체를 종교로 만들 수는 없다." 엘리엇은 단호했다. "인본주의적 관점은 종교적 관점에 보조적이고 의존적인 것이다." 엘리엇은 특유의 웅변으로 자신의 문화적 보수주의를 다음과 같이 압축하며 찬양했다. "근대에 대한 보수의 대응은 그것을 끌어안는 것이지만, 인간의 성취는 드물고 변덕스럽다는 것을, 우리에게는 우리의 유산을 파괴할 신이 준 권리가 없으며, 언제나 참을성 있게 질서의 목소리를 따르고 정돈된 삶의 모범이 돼야 한다는 것을 완전히 인식하면서 비판적으로 수용해야 한다."

4. 자유민주주의를 위한 추도사: 슈미트와 모라스

자유민주주의의 자신감에 대한 더 직접적인 손상은 1920년대와 1930년대 정치적 불신에 따른 것이었다. 왼쪽에는 자유주의와 스탈린주의 사이의 격차를 보는 작가들이 있었다. 그들은 인간의 투쟁을 끝낼 해방을 향한, 마르크스적인 거대한 역사적 진보의 서사를 다시 쓰기를 바랐다. 오른쪽에서는 급진적인 보수주의자들이 대중의 열정을 모을 수 없는 자유주의의 무능력과 통치하고 결정하지 못하는 대의민주주의의 실패를 되뇌었다. 두드러진 사례는 독일의 카를 슈미트와 프랑스의 샤를 모라스였다. 둘 중 누구도 명백한 대안을 갖고 있지 않았다. 둘 다 보수주의의 변두리에 있었고, 모두 자유주의를 혐오했다. 위기가 닥치자 슈미트는 나치즘을 껴안았고, 모라스는 권위주의에 유리한 영향을 미쳤다.

카를 슈미트(1888~1985)는 그가 태어난 독일 바깥에서 소문은 많아도 본 적은 드문 바다 괴물처럼 확실히 깊은 곳에서 불안감을 주는 면이 있었다. 그는 보수적인 반자유주의자이자 로마 가톨릭 신자였고, 나치당원(1933~1945)이었다. 슈미트가 히틀러 체제에 오래 가담했다는 사실 때문에 그의 생각을 편견 없이 다루기는 어려워도, 그는 헌법에 관한 표준적인 저서를 낸 공법학자였다. 1933년 이전 정치평론가로서 슈미트는 짧고 신랄한 책에서 자유민주주의의 확신에 의문을 제기했다.

슈미트는 국가의 본질과 정치적 권위, 그리고 민주주의에 관한 당혹스러운 문제들을 격앙되고 암시적인 경구로 표현했다. "근대 국가 이론의 모든 중요한 개념은 세속화한 신학적 개념들이다." "주권자는 예외를 결정하는 사람이다." "독재는 민주주의에 상반되는 것이 아니다." "인간애를 이야기하는 당신은 거짓말을 하고 있다." 이 비범한 법률가의 문체는 섬광전구가 순간적으로 번쩍이는 것에 비유됐다. 그의 전기작가 파울 노아크는 슈미트를 "개념으로 채운 신화"로 논쟁한다고 묘사했다.

"정치 특유의 구분은 (…) 친구와 적 사이의 구분"이라는 슈미트의 가장 잘 알려진 경구는 의도적으로 놀라게 하려는 것이었다. 다른 여러 훌륭한 경구처럼 이것도 전체적인 잘못으로부터 주의를 돌릴 만큼의 진실을 담았다. 『정치적인 것의 개념』을 본 에른스트 윙거는 1930년 10월 슈미트에게 급히 휘갈겨 쓴 편지를 보내 그가 "조용히 폭발하는 지뢰"를 만들었다며 축하했다. 윙거는 법학자의 가운 속에서 이념적 전투 공병을 발견했다.

바이마르 시대에 슈미트는 전문성에 따라 이 공화국의 짧은 삶에 흔적을 남긴 헌법 논쟁에 참여했다. 정치계 전반의 많은 이들이 그랬듯이 슈미트는 더 강한 대통령직을 원했다. 슈미트는 사회질서를 염려하는 보수주의자로서 반헌법적 우파와 좌파를 두려워했다. 그의 『합법성과 정당성』(1932)은 나치와 공산주의자들을 금지할 논거를 제시했다.

1933년 많은 독일의 보수주의자가 나치즘을 덜 나쁜 악으로 받아들일 때 슈미트는 열광적 지지자가 됐다. 그는 마르틴 하이데거의 권유로 나치당에 가입하고 독일 각 주를 나치화하는 법률의 기초를 도왔다. 그러나 1934년 히틀러가 슈미트의 후원자인 쿠르트 슐라이허를 포함해 경쟁자들을 무참히 제거할 때까지 그를 경계했다. 악명 높은 논문 「총통이 법을 수호한다」에서 슈미트는 그 학살을 정당화하려했다. 하지만 야심과 적응력이 있다 해도 그는 너무 학자적이었고 나치의 "황제 법학자"가 될 만큼 거칠지 않았다. 밀려난 그는 학문적 삶으로 물러났으나 1945년 이후 불명예를 피할 수 있을 만큼 멀리 가지는 않았다. 초기에 나치를 찬양한 후 대체로 침묵한 하이데거와 달리 슈미트의 히틀러주의 참여는 오랫동안 터놓고 한 것이었다. 그는 유대인이나 좌파 사상가들의 인용문을 잘라내고 반유대주의 여담을 추가하며 자신의 저작을 소독했다. 1936년 그는 "유대인 지식인에 대항한 싸움으로 본 독일 법률"에 관해 강의했는데, "나는 유대인들을 물리침으로써 신의 일을 위해 투쟁한다"고 한 히틀러의 말로 강의를 마쳤다. 1940년 이후 그는 점령된 유럽에서 나치의 법적, 문화적 정책을 강연했다. 1945년 이후 미국인들에게 심문을 받고 석방된 슈미트는 지정학으로 눈을 돌려 국제 질서에서 미국의 점진적인 지배를 다룬 권력 정치의 역사 『대지의 노모스』(1950)를 썼다.

슈미트는 주로 1933년 이전의 저작으로 기억되는데, 그 저작은 정치권력과 국가의 통일성에 초점을 맞추었다. 건설자보다는 비판자인 슈미트는 자유민주주의의 취약성을 파고들었다. 그는 스스로 통치할 수 없는 대중의 무능력과 제도의 취약성, 그에 따른 단호하고 강력한 정부 지도자의 필요와 관련해 보수주의자들의 믿음을 전에 없이 많이 공유했다. 자유주의자와 민주주의자들은 세 가지 모두 잘못 이해했다고 슈미트는 생각했다. 대중의 열정은 일상적으로 자유주의자들의 허를 찔렀고, 그들은 적들에 대항해 자신들의 제도와 가치를 지키는 데 굼떴다. 통속적인 신화가 정보를 잘 아는 이들의 논리적 주장을 이기는 대중사회에서 대의 민주주의는 공허했다.

슈미트가 자유민주주의에 맞서 처음으로 한 일은 민주주의적 대의제를 권력에 대한 자유주의적 제한과 분리한 것이었다. 의회는 자유주의 이론의 보석이었으나 그곳은 주권적 결정이 이뤄지는 지점도, 정보에 기초한 논쟁이 이뤄지는 장소도 아니었다. 슈미트는 『의회민주주의의 위기』(1923)에서 그렇게 주장했다. 의회의 결정은 거래의 중개를 통해 이뤄지거나(비민주적) 끝없는 논의로 미뤄졌다(비효과적). 전횡적 지배를 제한하는 것—권력 분립과 독립된 법원, 효과적이고 법의 제약을 받는 행정부— 은 자유주의자들에게 절대적으로 중요했으나 선출된 의회 없이도 가능했다. 자유민주주의에서 슈미트가 끊어내고 싶어했던 부분으로 선출된 의회는 하나의 속임수였다. 인민 주권은 통치자와 피통치자의 동일성에 호소했는데, 그들에게는 효과적인 표현 수단이 없었다. 슈미트는 국민투표와 총선거가 의회 정부를 더 민주적으로 만들 수 있음을 인정했다. 그러나 유권자들의 지식과 지혜를 낮게 평가했다. 게다가 직접민주주의도 슈미트의 골칫거리인 정당정치로 조작될 가능성에 똑같이 노출돼 있었다.

자유민주주의의 다른 주요 실패 요인은 신화적 요소를 건드릴 수 없는 무능력이었다. 이는 슈미트가 좋아했던 소렐의 저서에 따르는 것이었다. 신화는 합리적일 수도, 비합리적일 수도 있었다. 예컨대 마르크스주의는 프롤레타리아 자치의 "합리적 신화"를 제공했다. 그러나 계급 신화는 부수적이고 허약하다고 슈미트는 생각했다. 그 신화는 경제적 이해의 달라지는 셈법에 달려 있었다. 노동계급이 더 부유해짐에 따라 프롤레타리아 신화의 흡인력은 약해질 수밖에 없었다. 더 강력한 것은 "비합리적" 신화였다. 오직 그런 신화들만 다수의 인민을 끌어들이고 붙들어둘 수 있다고 슈미트는 믿었다. 현재에 적합한 한 가지 신화는 국가였다.

　　한 국가에 속하는 것은 '만약'이나 '그러나'를 수반하지 않았다. 그것은 부인할 수 없는 사실이거나, 신앙의 행위처럼 추론에 의하지 않은 관여였다. 어느 쪽이든 국가에 대한 애착은 필요한 응집력을 제공했는데, 그것은 마르크스주의나 자유민주주의에는 없었다. (마르크스주의의 응집력은 지속할 것 같지 않았고, 자유민주주의에는 처음부터 어떤 응집력도 없었다.) 현재에 적합한 민주주의는 의회민주주의도, 국민투표 민주주의도 아니라고 슈미트는 결론지었다. 그보다는 카리스마 있는 지도자 아래서 기꺼이 동원되는 국민의 의사를 통해 작동할 것이었다. 슈미트는 개념적 공간에서 비자유주의적 민주주의를 위한 널찍한 자리를 찾을 수 있음을 독자들에게 상기시켰다. 거기서 파시즘이나 나치즘까지는 한 걸음도 안 됐다.

　　국가는 사람들을 결속하겠지만 국가를 결속한 것은 무엇일까? 슈미트의 답은 『정치적인 것의 개념』(1927)에 제시됐다. 슈미트는 60쪽

안에 정치적 의무와 주권, 집단 정체성, 그리고 삶의 목적을 다루었다. 그처럼 다른 주제들을 한데 엮기 위해 슈미트는 감정을 불러일으키는 하나의 용어 "적"을 썼다. 그는 적의 실재가 국가를 생기게 하고, 사람들을 국가에 결속하고, 주권의 필요성을 만들어내며, 정치를 일상으로부터 고양한다고 썼다. 슈미트의 에세이는 그토록 풍부하고 압축적이어서 그는 홉스식 "현실주의자"나 헤겔식 국민국가 숭배자, 아우구스티누스식 비관론자로서 주장한다고 다양하게 해석됐다. 홉스와의 비교가 가장 많은 부분을 밝혀주지만, 홉스의 경쟁적인 이웃들과 달리 슈미트의 적은 외부에 있었다. 슈미트에게 국가가 자신을 정의하고 생존을 위해 투쟁할 상대로서 외부자는 누구든 적이었다. (명백한 순환론이다. 적이 없으면 국가가 없다. 그런데 오직 국가만 자신의 적을 알아볼 수 있다.) 슈미트는 사람들을 결속할 적의는 합리적이거나 열정적으로 느낄 필요가 없다고 강조했다. 적은 경제적, 혹은 지정학적 경쟁자일 필요도 없었다. 그들은 심지어 증오할 필요도 없다. 그들은 단순히 국가의 상대편이면 됐다.

철학자 버나드 윌리엄스가 말했듯이 슈미트의 친구와 적에 관한 주장은 어떤 면에서는 평범하고 무해한 것이다. 모든 정치는 정당과 진영을 필요로 한다. 정치는 모두 경쟁과 갈등을 수반한다. 그러나 다른 면에서는 슈미트의 주장이 평범하지도 무해하지도 않았다. 그 주장은 정치를 특별한 유형의 갈등, 즉 전쟁으로 바꿔놓는 것으로 보였기 때문이다. 정치가 불가피하게 친구와 적을 설정한다면 시민적 통합에는 공유하는 원칙이 아니라 외부의 적이 필요할 것이었다. 시민적 다양성은 협상 가능한 이익의 충돌이나 수용 가능한 논쟁이 아니라 낮은 수준의 내전으로 여겨질 터였다.

합리적 목표나 적대적 감정이 제거된 순수한 적의는 너무 모호한 것이어서 슈미트는 곧 (개정판에) 방어하고 경계하는 차원에서 도구적 논리를 추가했다. 외부 적에 맞서 방어 태세를 유지하는 것은 정치에 자유민주주의가 결코 충족할 수 없는 긴급성과 단호함을 부여한다는 것이었다. 그렇게 고치고서도 슈미트는 계속 친구와 적의 구분을 거의 영적인 것으로 다루었다. 그는 적의를 갖게 되면 삶이 고양되고 치열해진다고 말하는 것 같았다. 그보다 앞서거나 뒷선 문화적 보수주의자들처럼 슈미트 역시 명백히 방향감각을 잃고 목적이 없어서 황량한 자유주의적 근대에 불안해했다. 보수주의자로서는 특이하게 슈미트는 그 격차를 정치가 메워주리라고 기대했다. 더 자연스럽게 그 차이를 메워주는 것은—예컨대 뉴먼이 추구한 것처럼—권위 있는 종교였다. 슈미트와 교신하며 대화한 레오 슈트라우스는 그 점을 지적했고, 슈미트도 자신의 사고에서 보인 종교적 요소를 인정했다.

슈미트는 눈길을 사로잡지만 잘못된 대안들만 갖고 주장하는 경향이 있었다. 그에 따르면 자유주의자들은 비효과적인 약골이거나 위선적인 조작자들이었다. 진정한 민주주의는 끊임없는 국민투표 아니면 영구적인 독재였다. 정치는 전적으로 비도덕적이거나 최고의 도덕이었다. 그가 자유민주주의는 자신의 생명을 지킬 때 다른 높은 가치를 손상할 수밖에 없다고 본 것은 옳았다. 그러나 손상은 여전히 가능한 한 제한될 것이고 심지어 극단적인 상황에서도 그럴 터였다. 법원이 감시하는 제한적인 긴급권이 그중 한 가지였다. 무제한의 "위임적" 독재는 일시적인 것이라고 해도 슈미트가 찬성한 또 다른 대안이었다.

자유주의자들은 그의 반복된 암시와는 반대로 충성심과 열정, 그리고 신화를 무시하지 않았다. 자유주의자들은 그 힘을 이해했기 때문에 비차별과 국교 분리, 사람들의 가장 깊은 믿음에 대한 불가침을 주장했다.

슈미트가 촘촘하게 짜낸 논리에서는 반복되는 패턴이 보였다. 정치적인 반자유주의자로서 슈미트는 사회적 통일성과 공통의 목적에 높은 가치를 두었다. 자유주의적 다원주의와 경쟁, 그리고 다양성은 그를 불안하게 했다. 도덕적으로 텐이 묘사한 것과 같은 근대의 삶은 그에게 사적이고 목적 없는 것으로 느껴졌다. 슈미트가 보기에 자유주의는 따라서 이중으로 비난할 만했고, 탈자유주의 정치는 이중의 치유책을 제공했다. 슈미트는 정치적 권위가 어떻게 정당의 경쟁과 공개적인 논쟁에서 살아남는 게 가능한지 알 수 없었다. 그는 도덕적 권위가 어떻게 개인적 판단을 넘고 후견자의 지도에 대한 불신을 견디는 게 가능한지 이해할 수 없었다. 혼란스러워하며 그는 견제받지 않는 권력이 정치적 권위와 도덕적 권위를 다 회복하기를 기대했다. 얀-베르너 뮐러가 『위험한 생각: 전후 유럽의 사상과 카를 슈미트』(2004)에서 깔끔하게 표현했듯이 슈미트는 "정치에 너무 많은 의미와 너무 적은 도덕을 요구"했다.

샤를 모라스(1868~1952)는 왕정주의의 선도적 정파인 악시옹 프랑세즈 배후에서 지적 영향력을 미치는, 제3공화국에 대한 지칠 줄 모르는 비판자이자 자유주의와 의회 정부에 대한 불신자였다. 그는 냉정한 경구를 쓰며 도덕적으로 혐오스러운 이들을 환대하고 추종자들을 폭력으로 유도하면서 사후 책임은 부정했다. 그가 가장 좋아하는 표적은 "내부의 낯선 자들"이었다. 그가 악의적으로 쓴 이 말은 프랑스의 개신교도와 유대인, 프리메이슨, 그리고 아직 프랑스인이 되지 못한 이민자들이었다.

모라스의 관점에는 세 개의 고정된 점이 있었다. 하나는 햇빛 밝은 지중해 세계에 뿌리를 둔 고전적인 과거였다. 마르세유 바로 북쪽 마르티그 항구에서 태어난 모라스는 느긋하게 고전적인 작가들을 읽고 그늘이나 반어 속에 감춘 것이 거의 없는 대낮처럼 투명한 산문을 썼다. 그는 무엇보다 민주적인 예의를 차리려고 군중에 대한 경멸을 숨기지는 않았다. 그는 보유자가 인정과 존중을 받는 권위도 아름다움이나 지성과 마찬가지로 자연의 선물이라고 생각했다. 또 그런 인간적 미덕 혹은 탁월성은 확실히 식별할 수 있지만 드물다고 생각했다. 모라스는 "나는 로마적이고 인간적이다. 내게 그 두 가지는 같은 것을 의미한다"고 말했다. 로마적인 가치에 대한 그의 존중은 그의 지적 삼각형에서 두 번째 지점이었다. 모라스는 그 가치가 로마의 상속자인 가톨릭교회까지 확장된다고 상상했다. 그는 종교를 믿는 사람이 아니었지만, 교회와 그 의식, 그리고 전통에서 자유주의적 근대가 침식했다고 생각한 윤리적 질서의 원천을 보았다.

모라스의 관점에서 세 번째 요소는 오귀스트 콩트의 "실증주의"였다. 그는 콩트의 인류 진보에 관한 믿음도 사회의 합리적인 조직화 가능성에 관한 신념도 공유하지 않았다. 모라스는 그래도 정치에 대한 신비적이고 비합리적인 접근을 거부할 때는 콩트를 따랐다. 그가 보기에 정치적 관점은 인간의 삶에 관한 사실을 이해하는 데서부터 길러야 하며, 그 이해는 사람들이 자신을 발견하는 전통의 특별한 성격과 함께 시작됐다.

자유주의에 대한 모라스의 주된 반론은 사회를 서로 협력하면서 권위에 선택적으로 동의하는 개별 단위의 집합체로 봐서는 안 된다는 것이었다. 그처럼 공상적인 구도는 뻔히 보이는 사실을 부인하는 것이라는 논리였다. 모라스는 또 사회에는 공유된 신앙의 결속력이 필요하다는 생각에서 콩트를 따랐다. 그 내용은 중요하지 않았다. 신앙을 요구하는 것은 "실증주의"와 과학적 사고로 형이상학을 거부하고 사회현실을 존중하는 태도와 충돌하는 것으로 보였다. 하지만 이는 모라스에게 문제가 되지 않았다. 왜냐하면 로마 가톨릭은 그의 생각에 프랑스의 전통에 뿌리를 두고 있었기 때문이다. 이 역시 관찰할 수 있는 진실이었다. 가톨릭은 건강한 사회가 요구하는 공통의 신앙으로서 역할을 잘했다. 콩트식 "실증주의" 관점은 모라스를 프랑스 극우의 비합리적인 흐름으로부터 떼어놓았다.

사회에 관해 생각할 때 모라스는 현재보다 과거에 더 많은 주의를 기울였다. 자유주의 진영의 적들은 19세기에 향수를 느꼈겠지만 모라스는 중세를 갈망했다. 그에게 19세기는 프로테스탄트 종교개혁에 뿌리를 둔 도덕적, 지적 무질서의 시대였다. 그의 황금시대는 기독교적 보편주의의 붕괴와 함께 끝났다.

모라스는 권위에 이의를 달지 않고 실제로 권력 자체에 대해서도 불평하지 않았으며, 지배와 복종을 사회적인 삶의 자연스럽고 불가피한 부분으로 다루었다. 그는 일반적인 의미의 진보는 어떤 것도 믿지 않았고, 단지 국부적 개선만 믿었다. 모라스는 진보를 자연적인 변화에 견주는 자유주의자들이 자연에서 출생과 성장은 쇠퇴로 이어진다는 점을 잊어버린 것 같다고 지적했다. 인간이란 한 개인이 아니며, 자유주의자들이 굳이 그렇게 생각하더라도 그 개선 가능성을 무한하다고 여기는 것은 확실히 잘못이라고 그는 덧붙였다. 자유주의자들은 인간을 하나의 신으로 여겼다. 모라스는 자유주의자들이 진보를 이야기할 때 자신들이 실제로 의미한 것은 희망이라는 것을 왜 그냥 받아들일 수 없는지 물었다.

모라스는 사람들을 그들이 누구든 존중하는 자유주의가 상업적 이익을 얄팍하게 가리고 있다고 생각했다. 자유주의가 질서를 찾는 것은 실패할 수밖에 없었다. 자유주의자들은 권력을 매도하고 끊임없는 개혁을 주장하며 개인의 선택에 대한 존중을 지나치게 강조함으로써 질서의 유일한 원천에 독을 풀었다. 사회에서 진정으로 이용할 수 있는 그 원천은 권위와 연속성, 그리고 사회를 구성하는 집단의 짜임새에 대한 존중이었다. 모라스에게 "자유주의"와 "무정부주의"는 말이 달라도 뜻은 같았다. 그는 자유주의와 자유지상주의 사이의 중간 지대를 거의 혹은 전혀 찾을 수 없었다.

이처럼 자유주의에 반하는 원칙적 주장과 더불어 모라스의 관점에는 극심한 편견이 자리 잡고 있었다. 모라스가 보기에 제3공화국의 취약성은 많은 부분 그가 경멸한 내부의 국외자들인 개신교도와 유대인, 프리메이슨, 이민자들에게 의존한 탓이었다. 이 네 유형의 국외자들은 함께 "법적 국가"—대체로 허구적인 실체로 법 속의 국가—를 통해 보통 사람들과 마을, 도시, 단체, 그리고 교구의 실재하는 나라인 "실제 국가"를 이용하고 조종하기 위해 계속 음모를 꾸몄다. 모라스의 답은 "가장 덜 불완전한" 정부 형태인 군주제였다. 프랑스에서 군주제가 복원되면 근대성에 맞서 전통을 옹호할 것이었다. 또 출생 신분으로 좋은 지도자를 뽑는 것보다 더 위험한 방식인 선거에 반대해 세습을, 의회 정부의 우유부단과 마비 상태에 반대해 권위를, 그리고 자코뱅-보나파르트 국가의 숨통을 죄는 손에서 해방된 코뮌과 지역, 단체의 분권화된 자유를 옹호할 터였다.

모라스의 실제적인 제안에서 발견되는 혼동은 명백했다. 그는 관점과 정책들이 환경으로부터 자연스럽게 자라야 한다고 주장했으나 그의 군주제는 급진적이고 실제로 혁명적이었다. 100년 이상 자라면서 강해졌고 널리 뿌리를 내린 공화적인 정치 형태를 뒤엎으려는 공상적 시도였다. 그의 반자유주의적 증오는 실제 변화를 위한 제안보다 더 명백했다. 분권화된 군주제의 작동 방식에 관한 제안은 실제로 추구하기에는 너무 활기가 없는 것이었다. 프랑스를 향한 그의 열정적이고 배타적인 사랑은 그의 로마적이고 기독교적인 보편주의와 어울리지 않았다. 그는 프랑스 내부의 국외자들을 혐오한 것만큼 독일과 독일인도 증오했다. 모라스는 "그들은 야만인이며 가장 훌륭한 독일인들은 그것을 안다"고 썼다. 국가들은 사람들보다 더 동등하지 않으며 어느 나라도 프랑스보다 우월하지 않다고 그는 생각했다. 우월한 것은 "실제 프랑스"이며, 이미 적의 수중에 있는 것이나 다름없는 "법적 프랑스"가 아니었다.

"거리"에서 군주제를 외치는 모라스의 추종자들은 논쟁에서 이기기보다는 소동을 일으키는 데 더 관심이 많았다. 모라스는 둘 다에 관심을 기울였다. 그는 자신이 편집하는 신문 『악시옹 프랑세즈』에 격렬한 글을 써서 거리의 우파 투사들을 선동하고는 그들이 끼친 피해에 대한 책임은 부인했다. 예를 들어 1934년에는 『악시옹 프랑세즈』가 부추긴 우파 폭동자들이 파리 의회를 습격하려고 했다. 1936~1938년 인민전선 정부 때 모라스의 신문은 유대인 사회주의자인 레옹 블룸 총리를 "죽이라"고 촉구했다. 이 신문은 블룸 내각의 내무장관 로제 살랑그로가 1914~1918년 전쟁 때 탈영했다고 비난했다. 살랑그로는 사실 전쟁 포로였지만 그 비방은 그의 자살에 일조했다. 프랑스 정치에서 자유주의적 중도는 가까스로 유지됐지만, 그와 같은 독성은 공기 중에 떠돌며 1940년 이후 프랑스의 선택을 좁히고 악화시켰다.

그런 일이 닥쳤을 때 제3공화국에 대한 모라스의 증오는 독일에 대한 증오보다 조금 더 컸다. 그에게 프랑스의 함락은 "신이 준 경이"였고, 그는 군주제를 대신할 권위주의적인 차선으로 페탱 원수를 환영했다. 교리적 열정으로 힘든 선택에서 벗어날 수 없다는 것을 확인이라도 하듯이 모라스의 추종자들은 갈라졌다. 일부는 독일인과 협력했고 일부는 반독일 저항에 합류했으며 일부는 어느 쪽으로도 가지 않았다. 특유의 불화로 모라스는 협력과 저항 둘 다 반대했다. 전후에 그는 자신의 동기와 교묘한 선택에 대한 대가를 치렀다. 프랑스 법정은 그에게 반역죄를 물어 종신금고형을 선고했다. 그는 1952년까지 복역하고 건강 문제로 석방됐다. 모라스는 가톨릭 신앙을 받아들였고 진심이라고 주장했으며 얼마 안 있어 세상을 떠났다.

슈미트와 모라스의 사상과 이력은 정치적 우파의 바깥 경계를 표시해 보수적 권위주의자들은 안쪽, 비보수적 파시스트들은 바깥쪽으로 나누는 역할을 한다. 실제 차이는 작을 수도 있고 양쪽 다 살인적으로 높은 대가를 요구하는 것이지만, 그들은 같지 않다. 도식화하자면 파시즘은 전체주의의 한 형태다. 파시즘은 국가와 사회, 경제, 그리고 문화생활의 모든 면에 통제를 강요한다. 그 체제는 보통 인민을 대변한다고 주장하는 카리스마적인 지도자 아래서 모든 것을 포괄하는 이데올로기를 가진 단일 정당을 통해 작동한다. 그 적은 다원주의와 다양성이다. 파시즘은 반대를 폭력과 공포로 짓누르며, 대중의 참여를 동원함으로써 스스로 안정화한다. 이와 달리 권위주의는 독립적인 경제적, 사회적 기구와 제한적인 형태의 대의제, 그리고 어느 정도 종교적 자유를 허용한다. 그 적은 민주적 참여다. 권위주의 역시 폭력과 공포로 반대를 질식시키지만, 사회적 평온을 얻는 대신 정치적 역할을 잃는 상층 관계에 대한 수동적인 묵인에 의존해 스스로 안정화한다. 파시스트는 반자유주의를 극단으로 끌고 가는 비보수주의자다. 우파 권위주의자는 민주주의에 관한 두려움을 극단으로 끌고 가는 보수주의자다.

민주주의를 모두에게 자유주의의 혜택을 주겠다는 약속으로 생각할 때 그것은 보수주의자들에게 이중의 공격 목표를 제공했다. 보수는 그 약속의 범위나 내용을 흠잡을 수 있다. 그들은 민주주의의 초청자 명단이나 자유주의의 차림표에 반대할 수 있다. 초청자 명단의 문제 중 하나는 분배 면에서 대상을 지나치게 확대한 것이었다. 자유주의는 사람들에게 그들이 누구든, 그들의 공로나 역량이 무엇이든 시민적 존중과 권력으로부터의 보호를 약속했다. 걸림돌은 보편적인 실행의 비용이었다. 민주적으로—모두를 위한 것으로—이해될 때 자유주의적 보호와 존중은 너무 비싸고 비생산적이며 달성 불가능한 것이었다. 그 비판은 원칙적이기보다는 실용적인 것이었다. 그들은 자유주의의 목표 자체의 가치에 관해서는 침묵했다. 비용에 대한 불만은 민주적 자유주의가 정부에 지나친 짐을 지운다는 만능의 주장과 합쳐질 때 1945년 이후 우파가 통용할 수 있는 논리가 됐다.

초청자 명단에 대한 다른 반대론에서 보수는 평등에 관한 사실과 원칙의 문제를 제기했다. 문제는 자유주의의 차림표가 모두에게 제공하기에는 너무 풍부하다는 것이었다. 존중은 공로와 탁월성에 주어져야 했다. 그중 하나라도 가진 이는 얼마 되지 않았다. 법적인 평등, 혹은 가장 약한, 거의 종교적인 의미에서 평등한 대우를 받는 것을 제외하고는 말 그대로 존중을 받을 자격은 누구에게도 없었다. 더욱이 자유주의자들이 주장하는 대로 모든 사람이 권력에 대해, 그것이 국가 권력이든, 아니면 부나 사회적 관습의 권력이든 "노"라고 말할 수 있다면 모두가 스스로 통치하고, 경제적으로 스스로 서고, 윤리적으로 스스로 인도해야 할 것이었다. 하지만 그런 사람은 있다 해도 극히 드물었다. 그렇다면 자유주의는 소수를 위해 자비롭게 작동할 수도 있었다. 그것은 절대 모두를 위해 작동할 수는 없었다. 자유주의는 평등한 사람들 사이에 작동할 수 있었지만, 모든 사람이 평등하지는 않았다. 보수주의자들이 보기에 민주적 자유주의—모두를 위한 자유주의—는 약속에 못 미치거나 실패할 수밖에 없었다.

그러나 보수주의자들에게 자유주의의 차림표 문제는 더 깊숙한 것이었다. 문제는 단지 자유주의의 약속이 모두에게 실행될 수 없다는 것만이 아니었다. 종합적으로 보면 그 약속들은 누구에게도 실행될 수 없었는데, 왜냐하면 모순적이기 때문이었다. 자유주의는 모든 시민 각자에 대한 존중과 사회의 진보를 약속했지만, 어느 쪽이 더 중요한지 말할 수는 없었다. 자유주의는 사회질서를 제공한다고 주장했으나 도덕적·물질적 갈등을 불가피한 것으로 다루었고, 실제로 부추기기도 했다. 최악은 자유주의가 사람들을 있는 그대로 열정적이고 비합리적이며 지도를 열망하고 뿌리가 필요한 이들로 보지 않고 공상 속에서 그려낸 것이었다. 자유주의는 사람들의 욕구를 무시하면서 자유와 선택을 뿌려댔다. 그런 시각이 맞는다면 "자유주의적 보수주의자"라는 명칭은 자유주의가 녹아드는 용액이 아니라 기껏해야 자유주의의 조각들이 떠다니는 보수주의의 현탁액을 일컫는 것이었다. 그렇게 이해하면 진실한 보수주의자가 보기에 민주적 자유주의와의 타협은 절대 전술적인 것 이상이 될 수 없었다.

5부

보수주의 3기(1945~1980):
정치적 지배와 지적 회복

ONSERVATISM

1945년

살아 있는 사람들이 기억하는 가장 파괴적인 전쟁은 2000만이나 3000만 명이 넘는 군인과 5000만 명의 민간인 목숨을 앗아가고 끝났다. 미국의 원자폭탄은 일본의 히로시마와 나가사키를 없애버렸다. 영국과 미국은 독일의 도시들에 소이탄을 퍼부어 수십만 명이 희생됐다. 독일의 인종 학살로 600만 명의 유대인이 죽었다. 셀 수 없는 전쟁 포로가 러시아군의 손에 죽었다. 미국과 영국, 프랑스, 소련군이 패전한 독일을 점령해 동쪽의 소련 점령 지역과 세 곳의 서방 점령지역으로 분할했다.

반식민주의 저항 중에 프랑스군은 수천 명의 알제리인을 죽였고 다마스쿠스를 포격해 수백 명의 시리아인을 죽였다. 일본군 점령에서 해방된 베트남과 네덜란드령 동인도제도(훗날 인도네시아)에서 영국군은 독립의 움직임을 억눌러서 프랑스와 네덜란드가 다시 식민지를 통제할 수 있게 도왔다.

프랑스에서는 독일에 협력한 비시 정권의 페탱과 라발이 반역죄로 재판을 받았다. 페탱은 나이 때문에 목숨을 건졌으나 라발은 처형됐다. 자유 프랑스의 지도자 드골은 계속 임시정부 수반을 맡았으나 그 정부는 곧 새 헌법 제정을 놓고 쪼개졌다. 영국에서는 7월 총선에서 보수당이 노동당에 참패했다. 미국에서는 루스벨트 대통령이 사망했다. 그의 후임자 트루먼은 백악관을 차지한 민주당의 열세 번째 해를 시작했다.

미국에서 텔레비전을 보유한 집은 5000가구에 불과했다. 물가를 고려한 화폐 가치로 미국의 갤런당 휘발유 가격은 지금과 비슷했다. 빵과 우유 같은 기초식품의 가격은 오늘날의 두 배였다. 초기의 컴퓨터 에니악은 가동할 준비를 했다. 새로운 전자레인지와 최초의 성공적인 볼펜이 판매되기 시작했다. 공상과학 작가 아서 C. 클라크는 한 잡지 기고에서 언젠가 인공위성이 통신에 사용될 수 있다고 전망했다. 아프리카계 미국인을 겨냥한 잡지 『에보니』가 시카고에서 출간되기 시작했다.

세계가 알지 못하는 새 1960년대의 윤리적, 문화적 교양을 새롭게 형성한 인물로 자랄 아기들이 태어났다. 다니엘 콩-방디트(학생 정치), 에릭 클랩턴과 피트 타운젠드(록 음악), 라이너 베르너 파스빈더(영화)가 그들이었다.

7장

정당과 정치인들:

되찾은 용기와 다시 쥔 권력

보수주의에 있어 1945년은 0년이었다. 올라갈 일밖에 없었다. 정치적 우파는 지난 반세기 중 대부분을 지배했지만, 정당하든 부당하든 이제 경제적 침체와 전쟁의 대가를 치렀다. 사회적 성향의 자유주의는 우위를 차지했다. 우파가 회복하려면 적응하는 수밖에 없었다. 일단 적응하면 우파의 회복은 빨랐다. 1950년대까지 우파 정당들은 권력을 되찾거나 프랑스에서처럼 공유했다. 그들은 우파 자유주의자로서 중도에서 통치했다. 비자유주의적이고 권위주의적인 대안들이 사라져 그들이 중도에 닻을 내리기 쉬워졌다.

　　신속하기는 했어도 우파의 회복 자체는 원활하지도 않았고 다툼의 여지가 없는 것도 아니었다. 보수주의 주류는 새로운 자유민주주의적인 현 상태를 받아들이고 곧 숙달했다. 당의 가장자리에서 우파의 저항은 계속해서 타올랐다. 지적으로 우파의 자신감이 회복되고 있었다. 역시 성공은 양날의 칼이었다. 보수적인 사상가들이 지배적인 견해를 더 많이 수용할수록 그들은 덜 특이해지고 관점은 더 희미해졌다. 그들이 자유민주주의의 정통을 더 많이 거부할수록 정당정치와 정부에서 그들의 목소리는 더 의미 없게 들렸다.

자유민주주의의 요구가 늘어남에 따라 보수의 타협에 따르는 비용도 커졌다. 체임벌린이 "민주주의가 요구하는 재산권의 몸값은 얼마인가"라고 물었던 것과 같은 오래된 질문이 모습을 바꿔서 돌아왔다. 보수는 복지 자본주의를 얼마나 받아들일 것인가? 재산권과 자유시장을 위한 염려는 그들을 한쪽 길로 밀었고 시장의 해악에 관한 가부장적 염려는 다른 쪽으로 몰아갔다. 보수는 통합과 다자주의를 얼마나 많이 수용할 것인가? 이 역시 자유무역을 주장하는 국제주의는 보수에 하나의 답을 주었고, 국가에 대한 애착과 자율성의 요구는 다른 답을 제시했다. 사회가 문화적, 윤리적 자유방임을 향해 급속히 변해갈 때(1950년대와 1960년대)도 보수는 분열됐다. 일부는 이길 수 있는 전쟁에서만 싸우는 신중한 태도로 묵인했다. 다른 이들은 더 오래되고 엄격한 가치를 위해 원칙적인 태도로 저항했다.

1945년 이후 40년 동안 주류 보수주의자들은 그 타협의 비용을 얼추 감당했다. 그들은 느리게, 혹은 유감스러워하며 타협했으나 어쨌든 그렇게 했다. 보상은 집권이었고, 거기에는 대가가 따랐다. 주류가 성공할 때 정당 내부 문제는 나중에 해결하도록 미뤄두었다. 저항하는 과격파는 타협의 비용이 지나치게 크다는 것을 발견했다. 복지는 비효과적이고 도덕적으로 부식성이 있었다. 국가는 제대로 대접받지 못했다. 윤리적 고삐를 풀어주는 것은 회복할 수 없는 손실이었다. 그처럼 서로 다른 여러 비난을 합치면 하나의 정돈된 논리로 포장되는 것은 아니었지만, 그 하나하나가 강렬히 느껴져 1980년 이후 오래된 보수 주류에 대항하는 강경우파가 반란을 일으키기에는 충분했다.

국가별로 패턴은 다양했다. 독일에서는 1933년 이후 보수가 침묵에 빠지거나 도덕적 파탄과 군사적 점령, 국가 분단을 초래한 전체주의적인 도착에 굴복했다. 자초한 손상은 아주 광범위해 전후 독일의 보수주의가 1933년 이전의 요소들, 특히 기독교적-사회적 전통을 활용해 재건에 나설 수 있게 확실한 여지가 생겼다.

전쟁 전의 프랑스 우파 정당들은 군사적 패배와 권위주의 실험을 한 비시 정권과의 결탁으로 오명을 얻었다. 1950년대에 재건된 그들은 통제권 없이 권력을 공유했다. 패배나 결탁의 오명을 얻지 않은 드골은 프랑스의 보수를 통합해 1960년대에 정권을 잡았고, 1970년대에 그 주류가 다시 분열됐을 때에는 자유주의자와 드골주의자 사이의 차이가 동맹을 계속할 수 있을 만큼 작았다.

1945년 영국의 야당인 보수당과 미국의 야당인 공화당은 확실히 승전국의 축하를 나눌 수 있었다. 1930년대에 그들이 경제적으로 실패하고 독일과 일본에 대해 더 일찍 맞서지 않은 것을 비난한 이들은 좌파만이 아니었다. 하지만 두 당은 곧 전시 지도자 윈스턴 처칠과 드와이트 아이젠하워를 앞세워 권좌에 복귀했다. 프랑스처럼 영국에서도 망가진 제국을 부여잡으려는 헛된 노력은 당 사이를 갈라놓기보다는 당 내부를 쪼개놓았다. 자유민주주의자들뿐만 아니라 공산주의자들도 1939~1945년 전쟁에서 이겼다는 사실은 교묘하게 처리됐다. 곧 냉전이 벌어지며 공산주의에 대항하는 자유세계라는 구도가 형성됐고, 좌우 경쟁은 서방의 더 큰 단결이라는 명분으로 제한됐다. 다자주의자와 일방주의자 간의 분열은 계속 미국 우파를 갈라놓았다. 일방주의자들은 힘을 잃었다가(1945~1980) 20세기 말과 21세기 초에 다시 힘을 얻어 귀환했다.

1945년 이후 보수는 사회적 기류를 만들어가기보다 그 흐름에 대처하는 편이었다. 경제가 변하고 지식이 확산하면서 사회질서에 관한 보수주의자들의 이해에 오래된 불평등이 새겨졌다. 여성에 대한 남성, 흑인에 대한 백인, 젊은이에 대한 노인의 권위는 무너지기 시작했다. (이분법적-비이분법적 불평등 자체에 관한 논쟁은 아직 벌어지지 않았다.) 사회 변화가 초래한 윤리적, 문화적 격변에 혼란스러운 보수는 어떻게 대응해야 할지 몰랐다. 보수의 전통에서 가족은 사회질서가 자라나는 세포였다. 그러나 이제 여성은 일도 하고 대학에도 갔다. 보수주의자들이 사회를 묘사할 때 모성은 더 이상 여성성을 대표하지 않았다. 그 변화는 돌이킬 수 없는 것일지라도 우파의 많은 이에게는 여전히 받아들일 수 없는 일이었다. 문화적 보수주의자들은 정치적 보수주의가 많은 역할을 해서 창출해낸 세계를 자신들이 편안하게 느끼지 못하는 난감한 입장에 서게 됐음을 발견했다.

윤리적, 문화적 위계가 평평해지면서 일반적인 불안이 확산했다. 마침내 누군가가 윤리적, 문화적 기준을 옹호하고 나서기만 한다면 누가 그 일을 하는지가 중요한가? 윤리적 무질서와 취향의 민주주의에 맞서 선을 지키는 일은 원칙적으로 누구나 할 수 있는 것이었다. 그 중재자는 남성이나 백인, 혹은 노인일 필요가 없었다. 자유주의 성향의 보수주의자들에게 중요한 것은 확실히 기준이 있어야 하고 그것들을 지켜야 한다는 점이었다. 필요한 역할과 그 역할을 맡을 사람들을 구분하는 것은 말하기는 쉬워도 보수주의자들은 1960년대 이후 문화전쟁의 포연 속에서 흔히 그 구분을 잊어버렸다.

1. 프랑스의 정상과 긍지, 그리고 분노: 피네, 드골, 푸자드

1945년 이후 프랑스에서 보수 유권자들에게 주어진 선택은 정상(소비사회에서 증대하는 번영), 긍지(탈식민지화, 유럽화한 프랑스의 국가적 위엄), 혹은 분노(강경우파의 좌절감)였다.

정상성의 영웅 앙투안 피네는 전쟁 전 시골 지역 중도우파의 경제적 자유주의자들을 계승한 소상공인과 농민의 국민중심CNIP을 이끌었다. 국민적 자부심과 명예를 대변하는 목소리인 샤를 드골은 그의 지도 아래서 형성된 다양한 이름의 정당 운동(1958)을 이끌었다. 분노를 대변하는 피에르 푸자드는 프랑스 극우의 산발적인 요소들을 그의 조세 저항 정당(1953년 설립) 주위로 결집했고, 1970년대에 반주류 국민전선이 채택한 정당정치의 공간을 만들어냈다. 정당들은 유동적이었고, 짝짓기가 가능했다. 긍지와 정상성이 조화(드골주의)하듯이 분노는 긍지와 양립(푸자드, 강경우파)할 수 있었다.

정당의 경쟁은 드골이 새 헌법에 따라 자신의 길을 걷지 못하고 물러날 때까지 이끌었던 임시정부(1944~1946), 강한 의회와 약한 대통령의 제4공화국(1946~1958), 드골이 새 헌법으로 자신의 길을 찾은 강한 대통령과 약한 의회의 제5공화국(1958년부터)으로 이어지는 제도적 틀 안에서 벌어졌다.

제4공화국이 이룬 것은 꽤 많았으나 드골주의자(그리고 공산주의자)의 전설은 그것이 하찮아 보이게 했다. 전쟁으로 파괴된 프랑스는 초기의 물자 부족과 추운 겨울로 어려움을 겪는 와중에 국가를 재건해야 하는 상황을 맞았다. 노동력의 3분의 1은 여전히 토지를 기반으로 했고, 1880년대 이후 간헐적으로 이어진 농업 불황으로 기진맥진했다. 북동쪽의 넓은 산업지대는 약탈당하고 파괴됐다. 정부는 파산한 거나 다름없었다. 프랑스는 빚에 짓눌렸고 프랑화는 약세였다.

이처럼 암담하게 시작한 프랑스는 그 후 30년 동안 급속히 회복했다. 훗날 돌이켜보면서 "영광의 30년"으로 부른 시기다. 프랑스 경제는 연평균 4~5퍼센트씩 성장했다(1947~1973). 1960년대 초가 되자 경제 규모는 영국보다 더 커졌다. 1945년 평균적인 프랑스인은 평균적인 미국인의 절반을 벌었다. 1970년대가 되자 그 격차는 5분의 4로 줄었다. 전무후무한 폭발적 성장은 부분적으로 경제 침체와 전쟁 후 따라잡기에 나선 덕분이었다. 프랑스 혼자서 한 일도 아니었다. 안정된 유럽을 바라는 미국은 프랑스의 강력한 공산당에 놀랐고, 프랑스가 회복을 시작하도록 원조했다.

프랑스가 안정되고 현대화하면서 분노나 긍지 없는 정상성은 우파 유권자들에게 인기를 끌었다. 자신을 "소비자 씨"로 부른 앙투안 피네(1891~1994)는 안정된 번영이 보수주의의 목표로 충분하다고 보는 정치인이었다. 피네는 사려 깊은 접근 방식과 간결한 연설로 조용한 삶을 원하는 프랑스 보수주의자들의 마음을 끌었다. 그들은 우파에서 도덕적 십자군과 사회적 전쟁(페탱, 동시대 사례인 이웃 스페인의 프랑코)이나 마음을 흔들지만 불확실한 목표와 권위주의적 색깔을 지닌 국민적 결집(드골) 외에 다른 선택지가 있어서 기뻐했다. 피네는 소비자와 납세자의 보편적인 염려를 옹호함으로써 재분배와 노동 현장의 민주주의를 원하는 좌파의 계급적인 요구를 비켜갔다.

프랑스 중부 남동쪽에 있는 작은 도시 생샹포리앙에서 모자 제조업자의 아들로 태어난 피네는 CNIP 당과 그 유권자들의 가치를 체현했다. 그는 "돈은 국가의 이미지"라고 말하곤 했다. 피네가 보기에 재정적인 규율과 경제의 건전성, 사회질서, 도덕적 청렴성은 상호 의존적이었다. 그는 어떤 의미에서는 가치 지향 보수주의자였는데, 여기서 문제의 가치는 건전한 가계와 재정이었다. (국가 재정을 책임질 때 그는 두 차례나 인플레이션을 잠재웠다.) 그는 모로코 독립에 찬성했고, 알제리의 자결권에는 신중하면서도 프랑스령 알제리를 고집하는 이들에게 눈살을 찌푸렸다. 피네는 드골의 보수적인 반미주의에서 어떤 것도 취하지 않았다. 그는 반유럽주의자도 아니었다. 법률가도 지식인도 아니었던 피네는 파리를 싫어하고 소박한 프랑스인의 태도를 보이며 씀씀이가 헤픈 정부와 세금 징수자들을 의심했다. 1965년 대통령 선거에서 그는 비드골주의 중도우파의 희망이었지만, 설명 없이 출마를 거부했다. 개인적인 추문이 드러날까 겁냈다는 주장도 나왔다.

피네는 교리나 위엄을 심각하게 여기지 않는 일상의 중도우파 보수주의를 대변했다. 사회정의나 대중의 도덕을 별로 걱정하지 않았고, 배를 안정되게 유지하면서 조용한 삶을 허용하는 것만을 약속했다. 그런 관점은 지역적으로 생각하는 소농과 소규모 상인이 많은 CNIP의 시골 지역 유권자들 마음을 끌었다. 피네의 "정상"을 과거로 거슬러 올라가서 보면 오를레앙의 7월 왕정 당시 경제적 자유주의에서 나타난다. 그것은 제3공화국 때 평신도와 도시 상공인 중심의 (피네가 한 때 소속됐던) 푸앵카레의 민주동맹과 지방의 가톨릭을 중심으로 한 멜린과 마랭의 공화주의자연맹에서 다시 나타났다. 앞으로 확장해보면 피네의 "정상"이 남긴 유산은 쪼개졌다. 재정적인 엄격함은 조용한 삶을 추구하는 보수주의의 새로운 형태를 제시한 발레리 지스카르 데스탱(1926~2020)으로 이어졌다.

재무장관을 두 차례(1962~1966, 1969~1974) 지내고 1974년부터 1981년까지 대통령으로 재임한 지스카르는 "프랑스인 셋 중 두 명"은 사회적, 경제적으로 자유주의적이지만 사회주의 좌파에 적대적이라고 생각했다. 지스카르는 경제와 재정의 기술관료적 운용을 신뢰했고, 민주적 압력에 방해받지 않고 관리하는 것이 이상적이라고 믿었다. 옛 CNIP처럼 그는 제5공화국이 지나치게 중앙집권적이라고 생각했다. 그의 정부는 지방에 권력을 이양하고, 의회를 강화하며, 언론을 정부의 감독에서 풀어주었다. 옛 CNIP와 달리 그의 당은 경제뿐만 아니라 사회 문제에서도 자유주의적이었다. 그의 정부는 피임과 낙태, 이혼을 제한하는 법을 완화했다. 친유럽적인 지스카르는 프랑스와 독일의 유대를 강화하고 유럽경제공동체가 더 긴밀한 연합으로 발전하도록 촉진했다. 드골이 1966년 친유럽주의를 이유로 지스카르를 정부에서 내치자 그는 중도우파 추종자들과 함께 독립공화당을 결성했다. 프랑스민주연합UDF(1978)으로 이름을 바꾼 이 당은 지스카르가 1978년 대통령 자리를 굳히는 수단이 됐다.

샤를 드골(1890~1970)에게 정치는 이해관계의 중재나 일상의 관리가 아니라 국가 권력의 적절한 사용에 관한 것이었다. 직업군인과 대통령, 정치가로서 드골은 그가 잘 지내본 적이 없는 처칠처럼 정치적 삶에서 의지와 신화의 힘을 잘 보여주었다. 정치를 보는 드골의 관점은 국민투표 민주주의를 강력히 지지하고 의회에 회의적이며 지도자와 인민은 가까이 있다고 믿는 것이었다. 그 때문에 반대자들은 드골을 권위주의자로 생각했으나 프랑스의 전통에서 그의 범주를 찾기는 어려웠다. 그를 범주화하는 것은 불가능하다는 것을 암시라도 하듯 그는 곧 자기만의 "이즘"을 획득했다. 그의 시대가 그랬듯이 드골은 통상의 것에서 벗어나 있었다.

　　1914~1918년 전쟁에 참전했던 드골은 후에 참모장교로서 군의 기계화를 주장했으나 허사였다. 드골의 탱크부대가 대담하게 버텼지만 실패하고 독일이 프랑스를 점령하자(1940) 그는 런던으로 가 유령 같은 자유 프랑스를 몸소 체현했다. 1944년 해방이 다가오자 그는 연합군의 프랑스 점령을 피하고, 프랑스의 독일 점령을 보장하며, 전후 평화 논의에 프랑스가 낄 자리를 얻으려고 분투했고 성공했다. 1944년부터 1946년까지 임시정부 지도자로서 그의 우선적인 과제는 경제를 회복시키고, 부역자들에 대한 복수를 통제하며, 인도차이나와 알제리에서 프랑스의 식민지 통제력을 되찾고, 강력한 대통령제를 확립하는 것이었다. 퇴짜를 맞은 그는 오랫동안 "사막 횡단"을 시작했으나 1958년 알제리 위기 때 복귀했다. 미국과 다른 나라들이 알제리 독립 세력들과 협상하라며 프랑스에 가한 압력은 정부를 분열시키고 프랑스계 알제리인들의 반란을 자극했으며, 많은 이가 걱정한 것처럼 내전의 위기로 몰아갔다. 반대자들은 드골이 권력을 잡은 것을 쿠데타로 불렀으나 공식적으로는 코티 대통령이 그를 총리로 지명하고

의회가 인준한 것이었다. 그가 권력을 움켜쥐었다는 주장에 대해 드골은 이렇게 비웃었다. "권력을 어떻게 움켜쥡니까? 그것은 쓸어모아야 했습니다." 그가 띄운 강력한 대통령제 헌법은 1958년 국민투표에서 압도적으로 승인됐다. 알제리와의 휴전과 곧이은 주권 이양도 마찬가지였다.

그 후 드골은 프랑스령 아프리카의 독립과 (미국의 노하우를 이용한) 프랑스 자체 핵무기 개발, 유럽 통합에 대한 프랑스의 약속 이행을 감독했다. 그의 국가적 긍지에서 나온 엇나가는 몸짓─프랑스의 북대서양조약기구NATO 탈퇴, 유럽 클럽에 대한 방해, 영국 배척, 냉전 시대의 중립적 선택지로서 제3세계에 대한 호소─은 극적인 것이든 진실한 것이든 간에 시간이 지나면서 모두 뒤집혔다. 프랑스의 범대서양주의와 반소비에트적, 유럽적인 뿌리는 그대로 남았다. 드골주의의 부침은 국민투표 결과로 추적할 수 있다. 헌법 제정(1958) 때는 83퍼센트의 찬성을 얻었고, 알제리의 자결(1961)은 75퍼센트, 평화와 독립(1962)은 91퍼센트, 대통령 직선제(1962)는 62퍼센트를 득표했으며, 상원 개혁과 지방 분권 개헌(1969)은 부결돼 그의 은퇴를 재촉했다.

홀쭉하고 초연하며 침착한 드골은 평생 조롱당했으나 스스로 그에 대한 면역력을 지녔다. 그는 정당정치를 혐오했고, 더 정교한 명칭을 붙이기는 어려워도 확실히 우파에 속했다. 방식은 독재적이었으나 그는 프랑스에 대한 자신의 신성한 의무를 확신하며 다른 이들에게 그것을 확신시킬 수 있었다. 그러나 그 뜻이 좌절됐을 때 그는 자신의 의지를 다시 강요하려고 애쓰기보다는 스스로 무대에서 걸어 나왔는데(1946, 1969), 이는 그가 독재자라는 비난이 틀렸음을 보여줬다. 전통적인 가톨릭 신자인 그는 개인의 도덕에 관한 규제적인 법을, 조금이라도 생각할 때면, 바꿀 이유가 없는 익숙하고 편안한 가구 같은 것으로 여겼다. 또 정치는 도덕적 명령을 수행해야 한다고 믿었다. 그 명령은 국가의 독립과 안전을 지키라는 것이었다.

드골 자신이 범주 밖 인물이었다는 사실은 드골주의를 범주화하는 과제를 남겼다. 드골주의는 보나파르트주의로 알려진 국내 전통에서 자유민주주의에 대한 독특한 현대적 대안이었을까? 아니면 자유민주주의 규범이 위기를 맞거나 버려졌을 때 보통과 다른 방법으로 그 규범에 복귀한 것이었을까? 그 답이 전자보다는 후자일 것이라는 하나의 단서는 드골이 방어하려 했던 제3공화국의 보수주의와 그가 물려준 제5공화국의 드골식 보수주의에서 찾을 수 있었다. 다름 아닌 군사적 궤멸이 제3공화국의 보수주의를 자유민주주의의 선을 넘어 비자유주의와 독재주의로 가도록 이끌었다. 드골식 보수주의는 드골이 완전히 떠날 때까지는(1969) 더 자유주의적이고 의회주의적이며 더 다양한 경로를 따르고 있었다. 드골은 완고하고 범주화할 수 없어도 드골주의 자체는 타협적인 보수주의에 속했다.

드골 이후 조르주 퐁피두(1911~1974)가 개인화된 과도기적 운동이었던 드골주의를 친유럽 중도우파 정당으로 전환하도록 도왔다. 시간이 지나면서 이 당과 경쟁자인 지스카르의 UDF의 경계는 흐려졌다. 당시에는 총리였고 나중에는 대통령(1969~1974)이 되는 퐁피두는 고등사범학교를 나와 은행가로 일했으나 선거운동 때는 오베르뉴 출신이라는 뿌리를 부각했다. 현세적인 보수주의자로서 그는 (교조적 좌파처럼) 인간은 선하고 사회는 악하다고 믿지도 않았고 (교조적 우파처럼) 그 반대를 믿지도 않았다. 활력 있는 자본주의와 강력한 국가의 옹호자로서 퐁피두는 지스카르처럼 7월 왕정부터 제3, 제4공화국을 거쳐 당시까지 이어진 우파 자유주의의 상층 계보를 따랐다.

퐁피두 이후 드골주의는 1976년 공화국연합을 창립한 자크 시라크가 계승했다. 이 당은 연설과 상징에서 인민과 지도자, 국가에 관한 보나파르트주의의 주장들을 이용했다. 공화국연합의 핵심 투표자들은 도시의 전문직 유권자들에게 호소한 지스카르의 중도우파 UDF보다 더 지방적이고 중산층에 가까웠다. 두 정당의 차이는 정책적인 것보다는 더 개인적이고 역사적인 것이었다. 그들은 정부를 공유했고 1990년대에는 융합됐으며, 20년 후 강경우파인 국민전선의 성공으로 혼란에 직면해서야 다시 떨어져나갔다.

전후 분노의 대변자는 1945년 이후 프랑스 강경우파를 낳은 원조 피에르 푸자드(1920~2003)였다. 10대에 자크 도리오의 추종자로서 비시 정권에 환멸을 느낀 푸자드는 프랑스에서 도망쳐 알제로 갔다. 귀국한 그는 종교 서적 행상이 됐고 나중에는 고향인 로트주에 책과 문방구를 파는 가게를 열었다. 작은 가게의 주인으로서 한 경험은 푸자드를 정치로 이끌었다. 1953년 그는 대규모 체인점과 재정 당국에 맞서 소상공인을 옹호하는 조세 저항 정당을 설립했다. 그의 운동은 3년 후 13퍼센트의 득표율로 의석을 50석 넘게 확보하면서 주류 우파를 놀라게 했다. 그중에는 훗날 국민전선을 설립한 젊은 장-마리 르펜도 있었다. 푸자드의 운동은 정치에 무관심한 조세 저항자와 우파 불평분자의 유동적인 연합이었다. 불평자들 자체도 친프랑스 알제리인과 왕정주의자들의 잔재, 그리고 비시 정부 수복주의자들이 잡다하게 섞여 있었다. 그 잡다한 이들을 묶어주는 것은 의회(푸자드는 "파리의 가장 큰 매음굴"이라고 했다)와 의원("남색꾼들"), 정부의 기술관료(모든 문제의 원천), 그리고 프랑스라는 국가("도둑이자 악한")에 대한 분노에 찬 경멸이었다. 푸자드주의의 물결은 일단 지나갔다가 1970년 대 이후 다시 세를 불리며 돌아왔다. 퐁피두는 푸자드주의에 귀를 기울이는 체했으나 지스카르는 아예 귀를 막았다. 주류 중도우파를 경멸하는 자신의 성향에 맞게 푸자드는 사회주의자 미테랑을 지지했다 (1981). 푸자드와 르펜의 강경우파는 드골주의자들과 인민 및 국가를 주제로 한 수사를 공유했지만, 그 수사를 다른 방식으로 사용했다. 그들의 수사는 분노에 차고 배타적이며 반엘리트적이었다. 드골주의는 안정을, 강경우파는 혼란을 목표로 삼았다.

2. 영국 토리당 습파와 건파: 맥밀런부터 대처까지

1945년 영국 우파는 새로운 정당이라는 집이 필요하지 않았지만, 낡은 거처는 지붕이 날아가고 물에 떠내려갔다. 1945년 7월 총선에서 보수당은 하원의원의 절반을 잃어 1906년 이후 최소 의석을 얻었다. 전쟁 중 지방 사무실이 문을 닫고 사회 활동이 중단되고 모금이 끊기면서 당의 조직은 증발해버렸다. 선거에서 보수당의 유일한 희망이었던 처칠은 선거전의 불발탄으로 판명 났다. 그가 노동당—전시에는 보수당과 정부를 구성한 동반자였고 이제는 집권을 다투는 대중적인 경쟁자—을 독일의 게슈타포에 비유한 것은 비웃음을 샀다. 사람들은 그의 전시 지도력에 감사하고 영국이 겪은 고통을 알면서도 영국인이 아니라 러시아인과 미국인이 승전을 위해 가장 많은 일을 했음을 이해했다. 좌파 유권자들은 처칠을 포함한 보수주의자들이 파시즘을 물리치거나 일하는 영국인들을 지키기보다는 제국을 보존하려고 전쟁에 참여했다고 의심했다. 자유주의에 고취된 인기 있는 사회 개혁 의제는 전쟁 때문에 보류됐었다. 이제 유권자들은 그 개혁을 원했고, 보수당은 말문이 막히거나 그 의제를 놓고 분열됐다.

보수당은 실제로 타격을 입었으나 곧 무서운 자동복원 역량을 보여주었다. 39퍼센트가 넘는 그들의 (국민자유당, 국민노동당 동맹을 합친) 총득표율은 10년 전 선거 때보다 그리 낮은 수준이 아니었다. 당 조직은 급속히 되살아났다. 1950년대 초 보수당은 전국적으로 노동당의 세 배인 300만 명에 가까운 당원을 두었다. R. A. 버틀러가 이끄는 보수당 정책연구소는 지적 자신감을 회복하고 공론장에서 당의 역할을 되찾아준 정책 자료와 프로그램들을 만들어냈다.

이 당은 전처럼 자신과도 논쟁했다. 일부 보수주의자는 자유당이 고취한 사회 개혁의 길에서 노동당을 따를 터였다. 그들은 대략 디즈레일리-볼드윈식 '하나의 국가' 토리주의의 타협적 노선을 따랐는데, 1950년대에 이 노선은 자유주의적 보수주의의 온건 개혁파를 기꺼이 수용한 맥밀런이 이끌었다. 다른 보수주의자들은 필과 체임벌린의 급진적 전통에서 더 엄격한 노선을 취했다. 이 두 정치인은 일찍이 토리당이 지배적인 정통을 지지하는 것을 당의 탈진과 국가 쇠퇴의 증상으로 보았었다. 1950년대 중도 보수주의를 거부한 이들 중 가장 선명한 반대자는 이녁 파월이었는데, 그는 훗날 초자유주의적이면서도 국가 제일주의를 내세우며 당을 차지한 강경우파의 초기 선구자였다.

각 계파는 저마다 클럽과 압력집단을 거느렸다. 1951년 타협주의 자들은 한 자조적인 회원이 이름 붙인 바우그룹을 결성해 『가디언』 지 독자들에게 받아들여질 수 있는 토리주의를 만들려고 노력했다. 1961년에는 저항자들이 자유시장을 옹호하는 먼데이 클럽을 만들었 다. 그 후 1970년대에 일단 급진파들이 우위를 차지하자 양측은 습파 와 건파로 불렸다. 다른 "이분법"처럼 이 대조는 논란을 낳았다. 많은 토리당원은 어느 정도 양쪽에 걸쳐 있거나 한번은 이쪽이었다가 나중 에는 저쪽이었다. 그래도 습파와 건파는 한 지붕 아래 있는 반대편 끝 을 표시했다.

처음에 보수당은 자유주의적인 사회 개혁에 반대하기보다는 적 응하며 노동당 옆에 섰다. 그들은 복지 자본주의의 대안이 아니라 더 잘 운영되고, 덜 낭비하며, 비록 그렇게 외치지는 않아도 덜 후한 복지 를 약속했다. 예를 들어 우파는 국민건강보험을 지지하면서 새로운 무 료 서비스 체제에서 의사들이 계속 사적으로도 진료할 수 있도록 노 동당의 양보를 받아냈다. 경제 면에서는 온건한 케인스주의가 채택됐 는데, 『산업헌장』(1947)에 제시된 정책은 완전고용을 목표로, 적자예 산을 수단으로 삼았다. 외교정책에서는 노동당과 차이가 거의 없었 다. 외교정책에 관한 보수당대회 성명(1949)은 노동당처럼 반소비에트 주의를 강력히 표명했다. 또 "끊임없이 진화"하는 제국을 말했는데, 이 모호한 표현은 현재 형태로는 지속할 수 없다는 뜻이었다. 인도와 버 마는 사태를 통제할 힘을 잃은 노동당 정부 때 풀려나 이미 독립했다. 토리당이 재집권했을 때는 자신들이 나머지 식민지를 지킬 의지와 역량이 없음을 고통스럽게 깨달아야 했다.

노동당의 진통은 토리당의 신속한 회복에 도움을 주었다. 노동당 지도자들은―단독으로 집권했을 때나 1940년 이후 전시에 연합했을 때나―지치고 아팠다. 영국은 빚을 졌고 재정적으로 감당할 수 없었다. 브레턴우즈의 고정환율 체제에서 약한 파운드화를 방어하는 것은 계속되는 국민적 드라마가 됐다. 총선(1950년 2월)에서 노동당은 겨우 5석 차이로 다수당을 지켰다. 노동당이 18개월 동안 절뚝거리며 간 다음 토리당이 확실한 승리를 얻었고 13년 동안 집권당으로 머물렀다. 영국이 제국에서 후퇴하고, 중동에서 혼나고(1956년 수에즈 위기), 경제 면에서 재기하는 프랑스와 독일보다 상대적으로 쇠퇴한 것은 유권자들보다 토리당의 정치계급을 더 크게 흔들어놓았다. 1950년대에 영국의 주택 총량은 늘어나고 경제는 성장했으며 생활수준은 향상됐다. 정부는 세제에 큰 영향을 주지 않고 지출을 늘렸다. 다음 선거 때마다(1955, 1959) 보수당은 다수당으로서 의석 차이를 늘려갔다. 두 번째 선거에서 사람들은―1952년 선거에서 패한 해리 트루먼에게서 빌려온―"이토록 좋았던 때는 없었다"는 보수당의 유쾌한 주장에 반응했고, 보수당은 전체의 50퍼센트에 조금 못 미치는 표를 얻었다.

그 수혜자는 1957년부터 1963년까지 총리를 지낸 해럴드 맥밀런이었다. 맥밀런(1894~1986)은 출판업자이자 정치가로서 1945년 이전에는 일자리가 없는 북부 지방 스톡턴에서, 그 후에는 번영한 남동부의 교외 지역 브롬리에서 하원의원으로 활동했다. 전쟁 전 맥밀런은 볼드윈의 보수주의가 소홀히 했던 이들로 정부에 도움을 바라는 영국인들을 대변했다. 그의 책 『중도』(1938)는 국가주의적인 토리 습파를 위한 케인스주의 바이블이었다. 그 후 맥밀런은 복지나 개입을 포기하지는 않고 경제적 자유주의 시각에서 증대하는 번영이 사회의 건강을 돌보리라고 기대했다. 그는 외교 문제에 몰두했다. 맥밀런은 영국령 아프리카의 종식을 앞당겨 제국으로부터의 철수를 완성했다. 그는 영국의 미래는 이제 유럽에 있다고 당을 반쯤 설득했지만, 드골은 그의 유럽 클럽 가입에 퇴짜를 놓았다.

번영은 증대됐으나 계속해서 빠르게, 혹은 안정적으로 증대되지는 않았다. 토리당의 선거운동원들은 1955~1958년 보궐선거의 저조한 성적이 지원금을 주며 개입하는 국가에 대한 중산층의 인내가 사라지는 초기 신호라고 경고했다. 복지 지원은 경제만큼 빠르게, 혹은 그보다 더 빠르게 커지는 것으로 보였다. 맥밀런이 대규모 예산 삭감을 거부한 1958년 재정위기는 당시 초급 장관으로 급진적 자유시장주의자였던 파월을 포함해 재무 관료들의 사임으로 이어졌다. 토리당 우파는 지적으로 조용했으나 배후에서 활발하게 움직였다. 먼데이 클럽은 비타협적인 토리당원들이 맥밀런식 중도의 대안들을 생각할 수 있는 포럼으로서 오래된 에임스 오브 인더스트리 그룹과 자유연맹에 합류했다.

1960년대가 되자 추문에 싸인 정부의 수장으로서 맥밀런은 늙고 병들었으며, 나이와 권위에 대한 존경을 깎아내리는 문화적 변화에서 잘못된 편에 섰다. 지난날의 대기자들이 토리당을 이끌고 노동당이 다시 집권한 막간이 지난 후 옛 중도주의자와 급진적 시장주의자(파월), 그리고 에드워드 히스가 당의 정신을 대표하기 위해 싸웠다. 타협적으로 나온 히스는 1965년 당권 경쟁에서 승리했다. 그는 더 오래된 타협적이고 합의를 중시하는 토리즘과 곧 대처리즘으로 알려지는 새롭고 비타협적이며 대립적인 유형 사이에 낀 과도기적인 선택이었다.

1975년까지 당을 이끌고 1970년부터 1974년까지 총리를 지낸 히스(1916~2005)는 칭찬하는 이들에게는 대처리즘의 선구자로, 깎아내리는 이들에게는 실패한 습파로 기억됐다. 급진파는 그에게 위협적인 언사—"타협" "허튼소리"—를 퍼부었다. 사실 그는 급진파의 많은 목표를 공유했다. 규제 축소와 경쟁 확대, 정부의 임금과 물가 통제 노력 중단, (노동당도 시도했던) 노동조합 억제, 직접세 축소와 간접세 확대, 그리고 "맞춤형", 즉 덜 후한 복지가 그것이었다. 그러나 토리당 우파는 히스가 마침내 영국을 유럽 가입(1973)으로 이끈 것은 절대 용서하지 않았다. 히스는 불운했다(3차 아랍-이스라엘 전쟁, 석유 위기, 세계적인 스태그플레이션). 그는 또 오랫동안 계속된 깊은 갈등(노조, 아일랜드)에 대해 사람들의 합리성을 지나치게 신뢰했다.

1956년부터 1987년까지 보수당 하원의원을 지낸 키스 조지프(1918~1994)는 그런 변화를 직접 겪어온 토리 지식인이었다. 맥밀런 정부의 초급 장관이었던 그는 처음에는 히스를, 그다음에는 대처를 지지했다. 1960년대에 보수당 우파를 싫어하던 그는 당시 사형제를 끝내고 동성애 금지 해제를 논의하는 데 찬성했다. 조지프가 급진적 우파로 개종한 것은 1970년대로, 당시 그는 자신의 두뇌와 표현의 재능을 대처리즘을 창조하는 데 쏟았다. 조지프는 영국에서 민간기업은 실패한 것이 아니라 단지 시도되지 않았을 뿐이라고 말했다. 영국은 "과도하게 통치하고, 과도하게 지출하고, 과도하게 과세하고, 과도하게 차입했으며, 과도하게 인원을 늘렸다". 1974년 그는 자신의 (실패한) 당권 도전을 위한, 그리고 더 길게는 토리당 사고의 정비를 위한 기지로 활용할 정책연구센터를 설립했다.

조지프의 책 『추세의 반전』(1975)은 영국이 파멸의 길을 가고 있다는 보수주의자들의 널리 퍼진 믿음을 다루었다. 그는 쇠퇴라는 우파의 고전적인 주제에 호소함으로써 별개의 문제들—예를 들어 보조금을 받는 운송과 공공주택, 편부모 가정—을 구원해야 할 실패한 사회라는 설득력 있는 그림으로 짜맞췄다. 정치에서는 좁은 의미의 경제적 합리성보다 강력한 가치가 중요하며, 사회의 건전성에 관한 명료한 구도가 중요하다고 그는 믿었다. 경제적 합리성은 필요한 것이지만 그것만으로는 충분하지 않았다. 건전한 경제와 건강한 사회에는 그래도 책임성과 근면이라는 편의적인 미덕이 필요했다.

영국에 신보수주의자들이 있었다면 조지프가 그런 사람이었을 것이다. (곧 설명할) 미국과 독일의 동류들처럼 조지프는 대중민주주의에 대한 최소한의 감정조차 없이 초연하고 철저한 방식으로 정치적인 본질을 파악했다. 그는 대처에게 사상을 제공했으나 그녀는—자유주의적이고 미묘하며 맹목적 애국주의자가 아닌—조지프가 절대 할 수 없는 방식으로 토리 유권자들과 장단을 맞췄다. 대처는 조지프의 사상을 바탕으로 성공했지만, 또한 어떻게 비자유주의적이고 직설적이며 국가주의적일 수 있는지—혹은 그렇게 말할 수 있는지—알았다. 그런 점에서 조지프는 대처의 훌륭한 대부였다. 파월은 나쁜 대부였다. 조지프는 민주적 자유주의의 한계를 받아들이는 경제적 급진주의를 옹호했다. 나중에 살펴보겠지만 파월은 전혀 다르게 더 파괴적이고 포퓰리스트적인 강경우파를 예고했다.

3. 독일 중간 지대의 재형성: 아데나워와 기독교 민주주의

1945년에 독일의 진실한 보수주의자가 무엇을 믿든 이 나라가 자초한 파멸에 영향을 받지 않는 것은 거의 없었다. 보수주의 관점의 익숙한 요소들—사회의 통일성, 관습의 권위, 추론 없는 충성—은 훼손된 것으로 보였다. 소련과 서방을 막론하고 독일 점령자들을 증오하는 것은 국가적 긍지라는, 보수주의자들에게 절대로 필요한 감정을 대신하기에는 부족했다. 독일은 패배했고 영토를 베어냈으며 분열됐다. 많은 도시가 부서졌다. 수백만 명이 쫓겨나거나 떠돌았다. 1946~1947년 겨울에는 질병과 기아가 확산했다. 놀랍게도 서부에서는 축적된 경제적 자본이 전쟁과 소련의 약탈을 견뎌냈지만, 산업과 공급망, 상업은 모두 엉망으로 뒤틀렸다. 스스로 일으킨 전쟁의 재앙과 홀로코스트의 극악한 범죄는 설명하고 책임져야 했다. 다수의 보수적인 독일인이 그 전쟁을 볼셰비즘에 맞서 서방을 지키는 운동으로 봤었다. 독일인이 어떤 견해를 가졌든 그들은 외국의 점령에는 반발했다.

그 모든 잔해를 수리할 책임을 안은 전후 독일 우파 정치인들에게 전략적 과업으로 떠오른 일은 경제를 재건하고, 정치적 주권과 국가적 통일성을 복원하며, 세계에서 독일의 도덕적 평판을 회복하는 것이었다. 그것들은 차례대로 혹은 같은 속도로 이뤄지지는 않아도 하나하나 성취됐다. 모든 것이 우파 내부의 다툼을 불렀다. 먼저 새로운 정치적 틀이 필요했다. 그 틀에는 기본법(1949)이라는 서독의 잠정적인 헌법과 기독교민주연합CDU 및 바이에른의 "자매" 정당 기독교사회연합CSU이라는 새로운 보수 정당들이 포함됐다.

망가진 독일이 달갑잖아하는데도 승리한 서방 동맹국들이 자유민주주의를 공수했다는 것은 눈길을 끌지만 틀린 묘사였다. 그런 구도에 따르면 기본법은 외국이 강요한 것으로, 좌파는 자유주의적이지 않고 우파는 민주적이지 않은 독일의 전통과는 맞지 않는 것이었다. 사실은 외국의 위협 없이 기독민주당과 사회민주당 법률가들이 함께 모여 본보기가 될 자유민주적인 헌장을 기초했다. 기독민주당 법률가인 아돌프 쥐스테렌이 압축한 최우선 목표는 "어느 한곳에 권력이 집중"되지 않게 하는 것이었다. 이제 많은 보수주의자가 기꺼이 동의하는 자유주의 원칙이었다. 가톨릭의 정치적 전통은 첫 조항에 울림을 주었다. "인간의 존엄성은 침해할 수 없으며" 모든 국가 권위가 의무적으로 존중하고 보호해야 한다는 것이었다. 더욱이 시민들에게는 전제 정부에 저항할 의무가 있었다. 보수주의자들은 서방의 공산주의자들뿐만 아니라 자신들의 골치 아픈 극우파를 경계하면서 최고법원이 "반헌법적" 정당들을 금지할 수 있다는 생각을 수용했다.

우파 내부의 지역적 차이뿐만 아니라 좌파와 우파의 불일치도 조정됐다. 기독민주당은 사회민주당보다 덜 중앙집권적인 과세와 세수의 공유를 원했다. 더 많은 지역 자치를 위한 가톨릭 성향의 바이에른에 소규모 농업과 공예산업의 지역색이 강한 바덴과 뷔르템베르크가 가세했다. 헌법 비준안을 각 주에 보냈을 때 바이에른은 새 연방공화국에 반대했으나 다른 주의 3분의 2가 동의하면 참여하기로 합의했다. 그 동의는 이뤄졌다. 바이에른은 지배적인 프로테스탄트의 북부에 대한 의심을 버리지 않았으나 포츠담에서 독일이 분할될 때 프로테스탄트의 프로이센이 서독에서 잘려나가면서 보수주의자 중 가톨릭의 비중은 커졌다.

새로운 기독민주당CDU의 심장 지대는 라인-루르 지방이었다. 이 지역은 프로테스탄트와 가톨릭, 산업과 농업이 혼재했다. CDU는 그에 따라 하나의 빅 텐트가 됐다. 당의 핵심인 중도주의자들은 기업과 사회적 평화를 촉진하기를 원했다. 그 오른쪽에는 바이마르 시대 옛 DNVP의 국가주의적 보수주의의 후예들이 있었다. 당 왼쪽에서는 가톨릭 노동자 운동을 대변했다. 사회적 가톨릭은 예를 들어 당의 알렌 프로그램(1947)에 반영됐다. 이 프로그램은 "자본주의 경제체제는 독일 인민의 국가적, 사회적 이익에 부응하지 못했다"고 선언했다.

시골 지역의 전통이 강한 바이에른에서 기독사회당CSU은 산업 평화와 사회적 복지에 뿌리를 내린 경제 회복에 냉담했다. CDU가 1933년 이전 가톨릭중앙당의 역할을 한다고 주장한 것과 똑같이 CSU도 옛 바이에른 인민당의 후예라고 주장했다. 선조와 같이 CSU도 가톨릭의 정체성과 보수적인 독립성을 지켰다. 공식적으로 CSU는 별개의 정당으로, CDU와 연합했으나 합병하지는 않았다.

1949년 이후 주류 보수주의의 세 번째 요소는 자유당으로도 알려진 자유민주당FDP이었다. 이음매 정당으로서 FDP는 사회민주당과 연합(1969~1982)할 수 있게 해준 더 관용적이고 사회적인 날개와 기독민주당과 연합(1949~1956, 1961~1966, 1983~1998, 2009~2013)

을 가능케 해준 더 보수적이고 자유시장을 중시하는 날개가 있었다. 1950년대에 시민적 자유에 강하고 공무원들에게 인기 있는 중산층 정당으로서 FDP는 전 독일 블록과 더불어 나치 국가에 봉사했다가 제재받은 전직 관료들의 동기를 변호했다.

주류 우파 정당들 옆에는 몇몇 완고한 국외자가 있었다. 가장 큰 세력은 니더작센 지방에서 강한 독일당(1947~1961)이었다. 이 당은 CDU가 억누르거나 무시한 우파 불만자와 거부자들을 보호했다. 그들 중에는 사회복지나 노동조합에 반대하는 자유시장주의자뿐만 아니라 왕정주의자와 하노버 지역주의자들도 있었다. 빌헬름 제국(그리고 나치당)의 적-백-흑 깃발을 내건 이 당의 지배적인 논조는 대중적이고 국가주의적이었다. 독일당은 제국의회에서 몇 석을 차지했다(1949, 1953, 1957). '추방자와 권리 박탈자들의 전 독일 블록'은 동프로이센의 난민들과 나치 시대의 봉사 때문에 일을 할 수 없게 된 공무원들을 끌어모았다. 이들이 힘을 얻은 데 자극받아 기본법에 추가된 내용이 있는데, 1953년 개정된 이 법은 정당 배분 의석을 받으려면 정당 투표에서 적어도 5퍼센트를 득표하도록 요구했다.

이 변화는 독일 정당정치의 우파가 하나의 큰 연합인 CDU-CSU 로 통합하도록 재촉했다. 바이마르 시대의 교훈은 당의 분열과 목표의 혼란이 나치의 기습적인 집권을 막을 수도 있었을 우파의 힘을 약화했다는 것이었다. 1949년에는 열 개의 정당이 연방의회 의석을 얻었다. CDU가 얻은 표는 전체의 31퍼센트에 불과했다. FDP는 12퍼센트, 독일당은 4퍼센트를 가져갔다. 1957년이 되자 정당 수는 네 개로 줄었다. CDU-CSU는 총투표의 50.5퍼센트를 차지했다.

서독의 새 체제가 안정되고 번영이 확산하면서 주변부 정당들의 호소력은 퇴조했다. CDU는 공직을 차지할 기회뿐만 아니라 그들의 관심사를 다룰 공간도 제공했다. 1950년대 말까지 독일당 정치인과 유권자들은 CDU-CSU로 흡수됐고, 1961년에는 당 자체가 해산했다. 그런 주변 집단들의 불운이 강경우파가 정당정치에서 사라졌음을 뜻한 것은 아니었다. 강경우파는 몇 차례 되살아나고 죽었다가 1990년 독일 통일 후 힘을 키워서 돌아왔다. 옛 동독에 뿌리를 둔 그들은 9장에서 보듯이 중도우파를 괴롭히고 약화시켰다.

저항하는 우파에게 1950년대의 독일은 그들이 바랐던 나라, 사랑하리라고 기대했던 나라가 아니었다. 새로운 통화와 새로운 헌법, 심지어 분단된 국가까지 정상화는 아니더라도 받아들이게 됐다. 하지만 보수적인 반근대주의자와 복종 거부자들에게 연방공화국이 자본주의적이고 자유주의적이며 민주적이고 서구적임을 인정하는 것은 진저리 나는 일이었다. 공화국은 번영하고 뜻밖에도 안정됐으며, 보수적인 옹호자들이 얻은 선거 결과로 대략적인 시험을 해본 바로는 인기가 있었다. 서독 연방의 첫 다섯 차례 선거에서 CDU-CSU와 자민당을 합친 성적은 43퍼센트(1949)와 55퍼센트(1953), 58퍼센트(1957), 58퍼센트(1961), 57퍼센트(1965)였다.

1945년부터 1980년까지 우파의 사상을 다루는 8장에서 보겠지만, 연방공화국에 대한 우파의 비판은 사상가와 작은 잡지들 사이에서 계속됐다. 그 비판은 자유주의적인 근대에 반대하는 비타협적 보수주의자들의 익숙한 비난에 공명했다. 그들의 비난은 이제 소비자 사회의 순응성과 물질주의를 향했다. 독일의 국가적 긍지가 부족하고, 경제적 복리와 사회적 평온이라는 "도구적" 가치를 제외한 어떤 공적 가치에 대해서도 신념을 잃어버렸다는 비난도 많았다. 우파의 더 미묘하고 흥미로운 비판은 그런 반대 중 어떤 것은 밀어붙이고 다른 것들은 거부하며, 자유민주주의의 정통과 지적 타협으로 가는 길을 열었다.

서독의 정상화와 독일 우파의 통합을 관장한 지도자는 콘라트 아데나워(1876~1967)였다. 그는 1949년부터 1963년까지 총리를 지내고 1950년부터 1966년까지 CDU를 이끌었다. 아데나워의 진지한 회복과 치유의 정치에는 열광과 극단주의가 끼어들 여지가 거의 없었다. 1957년 선거 포스터는 이렇게 외쳤다. "실험은 안 돼!" 그 슬로건은 전후 독일의 경제와 국가 주권, 도덕적 평판과 관련된 과제를 신중하고 고집스럽게 추구한 아데나워의 보수주의를 압축했다.

아데나워는 1949년 9월 총리 취임 연설에서 자신의 기조를 확고히 밝혔다. 연설은 개인의 자유와 책임, 효율적 시장, 그리고 복지를 보장하기 위한 사회적 공급을 강조했다. 독일의 특수성에 관한 주장들을 무시한 아데나워는 단호하게 이 나라를 서방 세계 안에 두면서 미국에 대한 국가적 부채를 인정했다(소련에 대한 부채는 얼버무렸다). 그는 이 나라의 도덕적 뿌리를 법을 존중하고 사람들의 고유한 도덕적 가치를 중시하는 "기독교적이고 서구적인" 정치 문화에서 찾았다. 아데나워가 말한 기독교적 서구주의는 계몽된 이상과 기독교 전통을 버무린 것이었다. 그것은 자유주의자와 기독교인들이 서로 두려워할 것이 별로 없음을 시사했다.

기독교적 서구라는 논지는 선거운동에 노골적으로 이용됐다. 동유럽 전역을 장악한 스탈린주의와 1953년 동독 봉기의 진압, 서방으로 오는 동유럽인들의 흐름은 보수적 유권자들이 CDU의 냉전적 구도를 받아들이는 데 도움을 주었다. 그것은 전체주의적 독재와 기독교적 서구의 자유 사이에서 벌어지는 문명 투쟁이라는 구도였다. CDU의 선거운동은 사회민주당을 위험한 마르크스주의자들로 헐뜯었다. 1950년대의 어떤 CDU 포스터는 사회민주당 대표에 관해 이렇게 썼다. "올렌하워가 씨 뿌린 것을 스탈린이 거둔다." 또 다른 포스터는 십자가와 중세 성인의 이미지를 배경으로 이렇게 훈계했다. "서구 문화를 지켜라!"

분열된 우파가 바이마르공화국에 끼친 손상을 잊지 않은 아데나워는 모두를 끌어안는 지배적인 중도우파 정당으로 기독민주당을 확립했다. 급진적인 주변 집단들을 흡수하는 것 외에도 CDU는 더 우파적인 CSU와 흔히 경쟁적인 연합을 유지했다. CSU는 1961년부터 30년 내내 프란츠-요제프 슈트라우스(1915~1988)가 이끌었다. 뮌헨에서 푸주한의 아들로 태어났고 동부 전선에서 참전했던 슈트라우스는 좌파에는 채찍이었고 중도우파에는 가시였다. 그는 공적으로는 흔히 강경우파의 얼굴로 나타났으나 막후에서는 더 조용했다.

아데나워는 독일의 수복주의 우파에 반대해 국가 영토의 막대한 손실을 받아들이고 수백만 명의 추방자와 난민의 귀환을 감독했다. 그는 중립주의 좌파에 맞서 (1950년대 초 소련이 흔들어 보였던) 통일에 대한 압력에 저항했고, 미국의 방패 아래 연방공화국을 회복하고 강화하는 쪽을 택했다(이 역시 반미 보수주의자들의 불만을 샀다). 아데나워는 전 독일 블록에 귀를 열어두면서 가해자에 대한 처벌(탈나

치화)을 희생자들에 대한 배상으로 대체했다. 그가 히틀러주의와 홀로
코스트에 대한 국가적 심판을 고무하는 경우는 드물었다. 독일의 도
덕적 평판을 회복하는 일은 품위 있게 행동하고 친선을 유지함으로써
더 잘 이룰 수 있다고 아데나워는 믿었다. 1960년대에 아데나워의 전
후 처리 방식이 남긴 침묵을 메우는 것은 역사가와 사상가들뿐만 아
니라 사회민주당 출신의 후임자 빌리 브란트의 몫으로 남겨졌다.

그러나 아데나워는 정치에서 가톨릭이 있을 자리와 가톨릭에서
정당이 할 역할에 관한 오래된 질문을 정면으로 마주했다. 가톨릭을
믿는 라인란트 사람인 아데나워는 가족들이 프로이센에 대해 품고
있던 의심과 비스마르크의 프로테스탄트 주도 문화 투쟁에 대해 느
끼던 비통함을 공유했다. 그는 가톨릭중앙당을 지지하는 쾰른 시장
(1917~1933)이었고, 나치에 적대적이었다. 하지만 그는 나치에 좌파에
대항하는 지역 연합을 제안했고 그들은 거부했다. 두 차례 투옥된 아
데나워는 1945년 다시 시장이 됐다. 1920년대에 그는 중앙당을 "성채
밖으로" 끌어내(즉, 가톨릭에 대한 기본적인 충성을 버리고) 종파를 넘어
서야 한다고 촉구하는 계파에 속했으며, 이제 그 목표를 이뤘다.

보수적인 비판자들이 아데나워가 동쪽 영토를 희생하고 미국의
이익에 굴복하며 독일의 분단을 고착시켰다고 비난할 때 그는 시간
이 지나면 자신에 차 있고 번영한 서독이 너무나 매력적이어서 동독
이 거부할 수 없게 되리라고 답했다. 서독은 실제로 번영했다. 독일 경
제는 그의 경제장관 루트비히 에르하르트의 지도로 급속히 회복했다.
1950년부터 1963년까지 실질임금은 두 배가 되고 노동 시간은 줄었
으며, 실업률은 8퍼센트에서 제로에 가까운 수준으로 떨어졌다. 사반

세기가 더 걸리기는 했으나 동독은 결국 서독의 품에 떨어졌다. 때가 됐을 때 그토록 신속하고 평화롭게 동독을 끌어안을 수 있게 하는 데는 사민당의 동독에 대한 외교적 개방과 (1970년대의) 상호 불신 해소도 필요했다. 슈트라우스와 CSU가 이끄는 독일 우파가 열렬히 반대한 일이었다.

드골처럼 아데나워는 사회적·도덕적 문제에서 보수적이었고, 선거를 필요하긴 하나 유감스러운 것으로 여겼으며, 고압적으로 통치했다. 그는 자유주의적 근대에 대한 보수의 불안을 안고 중도우파의 관점으로 통치했다. 그는 대중사회와 물질주의, 무신론에 맞서는 최고의 무기는 인내와 책임성, 그리고 용기라는 시민적 미덕이라고 믿었다.

그는 냉전에서 결코 미국을 거스르지 않을 전략적 목표를 세우고, 독일 우선의 수복주의자들을 스스로 통제하고, 동독과 더 좋은 유대를 맺을 기회를 절대 놓치지 않는 정당을 물려주었다. 유럽에서는 프랑스와 독일의 화해와 더 긴밀한 유럽연합 창설이 목표였다. 아데나워의 후계자인 헬무트 콜은 계속 그 길로 나아갔다. 그는 CDU가 선거에서 지던 시기인 1973년에 당 대표가 됐다. SPD는 1959년 바트 고데스베르크에서 마르크스주의의 마지막 가면을 버렸고, 이제 자민당과 함께 통치하고 있었다. 콜은 당의 안정화에 착수해 당원을 늘리고 자민당을 되찾아왔다. 그는 CDU를 홀로 설 수 있는 우파 다수당으로 개조하려다가 실패한 슈트라우스의 당권 도전을 물리쳤다. CDU-CSU는 1980년 슈트라우스에게 선거를 이끌도록 맡겼으나 그는 패배해 콜에게 길을 열어주었다. 1982년 자민당은 다시 연정 상대를 바꿔 사민당을 버리고 콜에게 총리 자리를 넘겨주었다. 독일 정치의 견고한 중도는 스스로 또 다른 30년의 생을 얻었지만, 앞으로 보듯이 새로운 세기를 맞은 탈냉전 세계의 격변에 흔들리게 된다.

4. 미국의 분열된 우파:
아이젠하워-태프트, 록펠러-골드워터, 포드-레이건

"이거 참, 사회주의를 8년 더 한다는 뜻이군." 어떤 보수적인 공화당원이 드와이트 아이젠하워의 대통령 후보 지명전 승리(1952)를 지켜보면서 당혹스러운 한숨을 쉬었다. 당의 우파가 가장 선호하는 로버트 태프트 주니어는 비당파적인 군사 영웅과 맞섰다 패배했다. 아이젠하워를 의심하는 당파는 대부분 그를 드러나지 않는 뉴딜 지지자로 여겼다. 태프트는 1930년대와 1940년대의 전투를 다시 벌이는 새로운 세대의 보수주의자들을 결집했다. 미국 우선주의자들과 반루스벨트 자유연맹의 전사적인 전통을 지키는 데 자부심을 느끼는 이들이었다. 그들만으로는 충분치 않았다. 대선에서 승리해 백악관을 차지한 아이젠하워는 현재에 사는 데 만족하는 공화당의 선택이었다. 20년 동안 개혁적인 민주당의 통치 아래 변화한 미국과의 타협이기도 했다.

아이젠하워의 공화당은 19세기의 신중한 적응주의자들—겐츠나 샤토브리앙, 혹은 슈탈—가운데 누구도 들어본 적이 없으면서도 그들의 교훈을 적용하고 있었다. 하나의 혁명을 되돌리려고 또 다른 혁명을 시작하지 말라는 교훈이었다. 그러나 그들의 승리는 단지 시작이었을 뿐, 앞으로 어떤 일이 일어날지는 거의 알려주지 못했다. 공화당의 전통을 위한 싸움은 자유민주주의의 현 상태를 지키려는 온건한 우파와 급진적 변화를 원하는 보수적 반란자들 사이에 계속됐다. 향후 30년에 걸친 미국 보수주의 역사는 1952년에 대한 오랜 복수로 생각할 수 있다. 그것은 로널드 레이건의 선출로 끝난다.

로버트 A. 태프트(1889~1953)는 확실한 후계자였다. 미국 중부 심장 지대에서 나온 대통령의 아들로 오하이오주에서 태어난 그는 상원에서 공화당 지도자였고, 뉴딜과 전쟁을 거치며 자라난 큰 정부의 적이었다. 태프트는 1939~1941년 중 루스벨트의 신중한 전쟁 준비와 트루먼의 전 세계적인 반소련 개입 정책을 반대했다. 그는 국제법과 다자 외교를 자랑스럽고 자족적인 국가에는 맞지 않는 수단으로 취급했다. 그는 뉘른베르크 재판의 합법성에 의문을 제기하고 북대서양조약기구에 반대했다. 그가 보기에 북대서양조약기구는 과장된 위협에 대처하려고 만든 짐스러운 장치였다. 태프트는 트루먼이 평화를 설교하면서도 전쟁을 일으키고 한국전쟁에 대한 미국의 개입을 국제연합 UN이 후원하는 작전으로 가장했다며 비판했다.

기업 자유의 옹호자로서 태프트는 노사관계에 영향을 미쳤다. 그는 전후 해고와 물가 급등이 촉발한 파업의 물결에 대응해 노동조합의 자유를 제한하는 태프트-하틀리법(1947)을 공동 발의했다. 법안은 트루먼의 거부권을 넘어 통과됐다. 법은 뉴딜 당시의 와그너법(1935)이 뒷받침하는 노조 결성과 파업의 광범위한 권리를 건드리지는 않았지만, 경영자의 생산 현장 통제력을 확보하는 조치로서 비공인 파업과 응원 시위, 동조파업뿐만 아니라 누가 무슨 일을 할지를 둘러싼 관할권 파업을 금지했다. 이 법은 또 노조 가입이나 노조 회비 납부를 고용 조건으로 정하는 합의를 금지하거나 제한했다. 남부와 서부의 주들은 뒤이어 "일할 권리" 법으로 알려진 자체적인 노조 제한 조치들을 도입했다. 이런 식의 반노조 입법은 북부 기업들에 선벨트 지역의 매력을 높이고 국가 정치에서 이 지역의 힘을 키우는 역할을 했다.

민주당의 자유주의자들은 아이젠하워(1890~1969)를 골프만 치고 아무 일도 하지 않는다며 조롱하고, 태프트 추종자들은 그를 위험에 무신경한 세계주의자라며 비웃었다. 하지만 아이젠하워는 노련한 의장으로서 1945년 이후 경제적, 전략적으로 미국의 힘을 강화하는 일을 주재했다. 유럽연합군 총사령관을 지내고 1953년부터 1961년까지 미국 대통령으로 재임한 그가 뉴딜의 전통에 불러온 변화는 그 방향보다는 속도에 관한 것이었다. 그는 소련의 "봉쇄"를 추구했고(즉, 냉전의 매파들이 "격퇴"를 원한 것과 달리 더는 확장하지 못하게 했고), 한국에서 미국이 승리할 수 없음을 인정하고 무승부를 받아들였으며, 1956년 소련의 헝가리 침공을 조용히 지켜보았고, 흐루쇼프와 데탕트를 추구했다. 그는 어설프게 기획된 프랑스와 영국의 수에즈 개입에 대해 철수를 압박했으나 미국이 지도하는 쿠바 침공(나중에 케네디 정부에서 실패했다)에는 동의했고, 미국이 뒷받침한 과테말라와 이란의 쿠데타도 승인했다. 아이젠하워는 조지프 매카시의 통제 불능으로 치닫는 빨갱이 사냥에 대해서는 동료 공화당원인 그에게 공개적으로 맞서기보다는 그가 자멸하도록 기다렸다. 아이젠하워는 인종 분리 문제에도 조용히 있다가 연방대법원장에 얼 워런을 앉히고 1957년 아칸소의 연방군에 인종 분리를 금지하는 연방대법원 판결을 집행하도록 명령했다. 그 판결에 대한 저항은 남부 전역에서 10년 동안 이어진 방해 운동의 일환이었다. 그는 작은 예산과 건전한 통화를 옹호하고 경제가 스스로 침체에서 벗어나도록 내버려두었으나, 민주당 의회가 정부 지출을 대폭 늘리지 못하게 막으려는 진지한 시도는 하지 않았다. 그의 연방 고속도로 계획에 힘입어 교외 지역이 조성됐고, 그에 따라 중산층이 도심에서 빠져나가고 정당정치적인 차이는 사회·지리적 분리로 바뀌었다.

아이젠하워는 고별 연설에서 국민에게 "군산복합체"의 과도한 성장을 경고했으나 그가 억제하지 못한 지출 가운데 많은 부분이 군대에 쓴 것이었다. 신앙과 도덕에 관해 아이젠하워는 인습적인 보수였고, 곧 이 나라를 집어삼킬 문화적 갈등은 거의 감지하지 못했다. 헌법상 국교 분리의 적절성에 유의하면서 그는 첫 취임 연설을 "동료 시민들"을 부르기 전 "나의 친구들"을 위해 개인적인 기도를 하는 것으로 시작했다. 종교에 대한 국가 개입은 금지됐을지 몰라도 종교는 여전히 공적 삶의 일부였다. 두 번째 취임 연설은 정부의 행동에 너무 많은 것을 기대하지 말라는 경고와 "풍요로운 미국"에 대한 감상적인 기원을 담았다. 아이젠하워의 시대에 많은 미국인의 삶이 향상됐는데, 훗날 혼란의 와중에 당시를 회고할 때는 확신과 행복의 시기로 보였다. 그 판단은 마음을 끌어도 선택적인 것이었다. 보수적인 공화당원들은 아이젠하워를 좋아하기보다는 참아주었다. 그는 흔히 신중한 보수주의로 불리는 태도로 자신이 이길 수 없는 싸움은 하지 않고 후임자들에게 물려주는 재주가 있었다.

그런 싸움 중 하나는 공화주의의 정신에 관한 것이었다. 정치계 안팎에 흩어져 있어서 보이지는 않아도 반격할 세력이 모이고 있었다. 공화당 우파는 아이젠하워 임기 마지막 해인 1960년경부터 서서히 권력으로 복귀하기 시작했다. 뉴딜 후 사회개혁주의와 정부가 명하는 시민권, 새롭게 자신감을 얻은 세속적 근대주의의 확산에 대한 느슨한 저항운동이 형성돼 보수주의자들을 결집했다. 이 운동의 첫 번째 요소는 주로 경제적인 것이었다. 운동은 과거 뉴딜에 반대했고 이제 민주당의 '위대한 사회'에 반대하는 대기업들의 로비에 의존했다. 또 불만을 품은 중산층 납세자들에게 의존했는데, 섬너의 "잊힌 사람"인 그들은 게으름뱅이와 미혼모, "도와줄 가치가 없는" 가난뱅이들을 도우려고 세금을 낸다고 생각하며 진저리를 치는 사람들이었다.

우파의 저항에서 두 번째 요소는 인종차별 폐지와 시민권에 대한 백인들의 반발이었다. 반발은 남부에서 시작됐으나 그곳에만 한정되지 않았다. 1960년대 말 여러 시민권법으로 공공연한 방해가 소용없어지자 통합에 대한 저항은 지방세와 (버스 통학이 필요 없는) 동네 학교, 거주 구역 통제를 위한 "교외의 권리"라는 이름으로 조건을 바꿔가며 계속됐다. 주지사를 지낸 인종주의자 조지 월러스가 1968년 예비선거 때 북부 노동조합원들 사이에서 성공을 거둔 것은 닉슨이 유의한 경고 신호였다. 중산층 백인 자유주의자들도 저항에 가세했으나 그들은 자기네 집과 자녀들을 조용히 격리했다. 자신들의 두려움과 편견을 기꺼이 인정하려는 보수주의자들은 그런 자유주의자들을 더 경멸했다. 우파에서 저항의 세 번째 물결은 기독교 보수주의자들을 휩쓸었다. 그들은 도덕적 방임과 종교에 대한 무관심, 국교 분리 헌법에 대한 더 자유주의적인 해석에 놀랐다. 그런 해석은 공립학교에서 공식 기도를 금지한 1962년 대법원 판결이 잘 보여줬다.

그런 몇 가지 명분—큰 정부와 시민권, 무신앙에 대한 반대—은 명백한 공통의 맥락이 없었다. 그래도 1950년대 공화당 우파의 온상이었던 남부 캘리포니아와 남서부 지역에서처럼 그런 흐름은 함께 나타날 수 있었다. 1930년대와 1940년대에 중서부와 남부 시골에서 온 이주자들은 세계주의적인 태도에 대한 혐오와 순진한 신앙을 지니고 왔다. 종교적인 우파는 교회를 키우려고 지역 텔레비전 방송을 이용했다. 로스쿨은 반자유주의적인 법 해석을 가르쳤다. 목장과 작은 사업체를 운영하는 지역 기업의 정신은 자립적이고 반정부적이었다. 멕시코계 미국인 일꾼들에게 의존하는 농업은 연방 규제와 노조를 회피했다. 큰 고용주인 방위산업은 큰 정부가 돈을 댔으나 공산주의에 맞선다는 훌륭한 명분이 있었다. 이것이 바로 배리 골드워터가 자라고 번성하는 토양이었다.

골드워터(1909~1998)는 공화당의 옛 태프트 쪽 날개와 자유주의자들이 급속히 배제된 1980년 이후 레이건의 공화당을 잇는 다리였다. 애리조나에서 태어난 골드워터는 조종사 면허를 땄고 제2차 세계대전 때 아시아에서 수송기를 몰았다. 피닉스의 정치에 뛰어든 그는 아이젠하워의 인기에 편승해 1952년 애리조나 연방 상원의원 선거에서 다수당 대표인 민주당 후보를 이겼다. 골드워터는 더 강한 반노조법을 밀어붙이고 노조의 갈취를 조사하라고 압박했다.

그가 전국 정치로 진입하는 돌파구는 1960년에 열렸는데, 당시 그는 아이젠하워 공화당의 국내 정책을 "싸구려 뉴딜"이라고 비난하며 등을 돌렸다. 아이젠하워의 부통령 리처드 닉슨은 1960년 대선 후보 지명을 위해 당내의 동부 해안 자유주의자들에게 의존하면서 그들 명망가 중 한 명을 러닝메이트로 삼았다. 분개한 남부와 서부 공화당원들은 당을 접수하기로 마음먹고 골드워터를 기수로 내세웠다.

공화당 우파가 보기에 넬슨 록펠러(1908~1979)는 그들이 싫어하는 모든 것을 대표했다. 석유왕의 손자로 뉴욕 주지사이자 공화당 자유주의자들의 지도자인 록펠러는 우파가 "동부 해안 기득권층"이라며 경멸한 부류였다. 그는 낙태와 환경운동, 유엔, 그리고 초당적 외교정책을 지지했는데, 공화당 우파는 이 모든 것에 동의하지 않았다. 샌프란시스코 공화당 대회(1960)에서 록펠러가 장내의 야유를 받고 골드워터에게 진 것은 자유주의적 공화당의 종식이 시작됐음을 알렸다. 골드워터를 사랑한 일부는 편협한 사람들이었으나 그 자신은 자유지상주의자들보다 덜 편협했다. 예를 들어 노년에 그는 동성 결혼에 찬성했다. 하지만 그는 강경우파의 다양한 계파를 하나의 힘으로 통합했다. 닉슨과 포드는 그들과 거래를 해야 했고 그들은 1980년 이후 공화당을 접수했다.

공화당에서 "이음매" 구실을 한 리처드 닉슨(1913~1994)의 대통령 임기는 공화당의 무게중심이 동부 해안에서 남부와 서부로 이동하고, 아이젠하워의 중도적 접근 방식에서 1980년 이후 우세해진 반자유주의적인 당파성으로 옮겨가는 이중의 변화를 보여주었다. 남부 캘리포니아는 닉슨을 발진시킨 곳이다. 그곳에서 닉슨은 빨갱이 사냥에 열성적인 변호사로 시작했다. 아이젠하워는 공화당 우파를 달래려고 그를 부통령으로 선택했다. 1960년 닉슨이 온건파를 달래려고 보스턴의 엘리트를 러닝메이트로 고른 것과 똑같았다. 닉슨은 졌으나 자유주의적 민주당과 자유주의적 공화당은 이제 시민권과 베트남전쟁,

그리고 문화전쟁에서 반발에 직면했다. 뒤에서 불어주는 분노의 바람을 타고 닉슨은 대선에서 두 차례 승리했다(1968, 1972). 닉슨은 오른쪽에서 선거운동을 했으나 (민주당 의회와 함께) 중도에서 통치했다. 닉슨 행정부는 연방 고용에서 사회적 약자 우대를 도입하고, 지출과 차입을 크게 늘리고, 임금과 물가를 통제하고, 달러를 평가절하하고, 소련과 데탕트를 추구하고, 중국을 개방시켰다. 마지못해 하는 가차 없는 일일지라도 베트남에 대한 개입을 끝내기도 했다. 닉슨의 경력은 추문으로 끝장났다. 대통령이 선거운동 범죄를 감추고 거짓말을 한 것이다. 1974년 그는 의회의 거의 확실한 유죄 판단을 피하려고 사임했다. 과도적인 인물로서 닉슨은 온건파와 급진파로 분열된 당을 물려주었다. 쇠퇴하는 온건파와 달리 급진파는 반자유주의 싱크탱크와 통큰 기부자들의 도움으로 기량을 늘리고 자신감을 키웠다.

변화의 전령은 방송인 출신으로 노스캐롤라이나에서 (1973년부터) 30년간 연방 상원의원을 지낸 제시 헬름스였다. 강경우파의 타고난 대변인인 헬름스(1921~2008)는 영국의 이넉 파월과 다르지 않은 역할을 했다. 주변부에서 진입한 헬름스는 남부 공화당의 목소리를 전국적인 목소리로 만드는 데 큰 역할을 했다. 당당한 반자유주의자인 그는 각종 시민권과 인종차별 철폐를 위한 버스 통학, 학교 기도 금지, 낙태 합법화, 여성 평등권을 위한 헌법 수정안 비준 실패에 따른 시한 연장, 그리고 동성애 권리 증진에 반대했다. 헬름스는 자유주의를 효과가 없고 부식성이 있는 것으로 묘사했는데, 이는 비난으로서 조리는 없었으나 널리 설득력을 발휘했다. 헬름스는 이른바 문화적 좌파에서 적을 찾아내는 역할을 했다. 그는 시끄러운 라디오 방송에서 혐오의 대상으로 삼던 문화적 좌파를 보수 우파의 주된 공격 목표 중 하나로 바꿔놓았다. 헬름스는 우파의 지도자가 되려는 경쟁에서는 실패했으나 그의 선거운동은 1980년 레이건이 백악관으로 가는 길을 닦아주었고 같은 해 공화당이 상원을 차지하는 데에도 일조했다. 워터게이트 추문은 단지 그 승리를 지연시켰을 뿐이다. 공화당은 어떤 의미에서는 이미 열린 문을 밀고 있었다. 1970년대의 스태그플레이션과 두 번째 냉전(1978~1986)은 뉴딜 이후의 합의(복지 중시의 케인스주의, 봉쇄와 데탕트)를 깨버렸다. 중서부의 태프트식 공화주의는 남부와 서부에 뿌리를 둔 레이건식 보수주의로 돌아왔다. 거대한 변화는 오직 정당정치 내에서만 나타나지 않았다. 8장에서 보여주듯이 완고한 반자유주의 우파는 강력한 지적 원천도 보유하고 있었다.

8장

사상과 사상가들:
자유주의 정통에 답하다

미국의 문학비평가 라이오넬 트릴링은 『자유주의적 상상』(1950)에서 전후의 지적 풍경을 살펴보며 자유주의자들이 논쟁할 "진지하고 지적인" 보수주의는 더 이상 없다고 썼다. 트릴링은 미국을 생각하며 말한 것이지만, 그의 오만한 판단은 유럽에서 널리 공유됐다. 1945년 이후 몇 년 동안 대서양 양쪽의 우파 사상가들은 똑같이 잊히고 무시당했다. 그러나 자유민주주의의 정통에 의문을 제기하는 조용하고 끈질긴 작업은 곧 우파의 지적 자신감을 회복해주었다.

트릴링의 비난은 그 자체로는 바로 답할 수 있는 것이 아니었다. 무엇을 "진지한" 보수주의 사상으로 생각할 것인가? 보수주의자들은 어쨌든 사회 개혁과 시장 규제, 국가의 확대 같은 주요 자유주의 정책에 사려 깊은 공격을 가했다. 더 넓게는 개방적이고 경쟁적인 사회를 그리는 자유주의자들이 어떻게 그 사회의 도덕적 손상은 소홀히 다루게 됐는지 많은 이가 의문을 제기했다. 어떤 이들은 그런 비판을 뒷받침하기 위한 독특한 보수주의 원칙을 찾기도 했으나 어느 것도 대안적인 보수주의 정통을 제공하지 못했다. 트릴링이 말한 "진지하고 지적인" 보수주의 사상의 부재가 그런 정통이 없다는 뜻이었다면 그는 지나치게 높은 기준을 설정하고 있었다. 그런 까다로운 기준을 제쳐놓는다면 전후 우파의 사고는 활기찬 것이었고 곧 정당정치에 영향을 미쳤다.

주류 우파는 냉전적 반공산주의와 경제적 자유주의에서 사고의 틀이 명확해지면서 덕을 봤다. 반공주의에 대한 지지는 중도적 과학철학자 칼 포퍼가 헤겔-마르크스 전통의 역사적 결정론과 전체주의 사고를 비판한 『열린 사회와 그 적들』(1945)에서 나왔다. 포퍼의 저작은 좌우를 막론하고 자유주의자들이 냉전을 추구하면서 내세운 지정학적 논리의 바탕에 반전체주의라는 바닥짐을 깔아주었다. 경제적으로는 시장의 지혜와 자생적 사회질서를 밝힌 사회이론가 프리드리히 하이에크의 영향력 있는 사상이(시카고대학의 동료 경제학자들이 더 탄탄하게 했다) 기업의 자유와 제한적 정부를 강조하는 경제적 자유주의에 공헌했다.

마이클 오크숏은 선호되는 정치적 행동 양식에 관한 이차적 사상을 추가했다. 지적 정숙과 정치적 온건을 위한 그의 "반합리주의적" 주장에 대해 어떤 이들은 (오크숏과 다른 정신에서) 진정한 보수주의를 전형적으로 보여준다고 생각했고, 다른 이들은 좌파적이고 자유주의적인 사회 개혁에 반대하는 거칠지 않은 시사적 논박으로 여겼다. 오크숏을 달리 해석하는 이들은 그를 어떤 정파적인 틀에도 정확히 끼워맞추지 않고 그가 어떤 유형이든 열광과 체제적 사고, 그리고

1920년대부터 1940년대까지 숱하게 봤던 극단주의에 반대해 절제를 촉구한 것으로 이해했다.

영국에서는 21세기 강경우파를 예고하는 한 전령이 존재를 드러냈다. 이넉 파월은 자신이 나아갈 길을 1950년대와 1960년대 토리당을 매혹한 국가 친화적 중도주의와 다자주의에 반대하는 것으로 설정했다. 강인하고 굽힐 줄 모르는 파월은 일찍이 자유시장과 국가의 불안정한 이중 왕국을 믿는 대중적인 대항 신념의 틀을 짠 인물이었다. 그런 틀은 머지않아 유럽과 미국 전역에서 우파를 사로잡았다.

자유주의가 사회적, 문화적 권위를 무시하는 것은 보수주의자들이 비판하기 좋아하는 목표물이었다. 독일에서는 겔렌이 길잡이가 될 규율과 제도도 없이 불안해하고 당혹스러워하는 사람들을 그리는 철학적 인류학을 제시했다. 다른 관점에서 자유주의 사회의 윤리적 무정형을 공격하는 이들도 있었다. 오스트리아에서 망명한 철학자로 런던에서 일하던 아우렐 콜나이는 윤리적, 문화적으로 모두에게 개방된 자유주의를 탁월성과 "사회적 고귀성"을 존중하는 태도와 대비했다. 계급과 무관한 열린 개념인 사회적 고귀성은 그 자체로 어떤 애착이나 믿음에도 다른 것보다 더 많은 가치를 부여하지 않는 "질적 평등주의"를 물리칠 수 있었다. 프랑스 사상가 베르트랑 드 주베넬은 자유주의가 사람들을 서로에게서 고립시키고 시민들이 모이는 중간 지대를 약화함으로써 중앙의 국가가 지나치게 강해지게 했다는 19세기의 불만을 훗날의 독자들에게 새롭게 상기시켰다. 철학자이자 역사가인 R. G. 콜링우드는 보수주의를 위해 역사적 지식의 의의를 주장했다. 그는 정치를 이해하는 데 역사가 필수라고 믿었는데, 자유주의는 정치를 비

용-편익을 따지는 공리주의 정신에서 경제학과 사회적 관찰로 쪼그라
트리고 말았다.

미국의 대학들은 자유주의의 잘못된 기원에 관한 인상적인 타락
의 이야기를 들려주는 사변적인 외부자들에게 피난처를 제공했다. 오
스트리아에서 온 또 다른 망명자 에릭 푀겔린은 자유주의적 근대의
유토피아주의가 타락한 인간은 세속의 수단으로 구원받을 수 있다고
생각한 관념론적인 초기 기독교인들이 잘못된 길로 들어선 데서 유래
했다고 보았다. 시카고에서 사상사를 연구하던 보수주의자 리처드 위
버는 인류가 운명적으로 자유주의적인 근대주의에 빠져든 타락의 유
래를 14세기 스콜라 신학자들에게서 찾았다. 그들은 도덕을 이끌 운
전석에서 사람들에게 자연적으로 좋은 것을 끌어내리고 대신 그 자
리에 무엇이든 사람들이 바라고 선택한 것을 가져다놓았다. 영국에서
미국으로 이주한 알래스데어 매킨타이어는 그보다 훗날에 초점을 맞
춰 더 날카롭게 비판했다. 그는 『덕의 상실』(1981)과 다른 저작에서
자유주의의 윤리적 토대에 이의를 제기했다.

미국의 보수는 더 세속적인 사상가들에게도 귀를 기울였다. 그들
은 모두 국가의 정신을 찾으려는 영혼의 전쟁에 참여한다고 느꼈다.
또 각자 명료한 윤리적, 문화적 관점과 싸울 무기를 지녔다. 가톨릭 보
수주의자이자 『내셔널 리뷰』(1955년부터)의 설립자 겸 편집인인 윌리
엄 버클리는 우파의 흩어진 세력을 불러모아 그들의 자신감을 회복하
고 그들에게 연단을 마련해주었다. 한때 마르크스주의자였던 유대인
어빙 크리스톨은 1960년대 말부터 좌파 자유주의 정통을 흔든 신보
수주의의 습격을 이끌었다. 둘 다 1980년대가 되자 미국 수도에 승리

의 깃발을 꽂은 뉴요커였다.

1. 영국 강경우파의 선구자: 파월

1980년대 이후 영국 보수주의의 오랜 우경화에 물꼬를 튼 한 명의 사상가가 있다면 그는 이넉 파월(1912~1998)이었다. 중도주의적 타협의 시대에 파월이 한 일은 대처리즘을 예고한 것 말고도 많았다. 대처 자신은 그렇지 않았더라도 대처리즘은 세계적이고도 다자적인 뿌리를 두고 시장을 띄웠다. 파월은 세계적인 시장을 존중했으나 정치는 국가에 돌려주기를 바랐다. 경제적으로 세계주의자인 동시에 지정학적으로는 일방주의자인 파월은 유럽에 등을 돌린 영국 보수주의의 선구자였다.

1968년 이민에 관한 선동적인 연설로 그림자 내각에서 경질됐을 때 파월의 호소력을 예리하게 감지한 토리 논객은 향후 10년간 이 당은 파월주의를 억제하는 데 골몰하게 될 것이라고 썼다. 그 논객의 예상은 다섯 배나 빗나갔다. 보수당은 향후 반세기 동안 파월주의를 억누르는 데 매달리고서도 2010년대에 최종적으로 실패할 터였다.

1950년대 초 파월은 젊은 토리당 의원들의 원 네이션 그룹에 들어간 우파였다. 이 그룹은 이름에서 사회적 통일성을 추구하는 디즈레일리와 볼드윈의 토리주의를 떠올리게 하지만 회원 중에는 사회의식이 있는 습파 외에 분열적이고 시장을 중시하는 파월 같은 건파도 있었다. 그는 1953년 복지국가 대신 지방 당국과 자발적 기구들이 기초적인 사회 지원과 보건을 맡도록 하자고 제안했다. 또 세금을 줄이라고 압박했다.

파월은 "하나의 국가"라는 느슨하고 감상적인 구호를 강화해 지정학적, 사회정치적, 국가주의적 주장과 맞물리게 했다. 무엇보다 제국주의 이후의 영국은 세계에서 홀로 되고, 영연방은 속임수이며, 미국은 친구가 아니라 골목대장이고, 유럽은 덫이었다. 둘째, 전후 영국의 자유주의적인 국가는 소외된 영국 사회와 불화했다. 마지막으로, 영국은 특수하고 독특했다. 각각의 관념—고독과 소외, 특수성—은 2010년 이후 영국 우파에서 진가를 발휘했다.

홀로 된 영국이라는 파월의 감각은 탈제국주의의 세 가지 깨달음으로 확인됐다. 1947년 인도를 즉각 독립시키려는 애틀리의 계획을 들은 파월은 밤새 혼란스러워하며 거리를 헤맸다고 한다. 다음에 파월은 미국이 1956년 수에즈 위기 때 영국의 잘못된 모험을 멈추려고 개입한 것을 배신으로 여기며 엄청나게 더 강력한 옛 동맹국에 의존하는 영국의 어리석음을 확인해준 사건으로 보았다. 마지막으로 파월은 유럽이 연방주의로 가는 것을 보고 자신이 한때 지지했던 모험에 반대로 돌아서서 맹렬한 반유럽주의자가 됐다.

파월은 사회와 정부의 "위험한 별거"를 감지했는데, 울버햄프턴 지역구 경험으로 영국 정부가 옛 식민지에서 오는 이민의 사회적 효과를 이해하지 못한다는 확신을 얻었다. 파월은 정치인들이 자신의 선거구민과의 접점을 잃어버리는 것은 잘못이라고 생각했다. 1972년 그는 이렇게 썼다. "잉글랜드에 사는 서인도와 아시아 이민자들이 엄청나게 불어나 그 숫자가 이미 200만 명을 헤아리는 가운데, 서인도나

파키스탄이나 인도가 우리 나라라고 말하는 것만큼 잉글랜드가 그들의 나라라고 하는 것도 맞지 않는다. (…) 그들은 여기에 있어도 이방인으로 남아 있다." 마치 하나의 경구에 얼마나 많은 잘못을 욱여넣을 수 있을지 보기라도 하려는 듯 파월은 곧이어 이렇게 말했다. "피부색은 제복과 같다."(1978) 파월은 특별한 방식으로 대중을 대변한다고 주장했다. 포퓰리스트의 정신에서 그는 "대중"이 진실임을 알면서도 "엘리트"의 정설이 금하기 때문에 소리 내어 말하기를 두려워하는 것을 자신이 말하고 있다고 주장했다.

파월에게 영국이라는 국가의 특별함은 맥락에 따른 것이었다. 영국은 그의 "여기"였다. 영국은 그의 나라이기 때문에 그에게 특별했다. 파월은 디즈레일리나 볼드윈처럼 영국인다움의 정수를 추출하려고 하지 않았다. 그는 이 나라의 과거, 특히 빅토리아 시대 산업과 제국의 황금기를 그리는 동료 보수주의자들의 향수 어린 "신화"를 비웃었다. 파월은 외국의 가치에 대비해 영국의 가치로 여겨지는 것을 옹호하지도 않았다. 그런 점에서 파월의 국가주의는 국수주의가 아니었다. 파월은 문화적인 면에서 세계주의적 보편주의자였다. 그는 여러 나라 언어의 번역가이자 케임브리지의 그리스 고문 학자였고 지적인 첫사랑은 독일 사상과 문학이었다. 로마주의자이자 세계주의자인 모라스가 프랑스인이기 때문에 프랑스를 옹호한 것과 같이 파월은 있는 그대로의 영국을 옹호했다. 그가 영국인인 것은 우연이지만 파월의 애국심은 절대적이고 무조건적이었다. 교황이 그렇게 명령하면 악마도 존중할 것이라고 한 메스트르를 따라 파월은 "이 나라에 공산주의 정부가 들어서더라도 나는 이 나라를 위해 싸울 것"이라고 주장했다. 그가 속한

원 네이션 그룹은 권위에 관한 일원론적 시각에서 신홉스주의적이었다. 이 연합왕국은 분리될 수 없고, 국민은 나뉠 수 없으며, 의회는 어떤 법률이나 조약으로도 속박할 수 없는 주권을 가졌다.

비지성을 공언하는 정당의 지식인인 파월은 처음에는 무신론적인 니체식 회의주의자였으나 마지막에는 영국이라는 국가와 그 국가의 교회에 대한 단호한 신자가 됐다. 그런 변화에도 바뀌지 않은 것은 맹렬한 정신과 열정적인 기질, 그리고 신랄한 독설이었다. 파월은 다방면에 유능하고 근면했지만, 지나치게 주관이 강해 정당정치에 익숙하거나 효과적이지 못했다. 두뇌와 재능에서 그는 경쟁자들보다 빛났으나 의회에서 보낸 37년 중 3년을 빼고는 뒷자리에 앉아 있었다. 그는 원칙과 자부심을 가지고 싸웠다. 파월은 품위를 떨어트린다고 생각되는 자리는 거절했다. 수용할 수 없는 노선을 따르기보다는 물러났다. 1968년 이후 당시의 토리당에서 그의 경력은 끝났다. 그는 유능한 보건장관이었으나 동시대인들은 그를 괴짜나 기회주의자로 판단했다. 파월은 토리 습파인 이언 길모어가 보수주의 연구서인 『우파의 내부』(1977)에서 물어뜯은 두 명의 우파 사상가 중 한 명이었다. 다른 한 명은 하이에크였다. 그의 결점은 교조주의였다. 길모어에 따르면 파월의 결점은 이민과 유럽, 이집트, 국방, 아일랜드 문제에 관한 유턴에서 보인 비일관성이었다.

파월의 맹렬함으로 가려지기는 했으나 그는 "사회의 섬세함과 취약성"을 믿었다. 버크의 정신에서 그는 파괴적 실험들을 배척했다. 그러나 중도주의의 화해에서는 파괴자였다. 그의 기독교 신앙은 아우구스티누스적이고 비감상적이었다. 이는 정치적으로 자유주의적 진보나 현세의 평등에 대한 불신과 호응했다. 파월은 솔즈베리와 같은 논조로 기독교는 현대의 "달콤한 심성"을 즐겁게 해줄 "행복한 결말의 이야기"가 아니라고 말했다. 인간은 "무지와 무능력, 사악함"에 노출돼 있고 "잘못을 저지르기 쉬운 인간의 성향만 보더라도 실패 확률은 높을 수밖에" 없었다. 삶에서 성공이나 실패는 공로에 따른 것이 아니었다. 빈자가 마땅히 가난해야 하는 것도 아니고 부자가 죄를 지은 것도 아니었다. 그래도 모두가 가족과 공동체에 의무를 졌다.

파월은 어떻게 포퓰리즘과 의회주의를 조화시켰을까? 맹렬한 급진주의와 정착된 가치에 대한 존중은 어떻게 조화시켰을까? 길모어는 파월이 언변 덕분에 평판을 얻었다고 했다. 그것은 비판적인 의미였다. 하지만 그 비난은 과녁을 빗나갔다. 파월의 웅변은 예언적인 재능을 보여줬다. 사람들은 그의 말에 귀를 기울였다. 그들이 파월에게 들은 말을 되풀이하면서 영국 우파에 새로운 기류가 만들어졌다.

2. 우리의 보수적인 제2의 본성: 겔렌

파월이 홉스와 같은 관점에서 정당한 권위라고 본 것은 자유주의자들이 보기에는 지나치게 자의적이고 강하며 결국 제약 없이 행사된다는 문제가 있었다. 자유주의적 보수주의자들이 보기에도 그랬다. 그것은 슈미트를 혼란스럽게 한 문제였다. 파월의 헌법적인 시각에서 ―의회, 국가, 인민, 혹은 상상에 따른 어떤 조합 중― 누가, 혹은 무엇이 정당한 권위를 행사하든 자유주의자는 그 권위에 실제로 어떻게 저항하고 부정할 수 있을지 알고 싶어할 것이었다. 효과적인 권위에는 우월성과 불가분성이 필요하더라도 자유주의자들이 보기에는 그것만으로 정당한 권위라고 할 수 없었다. 자유주의자들에게는 권위가 어떻게 행사되는지도 중요했다. 이와 달리 파월은 흔히 효과성이 전부인 것처럼 말했다.

전후 독일 우파의 가장 탐색적인 사상가로 꼽히는 아르놀트 겔렌 (1904~1976)의 보수주의에서 바로 그런 문제가 사회적인 면에서 나타났다. 그는 보수주의 관점에서 항상 핵심적인 요소였던 안정된 제도에 관해 자연주의적인 방식으로 이야기했다. 안정된 제도는 필요하며 가치 있는 것이었다. 인간의 본성 때문에 그랬다. 공통으로 받아들여지는 안정된 제도가 없으면 사람들을 지도하거나 그들의 목적을 구체화해주는 것은 아무것도 없을 터였다. 겔렌이 말한 "제도"는 넓은 의미의 사회적 규범과 관습을 뜻했다. 그것들이 없으면 사람들은 방향을 잃고 자신이 무엇을 원하는지도 몰라 갈팡질팡할 것이었다. 윤리에 사회적 뿌리가 있다는 것은 보수주의 전통에서 익숙한 생각이었다. 수용된 사회적 윤리가 있어야 한다는 생각도 마찬가지였다. 겔렌은 둘 다 인간이라는 동물의 취약성과 의존성으로 설명했다. 설명하지 않고 남겨둔 것도 있었다. 어떤 규범들은 다른 것들보다 더 잘 수용될 수 있을까? 아니면 단순히 어떤 규범이 우세하다는 사실이 중요한 것일까?

그의 보수주의는 국가주의적이지도 국수주의적이지도 않았다. 겔렌의 설명에서 규범의 필요는 보편적인 것이고 그 내용은 상대적인 것이었다. 다시 말해 규범이 어떻게 형성되고 경험되는지는 문화마다 달랐다. 어떤 사회도 다른 규범이 더 낫거나 나쁘다고 판단할 위치에 있지 않았다. 겔렌의 문화에 인종주의의 낌새는 전혀 없었다. 그는 인종 개념을 가짜로 보았다. 인간의 생물적 특성에 관한 그의 논의는 소극적인 것이었다. 겔렌의 구도에서 생물학은 주로 인간의 초기 형성에 관한 것으로 사회생활에서 만들어지는 인간과는 관련이 거의 없었다.

겔렌에 따르면 우리는 니체의 표현처럼 "미완성의 동물"이었다. 초기에 무력하고 오랜 성숙기를 거치며 고등동물 중 유독 신체적 특화가 부족한 것은 우리의 불안과 긴장을 조성함으로써 질서의 틀을 갈망하게 하는 개방성의 요소들이었다. 우리는 수많은 과업에 적응할 수 있어도 아무것에도 미리 적응돼 있지 않은 미발달 기관과 불특정 본능을 지닌 채 태어났다. 또 이례적으로 광범위한 지각 장치를 갖고 태어나 "불안정하고 위험하며 감정이 과중한" 세계에 노출됐다. 그리고 특별히 쓸 곳이 없는 에너지를 너무 많이 갖고 있었다. 제도는 규범과 관습, 사회적 체제를 포함하는 것으로서 우리가 갈 방향을 안내하는 바퀴 구실을 하며 지나친 자극을 주고 불안을 일으키는 개방성을 피할 수 있게 해주었다. 규범은 자연적인 것으로 느껴지게 됐다. 규범을 따르면 "유익한 확실성과 활기찬 해방감"이 생겼다. 불안과 선택의 부담에서 해방된 에너지는 "말하자면 고양될 수 있고, 특별하고 개인적이며 독특하고 새로운 목적에 쓰일 수 있게" 됐다. 따라서 사람들은 개인적인 다양성과 독창성을 가질 수 있으나 지배적인 규범 내에서만 그럴 수 있었다. 규범을 무시하고 독특함을 추구하면 누구든 실패할 수밖에 없었다.

겔렌은 자유주의적인 근대 사회의 기술관료적 특성을 염려하지 않았다. 기술관료 체제—전문성과 경영 관리의 중립적 지배—는 사회를 안정시키므로 정당했다. 기술관료 체제는 보수주의자들이 낭만적으로 한탄할 것이 아니라 "현실주의" 정신에서 다뤄야 할 것이었다. 이는 겔렌과 슈미트, 그리고 그 전의 겐츠를 이어주는 사고방식으로, 둘 다 보수가 좋든 나쁘든 먼저 실제 상황을 관리해야 할 필요를 강조했다.

겔렌은 도리어 근대의 자유주의적 특성을 염려했다. 그는 지나치게 야심찬 "박애주의"와 더불어 점점 더 개인적인 것과 정치적인 것을 혼동하는 자유주의적인 경향을 비판했다. 그는 사회적 규율의 부재에 관한 보수의 불안을 공유했다. 또 경외와 존엄, 그리고 금기의 거의 종교적인 감정이 없으면 규범들은 위험에 노출된다고 염려했는데, 이는 미국의 가톨릭 보수주의자들과 영국의 스크러턴이 좇았던 생각이다.

겔렌이 보기에 제도는 몇 단계에 걸쳐 부식하거나 무너질 수 있었다. 우리가 너무나 잘 알게 된 규범들은 "흔들리고", 자연스러운 느낌을 잃고, 의문의 대상이 되고, 선택적인 관례로 여겨지게 됐다. 또 주관주의가 고개를 들 수 있었다. 사람들은 마치 자신이 "초인적인 중요성"을 지니는 것처럼 "우연적인 기질"을 경험할 수도 있었다. "잘 작동하는 제도" 안에서는 사람들이 "외부 현실을 바탕으로" 자신을 이해했기 때문에 "개인적인 감성과 주관적인 마찰"은 "중화"됐다. 그와 대조적으로 현재 사회는 실패하고 있는 것으로 보였다. 겔렌은 1960년 "사람들이 오늘날보다 더 결정적으로 얼마 안 되는 우연적인 기질에 기대야 했던" 적은 없었다. 동시에 그와 같은 우연적인 기질이 그토록 취약했던 적도 없었다.

지도를 받지 않는 개인적 선택은 사람들을 해방하기는커녕 그들을 국가 권력이나 사회적 관습의 노예로 전락시킬 수 있다는 생각은 조금도 새롭지 않았다. 그것은 토크빌과 밀을 포함해 19세기에 문화적 민주주의를 염려하는 사람들이 나타난 후 흔해진 생각이었다. 그러나 겔렌은 새로운 교훈을 끌어냈다. 그가 말한 것과 같은 "주관적" 조건에서 공론은 타락했다. 사회의 어떤 측면과 불화를 일으키는 "짜증스러운 감정들"이 생기면 공개적인 토론을 통해 "해소될" 수 없었다. 겔렌은 이렇게 표현했다. "사람들이 자기 생각을 말하는 기본적인 자유를 더 많이 활용할수록, 다시 말해 자신의 주관을 공언할수록, 교류의 진정성은 떨어지는 결과를 낳는다." 겔렌의 저작을 진지하게 생각한 좌파 자유주의자 위르겐 하버마스는 공론의 타락에 관해서는 그에게 동의했지만, 그 원인에 대해서는 동의하지 않았다. 하버마스는 그 문제를 고압적인 제도의 탓으로 돌렸다. 겔렌은 자신을 위해 너무 많은 것을 요구하는 우리를 탓했다.

겔렌의 보수적 반자유주의는 정교하고 심층적인 것이었다. 자유주의적 이상은 관습적인 규범들을 약화하는 동시에 사람들에게 불가능한 과제를 안겨줬다. 변증법적 기술을 쓰는 겔렌은 인간의 자유가 지니는 의의를 헤겔식으로 거꾸로 뒤집었다. 자유는 자연의 선물이기는커녕 처음부터 우리의 저주였다. 로크식 자연권과 더불어 텅 빈 석판에 그린 마음의 그림은 우리에게 무력하고 가엾은 포로의 모습을 보여주었다. 우리는 일상의 훈육과 사회적 규칙을 따라 원시적 자유에서 벗어날 필요가 있었다. 자유주의 이전의 고전적인 서구 사상은 정치적 권위가 사람들의 자연적 자유를 보장하고 그들을 서로의 침해로부터 안전하게 지켜주기를 바랐다. 겔렌은 사회가 사람들을 그들의 자연적 자유로부터 구해주고 그들을 자신들로부터 안전하게 지켜주기를 기대했다.

겔렌의 대립적인 구도는 참신하고 추론은 독창적이었다. 그러나 난점들도 있었는데, 그것들은 서로 연결돼 있었다. 겔렌의 인상적인 도식화로부터 실제적인 조언을 끌어내기는 어려웠다. 단지 그의 접근 방식이 너무 급진적이어서가 아니라 어떤 선택의 원칙—공정이든 행복이든—도 없기 때문이었다. 상기해보면 파월은 정당한 권위를 행사하는 데 원칙적인 한계가 있다면 어떤 한계가 있는지 이야기하지 않아서 미흡했다. 겔렌은 어떤 제도나 규범들이 우리를 혼란에서 더 잘 구해주고 더 나은 삶의 모습을 제시해주는가에 관해 원칙적인 지침을 거의 주지 않아서 부족했다.

겔렌은 전후 독일에서 보수주의를 다시 생각하는 우파 지식인 중 한 명이었다. 그들은 보수주의자들이 어디서나 맞닥뜨리는 선택에 직면했다. 독특한 보수의 가치를 발견하고 옹호하거나, 아니면 실용적인 탈이념의 정신에서 보수주의를 하나의 정치 양식이나 모데라토나 안단테라는 빠르기 표시로 바꾸는 선택이었다. 그들은 또 독일 보수주의의 바로 전 과거에 특별한 의문을 품고 있었다. 주변부의 불평자들을 제외하면 독일 우파의 믿음과 약속—사회적 통일성, 철학적 추론에 대한 의심, 인간의 불완전성에 대한 지각—은 재설정해야 한다는 합의가 이뤄졌다. 그들은 지난 반세기 동안 독일 우파를 망쳐놓은 민족적 우월주의와 믿음 없는 비이성주의를 일소해야 했다. 문제는 어떻게 할 것이냐였다. 한 가지 접근 방식은 긴 안목이 필요했다. 보수주의를 기독교적-서구적 전통의 근대 정치적 표현으로 생각하는 것이었다. 두 번째 접근 방식은 가까운 시야를 택했다. 히틀러의 범죄에도 불구하고 20세기 독일의 우파가 도덕적인 정당임을 인정하는 것이 보수주의라고 생각했다. 그들은 볼셰비즘에 맞서 전쟁에 나섰다. 그들은 싸우면서 자신을 규정했다. 긴 안목의 서구적-기독교적 보수주의는 1950년대 지적인 우파에서 번성했다가 퇴조했으며, 2010년대에 젊은 독일 우익에서 다시 나타났다. 근대 보수주의를 반反볼셰비즘으로 보는 가까운 시야의 접근법은 '역사가 논쟁'(1980년대)에서 폭발했다. 나치즘의 역사적 뿌리를 놓고 벌어진 정치적이고 학문적인 논쟁 역시 퇴조했다가 21세기에 "말할 수 없는 것을 말한다"는 강경우파의 상투어로 되돌아왔다.

서구적-기독교적 보수주의를 가톨릭적이고 귀족적인 정신으로 개조하려는 유혹이 있었다. 프로테스탄트의 프로이센은 이제 동독이 됐다. 따라서 가톨릭의 존재감은 연방공화국에서 더 강해졌다. 하나의 중심점은 바이에른의 부유한 상류층이 후원하는 노이에스 아벤트란트(신서양 혹은 신서방)라는 박식한 그룹이었다. 1946년부터 1958년까지 발간된 잡지도 같은 이름을 썼다. 이 그룹은 교역이나 안보를 위해서가 아니라 근대 이전 유럽의 문화적 통일성을 상정한 '서방'의 재창조를 위해 유럽 통합을 지지했다. 이 그룹은 민주주의에 열의가 없고 권위주의 성향을 지녔다. 『노이에스 아벤트란트』는 스페인의 프랑코와 포르투갈의 살라자르를 동시대 기독교적 리더십의 본보기로 제시했다. 근대성의 병폐—세속화와 도덕적 지침의 상실, 사회 갈등, 국가 간 경쟁—는 근대 이전의 통일성과 안정성, 그리고 신앙의 미덕과 대비됐다. 나치즘은 근대의 악인 자유주의와 마르크스주의, 니체식 개인주의, 그리고 다원주의의 치명적인 전이 탓이었다. 두 번째 잡지 『메르쿠르』는 한스 파슈케를 초기 편집인으로 해 1947년 창간됐고 우익과 같은 견해에 지면을 내주었지만, 좌우 스펙트럼에 걸쳐 상반되는 관점에도 기회를 주었다.

전후 독일 우파의 더 강력한 사조는 실용적인 것이었다. 문명에 관한 염려와 대중문화—특히 미국 문화—에 대한 걱정, 그리고 도시적 삶에 관한 불평(환경보호주의는 아직 나타나지 않았다)은 1950년대에 줄어들었다. 우파는 윤리적-문화적 환영幻影보다 번영과 국가 안보를 사회질서로 가는 더 나은 길로 보았다. 독일의 실용적 보수주의는 국가 분단의 비정상적 상황에서 정상성을 추구하고, 역사적 수치로부터 회복하기를 바랐다. 1962년 잡지 『데어 모나트』가 독일의 작가와 사상가들에게 "보수주의란 무엇인가"를 물었을 때 대부분 응답자는 보수주의를 구체성은 부족해도 자유주의와 신중, 까다롭지 않은 기독교가 만족스럽게 혼합된 것으로 여겼다. 윙거의 옛 비서인 몰러만 자유주의와 그 결함에 대해 공개적으로 목소리를 냈다.

원칙에 대한 욕구는 잦아들지 않았다. 1960년대에 이르자 독일의 지적 우파는 다시 한번 자유주의에 맞설 채비를 했다. 독일의 최근 과거를 둘러싼 논쟁과 학생 시위의 폭발이라는 두 가지 주제가 우파에게 새로운 공격 대상과 기운을 주었다. 카스파르 폰 슈렝크-노칭이 창간한 잡지 『크리티콘』(1970~1998)은 나치 독일의 과거에 관한 무無구속성(거칠게 옮기면, "남의 시선을 의식하지 않는 것")이 특징이었다. 『크리티콘』은 나치 시대에 대한 학문적 심판의 적절성을 놓고 독일 보수주의자와 좌파 자유주의자들이 벌인 역사가 논쟁을 불붙이는 데 일조했다. 1960년대에 정치적 시위와 반문화의 분출이 어우러지면서 자유주의적 근대에 관한 보수의 불안은 재연됐다. 미국의 신보수주의자들처럼 그들은 함께 성공적인 소비자 자본주의가 제공할 수 없는 것으로 보이는 사회적 규율을 촉구했다.

3. 자유주의적 근대의 타락: 위버, 푀겔린, 매킨타이어

1978년 6월 러시아 작가 알렉산더 솔제니친은 하버드대학에서 청중을 사로잡는 연설을 하면서 서방은 모든 용기를 잃었으며 그 정치인과 지식인들은 침울한 당혹감에 빠져 있다고 말했다. 무책임한 미디어는 잘못된 정보를 퍼트리고 "강력한 대중의 편견"을 제공하며 유행을 좇지 않는 견해를 차단했다. 도덕적 손상은 개인의 자유라는 이름으로 응답 없이 넘어갔다. 물질적 이익의 폭압에 짓눌린 사람들은 더는 이상을 위해 죽으려 하지 않았다. 그런 병폐는 모두 서방이 정신적 가치를 포기하고 따라서 "악의 침식"에 굴복했기 때문이었다.

솔제니친의 통렬한 연설에 대한 견해는 갈렸다. 미국의 보수주의자들은 대체로 환영했다. 그들은 2차 냉전이 시작될 때 소련의 압력에 놀라고 자국의 도덕적 타락의 증거로 보이는 것에 혼란스러워했다. 비보수주의자들에게 그 연설은 정파적이고 선택적이며 과장된 것이었다. 2주 후 워싱턴의 공개석상에 나타난 대통령 부인 로절린 카터는 이렇게 답했다. "알렉산더 솔제니친은 우리가 이 땅의 모든 곳에서 악의 압력을 느낄 수 있다고 말했습니다. (…) 글쎄요, 나는 악의 압력을 전혀 감지할 수 없습니다. (…) 이 나라 사람들은 약하지도 않고 겁쟁이도 아니며 정신적으로 소진되지도 않았습니다."

여기서 이 나라 문명의 건전성을 상상하는 두 개의 구도가 경쟁하고 있었다. 얼빠진 서방을 그리는 솔제니친의 구도는 근대 보수주의 거장들의 인상적인 화랑에서 가져온 것이었다. 그 화랑은 19세기 러시아인들―특히 표도르 도스토옙스키와 차르의 반동적인 조언자 콘스탄틴 포베도노스체프―이 열었고, 슈펭글러와 근대의 다른 쇠퇴론자들이 운영했으며, 20세기 중반 미국에서 보수주의 사상가들이 이제 익숙해진 도덕적 혼란과 부패의 관용구를 손질하면서 새롭게 했다.

여기서는 20세기 중반 자유주의의 무질서를 그린 세 명의 거장을 생각해본다. 리처드 위버와 에릭 푀겔린, 알래스데어 매킨타이어는 모두 미국에서 활동했다. 푀겔린과 매킨타이어는 유럽에서 온 이주자였다. 역사적, 지리적으로 폭넓게 묘사하는 그들은 "서방"이라는 말을 고전 시대의 지중해 세계와 중세 기독교 세계, 그리고 현재의 부유한 비공산주의 국가라는 의미로 되는대로 썼다. 모두가 광범위한 정신적 쇠퇴를 당연한 일로 여겼으나 누구도 시사적으로 이런저런 구체적인 사회적 손상이나 그 해법에 초점을 맞추지 않았다. 그들은 서방의 문제가 한 가지는 아니더라도 어쨌든 집단적인 도덕적 무질서라는 공통의 원천에서 나온 것으로 썼다. 학문적, 역사적인 세부 묘사는 인상적이었다. 푀겔린은 압도적이었다. 그러나 그들의 구도가 지닌 매력은 세부 묘사보다 단순성과 친숙성에 있었다. 저마다 타락 천사의 교만과 추락에 관한 유서 깊은 이야기를 들려주었다. 자유주의자들이 진보로 본 것들을 이들 사상가는 파괴적이고 응당한 추락으로 여겼다. 쇠퇴를 되돌리는 것이 가능하다면 그 되돌림은 도덕의 문제이며 도덕을 어떻게 생각하느냐의 문제였다.

그들은 저마다 사회를 진단하고 역사적인 서사를 들려주며 처방을 제시했다. 진단은 일치했다. 우리는 자유주의적 근대에 고통받고 있다는 것이었다. 그 시작이 언제냐에 관해서는 12세기나 그 이전(푀겔린), 14세기(위버), 18세기 계몽주의(매킨타이어) 시대로 견해가 서로 달랐다. 제안한 처방은 도덕을 사적인 것으로 만들려는 자유주의자들의 노력을 거부하고 도덕을 정치와 공적 삶으로 되돌려놓는 것이었다. 위버과 푀겔린, 매킨타이어는 오늘날의 "가치" 보수주의로 가는 길을 열었다. 그들은 보수가 자신들의 것으로 주장하고 싶어할 정치 영역을 가리켰다.

리처드 위버(1910~1963)는 노스캐롤라이나에서 태어난 학자로 밴더빌트대학에서 공부하면서 남부 농본주의자들을 접하게 됐고, 나중에는 시카고대학에서 가르쳤다. 그의 가장 잘 알려진 저서는 『사상은 현실이 된다』(1948)였다. 책은 슈펭글러와 묄러, 뒤아멜 같은 1920년대와 1930년대 보수주의자들의 문화적 비관주의자들에게 고개를 끄덕이며 비꼬듯이 시작했다. "이것은 서구의 해체에 관한 또 한 권의 책이다." 뒤이어 자유주의적 근대의 죄과에 대한 한탄이 187쪽에 걸쳐 이어졌다. 위버가 본 실책은 모든 것은 본래의 목적이 있고 따라서 인간이 좋아하든 그렇지 않든 가치를 지닌다는 세계관을 버리고 인간이 자신의 목적을 위해 그것들에 가치를 부여하기 전에는 모든 것이 무의미하다는 관점을 취한 것이었다. 그는 "이 세상의 인간은 아무 제한 없이 사물의 일정한 본성과 무관하게 자신의 의지를 자신의 법률로 만들 수 없다"고 썼다. 중세에는 신앙과 사회, 도덕과 자연의 통일성이 존재했다. 이제 그 통일성은 잃어버렸다. 위버는 이어지는 장에서 묘사한 것처럼 통일성과 근대성의 경쟁 속에서 죽거나 실종된 것들은 "감상적이지 않은" 경이의 감정과 위계에 대한 존중, 자연의 목적에 대한 의식, 자아를 내세우지 않는 예술, 인격과 재산권의 철통같은 연결, 순수하고 진실한 공적 담론이었다. 가장 쓰라린 상실은 "자아보다 큰 것들이 존재할 권리"를 인정하는 확고한 존중의 태도인 경건함이었다. 심각한 잘못에서는 벗어난 근대인들은 그래도 다시 재산권을 존중하고, 정치적 언어에 새롭게 주의를 기울이며, 자연과 공동체, 그리고 과거를 경건하게 대할 수 있을 것이었다.

중세에 대한 위버의 찬사는 근대 이전의 과거에 대한 역사가들의 태도 변화를 반영했다. 이전 세기에 이미 익숙해졌던 태도와 달리 중세는 더 이상 정체되고 어두운 것으로 그려지지 않았다. 그러나 역사가들은 위버처럼 근대성을 깎아내리지 않고 근대 이전 시대의 지적 성취를 인정할 수도 있었다. 또 다른 문제는 위버가 기이하게도 14세기 프란체스코회 신학자 오컴의 윌리엄을 우리가 근대로 타락하게 재촉한 뱀으로 지목한 것이었다. 위버의 설명에 따르면 오컴은 교활하게 유명론이라는 사과로 우리를 유혹했다. 그러나 어떤 오컴 연구자들은 그가 보편적인 것의 본질에 관한 표준적인 철학적 설명으로서 유명론을 주장했다는 것조차 부인했다.

별나기는 해도 위버의 책에는 우파에게 주는 메시지가 있었다. 1940년대에는 어떤 이데올로기에도 지적 악취가 배었다. 그 주장에 따르면 이데올로기는 유토피아적 이상을 다루었고, 1920년대부터

1940년대까지의 경험이 보여주었듯이 유토피아적 이상은 집단주의의 폭정을 불러왔다. 웅대한 사상들은 배제됐다. 정치학을 중립적이고 사실을 바탕으로 한 과학으로 다루는 것이 지배적 관행이 됐다. 독일에서 반反이데올로기 관행은 겔렌과 오도 마르크바르트 같은 보수주의자들의 마음을 끌었다. 그러나 위버는 보수주의자들에게 당시의 관행을 무시하라고 했다. 그는 지배적인 지적 분위기를 수용하기보다는 이데올로기를 중시하라고 촉구했다.

위버는 이어서 더 나은 책과 행동 계획을 내놓았다. 그의 『수사의 윤리학』(1953)은 정치란 특히 연설과 공론에서 규범을 내포한 말로 하는 것임을 상기시켰다. 위버는 정치에서 관념과 용어가 거칠게 다뤄진다는 것을 알았다. 그는 특히 "사회과학의 수사"에 회의적이었다. 그 수사는 규범적일 수밖에 없는 이야기를 자연과학에서 빌려와 잘 맞지 않는 옷으로 위장한다고 봤다. 그러나 수사의 남용을 경계하는 것이 긴요했다. 위버는 오웰의 『정치와 영어』(1946), 파시스트 담론을 연구한 빅토르 클렘페러의 『제3제국의 언어』(1947) 같은 소수파의 정신으로 썼다. 여러 연설문을 분석한 위버는 버크의 수사적 과잉과 논쟁의 유동성, 임기응변적 감각에 동의하지 않았고, 링컨이 법률가다운 명료한 정의와 원칙을 고수한 것을 칭찬했다.

1945년 이후 미국 우파에 대한 위버의 다른 공헌은 지적인 전투 계획이었다. 「보수주의 주장의 수사 전략」(1959)에 관한 강의에서 위버는 전쟁과도 같은 그람시식 논쟁 계획을 펼쳐 보였다. 날카롭게 논리를 버리고. 가장 취약한 목표를 겨냥하며, 재정이 튼튼한 대학과 싱크탱크에서 방어하는 것이었다. 1980년대가 되자 위버가 촉구했던 보수주의 운동이 진행되며 경쟁 상대를 쓸어버릴 것으로 기대됐다.

독일 태생의 미국 학자이자 사회사상가인 에릭 푀겔린(1901~1980)의 웅대한 역사적 접근법에 따른 정치 담론은 전체적으로 더 사색적이었다. 그는 빈에서 연구하고 가르쳤으며 법실증주의 이론가인 한스 켈젠의 보조원으로 일했다. 푀겔린은 인종주의 이론을 가짜 과학이라고 일축했다가 나치에 쫓겨 1938년 미국으로 이주했다. 그는 백인 일색의 루이지애나주립대학에서 피난처를 찾아 (1942년부터) 사상사를 가르쳤다. 당시 이 대학은 전 총장과 몇몇 주 관리를 감옥으로 보낸 횡령 사건에서 회복하는 중이었다.

푀겔린은 위버처럼 타락을 이야기했지만, 언어와 과거에 관한 더 깊은 지식을 가지고 했다. 고전기 이전부터 현재까지 긴 시간을 조망했다. 그는 대학에서 사용하려고 쓴 여덟 권짜리 정치사상사와 그의 주저인 다섯 권짜리 『질서와 역사』(1956~1987)에 실린 여러 에세이에서 근대성으로 타락한 인간의 포괄적인 이야기를 다루었다. 푀겔린이 보기에 우리를 근대성으로 타락하도록 재촉한 "이즘에 중독된" 사과는 유명론이 아니라 그노시스주의였다. 그는 "그노시스주의"라는 말을 당초 초기 기독교 시대의 청교도적이고 신비적인 종파—그노시스파—가 사회 규범의 본질에 관해 정신을 좀먹는 오류를 범했다는 의미로 썼다. 푀겔린의 설명에 따르면 훗날 신화와 종교, 정치에 널리 퍼진 그 오류는 현재 사회를 결속해주는 규범을 희망하는 미래 사회의 이상적인 구도와 혼동한 것이었다. 푀겔린은 단순해 보이는 그 생각—사회를 개조하려는 것은 환상을 좇는 것이다—에 역사적, 철학적으로 풍성한 옷을 입혔다.

퓌겔린에 따르면 종교와 정치를 구분할 수 없던 때가 있었다. 왕과 사제의 권위는 하나였다. 신의 질서와 사회질서는 별개가 아니었다. 그 후 기독교의 영향으로 두 영역은 분리됐다. 왕들은 더 이상 사제가 될 필요가 없었고, 신 없이도 인민을 통치할 수 있게 됐다. 그 분리에 더해 사람들은 왕 없이 스스로 통치하려고 했다. 그러나 퓌겔린의 설명에서는 정치와 종교의 통일성이 억눌리기만 하고 극복되지는 않았다. 종교는 위장한 채 뒷문으로 다시 들어왔다. 인민은 스스로 통치하는 일에 잘 적응하지 못하고 사라진 신성한 권위를 찾아다녔다. 세속적이고 자연주의적인 시대에 그 권위를 찾지 못한 그들은 자신들을 신성화했다. 하지만 상상 속의 신성한 자아와 실제 자아의 차이는 매우 뚜렷했고, 그노시스적인 근대는 그 충돌을 해소하려는 잘못된 시도의 결과였다. 그것은 모두 기독교적 계시와 구원의 약속으로부터 현세의 실익을 챙기려는 조급한 시도로 나타났다.

『질서와 역사』에서 퓌겔린은 기독교 탄생기에 시작해 중세 중후반의 사상에서 다시 나타나고 자유주의에서 승리를 거둘 때까지 그노시스파의 잘못을 추적했다. 훗날의 근대인들은 특히 심각한 형태의 오류에 시달렸다. 한편으로 그들은 실제 세계를 거기에 있는 모든 것으로 생각했다. (불안정한 구분법을 쓰자면 그들이 보기에 "초월적"인 것은 아무것도 없고 모든 것이 "내재적"이었다.) 다른 한편으로 최근의 근대인들은 여전히 하나의 이상으로서 "종말" 혹은 최종 상태를 향한 진보의 비전에 사로잡혀 있었다. 자유주의적 근대에 반대하는 퓌겔린의 경고는 "종말을 내재화하지 마라"라는 구호로 표현됐다. 학생들의 티셔츠에도 그 말이 쓰여 있었다고 한다.

푀겔린은 그노시스주의에서 근대의 익숙한 병폐에 대한 원인을 찾았다고 믿었다. 개성의 지나친 강조와 사회의 "대량화"가 어우러지면서 완전한 통제에 대한 불안을 키웠다. 근대 자유주의자들은 희망하는 사회의 모습을 현재 사회를 판단할 기준과 혼동함으로써 인간의 한계를 부인했다. 그들은 실패와 실망, 그리고 그보다 더한 것을 자초했다.

　　푀겔린은 어떤 정파나 지적 유형에도 명확히 들어맞지 않았다. 자유주의적인 근대 사회의 공허한 중간 지대에 관한 그의 기본적인 논점은 독창적인 것이 아니었다. 한 세기 전 토크빌은 보수적인 자유주의자로 이야기하면서 과도한 개인적 자유와 집단주의의 폭정 간의 불건전한 결합을 염려했다. 그 생각은 세기 중반 주베넬과 콜나이, 그리고 더 조용한 성향의 콜링우드 같은 보수주의자들에게 공통된 것이었다. 이데올로기에 대한 푀겔린의 반감도 특이한 것이 아니었다.

　　역사에 대한 푀겔린의 접근 방식은 매력적이면서도 당혹스러운 것이었다. 매력은 반실증주의였다. 푀겔린은 공감적 참여 없이는 한 민족의 역사에 관한 의식을 이해할 수 없다고 생각했다. 과거를 인식하는 데는 인과법칙을 발견하고 확인하는 것이 필요하지 않았다. 그보다는 사람들이 어떻게 역사적 경험을 생각하고 상징화하는지 상상하면서 이해할 필요가 있었다. 콜링우드와 오크숏도 그에 동의했을 것이다. 하지만 그 접근법을 실현하는 푀겔린의 방식은 제한이 없고 따르기 어려운 것이었다. 모든 것을 포괄하는 그의 이야기는 토인비부터 슈펭글러를 거쳐 헤겔의 『역사철학 강의』(1822)와 셸링의 『우주의 나이』(1815)까지 상기시켰다. 그다음에 푀겔린은 경력의 막바지에서 열린 마음으로 그런 대서사의 한계를 인식했다. 그는 교조적인 진보주의자가 우기듯이 향상되는 쪽이든, 아니면 비관적인 보수주의자들이 주장하듯이 쇠퇴하는 쪽이든 역사가 하나의 경로를 따른다는 생각을 버렸다.

뢰겔린은 얼마나 보수적이었을까? 정치에서 모든 "이즘"이 실제와 이상을 혼동하는 그노시스적인 잘못을 공유한다면 보수주의 자체는 어떻게 유죄가 아니었을까? 그 영원한 수수께끼에 답하려고 뢰겔린은 보수주의는 보수가 배척하는 지나치게 야심찬 유형의 일차적인 사상이 아니라고 주장하는 익숙한 단계를 밟았다. 뢰겔린이 보기에 보수주의는 "이차적인 이데올로기"였다. 보수주의는 스스로 무엇을 반대하는지 알았다. 보수주의는 지나치게 희망적인 이상과 이룰 수 없는 계획에 반대하고 거부했다. 그처럼 이차적인 보수주의는 흔히 "부정적"이라고 인식되며, 그 자체의 "긍정적"이거나 "실재적"인 주장이 없다. 버크 이후 줄곧 이 주장을 되풀이한다고 그 수수께끼가 사라지지는 않았다. 그런 답은 발뺌하는 듯한 느낌을 준다. 부정적인 것은 늘 긍정적인 것으로 다시 표현되고 그 역도 가능하다. 이차적인 이데올로기는 이데올로기일까, 아닐까? 정치에서 거대한 사상을 포괄적으로 계속해서 거부하는 것 자체가 정치적으로 거대한 사상일까? 반이데올로기적인 보수주의가 명확하고 안정적인 답을 주는 일은 드물었다.

뢰겔린의 비판에 직면한 어설픈 자유주의자들은 자신들이 이길 수 없다고 느꼈을지 모른다. 뢰겔린은 자유주의가 신화적인 사고의 덫에 걸렸으면서 동시에 신화적 사고에서 벗어났다는 착각에 빠졌다고 공격했다. 자유주의적 근대주의에 대한 그 비판은 하이데거와 슈트라우스 같은 탈신학적 사상가들에게 공통적이었다. 푀겔린은 근대적 관점의 여러 특성을 포착했는데 그중 가장 날카로운 묘사 하나는 근대적 사고가 스스로 훼손하는 경향이 있다는 것이었다. 그는 "근대주의의 요체는 내가 볼 때 규율 자체를 비판하기 위해 규율의 특유한 방법을 사용한다는 데 있다"고 썼다. 그와 같은 더 이해하기 쉬운 생각이 세 번째 타락론자인 알래스데어 매킨타이어의 반反근대 비판에 깔려 있었다.

매킨타이어는 『덕의 상실』(1981)로 완결된 1970년대의 강의와 저술에서 정치적 자유주의가 도덕의 잘못된 구도에 의존한다며 반대했다. 자유주의자들은 사람들이 어쩌다 원하게 된 것이 그들의 가치와 이상을 정한다고 가정했는데, 사실은 그와 반대로 가치와 이상이 사람들이 무엇을 원해야 하는지를 정했다. 가치와 이상은 사회에서 공유하는 관행에서 자라났다. 그런 관행은 그 자체로 사람들에게 삶의 목적을 부여했다. 자유주의적 근대는 사회를 혼란에 빠트리면서 그 사회의 관행을 깨버렸다. 사람들에게 목적과 "서사"—다시 말해 그들의 관행을 이해하는 방식—를 부여하는 공유된 관행 없이 가치와 이상을 말하는 어떤 이야기도 일종의 허튼소리였다. 그것은 한때 일관성을 지녔으나 더는 그렇지 않은 도덕적 담론의 메아리였다.

매킨타이어에게 도덕적 모순은 자유주의의 원죄였다. 그 오점은 마르크스주의자와 자유주의적 공리주의자들에게 똑같이 전해졌다. 매킨타이어가 보기에 자유주의는 삶의 방식들을 차단했다. 자유주의는 자유의 철학과는 거리가 먼 제약의 교리였다. 자유주의자들은 "관점을 파괴하는 기계"인 18세기 계몽주의에서 치명적 결함을 물려받았다. 계몽주의는 사회적 본성에서 목적을 찾는 아리스토텔레스적인 인간상을 버림으로써 도덕과 사회 사이의 연결을 끊어버렸고, 그 이후 도덕적 담론은 혼란에 빠져들었다.

혼란의 징후는 담론의 추상성, 사회적 준거 부재, 비인격성, 결단성 부족이었다. 도덕은 권위가 있어야 하는데 도덕에 대한 자유주의적 논쟁은 끝이 없다고 매킨타이어는 주장했다. 사적 도덕의 유일한 안내자는 "심미주의자"와 "치료사"였다. 공적 삶은 "관리자"가 감독했다. "관리주의" 아래서 정치 사회의 주된 과제는 사람들의 욕구에 대해 공정하게, 비용 대비 효과적으로 균형을 맞추는 일이었다. 목적은 공허해도 자유주의의 도덕적 담론은 특유의 형태로 계속됐다. 매킨타이어의 비유로는 공유지의 무단 점유자가 "출입금지"를 통지하는 것과 같은 권리 주장, 도덕으로 위장한 진짜 이익의 노출 혹은 폭로, 그리고 내전은 더는 선택지가 될 수 없고 논쟁에 의한 설득의 희망은 사라진 가운데 반대자에게 유일하게 남은 수단인 시위의 형태였다.

개인적인 신념에서 매킨타이어는 좌파 자유주의에서 반자유주의적 마르크스주의로, 그다음에 반자유주의적 좌파 가톨릭으로 옮겨갔다. 이를 두고 어떤 이들은 유행을 따른 방랑으로 보았고, 다른 이들은 밀과 같은 실험정신에서 나온 진정한 모색의 삶으로 여겼다. 우호적인 비평가들은 매킨타이어를 사실상 은밀한 자유주의자라고 생각했다. 양보도 하고 단서를 달기도 했으나 매킨타이어가 구상한 도덕적 사회는 한때 자유주의자들이 바랐던 유형과 근본적으로 다르지 않았다. 이를테면 19세기 독일 협동주의자들이 그린 소규모 지역 자치 사회와 같은 것이었는데, 다만 자유주의자들이 일반적으로 만족할 수

준보다 정신적으로 더 순응하는 사회였을 것이다. 매킨타이어는 누구도 덜 자유롭고 더 덕스러운 삶을 살라는 재촉이나 괴롭힘을 당해서는 안 된다고 생각했다. 매킨타이어는 그보다 탈자유주의적인 소수의 "도덕적 저항"의 윤리를 바랐다. 그것은 예컨대 자율적인 운영을 하는 단체나 신앙고백 대학들 같은 "작은 공동체"로 물러나는 식의 저항이었다. 그의 구상은 1980년 이후 보수주의자들에게 전해져, 21세기 대서양 양쪽의 "가치" 보수주의자들 사이에서 일종의 매킨타이어식 소극적 저항이 인기를 끌었다.

자유주의적 근대에 대한 매킨타이어의 비판은 위버보다 미숙하지 않았고, 푀겔린보다 따라가기 쉬웠으나, 두 사람의 비판이 지닌 결점을 공유했다. 지금 있는 것(도덕적 혼란)과 없는 것(도덕적 질서)에 관한 그들의 논의는 알맹이가 거의 없는 일반론으로 제시돼 타당성을 가늠하기 어려웠다. 그들의 음울한 설교를 즐긴 이들은 동의할 테고 밝은 설교를 선호한 이들은 동의하지 않을 가능성이 컸다. 더 따지고 들면 매킨타이어가 특별히 반대하는 제도나 태도가 무엇인지 찾아내기 어려웠다. 다양한 시점을 넘나드는 그의 지성사는 지나치게 웅대하고 유동적이었다. 다양한 시점에 근대성으로 타락한 인간을 그린 것은 솔 벨로의 소설 『헤어초크』의 반영웅이 하이데거에게 쓴 우편엽서를 떠올리게 한다. "무엇이 일상으로의 타락입니까? 그 일이 일어났을 때 우리는 어디에 있었습니까?"

더욱이 근대 이전 시기의 구도에도 긴장이 있었다. 그 시기의 지적 통일성은 과장됐다. 19세기 이후 역사가들이 가르쳤던 것처럼 중세에 추론과 논쟁이 왕성하게 살아 있었다면 모두가 서로에게 동의하거나 같은 것을 믿었다고 할 수는 없었다. 『덕의 상실』을 쓴 매킨타이어는 그 자신이 썼던 『윤리학 소사』(1966)를 잊어버린 듯했다. 이 훌륭한 책은 플라톤주의와 아리스토텔레스주의, 스토아학파와 에피쿠로스학파 사이에 이어진 깊은 갈등을 명료하게 설명했다.

매킨타이어 같은 비판자들이 주장했듯이 자유주의 사회가 개인의 권리로 가득했다면 또한 그에 상응하는 의무로 가득했다. 근대의 시민적 권리와 의무의 거미줄은 도덕성을 포기한 것이 아니라 정치의 새로운 도덕성과 정치적 공동체의 공유된 관점을 표현한 것으로 볼 수 있었다. 다양한 차별 철폐 규칙들이 좋은 예다. 그것들은 실제로 일부 우파에게는 귀찮은 것이다. 그 규칙들은 인민의 자유에 대한 자유주의 국가의 간섭, 혹은 정치적 올바름을 추구하는 사회의 숨 막히는 강요로 낙인찍힌다. 그런 비난은 과열된 것이다. 하지만 설사 사실이더라도 자유주의의 비도덕주의나 현대의 아노미의 증거로 보기는 어렵다.

하지만 그렇게 끝내고 만다면 이 비판자의 회의를 과소평가하는 것이다. 매킨타이어의 회의는 가장 예리했다. 그는 왜 자유주의 사회에는 그 자체의 실현되지 않은 꿈이 그토록 많은지, 자유주의자든 아니든 모두가 소중히 여겨야 할 가치 있는 것들은 왜 그토록 많이 손상됐는지 알고 싶어했다. 그는 왜 자유주의 사회가 합의적인 제도들을 파괴하고, 탁월성을 침식하고, 문화를 상품화하며, 궁핍한 이들을 밀어내는 데 그토록 효과적인지 알고 싶어했다. 매킨타이어는 그런 병폐를 자유주의적 이상을 충족하는 데 실패한 것으로 보지 않았다. 그 병폐는 자유주의적 이상의 예측할 수 있는 결과로 나타난 것이었다.

매킨타이어에게 자유주의의 죄악은 사회에 사람들을 내버려두라고 촉구하고 사람들에게 그들 자신의 길로 가라고 부추기는 것이었다.

자유주의자들이 그가 근대 사회의 병폐를 과장하고 성취를 무시했다며 반대하자 매킨타이어는 자유주의자들이 "도덕적 개인주의" 때문에 몹시 혼란을 겪고 있어서 더는 그 결점들을 보지 못한다고 답했다. 매킨타이어는 자유주의 사회를 자기 이익을 추구하는 고립된 자아들의 유치원으로 묘사하면서 그들은 이제 더 이상 자신들이 파괴하고 있는 집단적 선을 인식조차 할 수 없다고 비난했다. 그는 "도덕적 개인주의"에 따른 자유주의의 결점을 비난하면서 하나의 출구를 제시했으나 그 자신은 그 길을 따르지 않았다. 매킨타이어의 모든 비판은 정치적 자유주의를 도덕성의 논쟁적인 구도에 더 강력히 엮는 것이었는데 그는 마찬가지로 그 연결을 끊어버릴 수도 있었다. 자유주의적 근대는 공유된 가치나 본질적 가치를 지닌 것을 너무나 많이 무시하고 사라지게 했다는 매킨타이어의 비난에 많은 정치적 자유주의자가 동의할 수 있었다. 하지만 그 이유에 대해서는 동의하지 않을 수 있었다. 그 실패는 적어도 사회의식이 있는 자유주의자들에게는 다른 것이었다. 그들에게는 후기 근대 사회가 왜 보호돼야 할 것을 보호하지 못했는지 자문할 때 개인적 무관심을 탓하거나 문명적 실패가 초래한 도덕적 맹목에 호소할 필요가 없었다. 자유민주주의가 기대에 못 미친 데는 확실히 더 실제적인 원인이 있었다. 지출 역량의 부족과 정치적 의지 상실이 바로 그것이다.

4. 미국의 무대를 차지하다: 커크, 버클리, 크리스톨

근대인의 타락에 관한 밀턴식의 서사는 충격적이었으나 대부분의 미국 보수주의자는 더 일상적인 수준에서 논쟁했다. 시장경제와 반공주의, 그리고 시민적 도덕이 전후 미국 우파가 지적 자신감을 되찾도록 해준 폭넓은 작전을 규정했다. 이 싸움을 위해 집결한 이들은 1930년대와 1940년대에 경제적 자유주의의 이름으로 뉴딜을 비판했던 이들과 곧이어 1960년대부터 새롭게 '위대한 사회'를 비판한 이들, 안으로 반反집산주의 사회에서 공산주의자 사냥에 나설 뿐만 아니라 밖으로 소련의 힘과 압력에 눈을 돌린 반공주의자들, 그리고 자유민주주의의 윤리적 방임과 공통의 예의 규범의 무시에 혼란을 겪는 다양한 이름의 "가치" 보수주의자 혹은 "문화적" 보수주의자들이었다.

1945년 이후 미국 보수가 반공주의를 경제적 자유주의나 "가치" 보수주의와 결합하는 것은 아주 쉬운 일이었다. 그러나 "가치" 보수주의를 경제적 자유주의와 결합하는 것은 어려웠다. 미국 보수주의자들은 그것들을 "융합"하려고 애썼으나 누구도 세 가지 다 능숙하게 결합할 수는 없었다.

전후에 "전통"에 관한 전통을 세운 이는 러셀 커크(1918~1994)였다. 미시간주 철도 기술자의 아들인 그는 전쟁 기간에 남서부 화학무기 공장에 배치됐고 서점을 운영했으며 대학 강사가 됐다. 그는 리처드 위버와 친해졌고 위버는 그에게 책을 쓰라고 격려했다. 커크는 듀크대학의 유력한 보수주의 사상가 존 핼러웰 밑에서 공부했다. 핼러웰 자신은 노트르담대학의 게르하르트 니메이어에게서 배웠다. 그들이 커크에게 미친 영향은 고高교회 기독교 신앙(성공회나 가톨릭)을 정치적 자유주의에 대한 철저한 거부와 결합한 것이었다. 커크의 공헌은 그 결합을 대학 밖으로 이끈 것이었다. 커크는 거의 혼자 힘으로 미국에서는 진지한 보수주의를 찾을 수 없다는 트릴링의 주장에 대한 첫 응답으로서 보수의 사상과 사상가들을 수록한 『보수주의 정신』(1953)을 써냈다.

커크에게 아담과 같은 인물은 버크였고, 버크의 보수주의 후손들은 거의 다 영미계로 성향이 온건하고 대체로 자유주의적 입헌주의와 화해하고, 단서를 달기는 했으나 선거민주주의와도 타협한 이들이었다. 이 성인록은 권위주의자와 반의회주의자, 반민주주의자들뿐만 아니라 경제적 자유주의자와 자유지상주의자들도 배제했다. 그들을 배제한 커크의 논리는 진정한 보수주의를 가리는 여섯 가지 시험에서 이런저런 기준을 통과하지 못했다는 것이었다. 초월적 질서를 믿을 것, 불가사의를 받아들일 것, 계급에 기초한 사회질서를 인정할 것, 시민적 자유와 소유권의 상호 의존성을 인정할 것, 혁신을 환영하더라도 그 과정에서 관습을 존중하고 신뢰할 것, 정치에서 신중을 최상의 실제적 가치로 인정할 것이 그 기준이었다. 커크의 보수주의 시험은 그가 좁은 범위로 적용했어도 대단히 느슨한 것이었다. 그중 한두 가지를 타협적으로 바꾸면 경제적 우파에 속하는 미국 자유주의자들은 커크의 보수주의 시험을 통과할 수 있었다. 예컨대 초월적 질서 대신 도덕적 객관성, 불가사의의 수용 대신 조심스러운 회의, 계급에 기초한 사회질서 대신 결과의 평등이 아닌 실력주의로 바꿀 수 있었다.

커크는 보수주의의 적을 찾아냄으로써 부정을 통한 정의에 도움을 주었다. 18세기 프랑스 계몽주의 철학자 루소의 전통에 따르는 정치적 낭만주의자, 벤담식 공리주의자, 과학 정신을 지닌 실증주의자, 그리고 마르크스주의자가 그 적이었다. 이념적 사고를 과도하게 합리화하는 것이 그들의 공통된 결점이라고 커크는 주장했다. 앞서 본 것처럼 당시 이데올로기에 대한 공격 자체는 일반적이었다. 위버가 그랬듯이 커크는 과학주의로 빠지지 않고 정치적 이데올로기를 거부한다는 목표를 세웠다. 보수주의의 적들이 모두 잘못 사용하거나 사용하지 못한 것은 우리가 공유하는 옳고 그름의 직관적 감각인 "도덕적 상상력"이었다. 상상력에 대한 호소는 버크를 상기시키고, 겔렌(그는 "상상력은…… 사회의 기본적인 기관"이라고 썼다) 같은 유럽 사상가들과 닿게 하며, 스크러턴 같은 문화적 보수주의자들을 예고하는 것이었다.

커크의 즉각적인 영향은 미미했다. 그는 너무나 많은 면에서 국외자였다. 커크는 개인적으로 곤궁한 이들에게 관대하고 세심했으나 그의 보수주의는 정당정치나 정부 정책과 동떨어져 있어 까다롭고 소원하게 느껴졌다. 트렌토 가톨릭 신자로서 그는 교회가 스스로 근대화하고 자유주의적으로 바뀌던 시기에 라틴어 미사를 지지했다. 그가 이야기한 미국 보수주의자들—예컨대 피셔 에임스와 루퍼스 초트, 존 랜돌프—은 절대 대중매체나 대학원 세미나에 등장할 것 같지 않았다. 그 자리는 덜 유리된 보수주의를 되살리기 위한 지적 경쟁의 감각을 지닌 이들에게 돌아갔다. 윌리엄 버클리와 『내셔널 리뷰』(1955년 창간)의 동료 작가들이 그런 이들이었다. 『퍼블릭 인터레스트』(1965년 창간)와 『코멘터리』(1945년 창간)로 모인 신보수주의자들도 그랬다.

윌리엄 버클리(1925~2008)는 "자본가 계급은 지적인 부문을 효과적으로 통제할 생각이 없음을 보여준다"는 슘페터의 경고를 가슴에 새겼다. 버클리에게 교리의 명료성은 우파의 대의를 지지하는 여론을 얻는 것보다 덜 중요했다. 보수주의 사상을 지지하는 포럼으로서『내셔널 리뷰』는 40년 전 자유주의적 진보의 물결 속에서『뉴리퍼블릭』이 했던 것처럼 20세기 중반 우파의 부활에 큰 역할을 했다. 그의 공영 텔레비전 토크쇼「파이어링 라인」에서 전통적인 좌파 자유주의 진영의 출연자는 박식하고 무서운 논쟁가인 적수를 만나 놀랄 수도 있었다. 교조적이지 않고 전략적인 버클리는 그의 냉정하고 까다로운 전사와 도덕적 보수주의자들, 그리고 경제적 자유주의자들을 한데 모았다. 그는 아이젠하워의 중도주의자와 극우 과격파 사이에 사려 깊은 미국 보수주의자들을 위한 길을 열었다.

버클리의 동료 작가들로는 '차가운 전사' 제임스 버넘과 미 중앙정보부CIA에서 일했던 예일대학 교수 윌무어 켄들이 있었다. 한때 가톨릭 신자였고 트로츠키주의자였던 버넘은 포괄적이고 전략적으로 생각했다. 하지만 급격히 방향을 바꾸는 버릇이 있었는데 그는 교묘한 전술이라고 설명했다.『경영자 혁명』(1941)에서 버넘은 이제 경영자들이 서방 사회를 통제한다고 주장했고,『서방의 자살』(1964)에서는 그 전에 자유주의가 경영자들에 대한 통제력을 얻었다고 했다. 그 중간에 버넘은 민주당과 온건한 공화당의 입장인 소련의 "봉쇄"보다는 "격퇴"를 주장하는 매파였으나 나중에 생각을 바꿨다. 정치사상을 가르친 켄들은 버크를 무시했고, 자신의 영웅인 로크에게서 흔히 생각하는 것처럼 자연권이 아니라 인민 주권의 옹호자를 봤으며 그런 의미에서 현대 포퓰리즘의 선구였다.

『내셔널 리뷰』는 자유주의자들에게서 무시당했고 많은 보수주의자에게도 멸시를 받았다. 커크는 이 잡지가 유치하다고 봤다. 하이에크는 정치를 개인화하는 방식을 싫어했고 구독을 취소했다. 잡지는 첫해를 가까스로 넘긴 후 1956년에는 격주간으로 바뀌었다. 그러나 잡지 내부에서, 그리고 공화당 우파의 자각 속에 외부에서 일어난 이중의 운동으로『내셔널 리뷰』는 초기의 시험에서 살아남았고 1960년대 초가 되자 판매 부수는 6만 부를 넘었다.

남부의 석유 사업가인 아버지의 돈이 버클리의 출발을 도왔으나 어떤 면에서 그는 자신의 다른 배경에도 불구하고 성공했다. 그는 전형적인 미국의 보수주의자가 아니었다. 평범한 중산층도 아니고 프로테스탄트도 아니며 중서부 출신도 아니었다. 그에게는 자유주의적인 똑똑한 친구들이 있었다. 그중에는 스위스 크슈타트에서 파티를 함께한 존 케네스 갤브레이스와 그의 아내도 있었다. 그는 공화당 우파가 싫어하던 헨리 키신저와 연락하고 지냈으며, 그의 회고록 편집을 도왔다. 그는 자신이 기질보다는 신념에 따른 보수주의자라고 말했다.

그 신념은 우파에 잘 맞았다.『예일의 신과 인간』(1951)에서 버클리는 예일대학에 돈을 내는 개인주의적 기독교인의 아들들이 그곳에서 공부해 사회주의적 무신론자가 된다고 썼다. 대학은 학문적 자유의 가식을 버리고, 이사들이 무엇을 가르칠지 결정하도록 하며, 동의하지 않는 교사는 해고하고, 스스로 대학의 본래 사명에 다시 전념해야 했다. 그 사명은 "신을 믿고 우리 경제체제의 장점을 인식"하도록 촉진하는 것이었다.『자유주의로부터의 각성』(1959)에서 버클리는 민주적으로 시민권을 모두에게 확대하는 것에 반대하고 인종 분리를 옹호하며 법원이 명령한 학교의 분리 금지에 대한 남부의 저항을 지지했다. 캘훈이 노예제에 관해 주장한 것을 버클리는 인종 분리에 관해 똑같이 말했다. 그것은 맞든 틀리든 지역의 관습에 아주 깊이 뿌리내리고 있어서 금세 바꿀 수 없다는 것이었다. 버클리는 적어도 사회보장제도에 관해 같은 이야기를 한다는 점에서는 일관성이 있었다. 그는 그 제도에 반대하면서도 또한 대체하기에는 너무나 광범위하게 수용돼 있어서 대체할 수 없다고 생각했다. 인종 분리나 사회보장제도를 폐지하는 것보다 그것들을 없애야 한다고 사람들을 설득하는 것이 먼저였다.

그의 방식이나 재력과 상관없이 버클리에게는 대중의 여론에 관한 감각이 있었다. 1960년 그는 자유를 위한 미국 청년연합YAF을 설립했다. 같은 해 좌파가 설립한 민주사회를 위한 학생연합SDS처럼 대학생 가운데 뽑은 보수주의 행동 그룹이었다. 두 그룹은 향후 10년간 펼쳐질 청년 운동의 좌우 전위였다. 1970년의 한 연구는 그들의 사회적 차이를 지적했다. 좌파인 SDS 회원 중 55퍼센트의 부모가 중상층인 데 반해 YAF의 부모는 28퍼센트만 그랬다. SDS 회원 중 17퍼센트만 노동계급의 배경을 가졌으나 우파인 YAF는 그 비율이 39퍼센트였다. 버클리는 귀족적으로 살았으나 이상하게도 대중과 더 가까웠다.

1960년 버클리는 버넘에게 그 잡지가 우파에서 어떤 관점을 대변하는지 검토해달라고 부탁했다. 버넘은 잡지가 "자유지상주의와 고립주의, 강경한 반공주의, 전통주의, 매카시즘, 자유방임주의, 미국 혁명의 딸DAR의 주의, 주권州權주의, 그리고 다양한 반미치광이즘"에 호소한다고 알려주었다. 다시 말해 이데올로기적 전사인 버넘이 보기에

『내셔널 리뷰』는 하나의 관점을 갖지 않았다. 그가 버클리에게 핵심 보수층 너머의 독자들을 잡으러 중앙으로 밀고 가라고 촉구했을 때 버클리는 실제로 자신들이 약자의 위치에 있음을 알고 경청했다. 켄들은 암울하게 그 잡지가 "비대칭적 전쟁"을 벌이고 있다고 말했다. 버클리는 농담조로 그 잡지를 자유주의적인 왕에 딸린 보수주의적인 어릿광대로 보는 경향이 있었다. 그 잡지를 미래의 약속으로 보는 이들은 있다 하더라도 얼마 되지 않았다. 일반적으로 보수주의 사상의 전망에 관해 니메이어는 자유주의자들은 내부자, 보수주의자들은 외부자라고 판단했다. 양쪽 다 획일적이고 변하지 않는 관점을 가졌으며, 보수주의자들이 곧 내부자가 될 것 같지는 않다고 생각했다. 그 시기에 관한 니메이어의 전망은 맞지 않았다. 『내셔널 리뷰』는 1960년대 골드워터의 공화당, 그리고 곧 1970년대 레이건 공화당의 기함이 됐다. 외부자는 빠르게 내부자가 됐다.

보수적인 칼럼니스트 조지 윌은 2005년 텔레비전 인터뷰에서 버클리를 소개할 때 이렇게 말했다. "빌 버클리가 없었다면 『내셔널 리뷰』도 없었고 『내셔널 리뷰』가 없었다면 (…) 보수가 공화당을 접수할 수도 없었습니다. 그랬다면 레이건도 없었습니다. 레이건이 없었다면 냉전 승리도 없었습니다." 윌의 수사가 냉전 종식에서—레이건 행정부는 물론이고—미국이 한 역할을 과장한 것은 분명하지만, 공화당 우파의 부상에서 버클리의 역할이 컸다는 점은 부인할 수 없었다. 미국의 신보수주의자들 역시 제 역할을 했다.

신보수주의자 중 많은 이가 과거에 마르크스주의자였다. 그들은 모두 자유주의자였다. 처음부터 그들의 일원이었던 어빙 크리스톨의 유명한 뉴욕식 어법에서 보듯이 "현실에 습격당한" 보수적 자유주의 자였지만 말이다. 크리스톨은 공상을 버리고 확실한 사회적 사실을 받아들인 자유주의자라는 뜻으로 그 말을 썼다. 신보수주의자들은 당에 대한 충정에서는 민주당 쪽이었으나 먼저 닉슨의 공화당, 그다음에는 레이건의 공화당과 동거했다. 21세기에 공화당이 강경우파 쪽으로 갔을 때 신보수주의자들은 거의 당을 포기했다.

신보수주의자들은 크리스톨이 그 집단에서 가장 깊이가 있는 대니얼 벨과 함께 시작한 잡지 『퍼블릭 인터레스트』(1965)와 노먼 포드호레츠가 1960년부터 1995년까지 편집한 『코멘터리』로 모였다. 민주당원이자 교수였던 대니얼 패트릭 모이니핸은 뉴욕주 연방 상원의원으로 1977년부터 2001년까지 워싱턴에서 그들을 대변했고, 『월스트리트 저널』에서 1972년부터 2002년까지 여론면 편집자였던 로버트 바틀리는 그 집단에 자신의 지면을 개방했다. 바틀리는 기업계 독자들이 지식인들을 못 미더워하면서도 국가 개입 반대에는 마음이 통해 의심을 누그러뜨리고 신보수주의자들의 윤리적, 문화적 견해에도 귀를 기울이리라는 것을 감지했다.

신보수주의자들은 이름에 표현된 두 가지 요소를 다 얻을 만했다. 그들은 규율과 재산권 존중에 의존하는 전통적 보수주의의 사회 질서 구도를 고수했다. 그들은 자유주의에 반대했으나 최초의 보수주의자들이 저항했던 자유주의가 아니라 오늘날 큰 정부와 반항하는 좌파에 포획된 사회적 성향의 자유주의와 싸웠다.

그들은 또한 "신"보수주의였다. 그들은 비전통적이고 "현재"에 뿌리를 두었다. 신보수주의자들은 다원주의적인 개방성과 사회적 이동성을 받아들였다. 그들은 자본주의의 문화적 대가를 염려했으나 경제적 비용과 편익은 대체로 있는 그대로 이해했다. 겔렌과 전후 독일의 다른 보수주의자들처럼 미국의 신보수주의자들은 과거가 아니라 현재를 보았다. 그들에게는 위대한 사상가의 명부가 없었다. 그들은 지어낸 전통에서 선택한 것을 갖고 논쟁하지 않았다. 그들에게 역사는 현재를 밝혀주지 않았다. 예를 들어 언젠가 포드호레츠는 미국의 남북전쟁이 그에게는 장미전쟁만큼이나 멀리 있다고 주장했다. 그들은 자신을 반反이데올로기적이고 실용적인 "현실주의자"로 생각했다. 신보수주의자들은 인간의 본성과 전망에 관해 보수주의적인 음울함을 거의 지니지 않았고 영국인들처럼 큰 사상 없이도 잘해나갈 수 있는 체하지 않았다. 크리스톨은 신보수주의의 기질을 "유쾌하고 개량주의적"이라고 묘사했다. 신보수주의자들은 다시 말해 일종의 진보에 관한 믿음을 공유했다. 개량주의자들은 적대적이고 반근대적으로 토라져 있기보다 "말이 없으면 말을 이길 수 없다"는 이론에 따라 자신들이 사는 세상을 개선하고 수리하려고 했다. 크리스톨은 보수주의를 반혁명으로 몰아가지 말라고 한 슈탈과 티에르의 오랜 호소에 공명했다.

그러나 신보수주의자들은 먼저 진로를 방해하는 경쟁적인 개량주의자들을 제거해야 했다. 그들은 복지 자본주의 옹호자들—1960년대에 '위대한 사회'를 밀고 나간 훗날의 뉴딜 지지자들—과 시민권 행동주의자들이었다. 비판자들이 보기에 이들은 비차별과 평등권을 위한 자유주의 운동을 인종별 할당과 "적극적 우대 조치"라는 비자유주의적인 운동으로 바꿔놓았다. 복지와 차별 수정 조치는 숱한 비판 거리를 제공했다. 정치적으로 신보수주의자들은 세금에 눌린 중산층과 ─ 흔히 그들과 같은 사람들인 ─ (흑백) "통합" 학교를 경계하고 차별 철폐 버스에 적대적인 북부 교외 백인 거주자들의 항의에 호응하고 있었다. 지적으로 신보수주의자들은 자유주의적인 반대자들이 사회적 필요와 (정부가 바로잡아야 할) 시민적 배제로 본 것을 사회에 대한 과도한 요구와 (반대하고 무시해야 할) 개인적 책임 거부로 재구성했다. 그들은 복지가 정부에 지나치게 큰 부담을 지우고 그 수혜자의 기를 꺾는다고 비판했다. 차별 교정 조치는 비자유주의적이고 불공정하며 비생산적이었다.

정부의 자유주의적 행동주의가 신보수주의자들에게 하나의 과녁을 제공했다면 그들은 개인적 규율 부재와 도덕적 방임, 그리고 문화적 상대주의로 오해되는 것에 대한 자유주의적 비행동주의에서 또 하나의 과녁을 찾았다. 『퍼블릭 인터레스트』와 『코멘터리』의 에세이는 정신이 산란하고 의지가 약한 사회의 가장 두드러진 징후로 여기는 것들을 비판했다. 외설물의 확산과 성적 방종, 가족의 침식, 진보적 혹은 "아동 중심" 교육, 특히 공적 재원으로 지원되는 전위적 예술, 나쁜 행동을 하는 학생들에 대한 교수들의 관용, 그리고 이른바 정치적 올바름의 이름으로 불편한 생각을 침묵시키는 데 더욱 기꺼이 나설 태세 같은 것이 그런 징후였다. 그처럼 윌리엄 호가스의 그림에 나올 법한 타락과 대비해 신보수주의자들은 시민적 책임과 공로에 따른 보상, 그리고 사회적 이동성의 수용이라는 사회적 미덕을 내세웠다. (상향뿐만 아니라 하향 이동성도 포함했다. 다만 전진보다 퇴보에 관해서는 자세히 설명하지 않았다.)

그러나 신보수주의자들은 자유주의적 근대의 후기 사회를 미국의 여느 보수주의자들과는 다른 방식으로 소상히 알고 있었다. 그들은 커크처럼 아름답게 꾸민 과거에 대한 학구적 낭만에 머물거나 먼 전통을 답사할 여유가 없었다. 남부의 향수에 빠지거나 자유지상주의자들과 어울릴 시간도 없었다. 에인 랜드식 비사회적 자유지상주의든 하이에크식 교조적 자유지상주의든 마찬가지였다. 『예속의 길』을 읽어본 적이 없다고 한 크리스톨은 하이에크의 "근대 자본주의 논리"는 "사고 형성 때 스콜라 철학에 너무 오래 노출된 사람이 아니라면 믿을 수 없는 것"이라며 의심했다.

신보수주의자들은 글을 쓰고 비판하는 한 일종의 실제적 지혜를 보여주었다. 그들은 정부를 불구로 만들거나 무력하게 하는 것이 아니라 제한하고 개선하기를 원했다. 또 평등한 사회가 아니라 개방적이고 포용적이며 이동성 있고 다원적인 사회를 촉진하며, 자본주의를 거세하지 않고 누그러뜨리려 했다. 그들은 자유주의적 보수주의자 혹은 보수주의적 자유주의자들이었다. 그러나 무엇보다 다른 지식인들과 싸우는 데 열심인 지식인들로 남았다.

그들은 1970년대 말까지 여러 논쟁에서 이기고 나서 정부에 들어갔다. 예를 들어 리처드 펄과 엘리엇 에이브럼스, 폴 울포위츠 같은 젊은 세대는 모두 레이건이나 부시 행정부(1981~1993)에서 일했다. 그들의 전투는 '위대한 사회'의 자유주의적 지식인들이 아니라 2차 냉전 시대 워싱턴의 싱크탱크나 대학의 비둘기파에 맞서는 것이었다. 이 2세대 신보수주의자들은 냉전 종식의 역사와 관련해 버클리에 대한 월의 과장된 찬사에 깔려 있던 것과 똑같은 자만심에 차 있었고, 지식인들의 환상에 사로잡힌 채 소련 이후의 세계에 진입했다. 그들은 소련이 미국의 압력 때문에 해체됐고, 그 압력은 레이건 시대 미국이 자기 확신을 되찾은 데서 나왔으며, 그 회복에 신보수주의 작가들이 큰 역할을 했다고 믿었다. 버클리처럼 신보수주의자들이 활기찬 공화당 우파의 부상에 논쟁과 사상이 역할을 했다고 본 것은 옳았다. 하지만 그 덕분에 국가적 자신감과 새로운 지정학적 역량을 키웠다고 생각하는 것은 마술 같은 비약이었다. 일종의 역사적인 전능함을 믿는 것은 두말할 필요도 없었다. 젊은 신보수주의자들이 지지한 이라크 전쟁과 뒤이은 점령은 바로 그런 운동에 대한 응보였다. 베트남전쟁이 1945년 이후 개혁자유주의에 대한 응보였던 것과 마찬가지다. 지난날의 신보수주의자였던 프랜시스 후쿠야마는 『뉴욕 타임스』(2006년 2월)에 그 운동을 저주하는 부고를 썼다. 그는 강력한 의지로 뒷받침한 사상의 힘에 대한 신보수주의의 믿음을 레닌주의에 견주었다. "볼셰비키는 올바르게 적용한 권력과 의지로 역사를 밀고 갈 수 있다고 믿었다. 볼셰비키를 품은 레닌주의는 비극이었고, 미국에서 실행되면서 소극笑劇으로 돌아왔다."

신보수주의자들의 지성주의는 그 신조와 사회적 사실에 관한 이해 면에서는 미국 우파의 정통이 될 만했으나 다른 측면에서는 그에 방해가 됐다. 그중 하나는 종교였다. 시도는 하더라도 그들은 기독교 보수주의자들과 편히 지낸 적이 없었다. 다만 그들과 이스라엘 우파, 그리고 미국의 종교적 우파 사이에 전술적 조화는 가능했다. 그들은 또 지식인으로서 자신들처럼 많은 책을 읽고 논쟁에 뛰어난 이가 거의 없는 통속적 문화에도 편하게 느긴 적이 없었다.

일찍이 이 운동의 역사를 다룬 피터 스타인펠스는 2013년 고전

적 연구서 『신보수주의자: 미국 정치를 바꾸는 사람들』(1979) 개정판
을 냈다. 그는 이 운동의 성취를 다음과 같이 다시 요약했다. 보수주
의자로서 그들은 자유주의자들이 흔히 무시하는 문화적, 도덕적 기
반에 유의했다. 그들은 정부가 선의로 벌이는 모험 사업이 잘못된 결
과를 낳는다는 비판적 시각을 가졌다. 그들은 행동주의로 기우는 자
신들의 진보 성향을 버크식 점진주의로 누그러뜨렸다. 그들은 커크의
전통주의자들과 달리 보수주의의 짐을 지지 않았고—추가하자면—
교조적인 자유시장주의를 조소로 대했다. 그들은 복지국가와 기업 주
도 자본주의의 "기능적 합리성"을 다 받아들이면서 그 둘과 가족생
활, 그리고 노조, 교회, 이웃이라는 완충 장치 사이에 어떻게든 균형을
맞추기를 바랐다. 그들은 "문화에 대한 보수주의 지식인들의 충실한
순찰"을 옹호했다. 미국의 신보수주의자들은 베버식으로 각성했다. 그
들의 금욕적 윤리는 삼가는 자유와 힘들게 얻은 불확실한 안락, 그리
고 "유토피아적 열병의 회피"를 믿었다.

　　스타인펠스 자신은 지적하지 않았지만, 미국의 신보수주의자들
과 독일의 동류 사이에는 연결 고리가 있었다. 독일의 보수 역시 지친
듯 복잡한 기술관료 사회의 한계와 불가피성을 받아들였다. 미국의 개
혁적 자유주의자들이 보기에 신보수주의는 정부와 사회가 할 수 있
고 해야 하는 일에 지나치게 경련을 일으키며 겁을 냈다. 신보수주의
자들은 동료 보수주의자들이 보기에는 너무 자유주의적이고 지적이
며, 미국의 위대함과 선함을 믿는 불가결한 국가적 신화에 너무 초연
했다. 그래도 그들의 비전은 스타인펠스의 표현에 따르면 "진지하고
그럴듯하며 틀림없이 당시 미국의 현실에 기반을 둔 것"이었다. 모든

사실은 아니어도 사회적 사실로부터 출발하려고 애쓴 보수주의자들에게 그 말은 찬사였다. 그러나 신보수주의가 책임성을 갖고 정부에 진입한 것은 정신이 번쩍 들게 했다. 비판자였던 그들이 자유주의적 현대의 소유자로 힘들게 나아간 것은 1980년 이후 우파의 더 폭넓은 이야기를 축약하는 것이었다.

CONSERVATISM

1880년

두 번째 냉전이 격화했다. 아프가니스탄에서 반정부군과 싸우는 소련군은 전혀 전진하지 못했다. 반군은 시골 지역을 통제하면서 미국의 은밀한 지원을 받기 시작했다. 그단스크 조선소 파업으로 시작한 솔리대리티 운동은 폴란드의 공산당 일당 지배에 대한 노골적 반대로 번졌다. 반체제 물리학자 안드레이 사하로프는 모스크바에서 체포됐다. 미국은 소련에 대한 곡물 수출을 금지하고 모스크바 올림픽 참가를 거부했다. 중국에서는 덩샤오핑이 자본주의 도입을 추구했다.

4월 테헤란에서 인질로 잡힌 미국 외교관과 다른 사람들을 구출하려는 공수 작전은 목표를 이루지 못하고 희생자를 내며 실패했다. 11월 공화당의 로널드 레이건이 현직 대통령 지미 카터에게 승리했다. 레이건은 일반 투표의 절반 이상과 44개 주 선거인단의 지지로 대통령직을 차지했다.

독일 연방 선거에서 바이에른의 프란츠-요제프 슈트라우스가

CDU-CSU에 가장 많은 의석을 안겼으나 사회민주당은 불만을 품은 자민당과 연합해 헬무트 슈미트의 총리 자리를 지켰다. 마거릿 대처가 보수당 총리로서 2년 차에 들어간 영국에서는 한 해 인플레이션이 18퍼센트에 달했다. 파업자들에 대한 국가 급여는 절반으로 깎였다.

뉴욕에서 미친 젊은 남성이 존 레넌을 쏴 죽였다. 뮌헨의 옥토버페스트에서 한 우파 테러리스트의 공격으로 열세 명이 죽었다.

롤랑 바르트, 앨프리드 히치콕, 오스월드 모슬리, 장-폴 사르트르가 죽었다. 비너스 윌리엄스와 라이언 고슬링, 킴 카다시안이 태어났다.

루빅 큐브가 시판됐다. 의약 분야에서는 전신 자기공명영상MRI 스캐너가 병원에서 일상적으로 쓸 수 있도록 도입됐다.

팀 버너스 리가 월드와이드웹을 낳게 될 작업을 시작했다. 빌 게이츠는 IBM과 개인용 컴퓨터를 위한 운영체제를 만들기로 합의했다.

9장

정당과 정치인들:
강경우파의 진입을 허용하다

1980년 이후 30년 동안 자신감 있고 경제적으로 자유주의적인 우파가 정부와 공론을 지배했으나 스스로 성공의 함정에 빠지고 말았다. 역사적인 좌파를 이긴 우파에 직접적인 반대와 불안 지대는 없는 것으로 보였다. 표면적으로는 정당 경쟁이 계속됐다. 유럽과 미국에서 주류인 중도우파는 중도좌파와 정권을 주고받았다. 그들은 구호와 상징, 그리고 정당에 대한 충성과는 별개로 크게 보면 차이가 없는 의제를 추구했다. 자유시장의 촉진과 정부의 억제라는 틀에 맞는 의제들이었다. 냉전 종식(1989~1991)은 자유주의적 번영이 확산하면서 지정학적 경쟁 자체가 끝나리라는 맹신을 부추겼다. 국내외에서 자유주의적 보수주의의 승리가 완결됐다는 느낌이 널리 퍼졌다.

한동안 주류 보수주의가 공통된 정치의 틀로서 자유주의적이고 기업을 중시하는 현 상태를 확립하려는 1945년 이래의 목표를 이뤄가고 있는 것으로 보였다. 그러나 주류의 자기만족이 커질수록 그 오른

쪽에 더 많은 반대 세력이 자라났다. 지정학은 사라지지 않고 새로운 모습으로 계속 작동해 냉전 시대에 지정학적으로 게을러진 우파에게 는 대처하기가 더 힘들어졌다.

2010년대에 비자유주의적 강경우파는 갈수록 더 빠르게 중도 보수의 유권자를 빼앗아갔다. 외부의 새로운 정당들이 주류 우파를 잠식하기도 했고, 영국과 미국에서처럼 주변부의 정신과 불만이 중도를 사로잡기도 했다. 사상 면에서 중도우파는 지난날의 자만에 비싼 대가를 치르고 있음을 깨달았다. 그 대가는 자신감 상실과 노선의 불확실성이었다. 그들은 오히려 우파의 경제적 자유주의를 따라갔는데, 그 노선은 지역과 국가의 요구에 무관심한 것으로 보였고 특히 2009년 붕괴에서 나타나듯이 경제 위기에 취약했다. 주류 우파는 요컨대 1945년 이후 정당정치의 성공을 보수주의의 독특한 정통으로 전환하지 못했고, 그 틈새로 지적 강경우파의 거침없는 전사들이 쏟아져 들어왔다.

프랑스 사상가 피에르-앙드레 타기에프는 반란자들의 공격을 받는 우파 자유주의에 잘 어울리는 부지즘bougisme이라는 이름을 붙였다. 선견지명이 있는 그의 책은 『부지즘에 저항하라』(2000)는 제목을 달았다. 프랑스어로 부제bouger는 '이동하다' '움직이다' '밀치고 나아가다'라는 뜻이다. 타기에프의 신조어는 근대에 저항하는 이들의 핵심적인 불만을 표현했다. 시장사회를 찬양하는 이들은 끊임없는 혼란이라는 사실을 이른바 권위 있는 명령으로 바꿔놓았다. "움직여라!" "밀고 나가라!" "행동에 나서라!"

타기에프의 선견지명은 몇십 년 동안 사람들에게 하고 싶지 않거나 할 힘이 없는 일을 하라고 다그치면 사람들은 고집스럽게 버티다가 때가 되면 분노하며 대놓고 저항하게 되리라는 것을 알아챈 것이었다. 20년이 지나자 중도의 주류 정당들은 자신들이 그처럼 움직이기를 완강히 거부하는 태도와 씨름하고 있다는 것을 깨달았다. 타기에프는 정치의 변화지상주의자들에게 마땅한 모욕을 주고 있었다. 그들은 타기에프가 보기에 어려운 말과 영리해 보이는 이론들을 동원해 변화는 사람들에게 좋은 것이라고 끝없이 되뇌고 있었다. 특히 그 변화가 지도나 간섭 없이 맹목적인 상태로 내버려둘 때 좋다는 것이었다. 초자유주의적인 정통에 대한 반대는 끊임없는 변화 자체보다는 변화지상주의자들에 대한 것이었다. 그들은 변화의 끊임없음을 혜택이나 미덕으로 보았다.

1. 1980년대와 1990년대 중도우파

최초의 가장 유창한 변화지상주의자 가운데 영국 보수당 대표(1975~1990)이자 총리(1979~1990)인 마거릿 대처가 있었다. "보수당의 진짜 문제는 무엇입니까?" 은퇴한 대처가 정치 작가인 조지 어번에게 물었다(1993). 그 질문에 스스로 답하면서 대처는 말했다. "문제는 당명입니다. (…) 우리는 '보수' 정당이 아닙니다. 우리는 혁신의 정당이며, 상상력과 자유의 정당, 새로운 방향으로 나아가는 정당, 새로운 국민적 자부심과 새로운 감각의 리더십을 가진 정당입니다. (…) 그것은 '보수'가 아닙니다. 당명은 완전히 틀린 것입니다." 하지만 그 당의 문제는 훗날의 지도자들이 구호와 이미지를 만지작거리며 시도한 것처럼 브랜드를 바꿔서 대처할 일은 아니었다.

영국 우파의 문제는 유럽과 미국에서 일반적으로 겪는 어려움의 지역적 변형이었다. 경제적 급진주의는 그 모든 성공에도 불구하고 지역적으로는 철이 지나 부적합해지고 있었다. 두 번째 "진짜 문제"는 1990년 이후 보수당에는 더 이상 대처가 없다는 점이었다. 다시 말해 당에는 급진적이면서도 온건하고, 변화지상주의자인 동시에 저항자이며, 세계주의자인 동시에 국가주의자일 수 있는 지도자가 없었다. 보수당에는 그런 갈등을 억제하고, 그 갈등을 내부로 돌려 서로 싸우게 하는 것이 아니라 외부의 적들─노동조합과 지방정부, 공무원, 소련─에게 돌릴 통합적인 인물이 없었다.

언어 구사와 브리핑 자료는 대처가 당에서 부상하고 영국 유권자들에게 호소하며 세계에서 평판을 얻는 데 매우 중요했다. 남성들이 거들먹거리는 세계에서 용기 있게 싸운 것도 그녀의 성공에 도움이 됐다. 그러나 대처가 영국 보수당을 지배한 것은 무엇보다 그녀가 성공적인 토리 지도자들─솔즈베리, 볼드윈, 처칠─은 당의 내분을 관리했다는 역사적인 패턴을 따른 덕분이었다. 대처는 개방된 시장과 자유무역, 그리고 사람들의 개인적 도덕이나 신념에 간섭하지 않는 제한적 정부를 믿는 코브던주의자이자 중산층 자유주의자였다. 계급이나 지위가 중요하다고 여기지 않은 그녀는 사람들이 질서나 기득권의 방해 없이 주도적으로 앞길을 헤쳐나가도록 하고 싶어했다. 동시에 평화주의적인 코브던과 달리 그녀는 국기를 휘날리는 애국자로서 유화책을 경멸하고 전쟁 위험을 감수했으며(아르헨티나, 이라크), 2차 냉전에서 서방이 "힘을 우선하는" 것이 최선의 전략이라고 봤다.

대처는 권력에 대한 저항이나 권력의 분산과는 거리가 멀었다. 그녀는 권력을 집중하고 독점했다. 대처 정부는 산업 노조와 폐쇄적인 영국 은행, 그리고 지방 의회의 힘을 깨트렸다. 이 정부는 큰 부처의 단결력을 무너뜨렸다. 노동자의 자유를 위한 승리라는 그 변화는 오히려 노조의 힘을 빼앗아 경영자에게 돌려주었다. 그 변화는 흔히 외국계인 대형 은행과 대기업들에 경제력을 집중시켰다. 또 정부의 권력은 화이트홀의 중앙 행정부에, 화이트홀의 권력은 총리실에 집중시켰다. 경제를 구했다는 (혹은 더 나쁜 상황을 피했다는) 대처 지지자들의 주장은 당시에는 그럴듯하고 널리 믿음을 얻었지만, 훗날 역사적 재평가를 받았다. 영국 경제의 더 근본적인 문제―낮은 생산성과 낮은 임금, 낮은 저축률―중 많은 것이 40년 후에도 남아 있었다.

대처 이후 보수당의 "진짜 문제"는 당명이 아니라 1990년대가 되자 물리쳐야 할 적들과 팔 국유 재산, 그리고 나아가야 할 방향이 없어졌다는 사실이었다. (대처 퇴임 후인 1994년 철도산업에서 이뤄진 보수당 정부의 마지막 민영화는 곧 실패해 슬그머니 재국유화가 이뤄졌다.) 대처리즘의 경제적 유산 자체도 평가가 엇갈렸다. 더 효과적인 정부를 위해 시장 원리를 활용한 혁신은 성공적이라는 평가를 받아 널리 모방됐지만, 시간이 지나면서 뜻밖의 비용이 나타났다. "자산 소유 민주주의"는 비틀거렸다. 2020년 개인적으로 주식을 소유한 영국인의 비율은 1980년대의 절반이었다. 대처의 또 다른 목표인 주택 소유는 이제 대부분 젊은이의 능력을 벗어난 듯했다. 그런 비용과 실패는 시간이 지나면서 가시화했지만, 1997년 이후 새로운 노동당이 대처리즘을 포용하면서 그 시기가 미뤄졌다.

유럽과 관련해 대처는 보수당이 대외 문제를 보는 영국 지배계급의 관점에서 나타나는 상반되는 전통을 결합했다고 보았다. 그 전통은 18세기 말 양당의 꼬리표 같은 문구인 "휘그는 대륙을 위해, 토리는 지방을 위해"에 표현됐다. 대처는 휘그인 동시에 토리였고, 친유럽이면서도 반유럽이었다. 또 자신이나 보수당이 많은 역할을 해서 정했던 유럽연합의 방향을 비판했다. 보수당은 1989년 이후 유럽연합의 급속한 확장을 밀어붙였다. 그들은 상품과 서비스, 자본, 그리고 사람들이 자유롭게 이동할 유럽 단일 시장을 촉진했지만, 그런 시장 자유와 균형을 맞출 사회·노동 분야 권리를 적용하는 유럽화에는 저항했다. 대처는 유럽 통화 통합을 선호하는 당내 친유럽주의자들을 좌절시켰는데, 이는 1990년 그녀의 추락으로 이어졌다.

그녀의 코브던식 자유주의를 흐리게 하는 것은 국가 의식, 특히 영국적 국가에 관한 의식이었다. 대처는 미국과 옛 영연방을 제외한 외국인들, 특히 코브던이 칭찬한 독일인과 밀이 사랑한 프랑스인을 불신했다. 잉글랜드에 관한 대처의 서사는 외부의 적과 내부의 회의론자들이 초래한 쇠퇴로부터 국가를 구하는 이야기로 사람들을 매혹했다. 그 서사는 토리 성향의 J. H. 라운드와 자유당의 에드워드 프리먼 같은 19세기 민족주의적인 영국 역사가들이 지어낸 것에 의존했다. 또 이녁 파월의 운명주의 없이 그의 음울한 시각을 반영했고, 브렉시트 지지자들의 대중적인 국수주의를 예견했다. 대처는 또 볼드윈의 방식으로 잉글랜드의 보기 드문 온건함과 분별력을 말할 수 있었다.

그녀는 연설에만 의존하지 않았다. 대처는 말할 수 있는 것보다는 실행할 수 있는 것에 대한 실제적인 감각을 잃어버릴 때가 거의 없었다. 탈제국주의 시대 토리당의 골칫거리인 아일랜드와 남아프리카 문제에 관해 그녀는 감정과 분별력의 균형을 맞추었다. 그녀는 "테러리스트와는 절대 협상하지 않는다"고 공언했다. 그녀의 관료들은 아일랜드와 남아프리카에서 그녀를 대신해 "테러리스트"와 은밀하게, 그리고 성공적으로 대화했다. 대처는 2차 냉전에서 소련에 대한 극단적인 매파였으나 군사력이라는 외관 뒤의 고장 난 체제를 꿰뚫어보고 특히 미하일 고르바초프 같은 개혁가이자 파괴자인 사람들을 환영했다.

1990년이 되자 대처의 성공은 지나간 일이 됐다. 그녀는 하급 장관들의 급진적이지만 어설프게 기획된 지방세 개혁 주장을 받아들였다. 개혁은 폭동을 불렀고 훗날 철회됐다. 유럽에 대한 그녀의 미온적 태도는 당시 보수당과 기업계, 그리고 나라 전체에서 우세했던 친유럽주의와 함께 갈 수 없었다. 대처의 지도력 약화가 투표장에서 당의 입지를 위협하자 토리당은 늘 하던 대로 그녀를 쫓아냈다. 당내 반유럽주의자들은 곧 복수에 나섰다. 내부 투쟁—관세, 자유무역, 아일랜드, 제국 문제를 둘러싼 내분—에 익숙한 보수당은 투쟁의 열정을 유럽으로 돌렸다. 대처는 당내 파벌의 균형을 맞췄다. 그녀가 사라지자 명확한 목표나 사상이 없는 당은 국가 우선의 강경우파 쪽으로 표류하기 시작했다.

1945년 체제의 독일 우파는 1918년 이후 무분별했던 보수주의를 의식하면서 일찍이 숙고했던 것처럼 점진주의와 연속성을 유지하려고 애썼다. 헬무트 콜(1930~2017)은 연정 상대를 이리저리 바꾸는 자유민주당이 브란트 시대 독일의 사회적인 자유주의에서 시장 자유주의로 선회했을 때 기독민주당 대표로서 25년(1973년 이후)과 총리로서 16년(1982년 이후)의 여정을 시작했다. 결점은 있지만 과소평가된 콜은 라인란트 지방 출신으로 제한된 시각을 가진 당내 조정자여서 모든 진영에서 무시당했다. 좌파는 그를 기업계에 예속된 시장 근본주의자로 그렸다(하지만 독일의 "사회적 시장" 모형은 좌파가 염려한 것만큼 바뀌지 않았다). 기독교 우파는 그가 보수주의자의 자격을 지녔는지 의심했다. 그들은 1960년대와 1970년대의 문화적 격변에 불안해했고, 열의 없는 가톨릭 신자인 콜이 새로운 연정으로 "도덕적, 지적 변화"의 약속을 실현할 것이라고 한 주장을 믿지 않았다. 당내 우파 역시 독일의 이름으로 국가 주권과 국민적 자부심에 무관심해 보이는 콜의 태도에 반대했다. 콜은 당을 계속해서 아데나워의 서방주의에 묶어두었고, 2차 냉전에서 유럽이 다시 핵을 가져야 한다는 미국의 압력에 굴복했으며, 독일의 분단을 끝내려는 노력은 거의 혹은 전혀 하지 않으면서 프랑스와 독일의 결속을 촉진했다.

콜은 마지막에 웃은 것으로 보였다. 사실상 아무도 예견하지 못한 사건들이 폭포처럼 쏟아지는 가운데 소비에트 공산주의는 해체되고 동독은 서독의 품으로 무너졌다(1989~1990). 무엇을 할 것인가를 놓고 독일에서 유례없는 논쟁이 벌어질 때 콜은 명료한 결정을 내렸고 당시 광범위한 지지를 얻었다. 독일은 단계적으로 합치지 않고 즉시 하나가 될 것이며, 국가 간 협상을 통해 새 헌법을 도입하는 것이 아니라 1949년 서독 헌법에 따라 동독을 다시 흡수할 것이며, 분리된 경제가 아니라 단일 통화를 가진 단일 경제로서 통합될 것이었다. 가치가 거의 없는 옛 통화로 한 동독인들의 저축은 서독의 돈과 일대일로 교환될 것이었다. 엄격한 재정과 통화 관리의 신봉자들은 신음을 냈다. 서독인들은 더 많은 세금을 내야 한다며 불평했다. 동독 기업들은 똑같은 금융 조건에서 서독의 경쟁자들이 곧바로 자신들을 쓸어버릴 것을 염려했다. 실제로 많이 쓰러졌다. 그러나 콜이 그들을 설득했다. 그는 동독인들이 거지로 독일에 합류하지 않을 것이라고 역설했다.

독일인 대부분은 비용 때문에 불평하면서도 통일이 성공적이며 자랑스러워할 만한 것이라고 봤다. 완고한 보수주의자들은 1950년대부터 통일을 간절히 바라면서 주류 우파가 말로만 통일을 지지한다고 주장했다. 그들에게 통일은 실망스러운 것으로 드러났다. 콜의 국가주의적인 비판자들이 보기에 통일은 서방화한 연방공화국이 옛 동독을 자유민주적 "기성 체제"로 흡수한 것이었다. 그것은 또한 역사적 속박이 된 체제 아래서 반쪽짜리 주권의 서독이 합의한 동맹관계로 동독을 빨아들인 것이었다. 지정학적인 면에서 비판자들이 꿈꿨던 것은 속박에서 벗어난 주권국가로의 복귀와 세계의 책임 분담, 그리고 독일의 역량이 크기는 해도 그것만으로는 가능하지 않고 지정학적 맥락에서도 허용되지 않는 기동의 자유였다. 문화적인 면에서 비판자들은 행동을 억누르는 수치심과 말해서는 안 되는 것에 관한 암묵적 규칙에서 벗어나 그들이 이해하는 그대로 독일의 정체성을 축복하기를 바랐다. 그런 주장들은 시간이 지나면서 옛 동독의 경제적 불만과 어우러졌고, 그 두 요인이 함께 2010년대 강경우파의 놀라운 부상을 부채질했다.

콜이 이끈 통일은 이웃 나라에 혼란을 거의 일으키지 않고 평화롭게 이뤄졌다. 그에 따라 지금은 평화로워도 전쟁이 나기 쉬운 대륙에 45년 동안 맴돌았던 잠재적 분쟁 요인이 제거됐다. 진짜로 보수적이고 국가주의적인 우파의 눈에는 콜이 이끈 통일의 비용에 견줘 전략적 이득은 별로 중요하지 않았다. 그 대가는 독일의 유럽화와 서방화가 심화하고, 독특함을 더 많이 잃어버리고, 독일의 긍지를 서서히 포기하는 것이었다. 통일은 독일이 재창조되기보다는 독일의 정체성이 사라지는 또 다른 불행의 무대가 됐다.

콜은 마땅히 독일 우파의 어떤 역사적 명부에도 오르리라고 기대할 수 있다. 하지만 놀랍게도 18세기 이후 유럽 우파에 반드시 포함해야 할 인물을 선별한 『보수주의 사전』(1996)에서 그는 빠져 있다. 우파의 고타 연감이라고 할 만한 이 사전은 보수적인 독일 정체성의 박식한 수호자이자 전 『크리티콘』 편집인인 카스파르 슈렝크-노칭이 엮었다. 통합자 비스마르크(1871)와 구원자 아데나워(1949)는 슈렝크-노칭의 기준을 통과했으나 통합자 콜(1990)은 그러지 못했다. 콜은 너무 지루하게 움직이고 중산층에 너무 기울고 정치적 기부에 너무 안일해서, 그리고 보수주의 이상을 바라보기에는 낮은 수준의 정당 관리와 정부 운영에 지나치게 몰두해서 명단에 포함되지 못한 것일까? 일단의 독일 우파는 절대 콜을 진정한 보수주의자로 받아들이지 않았다. 그는 수준 높은 문화에 충분히 관심을 기울이지 않았고, 통일을 감독했으면서도 독일에 관해 충분히 긍지를 표현한 적이 없었다. 최악은 비전이 있는 이는 안과 의사에게 가봐야 할 것이라고 한 사회민주당의 경쟁자 헬무트 슈미트에게 콜도 동의하는 것처럼 보인다는 점이었다. 다시 말해 콜은 보수주의에 큰 생각이 필요하다는 것을 부인했다. 그의 생각에 정치에서 중요한 것은 비전이 아니라 성과였다. 후임자 앙겔라 메르켈의 생각도 거의 같았다. 따라서 비전을 찾는 독일 우파가 차지할 수 있는 공간이 남아 있었다.

콜처럼 로널드 레이건(1911~2004)도 두 차례(1980, 1984) 수월하게 대통령직을 차지하기 전까지는 널리 조롱과 멸시를 당했다. 레이건은 자신의 당에서도 서투른 조크와 극단적 시각을 지닌 준비 안 된 시골 뜨기로 여겨졌다. 레이건이 인구가 가장 많은 캘리포니아주에서 두 번이나 주지사에 당선된 사실은 폄하됐다. 이 주의 공화당이 승리한 것은 우파가 가장 흔들리는 지역으로 알려진 남부 캘리포니아의 지지 덕분이라는 것이었다.

레이건은 한편으로는 기민함과 재능으로, 다른 한편으로는 경륜으로(그는 대통령이 되고 한 달도 안 지나 일흔 살이 됐다), 그리고 많은 부분은 운으로 그를 깎아내리는 이들보다 더 잘해나갔다. 특히 운 좋게도 미국 보수주의의 시끄러운 가족들을 모아 효과적인 연합으로 유지할 수 있었다. 대처가 물러났을 때처럼 레이건이 은퇴했을 때도 미국 우파에 대한 통제력은 사라졌고 각 당파는 더 자유롭게 내전으로 돌아갈 수 있었다.

레이건은 공화당의 자유시장 낙관주의자와 극우 자유지상주의자, 가족의 가치를 중시하는 도덕주의자, 그리고 미국 우선주의자들을 한데 모았다. 일찍이 닉슨이 그랬던 것처럼 그는 민주당 지지자였다가 실망한 이들의 표를 얻었다. 그들은 도시 범죄에 불안해하고 시민권의 목표를 비차별에서 교정적 우대로 확장하는 데 분개했다. 뛰어난 연설문 작성자들의 도움을 받은 레이건은 분열된 나라의 목소리를 듣는 섬세한 귀를 가졌다. 사람들은 당파적 싸움을 즐기면서도 나라 자체는 하나의 국가로서 좋아하기를 바랐다. 그는 미국 자유주의의 좌우 날개인 뉴딜 민주당 지지자와 엄격한 통화 및 대기업을 옹호하는 공화당 지지자 모두에게 호소했다. 이혼 경력이 있고 교회에 나가지 않는 레이건은 기독교 근본주의를 믿는 청중에게 모든 사람이 "죄와 악"에 맞서라는 "성서와 주 예수의 명을 받는다"고 진정성을 보이며 말할 수 있었다. 그는 자신들의 자립을 자랑스럽게 믿는 서부와 중서부의 현대판 제퍼슨주의자와 잭슨주의자들에게 미국식 자유의 복음이 울리게 했다. 레이건은 자신들이 이해하지도 못하는 사회를 돕겠다며 다시금 침입해오는 북부 자유주의자들 때문에 불안해하는 남부의 백인들과 전국의 대학원에 흩어져 있는 젊고 똑똑한 자유지상주의자들에게 그 복음을 들려주었다.

레이건의 성공은 잘 듣는 귀 덕분만이 아니었다. 오른쪽 당파들을 모이게 한 공통의 주제는 정부에 대한 적대였다. 레이건은 아주 능란하게 "큰 정부"를 헐뜯으며 청중을 흔들어놓아서 그가 운영할 수 있게 해달라고 요청하는 것이 바로 큰 정부라는 점을 잊어버리게 했다. 정부 지출과 낭비에 반대하며 목소리를 높인 그는 적자가 치솟는 것을 지켜봤다. 그는 자신이 늙었을지 몰라도 어리석지는 않다고 자랑하며 한 번도 의회에 균형예산을 보낸 적이 없다고 밝혔다. 그것은 문제가 아니었다. 레이건 시대 우파는 반정부 복음에서 근래에 없었던 통합의 주제를 찾았다. 오른쪽 당파들에 큰 정부는 편리한 악당이었다. 기업과 은행들에는 신용과 작업 안전, 소비자, 환경 규제를 하는 정부, 도덕적 보수주의자들에게는 갈수록 더 자유주의적이고 관대한 법을 집행하는 정부, 미국 우선주의자들에게는 파괴적인 베트남전을 벌이고 외국인의 응석을 받아주는 다자주의를 택하며 소련에 때때로 긴장 완화의 추파를 던지는 물러터진 정부가 바로 그런 악당이었다.

레이건의 성공은 운 자체보다는 운을 알아보고 이용한 덕분이었다. 그는 전임자인 지미 카터가 시작한 증강된 방위력과 더불어 그 덕분에 창의성이 폭발한 첨단기술력을 물려받았다. 또 그가 취임하기 한 해 전 금리를 두 자릿수로 올린 연방준비제도 수장 폴 볼커를 물려받았다. 경기후퇴를 부르는 가차 없는 금리 인상은 새 대통령 임기 초가 되자 인플레이션을 3.5퍼센트로 끌어내렸고, 21세기까지 지속된 긴 경기 활황으로 가는 길을 열었다. 레이건은 미국이 이기는 길로 가는 초강대국 경쟁 구도를 이어받았다. 소련은 스스로 실패해 수렁에 빠지고 부상하는 중국의 그늘에 가려져 내부적으로 폭발하기 시작했다. 레이건은 숙련을 통해 우아하고 솜씨 좋게 그 기회를 대부분 만들어냈다. 열린 문을 언제 밀어야 할지 알았던 그는 1987년 베를린에서 극적으로 선언했다. "고르바초프 씨, 이 벽을 무너뜨리시오."

레이건은 미국인들이 전략적 성공으로 만족한 순간에 백악관을 떠났다(1989년 1월). 설사 그가 더 작은 정치인이었더라도 명예를 빛내줬을 성공이었다. 실제로 노련함과 행운, 그리고 때가 그를 당대의 역사적 인물로 굳혀주었다. 미국 우파의 모든 당파는 레이건을 자신들의 사람이라고 주장할 수 있었다. 그와 대조적으로 훗날 공화당 출신으로 백악관에 입성한 조지 W. 부시(2001~2009)와 도널드 트럼프(2017~2021)는 민주당을 물리친 것만큼이나 성공적으로 자기 당을 분열시켰다.

프랑스에서 정치적 조류는 거꾸로 흐르는 것으로 보였다. 사회당 지도자 프랑수아 미테랑은 공산당의 지지로 대통령에 올랐다(1981). 사회당 내각은 몇몇 공산당 출신 장관과 함께 출범했다. 국가 주도로 쇠퇴하는 경제를 활성화하려고 시도하는 짧은 실험이 뒤따랐다. 경제적 자유주의자들이 예상한 대로 그 실험은 프랑화 약세와 인플레이션 상승에 따른 정책 선회와 재정 긴축으로 끝났다. 통화가 위험에 노출되고 유럽이 통합되는 현대의 여건에서 독불장군 같은 "알바니아식" 정책들은 더 이상 가능하지 않다는 결론이 나왔다. 사반세기 전 바트 고데스베르크에서 독일 사회민주당이 그랬던 것처럼 프랑스 사회당은 1985년 툴루즈에서 공식적으로 당 강령에서 국가가 지도하는 사회주의의 잔재를 버렸다. 사회 변화를 반영해 교리를 바꾼 것이었다. 1930년까지도 프랑스의 노동력은 농업과 산업, 서비스업으로 거의 똑같이 나뉘었다. 이제 노동력은 압도적으로 서비스업에 몰렸다. 토지에 의존하는 이는 사실상 아무도 없고 프랑스 인구의 20퍼센트만 시골에 살았다. 산업 노동력 역시 축소됐다. 이 나라의 "거리 시위"에 관한 평판에도 불구하고 20세기가 끝날 때 프랑스의 노조 가입률은 유럽에서 가장 낮은 편이었다. 미테랑의 두 차례 대통령 임기(1981~1995)는 강경좌파를 위한 돌파구와는 거리가 멀었고 프랑스 정치의 중도 통합을 보여주었다. 미테랑은 공산주의자들을 밀어내고 자기 당 과격파들을 억누름으로써 프랑스 좌파를 통합해 오른쪽으로 움직이게 했다.

그렇게 보면 프랑스가 1980년 이후 우파의 지배라는 흐름에서 겉보기만큼 예외적인 것은 아니었다. 미테랑의 대통령 임기는 또 보수주의 역사에도 속한다. 미테랑 덕분에 프랑스 중도우파가 뭉쳐 그에 맞설 하나의 반대 세력을 형성했기 때문이다. 드골주의자와 우파 자유주의자 간의 사회적, 종교적, 상징적 차이가 급속히 좁혀져 어떤 경우에든 그 과제는 수월해졌다. 그 차이는 1981년 이후 거의 없어져 1986년 의회 선거에서 드골주의 정당과 자유주의적 UDF가 공통의 정책으로 싸울 수 있을 정도였다. 자유시장을 옹호하는 드골주의자 에두아르 발라뒤르는 중도우파 정당들이 구별은 되더라도 더 이상 다르지는 않다고 주장하며 합병을 촉구했다. 발라뒤르의 제안은 때 이른 것이었으나 그 정당들은 결국 2002년 대중운동연합UMP으로 뭉쳤다.

프랑스 보수주의에 대한 미테랑의 또 다른 공헌은 주류 정당들이 아니라 강경우파에 대한 것이었다. 미테랑은 선거(1986)에서 중도우파의 의석 확대를 제한하려고 선거 제도를 비례대표 방식으로 바꾸게 했다. 우파의 표는 쪼개졌고 국민전선은 의회에서 36석을 차지했다. 미테랑의 책략은 중도우파의 승리를 막는 데 실패했고, 그는 어쩔 수 없이 보수 정부와 "동거"해야 했다. 그러나 국민전선은 주변부를 벗어났다. 프랑스의 보수적 유권자들은 이제 선거에서 강경우파라는 대안을 갖게 됐다. 중도우파가 옹호하는 것이 갈수록 흐릿해지면서 강경우파가 더 매력적으로 보였다. 국민전선은 1980년대의 성공을 바탕으로 영향력을 쌓았고, 선거 때마다 꾸준히 10~15퍼센트를 득표하며 파괴적일 수도 있는 분열(1999)에서 살아남았다.

그와 대조적으로 영국과 독일, 미국에서 1990년대는 우파의 반란자들에게 힘든 시기였다. 영국에서는 극단적인 자유시장주의와 반유럽 성향의 존 레드우드가 대처의 후임으로 보수당 총리가 된 존 메이저를 당 대표 자리에서 끌어내리려고 시도했으나 실패했다. 독일인들은 동독을 고통스러워도 효과적으로, 그리고 이웃 나라에 혼란을 일으키지 않고 흡수하느라 여념이 없었다. 콜과 그의 당은 재정적인 추문에 휘말렸다(부분적으로, 큰돈이 선거에 끼어들지 못하게 하려는, 훌륭하지만 위반하기 쉬운 규칙들이 초래한 결과였다). 독일의 강경우파는 1950년대에 아데나워가 그들을 격려했던 자리에 머물러 있는 것으로 보였다. 책임 있는 정치의 한계를 벗어난 자리였다. 그러나 독일의 보수주의 지식인들은 조그만 잡지들에서 파문을 일으키기 시작해 20년 전 미국의 신보수주의자들이 그랬던 것처럼 윤리와 문화 면에서 민주적인 방종을 비판했다. 보수주의자들이 보기에 연방공화국은 편협하고 "따분하며" 독일의 정신을 죽이고 있었다.

미국에서는 의회의 까다로운 공화당 다수파가 뉴트 깅그리치의 주도로 클린턴 대통령을 방해하는 운동을 벌였으나 일을 망쳤다. 민주당 중도파인 클린턴은 연방 재정적자가 사라질 때 복지를 삭감했다. 공화당이 오랫동안 시도했으나 실패했던 것을 민주당이 이루자 공화당은 제도적 전쟁(정부의 셧다운)과 도덕적 공격(성적 비행에 관한 대통령의 거짓말 이용)으로 돌아섰다. 민주당은 강력한 후보를 내세워 클린턴 이후 백악관에서 세 번째 임기를 맞을 수도 있었지만(2000), 결정적인 한 주(플로리다)의 미결 표를 보수적 자유주의 성향의 대법원이 5대 4의 표결로 공화당 후보에게 주었다.

1990년대가 되자 지역적 차이는 있더라도 이제 원칙보다는 결과로 판단하는, 실용적이면서 경제 면에서 자유주의적인 중도주의가 우파의 통념이 됐다. 저항하는 보수주의보다 수용하는 보수주의가 잘해나가는 것으로 보였다. 화해하지 않는 우파는 때만 기다렸다. 새로운 세기가 되자 여러 가정은 뒤죽박죽이 되고 보수적인 중도는 흔들렸다. 사실 자유주의적인 우파 주류에게 새로운 세기는 세 번 찾아왔다. 2001년과 2008년, 그리고 2016~2017년이었다.

지정학적으로 미국에 대한 테러 공격(2001)과 뒤이어 아프가니스탄과 이라크에서 미국이 주도한 분열적인 전쟁은 제2차 세계대전 후 서방의 단합에 의문을 던졌다. 경제적으로 세계적인 금융 붕괴(2008)와 그에 따른 긴축은 견제받지 않는 글로벌 자본에 의문을 제기했다. 정치적으로 선거전의 성공(2016~2017)에서 분명해진 강경우파의 부상은 자유민주적인 중도주의에 물음을 던졌다.

2. 강경우파의 부상: 르펜가, AfD, 브렉시트, 트럼프

2000년 이후 선거에서 강경우파의 부상은 원활하거나 획일적이지 않았다. 지역적인 차이는 크고 뚜렷했지만, 공통적인 점이 나타났다. 조기 경보는 프랑스에서 울렸는데, 그곳에서는 대통령 선거(2002)에서 국민전선이 2차 투표까지 진입했다. 미국에서는 반란군인 공화당 티파티가 워싱턴으로 진격하는 납세자의 행진을 조직했다(2009). 영국에서는 유럽연합에 반대하는 영국독립당UKIP이 지방과 유럽 선거(2013~2014)에서 선전해 토리당을 공황에 빠트렸다. 독일에서는 자유시장주의 교수와 반이민 운동가들의 연합이 새로운 우파 정당인 독일을 위한 대안AfD(2013)을 창당했다.

곧이어 18개월 동안 강경우파에 보상이 주어졌다. 2016~2017년 유럽과 미국의 기존 정당들은 자유주의적 중도에 불신을 드러낸 선거의 역풍을 맞았다. 2016년 6월 국민투표에서 투표자의 51.9퍼센트가 영국의 유럽연합 탈퇴를 요구했다. 대안은 제시되지 않았다. 좌우의 주류 정치인과 기업계 지도자, 경제학자, 역사가, 과학자, 군사 전문가, 외교정책 전문가들이 거의 만장일치로 탈퇴는 경제적, 사회적, 전략적 대실책이 되리라는 데 합의했는데도 그랬다. 미국 대통령 선거(2016년 11월)에서는 뉴욕의 부동산 개발업자이자 텔레비전 쇼맨인 도널드 트럼프가 괴짜 공화당원으로서 우파의 "아메리카 퍼스트" 선거운동을 벌여 일반 투표에서는 더 적은 표를 얻었으나 선거인단에서 큰 차이를 내 대통령에 당선됐다. 프랑스 대통령 선거(2017년 4~5월)에서는 국민전선의 수장인 마린 르펜이 중도좌파와 중도우파의 전통적인 정당들을 이기고 결선에 진출했다. 르펜은 결선에서 졌으나 2차 투표의 34퍼센트를 얻어 그 전에는 주변부에 머물렀던 정당이 대중화할 돌파구를 열었다. 독일 총선(2017년 9월)에서 강경우파인 AfD는 연방의회 의석의 7분의 1인 94석을 차지했다. 1950년대 초 이후 전국적인 대표성을 얻지 못했던 독일의 강경우파가 그토록 큰 힘을 발휘했다.

그 돌파구에 바로 서구 정치에 다시 등장해 스스로 주류로 자리잡은 강경우파가 있었다. 강경우파의 가장 두드러진 요소는 배타적인 자국민주의와 교조적인 자유지상주의, 그리고 대중의 의지에 대한 비뚤어진 호소였다. 이 요소들은 확실히 서로 잘 어울러지지 않고 마찰을 빚기는 해도 함께 민주적 자유주의, 혹은 더 표준적인 명칭을 쓰자면 자유민주주의를 위협했다.

여기서는 이런 움직임들을 묘사할 때 "뉴라이트"보다 "강경우파"

라는 용어를 선호할 텐데 왜냐하면 이들의 구호와 논지, 호소가 오래된 것이기 때문이다. 그것들은 20세기를 넘어 19세기 보수 우파의 역사적 분열까지 거슬러 올라간다. 그 끝에는 사실 자본주의적 근대에 대한 보수주의의 해소되지 않은 양가감정과 정치적 자유주의에 대한 최초의 불화가 있다.

또 "극우"라는 용어보다 "강경우파"를 선호할 것이다. "극"은 끝자락에 있음을 시사하는데 강경우파는 그 자리를 벗어나 정상적인 정치적 경쟁의 일부가 됐기 때문이다. 영국에서는 강경우파가 UKIP에 겁먹은 보수당으로 위장해 정부에 들어왔다. 온건파는 그런 보수당에서 도망치거나 쫓겨났다. 미국에서는 과격화한 공화당이 연방정부의 삼부와 50개 주 입법부 중 32개, 그리고 33개의 주지사직을 장악했다(2016). 공화당은 2018년 연방 하원의 다수당 지위와 몇몇 주에 대한 통제력을 잃었지만, 대법원을 포함한 연방법원에 대한 우파의 장악력은 강화됐다. 프랑스와 독일의 강경우파는 정부 진입이 저지됐지만, 대중의 지지는 광범위하고 확대되는 것으로 보였다. 국민전선은 이제 국민연합으로 이름을 바꿨고, 독일의 AfD는 주류 보수 정당들로부터 유권자들을 빼내갔다. 보수 정당들은 자신의 기반을 고수할지, 아니면 스스로 오른쪽으로 옮겨갈지 선택해야 했다.

네덜란드의 강경우파 전문가인 카스 무데가 예리하게 지적했듯이 통상적인 병리는 병리적 정상이 됐다. 미국 작가 클레이 셔키는 2016년 대선 운동을 지켜보며 강경우파에 대한 대중의 지지에 관해 비슷한 주장을 했다. "트럼프는 성난 백인들의 목소리다. 그는 이상한 관점을 가졌기 때문에 무대에 오른 것이 아니다. 그는 보통의 관점을 야단스레 외쳤기 때문에 무대에 올랐다." 강경우파는 요컨대 이상하거나 극단적이지 않았다. 그들은 대중적이고 정상적이었다. 실제로 그들은 대중적이고 정상적이어서 걱정스러웠다.

여기서 "강경우파"라는 용어에 숨은 뜻이 있는 것으로 들리지 않게, 그리고 사건들에 관한 설명이 과장되게 들리지 않게 주류 보수주의자 자신들의 반응에서 보인 격정과 경악을 상기할 필요가 있다. 그들은 초연한 마음으로 자신 있게 강경우파의 눈에 띄는 약점과 불일치를 숙고하지 않았다. 그들은 여기에 자유주의적 좌파에 자극받은 무언극의 악당이 있는 건 아닌지 묻지 않았다. 보수주의자들은 마치 동지를 잃거나 귀중한 소유물을 강탈당한 것처럼 충격과 비탄으로 반응했다. 전통을 위해 싸우고 있었던 그들은 자신들이 지고 있을지 모른다는 것을 깨닫고 충격을 받았다. 트럼프의 승리 후—보수적 견해를 대표하는 목소리로 세 세대를 잇는—신문 칼럼니스트 조지 윌과 데이비드 브룩스, 로스 다우서트는 수많은 칼럼에서 트럼프에게 장악된 공화당 정치를 저주했다. 자유주의적인 보수지 『이코노미스트』는 브렉시트에 장악된 토리당 정치에 대해 그만큼 가혹하게 평가했다. 『이코노미스트』는 2019년 12월 선거 전 보수당 대표 보리스 존슨은 "진실에 무관심"하고 그의 가까운 조언자 도미닉 커밍스는 "마키아벨리적 이데올로그"라고 평가하면서 유권자들에게 그들 대신 중도적인 자유민주당을 선택하라고 촉구했다.

국가 간 차이를 고려하면서 강경우파에 관해 일반적으로 네 가지를 이야기할 수 있다. 첫째, 강경우파는 공통의 특성을 가졌다. 그들은 경제적 자유지상주의자와 불만을 품은 자국 우선주의자들을 합치고, 그들이 보기에 진정한 보수주의를 왜곡한 이기적이고 소원한 엘리트에 반대해 뭉쳤다. 강경우파는 권력 내부에서 언제든 익숙한 규범과 제도를 한꺼번에 뒤엎으려는 과격한 모습을 보였다. 그들은 다 같이 권력의 안과 밖에서 내부적 긴장을 교묘하게 위장한 수사적 호소를 이용했다.

둘째, 강경우파는 보수주의에 특유한 역사적 긴장을 보여주었다. 강경우파는 새로운 것이 아니며 화해하지 않는 보수주의의 오랜 전통에서 비판적 논지와 지지자들을 끌어냈다. 온건한 우파에서는 보통 보수주의(좋은 것)를 강경우파(나쁜 것)와 구별하지만, 강경우파는 보수의 한 부분으로 들어가 있으며 외부에서 보수주의를 위협하는 동떨어진 존재가 아니다. 강경우파는 어떤 때는 더 조용하고 조심스러웠다. 지금처럼 더 요란스럽고 확대되고 더 자신감에 찰 때도 있었다. 강경우파는 의식하든 못 하든 보수주의에 자유주의적 근대에 대한 본래의 양가감정을 상기시키면서 언제나 거기 있었다. 셋째, 강경우파를 "파시스트"라고 하는 것은 어떤 역사적인 의미로도 틀린 말이다. 그들을 "포퓰리스트"나 "국가주의자"로 부르는 것은 맞지만, 그처럼 오해하기 쉬운 명칭을 신중하게 이해할 때만 그렇다. 마지막으로, 강경우파의 부활은 다양한 요인—이민에 대한 분노, 금융위기, 허약한 주류 후보들—에 힘입었고, 각 요인의 중요성은 나라마다 달랐다. 더 심층적인 이유는 좌파든 우파든 자유주의적 중도가 민주적 자유주의의 약속을 지키고 잘 수리된 상태로 유지하는 데 하나같이 실패했다는 점이다.

오늘날 강경우파는 작은 정부를 원하고 사회적으로 관대하고 국경을 무시하며 경제적 세계화를 선호하는 자유 지상주의자들과 문화적 정체성 및 국가 쇠퇴에 몰두하며 자국민을 우선하는 보수주의자들의 이상한 짝짓기에서 유래했다. 양쪽 다 자신들이 엘리트라고 부르는 계층에 맞서 상상 속의 존재인 대중을 대변한다고 주장했다. 자유 지상주의 우파는 대중이 일단 큰 정부를 추구하는 정치계급의 손아귀에서 풀려나면 더 잘살게 될 것이라고 주장했다. 자국민 우선주의 우파는 일단 대중과 유리돼 있고 외국인에게 우호적인 세계주의자들의 손에서 벗어나면 더 잘살게 되리라고 주장했다. 우파의 자유지상주의자들과 자국민 우선주의자들은 똑같이 자유주의적 중도를 버렸지만, 서로 다른 방향에서 압박해왔다. 각자 보수주의의 한 가지 요소—재산권과 시장의 보호, 국가에 대한 충성—를 택해서 지나치게 에너지를 쏟으면서 다른 가치와 관심사는 무시했다. 그처럼 잘 맞지 않은 짝을 함께 묶어주는 것은 공통의 적—자유주의적 중도—그리고 일단의 매혹적인 논지와 호소였다.

강경우파의 부상은 흔히 2008년 붕괴 후 경제적 곤궁과 침식되는 공공 서비스, 정부의 방치에 대한 대중의 분노와 통제 불능으로 보이는 이민에 대한 오랜 불만이 어우러져 벌어진 일이라고 생각한다. 그런 요인들이 중도우파는 유능하다는 주장을 허물어 강경우파에 공간을 열어준 것은 사실이다. 그러나 강경우파의 급성장은 대중의 분노가 차오른 데 힘입은 것이기는 해도 실제로는 보수적인 기업가와 은행가들로부터 현금이 흘러들면서 시작됐다. 정당 조직은 위로부터 창출되고 재원도 위로부터 조달했으며 그다음에 유권자들의 지지를 끌어오는 힘을 얻었다. 프랑스 국민전선의 재정은 불투명하다. 장-마리 르펜이 러시아 후원자들에게서 돈을 빌렸다는 소문이 이어졌지만, 그는 1970년대에 한 보수적인 시멘트 업계 거물의 유산을 가지고 당의 정치적 부상을 이끌었다. 독일의 강경우파인 AfD는 연방 의회에 입성한 다음에는 공적 보조금을 받았지만, 『슈피겔』에 따르면 처음에는 억만장자 아우구스트 폰 핑크와 그의 자산관리자 에른스트 크누트 슈탈의 자금 지원을 받았다. 2016년 영국에서 유럽연합 탈퇴 운동을 벌이는 두 단체에 기부된 2400만 파운드 가운데 약 1500만 파운드가 부유한 기부자 일곱 명에게서 나왔다. 2016년 미국 공화당에 기부한 억만장자 중에는 페이팔 창업자 피터 틸과 라스베이거스 카지노 거물 셀던 애덜슨, 존슨앤드존슨의 상속자 우디 존슨, 그리고 기업사냥꾼이자 재벌 소유주인 칼 아이컨도 있었다. 그 후원에 주목한다고 해서 음모론자인 것은 아니다. 모든 정당은 다른 누군가의 현금에 의존한다. 여기서 중요한 것은 다양한 유권자가 다양한 이유로 중도적인 주요 정당들에 진저리를 치지만, 그 분노에 탄탄한 정견과 목적의식이 있는 초점을 부여하는 데는 돈과 지식인, 그리고 정치 활동이 필요했다는 점이다.

강경우파의 표는 여러 곳에서 나왔다. 표를 준 이들은 생애 첫 투표자와 불만에 찬 좌파 유권자, 그리고 대부분은 불만을 품은 보수주의자들이었다. 그들은 사회적으로 다양하게 섞여 있고 경제적으로 궁핍한 이들도 있지만, 전형적인 강경우파 유권자의 한 가지 특징은 고학력이 아니라는 점이다. 2016년 미국 대선에서 트럼프는 학력 수준별 유권자 중 대졸자를 빼고는 모든 범주에서 민주당 후보 힐러리 클린턴과 같거나 더 나은 결과를 얻었다. 독일에서 강경우파 AfD는 전체적으로 13퍼센트에 가까운 표를 얻었지만, 대졸자 중에서는 득표율이 7퍼센트에 불과했다. 강경우파는 부유한 기부자들의 재정 지원을 받아도 중하층이나 노동계급 유권자들에게 강한 호소력을 가졌는데, 네 나라에서 다 그랬다.

나이는 어떤 나라에서는 중요하지만 다른 나라에서는 그렇지 않다. 독일에서 AfD는 첫 투표자들에게 강력히 호소했다. 기존 투표자 중에서 나온 지지자는 대부분 실망한 보수주의자들이었고 일부는 좌파였다. 프랑스 대선(2017) 2차 투표에서 국민전선을 지지한 사회주의적 좌파 유권자는 거의 전무했다. 장-뤼크 멜랑숑의 '굴복하지 않는 프랑스'를 지지하는 신좌파의 표 중 절반이 에마뉘엘 마크롱에게 갔고, 5분의 2는 기권했으며, 르펜에게 간 표는 10분의 1에 못 미쳤다. 그와 대조적으로 르펜이 2차 투표에서 추가한 300만 표의 대부분은 주류 보수 후보인 프랑수아 피용의 지지자들에게서 나왔다. 강경우파의 표는 곧 우파의 표라고 강조하는 것은 괜한 소리가 아니다. 강경우파는 보수적 유권자들로부터 자라났다.

강경우파 투표자의 나이 분포상 정점은 다양하다. 영국의 브렉시트 운동은 젊은이들에게 인기가 없고 노년층에게 인기를 끌었다. 미국 선거에서도 비슷한 패턴이 나타났다. 트럼프의 인기는 40세 이상에서는 나이와 함께 꾸준히 증가하고 40세 이하에서는 꾸준히 떨어졌다. 그와 대조적으로 프랑스와 독일에서는 강경우파의 핵심 동력이 중년 남성들에게서 나왔다. 두 나라에서 젊은 투표자들의 강경우파 지지는 전국 평균보다 조금 더 높은 경향을 보였다. 독일에서 AfD 지지율은 노년층 사이에서 점점 줄어들다 사라졌다. 아마도 그들이 나치나 공산당의 비자유주의적인 과거를 더 가까이 경험했기 때문일 것이다.

그런 다양성의 바탕에는 더 광범위한 불변성이 있다. 국민연합(옛국민전선)과 브렉시트, AfD, 그리고 트럼프 지지자 대다수는 좌파가 아니라 우파 유권자들이었다. 하나의 확실한 사회적 정형을 만들어내려고 그들이 어디에 살고 나이는 어느 정도이며 언제 학교를 그만뒀고 얼마나 버는지 들여다보는 것은 정치적 논점을 놓친 것이었다. 강경우파 지지자들의 핵심은 오늘날 자유주의 성향의 보수주의에 실망한 보수적 유권자들이었다. 지지자 중 노동계층도 일부 있는 것이 사실이지만, 좌파는 이미 몇십 년 동안 노동계층의 표를 잃고 있었다. 자산가와 우파 노동계층의 연합은 보수주의가 선거에서 성공하기 위한 역사적인 각본이었다.

자산가와 불만자들을 연결한 것이 새로운 것이라면 강경우파의 메시지는 오래된 것이었다. 강경우파는 보수주의의 역사적 요소들—재산권 보호와 국가에 대한 축복—을 가져와 각각의 강도를 높였다. 경제적 자유주의와 국가주의는 지적으로 반대 방향을 가리켰다. 전자는 국경 개방과 세계적 관점을 지지했다. 후자는 보호를 중시하고 배타적이며 폐쇄적이었다. 그러나 어느 것이든 "초"와 "극"으로 강도를 높이면 우파 중도주의를 포기하는 쪽으로 작동했다. 우파 자유지상주의자들은 완화된 자본주의와는 손을 끊고 사회에 대한 시장의 책임을 부인하고 사회적인 성향의 보수주의를 버리고 싶어했다. 초국가주의자들은 세계주의를 되돌려 자유주의적인 개방성과는 반대로 문을 달아걸기를 원했다. 각자 자유주의적인 중도를 떠나가고 있으나 서로 다른 출구로 갔다. 그들은 서로의 차이를 가릴 만큼 강력하고 파괴적인 목적을 공유했으나 안정된 대안을 약속하지는 못했다. 그들의 더 광범위한 이해관계는—세계적인 것과 국가적인 것, 기업적인 것과 공동체적인 것으로— 갈라졌다. 이처럼 일관성이 없는 강경우파가 선호하는 작동 방식은 정당정치적인 교란과 지적인 임시변통이었다.

독일의 AfD는 자유지상주의자와 스킨헤드족, 은행가 출신, 파괴적인 과격파, 기독민주당 출신, 그리고 이전의 투표 기권자들을 섞은 불안정한 합성물로 생겨났다. AfD의 두 의회 지도자 중 알리스 바이델은 골드만삭스와 국유 기업인 중국은행에서 일했고 중국어를 한다. 바이델은 새로운 유형의 화해하지 않는 보수주의자이며, 현 상황에 대한 그의 반대는 도덕적 교화나 권고가 아니라 시사적이고 실제적인 것이었다. 그녀는 그리스가 유럽연합에서 떠나야 하며 독일은 유럽연합에 남아야 하지만 유로화는 버려야 한다고 생각했다. 유럽연합은 이민을 제한하고 중동에 투자해 국외 이주를 억제해야 한다고 보았다. 연중 한동안은 스위스에서 여성 동반자와 함께 두 자녀를 데리고 산다고 알려진 바이델은 시빌 파트너십을 선호하나 동성 결혼은 좋아하지 않았다. 연방 의회에서 AfD를 이끄는 다른 지도자는 CDU를 지지했던 변호사, 정치평론가이자 저자인 알렉산더 가울란트였다. 가울란트는 점잖은 글로 주류 우파가 기술을 끌어안고 독일의 특성을 무시하며 가족과 조국, 수준 높은 문화에 무관심한 것을 바라보는 오래된 보수의 불안을 되풀이해 썼다.

그와 대조적으로 AfD 과격파를 이끄는 비요른 회케는 충격을 가하는 어법을 따랐다. 베를린의 홀로코스트 추념관에 관해 회케는 이렇게 말했다. "우리 독일인들은 세계에서 유일하게 수도 한복판에 수치의 기념비를 세우는 국민이다." 성향이 같은 튀링겐의 당 동료 슈테판 브란트너는 "메르켈은 감옥에 가야 한다"거나 "전형적인 시리아 난민 가족은 아버지, 어머니, 그리고 염소 두 마리"라는 식으로 관중을 즐겁게 하며 선거운동을 했다. 2019년 튀링겐주 의회 선거에서 회케가 이끈 AfD가 24퍼센트를 득표해 제2당이 됐을 때 독일인들은 깜짝 놀랐다.

프랑스에서는 1972년 창당한 국민전선이 외국인 혐오와 자유시장주의를 결합해 편협한 사람들을 끌어들이고 소기업들을 불러모았다. 첫 번째 지도자인 장-마리 르펜은 40년 동안 요란한 주행을 계속하며 승리와 재앙을 오가고 후진도 했다. 국민전선의 첫 선거 쿠데타(2002) 이후에는 10년 동안 분열과 표류가 이어졌다. 늙어가는 창립자 아래서 현금이 부족한 당은 니콜라 사르코지가 이끄는 주류 우파가 자신들의 논지를 따라 하며 유권자들을 다시 훔쳐가는 것을 보고만 있었다.

당을 인수한(2011) 르펜의 딸 마린은 편견을 누그러뜨림으로써 당의 "악마적" 이미지 벗기에 착수했다. 마린 르펜은 당의 기본적인 편견에 계속 호소하면서도 노동계층을 위한 임금과 복지, 중도적 유권자를 위한 테러로부터의 안전에 목소리를 높였다. 그녀는 아버지의 공공연한 급진주의를 버리고, 유대인에게 우호적인 몸짓을 보이며, 유권자들에게 가족의 가치에 관해 설교하기를 포기하고, 편협한 친기업 반노동 노선을 "보호 국가" 노선으로 대체했다. 모두를 위한 경제적 평등을 확보하려는 복지론자들의 요구를 반영한 노선이었다. 그녀의 연설에서 "인종"은 "민족"으로 대체됐다. 아버지의 (정부 지원에서 프랑스 시민을 우선하는) "국민 우선"은 "사회적 애국심"이 됐다. 그녀는 당명을 국민연합으로 바꾸었으나 귀 밝은 이들은 여전히 반이민 적대감을 표현하는 국민전선의 오래된 목소리를 들을 수 있었다. 독일의 AfD가 그랬듯이 선거에서 이룬 성공은 당의 성격과 목표를 둘러싼 갈등뿐만 아니라 지도자 사이의 경쟁을 불렀다(2016년 이후 그녀의 부대표가 사임했다). 그녀의 공식은 대선 경쟁에서는 잘 작동했으나 다수대표제여서 군소 정당에 불리한 의회 선거에서는 효과를 내지 못했다. 마린 르펜은 당이 편견이 심한 이들과 관계를 끊고 부담 없이 주류로 나아가기를 원한 자신의 오른팔 플로리앙 필리포를 경질했다. 르펜은 당의 검증된 호소력을 세 축으로 나누는 이전의 전략을 선호했다. 기본적인 편견이 깔린 옛 강경우파, 사회정의에 관해 불만을 품은 좌파, 테러와 불안전에 놀란 중도의 부동표에 호소하는 전략이었다. 지적으로 마린 르펜의 국민전선-국민연합은 복지 옹호와 우파 가톨릭, 초당적 반유럽주의, 그리고 슈펭글러와 그 이전부터 강경우파가 선호했던 유형의 예언자적 지정학을 한 무더기로 파는 정당으로 남았다.

르펜 집안의 3세대로 당 창립자의 손녀인 마리옹 마레샬(1989~)은 당이 정신적으로 더 잘해나가기를 바란다. 그녀는 리옹에 지역 기업인들이 자금을 대서 세운 아직 작은 훈련 학교이자 싱크탱크인 사회·경제·정치연구소 소장이다. 미국의 동지인 스티브 배넌처럼 그녀는 유럽과 미국에서 옛 우파와 자유주의적 중도에 다 실망한 젊은 보수주의자들에게 손을 뻗으려 한다.

마레샬은 가족들처럼 언어 감각이 있다. 그녀는 할아버지, 이모와 거리를 두려고 집안의 성을 버리고 어머니 것을 따랐는데, 그 성은 마레샬(원수) 페탱을 떠올리는 이들에게는 그 자체로 강경우파의 반향을 일으키는 것이다. 그녀는 도발적일 수 있다. "프랑스는 가톨릭교회의 맏딸에서 이슬람의 막내 조카로 넘어가는 중이다." 그녀는 합리적일 수도 있다. 마레샬은 프랑스에서 무슬림이 다수인 지역의 여성이 겪는 어려움에 관해 다문화적인 자유주의자들은 마주하기 거북한 문제를 제기했다. "그런 지역에서 여성의 권리는 기반을 잃고 있다." 그녀는 가족과 성, 유기적 공동체, 신자유주의 혐오, 기술 대기업에 대한 의심에 관해 다른 젊은 우파가 집착하는 반자유주의적인 주제들도 건드렸다.

마레샬은 개방적이고 즉흥적으로 보일지 몰라도 그녀의 핵심적인 표어는 바레스와 모라스의 프랑스 강경우파 전통에서 온 앙라신망(뿌리내림)이다. 그 용어는 양가적이다. 뿌리내림은 바람직하다. 뿌리 없음의 함의는 바람직하지 않다는 것이다. 그 말은 여러모로 진부하게 들리고 실제로도 그렇다. 뿌리 없음은 포용적이고 동정적으로 이야기할 수도 있다. 그것은 지친 현대인들이 대체로 참아내고 심지어 유리하게 바꾸는 법을 배워온 하나의 조건이라고 보는 것이다. 아니면 적대적이고 배타적인 마음가짐으로 이야기할 수도 있다. 마레샬이 뿌리 없는 사람들을 이야기할 때 청중이 어떤 사람들을 생각해보기를 바라는지 일일이 열거할 필요는 없다. 그들은 원칙에 뿌리를 두지 않는 세속적인 자유주의자와 기독교 세계에 뿌리가 없는 무슬림, 그리고 어떤 종류의 뿌리도 없는 무서운 이민자들이었다.

미국에서는 트럼프가 주의를 딴 데로 돌리는 연극을 하고 의회가 처음부터 실패하면서 사회와 환경 규제뿐만 아니라 연방 법정에서 자유주의적인 판사들을 제거한 일도 신문 1면에 오르지 못했다. 별다른 저항도 없이 막후에서 계속된 그 숙청은 수십 년 동안 영향을 미칠 것이 확실했다. 트럼프는 의회에서 좌절될 때 과거 대통령들이 그랬던 것처럼 행정명령과 긴급 권한에 의존했다. 하지만 그것을 정당화할 때 과격하게 제도를 뒤흔들며 "대중에게" 호소하는 방식은 뉴딜 이후 거의 들어보지 못했던 것이다. 국제적으로는 트럼프가 미국이 과거에 한 약속들—이란 핵 합의와 세계적 기후협약, 그리고 서방 동맹 자체—에 의문을 제기하거나 철회한 데서 강경우파의 비보수주의적 수정주의가 명백히 드러났다. 그는 자유민주주의와 보편적 가치를 옹호하기보다 중국의 시진핑과 러시아의 푸틴, 사우디아라비아의 왕자들, 필리핀의 두테르테 같은 권위주의자들을 칭찬했다. 트럼프의 우파는 1945년 이후 민주당과 공화당을 막론하고 모든 행정부가 미국주의와 서방주의, 보편주의를 결합한 도덕적 삼위일체를 공언한 것을 따르지 않고 미국주의를 그 자체로 정당화되고 방어될 수 있는 것으로 분리했다.

영국에서는 강경우파의 수정주의가 브렉시트라는 자기 파괴적인 하나의 핵심적 대안에 집약됐다. 2000년대 이후 반유럽주의는 신생 정당인 UKIP(1993년 창당)가 노련하고 단호하게 추구했고, 보수 진영에서는 아마도 원내 정당의 3분의 1쯤 되는 옛 영국 우선주의의 비타협적인 잔당이 추구했다. 2010년부터 2016년까지 총리로 재임한 데이비드 캐머런은 유럽 국가들과의 외교적 실패에 흔들리고 국내 반유럽주의의 부상에 놀라 영국의 유럽연합 탈퇴를 국민투표에 부쳤다. 그는 자신이 이길 것으로 기대했다. 근소하게 지자 동요한 캐머런은 시간을 벌려 하지 않고 몇 시간 만에 "국민의 명령"은 "실행돼야" 한다고 발표했다. 그는 사임하면서 후임자 테리사 메이와 보리스 존슨에게 엘리트에게 반하는 대중과 의회에 반하는 민주주의라는 반자유주의적이고 포퓰리즘적인 담론을 남겼다. 메이는 그것을 조금씩 받아들였고 존슨은 전부 수용했다.

존슨의 급진주의를 "강경우파"로 부르는 것은 과장되게 들릴지 모른다. 그는 당을 더 오른쪽으로 이끌어가려고 하지 않았다. 실제로 어느 곳으로도 이끌지 않았다. 그의 주된 목표는 단지 당을 이끄는 것이었다. 따라서 그의 관점에 붙일 명칭을 찾는 것은 어떤 면에서는 무의미하다. 트럼프처럼 그에게는 일정한 관점이 없다. 그런 면에서 그가 영국 보수주의자 가운데 독특한 것도 아니다. 냉전이 끝나고 대처리즘이 무너졌을 때부터 보수당에는 명백한 관점이 없었다. 그 공백을 메우는 것으로 보였던 반유럽주의는 부정적이고 일시적이었다. 자체적인 목표나 내용이 없는 만큼 존슨의 급진주의는 익숙한 자유민주주의 규범을 무시하고 엘리트와 제도에 반해 "대중"을 대변한다고 주장하는 그의 단호한 강경우파 스타일에서 찾을 수 있다. 참으로 노련한 "기회주의자"로서 존슨은 기질상 즉흥적인 대처에 적합하고 곤경에 빠지면 어쩔 수 없었다. 존슨은 자신이 인수한 강경우파를 관리해야 했고, 영국의 분열된 강경우파는 한편으로는 세계적인 시각을 가진 기업을, 다른 한편으로는 방치된 공공 서비스와 불안정한 일자리, 주택 부족에 진저리가 난 유권자를 다 만족시키겠다는 믿기 어려운 약속을 했다.

3. 강경우파의 주제가: 쇠퇴, 포획, 적, 희생자 의식

강경우파가 이용한 수사적인 논지는 전통적으로 공유된 것이다. 쇠퇴는 그중 하나다. 강경우파는 어디서나 사회적, 도덕적 건전성이 악화하는 것을 본다. 우리는 한때 강했던 나라가 쇠약해지고 있다는 이야기를 듣는다. 한때 결속된 사회는 갈라졌다. 한때 정숙했던 사람들은 갈수록 타락했다. 트럼프의 "미국을 다시 위대하게"라는 구호는 쇠퇴를 가정했다. 국가적 파멸의 이야기에 관한 욕구는 에릭 제무르의 책 『프랑스의 자살』(2014)과 중앙은행 이사였던 틸로 자라친의 『독일의 자기 파괴』(2010)를 베스트셀러로 만들었다. 20세기 초부터 슈펭글러와 다른 사람들이 말했던 서양 문명의 쇠퇴라는 유서 깊은 주제가 다시 떠올랐다.

국가 쇠퇴의 서사에 따르면 정치와 정부는 대중을 이해하지도 대변하지도 않는 이기적인 엘리트에게 포획됐다. 트럼프는 "늪지의 물을 빼겠다"고 약속했다. 국민전선은 프랑스의 문제들을 두고 파리의 부패한 정치계급을 비난했다. AfD는 대표성도 기력도 없어서 독일이 무너지도록 내버려두는 좌우 중도 정당들의 필연적인 대체 세력으로 자처했다. 회케에 따르면 이 당의 약속은 "우리 독일을 한 조각 한 조각 돌려받는" 것이다.

영국의 브렉시트 캠페인은 쇠퇴와 포획을 영리하게 결합했다. 유럽은 한때 자랑스러웠던 나라의 활력을 빼앗고 속박했으며, 유럽연합은 유럽화된 영국 엘리트의 도움으로 이 나라의 헌법을 포로로 잡았다. 영국의 인기영합적이고 반유럽적인 『데일리 메일』에서 제목을 뽑는 사람들은 선출된 의원들("파괴자들의 집")과 최고법원 판사들("민중의 적"), 그리고 그들을 부리는 유럽의 주인들("유럽연합, 영국과 전쟁하다")을 악마의 무리로 내세워 선량하지만 우롱당한 섬나라 사람들("영국이여, 이제 **당신**이 결정하라!")과 대립시키는 데 뛰어났다. 교묘하고 기만적으로 생략했어도 "당신"은 『데일리 메일』 독자와 투표하는 유권자, 그리고 국민이었다.

포획의 반대는 구조였다. 진정한 국민—혹은 강경우파가 서로 바꿔 쓴 이름을 붙이자면 "대중"—은 현재 대변자가 없고 무력했다. 국가와 사회의 공동의 기구들—정부와 언론, 대학, 법원—은 부당한 손에 넘어갔다. 국민이 스스로 적대적 엘리트에게서 풀려날 수 있다면 구원과 해방을 맞을 것이었다.

그와 같은 국민의 적들은 안팎에서 마지막 논지를 제공했다. 내부적으로는 좌우를 막론하고 자유주의자들이 국민의 적이었다. 그들은 대중이나 국민이 아니라 자신을 위해 일했다. 자유주의자의 본질적인 도덕적 결함은 탐욕이나 무신앙 혹은 애국심의 결여임을 스스로 드러낼 것이었다. 자유주의자는 자기중심적이어서 도덕관념이 없고, 신앙의 부름에 귀를 막고, 자신의 목표나 선호를 넘어서는 것에 그다지 강한 애착을 보이지 않았다. 전형적인 자유주의자에 대한 묘사는 희화적이었지만, 다음에 보듯이 그에 대한 저명한 철학적 옹호자들이 있었다.

외부에서 발목을 잡는 것은 다른 국가들과 복잡하게 얽힌 대외관계, 그리고 국제적 약속들이었다. "우리 나라 먼저"라는 것은 아주 일반적인 외침이어서 강경우파는 흔히 국가주의자로 불리지만, 그것은 잘못된 이름이었다. 19세기부터 익숙해진 엄밀한 의미에서 국가주의 자들은 근대적 국민국가를 방어하거나 창조하고 국가의 목표를 정치에서 가장 중요한 최고의 목표로 만들기를 바랐다. 국가의 힘에 대한 강경우파의 태도에서 그런 의미는 기껏해야 부분적으로 포착할 수 있었다.

지정학적으로 강경우파는 국민국가가 세계 안에 있고 세계와 함께 작동해야 한다는 것을 이해했다. 그런 의미에서는 국제주의적이었다. 하지만 강경우파의 특징은 세계 속에서 작동하는 국가가 자국의 조건에 따르기를 원한다는 점이었다. 다시 말해 강경우파는 다자주의를 버리고 일방주의로 갔다. 영국처럼 약한 국가의 일방주의는 하나의 환상이다. 미국이나 중국 같은 강대국의 일방주의는 확실히 독재와 파괴를 낳는다.

강경우파는 19세기의 국가주의자들처럼 국가에 대한 의무를 다른 공적 의무보다 우선하지도 않았다. 예컨대 특히 19세기 독일과 이탈리아 국가주의자들은 국민국가 창조를 최고의 의무로 여겼다. 그와 달리 강경우파 정치인들은 시민이 국가에 어떤 의무를 지느냐보다 누가 그 국가에 속하고 누가 국가에서 배제돼야 하는지를 이야기한다. 강경우파는 그런 식으로 시민이 아니라 **민족**으로서―태어날 때부터 갖는 권리와 공통의 기원, 그리고 역사적 연속성을 중시하는―배타적인 국민 개념을 고수한다. 공통의 시민 정신 그리고 필요한 최소한의 시민적 규범에 대한 공유된 약속이라는 면에서 포용적으로 이해한 국민이 아니다. 실제로 그처럼 포용적인 개념으로 국민의 지위를 옹호하면 자유주의 규범의 존중을 강조하게 될 뿐만 아니라 이민의 제한과 공공 서비스 제공 시 시민과 외국인의 차별적 조치를 요구하게 되는 것도 사실이다. 그래도 그런 조치를 어떻게—포용적 혹은 배타적으로, 자유주의적 혹은 비자유주의적으로— 옹호하느냐는 중요한 차이를 낳는다.

　희생자 의식은 강경우파가 서로 다른 사람들을 함께 묶는 주제였다. 그들이 옹호한 국민처럼 강경우파 자신도 강탈자의 힘에 희생됐다. 강경우파는 대중을 대변했으나 그 목소리는 들리지도 않았다. 대표성도 없는 자유주의자와 언론, 대학 같은 소수만 목소리를 냈기 때문에 다수는 침묵했다. 그러나 약함 속에 강함이 있었다. 억압은 스스로 패배하고 결국 선이 이길 것이었다. 미래에 정당성이 입증될 정직한 수난이라는 개념에는 유서 깊은 종교적 계보가 있었다. 아우구스티누스는 『신국』에서 이렇게 썼다. "이 사악한 세계, 이 흉악한 시대의 교회는 지금의 굴욕으로 미래의 기쁨을 준비하고 있다." 이 심오한 주장은 약한 자를 위로하고 강한 자를 안심시키는 기독교 보수주의의 바탕에 깔려 있다. 그러나 희생자 의식의 주제는 기독교 보수주의자들에게만 한정되지 않았다. 희생자 의식은 일반적으로 강경우파가 두 쪽으로 갈라진 지지자들을 잇도록 해주었다. 한쪽에는 특권적 관계와 사회적 우위, 그리고 부를 지닌 이들이 있었고, 다른 쪽에는 문화적 혹은 경제적으로 가진 것을 빼앗겨 분개하는 이들이 있었다. 그 부자연스러운 연합의 양쪽 다 희생자로 포장할 수 있었다. 한편에는 다른 이들이 가진 것을 빼앗고 잘못 이해한 사안에 개입하는 통제적이고 침해적인 국가의 희생자들이 있었다. 다른 한편에는 가난한 이들을 위해 아무것도 하지 않고 자신들에게는 어떤 윤리도 없다면서도 방임적인 윤리를 강요하는 위선적이고 냉담한 자유주의의 희생자들이 있었다.

강경우파의 경멸과 매도는 지금 더 시끄럽게 외치고 트위터로 더 널리 퍼트릴 수는 있어도 그것은 멩켄과 니체, 보들레르, 메스트르까지 거슬러 올라가는, 자유주의적 근대에 대한 세련된 독설의 전통에 의존하는 것이다. 강경우파는 격렬하고 흥분하며 화가 나 있는데, 이런 자질은 수치가 아니라 긍지를 심어준다. 으르렁거리는 그들 앞에서 자유주의자들이 주눅들어 침묵하면 강경우파는 논쟁에서 졌다고 생각하지 않는다. 반대로 이겼다고 느낀다.

2010년 이후 강경우파의 부상에 놀라지 않은 이가 거의 없었으나 그들의 논지와 호소에서 새롭거나 독창적인 것은 아무것도 없었다. 어색한 연합과 상투적인 주제, 급진주의 취향은 모두 우파에서 전통적인 것이었다. 그 전통은 1960년대와 1970년대를 지나서 1920년대와 1930년대, 그리고 1890년대와 1900년대로 거슬러 올라갔다. 당초 보수주의가 자본주의, 민주주의와 화해하는 데 힘들어하던 시기였다.

1960년대와 1970년대에도 강경우파의 주장이 들렸다. 7장에서 닉슨이 조지 월러스의 표를 찾아올 때 그 논지를 이용한 것을 상기하자. "침묵하는 다수"에 대한 닉슨의 호소는 '닉슨의 민주당원'을 만들어냈고, 그들이 '레이건의 민주당원'이 됐으며, 그 후 기억에서 사라졌다가 놀랍게도 '트럼프의 민주당원'으로 다시 나타났다. 영국의 자유시장주의자이면서 제국주의 향수를 지녔던 이녁 파월을 상기하자. 여러 언어를 구사하는 높은 지성과 영국인의 부조리에 대한 완벽한 이해를 결합한 그는 20세기의 보수당이 실제로 "어디에 표가 있는지 알아보는 뛰어난 감각"을 가졌음에 주목했다.

강경우파의 주장은 1920년대와 1930년대에도 들렸다. 트럼프의 "아메리카 퍼스트" 구호 자체가 1940년 제2차 세계대전 불개입을 주장한 아메리카퍼스트위원회에서 빌려온 것이었다. 선동적인 루이지애나 주지사 휴이 롱과 우파 가톨릭 사제로 라디오에 출연한 코글린 신부는 오늘날의 공화당처럼 부자들에게 피해를 주지 않고 약자들을 돕겠다고 약속했다. 1920년대에는 정리되고 정화된 큐 클럭스 클랜 단원들이 워싱턴에서 차별적 이민법을 지지하며 행진했다. 독일에서는 묄러가 혼란에 빠진 독자들에게 자유주의는 "국가의 죽음"에 관한 철 지난 이야기라고 주장하며 젊은 층에 기분을 돋우기는 해도 구체적이지는 않은 집단적인 대안을 받아들이라고 촉구했다.

강경우파의 목소리는 1890년대와 1900년대에도 들렸다. 프랑스 극우파 샤를 모라스는 민족과 시민을 구분하며 "법적 국가"와 "실제 국가"에 관해 썼다. 프랑스의 법적 국가는 내부의 적들에 포획됐다는 모라스의 주장을 상기하자. 내부의 적은 자유주의자와 유대인, 프리메이슨, 그리고 메테크였다. 옛날부터 프랑스에서 경멸적으로 쓰던 메테크는 영어의 "외국인 놈"이나 "유색인 놈"과 같은 말이다. 모라스는 프랑스라는 국가의 진정한 구성원은 군주제와 가톨릭을 믿는 그리스-로마 문명의 후손들이라고 믿었다. 같은 시기 독일에서는 프로이센의 극보수지 『크로이츠 차이퉁』이 반교권적 자유주의자들―흔히 유대인이라고 밝혔다―을 내부의 적으로 낙인찍었다. 그들은 이전에 국민을 함께 묶어주었던 기독교 신앙을 훼손했는데, 다만 그 신앙은 가톨릭이 아니라 루터교였다. 미국에서는 강경우파가 그다지 학자적이고 교리적이지 않았으나 맹렬함은 덜하지 않았다. 반프리메이슨, 반가톨릭,

반유대인 운동은 19세기와 20세기 초 정치의 특색이었다. 반흑인 인종주의는 법적으로 명시된 것이든 사회적으로 규정된 것이든 남부뿐만 아니라 북부에서도 널리 퍼져 있었다는 점도 빼놓을 수 없다.

강경우파에 오랫동안 자양분을 주는 뿌리가 있음은 충분히 짐작할 수 있다. 당초 자본주의적 근대에 대해 우파가 지녔던 상반되는 감정이 해소되지 않고 있다가 최근 강경우파의 부활로 나타난 것이다. 민주적 자유주의에 대해 상반되는 감정을 지닌 강경우파의 부활은 불안을 안겨준다. 민주적 자유주의는 파손됐고 그 수리는 자유주의적인 우파의 도움이나 묵인이 있어야만 가능하기 때문이다.

4. 포퓰리즘이란 무엇인가, 그리고 무엇이 아닌가?

포퓰리즘은 역사적으로 19세기 말 좌파와 우파에서 정치적 내부자에게 불만을 품은 외부자가 인민의 이름으로 뭔가를 요구할 때 나타났다. 우파에서 주류 보수주의자들이 자유민주적인 방식에 적응할 때 파괴적이고 급진적인 주변부는 보수의 오래된 믿음—사회적 조화와 국가의 통일성—을 배타적인 목적으로 바꿔놓았다. 그들은 "국민"이나 "대중"을 대변한다고 주장하면서 자신들을 대표성이 없고 분열적인 엘리트와 대비했다. 파괴자들은 국가의 구원에 관한 매혹적이고 낭만적인 이야기를 사악한 정치적 목적에 이용했으며, 이는 독일에서 파멸적인 결과를 낳았다. 그 이야기는 이렇게 전개됐다. 국가는 도덕적으로 분열돼서 약해졌다. 국가는 스스로 치유할 수 없으며 구원되고 통일된 상태로 건강을 되찾아줄 비전 있는 지도가 필요하다.

묵시론적 성향에 관한 연구자들에게 잘 알려진 이런 이야기를 들으면 20세기 역사의 맥락에서 파시즘과 나치즘을 떠올릴 수밖에 없다. 하지만 현재 거론되지는 않더라도 명확히 해둬야 할 것이 있다. 강경우파는 파시스트가 아니며, 이단적인 이들을 빼면 원시적 파시스트도 아니다. 파시즘은 1880년대와 1890년대의 비타협적 우파의 논지와 분노가 키운 것이지만, 그 자체는 역사적으로 특수한 것이었다. 파시즘은 오른쪽에 있기는 해도 자유민주주의 세계 좌우 스펙트럼의 바깥에 있어서 우파에 속하지는 않는다. 파시즘은 유럽에 승자를 남기지 않은 파괴적인 세계대전 후 1920년대 이탈리아에서 생겨났다. 파시즘은 카리스마적 지도자의 숭배와 전체주의적 사회 비전뿐만 아니라 볼셰비키라는 공통의 적과 단일 대중 정당에 의존했다. 앞서 지적했듯이 보수적 권위주의자와 달리 파시스트는 모든 독립성과 다양성을 억압하는 것을 목표로 한다. 권위주의자는 통제를 위해 공포와 묵인에 의존한다. 파시스트는 공포와 대중 동원에 의존한다. 파시즘은 우유부단한 헌법적 권위 덕분에 투표를 통해 권력을 잡았으나 불법과 폭력을 일상적으로 수용되는 정치 방식으로 받아들였다. 독일의 나치즘은 반유대주의라는 독소를 추가했다.

여기서 분석하는 네 나라 중 어디서도 그런 역사적 요소들이 함께 발견되지 않으며 아직은 위험한 세력으로 나타나지 않는다. 이 말은 강경우파가 정화되고 유연해진 현대판 파시즘의 변종이 될 수 없다는 뜻은 아니다. 강조해야 할 것은 강경우파가 꼭 원시적 파시스트가 돼야 불안을 초래할 수 있는 것은 아니라는 점이다. 이는 역사적,

개념적으로 옥신각신하는 것 이상의 의미가 있다. 흔히 강경우파는 무섭게 보이기는 해도 파시스트가 아니므로 그들의 위협은 과장됐다는 자만의 목소리가 들린다. 강경우파를 감싸는 이들은 그들이 주류로 자리 잡아야 한다고 주장할 때 "파시스트가 아니다. 그러므로 받아들일 수 있다"는 논리에 크게 의존한다. 글쎄, 앞 문장은 맞지만, 뒤 문장은 틀렸다. 강경우파는 역사적 의미의 파시스트가 전혀 아니어도 자유주의와 민주주의를 위협할 수 있다. 파시즘만이 자유민주주의를 약화하거나 끝장내는 것은 아니다.

그들을 "포퓰리스트"로 부르는 것은 더 적합하기는 해도 오해의 소지를 남긴다. 제대로 이해하면 포퓰리즘은 대중 운동이나 제도적 형식, 혹은 민주주의의 한 형태가 아니라 정치적 자기 정당화의 양식이다. 그 자체의 논쟁적인 용어를 쓰자면 포퓰리즘은 엘리트 현상이다. 포퓰리즘은 대중과 엘리트 간 경쟁이 아니라 엘리트끼리 벌이는 경쟁에 관한 것이다. 그중 한쪽인 포퓰리스트 진영이 대중을 대변한다고 주장하는 것이다. 르펜 집안의 영리한 일원인 마리옹 마레샬은 2019년 1월 그 주장을 간결하게 정리했다. "'포퓰리즘'이라는 말 속에는 무엇보다 '사람들'이라는 말이 있다. 버려진 사람들, 대표가 없는 사람들이다." 물론 강경우파 말고는 대표해주는 이가 없다는 뜻이었다.

우파 포퓰리스트는 부패한 기득권층과 위협적인 외국인들에 맞서 선량한 국민을 보호한다고 주장한다. 흔히 민족으로 상정하는 국민이다. 좌파 포퓰리스트는 부패한 기득권과 부자들에 맞서 노동자들을 옹호한다고 주장한다. 좌든 우든 포퓰리스트들은 정치적 외부자로서 내부자에 대한 유권자들의 증오를 이용하는 경향이 있다. 반란자로서 그들은 흔히 익숙한 정당의 패턴을 뒤엎고, 뜻밖의 선거 패배나 잘 확립된 정당의 갑작스러운 붕괴 후 패자들이 승자들을 "포퓰리스트"라고 부르는 교활한 정의에 부합하기도 한다. 포퓰리스트는 새 정당을 형성하거나 기존 정당을 포획할 수 있다. 영국에서는 브렉시트를 주장하는 소수파가 보수당을, 코빈의 강경좌파 지지자들이 노동당을 포획했고, 미국에서는 강경우파 반란자들이 공화당을 사로잡았다. 포퓰리스트들이 무엇을 행하든, 그리고 가공의 존재인 대중을 얼마나 소리 높여 옹호하든 그들은 행동주의자이며, 대개 그들이 갈아치우려는 집권자들과 배경이나 교육 수준이 같은 경쟁자다.

포퓰리스트들이 선거에서 이기더라도 "대중"을 대변한다는 그들의 주장은 과장되고 지나친 것이다. 경쟁적인 다당제 민주주의에서 선거는 승자에게 일시적으로 통치할 수 있는 면허를 준다. 선거에서는 어떤 다수도 안정적이지 않으며 다음 선거에서 역전될 가능성에 면역된 이는 아무도 없다. 다수가—투표의 좁은 선택지에서 얻은 산술적 결과가 아니라—일관된 관점을 표현한 것으로 잘못 이해될 때 사실은 모두 서로 일치하지 않는 견해와 특정한 판단을 통계적으로 구성한 것일 뿐이다. 권력을 잡은 포퓰리스트들은 비판자들을 괴롭히고, 연고자들을 편애하고, 싫어하는 판결을 내리는 판사들을 공격하며, 다른 포퓰리스트의 과잉을 너그럽게 봐준다. 그렇게 이해한다면 영국 토리당의 메이, 존슨과 더불어 트럼프가 포퓰리스트처럼 행동했다고 말해도 좋을 것이다.

트럼프의 주독일 대사는 독일 강경우파를 선호하는 듯한 자신의 발언에 관한 질문에 소셜미디어(2018년 6월)를 통해 외교적으로 올바른 대답을 했다. 그는 "내가 후보자나 정당을 지지한다는 생각은 웃기는 것"이라며 이렇게 덧붙였다. "우리는 침묵하는 다수—엘리트와 그들의 환상을 거부하는 이들—의 각성을 지켜보고 있다는 내 논평을 고수한다." 존슨은—12만 보수당원의 투표에서 당 대표로 선출되고, 그에 따라 총리 자리를 차지하면서—집권 당시 "영국의 대중"이 의회에 맞설 것을 요청했다. 존슨은 그 직후 총선에서 압승을 거둬 의회를 장악했고, 제도에 반하는 호소를 하지 않고도 통상적인 정부를 이끌 수 있게 됐다. 하지만 사법부의 권한을 줄이고 유럽의 인권 보호 규정과 영국 법을 다시 떼어놓으려는 제안에는 포퓰리스트의 충동이 남아 있었다.

포퓰리즘은 대의적인 형태와 대비되는 직접민주주의 혹은 참여민주주의로 혼동하기 쉽다. 하지만 얀-베르너 밀러가 『포퓰리즘이란 무엇인가』(2016)에서 명확하게 밝혔듯이 포퓰리즘을 직접민주주의로 보는 시각은 잘못이다. 포퓰리스트는 자신들이 대표자가 되는 한 대의 정부에 찬성한다고 밀러는 지적했다. 밀러의 설명에 따르면 그들은 일단 대의 제도로 선출돼 집권하고 나면 이미 결정한 행동의 진로를 확정하기 위한 국민투표나 총선거에 의지한다. 포퓰리스트들은 다당제 경쟁이나 연합정부에 불편해하고 선출된 반대자들이 사기를 잃거나 비효과적일 때 가장 행복해한다. 그들은 인민의 의지를 경쟁자들보다 더 잘 안다고 주장하면서 그 보호자로서 행동한다. 포퓰리스트들은 그들의 권위를 지키려고 애쓰면서 국가와 사회 내 견제 세력에 냉담하거나 적대적이다.

포퓰리즘은 크고 복잡하게 구성된 민주주의 체제에서 정치와 정부가 작동하는 방식을 정당화하는 논리로는 부적합하다. 좌우를 막론하고 자유주의적인 이들이 보기에는 엄밀하게 인민의 의지 같은 것은 없으며, 따라서 선출된 권력이 알거나 대변할 것도 없다. 매디슨과 기조가 이해한 것처럼 인민 주권은 어느 한 이익집단이나 계급의 주권을 부인하는 것이다. 주권이 인민을 대변한다는 것은 시민을 대변하며 시민에 응답한다는 뜻이었다. 모두를 대변한다는 것은 특정인을 대변하지 않는다는 뜻이었다. 주권적 결정은 직관이나 예지에 따르는 것이 아니라 흔히 좌절감을 안겨주는 헌법 절차에 따르는 것이었다. 그와 대조적으로 포퓰리스트가 보기에 인민의 의지는 갈라지지 않은 하나이며 권위 있는 권력이 직관적으로 아는 것이었다. 이때 인민은 시민이 아니라 문화적으로 융합된 민족으로서 외국인과 구별되고, 보통 사람들로서 엘리트와 구별됐다.

미국의 포퓰리즘은 독자적인 역사가 있다. 미국의 포퓰리스트들은 1890년대에 대초원의 급진주의자였는데, 이들은 하나의 운동에서 반쪽을 차지하는 노동계급이었다. 나머지 반쪽은 중산층 진보주의자들이었다. 2016년 공화당의 흐름을 표현하기 위해 "포퓰리스트"라는 용어가 쓰였는데, 추가 설명 없이 "포퓰리스트"라고 하면 오해를 낳았다. 월터 러셀 미드는 트럼프가 국가 정치에 뛰어들기 전에 쓴 선견지명이 있는 논문에서 "잭슨주의자"가 더 적절한 명칭이라고 주장했다. 그의 설명에 따르면 잭슨주의자는 계급이나 교육만 보면 한때 충실한 민주당원이었을지 몰라도 1960년대 이후에는 공화당에 투표하는 경향이 있는 특이한 유형의 유권자다. 미드가 「잭슨주의 전통」(1999)에서 그 특성을 밝혔듯이 그 유권자들은 보통 중하층 백인이다. 그들은 연방정부, 국내외의 개량주의적 행동, 그리고 세금을 싫어했다. 그들에게 유리한 정책들—메디케어나 모기지 공제, 사회보장—이 위태로워지지 않는 한 그랬다. 그들은 명예와 무용, 그리고 상위계층과의 평등을 믿었다. 미드는 그것이 미국의 많은 흑인이 공유하는 윤리 규범임을 시사했다.

백인 잭슨주의자의 존재는 트럼프의 집회와 구호, 연설에서 알아볼 수 있었으나 그들이 트럼프의 유일한 지지자는 아니었다. 미드가 묘사한 이상형은 선명했지만, 전형적인 공화당원이라는 별 도움이 안 되는 동어반복 말고는 트럼프 지지자들을 깔끔하게 유형화할 말은 없었다. 강경우파가 하나가 아니라 잡다한 유형으로 나타나는 유럽에서도 사정은 같았다. 그들은 반이민 자국민 우선주의자, 도덕적 전통주의자, 반유럽연합 자유지상주의자, 그리고 이슬람의 침식을 두려워하는 서구적-기독교적 가치의 옹호자였다.

미국과 영국의 투표자를 분석할 때 '잊힌 백인 민주당원'과 '불만을 품은 노동당 유권자'들은 마땅히 주목을 받았다. 자유주의적 좌파가 노동계급의 표를 얻지 못했다는 사실에 아무도 놀라지 않았을 것이다. 이전에 민주당에 충성스러웠던 백인 노동계급은 1960년대 말부터 공화당에 투표해왔다. 노동계급 표에서 노동당의 몫은 한때 3분의 2에 이르렀으나 1970년대에 이미 절반으로 떨어졌다.

영국에서 옛 노동계급과 관련 제도의 공동화는 최근 몇십 년 동안 가속화된 것이 사실이다. "노동계급"은 여러모로 "비노동계급"의 잘못된 이름으로 굳어지고 있다. 비숙련 노동 연령대 남성 중 노동시장에서 활동하지 않는 이들의 비중은 1990년대 3퍼센트에서 현재 30퍼센트로 높아졌다. 이제 전형적인 노동조합원은 공공부문에서 일하는 50대 여성이다. 최근 조사는 노동당원 중 거의 80퍼센트가 상위 3개 사회집단ABC₁, 다시 말해 여유 있는 중산층에 속한다는 것을 시사했다. 요컨대 한때 전형적인 노동당 투표자였던 백인 남성 노동자는 그동안 경제, 사회, 정당정치 세 측면에서 뒤에 처졌다. 현재 노동당의 특성은 그 변화를 반영한다. 당원들은 대부분 공공부문 전문직과 소수민족, 그리고 대학 교육을 받았으나 집이 너무 비싸서 좌절한 밀레니얼 세대다. 브렉시트 투표(2016) 결과를 설명하는 요인으로 하나만 꼽으라면 그것은 계급이 아니라 나이였다. 젊은 유권자들은 대부분 잔류파였지만 그들의 투표율은 65퍼센트로 전체 투표율 72퍼센트보다 조금 낮았다. 그러나 대다수가 브렉시트 찬성파인 65세 이상 유권자들의 투표율은 약 90퍼센트였다.

잊힌 백인 민주당원 역시 트럼프 공화당 정치의 설명 요인으로 설득력이 약했다. 2016년 트럼프는 그의 선거인단 승리에 공헌한 세 개의 큰 주―미시간, 펜실베이니아, 위스콘신―를 총 8만도 안 되는 표차로 가져갔다. 이 주들은 보통 민주당 주로 잘못 기술되지만, 모두 닉슨(1972)과 레이건(1984)이 압승할 때 공화당으로 갔다. 1940년대와 1950년대에 위스콘신 유권자들은 빨갱이 사냥에 나선 공화당 고집통이 조지프 매카시를 연방 상원으로 보내주었다. 대선 결과를 한 가지로 설명해야 한다면 똑같이 그럴듯한 답은 민주당을 지지하는 흑인의 투표율이 급격히 떨어진 것이었다.

확실히 종교도 1980년 이후 강경우파 공화당 정치에 역할을 했다. 통계적으로 이 나라는 갈수록 개신교와 백인의 색깔이 옅어진다는 데 많은 백인 개신교도가 괴로워한다는 주장도 나온다. 하지만 그런 사회 진단은 못 미덥다. "백인"과 "개신교도"라는 범주는 너무 어설프다. 보수적인 복음주의적 개신교도뿐만 아니라 자유주의적인 개신교도들도 있다. 1970년대와 1980년대에 우파가 부활할 때 많은 작가와 사상가가 유대교도나 가톨릭교도였다. 더 정밀한 범주를 써도 설명력은 약하다. 그 설명은 "대중"이 "엘리트"에게 분노를 느낀다고 가정함으로써 포퓰리스트의 관점을 수용한다. 그러나 엘리트끼리 경쟁하고 분개한다고 보는 것이 더 나은 설명이다.

몇십 년 전 대니얼 벨은 『급진적 우파』(1962)에 수록한 에세이 「빼앗긴 사람들」에서 그런 관점을 제시했다. 벨은 미국의 주변적 내부자들─중소기업 경영자, 군 장교, 소도시 유력 인사들─에게서 탐지한 "지위 격차"를 묘사했다. 그들은 자신의 영역 안에서는 "엘리트"였으나 그 영역은 국가적 논쟁이나 정책에서 발언권을 갖기에는 너무 작았다. 그들은 흔히 자신의 사업이나 군사 임무, 혹은 도시에 관해 월가의 은행가나 워싱턴의 정책 결정자들보다 더 많이 알았다. 하지만 그런 종류의 국지적 지식은 국가나 기업처럼 중앙집권적인 조직에서는 평가절하됐다. 벨은 주변적 내부자들이 자신의 국지적 영역에서 누리는 권위와 "그들이 국가 전체적으로 얻는 권력과 신망" 사이에 불일치가 있다고 판단했다. 그가 보기에 분개는 사회계급보다 사회적 지형과 더 관련이 있었다.

그처럼 풍부한 사고를 확장해 문화적 지형으로 부를 수 있는 것으로 분개의 감정을 설명할 수도 있을 것이다. 10장에서 보겠지만 강경우파 작가와 사상가들은 한 가지 분명한 메시지를 보낸다. 어쨌든 자신들이 국가적 논쟁에서 배제되고 가슴 깊이 느끼는 염려와 강력히 옹호하는 원칙들이 간단히 무시되고 있다고 확신하며 분노한다는 것이다. 무시당한다는 그 느낌은 지금까지 이 책에서 충분히 보여주었듯이 전혀 새로운 것이 아니다. 우파는 의문의 여지 없이 권력을 잡고서도 계속되는 지적 열등감을 떨쳐버린 적이 없다.

자유민주주의 사회는 응급 치료가 필요한 중병을 앓고 있다. 강경우파의 포퓰리스트들은 그 불만을 전달한다고 주장하지만, 그들의 신용은 얄팍하다. 그들은 확실히 서로 화해할 수 없는 이익들을 대변한다. 세계주의적인 자유주의자들과 국가주의적인 내국인들, 국경을 무시하는 자본과 낙후된 이웃들, 규제 완화를 바라는 기업들과 더 많은 도덕적 통제를 원하는 종교적 신자들의 이익이 그것이다. 강경우파는 세금으로 사회를 치유하겠다고 약속하지만, 낙오한 이들은 너무 적게 벌어서 세금을 낼 수 없고 기업과 부자들은 낼 수 없거나 내지 않을 것이다. 포퓰리스트들은 "대중"을 대변한다고 주장하지만 서로 맞지 않는 이익집단에 봉사한다. 토마스 만을 흉내 내자면, 그들은 어떻게 자신들과 나라를 혼동할 만큼 뻔뻔스러운지 물어봐야 한다.

그것은 말하기 쉽고 좋은 토론 주제가 되겠지만, 강경우파는 그리 쉽게 밀리지 않을 것이다. 강경우파 자체의 갈등을 숨기고 자신들이 봉사하는 다양한 이익을 일치시키기 위해 그들은 강력하고 매혹적인 호소를 한다. 과거 권위주의자와 파시스트들처럼 현 상태에 대한 환멸이 널리 퍼질 때 강경우파는 안전을 약속한다. 세계적인 기업에는 끊임없이 부를 추구할 수 있게 안전을 약속한다. 그 부는 지역 주민이 비우호적이고 지나친 요구를 하면 아무 거리낌 없이 떠나버릴 것이다.

강경우파는 아직 아무도 이해하지 못하는 사회적 변화의 폭풍에 충격을 받은 보통 사람들에게 그들이 열망하는 삶의 안전을 약속한다. 이웃이나 지역공동체든, 국가나 국민이든 공동의 피난처로 상정한 안전이다.

강경우파의 호소에서 빠져 있거나 약속에서 뒤로 밀린 것은 권력으로부터의 보호와 모두를 위한 존중이라는 한 쌍의 자유주의적인 요구다. 질서와 안전은 보수주의자들에게 언제나 중요했지만, 자유주의적 보수주의자들에게는 어떤 대가를 치르더라도 지켜야 할 만큼 중요하지는 않았다. 강경우파는 안전을 난폭하고 당혹스러운 시대에 다른 것들보다 중요한 가치로 제시한다. 보수주의자들은 두 가지 다른 전통 사이에서 냉혹한 선택을 해야 한다. 두 가지 다 가질 수는 없다.

10장

사상과 사상가들:

초자유주의적 현 상태에 대한 찬성과 반대

훗날 자유주의로 전향한 게리 윌스는 『어느 보수주의자의 고백』(1979)에서 현대 미국의 우파가 "보존의 철학과 자신들이 보존하기를 원하지 않는 현실의 질서에 (…) 고착돼 있었다"고 했다. 얼마 후 보수적인 사상가이자 정치가인 데이비드 윌레츠는 영국에서 그와 같은 긴장에 주목하며 유감스러워했다. 선거 책자 「왜 보수당에 투표하는가?」(1997)에서 윌레츠는 보수당 정부가 20년 동안 "국가 통제의 얼어붙은 폐기물"을 쇄빙선처럼 헤쳐왔다고 자랑했다. 하지만 햄프셔의 안전한 지역구에서 유세하던 그는 보수주의를 자유시장과 정부 때리기 이상으로 생각하는 토리당원들도 있다는 것을 깨달았다. 윌레츠가 한 토리당 지지자의 문을 두드렸을 때 그를 기분 좋게 맞이한 주인은 자신이 오랫동안 지지했던 당은 이제 더는 보수적이지 않다며 "폭파 부대"로 이름을 바꿔야 한다고 말했다.

1980년 이후 몇 년 동안 우파 사상가들은 지적으로 지금의 보수 정당들이 빠져 있는 것과 같은 함정에 직면했다. 우파는 이미 이겼다. 오랜 적들은 항복했다. 좌파는 어디서나 혼란에 빠지거나 우파의 생각을 받아들였다. 보수주의자들은 미국 학자 하비 맨스필드가 표현한 것처럼 자신들이 이제 더는 "대담한 소수"가 아니라는 힘든 진실을 마주하고 있었다. 자신들을 지적 외부자로 내세우는 데 익숙한 보수주의자들은 이제 내부자였다. 그러나 보수주의자들이 반대할 정통이 없다면 어떻게 자신들이 누구인지, 무엇을 옹호하는지 알겠는가? 우파는 누구와 논쟁할 것인가?

보수주의자들은 누군가에 반대하며 자신들이나 자신들의 관점을 정의해야 하는데 좌파 중에는 더 이상 그런 전략적 상대가 없었다. 19세기 초 자유주의는 보수주의가 자신들을 정의하는 데 필요한 적으로서 역할했다. 나중에는 선거민주주의, 그리고 곧이어 경제민주주의가 그 역할을 했다. 1945년 이후 이제 자유주의적으로 변한 보수주의는 자신을 정의하는 데 필요한 두 '상대자'를 두게 됐다. 하나는 좌파 자유주의에 따라 정부가 누그러뜨린 자본주의였다. 국가 개입주의나 케인스주의, 뉴딜주의, 사회개혁주의, 복지주의로 다양하게 불린 그 상대는 1980년대에 경기장에서 밀려났다. 자유주의적 보수주의의 두 번째 상대자는 세계 공산주의였다. 실제든 가상이든 서방의 지지자들과 함께하는 세계 공산주의는 소련이 무너지고 중국이 일당 자본주의를 포용하면서 사라졌다.

우파 내의 반대자가 보기에 그 두 겹의 틀이 사라진 것은 어떤 면에서는 지적 해방이었다. 그들은 활기차게 재능을 발휘하면서 주변으로 밀려나거나 이상해 보였던 보수주의의 오랜 믿음을 되살렸다. 정부

내 주류 우파의 최근 실패는 그 자체로 비판자들에게는 좋은 기회였다. 경제적인 면에서 무작정 치고 나가는 초자유주의는 보수 내 반대자들의 공격 목표가 됐다. 윤리적, 문화적으로는 도덕적 감시를 끝내는 새로운 방임의 기류를 받아들인 주류 보수주의가 반대자들에게 공격의 빌미를 주었다. 마지막으로, 이웃을 무시하는 세계주의를 촉진한 주류 우파는 강력한 호소력을 지닌 국가적 대의를 강경우파에 넘겨주었다. 국가라는 우리의 피난처를 지키고 수리하라! 그것이 어떻게 탈자유주의의 정통이 될지 강경우파 중 누구도 말할 수 없었다. 그래도 탐색은 신나는 것이었다. 그들이 보기에 새로운 탐색은 답답한 자유주의적 보수주의의 정통을 위해 어설픈 논리를 되뇌는 것보다 더 활기차고 정직한 것이었다.

강경우파가 보기에 현재에 굴복하는 주류의 변명은 두 가지밖에 없었는데, 둘 다 설득력이 없었다. 하나는 "시장은 작동하고 정부는 그렇지 않다"는 것이었다. 다른 하나는 굴복은 전략이 아니라 전술이라는 것이었다. 시장은 국가가 사회를 위해 상업적 압력을 막아주었던 여러 분야―교육, 건강, 예술―로 확장돼왔다. 정부는 사회에 대한 최소한의 가부장적 의무조차 빼앗겼다. 자본주의를 누그러뜨리고 사람들을 교화하는 데 쓰던 에너지는 내부로 방향을 돌려 정부 자체의 욕구를 자제하고 책임을 축소하며 체중을 감량하는 데 쓰게 됐다. 자유주의적 우파는 제약 없는 부와 사회적 승인, 정치적 방임이라는 삼중의 보호로 특권적 카스트의 성장을 촉진했다. 그들은 전통을 내다 버리고 사람들의 소속 욕구를 무시하며 권위를 하나둘 무너뜨렸다. 주류 보수주의는 요컨대 자유주의적 근대와 타협하지 않았다. 그들은 투항했다. 강경우파의 비판자들은 그렇게 주장했다.

완고한 우파는 19세기 초 이후 자유주의적 근대에 관해 충분히 많은 이야기를 해왔다. 그들은 1945년 이후 교훈을 되풀이해 말했으나 소용없었다. 반대자들은 1980년 이후 자신들의 목소리가 들리게 해야겠다고 결심했다. 독일 AfD의 사상가 마르크 용겐은 근본적인 불만을 압축적으로 표현했다. 그는 좌우의 자유주의자들이 모두 "반동주의자"라고 생각했다. 그들이 옹호하는 것은 신뢰를 잃어 구제 불능이었다. 용겐이 보기에 1920년대 불만자들에게 공명하는 보수주의자들은 "오늘의 혁명가들"이었다.

1. 우파 자유주의자,
반反세계주의자, 도덕적-문화적 보수주의자

미국의 "고古보수주의자" 폴 고트프리드는 『미국의 보수주의』 (2007)에서 자유주의적 현 상태에 대한 비타협적 우파의 태도를 정리했다. 현재의 사회적 관찰을 중시하며 과거를 무시하는 경향이 있는 신보수주의자들과 달리 고트프리드는 보수주의 정치가 국가의 역사와 문화를 이해하는 데 바탕을 둬야 한다는 데 찬성했다. 미국 우파의 역사적 과업은 "이념적 반대" 논리를 제공하는 것이었다고 고트프리드는 썼다. 고트프리드의 용어로는 보수주의자들이 우파의 일부이며 더 진실한 일부였다. 그들은 관습과 기준, 위계를 보존해야 한다고 믿었다. 그러나 진정한 보수주의자들은 우파의 전투에서 패했다. 승자들은 스스로 "좌파의 대화 상대"가 됐다. 그들은 세계적 진보를 위해 지역적 대가를 치러야 한다는 것을 인정했다. 또 사람들의 소속 욕구, 국가의 지위, 비시장 가치에 대한 존중과 관련해 보수주의 전통에서는 유화적으로 양보했다. 그러나 경제적 세계주의와 문화적 자유주의에 대한 약속에서는 조금도 양보하지 않으려 했다. 고트프리드에 따르면 좌파와 우파의 자유주의자들이 보기에 자유민주주의는 한껏 확장했다. 새로운 초자유주의적 우파가 계속해서 스스로 보수주의자라고 부르자 고트프리드는 진정한 믿음을 가진 이들을 뜻하는 "고_古보수주의자"라는 용어를 만들어 썼다.

우파 내의 싸움에 관한 고트프리드의 묘사는 미국 밖에서도 유례를 찾을 수 있었다. 프랑스에는 프랑수아 위게냉의 『불가능한 보수주의』(2006)가 있었다. 사회적 성향의 반자유주의적 가톨릭 신자로 사회적-기독교적인 『라 비』에 글을 쓰는 위게냉은 프랑스에서 보수적이면서 반자유주의적인 전통이 뚜렷이 형성되고 지속하지 못한 역사적 실패를 설명했다. 앞으로 살펴보겠지만 독일 보수주의자들에게서도, 그리고 영국의 고 로저 스크러턴에게서도 비슷한 좌절을 찾아볼 수 있다.

비타협적인 우파가 보기에 현상 유지 보수주의는 그 자체의 실패에 눈을 감고 있었다. 눈을 크게 뜨고 보면 경제적, 문화적 파멸은 불가피했다. 그들의 세계주의는 유토피아적이었다. 그들의 너그러움은 부식성이 있었다. 합의할 수 있는 것은 보통 거기까지였다. 우선순위는 논란을 빚었다. 지정학적 반세계주의자들은 국가를 가장 우선하기를 바랐다. "문화적" 보수주의자들은 병든 문화를 치유하거나 버리려

했다. 대체로 좋은 삶의 방식에 관한 도덕과 사상을 포함하려는 것이었다. 이런 반대자 중 누구도 뚜렷한 대안들을 갖고 있지는 않았다.

반세계주의자들은 국제적인 개방성의 대가가 편익보다 크다고 믿었다. 그들은 사회적, 경제적으로 자국을 최우선 순위에 둠으로써 개방적인 국제 질서를 떠나거나 제한하려고 했다. 그들이 보기에 세계의 자유민주주의를 지키기 위해 싸우겠다는 것은 물론이고 그것을 촉진하겠다는 것도 불운을 초래할 무책임하고 어리석은 짓이었다. 문화적 보수주의자들이 보기에 정치적, 사회적 문제의 뿌리는 정신적인 것이었다. 그들은 동시대의 세속적 풍토에서 뿌리를 잃고 고사하는 문화를 보았다. 그들은 시의에 안 맞게 비타협적으로 문화를 회복시키거나 포기하려고 했다. 두 유형의 보수주의자들을 이어주는 지점이 있었다. 그들은 각자 다른 방식으로 국가에 집착했다. 양쪽 다 자유주의자들이 국가를 경시한다고 보았다. 경제적 세계주의는 국가를 사회적으로 공동화했다. 윤리적, 문화적 민주주의는 국가를 도덕적으로 침식했다. 원인이 어느 쪽이든 비타협적인 보수주의자들은 독일의 계간지 『투물트』가 내세우는 표현을 쓰자면 "합의 파괴자"들이 됐다.

그들이 파괴자일 수 있지만 어떤 손상을 초래하는지는 따져봐야 한다. 정통을 비판하는 것이 하나의 일이고, 대안을 제시하는 것은 또 다른 일이다. 독일 정치사를 연구하는 마르틴 그라이펜하겐은 40여 년 전 자유주의적 근대에 계속 저항하는 지금의 보수주의자들이 직면한 어려움을 묘사할 때 그 일반적인 문제를 밝혔다. 그는 독일을 염두에 두었지만, 그의 논점은 더 광범위하게 적용됐다. 「독일 보수주의의 딜레마」(1971)라는 논문에서 그라이펜하겐은 이렇게 썼다. "1945년 이후 보수주의의 어려움은 탈이념적 기류 속에서 보수의 사상—사회의 통일성, 반물질주의, 국가의식—에 대한 열정을 되살리는 일이었다. 탈이념 시대의 번영은 산업과 국제주의에 달려 있었는데, 그 둘은 보수주의가 의심쩍게 볼 것이었다." 그 후 반자유주의적 정통을 만들어내는 일은 훨씬 더 어려웠다. "탈이념적" 자유주의자들이 영리하게 정통의 필요성을 부인했기 때문이다.

그러므로 1980년 이후 파괴적인 보수주의자들에게서 새로운 정통이나 웅대한 서사를 기대하는 것은 지나친 바람이다. 예외적으로 큰 구도를 생각하는 훌륭한 인물들도 있다. 그런 유형의 본보기가 되는 인물로는 옥스퍼드와 노트르담대학의 도덕적 엄격주의자이자 가톨릭 자연법 전통의 노련한 옹호자인 존 피니스가 있다(아래에서 논의한다). 그 전통은 자유주의적 방임에 반대로 돌아선 보수적인 미국 법대와 법정에 영향을 주었다. 바로 전에 언급한 스크러턴도 있다. 그는 몇십 년 동안 문화에 주의를 기울이는 반자유주의적 보수주의의 설득력 있는 구도를 발전시켰다. 독일의 분류하기 어려운 선동가 페터 슬로터다이크도 있다. 그는 박식하고 대담하게 독자들이 자유민주주의 거품의 출구를 생각하고 느끼도록 부추겼다. 각자 사회와 문화의 대안적 구도를 위한 자료를 모았고, 각자 자유주의의 방어 논리에 손상을 입혔다. 하지만 누구도 그 자료를 모아 대안적인 정통을 확립하지 못했고, 누구도 지적인 우위를 차지하고 유지하지 못했다.

다만 40년 전까지만 해도 한산했던 중간 수준의 공론장은 이제 자유주의 정통에 의문을 제기하는 작은 학술지와 잡지, 웹진으로 들어차 있다. 프랑스에는 보수주의의 기함인 일간 『피가로』 외에 『발뢰

르 악튀엘』과 『엘레망』 『렝코렉트』가 있다. 독일에는 "합의 파괴"를 위한 계간지 『투물트』와 이름으로 반反정통이라는 목표를 알리는 잡지 『제체시온』뿐만 아니라 강경우파와 중도우파 사이의 이음매 역할을 하는 주간지 『융에 프라이하이트』가 있다. 미국의 파괴적 보수주의자들에게는 좌우 자유주의가 공론을 독점한다는 주장을 무색하게 할 일련의 사려 깊은 표현 수단이 있다. 그중에는 가톨릭 쪽이지만 초교파적인 학술지로 정치적 자유주의자들을 혹평하며 도덕적 엄격함을 설교하는 『퍼스트 싱스』, 패트릭 뷰캐넌의 반세계주의와 친트럼프 성향을 보이는 『아메리칸 컨서버티브』, 강경우파의 『브레이트바트』, 반자유주의적인 『클레어몬트 리뷰 오브 북스』, 그리고 보수주의 스펙트럼 전반에서 잘 정리된 반자유주의 기사들을 올리는 후버 데일리 리포트 같은 종합 사이트들이 포함된다.

패트릭 뷰캐넌과 괴츠 쿠비체크, 알랭 핑켈크로트, 알랭 드 브누아처럼 공론장의 유명한 반자유주의 인사들은 짧은 에세이와 기사, 라디오 대담, 팟캐스트 같은 수단을 활용한다. 그들은 논문 대신 짧은 글을 모은 선집을 발간한다. 스크러턴은 철학자보다는 선동가로서 글을 쓸 때 그런 형식에 능숙했다. 21세기에 접어들 무렵 프랑스의 자유주의자 피에르 로장발롱은 우파의 파괴적 에세이 장르에 관해 생각하면서 강경우파의 사상이 발효하는 데 "부인과 혐오의 공동 전선" 이상의 무엇이 있는지 궁금해했다. 그의 예리한 물음에 함축된 것은 부인과 혐오가 전부라는 의미였다.

사실 비타협적인 우파는 확실한 보수주의 정통을 세우는 것은 고사하고 오늘날의 자유주의적 정통에 대해 일관되고 깊이 있게 비판하지도 못한다. 그래도 그들은 공론장에서 효과를 내는 일련의 강력한 수사적 논지—바로 전에 지적한 쇠퇴와 포획, 국가 내부와 외부의 적, 구조—를 갖고 있다. 강경우파를 믿는다면 서방의 사정은 암울하다. 국가는 쇠퇴하고, 정신적·문화적 가치는 짓밟히고, 내부에는 자유주의적인 적이 있으며, 외부에서는 동화될 수 없는 이주자들이 압박해오고 있다. 정통에 맹목적인 자유주의자들이 아니라면 분명히 파멸을 볼 수 있다. 그 정통은 선택에 지나친 가치를 두고 공로를 낮잡아보며, 기준을 뒤엎고, 무엇보다 보수주의자들이 황폐한 현 상황에 관해 진실을 말하지 못하게 막는다. 구조를 통해 그 황무지를 복구할 수 있지만, 어떻게 혹은 언제 그런 일이 일어날지 구체적으로 말할 수 있는 것은 거의 없다. 조금이라도 설득력 있는 복음이라면 다 그렇듯이 작은 진실조차 담고 있지 않은 요소는 없다. 전체적으로 보면 급진적인 복음은 신중하고 온건한 보수주의와 전쟁을 벌일 태세다.

2. 미국식 강경우파: 뷰캐넌, 고보수주의자들, 드레허

이녁 파월이 1950년대에 30년 후 영국의 대처리즘을 예고한 것과 똑같이 패트릭 뷰캐넌도 1990년대에 오늘날 미국의 트럼프주의를 예고했다. 뷰캐넌은 티파티 이전 강경우파 공화당의 느슨한 운동인 고보수주의의 옹호자였다. 그들은 그 시대의 명랑한 분위기를 거부했다. 당시 경제 호황으로 재정적자는 줄어들었다. 냉전 종식으로 세계에서 미국의 적이나 경쟁자는 없는 듯했다. 그에 감명받지 않은 고보수주의자들은 이민자들을 보며 투덜거렸다. 그들은 새로운 세계 무역 질서에서 편익이 아니라 비용을 봤다. 또 큰 정부가 국내에서 돈을 지나치게 많이 쓰고 해외에서 쓸데없이 확장한다며 비난했다. 그들은 문화적 빈곤과 해이한 도덕을 개탄했다. 범인을 찾는 그들은 미국인을 최우선 순위에 두지 못하는 이기적인 워싱턴을 노려보았다. 언제나 경멸할 만한 민주당 아니면 보수주의의 대의를 팔아먹은 가짜 공화당 중 어느 쪽이 더 나쁜지는 확실치 않았다. 특별한 증오는 아들 부시 행정부를 뒤엎고 신뢰를 떨어트림으로써 자신들의 반역을 입증한 신보수주의자들 몫으로 남겨두었다.

서로 적대하는 우파 중에서도 고보수와 신보수 간의 적대감이 가장 심했다. 고보수주의자 중 미국 우파의 분위기를 파악하는 데 뷰캐넌(1938~)보다 더 밝은 귀를 가진 이는 없었다. 그는 닉슨의 연설문을 썼고, 레이건의 백악관에서 공보公報를 지휘했으며, CNN의 「크로스파이어」(1982~1991)에서 텔레비전의 정당 논객이라는 새로운 표준을 만들었다. 상대편의 자유주의자 말고는 모두가 이해할 수 있는 단순한 말로 논리의 틀을 짜는 데 그보다 더 노련한 이는 별로 없었다. 고보수가 영화라면 트럼프는 스타이고 뷰캐넌은 작가라고 할 만했다.

"고보수"라는 명칭은 1990년대에 만들어져 일반화됐지만, 공화당 정치 내부의 긴장은 오래된 것이었다. 긴장은 일찍이 태프트와 골드워터 때 주목받았다. 공화당 우파는 자기네 당이 그 두 영웅을 동부 해안의 다자주의자와 큰 정부 지지자들에게 제물로 바치는 것을 지켜봤다. 레이건은 당의 노련한 통합자였으나 고보수주의자들을 실망시켰다. 그가 세금을 깎은 것은 사실이지만 적자가 불어나게 놔뒀고 가톨릭과 복음주의 보수주의자들이 우파 대통령에게 바란 도덕적 성전에서 별로 한 일이 없었다. 고보수주의자들이 보기에 조지 W. 부시의 "큰 정부 보수주의"는 레이건보다 더 나빴다. 메디케어 지출과 정부의 감시 활동, 은행 구제를 위한 연방은행의 악성 부채 매입을 늘렸기 때문이다.

뷰캐넌을 포함해 가장 유명한 고보수주의자 중 상당수가 가톨릭 신자였다. 신앙이 섞이는 문제는 고보수와 신보수가 서로를 의심하는 한 가지 이유였다. 많은 신보수주의자가 유대인이었다. 유대인의 자부심을 지닌 신보수는 분류하고 낙인찍기를 거부하는 자유주의와 양립할 수 있었던 데 반해 고보수는 그렇다고 할 수 없었다. 그들은 반유대주의 암시나 모욕에 거리낌이 없는 편이었다. 지나치게 흥분한 한 고보수주의자는 러셀 커크의 미국판 버크주의를 표방하는 우파 웹진 『이매지너티브 컨서버티브』에 글을 쓰면서 문장의 느낌을 살리려고 신보수는 "마르크스주의자였던 이들로 도시의 매춘부처럼 종교를 얻고 성가대를 가르친 후 목사의 설교까지 쓰고 싶어한다"고 묘사했다. 엘리트의 손에 순교한 고보수의 연대기에서 1933년 조지프 소브런이 21년 동안 글을 써왔던 『내셔널 리뷰』에서 쫓겨난 것보다 더 씁쓸하게 기억되는 것은 별로 없다. 당시 소브런의 악랄한 반유대주의는 버클리가 감당할 수 없는 수준이 됐다. 하지만 뷰캐넌이 보기에 소브런은 당대 최고의 칼럼니스트 중 한 명이었다. 고보수는 주변적 내부자로서 활동하며 대중이 지적 엘리트에게 반대하도록 자극했다. 사실 그들 자신이 지적 엘리트에 속하면서 전리품을 두고 다른 엘리트들과 싸우고 있었다.

뷰캐넌은 1992년과 1996년 두 차례 공화당 대선 예비선거에 나갔지만 매번 전체 투표의 약 5분의 1을 얻고 떨어졌다. 2000년에는 공화당에서 떨어져나온 개혁당의 지도자로 일반 투표에서 1퍼센트에도 못 미치는 표를 얻었다. 그는 격월간지 『아메리칸 컨서버티브』(2002)를 창간했다. 잡지는 자유지상주의와 일방주의, 가톨릭 고보수주의 같은 우파의 다양한 보루에서 아들 부시 행정부에 집중포화를 퍼부었다.

뷰캐넌의 책들은 제목부터 그의 논지를 선언했다. 외국에 대한 간섭과 다자적 개입에 반대한 『제국이 아니라 공화국이다』(1999), 백인의 인구 감소를 소리 높여 경고하며 더 많은 자녀를 가지라고 촉구한 『서방의 죽음』(2002), 신보수가 레이건 행정부를 약화시키며 나중에는 아들 부시를 포획했다고 보고 그들을 비판한 『우파는 어디서 잘못됐나』(2004)가 그랬다. 뷰캐넌은 미국인들이 그 전에 싸워본 적도 없고 이해관계도 없는 곳에서 싸우고 있다며 반대했다. 뷰캐넌은 1990년 프랑스의 유화론자 마르셀 데아의 「단치히를 위해 죽으라고?」(1939)를 흉내 내며 이렇게 물었다. "김일성이 공격하면 왜 미국인이 먼저 죽어야 하는가?" 일찍이 자유무역 진영에서 이탈한 뷰캐넌은 세계 무역 질서는 오로지 월가 은행가들에게만 봉사하며 북미자유무역협정은 미국의 노동자들을 팔아넘겼다고 주장했다. 이 나라에 넘치는 이민자들은 법을 어기고 캘리포니아부터 플로리다까지 주 정부를 파산시키고 있었다. 신약과 구약의 "영원한 진리"는 이 나라의 학교들에서 "추방"됐으며, "미국의 영혼"을 되찾기 위한 싸움을 벌여야 했다. 큰 정부는 "잊힌 사람들"의 갈수록 심해지는 곤궁을 무시했다. "얼음장같이 냉담"한 정부는 대신 외국 로비스트와 『포천』 500대 기업의 기부자들 말을 들었다.

보수적 평론가들은 뷰캐넌의 여러 책에서 백인 종족주의와 반유대주의뿐만 아니라 혼란과 과잉을 보았다. 상관없었다. 뷰캐넌은 먹물들을 상대로 이야기한다고 생각한 적이 없었다. 트럼프처럼 그는 단순한 생각과 쉬운 교리문답으로 우파의 저변에 연결되기를 바랐다. 트럼프는 뷰캐넌만큼 독실한 신앙에 기대지 않았지만, 뷰캐넌의 주된 논지를 말만 조금 바꿔서 되풀이했다.

뷰캐넌의 여러 논지는 연결성이 없는 것 같아도 한데 뭉쳐 공통의 적에 맞서게 할 수 있었다. 레이건이 정책 면에서 미국 우파가 서로를 겨냥하지 않고 큰 정부를 공격하도록 이끌었던 것과 마찬가지로 뷰캐넌도 공론장에서 동료 논객들에게 자기네끼리 다투기를 멈추고 함께 자유주의적인 미디어를 공격하라고 촉구했다. 뷰캐넌은 닉슨을 위해 "침묵하는 다수"라는 말을 지어냈다. 대중의 정당한 의견이 억눌리고 있다는 암시는 틀린 것이지만 사람을 호리는 힘이 있었다. 그는 말의 전쟁이 계속되던 1969년 11월 반자유주의 우파의 일제사격을 알린 스피로 애그뉴의 디모인 연설 원고를 썼다. 애그뉴는 "일종의 검열"을 언급하면서 "4000만 미국인이 매일 밤 듣는 뉴스는 오로지 자기네 회사 고용주에게만 책임지는 한 줌밖에 안 되는 남자들이 결정하며, 저마다 한 무더기의 편견을 지닌 한 줌밖에 안 되는 논평가들이 걸러낸다"고 말했다. 뷰캐넌은 거의 반세기가 지나서도 여전히 그 연설을 자랑스러워했다. 그는 2016년 한 기자에게 닉슨과 애그뉴는 주류 신문과 방송이 어떻게 "밀수품을 싣고 중립의 깃발을 날리는 선박"

이 됐는지 대중에게 보여줬다고 말했다. 뷰캐넌은 그 메시지가 "진실임을 대중이 알기 때문에" 오늘날까지 받아들여진다고 믿었다.

뷰캐넌과 같은 유형의 반지성주의는 미국 우파의 전유물이 아니지만, 자유주의적 언론과 그들에게 인재와 사상을 제공하는 대학에 대한 우파의 의심은 깊은 분노가 서린 것이다. 2017년 7월 퓨 리서치 센터의 연구에 따르면 공화당 지지자들과 우파에 기운 무당파 중 대다수는 고등교육이 이 나라에 부정적 영향을 미친다고 생각한다. 이 센터는 각급 대학들에 대한 불신은 2010년 이후 커졌다고 전했다. 당시 공화당 지지자 중 부정적 인식을 보인 이들은 32퍼센트였으나 7년 후에는 58퍼센트였다. 교육 수준별로 따지면 트럼프는 대학 교육을 받지 않은 백인 사이에서 가장 큰 우위(67퍼센트 대 28퍼센트)를 보였다는 사실을 상기하자. 1970년 보수의 높은 득표율을 예측하는 가장 중요한 변수는 대학 교육이었다. 지금은 거꾸로다. 공화당은 여전히 더 잘사는 계층의 표를 얻지만 갈수록 더 대학 교육을 받지 않은 백인들에게 의존한다. 따라서 보수 정치인들은 고등교육에 대한 우파의 대중적 불신을 부추긴다. 2016년 트럼프는 대학들이 학부모의 돈 20만 달러를 가져가서 자녀들에게 "좀비 공부"와 "우리 나라를 미워하는 법"을 가르친다고 조롱했다. 프로페서 워치리스트라는 웹사이트는 보수주의 사상을 비판하는 교수와 그들이 보기에 보수적인 학생들을 차별하는 교수들의 명단을 작성한다. 고등교육에서 확립된 견해에 대한 멸시는 정치적, 문화적 주제에 한정되지 않고 최근 자연과학의 신뢰성 문제로 확장돼 줄기세포와 기후변화, 진화, 전염병 연구 결과에 대한 불신을 키웠다.

뷰캐넌처럼 언어 구사에 노련한 이는 트럼프처럼 그다지 명료하지 않은 말장난을 하는 이들에 대해서는 언제나 불리할 것이었다. 그 대신 뷰캐넌은 한 세대를 지난 뷰캐넌주의가 공화당 우파에서 번성하는 것을 지켜볼 수 있었다. 인정받고 안 받고를 떠나 그는 한 쌍의 정치적 대자를 두었다고 당당히 주장할 수 있을 것이다. 둘 다 가톨릭 신자인데, 한 사람은 불경한 스티브 배넌이고, 다른 한 사람은 신성한 로드 드레허다.

배넌은 해군 장교, 은행가, 뉴스 매체 경영자, 트럼프 참모 출신으로 미국과 유럽의 강경우파 사이에 다리를 놓으려고 했다. 그는 보통 사람들 편에 서서 자유무역과 이민에 반대했으나 달리 부자들을 위협하지는 않았다. 배넌은 뷰캐넌의 복음을 되풀이했다. 대중의 불만은 해외에 일자리를 빼앗기고 은행들이 부당한 권력을 잡은 탓이었다. 미국은 "부자와 빈자를 위해서는 사회주의", 다른 모든 이에게는 "다윈식 자본주의"를 제공했다. 자유시장 자유주의자들은 대중의 적이었다. 대중을 대변한다는 좌파 자유주의자들은 참견하기 좋아하는 호사가가 아니면 대중과 동떨어진 "약골"들이었다. 배넌은 자칭 국가를 우선하고 "시민적 가치를 극대화"하는 "우파 포퓰리스트"였다. 트럼프 백악관에서 해고된 배넌은 마레샬 르펜, 영국 가톨릭 우파 벤저민 한웰과 함께 유럽인들을 개종시키려 했다. 2019년 말 한웰과 배넌은 그들이 로마 남동쪽 옛 카르투시오 수도원에 강경우파 싱크탱크이자 대학으로 세운 인간존엄연구소를 쫓아내려는 이탈리아 정부와 싸웠다.

로드 드레허는 뷰캐넌이 창간한 『아메리칸 컨서버티브』의 충실하고도 저명한 저자다. 그는 대외 개입에 관한 이 잡지의 지정학적 염려를 공유했지만, 도덕적으로 가망 없는 미국 문화에 관한 묘사로 가장 잘 알려져 있다. 문화를 병들게 하는 원인에 관해 미국의 보수주의자들 사이에 오랫동안 대조적인 이야기가 돌았는데 하나는 희망적이고 하나는 암울했다. 희망적인 이야기는 자유주의의 포획을 말했다. 1950년대와 1960년대에 대표성이 없고 세속적인 자유주의적 엘리트가 기본적으로 신을 두려워하고 선량한 사람들의 교회와 대학, 언론, 법원을 장악했다. 보수의 과제는 그것들을 되찾는 것이었다. 그 목표는 공화당의 영혼을 위한 싸움에서 기독교 우파를 고무했다. 1980년대 레이건과 부시 시대에 정점에 이른 기독교 우파는 미국의 정치적 다수와 저변의 도덕적 다수를 다시 일치시켰다고 거의 믿을 정도였다.

드레허가 『베네딕트 옵션』(2017)에서 한 이야기는 암울했다. 세속적 타락은 너무나 유혹적인 것이어서 널리 퍼질 수밖에 없었다. 미국은 이제 부도덕한 다수가 차지했다. 기업가도 정치가도 사람들이 침대에서 무엇을 하는지, 그 전에 기도를 하는지에 관심 없었다. 폭력적이고 신을 믿지 않으며 섹스에 집착하는 문화는 치유할 수 없으며 포기하는 수밖에 없었다. 드레허는 미국 기독교인들이 정면에서 저항하기를 그만두고 스스로 고립을 택한 작은 공동체로 물러남으로써 정신적 야만으로부터 가족들을 구하기를 권했다. 올바르고 경건한 전통은 그런 공동체에서 보존되고 전해질 것이었다. 드레허의 책 제목은 서방의 제국이 파열된 6세기의 기독교 수도회 지도자 누르시아의 베네딕투스에게 동의를 표하는 것이었다. 알래스데어 매킨타이어는 더 최근에 더 직접적인 영감을 주었다. 앞서 보았듯이 반자유주의적 가톨릭 신자인 매킨타이어는 자유주의적 정통에 대항하는 전통을 퍼트릴 교육 기관들이 줄을 잇기를 고대했다. 철학적으로 매킨타이어는 풍부하고 드레허는 얄팍하며, 비전에서도 매킨타이어는 사회적이고 드레허는 개인적이라는 차이가 있었다. 드레허는 자신이 매도했던 자기 몰두와 사회적 파편화에서 벗어날 수 없는 듯했다. 드레허는 자유주의적 다원주의와 다양성에 대한 관용을 공격했지만, 바로 그런 것들 덕분에 그가 제안한 것처럼 안전한 공간으로 물러날 수 있었다. 드레허가 제안한 정신적인 물러남은 그가 반대한다는 자유주의에 무임승차하는 것이었다.

사람들이 말하려는 것을 자유주의 정통이 억누르고 검열한다는 강경우파의 주장에는 대중에 관한 것과 역사에 관한 것이 있다. 대중과 관련된 연성 검열 혐의는 미국에서 일반적이다. 그것은 사실상 자유주의 정통이 "대중"이 알고 있는 것을 말하지 못하게 한다는 것이다. 역사와 관련된 주장은 프랑스와 독일에서 더 일반적이다. 그 주장은 자유주의적 정통이 과거를 말하지 못하게 한다는 것이다. 1933~1945년 독일과 1940~1944년 프랑스에서 일어난 일들에 대한 수치심이 국가의 역사에 관한 정직하고 왜곡되지 않은 인식을 막고 있다는 주장이다. 더욱이 하나의 국가는 과거에 관한 공유된 인식으로 뭉치므로 과거를 잘라내는 것은 사실상 그 국가를 손상하거나 부인하는 것이다. 실제로 1945년 이후 독일 신우파와 프랑스 신우파는 국가의 전통에 느끼는 자부심이 신나치주의나 은밀한 패탱주의라는 혐의를 벗도록 무죄 선언을 해야 했다. 그 과제는 실행됐다. 강경우파는 따라서 과거의 불명예가 더는 현재의 논란에 암운을 드리울 수 없다고 주장했다.

그들이 이해하는 구도에 따르면 강경우파는 말해야 할 진실이 있어도 침묵해야 했는데, 자유주의자들이 역사적 양심 때문에 입을 열지 못하면서 반대자들을 대번에 그들이 실행하지도 않았고 옹호한 적도 없는 부끄러운 과거에 갖다 붙였기 때문이다. 우파는 예컨대 이민에 관해 의문을 제기하면 꼭 생물학적 인종주의나 배타적 가톨릭교를 옹호하는 것으로 비친다고 불평했다. 독일 신우파와 프랑스 신우파는 그들 자신에 따르면 1930년대와 1940년대 우파와 구별되도록 애썼다. 그들은 자신들이 전혀 무관하다고 여기는 과거를 두고 자신들을 비난하는 것은 자유주의자들의 중상모략이라고 주장했다.

3. 독일과 프랑스 우파의 새로운 목소리

겔렌이나 마르크바르트 같은 1945년 이후 독일의 보수 사상가들은 1960년대와 1970년대의 문화적 격변에 철학적인 방식으로 대응했다. 이와 달리 독일 강경우파의 사상가와 평론가들은 더 공공연히 논쟁을 벌였다. 독일에서 우파가 불신받는 과거와 연결되는 것을 재빨리 부인한 이는 괴츠 쿠비체크(1970~)다. 그는 작센안할트주 슈넬로다 지역에 작은 싱크탱크인 국가정책연구소와 출판 부문인 안타이오스를 가지고 있다. 그는 신우파의 온라인 잡지 『제체시온』을 편집하며 대학에서 역사와 철학, 예술을 전공한 작가들을 두었다. 이전의 원심운동—신나치의 향수(1950~1960년대)나 불만을 품은 신마르크스주의(1960~1970년대)—으로부터 도피하기에는 너무 젊은 이 우파 구성원들은 분류하기가 어렵다.

쿠비체크는 정치적 꼬리표를 경계한다. 가톨릭 신자인 그는 윤리적, 도덕적 가치가 더 중요하다고 생각한다. 그와 미국의 드레허는 서로 통할 이야기가 많을 것이다. 쿠비체크가 보기에 근대성의 병폐는 정신적인 것이다. 그 병폐에는 삶에 대한 기계론적 관점과 소비주의, 그리고 기독교 신앙의 상실이 포함된다. 자유주의는 너무 많은 것에 대해 사과하고, 다른 이들의 잘못이나 누구도 저지르지 않은 잘못에 대해 자신들을 비난하며, 국가적 긍지에 관해 서글플 만큼 소심하다. 쿠비체크의 애국주의가 특히 자유주의적이거나 포용적이라는 말은 아니다. 쿠비체크는 1871년 통일 전부터 독일의 정체성에 관해 내부적으로 논쟁해온 나라의 다양한 지역 중 어느 곳이 가장 독일다운지 거의 의문을 갖지 않는다. 그가 보기에 서독인들은 지나치게 도덕적이고(늘 이래라저래라하며 부정적인 의미에서 관념론적이라는 뜻이다) 이주자들에게 너무 편하게 대하며 성격이 무른 데 반해 이민이 더 적은 동독은 "여전히 독일"로 남아 있다.

국가에 대한 확신 부족은 독일만의 유형을 보이지만, 쿠비체크가 보기에 그 문제는 다른 유럽 국가와 미국에도 다 같이 나타나며 갈수록 나빠지고 있다. 그는 슈펭글러와 같은 어조로 서방에 생존 의지가 있는지 궁금해한다. 2017년 『제체시온』은 특집호 "게르마니아의 종말"을 발간했다. 롤프 페터 지페를레의 유작 에세이 모음으로 안타이오스가 출간했을 때 논란을 일으켜 성공을 거뒀다. "게르마니아의 종말"에 실린 지페를레의 글은 강경우파의 익숙한 논지를 다뤘다. 독일이 양심의 짐을 내려놓을 것과 세계적인 책임을 안기를 꺼리는 국가의 무책임성, 연방공화국의 따분한 순응, 그리고 더 일반적으로 자유민주주의자들의 지적 실패 같은 것이었다. 쿠비체크는 (9장에서 언급한) 회케의 친구다. 그 둘은 함께 AfD에서 무엇보다 이민과 국가 정체성 문제를 염려하는 계파인 플뤼겔을 대표했다. 플뤼겔은 당 창립 직후 자유시장주의 경제학자를 지도자 자리에서 제거하는 일을 꾸몄다.

『제체시온』은 새로운 보수주의 정통의 씨앗일까, 아니면 멋 부린 방종일까? 『제체시온』의 발행인란에는 "에티암시 옴네스 에고 논 Etiamsi omnes ego non"(모두가 그럴지라도 나는 아니다)이라는 라틴어 문구가 있다. 그 말은 1792년 왕정이 무너질 당시 튀일리궁에 파리 군중이 난입했을 때 죽은 입헌군주제 지지자 스타니슬라스 드 클레르몽-토네르의 좌우명이었다. 『제체시온』은 "여러 조국이 있는 유럽"이 아니라 "자본주의에 회의적"이고 모든 맹목적 애국주의를 넘어서는 유럽을 장려한다. 이 잡지는 "지적 투쟁"과 "메타 정치"를 촉구한다. 이는 정치를 어떻게 이야기할지를 이야기하는 것이며, 이민 문제 외에는 정부나 정책의 긴급한 문제들과 동떨어진 것으로 보인다. 이제 온라인으로도 발행되는 주간지 『융에 프라이하이트』는 비슷한 영역을 더 일상적인 어조로 탐색한다. 1986년 디터 슈타인이 창간한 이 신문은 AfD와 주류 우파 사이의 이음매 구실을 한다.

AfD가 어떤 어조로 말하는지는 반란을 일으킨 이 당의 지적 대변인 마르크 용겐이 쓰고 정치·문화 잡지 『키케로』(2014년 1월)에 발표된 짧은 「선언문」에서 맛볼 수 있다. 선언문은 강경우파의 익숙한 논지들을 담았지만, 미안해하는 기색 없이 1920년대부터 1930년대까지 쓰였던 "혁명적 보수주의"의 언어로 표현했다. 이 당은 독일에 "미쳐

날뛰는 현대"에 대한 대안을 제공하는 "역사적 사명"을 가졌다. 현대의 "모든 안정된 것"은 "영원히 증발해버릴" 가능성이 있었다. 퇴짜를 맞았던 AfD는 당의 입을 막으려는 그 모든 시도에도 불구하고 이제 "유력" 정당으로 인식됐다. 마르크스에게는 부르주아와 프롤레타리아 계급이 서로 적이었다. 그 후 "금융자본"과 부르주아 계급의 이해는 갈라졌다. AfD는 "프롤레타리아화"로 고통을 겪으면서 새로운 "혁명 계급"이 된 "부르주아 중산층"을 대변했다. 그들의 적은 반대자들을 침묵시키려고 애쓰는 "부르주아 자유주의"와 그들의 금융 동맹인 "은행 사회주의"였다. 이기적인 "특권계급"이 지배하는 유럽중앙은행은 "파산한 국가들"의 악성 부채를 사들임으로써 독일의 저축인들을 약탈하려고 했다. "구조적 부패의 중심에 있는 괴물"―유럽연합―은 느슨한 연합도 정치적 연방도 아닌 "잡종" 상태에서 벗어나야 하며 "선량한 유럽인들"이 근본적으로 개혁해야 한다. 일하고 문화를 보존하는 독일인들은 이 나라를 아래로는 복지 부담, 위로는 금융 엘리트로부터 해방해야 한다. 그들은 나쁜 가책을 억누르고, 당당하게 국가적 가치를 옹호하며, 세계에서 자랑스럽게 서야 한다. 융겐은 "통합에 기꺼이 응하려는" 이민자들은 스스로 무엇을 옹호하는지 확신하지 못한 채 변명만 하는 나라에 살기를 바라지 않을 것이라고 덧붙였다. 또 AfD 내 급진파와 온건파의 싸움은 언론이 지어낸 이야기라고 했다. 융겐의 자가 양조주는 앞서 보수주의 이야기에서 언급한 혐오와 분노라는 20세기의 익숙한 재료로 급하게 빚어낸 것이다. 한 모금만 맛을 보면 대부분 독일 중도 보수주의자들은 뱉어내겠지만, 융겐은 자신의 소수파 시장을 알고 있었다.

프랑스에서 문화적 피난처를 찾는 반세계주의적 탄원은 1968년의 격변 후 프랑스의 뉴라이트로 알려진 사조의 지도자인 알랭 드 브누아와 얼마 후 마르크스적 보편주의에 반대로 돌아선 알랭 핑켈크로트의 웅변에서 발견된다. 브누아는 유럽 차원에서, 핑켈크로트는 프랑스 차원에서 더 생각하지만, 흔히 로마식 보편주의와 프랑스식 국가주의가 뒤섞이는 나라에서 두 사람 사이에는 차이점뿐만 아니라 유사점도 있다.

사상가이자 문화비평가로서 핑켈크로트(1949~)는 다문화주의와 도덕적 상대주의의 부식이라고 생각하는 것에 반대해 프랑스의 전통을 옹호했다. 핑켈크로트는 30년 동안 에세이스트이자 논쟁가로서 좌파에서 시작해 프랑스 공산주의와 성적 해방, 포스트모더니즘, 정체성 정치 같은 진보적인 우상을 하나하나 때리거나 버리는 여정을 이어왔다. 프랑스 공산당이 소심하고 순치됐음을 깨달은 그는 1960년대에는 마오주의자였다. 성적 충동을 억제하는 것은 문명에는 좋을지라도 우리 각자에게는 나쁘다는 허버트 마르쿠제의 복음에 감명받지 않은 그는 파스칼 브뤼크네르와 함께 『새로운 애정 장애』(1977)를 썼다. 자유로운 사랑은 여성을 전혀 해방시키지 못하고 오히려 여성에게 해로웠다. 『사유의 패배』(1987)에서 핑켈크로트는 "이론적" 좌파의 회의적인 반인본주의와 문화적 가치를 희생시키며 대중오락을 끌어안는 유행을 한탄했다. 1990년대에 핑켈크로트는 우상파괴에서 방향을 바꿔 프랑스가 무엇을 보존해야 하는가에 관한 자신의 비전을 옹호했다. 그것은 비차별적인 세속 국가와 애국적 시민들이 공유하는 공통의 문화였다. 핑켈크로트와 절연한 쪽은 자유주의적 좌파와 강경좌파이므로

"우익"이라는 이름은 그가 붙인 것이 아니다.

대충 신공화주의라고 부르는 구도의 요소들을 조화시키는 것은 쉽지 않았다. 핑켈크로트를 깎아내리는 이가 많은데, 그들은 흔히—그가 다문화주의와 문화적 상대주의를 적대한다는—한 가지 요소에 달려들면서 비차별과 시민적 가치에 관한 주장은 무시했다. 다니엘 린덴베르는 자신의 에세이 『질서로의 복귀』(2002)에서 핑켈크로트를 프랑스의 "신반동주의자" 중 한 명으로 지목했다. 거기엔 다양한 사람이 섞여 있었는데, 소설가 미셸 우엘벡과 신자유주의 정통의 꼬리표로 부지즘이라는 말을 지어낸 것 외에 프랑스의 반유대주의 귀환을 경고한 역사가 피에르-앙드레 타기에프도 포함됐다. 그뿐만 아니라 중도주의 저널 『데바』의 바로 그 자유주의적인 편집장 마르셀 고셰도 들어 있었다. 린덴베르의 짧은 책은 편 가르기를 재촉했다. 그는 책 제목으로 1926년 미술가와 음악가들에게 아방-가르드를 버리고 고전적인 전통으로 돌아가라고 촉구한 장 콕토의 에세이 모음집 제목을 가져다 썼다. 중도는 정치적으로 배제되는 프랑스의 법칙에 따라 핑켈크로트는 이제 좌파에서 널리 파문을 당하고 우파에서는 축복을 받았다. 좌파에게 그는 시비 거는 가짜 사상가이자(피에르 부르디외는 그를 "문화적으로 빈곤한 백인"이라고 불렀다) 이민에 반대하는 국민전선의 선구였다. 우파에게 핑켈크로트는 좌파가 듣고 싶어하지 않는 것들을 말하는 명료하고 용기 있는 사상가였다.

문화와 동화同化에 관한 핑켈크로트의 사고에서 핵심은 학교와 교육이었다. 반대자들은 그가 세속적 학교 교육과 프랑스어 보호, 프랑스 문화의 자랑스러운 전통을 내세우는 것을 신식민주의적인 괴롭

힘과 반무슬림 편견으로 치부했다. 핑켈크로트는 자신이 유고슬라비아 전쟁 때 무슬림 국가인 보스니아를 공격하는 세르비아에 대해 유럽의 개입을 촉구했다고 답했다. 그는 반대자들이 무슬림 이민에 따른 사회문화적 문제를 회피하고 심화하는 반유대주의를 무시한다고 주장했다. 프랑스가 무슬림 이민자들을 공화주의 방식으로 흡수하는 데 실패했다고 보는 그는 『불운한 정체성』(2013)에서 그 염려를 되풀이하며 프랑스 학교 교육의 쇠퇴를 한탄했다. 책은 환대와 배척 사이의 좁은 길을 찾았다. 계몽의 아들인 핑켈크로트는 프랑스의 정체성을 복합적인 것으로 봤고 어떤 전통도 폄하되거나 부인되지 말아야 한다고 생각했다. 그러나 외국의 전통을 프랑스에 이식하거나 강요해서는 안 될 것이었다. "이주자들(받아들여지는 이들)이 거부해서 주인들(맞이하는 이들)이 그들을 환대하는 국민이 되지 못하는 것은 이민의 역사에서 처음 있는 일이다." 나중에 핑켈크로트가 아카데미 프랑세즈 회원이 될 때 후원 연설을 한 역사가 피에르 노라는 책 출간 당시 설사 프랑스에 단 한 명의 이민자도 없다 해도 이 나라의 정체성에는 문제가 있을 것이라고 말했다.

핑켈크로트의 시민적 공화주의와 정교 분리에 대한 강조는 그 자신의 유대인 의식과 이스라엘에 대한 비판적 지지, 그리고 프랑스의 반유대주의 부활에 대한 지칠 줄 모르는 경고와 잘 맞지 않는 것으로 보일 수 있다. 비판자들이 보기에 그는 자신의 정체성을 찬미하면서 정체성 정치는 공격하고 있는 것으로 보였다. 나치즘을 피해 도망친 폴란드 난민의 아들로서 핑켈크로트에게는 준비된 답이 있었다. 그는 종족적, 문화적 박해를 잘 알기 때문에 세속적인 비차별을 강조한다. 그런 사회에서만 열렬한 충성의 대상인 하나의 신조가 다른 신조와 공존할 수 있다. 이번에는 비판자들이 답을 가지고 있다. 그들은 이렇게 말할 것이다. 프랑스나 다른 나라에서 소수의 충성을 공유하는 이들이 다수의 충성을 공유하는 이들보다 확실히 더 어려운 처지에 있을 때 둘 사이의 세속적 국가가 중립성을 지키면 불리한 이들의 배제는 더 심해진다. 비판자들은 다시 세속주의는 그것이 보호한다는 신앙과 문화의 품격을 떨어트린다고 말할 수도 있다. 이런 논증은 익숙한 것이다. 자유주의자들은 신앙이나 종족적 충성의 문제에 대한 중립적 비차별을 옹호한다. 그러면 좌파는 자유주의자들이 사회적으로 불리한 쪽을 무시한다며 그 위선을 비난하고, 우파는 자유주의자들이 다른 이들의 신념은 하찮게 보면서 자신들의 신념을 강요한다며 비난한다. 자유주의자가 되려던 핑켈크로트는 그 그물에 걸려 우파 쪽으로 더 끌려갔다.

논쟁적인 저명인사인 70대의 핑켈크로트는 이제 캐나다의 마티유 보크-코트와 베레니스 레베를 포함한 신세대 가톨릭 우파의 추앙을 받는다. 그들은 핑켈크로트가 자신들이 보기에 원칙 있는 보수주의, 더 정확히는 버크식 원칙을 가진 보수주의를 되살렸다며 박수를 보낸다. 그것은 공통의 문화와 전통을 가진, 프랑스인을 위한 프랑스의 "특이성" 혹은 특별함이라는 원칙이었다. 보크-코트는 다문화주의, 그리고 교육에서 프랑스의 정신이 침식되는 것에 대한 핑켈크로트의 염려에 공감한다. 레베는 지도적인 반페미니스트로, 그녀의 책들은 최근 몇십 년 동안 페미니스트가 고무한 개혁들이 여성과 가족에 해를 끼친다고 비난한다. 핑켈크로트의 프랑스식 공화주의가 종교에 바탕을 둔 그들의 도덕적 호소와 얼마나 잘 어우러졌는지는 또 다른 문제다. 보크-코트와 레베 같은 젊은 투사들은 1980년대에 사회당이 가톨릭의 대규모 시위에 직면해 학교 개혁을 철회해야 했을 때 봤던 것과 같은 적극적인 정치 참여의 전통을 이어간다. 2013년에는 더 젊은 세대가 파리의 거리에서 동성 결혼 인정에 반대하는 '모두를 위한 시위'에 나섰다. 하지만 이번에는 같은 이름으로 정치적, 도덕적 운동을 이어가게 된 것 말고는 성과가 없었다. 그처럼 엇갈린 결과는 시사점을 준다. 프랑스에서 도덕적 보수주의는 다른 운동이나 정당과 엮일 때를 제외하고는 정치에 미치는 영향이 제한된 것으로 보인다. 그럴 때조차 정책 변화로 나타나는 성과는 적다. 우파 가톨릭이자 낙태 반대 운동가인 크리스틴 부탱의 경력이 적절한 사례다. 그녀는 2002년 홀로 대통령 선거에 나서 34만 표를 얻었다. 나중에 대통령에 당선된 니콜라 사르코지는 보건이 아니라 주택 장관을 시킴으로써 그녀의 지지에 보답했다. 부탱은 훗날 르펜과 좌파 정치를 지지했다. 프랑스의 방임적인 낙태법은 그대로 남아 있었다. 이전 낙태 금지의 잔재인 의무적인 일주일 대기 기간은 2015년에 폐지됐다.

전투적 우파 가톨릭의 더 젊은 세대는 사고를 전환하고 자유주의적 정통에서 벗어나자고 말한다. 그들이 실제로 의미하는 것은 체제 내의 국지적 변화로, 대부분 학교와 성 윤리에 관한 것이다. 그들에게는 자유주의적인 현 상태를 뒤엎기 위한 큰 전략이 없다. 어떤 사회로 대체할 것인가에 관해서는 말할 것도 없다.

당시 프랑스의 뉴라이트로 불리던 쪽으로 나아간 브누아(1943~)의 여정은 프랑스령 알제리를 위한 패배한 운동에서 때 이르게 시작됐다. 브누아는 핑켈크로트보다 공인으로는 덜 알려졌으나 더 집중적인 논쟁을 벌이고 똑같이 다작하며 우파의 싱크탱크 유럽문명조사연구그룹GRECE을 설립했다. 그 이름과 보유자는 브누아의 의도를 드러냈다. 유럽의 가치를 지킬 "문화적 대항력"을 갖추는 것이다. 정치적으로 뚜렷하게 규정하기가 결코 쉽지 않은 브누아는 그의 친유럽주의가 포함하는 것보다 포함하지 않는 것을 더 명확히 밝혔다. 그는 기독교적 보편주의가 억압적이고 "전체주의적"이라고 생각했다. 이는 유대교(그는 이 종교를 관용적이지 않고 광적이며 신에게 예속된 것으로 여겼다)와 이슬람교를 포함한 다른 위대한 일신교들에 공통된 결함이었다. 따라서 그의 "뉴라이트"는 기독교 보수주의에 등을 돌렸다는 점에서 새로웠다. 미국과 독일의 신보수와 달리 그의 "뉴라이트"는 1960년대에 활짝 열린 문화적 도장들을 다시 닫으려 하지 않았다. 그의 지성주의와 교리에 매료되는 성향―클라우제비츠와 마오쩌둥, 포퍼, 고비노, 그람시를 포함해 각양각색의 사상가 30여 명을 세밀하게 들여다본 『우파의 관점』(1977)에서 알 수 있다―을 볼 때 브누아는 그 표지판은 바뀌어도 마르크스주의적인 68세대로 이해됐다. 브누아의 유럽적 가치는 자유주의적 가치를 포함하지 않았다. 그는 자유시장 세계화와 민주적 평등("하향 평준화"), 인권("도덕에 오염된 법")을 매도했다. 그는 철학적으로 정치적 자유주의를 받쳐주는 두 개의 주축을 혐오했다. "효율의 철학"(공리주의)과 권리에 바탕을 둔 자유주의가 그것인데, 특히 그 자유주의가 보편적 권리의 옹호로 확장될 때 더 싫어했다. 브누아는 프랑스 우선주의자나 극단적 애국주의자가 아니었다. 많은 보수주의자와 달리 그는 문화를 공유하는 종족으로서 민족을 믿지 않았고,

그런 이유로 이민자 공동체들이 그들 자신의 작은 종족 집단으로 절연된 채 사는 것은 억제돼야 한다고 생각했다. 그는 유럽연합을 비민주적인 자유시장 촉진자로 여기므로 그의 유럽주의는 유럽연합과는 전혀 관계가 없었다. 브누아의 유럽은 특이하지만 중첩되는 그들 자신의 전통을 가진 지역 중 하나가 될 것이었다. 1980년대에 프랑스 우파의 주류 정당들이 세계화된 자본과 화해했을 때 브누아는 축복도 받지 못한 채 그람시와 같은 노고를 다한 데 대한 보상을 받았다. 국민전선과 주류 중도우파인 프랑스민주연합UDF-공화국연합RPR 사이에 공간이 열린 것이다.

브누아는 생물유전공학과 종의 생물학적 개량 가능성에 관한 "트랜스휴머니즘"적 관심에서 프랑스 가톨릭 우파와 달랐다. 어떤 이들은 그를 국민전선의 변호인이라고 주장했지만, 1992년 브누아는 그 당이 역겹다고 했다. 브누아는 윙거와 그의 비서 몰러 같은 독일 보수혁명 사상가들에게 감탄했다. 몰러는 그 혁명에 이름을 붙여주고 그 사상 중 일부를 20세기 후반까지 전해주었다. 브누아의 긍정적인 사상은 그와 대조적으로 명확히 규정하기 어려웠다. 그는 역사와 사상에 관해 다방면으로 호기심을 가졌으나 제도와 정책에 관해서는 무관심했다. 그의 가장 큰 사상이라고 할 "비평등주의"는 부정적인 것이었다. 자유주의자들은 평등한 존중을 약속했으나 브누아는 그런 평등주의를 망상이라고 생각했다. 브누아는 콩트-슈펭글러와 같은 방식으로 평등주의 신화가 여러 단계를 거치며 각 단계는 이제 소진됐다고 보았다. 신화적인 기독교의 평등과 철학적인 계몽주의 평등, 과학적인 마르크스주의 평등이 그것이었다. 브누아는 "개인주의적"이지도

"집단주의적"이지도 않은 사회에서 불평등을 인정할 때가 왔다고 주장했다.

브누아의 "이것도 아니고 저것도 아닌" 것들이 합쳐져 무엇이 될지는 불확실했다. 시간이 지나면서 자유민주주의에 대한 그의 반대도 초점이 바뀌었다. 서방 문명에 대한 옹호로 시작된 것은 미국식 자본주의의 "경제 인간"에 대한 혐오로 변형됐다. 브누아가 나중에 보인 반미주의는 그가 비슷한 불만을 품은 프랑스 극좌파와 나란히 서게 했다. 그의 최근 저서로는 『포퓰리스트의 시간: 좌우는 끝났다!』(2017)와 『자유주의에 반대한다: 사회는 시장이 아니다』(2019)가 있다. 그는 여전히 자유민주주의에 저항하고 그 위선을 드러내며 경건함을 조롱하는 것을 우파의 과업으로 이해했으나 대안의 밑그림은 거의 없었고, 현재를 책망하는 것 말고는 그 대안이 실현할 가치에 대한 의식도 별로 없었다.

여러 저서와 자신의 잡지 『엘레망』에서 브누아는 왜 오늘날의 보수가 자유민주주의를 거부해야 하는지 설명하는 논리와 자료를 부지런히 모았고, 더 최근의 『렝코렉트』에서는 같은 목적을 위해 풍자와 조소를 활용했다. "정치적 올바름"에 관해 장난을 치는 '렝코렉트 L'Incorrect'라는 제목은 말하지 못할 것을 말하겠다는 결의를 과시한다. 이 잡지에서 최근 프랑스 역사는 "부패한 마법사" 미테랑을 필두로 한 좌파 악당과 어릿광대들의 행렬이다. 그들이 저지른 20세기의 범죄를 생각하면 좌파의 도덕주의는 그들의 면상에 되던져야 한다. 옛 유럽은 죽었고 새 유럽은 기독교 민주주의가 재발명되고 있는 폴란드와 헝가리에서 동이 튼다. 자유민주주의는 끝장날 지경에 이르렀다. 목적도 없고, 권위도 잃고, 교외는 불타고, 인구 면에서 자살적인 쇠퇴를 겪고 있다. 『렝코렉트』를 읽다보면 고함을 질러대는 라디오를 듣는 것 같다. 잡지를 덮을 때는 논리가 아니라 분노만 인상에 남는다.

지금의 상황을 보면 피에르 로장발롱의 물음―"부인과 혐오"를 공유하는 것 말고 그 이상이 있느냐―에 "아니, 아직은"이라고 답해야 할 것 같다. 프랑스 문화와 언어를 지키려는 핑켈크로트의 탄원은 결국 자유주의와 맥을 같이하는 것이었다. 그것은 보편적인 계몽주의적 가치, 특히 상호 관용과 시민적 존중의 가치를 지역적으로 구현하자는 호소로 이뤄졌다. 분노한 어조와 도발적인 표현에도 불구하고 국가에 대한 위협이나 이민에 따르는 비용에 관한 강경우파의 선언은 보이는 것처럼 반자유주의적이거나 반민주적이지 않다. 그들은 종족적 편견과 생물학적 인종주의를 거부함으로써 자유주의에 경의를 표한다. 자유주의 쪽에서 민주주의에 대한 충성과 국가의식 사이의 연결을 부인하는 이는 교조적이고 보편주의적인 자유지상주의자뿐이다.

좌우의 자만하는 자유주의자들은 강경우파의 이런 소요를 둘러보고 안도의 숨을 내쉬었을지 모른다. 잘 알려진 불안과 박식한 체하는 가식 말고는 자유주의적 합의를 지키려는 이들을 잠들지 못하게 잡아둘 만한 것이 별로 없었다. 강경우파가 전술적인 연결이 아니라 지적 일관성을 갖도록 해줄 만한 것도 별로 없었다. 비자유주의적 경쟁자들이 가하는 지정학적 위협과 자유주의적 현대 자체가 초래한 지구적 위협에 대한 비타협적인 우파의 지적 불만들은 심각한 걱정거리라기보다 국부적인 골칫거리에 더 가까워 보였다. 그들은 1890년대 이후 늘 되살아나고 늘 불신받는 익숙한 논지와 태세를 재연하고 있었다. 서방의 쇠퇴에 관한 묵시론적 비전, 대중과 엘리트의 잘못된 대조, 정부나 정책에 대한 부주의, 그리고 자력으로 자유주의적 정통에서 벗어나려고 하지만 "메타 정치" 추구와 같은 거창하게 들리는 기획에도 불구하고 다시 그 정통 안으로 들어가게 되는 시도가 되풀이됐다.

자만하지 않는 자유주의자는 그 모든 것에 동의하더라도 여전히 염려할 수 있다. 강경우파 비판 중 하나의 전체로 통합되는 것은 별로 없다. 논리정연하게 대안적인 정통이 되는 것은 아무것도 없다. 그렇다 하더라도 민주적 자유주의에 명백한 결함과 이행되지 않은 약속들이 있다면, 그리고 정치적 중도에 거침없고 명료한 옹호자들이 없다면, 강경우파가 주장하는 각각의 논점은 어딘가에서 누군가에게 호소력을 가질 것이다. 어떤 사람이 몇 차례 사소한 감염병에 걸리면 그 각각은 치료할 수 있다. 그 자체로 위험한 것은 하나도 없다. 하지만 돌보지 않고 내버려두면 그것들은 함께 작용해 체계적 위험이 된다.

4. 비타협적인 세 사상가: 피니스, 스크러턴, 슬로터다이크

자유주의적 근대의 정통을 비판할 때 존 피니스가 선택한 방식은 논쟁적이기보다는 철학적인 것이다. 로저 스크러턴과 페터 슬로터다이크가 진지하게 토론할 때도 마찬가지다. 피니스는 법철학자이고, 2020년 세상을 떠난 스크러턴은 미의 철학자였으며, 슬로터다이크는 범주화하기 어려운 사색가다. 세 사람 다 정치적 자유주의는 인간이란 무엇이며 그들에게 좋은 것은 무엇인가에 관해 옹호할 만한 구도도 없이 그럭저럭 해나가려 한다며 흠을 잡았다.

정치의 관심사에서 선善을 제외하는 데 반대하는 피니스는 신토마스학파로서 인간의 본성으로부터 사람들에게 무엇이 좋고 무엇이 나쁜지 추론할 수 있다고 생각한다. 보수적 가톨릭에서 선호하는 자연법 전통의 옹호자로서 피니스는 법과 정치가 삶에서 좋은 방식을 장려하고 특히 섹스나 가족과 관련해 나쁜 방식을 억제하거나 금지해야 한다고 본다.

스크러턴의 인간은 사회에 뿌리를 둔 개인으로 자유주의가 경시하는 충성과 경건함, 신성함의 느낌, 죄의식 같은 감정이 풍부하다. 영국의 문화비평가로 콜리지와 엘리엇부터 내려오는 보수주의 계보를 잇는 스크러턴은 자유주의가 무시하는 가치의 회복을 생각했다. 자유주의 정신에서 정치나 법이 아니라 우리 자신이 그 회복을 실현해야 한다고 생각했다.

카를스루에 조형예술대학 교수 슬로터다이크는 다작하며 다방면에 호기심이 많다. 여러 해 동안 그는 독일 텔레비전에서 철학적 토크쇼를 진행했다. 한편으로 사상가이면서 다른 한편으로 지적 예능인인 슬로터다이크는 인간은 어떤 사람들인지, 그들은 어떻게 우리 삶을 이끄는지 명확히 답하기에는 너무 많은 것에 관해 너무 많이 말한다. 정치적 자유주의자들과 달리 그는 그 물음이 분별 있고 긴급하다고 생각한다. 그의 인간은 어수선한 공간의 창의적인 도구 제작자다. 길고 어지러운 책에서 그는 우리가 어떻게 오늘날의 혼란으로부터 "면역되고" 스스로 피난할지 숙고한다.

도덕과 법, 정치에 대한 피니스의 접근 방식은 중세적 전통과 당

대의 풍조에서 나온다. 토마스 아퀴나스의 스콜라적 이성주의가 하나의 초점이다. 1950년대와 1960년대 개인적 행동 및 도덕과 관련된 법률의 자유주의화가 다른 하나다. 밀이 그런 변화를 간청하고 한 세기가 지나서 개인적 행동을 제한하는 법률이 폐지되거나 완화되기 시작했고, 일단 시작되자 변화는 급속히 이뤄졌다. 금지된 것들이 허용되고 말할 수 없는 것들이 이야기되며, 합의 이혼과 피임, 동성애, 낙태, 동성 간 결혼같이 법이 금지하고 처벌하던 것들이 단지 법적으로 비난받지 않을 뿐만 아니라 점점 더 많은 이의 견해에서 도덕적으로 결백한 것이 됐다. 자유시장 보수주의자들을 포함해 보수가 편안하게 느꼈던 익숙한 도덕적 거처가 대략 한 세대 안에 폐허가 됐다. 공적 영역이 쪼그라들고 사적 영역은 커졌다. 법은 개인적 도덕으로부터 도출됐고, 어느 정도는 사회 자체도 그랬다.

민주적인 면에서 여론은 그 변화를 환영했고 그 후로도 생각은 바뀌지 않았다. 지적으로는 보수의 반격이 시작됐다. 저항하는 보수는 법이 사적인 행동에 참견할 이유가 없다는 생각을 거부했다. 우파에서는 피츠제임스 스티븐의 유령이 밀의 유령보다 우세했다. 법은 사람들에게 무엇이 선하고 분별 있는 행동인지 알려줘야 하며 악하고 무분별한 행동을 금지하거나 억제해야 한다는 주장이 힘을 얻었다. 그 싸움에서 가장 애용되는 무기는 자연법이었다. 도덕적 엄격주의자들의 선봉에 피니스가 있었다.

2019년 80세의 저명한 은퇴자인 피니스는 그가 오랫동안 가르쳤던 옥스퍼드대학에 그의 학문적 명예를 박탈하라는 청원이 잠깐 돌았을 때 뉴스를 탔다. 문제는 피니스의 게이 섹스에 관한 견해였다. 그것은 가족의 기반을 침식하므로 도덕적으로 잘못이며 정부가 억제할 필요가 있다고 피니스는 믿었다. 청원자들은 피니스의 저작이 편견을 숨기고 있다고 보는 젊은 학자들이었다. 더 나이 든 학자들은 피니스의 도덕적 결론에 동의하지 않아도 그를 철학자로서 칭찬하며 그의 학문적 자유를 옹호했다.

법철학에서 피니스가 지금껏 해온 주장 가운데 많은 부분이 자유주의적 법철학자들의 시각과 일치한다. 예를 들어 법과 관련된 도덕적 사실을 알 수 있고 추론할 수 있다는 주장을 생각해보자. 보수주의자와 자유주의자는 그 점에 동의할 수 있어도 법이 도덕에 얼마나 깊숙이 끼어들어야 하는가에 관해서는 동의하지 않을 수 있다. 다시 말해 자유주의자는 법철학자 피니스와 법학의 숲속으로 어느 정도 동행할 수 있다. 문제는 도덕적 엄격주의자 피니스가 다른 쪽으로 나온다는 점이다.

피니스에게 도덕은 사람들에게 무엇이 좋고 나쁜가에 관한 것이었다. 선은 선택이나 인습에 의존하지 않았다. 우리가 알아낼 수 (그리고 잊을 수) 있는 사실들이 있었다. 그러나 사실이 단순하거나 명백하다는 뜻은 아니다. 선은 복잡한 것이었다. 피니스는 인간의 삶에서 기본적으로 선이 되는 일곱 가지를 들었다. 그것은 우리가 목표로 삼고 소중히 여길 "상태"(여기에는 활동과 역량도 포함된다)로, 생명과 건강, 지식(지식 그 자체를 위한), 우정, 놀이, 미적 경험, 실제적인 합리성, 종교적 믿음이 그것이었다. (목적이 있는 일은 이상하게 빠져 있는데, 근대 자연법 전통에서 기본적인 선을 꼽는 다른 목록에서는 일이 포함된다.) 이 중 어떤 항목도 다른 어느 항목으로 환원될 수 없었다. 피니스는 그런 틀 안에서 논증의 기술을 통해 지배적인 규범, 특히 섹스와 결혼에 관한 규범들과 잘 맞지 않는 엄격한 개인적 도덕을 옹호했다.

앞서 언급했듯이 피니스는 자유주의적 근대의 세속적 풍조를 받아들였다. 그는 자신의 도덕적 입장을 방어할 때 종교적 믿음에 직접 호소하지 않았고, 자유주의적 서방의 다른 도덕적 보수주의자들도 그래야 한다고 생각했다. 자연법 전통을 재가공할 때 피니스는 먼저 아퀴나스의 비신학적 요소들에 의지했다. 다시 말해 (인간이 이성적인 존재임을 전제로) 인간의 합리성에 기초한 보편적 기준에 호소하거나, 경험에 따라 사실로 확인된 것으로서 인간의 전반적인 복리를 가장 잘 촉진하는 것에 호소함으로써 도덕적 원칙을 정당화하려고 했다. 그 결과를 본 동료 학자들은 피니스의 방법론에서 칸트적 요소(원칙의 보편성)와 공리주의적인 요소(도덕과 법의 목적으로서 공동선)들을 알아보았다. 따라서 피니스가 말하는 법의 도덕성은 이중성을 지닌다. 세속주의자로서 주장할 때 피니스는 한편으로 자유주의의 방법을 많이 활용해야 했다. 다른 한편으로 그는 자신의 비자유주의적 원칙들을 도출하기 위해 인간의 전반적인 복리에 중요하다고 여기는 것을 자유주의적인 사람들이 대부분 자신에게 좋은 것이라고 동의하는 수준을 훨씬 더 넘어설 만큼 확장해야 했다. 특히 성도덕과 범죄의 처벌에 관한 원칙에서 그랬다. 응수에 나선 피니스는 자유주의자들이 자신들의 방법론을 따르지 못하고 자신들이 원하는 결론에 이르렀다고 비난했다. 양쪽 다 상대방이 애초에 자신들이 가지고 시작한 도덕적 직관을 추론해내고 있다고 의심했다.

고차원의 논쟁에서 모든 종교적 보수주의자가 피니스처럼 세속적 논거만 따진다는 규칙을 따르지는 않는다. 신앙에 대한 용맹한 호소는 자유주의 논리에 반대하는 가톨릭 잡지 『퍼스트 싱스』에서 들을 수 있었다. 창립자 고故 존 뉴하우스는 그 논리를 "벌거벗은 광장"의 잘못된 믿음에 기초한 것으로 묘사했다. 잡지는 "세속주의 이데올로기에 맞서는 것"이 주된 목적이라고 선언하며 "그 이데올로기는 공적 광장이 '비종교적이어야' 하며 공적 논의나 공공 정책 수립에 신앙이 끼어들 자리는 없다고 주장한다"고 지적했다. 이 선언은 마음을 흔들기는 하지만 애매하다. 만약 신앙을 가진 이들이 공론장에서 동등한 자리를 가져야 한다는 뜻이라면 괜찮고 좋은 것이다. 그러나 종교적 추론이 비종교적 추론과 똑같은 자리를 차지해야 한다는 의미라면 문제가 생긴다. 어떤 신앙이 그 자리를 차지할 것인가? 잡지는 개방적인 보편주의 정신에서 여러 신앙이 공존한다는 것을 인정한다. 또 다른 애매한 문구에서 "종교적으로 다원적인 사회"를 인정한다. 신앙을 가진 이들이 현안에 동의하지 않으면 그 이견은 그들을 구분하는 비종교적 사유를 고려함으로써 해결할 수 있다. 그렇다면 그들은 신앙이 아니라 비종교적인 논거로 주장하는 것이다. 그러나 만약 『퍼스트 싱스』가 바라는 것처럼 그들이 신자로서 주장한다면 종교적 논거는 그들의 이견을 해결할 수 없다. 공적 논의는 해법을 제공할 수 없다. 종파 분리의 역사가 반복되고 "공적 광장"은 사적 예배의 공간이 된다. 만약 그게 아니라 이견을 보이는 신자들이 비신자들은 공유할 수 없는, 종교에 뿌리를 둔 도덕의 핵심 내용을 공유한다고 주장한다면 그 주장은 다시 둘로 갈라진다. 그 핵심 내용이 아주 이상한 것이 아니라면 비신자들도 그 도덕의 종교적 근원에 관해서는 신자들에게 동의하지 않더라도 그 내용에는 대부분 동의할 것이다. 여기서 다시 한번 종교적 논거는 주장에서 빠진다.

　신학적 전제들을 피하고 세속적 논리를 활용하는 것 외에 피니스 자신은 두 번째 자기부정을 한다. 예를 들어 빅토리아 시대의 엄격주의자 피츠제임스 스티븐과 달리 피니스는 "일반 대중은 무엇을 생각하는가"를 묻지 않았다. 스티븐은 무엇이 도덕적이고 비도덕적인가, 그에 따라 질서의 수호자로서 국가가 무엇을 허용하고 금지해야 하는가에 관한 전통적 견해에 호소했다. 피니스는 널리 퍼진 관용의 풍조를 인정했으나 자신의 엄격주의를 인간의 욕구에 관한 철학적 견해에 의지했다. 관용주의자들이 반세기 동안 그들을 밀어주는 여론의 바람을 탄 것은 사실이다. 하지만 여론이 바뀌면 어떻게 될까? 그것은 작게, 혹은 크게 바뀔 수 있다. 공론장에서 종교적 논거를 배제하는 변함없는 세속주의의 기류 가운데 관용에서 엄격으로 바뀔 수도 있다. 아니면 세속주의 자체에 반대해 엄격주의가 종교의 지지를 받도록 허용하는 쪽으로 바뀔 수도 있다.

　지금은 어느 쪽의 변화도 가능성 없어 보인다. 예를 들어 미국에서 낙태에 관한 견해는 안정적인 것 같다. 퓨 리서치 센터에 따르면 낙태를 허용해야 한다거나(58퍼센트) "전부" 또는 "대부분" 금지해야 한다는(37퍼센트) 여론조사 결과는 1990년대 이후 거의 변하지 않았다. 앞서 보았듯이 유럽의 보수주의자들은 그 때문에 투지가 꺾이진 않았고, 미국에서는 공화당이 주 의회에서 정당정치적인 동시에 종교색이 드러나는 낙태반대법으로 압박했다. 2019년 12월 오하이오주에서 한 의원은 그 법안을 옹호하면서 이렇게 선언했다. "악을 규제하면서 타협하던 시대는 끝났다."

피니스가 근대 자연법 전통의 높은 차원을 대표한다면 대중적인 차원에서는 미국 학자 패트릭 드닌이 역할을 하고 있다. 그는 『퍼스트 싱스』에서 「지속 불가능한 자유주의」(2012년 5월)로 주목을 받고 『왜 자유주의는 실패했는가』(2018)에서 그 비판을 발전시켰다. 드닌이 보기에 자유주의의 근원적 결함은 (구성적인 관계와 선택하지 않은 전통, 제약적인 관습으로부터 사람들을 해방하려는) "인류학적 개인주의"와 ("틀리거나 나쁜 선택이 있다는 생각을 거부하는") 의지주의적 선택 개념, (무엇이 사람들에게 좋고 나쁜가에 관한 규범을 포함한 보편적 질서로 이해되는) 자연과 사람들의 분리였다. 여기서 드닌은 스티븐 홈스가 『반자유주의의 해부』(1993)에서 "반어 대체"라고 부른 잘못을 저질렀다. 그것은 자유주의자들이 반대하는 것을 그 맥락에서 빼버리고 그 자리에 보수주의자들이 좋아하는 것을 대신 넣는 수사적 장치다. 자유주의자들은 개인적 선택을 도덕적 선택과 대비하지 않고, 자의적인 권력이 도덕적이라고 주장하는 선택과 대비한다. 그들은 개인적인 자유를 권위의 인정과 대비하지 않고, 자의적이고 견제받지 않는 권력에 대한 복종과 대비한다. 그들은 한 개인의 자아 인식을 공동체에서 그들이 갖는 뿌리와 대비하지 않고 씨족이나 사회집단의 구성원으로서 선택하지 않은, 흔히 종속적인 지위와 대비한다. 강제적인 법을 이용해 도덕을 실행하는 데 대한 자유주의의 거부감은 도덕에 대한 부정이 아니다.

특히 미국에서 도덕적 엄격주의자들은 여론이 바뀌기를 기다리는 동안 법이라는 상부에서 내려오는 하향식 접근 방식에 희망을 품기도 한다. 피니스의 옥스퍼드대학 학생 중 두 명은 미국 법조계에서 잘 알려져 있다. 그에게 배운 닐 고서치는 미국 연방대법원 판사다. 다른 한 명인 프린스턴대학 법학 교수 로버트 조지는 맨해튼 선언을 썼다. 선언은 교회와 자선단체에 그들을 낙태와 동성 결혼, 배아를 파괴하는 연구에 대한 암묵적인 지지로 끌어들이는 법에 저항할 것을 촉구했다. 보수의 논쟁에서 고서치보다 더 목소리를 높이는 조지는 자유주의자들이 "페미니즘과 다문화주의, 동성애자 해방주의, 그리고 생활 방식 자유주의"를 지지하는 "세속주의 정통"의 노예라고 주장한다.

고서치와 조지 둘 다 보수주의와 자유지상주의 변호사들의 로비 단체인 연방주의자협회라는 클럽에 가입했다. 협회는 1982년에 설립돼 예일대학과 시카고대학에 첫 지회를 두었다. 목적은 연방법원을 "행동주의적"인 자유주의 판사들로부터 되찾아오는 것이었다. 협회 부회장으로 워싱턴의 영향력 있는 해결사인 레너드 레오는 도널드 트럼프에게 고서치와 브렛 캐버노를 포함해 보수 우파가 받아들일 수 있는 대법관 후보자들의 이름을 건넨 것으로 알려져 있다. 대법원장을 포함해 다른 네 명의 현 대법관도 회원이다. 이 협회가 선호하는 판사들은 총기 규제와 낙태에 반대하고 무장할 권리와 자녀를 가질 의무를 지지하는 경향이 있다. 40~50년간 이뤄진 헌법적 의사결정을 뒤집으려고 결심한 협회의 접근 방식은 사법 행동주의라는 비판을 받아왔다. 다시 말해 판사들이 민주적으로 선출된 의원들의 손에서 입법권을 빼앗는다는 비판이다. 그것은 1960년대와 1970년대에는 자유주의적 판사들에게 보수주의 법률가들이 했던 비난이다. 협회의 목적 선언문은 2015년부터 그런 긴장에 초연한 태도를 보인다. 협회는 "국가는 자유를 보존하기 위해 존재하고, 정부 권력의 분립은 우리 헌법에 중추적이며, 특히 법이란 무엇이어야 하는지가 아니라 법이란 무엇인지를 말하는 것이 재판관의 본분이자 의무라는 원칙을 촉진한다"는 목적을 밝혔다.

로저 스크러턴에 관한 가장 큰 수수께끼는 어떻게 한 사람의 스크러턴만 있을 수 있는가이다. 철학자이자 언론인, 그리고 소설가로 언젠가 하루 4000단어를 쓰지 않으면 개운하지 않다고 말한 스크러턴은 50권이 넘는 책을 출간하고 정치 잡지를 편집하고 많은 학술 논문을 쓰며, 40년에 걸쳐 신문에 쓴 수많은 짧은 풍자로 자유주의적인 독자들을 분노케 했다. 그의 관심 영역은 주눅이 들 정도다. 스크러턴은 도덕과 개성의 철학, 정치사상, 미학, 음악, 건축, 와인 마시기, 성도덕, 환경보호에 관한 글을 썼다. 그의 철학 공부는 깊이가 있었고, 『칸트』(1982)와 『정치사상 사전』(2007)에서 보여준 명료한 해설자로서의 솜씨는 능가할 사람이 없었다. 그는 단순하게 썼으며, 한때 공유지였으나 이제 비전문가들에게는 닫혀버린 영역에 접근할 수 있도록 해주었다. 스크러턴의 어조는 지방적인 것을 채택했으나 그의 학습 범위와 언어는 세계주의적이었다. 그는 진지한 철학자일 수도 있고, 혹은 철학자이자 선동가일 수도 있었다. 영국의 명사로서 그는 보수가 사상을 두려워한다는 진부한 거짓말에 대한 지역적인 반례였다.

학교에서 과학과 수학을 공부한 스크러턴은 어느 쪽에 대해서도 보람 있는 지식이라는 신뢰를 잃은 적이 없었다. 철학적으로 그는 콜링우드와 독일 관념론의 정신에서 자연과학을 모든 지식 혹은 유일한 지식 모형과 융합하는 데 저항했다. 과학주의와 그 사촌인 "설명주의" ─신비를 벗겨내려 하지만 해명되지 않은 모호함을 남기는 식의 설명에 대한 잘못된 신뢰─에 대한 저항은 지적으로 반복되는 주제가 됐다. "보수는 더 많이 생각할 필요가 있다"고 확신한 그는 1974년 보수주의 철학 그룹이라는 클럽을 결성했고, 1978년 토리당 의원 후보에 응모했다가 실패한 후 존 케이시와 함께 『솔즈베리 리뷰』(1982)를 창간했다. 그가 18년 동안 편집한 이 보수 계간지는 전통적 가치를 명분으로 자유지상주의 우파와 거리를 두었다.

　스크러턴은 철학적인 시각에서 보수 정치의 기초를 다지기 위한 몇 권의 책을 썼다. 그 시도 하나만으로도 그는 오늘날 영어권 지성세계에서 거의 독보적인 자리를 차지한다. 그 모든 영국적인 태도와 명료한 문장에도 불구하고 그는 독일의 철학적 관념론 전통과 사촌관계에 있다. 그는 25년 후 자신의 첫 책 『보수주의의 의미』(1980)에 대해 "자유시장주의자들의 배신에 직면한 토리의 가치를 어느 정도 헤겔식으로 옹호한 것"이라고 자평했다. 그 묘사는 적절했다.

　스크러턴은 유럽과 미국의 주류 보수주의가 우파 자유주의임을 알아보았다. 시장사회를 찬양하는 것은 자유시장이 사회에 끼친 손상을 무시하는 것이었다. 더욱이 찬양은 철학이 아니었다. 1980년 판 『의미』와 여러 개정판에서 스크러턴은 그 틈을 메우고자 했다. 그는 더 순수한 보수주의 관점을 하이에크식 시장주의와 구분하려고 했다. 하이에크가 철학적 정당화를 시도할 때 그것은 보통의 공리주의였다. 스크러턴은 오크숏에게서 제한적인 사회적 지식과 정치적 충성의 성격에 관해 당파와 무관한 시사점을 끌어내 대놓고 보수의 목적에 활용하려고 했다. 스크러턴은 나중에 자본의 이익에 더 너그러워졌고, 사람들의 본질적인 자유를 강조했으며, 그 자유를 부인하는 것처럼 보이는 사회의 "전체론적" 구도를 거부했다. 그는 『의미』를 "젊은 시절의 책"으로 부르기 시작했으나 책의 논지는 그의 철학적 보수주의의 핵심으로 남았다.

스크러턴이 보기에 권위와 제도, 그리고 충성이 맞물려 사회질서에 필요한 핵심 요소가 됐다. 사회질서를 보존하고 물려주는 것이 정치의 가장 중요한 과제였다. 그 필요조건들은 서로 연결돼 함께 작동했다. 권위가 없으면 질서도 없었다. 제도가 없으면 권위가 요구를 실행하고 스스로 독단에 빠지지 않게 지킬 수단이 없었다. 충성이 없으면 제도도 없었다. 왜냐하면 제도는 신중한 묵인이 아니라 스크러턴이 경외 또는 경건으로 표현한 것처럼 주저 없는 수용을 요구하기 때문이었다. 그런 종류의 질서를 그는 "확립"이라고 불렀고, 확립은 "정치의 중대한 본질적 목적"이었다.

질서 혹은 확립은 사회 이전의 사람들이 선택한 것이 아니었다. 그것은 헌법적 토대를 놓는 하나의 법으로 창조된 것도 아니었다. 질서는 습관화를 통해, 그리고 단절 없는 전통 속에서 관습을 지키는 행동에 따라 서서히 나타난 것이었다. 정치의 과제는 질서의 수호였다. 더 큰 평등과 사회정의 추구 같은 그 이상의 지도적 목표는 없었다. 또한 더 강한 위계나 특권을 보존하는 것도 그런 목표가 될 수 없었다.

스크러턴이 사회질서에 필요하다고 생각한 제도는 보수주의 규범에서 익숙한 것들이었다. 그중에는 법과 사유재산, 개인의 자유가 포함됐다. 여기에서도 필요조건들이 맞물려 있었다. 자유에는 재산이 필요했다. 재산이 없으면 사람들은 사회적 인격―사회활동을 할 독자적 역량―을 결여하기 때문이었다. 더욱이 소유권이 없는 것은 해결할 수 없는 분쟁의 씨앗이었다. 재산과 자유는 각각 법의 보호를 받았다. 무엇보다 판사가 만든 관습법의 보호를 받았는데, 제정법과 달리 관습법은 현안이 된 사건에서―마땅히 줄 것을 주는―정의 말고는 어떤 목적도 부인하기 때문이었다. 그 자체로 질서에 필요한 재산과 자유는 둘 다 충성이라는 공통의 정신으로 누그러뜨리고 제한해야 했다. 그런 정신이 없으면 제도는 허물어졌다. 그런 충성은 지역보다는 크고 인류보다는 작은 전체 사회에 대한 것이었다. 그런 전체 중 가장 친숙한 것은 국가였다. 국가는 종족이나 종교가 아니라 공통의 문화와 공유하는 역사적 기억, 그리고 시민적 약속으로 사람들을 묶어주었다. 건강한 국가는 다양성과 불일치를 허용했다.

사회와 정치에 관한 스크러턴의 구도는 자유주의에 필요한 것으로 생각되는 대조적인 구도와 구분되게 그려졌다. 스크러턴의 구도는 "계약적인" 것이 아니었다. 그 구도에는 사회적 의무가 상호 합의에서 생긴다는 발상은 전혀 필요 없었다. 그 구도에서 개인적 자유는 비개인적 의무와 균형을 이뤘는데, 의무는 일반적인 충성의 요구에 함축된 것이었다. 그 구도는 "진보적"이지 않았다. 실제 사회를 판단할 기준으로 아직 도달하지 못한 향상된 형태를 상정하고 그것을 목표로 삼으려는 시도는 배척했다. 그 구도는 인간의 본성이라는 개념을 믿었고, 집과 소속, 안정에 대한 열정을 포함한 그 본성의 욕구와 제약들을 부인하는 자유주의의 구도를 공허하다고 여겼다.

역사적으로 스크러턴의 구도는 세계주의적인 혈통을 가졌다. 그것은 오크숏과 버크로부터 내려오는 계보 안에 있었다. 스크러턴은 사회질서 혹은 "확립"의 보존 말고는 정치의 다른 목적을 부인할 때 오크숏이 정치에서 "합리주의"를 배척한 것을 따라 했다. 관습을 "복식"과 연관 지을 때 그는 사회 규범을 동물적 존재인 우리 의복에 비유한 버크의 수사를 채택했다. 사회가 사람들에게 "제2의 본성"을 제공한다는 생각은 겔렌에게서 보았듯이 1945년 이후 독일의 보수주의 사고에서 두드러진 것이었다.

그와 동시에 스크러턴은 합리성—이유를 대거나 고려할 수 있는 역량—을 우리 본성의 핵심으로 지목하는 데서 당당히 칸트적이었다. 스크러턴은 칸트식 논증에서 하나의 사슬을 펼쳐놓았다. 자기 인식이 없으면 이성도 없다. 다른 이들에 대한 인식이 없으면 자기 인식도 없다. 또 다른 이들에 대한 인식이 없으면 사회성과 도덕성의 바탕으로서 상호 인정도 없다. 그 사슬을 되돌리면 이성은 사회와 도덕에 뿌리를 내리고 있는 것이 됐다.

그러나 이성은 보편적일 필요가 없다. 스크러턴은 또 헤겔에게 공명했다. 그의 "이성"은 어디서든 지역적이고 역사적인 형태를 가졌기 때문이다. 삶의 지침과 설명으로 우리가 서로에게 밝히는 이유는 우리가 자란 사회 내부에서 나온 것이었다. 각 사회에는 관습으로 형성되는 제도들—가족, 교육, 법, 재산권, 교환—이 있었다. 그런 제도는 서로 다른 사회에서 다양한 형태를 취하고 다른 방식으로 관습을 형성했다. 따라서 관습을 따르는 우리의 충성은 상대적이어야 했다. 그것은 다른 사회가 아니라 우리 사회의 관습에 대한 것이어야 했다. 다양성은 인정될 수 있고, 환영받을 수도 있다. 우리는 다른 사회가 다른 관습을 갖는 세계에 사는 것이 좋다고 믿을 수 있다. 하지만 다양성의 인정과 충성은 다른 것이었다. 그것은 다른 관습을 수용한다는 뜻이 아니었다. 다른 신앙을 관용할 때와 같이 다른 관습을 인정할 때도 여전히 다른 관습이 틀렸다고 주장할 수 있었다.

의문은 많았다. 스크러턴의 놀라운 조화는 어떻게 가능했을까? "관습"과 "사회" 같은 핵심 용어를 더 자세히 알아볼 필요가 있었다. 한 사회는 어디서부터 시작되는가? 국가의 관습은 얼마나 통일성이 있는가? 자본주의적인 근대에 노동분업과 사람, 자본의 원활한 이동은 통일성을 침식했다. 사회는 다양했다. 그 안에서 여러 관습이 공존했다. 상충하는 충성과 공유되는 충성이 부대꼈다. 그런 현실을 생각하면 갈등을 빚는 자유주의적 근대 사회에서 하나의 국가적 관습이 지배한다고 주장하는 것은 허세 같았다. 반대편 극단에서 우리가 저마다 국가를 체화한 관습을 선택할 수 있다고 주장하는 것은 터무니없어 보였다. 보수주의자가 오늘날 다양성을 지닌 국가의 통일성을 어디서 찾을지 스크러턴의 주장에서는 불명확했다. 그의 표현대로 "인류"를 생각하는 스크러턴의 대국적인 사고에서 하나의 답을 얻을 수 있었지만, 그것은 직접적인 답이 될 수 없고 명백히 보수주의적인 생각도 아니었다.

스크러턴의 『인간의 본질』(2017)은 철학적 인류학의 원대한 에세이였다. 스크러턴의 저작 대부분이 그렇듯이 이 책은 더 정파적으로 볼 수도 있고 더 중립적으로 볼 수도 있다. "인류"의 특성을 묘사할 때 스크러턴은 독일의 철학적 전통에서 뚜렷이 발견되는 것처럼 자연과학과 인문학적 탐구 사이의 범주적인 구분을 따랐다. 과학, 특히 생물학과 신경학은 우리의 동물적 존재를 점점 더 잘 설명해왔다. 그러나 과학은 우리 몸에서 "일어나는" 일들을 설명했다. 우리의 이성적 자아를 설명할 수는 없었다. 우리가 이성의 지도를 받는 존재로서 서로를 인정할 때 무엇을 하게 되는지 아무 설명도 제공하지 않았다.

과학이 우리 자신에 관한 완전한 진실을 말해줄 수 있다는 잘못된 생각은 인간의 본성에 관한 얄팍하고 뒤틀린 구도의 세 가지 오류 중 첫 번째 것이었다. 그런 그림은 스크러턴이 보기에 이제 일반적인 것으로 사회에 관한 자유주의의 구도를 왜곡했다. 두 번째 오류는 도덕적 자율성을 오해한 것이었다. 우리는 각자 자신의 선택에 개인적으로 책임이 있다는 의미에서 도덕적으로 자유로웠다. 우리는 또한 선택하지 않은 사회적 결속에 도덕적으로 묶여 있었다. 그 결속은 의무를 부과하고 삶의 목적을 구체화했다. 우리는 도덕을 준수하는 데 있어서 자유로우며 어떤 도덕을 선택할 것인가에서 자유롭지 않았다. 자유주의의 사회 구도에서 세 번째 잘못은 모든 가치 있는 것을 선호나 합의로 얻어낸 것으로 취급한다는 점이었다. 그 오류 때문에 가치가 가격과 동일시되고 모든 중요한 것이 거래의 대상이 될 수 있었다. 스크러턴은 예컨대 아름다움과 배움, 자연환경, 사회적 공동체와 같은 많은 것이 그 자체로 중요하다고 반박했다. 누군가의 국가를 포함해 그처럼 "영속하는 것들"은 소중히 여기며 보호할 필요가 있었다. "이것은 무엇을 위한 것인가?" 혹은 "이것들의 값은 얼마인가?"를 묻는 것은 그것들을 대하는 올바른 태도가 아니었다. 그런 태도는 예컨대 아름다움이나 배움을 다른 도구로도 수행할 수 있을 과업을 위한 도구로 여기며 적당한 가격에 거래하려는 것이었다. "영속하는 것들"에 대한 올바른 태도는 스크러턴이 경건이라고 부르는 것, 즉 주저 없는 인정과 존경, 그리고 사랑을 보여주는 것이었다.

그 잘못들은, 스크러턴 자신은 그러지 않았지만, 과학주의와 자유지상주의, 거래주의로 부를 수 있을 것이다. 스크러턴의 설명에 따르면 자유주의적이고 세속적인 사회에서 그 삼중주는 현세적이고, 이성의 지도에 따르며, 만족을 추구하는 존재로서 인간에 대한 적절한 기술로 통했다. 그러나 그 각각은 결함이 있고 피상적이었다. 우리의 도덕적 본성에 대한 이해에서 그것들은 타락이나 오욕, 혹은 신성모독이라는 개념의 여지를 주지 않았다. 인간의 동기에 대한 그들의 타산적인 구도는 죄의식과 구원을 향한 갈망을 무시했다. 중립적인 정신에서 동료 철학자들은 스크러턴의 종합을 칭찬하면서도 그의 추론에는 의문을 제기할 수 있다. 당파적인 정신에서 정치적 자유주의자들은 인간의 본성에 관해 스크러턴이 구했던 철학적 결론─수치와 죄의식의 불가피성, 이유가 필요 없는 금기의 권위, 도덕적 사실의 존재─에서 그들이 정치적인 이유로 동의할 수 없는 것은 무엇인지 물을 수 있었다.

비록 온갖 이론을 뭉뚱그려 자유주의로 치부하는 것이 보통이지만, 정치적 자유주의자들이 꼭 로크식 계약론자나 모호하고 다의적인 의미의 "개인주의자", 혹은 선택하지 않은 의무를 부인하거나 도덕적 "객관성"을 믿지 않는 이들일 필요는 없다. 그들은 개별 인간에 대한 과학적 이해에서 환원주의적일 필요도 없고, 가치와 가격을 동일시한다는 의미에서 거래주의적일 필요도 없다. 그처럼 논쟁적인 이론들이 곧바로 정치적 자유주의로 이어지는 것은 아니다. 반드시 가치에 대한 사회의 이견을 인정하고(가치를 부정하는 것이 아니다), 견제받지 않는 권력이 개인을 학대할 수 있다고 염려하며, 인간의 개선 가능성을 믿고, 그들이 누구든 있는 그대로 개인들을 존중하는 것은 아니기 때문이다.

정치적 자유주의자들이 선택하지 않은 "영속하는 것들"의 가치를 부정할 필요도 없다. 보수적 문화비평가로서 스크러턴이 감동적으로 옹호한 아름다움과 배움, 그리고 훼손되지 않은 자연 같은 것들 말이다. 자유주의자들도 스크러턴이 알아본 것처럼 그런 가치 있는 것들이 무시되고 제대로 보호되지 않는다는 것을 발견할 수 있고 흔히 발견한다. 『미』(2009)에서 스크러턴은 "아름다움은 우리가 그것이 중요하지 않다는 듯 살기 때문에 우리 세계에서 사라지고 있다"고 썼다. 그것은 반쪽짜리 진실이었다. 스크러턴이 오늘날의 문화를 암울하게 그리면서 창작자의 풍부한 예술적 성취뿐만 아니라 관람자와 시청자, 독자들이 우리 문화유산에 접근할 수 있는 전례 없는 현대적 경로들(예를 들어 사진과 녹음, 온라인 도서관)을 빼놓았다는 점은 제쳐두자. 다시 말해 그의 구도에서 선택적인 비관주의는 무시하자. 물론 많은 문화가 조악하고 추하다. (아마 늘 그랬을 것이다.) 스크러턴의 미흡한 점은 문화적 황폐를 설명할 때 나타났다. 그의 설명은 지나치게 편협한 지성주의를 보인다. 그것은 또 인과적으로 부적절하다. 파괴적이고 비판적인 사고를 하는 이들, 특히 기준이 잘못됐거나 없는 모더니스트와 반고전주의자들에게 믿기 어려운 일방적 비난이 가해졌다. 스크러턴의 피고석에서 빠진 것은 사회적, 혹은 경제적 요인들이다. 오늘날의 문화적 황폐는 또한 이익에 목마른 문화산업과 대중적인 보수 미디어, 재원이 부족한 학교뿐만 아니라 대학의 경영 논리, 인간적 가치를 방어하는 과업을 맡았으면서도 그 가치에 가격을 매기는 문화적 기구들 때문이기도 하다. 경제적인 용어로 표현하자면 스크러턴의 비판은 보존 가치가 있는 문화에 대한 수요 부족을 과장하고 돈이 지배하는 문화시장의 공급 측면에서 나타나는 왜곡을 무시한다. 재산권에 대한 보수적 옹호자로서 스크러턴은 1880년대에 체임벌린이 사회개혁의 대가에 관해 물었던 것과 같은 질문을 받을 만하다. 문화의 회복을 위해 재산권은 얼마의 몸값을 낼 준비가 됐는가?

스크러턴의 철학과 그의 정치 사이에 생긴 편차가 나타나면서 위에서도 언급한 질문이 제기됐다. 다양성을 지닌 현대 사회에서 국가의 통일성은 어떻게 찾을 수 있는가? 사회적 상상력에 관한 스크러턴의 풍부한 설명에서 하나의 답을 얻을 수 있다. 열쇠는 어떤 것을 "다른 것으로" 볼 수 있는 우리의 상상력이다. 색칠한 얼룩의 패턴에서 그림을 보거나, 연속되는 소리에서 선율을 듣거나, 어떤 건물에서 엄밀히 말하면 그곳에 없는 우아함이나 균형, 혹은 매력 같은 미적 특성을 포착하는 것이다. 스크러턴은 우리가 예술에 참여할 때뿐만 아니라 사회성을 갖고 도덕으로 인도될 때도 "다른 것으로 보기"라는 역량이 뒷받침해준다고 생각했다. 그 첫 단계는 서로를 개인으로 보는 것이다. 그것은 개인들이 허구라는 뜻은 아니었다. 다른 사람을 개인으로 보는 것은 전에 없었던 것을 만들어내지 않았다. 개인 간 상상은 기준도 없이 연상에 따르는 공상이 아니었다. 특히 책임과 분노, 칭찬, 비난에 관한 인식을 버리기는커녕 오히려 그런 인식에 의존했다. "다른 것으로 보기"를 목적이 있는 정신 작용으로 이해할 때 그것은 어떤 의미에서 "객관적"인 것이 될 수 있었다. 그것은 날카로운 것이든 무딘 것이든, 더 나은 것이든 못한 것이든 논쟁과 교정에 열려 있었다. 사람들은 그 판단으로 수렴해 합의에 이를 수 있었다. 우리는 일단 서로를 개인으로 보고 나서 서로를 가족과 동료, 친구로 봤다. 스크러턴에게 "다른 것으로 보기"가 없으면 사회적인 세계도 없을 것이었다.

그런 생각을 자연스럽게 확장함으로써 스크러턴은 다양성을 지닌 현대 사회의 어디에서 통일성, 즉 하나의 국가적 전체를 찾을 수 있는지 답을 얻을 수도 있었다. 사회적 상상에 관한 그의 설명에 따르면 보수주의자는 우리가 서로를 동료 시민으로 볼 때 그 국가적 전체를 본다고 할 수 있을 것이었다. 그런 인정이 없으면, 다양한 관습과 가치가 있는 가운데 우리 각자에게 자신이 하나의 국가에 속한다는 의식을 부여할 공유된 사회도 없을 터였다. 자유주의자들에게 그런 생각은 국가적 통일성과 사회적 다양성의 조화에 대한 답을 줄 실마리가 될 수 있었다. 그러나 스크러턴에게는 그렇지 않았던 것 같다. 그의 정치는 국가의식에서 공유된 시민의식보다 더 많은 것을 요구했기 때문이다. 그것은 시민적, 정치적 약속보다 더 많은 것을 요구했다. 한마디로 현대 사회에 없는, 훨씬 더 폭넓은 윤리적·문화적 충성을 요구했다. 우리는 사회를 질서 있는 것으로, 혹은 통일된 것으로 보려고 해도 그럴 수 없다.

스크러턴은 인간이 믿기 어려울 만큼 안정되고 협력적인 사회에 닻을 내리는 것을 중시하고 우리가 변하기 쉽고 유동적인 곳에 정박하는 것을 지나치게 경시했다. 그의 개인은 사르트르의 개인처럼 흔히 지나치게 자유롭고 능동적이며 상상력 있는 정신의 소유자로서, 인간이 보편적으로 공유하는, 굉장히 자유롭지 못하며 필요한 것이 많고 쉽게 만족하지 못하는 몸이라는 특성은 부족하다. 그 불균형은 스크러턴의 정치에서 다시 나타난다. 견고한 보수주의 전통에서 그는 우리가 사람들을 있는 그대로 이해해야 한다고 생각하는 반진보주의자다. 그러나 그의 철저히 사회적이고 지나치게 많은 생각을 하는 사람들은 묘하게도 자유주의자들이 잘못 상상한다고 여겨지는 사람들과 닮았다. 그 사람들은 정치적 보수주의자들이 어떻게 다스릴지 영원히 걱정하는 궁핍하고 어리둥절하며 불완전한 동료 인간보다 더 칸트적이고, 천사나 영리한 화성인과 더 닮았다.

스크러턴의 강력하고 매력적인 종합에 관한 마지막 염려는 지역적 관습의 도덕적 신뢰성이다. 보수주의자들이 우리도 살고 그들도 살게 하자는 마음으로 외국의 관습에 맞선 성전을 그만두기로 다짐하는 것은 별개의 문제다. 그들 자신이 외국 사회에 있다고 상상하고 그 사회에 대해 그 지역의 관습이 어떤 도덕적 권위를 갖는가, 무엇이 그것들을 정당하게 만드는가를 묻는 것은 또 다른 문제다. 이것이 자유주의자들에게 문제라고 해서 보수주의자들에게는 문제가 아니라는 뜻은 아니다. 이는 보수주의자들이 언제 어디서나 직면해야 할 물음이다. 보수의—흄에서 시작해 버크를 거치며 끌어낸—전형적인 답은 관습은 내구력을 통해 도덕적으로 신뢰할 수 있게 된다는 것이었다. 관습적인 가치는 참고 견뎌냄으로써 도덕적으로 요구되는 가치가 됐다. 다시 말해 시간은 가치를 창조하고 전통은 그것을 보존한다. 문제는 시간과 전통은 믿을 수 없다는 점이다. 그것들은 부정적 가치도 보존한다. 전통은 예를 들어 노예제와 여성의 종속을 보존했다. "반합리주의적" 보수주의자들은 그에 동의할 수 있으나 여전히 사회의 제도는 오로지 내부에서만 판단할 수 있으며, 사회 외적 혹은 보편적인 기준에 따라 외부에서 판단할 수 없다고 주장한다. 노예제와 여성 종속은 서양 사회의 자기 이해가 향상되고 인격에 대한 인정이 점점 덜 한정적으로, 더 보편적으로 바뀌면서 거부됐다. 여기서 헤겔의 유령이 말을 하고 있다. 조화는 매력적으로 보인다. 문제는 그런 자유주의적이고 "보편주의적"인 기준들이 오크숏과 스크러턴에게서는 "합리주의적"이면서 적용 불가능하다는 또 다른 묘사로 배척된다는 점이다. 그러나 그 기준들은 서구 사회의 세계에 대한 이해가 향상되면서 사회 내부에서 형성됐다. 사회 외부에서 들여온 이국적인 수입품이 아니었다.

스크러턴의 자유주의 비판에서 보이는 결점은 과장이 공격을 무디게 한다는 것이다. 그의 과장은 호기롭고 눈길을 사로잡는 것이었는데, 버크와 메스트르의 기술에서 첫 교훈을 얻은 보수주의자들의 과장하는 전통을 따른 것이었다. 게다가 스크러턴은 멩켄과 니체, 보들레르까지 거슬러 올라가는 우파 풍자가 중 가장 지독하게 자유주의자들을 짓밟고 찔러대고 기를 꺾을 수 있었다. 스크러턴의 과장은 『바보, 선동가, 불한당: 신좌파 사상가들』(2015)에 펼쳐져 있으나 그의 정치적 글쓰기 전반에 따라다닌다. 스크러턴은 전체적으로 드닌보다 더 수준 높은 사고를 하는 부류였으나 그 역시 곧잘 잘못된 대비를 했다. 자유주의자들은 스크러턴이 시사한 것처럼 무제한의 평등이 아니라 더 적은 불평등을 추구하고, 부의 강탈이 아니라 부자들이 더 많은 몫을 내야 한다고 주장하며, 자본주의의 대체가 아니라 억제를 바라고, 시장 가치를 부정하는 것이 아니라 그것을 유일하게 중요한 가치로 삼는 것을 거부한다.

스크러턴이 1980년대에 처음으로 보수주의에 관해 쓸 때는 자유시장 근본주의에 관한 의심이 더 날카로웠다. 그는 타협하지 않는 보수주의자였다. 그는 마거릿 대처를 만난 적이 없다고 자랑스럽게 말했다. 그는 일반적인 의미에서 보수주의자였으나 영국의 정당이라는 의미에서는 보수당 사람이 아니었다. 시간이 지나면서 스크러턴은 자유시장에 더 우호적으로 바뀌었다. 스크러턴은 사회가 너무나 복잡하고 미묘하며 민감하게 연결돼 있어서 사회를 이해하기도, 정치적 이상에 봉사하게끔 사회에 간섭하기도 어렵다는 생각의 출처로 버크와 오크숏 같은 반합리주의자들뿐만 아니라 공리주의자인 하이에크도 인용하기 시작했다. 『의미』의 첫 두 판(1980, 1984)은 영국 보수주의를 미국 우파와 구별했다. 스크러턴은 잉글랜드의 자유와 "미국 공화당식 자유"는 다르다고 썼다. 당시 그는 "자유의 개념은 (…) 보수주의의 사고에서 중심적인 자리를 차지할 수 없다"며 "어떤 보수주의자도 민주주의를 그의 정치에서 핵심 공리라고 생각하지 않을 것"이라고 썼다. 그후 여러 책에서 그런 식의 대담한 주장은 미국의 우파 자유주의자들이 더 편안하게 느낄 수 있는 보수주의 구도에 자리를 내주었다. 『보수주의』(2017)에서 스크러턴은 보수주의 철학이 언제나 "개인의 자유"를 소중히 여겼으며, "습관과 복종으로 결속된 유기적 연결망"으로서 보수주의가 사회의 집단주의적 구도를 낳았다는 주장을 거부했다고 강조했다. 사람들은 늙어가면서 더 보수화한다는 통념상의 삶의 패턴과 반대로 스크러턴은 나이가 들면서 어쨌든 경제적인 의미에서는 더 자유주의적으로 바뀐 것 같았다.

독일의 정치·문화 잡지 『키케로』는 2019년 초 정신적 횃불의 주역이 바뀌었다고 보도했다. 이 잡지 2월호는 이 나라의 지도적인 지성 500명을 뽑는 독자 조사에서 독일 자유주의 좌파의 눈엣가시 페터 슬로터다이크가 1위에 올랐다고 발표했다. 이 나라 자유민주주의의 양심을 지키는 위르겐 하버마스는 두 번째 자리에 만족해야 했다. 그 조사는 공식적인 것이 아니고 공적으로 영예를 부여하지도 않았으나 지성인들이 존경받는 나라에서 그것은 마치 회중이 설교자에게 야유를 보내고 대신 어릿광대를 부르는 것과 같았다.

1947년 카를스루에에서 태어난 슬로터다이크는 그곳 조형대학에 자리 잡고 있다. 그는 960쪽짜리 『냉소적 이성 비판』(1983)으로 이름을 얻었는데, 책은 자유주의적 계몽주의에 대한 계몽된 탈자유주의자의 위장한 기습이었다. 그는 이어서 세 권의 **구체** 연작 『기포』(1998)와 『지구』(1999), 『거품』(2004)을 내놓았다. 이 삼부작은 영역을 뛰어넘는 사색적 인류학으로, 어쩌다 한 번씩 숨을 돌리고 개인으로서 사람과 그들의 피난 수단, 그리고 그들의 사회적 존재를 번갈아 다뤘다. 슬로터다이크는 몇십 권의 소품과 인터뷰 모음집을 출간한 것 외에도 니체 전기작가 뤼디거 자프란스키와 함께 텔레비전 지식 토크쇼 「유리집 안에서: 철학 사중주」(2002~2012)를 진행했다. 슬로터다이크의 메시지는 한 문장으로 말하자면 자유주의의 제한적인 도덕주의를 버리고, 기술을 두려워하기를 멈추고, 우리의 윤리적 안식처를 다시 생각하자는 것이다.

독일의 슬로터다이크와 영국의 스크러턴은 그 모든 차이에도 불구하고 각자 자국에서 같은 문화적 공간을 차지한다. 두 사람 다 1960년대 말과 1970년대 초 지적 좌파에 맞섰다. 둘 다 해외에서 자신이 자란 익숙한 세계와는 아주 다른 형태의 삶을 경험했다. 동양 사상에 매료된 쇼펜하우어를 따르며 슬로터다이크는 인도의 한 암자에서 사고의 형성기를 보냈다. 1968년 파리의 학생 시위에 역겨움을 느낀 스크러턴은 소련 공산주의의 마지막 몇 해 동안 중부 유럽의 반체제 인사들과 용감하게 일했다. 둘 다 학계에서는 외부자로 성취했다. 스크러턴은 그가 자유주의적 경건이라고 보는 것을 조롱함으로써, 슬로터다이크는 스콜라적 규율을 무시함으로써 대학들을 괴롭혔다. 두 사람 다 논쟁에 참여하는 데 주저하지 않았고, 언론에서 빛났으며, 한 해에 한 권 이상의 책을 썼다. 그들을 때리고 깔보는 이들이 있어도 각자 국내외에서 스타가 됐다. 둘 다 문장에 타고난 재능이 있었지만, 스크러턴이 단순하고 명료하게 쓰는 데 비해 슬로터다이크는 긴 단어와 현학적 표현을 선호한다. 둘 다 거의 모든 것에 관해 이야깃거리를 가지고 있었으나 스크러턴은 슬로터다이크보다 자연과학에 관해 격언조로 말하지 않도록 더 조심했다. 자신이 훈련받은 분석철학을 따를 수도 없고 잊을 수도 없는 전통이라고 한 스크러턴은 명료하고 단순하게 주장했다. 그의 전달 수단은 명쾌한 에세이나 짧은 장이었다. 호메로스의 필사본 이후에 쓰인 모든 것을 읽거나 파고든 것 같은 슬로터다이크는 논리를 은유와 암시, 유추, 경구, 신조어, 유사 스콜라적 분류뿐만 아니라 익살이나 눈길을 사로잡는 삽화(특히 벌거벗은 여성이나 잔혹한 장면)보다 더 뒷전에 둔다. 쪽수가 늘어나면서 의미는 사라질 수 있다. 그는 언젠가 "나는 내면에서 하는 복수의 대화에서 홀로 있는 법이 없다"고 자랑했다. 독자들은 명료하게 표현된 주장이나 주의 깊게 추론한 결론을 헛되이 기다려야 할 것이다. 하지만 슬로터다이크 가 절대 완전히 놓쳐버리지 않는 질문이 하나 있다. 뇌리를 사로잡는 그 질문은 스크러턴과 공유하는 것이다. 지금의 윤리적, 문화적 혼란 속에서 사려 깊은 사람이 보호하고 보존해야 할 것은 무엇인가?

스크러턴처럼 슬로터다이크도 자유주의 좌파를 괴롭히기를 즐겼 다. 정당 면에서 그는 2017년 자유주의자들과 CDU의 연합을 원했다. 그는 자유주의 좌파를 "불행을 수입"해 "고품질 비난 상품"으로 가공 하는 데 특화한 "비관주의자 인터내셔널"의 "분노 행동주의자들"이라 고 비웃는다. 그는 복지국가에 대한 우파의 익숙한 반대론을 줄줄 읊 는다. "현대 국가는 생산적 시민들을 약탈"하고 세금이라는 "약탈품" 을 챙기며 자유민주주의를 "무기력 정치"와 "도둑 정치"로 만든다는 것이다. 반자유주의 사상가로서 슬로터다이크에 관해 가장 먼저 느끼 는 흥미는 제멋대로 뻗어나가는 그의 책에 관한 것이다.

『냉소적 이성 비판』은 계몽주의를 물리쳐서 우리가 사는 방식에 대한 진정한 비판의 공간을 만들려는 슬로터다이크의 시도를 보여주 었다. 가짜 비판자들은 권력에 봉사하며 진리 추구를 왜곡했던 "냉소 자들"이었다. 그들은 낯익은 "폭로자들"이었다. 스피노자, 흄, 볼테르, 니체, 프로이트가 대표적이었다. 그들은 잘못된 생각을 폭로함으로써 사회와 관습을 흔드는 척했다. 사실 그들은 우리에게서 사회에 관해 생각하거나 말하는 방식을 빼앗아감으로써 사회를 떠받쳤다. 슬로터 다이크의 "냉소자들"은 여덟 가지 논쟁 전략을 가졌다. 계시는 공허하 고, 종교는 환상이고, 형이상학은 헛된 것이고, 이상은 자기 이익을 감추고 있고, 도덕은 근거가 없고, 자기 인식은 불가능하고, 인간 본성은 신화이며, 자아는 망상이라는 것이다. 우리에게 남겨진 것은 자책이라는 기독교의 헌 옷과 우리 자신의 세계에서 느끼는 불만이었다. 자유민주주의 사회는 이제 그 자체의 존재 이유를 제공하는 척조차 하지 못했다.

슬로터다이크의 냉소자들은 위장한 보수주의자들이었다. 자유민주주의 정통에서 정당성을 빼앗을 때 그들은 내부에 있는 사람들이 외부의 가능한 비판을 보지 못하게 눈을 가렸다. 그런 것이 프랑크푸르트학파의 신마르크스주의자든 매킨타이어식 반자유주의자든 요즘 계몽주의 비판의 표준이었다. 슬로터다이크가 새롭게 한 부분은 냉소자의 상대로 "견유자"를 소개한 것이었다. 견유자는 진정한 파괴자였다. (목욕탕의) 디오게네스는 견유자의 본보기였다. 냉소자들이 위에서 논거를 가지고 학자적으로 논쟁한 데 반해 견유자는 어릿광대처럼 익살을 떨었다. 그들은 관습을 비판하기보다는 관습에 방귀를 뀌었다. 그들의 익살에는 목적이 있었다. 견유자들은 "반쪽 이성을 지닌" 뒤틀린 사회에서 이성적인 존재로서 자신들을 보존하려고 했다. 슬로터다이크는—특유의 익살스러운 묘사로—서구 사상은 냉소자와 견유자의 경연이라고 할 수 있다고 했다.

어느 쪽이 슬로터다이크일까? 냉소자일까, 견유자일까? 우리의 상황에 관해 슬로터다이크가 말했던 것들은—쪽수를 보면 많다—그 두 역할 사이를 오갔다. 슬로터다이크가 2400쪽짜리 『구체』 삼부작의 목적으로 거창하게 밝힌 것은 하이데거가 인간의 시간 경험을 위해 하려고 했던 것을 인간의 공간 경험을 위해 하는 것이었다. 『존재와 시간』(1927)에서 하이데거는 자연과학 또는 과학을 흉내 내는 "실증주의" 철학이 해줄 수 있는 것보다 인간의 삶에 관한 더 진실한 묘사를 약속했다. 하이데거가 주장했듯이 자연과학과 실증주의는 지나치게 초연한 관점과 지나치게 일반적인 범주로 실제 삶의 경험을 왜곡했다. 예술과 문학은 비록 사례로 보여주더라도 삶의 낱알 같은 특질을 포착하는 데 반해 철학은 폭이 더 넓고 삶의 깊은 진실에 더 가까이 다가갈 수 있었다. 그러나 여기서 하이데거는 "실증주의"가 빠졌다고 자신이 비난한 그 함정에 빠졌다. 인간의 경험에 관한 그의 철학적 설명은 극단적으로 일반화됐고, 명료한 부분에서는 자기모순적이었다. 그는 인간의 본성, 인간 존재의 "본질"은 없다고 주장했으면서도 인간의 삶에서 본질은 우리 삶이 시간에 한정된다는 것이라고 역설했다. 여기서 본질은 단순히 우리의 다른 모든 것을 형성하는 사실이라는 의미다. 그런 영역에 들어가기를 두려워하지 않는 슬로터다이크는 『기포』의 서두에 우리의 다른 모든 것을 형성하는 사실은 우리의 존재가 공간에 한정된다는 것이라고 선언했다. 뒤이은 글들은 20세기 중반의 복합적인 형이상학을 진전시키는 에세이보다는 물질적 보호와 피난처를 바라는 인간의 욕구에 관해 현란하고 자유롭게 연상하는 하나의 명상이었다. 여기서는 하이데거보다 가스통 바슐라르의 공간의 시학이 더 좋은 길잡이가 됐다. 슬로터다이크의 줄거리는 "내면", 계속되는 은유는 "면역"이었다. "인간은 내면을 형성하는 면역 체계 안에서만 발생 과정을 계속하고 개체화로 나아갈 수 있다." 쉽게 말해, 우리는 내부가 취약한 몸을 가진 존재로서 사적으로 보호된 상태로 살기를 선호한다.

슬로터다이크의 변덕스러운 마음은 곧 집처럼 일상적인 어떤 것에서도 벗어나 자유롭게 내달린다. 『기포』는 양막낭, "하늘의 면역 체계를 쓸모없게 만든" 코페르니쿠스 혁명, 예수가 자신의 심장을 가져가서 자신은 심장 없이 살고 있다는 시에나의 성 카타리나의 믿음, 인간의 얼굴의 "발생", 초상 화법과 관상학, 달걀, 난자, 쌍둥이라는 주제를 두고 배회했다. 『기포』는 실제로 철학적 인류학의 긴 반복 악절 "존재의 순화: 빈터의 설명을 위하여"를 수록했다. 여기서 슬로터다이크는 하이데거의 편을 들며 생물학적 특성이나 언어가 아니라 도구 만들기와 피난처 짓기를 인간성의 근원으로 봤다.

　　『지구』(1999)는 슬로터다이크의 묘사에 따르면 "모든 것을 포괄하는 통일성이라는 관념을 묻은 능"이었다. 책은 구의 상징과 지도 제작, 베 짜는 새의 둥지 짓기, 죄를 덜어주는 희생양의 필요에 관한 지라르의 이론("사회권의 면역 반응"이라는 슬로터다이크식 표현으로 바뀌었다), 철학을 모든 것에 관해 뭔가를 말하려는 헛된 시도로 제시한 철학의 약사("구의 존재론적 증명"), 메시지 전달자(헤르메스부터 거미줄까지), 관료적 통제, 운명의 여신의 수레바퀴, 그리고 제국주의의 포식(고래를 "단단히 매인 고기"[잡힌 고래]와 "매이지 않은 고기"[잡을 고래]로 나눈 멜빌의 구분법으로 유추한) 문제를 두고 소요했다. 그처럼 뒤죽박죽인 배움은 마침내 급전직하로 놀랍지 않은 역사적 결론에 이른다. 16세기와 17세기 종파 분열에 따른 갈등은 유럽인들을 "외부자가 없는 보편적 용기"가 깨져버린 근대로 던져넣었다. "개인주의적 삶의 형태로 가는 획기적 추세"는 "집단에서 탈출한 개인들이 정치적 코뮌의 건강성과 자신의 행복을 분리"하는 것으로서 "면역학적인 의미"를 보여주었다.

다시 말해 사람들이 저마다 제 갈 길로 가는데 자유주의 사회가 어떻게 견딜 수 있을지는 누구도 알 수 없다.

『거품』(2004)은 사회를 거품 같은 것으로 다루기 위해 익숙하고 대조적인 은유를 썼다. 사회를 하나의 유기체(보수주의자)나 개인이라는 원자들이 모인 분자(자유주의자)로 보는 것이다. 거품은 "단단하거나 유동적인 물질 안에 공기주머니가 있고, 필름 같은 벽으로 분리된, 수많은 방으로 이뤄진 체계"였다. 거품으로서 사회 안에는 "구성 단위 간 공통의 취약성과 공통의 고립"이 "빽빽한 격자 안에 쌓여" 있었다. (혹은 칸트가 더 단순하게 표현했듯이 사람들은 사회 안에 있는 것과 사회밖에 있는 것을 즐긴다.) 욕조 안에 떠 있기, 기구, 가스 전쟁, 에어컨은 플라톤과 홉스, 짐멜, 롤스가 사회를 어떻게 그렸는지 간략히 설명하는 것이었다.

그답지 않게 명료함을 보이는 순간에 슬로터다이크는 "인간 면역 체계"의 다양한 유형으로 고립된 섬과 우주정거장, 온실 같은 사회적 환경을 묘사했다. 슬로터다이크가 가장 좋아하는 것은 온실이었다. 고립된 섬은 다른 사람들을 차단했다. 우주정거장은 자연을 차단했다. 온실은 두 가지 위험을 다 피했다. 건축에서 고전적인 온실은 수정궁(런던)과 버크민스터 풀러의 측지선 돔, 니컬러스 그림쇼의 에덴 프로젝트였다. 온실에는 약점이 있었다. 온실은 (예를 들어 복지국가처럼) 과잉보호할 수 있다. 그래도 온실은 인류에게 최고의 희망이었다.

불꽃놀이처럼 펼쳐진 2100쪽짜리 책을 요약하면, 슬로터다이크는 『구체』 연작에서 우리에게 이 이야기를 하고 싶어한 것 같다. 자유주의적 근대 사회는 물질적인 삶의 주요 문제들을 이미 해결했다. 이제 우리는 사회와 자연의 환경에 초점을 맞춰야 했다. 그 정도는 자유주의적 보수 성향의 독일 녹색당이 짤막한 연설로 할 수 있겠지만 그리 재미나지는 않을 것이다.

슬로터다이크는 훌륭한 하이데거주의자가 되기에는 진보, 특히 기술적 진보를 너무 믿는다. 인간의 개선 가능성에 관한 그의 믿음 때문에 그에게 보수라는 꼬리표를 붙이기가 곤란해진다. 슬로터다이크는 보수가 정치적 우울증 환자들이라고 말한 적이 있다. 그들은 "반근대주의자, 종교적 근본주의자, 고전적 형이상학의 열성적 추종자, 고급 장서와 와인 저장고 소유자들이다. 달리 말해 완전성의 형이상학을 고수하고 진보보다 쇠퇴를 더 믿는 모든 사람이다." 보수의 우울은 자유주의적 근대에 대한 퇴영적 저항이 일어난 19세기에 최고조에 달했다. 20세기의 공포는 보수가 뒤를 돌아볼 수 없게 했고, 20세기의 성공은 그들이 "고난과 빈곤을 보존하는 가톨릭, 그리고 부를 부정하는 보수주의"에 매달릴 수 없게 했다. 어렵고 현학적인 말을 쓰고 곁가지로 벗어나기도 하면서 슬로터다이크는 다시 단순한 뭔가를 이야기하고 있었다. 보수주의자들은 경제적 의식을 가진 우파 자유주의자로 진화했다.

슬로터다이크가 「인간 동물원을 위한 규칙」(1999)이라는 도발적 제목의 에세이에서 정치를 동물의 가축화에 비유하자 좌파 자유주의자들은 과거의 인종주의적, 우생학적 유령을 불러냈다며 그에게 달려들었다. 다른 글에서 슬로터다이크는 인류 향상을 약속하는 기술에 관한 광상시를 썼다. 어느 글에서도 그가 생각하는 것은 생명공학보다는 "심적이고 정신적인 기술"이었다. 그는 자신의 "인간공학"이 인공

기관에 관한 것이 아니라 의식을 바꾸는 것이라고 주장했다.

의식을 얼마나 바꿔야 하는가에 관해서는 이랬다저랬다 했다. 『분노는 세상을 어떻게 지배했는가』(2008)에서 그는 다른 사람보다 앞서 우리 시대의 특징적인 정치적 감정은 분노라고 썼다. 분노와 경쟁하는 정념은 쾌감이었다. 고전에서 (그리고 정신분석학에서) 분노는 쾌감과 대비됐다. 티모스로서 분노는 격정, 격분, 기운찬 야심과 다양하게 등식화돼왔다. 그 사촌은 긍지와 인정욕구였다. 불쾌하거나 좌절할 때 분노는 더 시어져서 원한이 됐다. 그런 분노는 인간의 보편적 감정이었다. 분노를 관리하는 것은―이 주제의 또 다른 특징적인 묘사로서― 정치의 역사적 과업이었다. 유대교와 기독교, 공산주의 전통에는 저마다 분노 관리 전략이 있었다. 유대인들은 분노를 신에게 맡겼고, 신은 그 방향을 바꿔 예고 없이 유대인들의 적이나 유대인 자신들에게 향하게 했다. 기독교인들은 분노를 내면으로 돌려 모두가 자신에게 화를 내도록 했다. 공산주의자들은 분노를 다시 끌어내 전쟁 중인 자본가와 노동자 진영 내에서 똑같이 공유하게 했다. 자유주의적 자본주의에서는 에로스(쾌감)가 우위에 있었다. 분노는 모두에게 공유되고 쇼핑과 오락에서 해소됐다. 자유주의적 자본주의는 분노를 길들였다고 볼 수도 있었다. 그러나 "분노" 경제는 효율적이지 않았다. 평등한 공유는 불완전했다. 모든 시장이 청산되지는 않았다. 혼란에 빠지고 좌절한 사람들은 해소하지 못한 분노를 안은 채로 남아 있었다. 그러면 분노는 예상치 못하게 시위와 폭동, 테러로 터져나왔다. 『분노는 세상을 어떻게 지배했는가』는 아마도 모든 부류의 지식인들에 대한 스위프트식 풍자로 읽는 것이 가장 좋을 것이다. 그 지식인들―자유주의적 경제학자, 진화생물학자, 신마르크스주의자, 하이데거주의자, 그리고 슬로터다이크 자신─은 기교적이지만 믿을 수 없는 유추로 자유주의적 근대에 관한 우리의 혼란을 설명하려고 헛되이 애쓴다.

슬로터다이크는 더 명랑한 기분으로 쓴 『너는 너의 삶을 바꿔야 한다』(2009, 2013)에서 "인간의 자기 초월 성향"에 대한 믿음을 보여줬다. 책은─오크숏과 인도의 신비주의가 섞인─실용적인 정숙주의를 권했다. 그것은 할 수 있는 것을 하며, 지나치게 꼼꼼하고 합리에 집착하는 자유주의자들처럼 사회를 개조하려고 무리하지도, 끊임없이 "왜?"라고 물으며 걱정하지도 말라고 권했다. 스크러턴은 그와 관련해 현명한 보수주의자가 합리를 생각할 필요가 없을 때 느끼는 쾌감을 이야기한 적이 있다. 슬로터다이크 자신이 종종 부정하는 것은 쾌감이 아닌데, 독자들에게 그가 재미있는─그리고 화나게 하는─한 가지 이유다.

슬로터다이크의 인기는 독일의 지적 분위기에 일어나는 변화를 나타낸다. 그는 자유주의적 근대에 관한 반反기술적, 하이데거적 비판에 불만스러워한다. 그는 비판이론과 프랑크푸르트학파의 미몽에서 깨어났다. 이 학파는 3세대인 하버마스가 이끌었는데, 그는 "이론"의 목적을 "자신이 무엇을 원할 수 있는지 안다면 무엇을 원할 것인가에 관한, 사회화된 개인들의 자기 계몽"으로 설명했다. 슬로터다이크는 강경우파에 반대한다. 그는 강경우파의 지적 대변인으로 예전의 추종자였던 융겐과 갈라섰다. 그러나 그는 좌파 자유주의자들에 관한 의심을 드러내지 않고 좌파와 우파가 온건한 중도에서 연합하기를 촉구할 정도로 강경우파를 겁내지는 않는다. 지적 문지기들은 슬로터다이크를 무시하거나 허풍쟁이로 일축하는 경향이 있다. 좋든 싫든 슬로터다이크는 문지기와 전문가들이 널리 불신을 받는 분위기에서 성공적으로 활동한다.

보수적인 가톨릭 신자인 법철학자, 콜리지와 칼라일의 정신을 따르는 훗날의 영국 문화비평가, 그리고 탈하이데거, 탈자유주의적인 독일인은 본보기가 되는 삼총사다. 그들은 자유주의적 현 상태의 비판자로서 우리가 처해 있다고 믿는 혼란의 한가운데서 발 디딜 데를 찾고 있다. 피니스는 명료한 질서에 뿌리를 둔 도덕을 기대하는데, 그 기반은 인간 외적인 것이다. 스크러턴은 관습과 전통에 뿌리를 둔 윤리적, 문화적 충성에 기대를 걸었다. 현대 사상가들의 긴 줄 끝에 있는 슬로터다이크는 특이한 방식으로 과학과 세속주의, 그리고 회의적인 "폭로"의 미몽에서 깨어난 세계에서 삶에 대한 인간적인 이해를 위해 회복할 수 있는 것이라면 무엇에든 손을 뻗친다. 그 모든 논리의 힘이나 은유의 풍부함에도 불구하고 그중 누구도 자신들이 비판하는 자유주의적 기류에서 벗어나지 못했다. 다시 말해 그들은 자유주의자들을 침묵시키기보다는, 혹은 밀의 표현대로 그들을 지워버리기보다는 그들을 설득하는 주장을 했다. 자유주의자들을 설득하려면 어느 정도 공통의 기반이 필요하고 비판자들은 그것을 받아들인다.

피니스는 오늘날 사회에서 그의 도덕적 엄격주의는 종교적인 것이 아니라 세속적인 논거로 주장해야 한다는 점을 받아들였다. 정치적 자유주의자들은 스크러턴의 문화적 보수주의의 많은 부분을 공유할 수 있다. 도발적이고 편협한 표현에도 불구하고 그의 정치적 보수주의는 시간이 지나면서 더 자유주의적으로 바뀌었다. 슬로터다이크의 글은 비정통적인 암시와 시사로 번득였다. 하늘이 다시 어두워지기 전에 그의 지적 불꽃놀이가 밝힌—후기 근대 사회, 그리고 지구의 지속 가능성에 대한—당혹감은 개방적인 보수주의자와 자유주의자들이 공유할 수 있다.

자유주의적인 현 상태의 개념과 가정들이 지금은 너무나 널리 받아들여져서 심지어 비타협적인 보수주의자들도 그 영향력에서 벗어날 수 없는 것일까? 그들 중 누구도 헤겔과 같은 정신에서 세계의 사조가 다음에 흘러갈 자리를 포착했다고 시사하지는 않는 것으로 보인다. 누구도 그들의 철학적 관점과 정치적 자유주의에 대한 국부적 비판 사이의 분명한 통로를 보여주지 못했다. 누구도 반자유주의적 정통의 밑그림조차 펼쳐 보이지 못했다. 그들의 회의와 비판이 우파 사상가들이 계속 목소리를 높이고 있는 자유주의적 보수 주류의 방어를 명백히 흔들어놓지도 못했다. 사실 양쪽이 서로 대화하거나 서로의 주장에 응답하는 경우가 얼마나 드문가를 보면 놀랍다. 자유민주주의의 현 상태에 대한 보수적 방어자들은 스크러턴이 1982년 『솔즈베리 리뷰』를 창간할 때 보수주의자들에게 촉구한 것과는 달리 "더 많이 생각"하기는커녕 더 적게 생각하거나 어쨌든 더 적게 사색하려고 하면서 대신 정책과 실용적인 수선에 집중하는 것으로 보인다. 주류의 몇몇 사상가는 실제로 큰 생각을 제시했으나 신뢰도는 다 달랐다. 더 현명해진 보수주의가 선택 가능한 정치적 관점 중 가장 덜 나쁜 것이라고 주장하는 그들은 실용주의자와 중용을 걷는 이들, 윤리적으로 불안해하는 이들, 그리고 확고한 "현실론자"들로 나눌 수 있다.

5. 현 상태를 위하여: 실용주의, 중용, 불안, 혹은 "현실주의"

실용적 보수주의는 더 높은 수준에서 현명한 정부가 따를, 상황에 구애받지 않는 원칙에 의존한다. 최근의 저명한 옹호자는 앤서니 퀸턴(1925~2010)이었다. 그는 정부의 과업을 "좁고 굽은 길을 따라 운전하는 것"으로 묘사했다. 그의 『불완전의 정치』(1978)는 영국의 전통에 한정되기는 해도 아마 최근에 나온 철학적 보수주의 역사서 중 최고일 것이다. 책은 종교적 전통(후커, 버크, 콜리지, 뉴먼)과 세속적 전통(핼리팩스, 볼링브로크, 흄, 디즈레일리)을 포함하고, 그것들을 정치는 인간의 한계를 관리하는 것이라고 보는 하나의 관점에 대한 양립 가능한 표현으로 다루었다. 퀸턴은 마거릿 대처(그녀는 퀸턴이 귀족이 되게 해주었다)에게 조언했으나 교조적인 자유시장주의자는 아니었다. 그는 어떤 것에도 교조적이지 않았다. 윤리 면에서 공리주의자이자 지식에 관한 경험주의자, 실재하는 것에 대한 물질주의자인 퀸턴은 철학을 흄의 정신에 따라 자신의 가정을 포함한 여러 가정에 도전하는 것으로 봤다. 흄은 호러스 월폴에게 이렇게 물은 적이 있다. "논쟁과 카드 게임을 좋아하지 않으면 무엇을 좋아하십니까?"

퀸턴은 보수주의 사상가들이 흔히 회피하는 이런 질문에 맞섰다는 점에서 이례적이었다. 보수주의의 이데올로기 거부는 그 자체로 이데올로기적인 것이 아닌가? 퀸턴은 "보수주의가 배척하는 유형의 이론은 본보기로 삼는 이론과 구분할 수 있다"라고 썼다. 배척된 이론과 보수의 배척은 둘 다 일반적인 것이었다. 전자는 검증되지 않았거나 선험적인 원칙들에 힘없이 의존했다. 후자는 나쁜 이론을 추구해서

실정을 한 경험에 의존했다. 그 구분은 앞서 언급한 한 가지 반론에 취약하다. 철학자 C. D. 브로드는 뜻하지 않은 결과를 이유로 자유주의 개혁에 반대하는 주장에 반론을 폈다. 그는 뜻하지 않은 결과들이 모두 나쁘다는 증거는 없다고 지적했다. 비슷한 논리로, 비경험적인 원칙(예를 들어 노예제는 잘못이라는 원칙)에 바탕을 둔 모든 개혁이 나쁜 것이라는 증거는 없다. 우리는 또 좋은 이론을 추구할 때 정부가 건전했던 경험도 가지고 있다.

회유적인 중용은 정치철학자 존 케크스가 권한다. 논문 「보수주의란 무엇인가?」(1997년 7월)와 『보수주의를 위한 논리』(1998)에서 케크스는 우파가 신중하게 자유주의적 중도주의를 받아들여야 할 이유를 제시했다. 그의 방법은 매력 없는 대안들을 찾은 다음 그 차이를 쪼개도록 권하는 것이었다. 케크스가 보기에 보수주의는 "정치의 도덕"이었다. 그 말은 정치를 생각하고 사회 제도를 판단하는 적절한 방식은 무엇인가에 관한 하나의 관점을 의미했다. 그것은 이익이나 가치에 대한 일차적 방어가 아니라 무엇이 현명하고 어리석은 정치적 추론인지를 보는 이차적 관점이었다.

케크스에 따르면 보수주의자들은 사회적 제도에는 목적이 있다고 생각했다. 제도는 좋은 삶을 촉진하고 장려하려는 목적에 봉사함으로써 지속했다. 어느 제도가 성공하고 실패했는지 가리는 시험대는 역사적 경험이었다. 이른바 사회계약에 따라 더 나은 사회라는 이상적 기준을 충족하거나 전체적으로 인류에게 좋은 일을 하는지 따지는 것이 아니었다. 오래 견디는 제도는 보수주의자들이 즐겨 쓰는 비유로 "집을 가정으로 만드는" 것이었다. 그러나 지속하는 것이 꼭 지속할 가치가 있는 것은 아니었다. 또 사람들은 무엇이 좋은 삶인가에 대해 의견을 달리했다. 따라서 보수주의자들은 왜 어떤 제도를 선호하는지, 무엇이 좋은 삶이라고 보는지 그 근거를 더 많이 이야기할 필요가 있었다.

케크스는 좋은 삶의 개념에 관한 극히 대조적인 태도를 쌍쌍이 가려내 우리에게 그 중간으로 나아가라고 권했다. 첫 번째 쌍은 경험을 넘어서는 도덕적 질서에 대한 형이상학적 호소, 혹은 도덕적 가치에 관한 회의주의였다. 둘 다 실제적인 매력이 없었다. 두 번째 쌍은 "절대적"(보편적) 기준 혹은 상대적("여기에서 효과적인") 기준이었다. 그 두 쌍을 함께 고려하면 현명한 보수주의자들은 도덕적 회의주의와 보편적 기준을 거부할 것이었다. 몇몇 보편적 규칙은 어디서나 최소한의 도덕을 요구했다. 그 외에는 지역적 다원주의가 우세했다. 사람들은 비판이 사회 내에서 설득력이 있는 한 여전히 자신의 사회를 비판할 수 있었다. 세 번째 쌍은 자율(자유주의) 혹은 사회의 요구(보수주의)를 지나치게 주장하는 것이었다. 자유주의자들은 자율을 잘못 이해할 수도 있었다. 어떤 사람들은 명령에 복종하기를 좋아했다(승려, 군인). 보수주의자들은 도덕적 감시에서 풀려난 사람들은 확실히 나쁜 삶으로 이끌릴 것이라며 과도하게 걱정했다. 케크스는 그래서 이번에는 지역의 도덕적 전통을 참을 수 없는 것(저항하고 폐지할 것)과 참을 수 있는 것(좋은 삶을 촉진하지 않는다는 것을 경험으로 알아도 저절로 사라지게 내버려두는 것이 최선인 것), 건전한 것(장려할 것)으로 나누었다. 케크스는 이처럼 정치적 도덕의 추론 방식에 관한 고차원적 사고에서 시작해 실제로 정치에 대한 중도적 접근 방식이 어떻게 작동할지 생각했다. 그의 온건한 보수주의는 제한적인 정부를 선호하고, 이상의 추구를 포기하며, 사회질서와 개인의 자유를 지키는 것으로 스스로 역할을 제한하고, 법을 지키고, 그 절차를 명확히 할 것이었다.

케크스가 분별 있는 자유주의 성향의 보수주의를 옹호할 때 아리스토텔레스적 중용의 그림자가 어른거렸다. 주의 깊은 케크스는 자유주의적 중도주의의 결점을 발견하고 교정을 요청할 수 있었다. 이는 분별 있는 보수주의자들에게 온건한 진보적 공리주의자나 신중한 우파 성향 자유주의자들과 불화를 일으킬 여지를 거의 주지 않았다.

퀀턴의 보수주의가 지닌 세속적인 쾌활함과 중도로 나아가는 케크스의 온건함은 현재의 혼란스러운 정신을 따라가는 것과는 어울리지 않게 느껴질 수 있다. 뒤숭숭한 시대에 더 잘 맞춘 사상가는 3세대 미국 신보수주의자인 유벌 러빈이다. 그는 불안해하며 윤리의식을 바탕으로 우파 자유주의의 정통을 옹호한다. 『분열된 공화국: 개인주의 시대 미국 사회계약의 갱신』(2016)에서 러빈은 순응(1940~1950년대)과 광란(1970~1980년대), 그리고 불안(1980년대부터 지금까지)의 역사적인 이야기를 들려주었다. 러빈은 기술적 변화의 무시된 비용인 사회적 분열과 "초개인주의"를 걱정했다. 그는 시장사회와 심하게 불화하지 않았으나 시장이 최고의 자리를 차지해서는 안 된다고 느꼈다. 그러나 러빈은 낡은 사회민주주의적 처방을 의심했다. 그는 사회민주주의자도, 자유지상주의자도 자유를 정확히 이해하지 못한다고 믿었다. 한쪽은 자유를 행동할 힘으로 오해했고 다른 쪽은 제약의 부재로 잘못 생각했다. 러빈은 스토아적 태도로 보수주의자에게 자유는 자제라고 썼다. 자제를 위해서는 길들지 않은 열정에서 벗어나야 했다. 자아가 억제되지 않는 세계에서 자제를 장려하려면 더 나은 "도덕 형성"과 더 강한 가족, 더 강한 성취감을 주는 일, 더 많은 시민적 참여가 필요했다.

집안을 무너뜨리지 않고 신중하게 성취할 수 있는 것을 고수하기로 마음먹은 보수주의자에게 그것은 대단히 일반적이면서도 벅찬 목록이었다. 마치 러빈이 자유주의적인 현 상태를 방어하려고 시작했다가 그가 발견한 실상에 경악하기만 한 것 같았다. 1960년대에 자유주의적 정통을 공격한 신보수주의 1세대는 잘못 기획된 부단한 자유주의 개혁과 사회적으로 뜻하지 않은 나쁜 결과를 겨냥했다. 러빈은 반세기 후 그 비난을 되풀이하면서 1970년대 이후 보수 정부가 많은 역할을 해서 만들어낸 후기 근대 사회에 관해 불평했다. 러빈의 사회 분석과 정치적 충성은 맞아떨어지지 않았다.

러빈의 문제는 설득력 있고 가치를 중시하는 『뉴욕 타임스』 칼럼니스트 데이비드 브룩스도 공유했다. 브룩스가 보기에도 보수주의는 도덕적 관점에 뿌리를 두고 있었다. 캐나다 태생의 브룩스는 버클리의 『내셔널 리뷰』에서 인턴으로 시작했고 『월스트리트 저널』의 여러 자리를 거쳐 미국 중도우파 여론의 대변자가 됐다. 트럼프의 부상과 공화당 장악에 경악한 브룩스는 트럼프 자신과 그의 인기에 똑같이 불안을 느꼈다. 브룩스는 훌륭한 공화주의자의 태도로 보수주의의 도덕적 요구를 먼저 시민들에게 한 다음에야 정부에도 했다. 신중한 보수주의자가 보기에 그 요구는 러빈의 경우처럼 지나친 부담을 주는 것 같았다. 그것은 자그마치 도덕적 갱생을 촉구하는 것이었다. 브룩스의 보수주의는 인간의 불완전성을 관리하는 것을 넘어 진보적인 완벽주의처럼 보일 수 있다. 브룩스는 국가주의적 편견과 포퓰리스트의 전문 지식에 대한 경멸을 혐오했으나 러빈처럼 그도 자신을 경악하게 한 것 중 왜 그토록 많은 일이 보수가 지켜보는 가운데 일어났는가에 관해서는 할 말이 별로 없었다. 그렇다고 해도 그의 웅변과 열정은 흔들리지 않는다. 브룩스는 훈계조로 썼다(2018). "보수주의가 언제고 회복하려 한다면 두 가지 큰 과업을 이뤄야 한다. 첫째, 피와 땅을 부르짖는 국가주의의 유혹을 제거하기에 충분히 큰 도덕적 목적을 찾아야 한다. 둘째, 전문적 능력의 기준을 되찾고 경험과 성실, 그리고 정치적 기술의 중요성을 다시 확인해야 한다. 탁월성과 성실성을 빼버리면 큰 지도자에 대한 충성만이 통하게 된다."

윤리적인 것이 아니라 정치적인 과업을 중시하는 더 강건한 보수주의는 영국 역사가이자 사상가인 노얼 맬컴에게서 볼 수 있다. 1990년대 중반 런던 근처에서 열린 보수적 자유시장주의자들의 한 모임에서 맬컴은 "보수적 현실주의"의 요소들을 개략적으로 설명했다. 보수적 현실주의는 미국과 독일 신보수주의자들을 단련했던 유형의 사회적-윤리적 관심과는 분리하는 분명한 선을 표시했다. 동시에 맬컴이 찬성하는 경제적으로 자유주의적인 보수주의를 그가 찬성하지 않는 유럽 대륙의 기독교적-사회적 전통과 구별했다. 기독교 민주주의는 프랑스와 독일의 변형에서 유럽의 정치적 보편주의 정신을 다시 일깨우고 유럽연합이 국가마다 다른 더 좁은 목적에서 벗어나게 했다.

『보수적 현실주의』(1996)로 출간된 많은 학회 논문은 오늘날 우파 사상의 평범함과 소진을 한탄했다. 그 사상은 시장에 관한 믿음과 오래된 보수의 충성 사이에서 동결된 것으로 보였다. 그와 달리 맬컴은 "보수적 현실주의와 기독교 민주주의" 논문에서 완화된 국가주의와 함께 경제 면에서 자유주의적인 현 상태를 충직하게 방어했다.

맬컴의 "현실주의적" 보수주의는 인간 본성의 개선 가능성에 회의적이고, "경제적 현실"에 주의를 기울이며, 그런 현실을 바꾸려는 정치적 행동의 한계에 대해 냉철했다. 무엇보다 현실주의적 보수주의자는 도덕을 중시하는 보수주의자와 달리 정치의 특별한 성격과 정치적 영역의 자율성을 인정했다. 맬컴은 이렇게 썼다. "보수주의자에게 (그리고 특히 보수적 현실주의자에게) 국민국가는 진정한 정치적 공동체의 존재와 그 공동체를 위한 주권이라는 최종적인 정치적 권위의 행사를 모두 암시하며, 그런 국민국가의 존재는 쉽게 조정할 수 있는 어떤 불확정적인 사실이 아니라 우리의 정치적 관점에서 하나의 결정적인— 정확히 말하면 가장 결정적인—특징이다."

맬컴(여러 탁월한 면 중에서도 홉스 연구에서 저명한 학자다)은 여기서 정치에 관한 홉스적인 구도를 제시했다. **정치적 공동체와 국민국가, 최종적 권위(주권)**의 개념이 맞물리는 그 구도에서 최종적 권위가 없으면 국가도 없고, 국가가 없으면 공동체도 없었다. 그 사슬을 거슬러 올라가면 공동체는 국가를 내포하고 국가는 주권을 내포했다. 영국이 최고 권위를 유럽연합에 양보하면 영국이라는 국가를 약화하고, 국가의 약화는 정치 공동체를 침식할 것이었다. 요컨대 영국은 논란의 여지가 없는 하나의 권위에 지배를 받는 한에서만 정치적 공동체를 형성했다.

맬컴의 신홉스주의 설명에서 보수적 현실주의는 "정치와 도덕 사이에 명백하거나 의미 있는 구분"을 유지할 수 있는 데 반해 기독교 민주주의는 그럴 수 없었다. 도덕을 말할 때 맬컴이 마음에 둔 것은 가

톨릭의 사회정의 관념으로, 에마뉘엘 무니에와 자크 마리탱 같은 이
들이 생각하고 1930년대에 교황이 장려했던 사고다. 1890년대 로마
교회는 경제적 자유주의를 질병으로 여기고 사회주의는 그보다 더
나쁜 것으로 판단했다. 이와 달리 나중에 나온 회칙 '40주년'(1931)은
맬컴에 따르면 "경제적 개인주의와 몰수나 국유를 뜻하는 집산주의를
대단히 잘못된 대칭에 함께 올려"놓았다. 다시 말해 그 회칙은 그 둘
을 똑같이 나쁜 것으로 여겼다. 맬컴이 보기에 그것은 사실을 왜곡했
다. 매도된 "경제적 개인주의"는 사실 모든 사람이 공통의 준칙과 "관
행과 법률의 공동체"라는 틀 안에서 자신의 경제적 이익을 추구하는
한 번영을 가져왔다. "경제적 개인주의"가 사회정의나 공정한 임금을
명분으로 간섭받고 그에 따라 제대로 기능하지 않을 때 대규모 빈곤
이 발생했다. 맬컴의 옹호는 비평등주의와 국가를 중시하는 자유시장
주의로 흐트러지지 않고 일관성이 있었다.

맬컴은 그 전의 하이에크와 마셜의 전통에 따라 도덕의 요구에
비록 도구적이라는 느낌을 주기는 해도 신중하면서도 의미 있는 양보
를 했다. 문제의 도덕은 질서와 효율에 유용했다. 그 혜택을 공유하려
면 "경제적 개인주의"는 "관행과 법률의 공동체"뿐만 아니라 "공통의
행위 준칙이라는 틀" 안에서 작동해야 했다. 다시 말해 은행가와 기업
인들은 적어도 서로는 올바르게 행동해야 했다. 약속을 지키고 사기
치지 말아야 했다. 은행가와 기업인들이 사회에 빚을 진 것이 있다면
그것에도 "공통의 행위 준칙"이 적용되는가에 관해 마셜은 적용된다
고 생각했고 하이에크는 그렇지 않다고 보았다. 맬컴은 그 문제를 그
냥 남겨두었다.

그는 기독교 민주주의자들이 1980년대 대처 정부의 노동조합 개혁에 대해 주저한 것을 언급했다. 훗날 거침없는 브렉시트 지지자가 되는 맬컴이 자크 들로르가 유럽연합 집행위원장으로서 10년간의 활동을 끝낼 때 그 이야기를 한 것은 우연이 아니었다. 전직 재무장관인 들로르는 프랑스의 선도적인 가톨릭계 노동조합을 이끌고 세속화했다. 집행위원회 수장으로서 들로르는 영국 보수당이 질색하는 노동 권리 헌장을 통과시켜 대처가 브뤼주 연설을 하도록 도발했다. 대처는 그 연설에서 자신이 국가의 영역을 줄인 것은 단지 유럽의 초국가가 다시 강요하는 것을 보려고 한 것은 아니라고 말했다.

맬컴은 사회적 성향의 기독교 민주주의자들을 거부하는 자신의 자유주의적 보수주의를 더 밀어붙였다. 맬컴은 그들의 정치 구도가 전근대의 스콜라적 사고에서 물려받은 것이라고 썼다. 그 구도는 "인간의 협력 수준이나 '공동체'의 위계 구조를 가족, 확대가족, 친구 집단, 더 넓은 사회집단, 좁은 지역공동체, 넓은 지역공동체, 국가, 국가의 집단, 세계 하는 식으로—거의 연속적으로— 상정했다". 그런 구도에서는 그 공통성이 크든 작든 권위는 단지 공동선의 도구에 불과했다. 맬컴이 반대한 그 중세적 구도에서는 "티들리 윙크스 놀이 협회의 공익을 지키고 촉진하는 협회장의 권위와 공화국 대통령의 권위 사이에 (…) 질적 구분이 없었다". 맬컴의 생각으로는 정치적 공동체의 최고 권위가 지니는 특수성을 인정하지 않는 것은 "권위를 유럽이라는 더 높은 수준까지 새롭게 확대하려는 기독교 민주주의자들의 열의"를 보여주는 것이었다. 그들에게는 한 국가의 정부를 포함해 그 위계 구조상 어느 수준에 있는 것이든 어떤 특수성도 갖지 않았다.

민주주의 시대의 정치적 공동체는 선거를 통해 권위를 행사하는 사람에 대한 통제력을 행사했다. 유럽의 "민주주의 적자"는 권위가 더 높은 수준으로 옮겨갔는데 그에 상응하는 민주적 통제의 이동은 없어서 생긴 것이었다. 회원국들은 어중간한 위치에 있었다. 그들은 유럽이라는 하나의 국가 안에서 민주적 통제를 압박할 수도 있고, 그곳에서 철수해 개별 국가 수준에서 주권과 민주주의 사이의 균형을 회복할 수도 있으며, 아니면 지금의 어중간한 상태를 받아들일 수도 있었다. 세 번째 대안을 옹호하는 데는 민주주의 적자에 관한 더 미묘한 관점이 있었다. 유럽연합 회원이 되면 실제로 국가 주권 행사에 제약을 받았다. 그러나 더 큰 주권국들—예컨대 미국과 중국—에 대해서는 중간 크기의 국가들이 더 큰 통합체에 속함으로써 더 잘 보호받으면서 기동의 자유를 얻을 수 있었다. 유럽의 유권자들은 유럽 수준의 권력 행사를 직접 통제하지 않아도 정부 간 운용에는 통제력을 가졌다.

　　민주주의에 대한 맬컴의 보수주의적인 호소는 원칙의 문제가 아니라 기업 윤리에 대한 호소처럼 도구적인 것이었다. 보수주의자들의 관심은 무엇이 정치적 공동체의 건강과 안정에 도움을 주거나 해를 끼치는가 하는 것이었다. 맬컴은 "가장 장기적인 역사적 관점으로 볼 때 보수주의가 반드시 자유민주주의와 엮여 있는 것은 아니지만, 오늘날의 보수주의는 정치적 공동체의 건강을 유지하는 데 자유민주주의 제도가 가장 믿을 만한 방식이라고 평가한다"고 썼다.

　　맬컴과 달리 미국의 보수적인 자유지상주의자 제이슨 브레넌은 민주주의, 특히 선거에 대해 더 직설적이고 덜 관대했다. 브레넌은 정치의 주된 목적을 자유시장을 장려함으로써 번영을 촉진하는 것으로 보았다. 그가 보기에 선거민주주의는 그것을 좌절시켰다. 선거 연구에 정통한 브레넌은 유권자들이 아는 게 너무나 적다는 점을 걱정했다. 『민주주의에 반대한다』(2016)에서 그는 자유주의적 자본주의와 선거 민주주의의 양립 가능성에 관한 슘페터의 회의를 다시 불러일으켰다. 브레넌은 유능하고 제한적인 정부에 대한 시민 각자의 권리가 여전히 무지한 다수로부터 적절히 보호되는지 더는 확신할 수 없었다. 브레넌 은 자신이 무엇을 위해 혹은 왜 투표하는지 모르는 유권자들이 승인 한 무능한 통치가 아니라 "에피스토크러시epistocracy", 즉 자신이 무 슨 일을 하고 있는지 아는 이들의 유능한 통치를 옹호했다. 그는 에피 스토크러시가 어떻게 적용돼야 하는가에 관해서는 열린 마음을 갖고 있었다. 개방적인 자세로 대안을 낸다는 취지에 따라 지방의 실험, 복 수 투표, 지식 시험, 그리고 경제에 대한 민주적 통제의 배제가 제시됐 다. 선거민주주의에 대한 브레넌의 날카로운 비판은 유권자 억압 운동 의 스콜라적 측면으로 생각할 만하다. 미국에는 좌파와 우파에서 그 운동의 오랜 계보가 있지만, 최근 가난한 유권자들을 선거인 명부에 서 빼버리려는 공화당의 노력이 가장 주목을 받았다.

보수주의자들이 어떻게 우파 자유주의자들을 옹호했는지 살펴 보는 이 짧은 개관을 끝낼 마지막 사례로 데이비드 윌레츠보다 더 나 은 사상가는 없다. 그의 지적 여정은 양 진영의 분노와 초조에 시달린 합리적 보수주의자들의 시도를 전형적으로 보여준다. 윌레츠는 급진 적 자유시장주의자로 출발했으나 나이와 경험이 쌓이면서 불안해하 는 중도주의자로 돌아섰다. 윌레츠는 재무부에서 일했고(1978~1984), 공공과 민간의 자금을 섞어 공공 일자리와 서비스 재원을 조달하는 것을 포함한 새로운 정책들을 정부에 도입했다. 그는 토리당 하원의원(1992~2015)이었고 자주 책을 냈다. 윌레츠가 쓴 『현대의 보수주의』(1992)와 『보수주의는 죽었는가?』(1997), 『도둑질』(2010) 세 권만 봐도 그의 정치적 경로를 추적할 수 있다. 첫 번째 책은 대처의 토리주의가 전후 영국에서 최악의 사회경제적 질병을 어느 정도 치료했다고 확신했다. 노동당이 총선 압승으로 그의 당을 묻어버렸을 때 나온 두 번째 책은 공동체와 시장 간의 갈등을 걱정했다. 비당파적으로 우리 자녀의 미래를 말하는 세 번째 책은 모든 부자 나라가 직면하는 인구 고령화와 세금, 연금, 주택, 사회적 이동성 문제를 생애 주기에 걸쳐 다뤘다. 윌레츠는 대단히 지적이고 정치 경험도 많아서 큰 생각에서 나오는 힘이나 틀을 짜는 서사의 필요성을 무시하지 않았지만, 시간이 지나면서―이를테면 대처리즘 같은―큰 생각과 틀 짜기를 한 서사가 어떻게 생기와 유용성을 잃고도 버티는지 이해했다. 윌레츠는 보수의 큰 생각을 새로 제시하기보다는 비당파적 정신에서 현재의 질병과 기존 틀에서 필요한 수리를 하지 못한 부분에 초점을 맞추기로 했다. 마치 보수주의가 지적 고지를 되찾으려면 먼저 신중하고 건전한 정부의 평판을 다시 얻어야 한다고 보는 것 같다. 성패가 걸린 문제는 평판만이 아니었다. 신중하고 건전한 정부가 없으면 자유주의적 보수주의는 내부에서 분노하고 비타협적인 강경우파에 더 난타당할 것이었다.

맺음말

우파의 선택

우리는 우파의 시대에 살고 있다. 그러나 그것은 어떤 우파인가? 보수주의자들은 어떤 전통을 대변하는가? 지금 전통을 통제할 이들은 어떤 보수주의자인가? 한편에는 1945년 이후 자유민주주의를 만들어내고 떠받치는 데 많은 일을 한 자유주의적 보수주의자들이 있다. 다른 편에는 초자유주의적 세계주의자들과 "대중"을 대변한다고 주장하며 하나의 국가를 강조하는 보수주의자들의 기이한 연합인 비자유주의적 강경우파가 있다.

좌파는 곳곳에서 퇴조하고 있다. 유럽의 옛 중도좌파 정당들은 급속히 지지를 잃고 있다. 역사적으로 조금이라도 의미 있는 사회주의에 대한 유럽 좌파의 약속은 반세기 전에 버려졌다. 그 장대한 전통은 기껏해야 대학의 인문학과에서 대체로 심미적인 형태로 살아남고, 정치적 운동으로서 사회주의가 영향력을 얻은 적이 없는 미국에서도 마찬가지다. 경제체제가 붕괴할 지경에 이르지 않는 한 미국 민주당은 계속해서 케인스주의나 복지주의, 혹은 사회민주주의 정책을 "사회주의적"이라고 오도하는 표현을 쓰며 경계한다. 좌파의 효과적인 정당정치적 혹은 지적 반대가 없는 가운데 정파적 논쟁은 보수주의자들 사이에서 자신들의 전통을 통제하기 위한 싸움으로 바뀌고 있다.

프랑스혁명 비판에 의존한 19세기 초 최초의 보수주의자들은 사회의 통일성과 관습의 권위를 옹호했다. 두 가지 다 그들이 두려워한 것처럼 자본주의와 그 정치적 옹호인 자유주의의 위협을 받고 있었다. 그들은 자유주의적 진보도 민주주의적 평등도 믿지 않았다. 첫 번째 보수주의자들은 자신들을 설명하기보다는 명령을 내리는 데 익숙했던 귀족적 지배층의 상속자들로서 공개적인 논쟁을 참지 못하고 독자적인 사상과 지성들이 필요하다는 점을 받아들이는 데 굼떴다.

19세기 말이 되자 주류 보수주의자들은 역사적 타협을 했다. 그들은 서서히 선거민주주의를 받아들였다. 또 경제적 민주주의(사회주의, 노동조합주의, 사회민주주의, 혹은 복지주의의 어떤 조합)를 물리치려고 그들처럼 좌파의 경제적 도전을 두려워하던 우파 자유주의자들과 연합했다. 1880년부터 1945년 사이에 새로운 정치적 동물인 자유주의적 보수주의자(혹은 보수주의적 자유주의자)들이 나타났다. 주류 보수주의자들은 스스로 중도우파 정당을 조직했다. 그들은 우파 내에서 두 부류의 반대자들 옆에 있었다. 그들은 자유민주주의적 현 상태와 타협하기를 거부한 당 주변부 보수주의자들, 그리고 자유주의적인 근대 세계가 추악하며 비윤리적임을 발견하고 흔히 정책에는 무관심한 당 외부의 보수적인 비판자들이었다. 정치적 보수주의자들은 그런 근대의 창출을 돕고 있었다.

대중의 압력에 따라 중도우파는 특히 1945년 이후 점차 사회 개혁과 복지 정책을 받아들였다. 사회주의와 자유주의의 합의가 지나치게 많은 것을 약속하고 재원이 소진되고 1970년대 인플레이션으로 실패를 겪자 중도우파는 기업 할 자유와 작은 예산, 열린 국경을 주장하는 열광적인 자유시장주의를 채택했다. 그 급진적인 합의는 21세기에 다시 실패해 우파에 정당정치적, 지적 틈새가 생겼고 강경우파가 그 틈으로 쏟아져 들어왔다.

포퓰리스트와 자유지상주의자가 뒤섞인 강경우파는 고대의 키메라처럼 엄밀히 말하면 존재할 수가 없다. 포퓰리스트는 배타적인 국민으로서 "우리"를 위한 복지 확대를 원한다. 그들은 의회와 선출된 대표자들의 목소리를 줄이고 자신들의 직접적인 발언권은 늘리기를 바란다. 전문가들과 이른바 엘리트의 목소리도 줄이고 싶어한다. 자유지상주의자들은 복지자본주의를 축소하거나 완전히 버리기를 바라며, 무지한 유권자들에게 발언권을 더 많이 주지 말고 더 적게 주기를 원한다. 한쪽은 자국 내 피난처를 요구하고 다른 쪽은 세계 시장의 권위를 중시한다. 양쪽 다 안전을 약속하나 방식은 달리한다. 기업과 은행들은 간섭받지 않을 자유와 자신과 자산을 원하는 곳으로 옮겨갈 자유를 보장받는다. 사람들은 열망했던 익숙한 삶을 약속받는다. 많은 사람이 아마도 영원히 사라졌을 것이라고 두려워하는 안정된 일자리와 화합하는 이웃, 명확한 국경을 가진 국가에 대한 의식 같은 것이다. 좌우를 막론하고 흔들리는 중도의 정치인들이 둘 중 어느 약속도 실제로 이행될 수 없고 서로 충돌하는 것이라며 스스로 위안 삼는 것은 안일한 태도일 것이다. 이 책이 보여주었듯이 타협하지 않는 우파는 명백한 모순을 유리하게 돌리는 지략이 있다.

슘페터는 자본주의가 민주주의에서 살아남을 수 있는지 물었다. 반어법을 잘 쓰는 그는 앞서 본 것처럼 스스로 "그렇다"라고 답하고는 바로 "만약"을 덧붙이며 몇 가지 까다로운 조건을 열거했다. 지금 상황에서는 슘페터의 질문을 거꾸로 돌릴 수 있다. 자유민주주의는 자본주의에서 살아남을 수 있을까? 이 질문은 현재 자본주의가 아닌 대안이 있다고 상정하지 않는다. 그보다 지금으로서는 자본주의가 여기에 남아 있을 테고, 따라서 보수주의자들은 하나의 선택을 해야 한다고 가정한다. 보수는 강경우파 편에 서서 자유민주주의를 통제받지 않는 시장과 국가주의적 포퓰리즘의 자비에 맡길 것인가? 아니면 흔들리는 중도를 함께 재건할 동맹을 찾을 것인가?

부록 A

보수주의 핵심 용어

- 가족family | 법, 재산과 더불어 안정되고 질서 있는 사회의 필수 요소.

- 가진 자와 못 가진 자haves and have-nots | 어떤 정치적 전통과도 마찬가지로 보수주의
는 이익집단에 봉사한다. 보수주의가 봉사하는 여러 이익 중 재산권이 두드러진다. 그
런 만큼 보수당은 무엇보다 가진 자들의 당이다. 재산은 다양한 형태를 취하고 소유자
는 변하므로 우파가 누가 가진 자들인지, 어떻게 그들을 보호할지 알아내기란 늘 쉬운
것이 아니다. ("사유재산"을 보라.)

- 강경우파hard right | 중도우파와 구분하는 말로, 자유민주주의적 현 상태의 핵심 요소
중 한 가지 이상을 거부하는 보수주의의 한 부류. 자유시장을 지지하는 초자유주의자
들과 대중적인 반자유주의자들의 불안정한 전술적 연합으로서 강경우파는 "엘리트"에
맞서 "대중"을 대변한다고 주장한다. 이들의 논지는 오래된 것이므로 "신新"이 아니라
"강경"으로 부르며, 1980년 이후 주류에 합류하기 위해 중도우파로부터 표를 빼갔으므
로 "극"이나 "극단적"이 아니라 "강경"이다.

- 경제적 민주주의economic democracy | 개략적으로 말하면, 모두를 위한 경제적 몫이다.
부로부터의 보호는 모두에게 민주적으로 확장될 때 비자유주의적(사회주의적)이거나
자유주의적(개혁주의적) 형태를 취한다. 비자유주의 형태에서 경제적 민주주의는 부를
위한 보호를 부인한다. (극단적인 경우 국가나 사회가 모든 것을 소유한다. 사유재산은 없다.)
자유주의 형태에서 경제적 민주주의는 모든 사람을 부로부터 보호한다. 또 국가와 사
회로부터 부를 위한 보호를 제공한다. 1945년 이후 민주주의적 자유주의는 경제적 민

부록 A 보수주의 핵심 용어　　631

주주의를 상정했으나 후자의 힘에 관한(더 강한 시장? 더 강한 사회?) 싸움이 벌어졌다. ("초자유주의"를 보라.)

- 경제적 자유주의economic liberalism | 국가와 사회 권력의 간섭으로부터 부와 자본, 기업을 위한 보호를 제공한다. 부가 권력을 부여하므로 그런 자유주의는 또 **부로부터의** 보호를 약속한다. 혹은 약속해야 한다.

- 경험experience | 자유주의 지식인들을 상대로 쓸 철학적 곤봉. 많은 보수주의자에게 경험은 정치에서 "이론"이나 "추상적" 관념보다 더 확실한 지침이다. 그렇게 이해하는 경험은 하나의 순환 고리 안에서 스스로 설명한다. 경험(정치적 지식)은 실험실의 반복 실험(불가능하다)이나 실증적인 데이터 채굴(믿을 수 없다)이 아니라 경험(과거의 활동)에서 나온다. 일단 오래되고 충분히 반복되면 경험(과거의 활동)은 관습(지식을 체화한다)이 된다. 그때가 되면 그 내용은 아니더라도 기원은 잊힌다.

- 관행practice | 역사적 관행으로서 정치는 다양한 방식으로 추구된다. 보수주의는 (자유주의와 사회주의처럼) 지역적이고 근대적인 방식이다. 각 관행에는 본보기가 될 추종자들이 있고, 길잡이가 될 목표와 이상을 지닌 "실행자"—정치인, 사상가, 싱크탱크, 언론, 기부자, 유권자—들이 있다. 보수주의는 관점을 가지고 있으나 그 자체가 하나의 관점은 아니다. 정치 관행은 "전통", 관점은 "이데올로기"라고 할 수 있다. 선호는 듣는 귀에 달려 있다. 정치적 관행의 지지자들은 예외 없이 그 관행을 놓고 싸운다. 관행들은 철학자 사이먼 에브닌의 표현으로 "고질적으로 논란이 되는 실체"다.

- 국가state | 자유주의적 우파에서 국가의 말은 최종적이어야 하나 적절한 영역 안에서만 그렇다. 다시 말해 최상의 권력은 무제한적이거나 포괄적이지 않아도 효과적이고 도전 불가능한 것일 수 있다. 국가 권력에 대한 덜 제한적인 관점은 비자유주의적이거나 포퓰리스트적, 혹은 권위주의적 우파에서 공통적이다.

- 국민, 국가nation | 보수주의자들은 **국민**과 **사회**, **국가**의 개념을 함께 묶는 방식에서 예외는 있어도 이 순서를 고수하는 경향이 있다. 먼저, 국민은 조상에서 공통의 기원을 가진 사람들, 혹은 문화적으로 공통의 신념과 애착, 그리고 기억을 가진 사람들의 구별되는 집단으로 상정된다. 국민은 그다음에 안정된 사회를 형성하며, 그로부터 국가와 시민이 나온다. "진정한 정치는 오직 위대한 국가의 존재로만 유지될 수 있다."(레오폴트 폰 랑케)

- 근대성modernity | 18세기 말 이후 사회의 상황으로, 급속한 인구 증가, 산업자본주의와 그 후 금융자본주의의 확산, 노동분업, 문자 해독, 이동성이라는 특징을 보인다. 지적으로는 세속화와 계몽적 사고가 특징인 사상적 기류. 근대는 신성하고 초자연적인 것으로부터 자연과학을, 홀로 세계를 설명하는 것으로부터 철학을, 인간을 구원하는

과업으로부터 도덕을, 자연의 보편적 질서에 대한 추정으로부터 법을 자유롭게 풀어
주었다. 근대성은 마키아벨리와 홉스를 통해 정치사상 속으로 들어갔다. 두 사람은 통
치자들의 의무 중 사람들이 세속적인 관심사를 추구하며 번창할 수 있도록 안전하고
안정된 체제를 보장하는 것 이상의 부담을 덜어주었다. 근대는 자유주의자들에게는
해방이었고, 보수주의자들에게는 정박지와 인간적 피난처의 상실이었다. 보수는 그에
대해 자유주의자들을 비난했고, 그래서 "자유주의적 근대"라는 말이 나왔다. "예전의
많은 일은 파편이 된다. 근대의 많은 일은 파편으로 시작한다."(프리드리히 슐레겔)

- 몸 가리기와 가면 벗기기cloaking and unmasking | 사회는 벌거벗고 세련되지 않은 인간
에게 동물적 특성을 가려주는 제2의 본성을 준다. "사회는 옷감 위에 세워진다."(칼라
일) "관습의 외투"를 벗기는 것은 위험하다.(버크) 가면을 벗기는 이들(예컨대 마르크스와
니체, 프로이트, 진화심리학, 자연과학 환원주의 추종자들)은 그 위험을 무시한다.

- 민주주의democracy | 자유주의의 정치적 약속은 그가 누구든 모든 사람에게 확장된
다. 정치적 민주주의는 모든 사람에게 국가 권력에 대한 투표와 발언을 보호해줄 것을
약속한다. 경제적 민주주의는 모든 사람에게 부와 시장의 힘으로부터 보호해줄 것을
약속한다(그러나 "경제적 민주주의"를 보라). 문화적 민주주의는 모든 사람에게 법이나
후견인의 간섭을 받지 않고 윤리적, 문화적 판단을 내릴 수 있는 최종 발언권을 약속
한다. 민주주의는 자유주의에 관한 보수의 의심을 보편화한다. 소수에게 했을 때 이미
의심스러웠던 자유주의의 약속은 민주적으로 모두에게 확장될 때 파괴적이거나 실행
불가능한 것으로 여겨진다.

- 보수주의Conservatism | 19세기 초부터 시작된 근대의 정치 관행. 처음에는 민주주의
이전의 자유주의와 경쟁했고, 그다음에는 보수주의가 마지못해 받아들였으나 누그러
뜨리려 한 민주주의적 자유주의와 경쟁했다.

- 보수주의의 관점conservatism's outlook | 사회적 통일성에 관한 믿음, 확립된 권력에 대
한 신뢰, 진보의 당위와 성취 가능성에 관한 의심, 사람들의 능력과 지위, 재산을 대신
한 평등과 존중에 대한 불신, 사람들과 그들의 정치적 행동에 대한 낮은 기대. 도식적
으로, 보수주의자들의 관점은 자유주의의 지도적인 사상과 하나하나 대비된다("자유
주의의 관점"을 보라). 보수주의자들의 평등에 대한 불신과 사람들에 대한 낮은 기대는
선거와 경제, 윤리, 문화 측면의 민주주의에 대한 의심의 바탕에 깔려 있다.

- 보수주의의 역사conservatism's history | 보수주의자들이 편히 느낄 수 없는 자유주의적
근대에 대한 점진적인 정복. 자유주의적 근대의 수용과 저항 사이의 긴장은 보수주의
자들 간 그들 자신의 전통에 대한 소유권을 둘러싸고 벌이는 끊임없는 경쟁으로 이어
졌다.

- 불완전성imperfection | 인간이 불완전한 탓에 정치적 행동도 불완전하며 어느 쪽도 개선 가능성이 아주 크지 않다. 보수주의자들은 대체로 이 음울한 견해에 만족하지만, 그것을 자신들에게 적용하는 데는 신중하다. 그 견해는 더 뛰어난 분별력에 대한 그들의 주장과 잘 맞지 않는다. 또 "가장 덜 끔찍한 대안"은 잘 팔리지 않는 민주주의 시장에서 거북하게 느껴진다.

- 사람들people, "the people" | 시민이나 주민, 보통 사람들, 혹은 국민으로 다양하게 생각할 수 있는 상상된 존재.

- 사유재산private property | 보수주의자들에게 사유재산은 법과 가족처럼 사회질서에 필수적이다. 그것은 생활 자원을 얻으려는 끊임없는 전쟁을 방지해준다. 사유재산은 가진 자들의 의무와 못 가진 자들의 열망을 창출한다. 재산권이 존재해야 한다고 요구하는 것은 재산의 특정한 분배를 바꾸는 것과 모순되지 않는다. 그러나 가진 자들의 옹호자로서 보수주의자들은 재분배를 위한 개입은 효과가 없거나 안정을 해친다고 주장하며 현행 분배를 기정 값으로 받아들이는 경향이 있다. ("가진 자와 못 가진 자"를 보라.)

- 사회적 통일성social unity | 보수주의자들이 보기에 질서가 잘 잡힌 사회는 통합되고 어느 정도 응집력이 있다. 사회는 자유주의자들의 주장처럼 고립될 수 있는 "원자적"이고 경쟁적인 사람들의 집합체가 아니며, 사회주의자들의 구도처럼 계급의 전쟁터도 아니다. 이해관계와 생각이 충돌한다는 것은 인정되지만, 법에 대한 존중뿐만 아니라 공통의 충성과 사회적 의무라는 틀이 존재한다. 자유주의적 보수와 반자유주의적 보수는 그 틀이 얼마나 엄격해야 하는지를 두고 논쟁한다.

- 쇠퇴decline | 보수주의가 인간의 진보에 관한 자유주의의 희망을 꺾는 것은 반드시 그런 것은 아니어도 역사적인 형태를 취할 수 있다. 현재는 과거보다는 확실히 나쁘고 미래보다는 좋을 가능성이 크다는 음울한 주장이 그것이다. 보수적인 쇠퇴론자는 "어떻게 지내냐"고 물으면 이렇게 대답한다. "오, 그저 그래. 어제보다는 나쁘고 내일보다는 좋지."

- 시효prescription | 법적으로는 어떤 자원에 대해 명시적인 소유권이 아니라 오랫동안 다툼이 없었던 사용이나 점유를 바탕으로 방어할 수 있는 청구권. 정치적으로는 지배적인 제도를 정당화하는 방식. 규범이나 제도에 대한 (예를 들어 정의나 사회적 효용을 따지는) "추상적" 시험이 배제되면 오랫동안 다툼 없이 쓰였던 사실을 정당화의 근거로 생각할 수 있다. 제도의 존속은 효용이 있음을 시사한다고 여겨지기 때문이다. 일단 오랫동안 받아들여졌던 제도가 사회질서를 해치기 시작하면 보수주의자들은 그것을 유지할지 말지를 결정해야 한다. 그러면 직관(육감)에 의존하거나 배척했던 "추상적" 시험으로 현재의 효용을 따져봐야 한다.

- 온건파-급진파moderate-radical | 정치 관행이나 관점, 또는 특징적 유형이 아니라 방식이나 태도의 구분. 보수주의자들은 온건하거나 급진적일 수 있다. 그 대비는 명사적이 아니라 부사적이다. 급진파는 완전한 승리로써 반대파를 잠재우려는 생각으로 열광적으로 행동한다. 온건파는 실패해도 살 수 있게 타협한다는 생각으로 온화하게 행동한다. 어느 쪽 태도도 언제 어디서나 효과적인 것은 아니다. 급진파는 지나치게 공격적으로 변화를 너무 멀리 밀어붙일 수 있다. 온건파는 연약하며 필요할 때 행동하지 못한다. "정통주의자들이 정당화하는 모든 것은 혁명이다."(메테르니히가 급진적 왕정주의자들에 관해 한 말)

- 우파-좌파right-left | 근대 정치가 경쟁하는 경기장에서 편을 가르는 선. 흔히 불필요하다거나 알아보기 힘들다는 지적이 나와도 오래 가고 없어서는 안 될 것 같은 구분이다. 처음에 보수주의자들은 그 경기장의 오른쪽, 자유주의자들은 왼쪽을 차지했다. 민주주의자들이 그 경쟁에 합류했을 때 일부 자유주의자는 오른쪽으로 이동해 자유주의 성향의 보수주의자들과의 경계가 흐려졌다. 이 책에서 "우파"와 "보수주의자"는 서로 바꿔 쓴다. 처음에 "우파/보수주의자"와 "좌파/자유주의자"는 하나의 구분을 표시했다. 시간이 지나면서 우파 자유주의자, 따라서 보수주의적 자유주의자 혹은 같은 것을 다른 식으로 표현하자면 자유주의적 보수주의자가 나왔다. "자유주의적 보수주의자"라는 용어는 일찍이 인정됐으며, 용어상 혼동을 일으키지도, 모순되지도 않는다.

- 유기체의 은유organic metaphor | 사회를 "살아 있는 전체"로서 "유기적"인 것으로 다루면 다양한 논점을 만들 수 있는데 대부분 부정적이다. 사회의 기원은 만들거나 계획된 것이 아니라 "자연적인" 것이다. 사회 변화의 패턴은 느리고, 갑작스러운 단절은 없다. 그 구성에서 사회와 구성원은 상호 의존적이다. 목적에 관해서는 사회는 구성원들의 몇 가지 용도를 위한 도구가 아니다. 사회는 오히려 구성원들의 이해관계나 선택에 구애되지 않고 스스로 작동하며 유지하는 방식을 갖고 있다.

- 인간 본성human nature | 보수주의자들이 보기에 사람들은 불완전하며 개선 가능성은 그리 크지 않다. 인간 자신과 사회, 그리고 서로에 관한 지식은 제한적이다. 사람들은 편파적이고 공감이 부족하며 자치에 부적합하다. 이처럼 사람들에 관한 고상하지 않고 대체로 음울한 시각은 보수주의자들이 반대자들에게 우위를 차지하려고 주장한다. "인간의 본성: 우리 보수주의자들은 그것을 이해했고 지금도 이해한다. 사회주의자들은 이해하지 못했고 일반적으로 여전히 이해하지 못한다."(마거릿 대처)

- 자유주의liberalism | 19세기 초부터 이어진 근대의 정치 관행으로 보수주의의 반대에 부딪혔고 곧 민주주의와도 맞섰다.

- 자유주의의 관점liberalism's outlook | 사회는 다양하고 물질적, 도덕적 갈등을 빚는다. 권력은 특히 대항 권력의 저항을 받을 것이다. 권위 있는 권력도 마찬가지다. 사회의 향

상(진보)은 이룰 수 있고 바람직하다. 모든 사람이 능력이나 지위, 혹은 재산과 상관없이 국가와 사회의 존중을 받을 자격이 있다. 자유주의자들은 사람들에게 높은 기대를 하고, 따라서 정치에 관한 기대도 높다. 끝없는 공적 논쟁으로 이해하는 정치는 개방되고 경쟁적인 사회를 안정시키는 데 필요하고 효과적이다. 자유주의자들이 보기에 권력에 저항하는 것과 시민적 존중을 보이는 것은 연관돼 있다. 하나는 사람들에게 권력으로부터의 보호를 확립한 제도와 전통을 지지할 것을 요구한다. 다른 하나는 국가와 부, 사회에 그 삼감을 지킬 것을 요구한다.

- 자유주의적 근대liberal modernity | "근대성"을 보라.

- 자유지상주의자들libertarians | 사람들의 선택권과 선택에 사회나 국가가 간섭하는 것을 거부하는 극단적 자유주의자들. 경제적인 면에서 그들은 좌파(재산권을 보호하지 않으려 한다) 혹은 우파(재산권에 강요하지 않으려 한다)일 수 있다. 문화적 자유지상주의자들은 국가나 사회의 어떤 윤리적, 혹은 문화적 참견도 거부한다.

- 전통tradition | 난폭한 근대의 변화 속에서 보수주의자들이 확립된 지속적 가치 중 확인하고 보존하려는 것. 다른 의미에서는 예컨대 보수주의와 같은 정치의 전통 혹은 관행. 보수주의는 두 가지 의미에서 전통을 위한 싸움이다. 그것은 자본주의 창조적 파괴의 와중에서 무엇을 보존할 것인가를 생각하는 힘든 모색이자 공통의 전통에 대한 소유권을 차지하려는 보수주의자들 간의 투쟁이다.

- 정치의 한계limits of politics | 전부는 아니지만 많은 보수주의자가 선호하는 정숙주의 구도에서 정치적 행동의 효과는 제한적이고, 정치적 책임의 범위는 좁으며, 분별 있는 사람의 삶에서 정치의 역할은 작다. "정치를 가장 우선하는 이는 문명화된 존재라고 하기에 부적합하다."(퀸틴 호그)

- 제2의 본성second nature | 양육과 교육, 그리고 사회는 미완의 취약한 인간에게 "제2의 본성"을 부여한다. 아리스토텔레스가 주목한 그 생각은 널리 공유되는 것이지만 독특하게 보수주의자들에게 이용된다. 그들은 버크식으로 공통적인 인간 본성을 부인하고 그래서 (자유주의적인) 보편적 권리에 관한 의문을 제기한다. 또 사람들의 목표와 개성에 사회적 뿌리가 있음을 강조해서 (자유주의적인) 자기주장과 자율성의 한계를 암시한다. 사회 규범은 (탈근대 좌파의 관점대로) 사람들을 구속하지 않고 그들이 당혹스러운 의존과 취약성에서 "벗어나게" 해준다.(겔렌)

- 조소와 분노scorn and rage | 조소는 보수주의자들이 일반적으로 미숙한 개혁가와 이상주의적 몽상가들에게 느끼는 감정을 나타낸다. 그 전형적인 방식은 매도와 풍자로, 우파가 빛을 내는 문학 장르다. 분노는 자신들이 유지하기도 하고 물리치기도 한 근대 사회의 상황에 대한 책임감과 수치심으로 지금처럼 괴로워하는 보수주의자들이 그들 자

신에게 느낄 수도 있다. "보수는 좌절로 시작하고 진보는 좌절로 끝난다."(니클라스 루만) "분노는 우리 시대의 특징적인 정치적 감정이다."(페터 슬로터다이크)

- 진보progress | 보수주의자들은 일반적으로 사람들이나 사회의 전반적인 향상이라는 의미에서 진보의 성취 가능성을 부인한다. 그들의 설명에 따르면 진보가 손에 잡히지 않는 것은 바라던 향상이 성취 불가능한 것이거나, 그 변화가 좋지 않고 나쁜 것으로 판명되거나, 아니면 변화가 다른 곳에서 뭔가 더 나쁜 문제를 일으키기 때문이다. 보수주의자는 "기존의 악에 매혹되며, 그 악을 다른 것으로 대체하려는 자유주의자들과 구별된다."(비어스)

- 초자유주의hyper-liberalism | 경제적인 삶에서 부의 힘을 어떻게 행사해야 하는가에 관해 사회와 국가가 하는 말의 철저한 부정이나 무시. 흔히 "신자유주의"와 바꿔 쓴다. ("자유지상주의자들"을 보라.)

- 토지와 전원land and countryside | 낭만주의적이고 반도시적인 성향의 보수주의자들에게 전원은 미덕과 안정, 조화의 장소다. 초기의 예찬자는 윌리엄 코빗과 빌헬름 릴이다.

- 파시즘fascism, 권위주의authoritarianism, 보수주의conservatism | 이 책의 관점에서 전체주의의 하나로서 파시즘은 자유주의적 근대 정치의 좌우 스펙트럼 안에 있지 않다. 권위주의는 그 스펙트럼 안에 있으며 우파의 바깥쪽 끝에 있다. 권위주의는 민주적 대의제를 부인하지만, 경제적 다양성과 어느 정도의 문화적 다양성을 허용한다. 권위주의자는 통제를 위해 공포와 소극적 묵인에 의존한다. 파시스트는 일당 대표를 이용하고 모든 다양성을 부인하며 통제를 위해 공포와 대중 동원에 의존한다. "보수주의적 파시스트"는 "보수주의적 권위주의자"와 달리 모순된 용어다.

- 평등equality | 보수주의자들이 보기에 사람들은 평등하지 않고 평등해지지 않을 것이다. 재능과 활기, 그리고 역량은 다양하다. 똑같은 자원이나 똑같은 사회적 존중을 받을 권리는 없다. 사람들은 동등한 도덕적 가치를 지니며 법 앞에서 평등하게 대우받아야 하지만, 보상과 결과를 똑같게 만드는 것은 그 목표를 놓치고 사회질서를 교란한다.

- 포퓰리즘populism | 정치적 자기 정당화의 한 가지 방식. 그 자체의 논쟁적인 표현을 쓰자면 포퓰리즘은 "엘리트" 현상이다. 포퓰리즘은 정치인들 사이의 경쟁에서 나타나는데, 그중 한쪽 편인 포퓰리스트 진영이 대중을 대변한다고 주장한다. "포퓰리즘은 대의 민주주의의 영원한 그늘이자 항구적인 위험이다."(얀-베르너 뮐러)

- 확립establishment | 보수주의의 익숙한 논리적 사슬에서 사회질서는 권위 있는 권력에 의존하고, 권위 있는 권력은 확립된 제도(시간의 시험을 견딘 제도)에 의존하며, 확립된 제도는 의문의 여지 없이 아낌없이 주는 충성에 의존한다. 정치가 사회질서의 보전 말

고 다른 목표는 부인해야 한다면 확립은 "정치의 내부적 목표"가 된다.(스크러턴)

- **혁신과 변화**innovation and change ┃ 보수주의자들은 변화가 밀어닥치는 가운데 확립된 가치를 골라내고 지키려 함으로써 전통을 위해 싸운다. 동시에 근대의 변화를 위한 거대한 동력인 자본주의를 끌어안는다. 혁신과 확립의 경쟁은 보수주의 이야기를 관통한다.

보수주의 사상의 철학적 원천

보수주의는 정치 철학이 아니다. 보수주의를 철학으로 다루면 정치의 관점과 그 관점을 어떻게 이야기하고 정당화할 것인가에 관한 철학적 숙고 사이에서 그 수준을 혼동하게 된다. 보수주의의 관점은 그래도 사람들과 도덕, 그리고 사회에 관한 일반적인 사상의 거대한 수역에서 공급된다. 그에 대한 짧은 조망을 시작하는 데 유용한 대비가 있다. 흔히 하는 말로, (루소를 따르는) 자유주의자들이 보기에는 사람들은 좋고 사회는 나쁜 데 반해 (버크를 따르는) 보수주의자들이 보기에는 사회는 좋은 것이며 말썽 많은 자유주의자들만 달리 생각한다. 루소는 선한 사람들이 결함 있는 사회를 완전하게 만들 수 있다고 생각했다. 버크가 보기에는 사회가 불완전한 사람들을 제약할 필요가 있었다. 여기까지는 너무 간단하다.

초기의 보수주의 사상과 그들의 방어 논리 중 재활용할 수 있는 주장의 출처는 서양의 주요 문헌 전반에서 찾아볼 수 있다. 플라톤은 사람들의 평등과 자치 역량을 불신했다. 아리스토텔레스는 천성적인 사회성과 재산의 중요성, 그리고 가족을 강조했다. 그는 전제적인 통치보다 법이 지배하는 입헌적 제도를 선호했고 이상적 사회를 환상이라고 생각했다. 그러나 어떤 형태의 삶은 다른 것보다 우월했다. 아리스토텔레스에게 가장 고귀한 삶의 형태는 안락함과 시민적 참여, 사색을 결합한 삶이었다. 여기에는 노예계급이 필요했는데, 이는 일찍이 불평등의 필요를 말한 것이었다.

키케로는 스토아학파의 견해를 받아들였다. 우주는 질서 있고 이해할 수 있는 것이며, 실제로 자연의 작동을 규정하고 따라서 인간의 행동을 이끄는 자연법에 지배된다고 보았다(인간은 천성적으로 이성적인 동물이다). 중세에는 비판적 사고가 번성하면서 나중에 20세기의 논쟁자들이 자신들의 주장에 앞선 전조로 파악하는 영역들을 만들어냈다. 국가는 인간의 사악함과 불완전성에 대한 신성한 처방이었을까? 보수주의자들은 돌이켜보며 그에 동의하는 경향이 있었다. 교정적인 국가는 신성하지 않더라도 비판적인 추론에서 불투명한 것이었다. 아니면 국가는 오컴과 마르실리우스가 주장했듯이 인간의 목적을 위해 만들어진 인간의 고안물일까? 자유주의자들은 돌이켜보며 그 생각에 찬성했다. 국가는 시민들이 만들어낸 것이고 강제적인 법은 사람들이 평화와 질서의 대가로 받아들인 것이었다.

16세기 후커에게 자연법은 다양한 사회가 저마다 자신들의 방식으로 그려낸 도식이었다. 이는 적절한 정치적 제도는 기후와 토양, 그리고 사람에 달려 있다는 몽테스키외의 반보편주의적 견해에 앞서간 사상이었다. 장 보댕은 논쟁의 여지가 없고 강력하지만 그래도 관습과 법, 그리고 관용의 요구에 제약을 받는 정부라는 "현실주의적" 보수주의 전통을 예시했다. 거의 모든 사람이 정부는 동의에 의존한다는 태곳적의 지혜를 받아들였지만, 모두가 동의를 똑같은 의미로 생각한 것은 아니었다. 어떤 이들은 제도의 존속을 동의의 증거로 생각하면서 그에 도전하는 부담은 도전자의 책임으로 돌렸다. 다른 이들이 보기에 제도는 동의를 얻기 위해 스스로 정당화할 필요가 있었다. 예를 들어 뫼저는 경제적 합리성의 논리로 정당화된 관료주의 국가의 중앙집권적 개혁을 비판하면서 그 논리는 관습이 무의미하고 낡은 듯해도 숨은 유용성이 있다는 점을 놓쳤다고 주장했다.

"그는 보수주의자였는가?"라는 질문을 생각해보자. 그것은 19세기 이전의 이런저런 철학자에 대해서는 시대착오적인 질문이고 그 후의 인물에 대해서는 흔히 오도하는 질문이다. 어떤 이들은 홉스가 합법적 질서의 우위와 주권의 절대성을 강조했기 때문에 그가 보수주의적이었다고 이해했다. 다른 이들은 그가 전혀 보수주의적이지 않았으며, 불길한 볼셰비키의 원형은 아니더라도 권위주의적인 합리주의자였다고 생각했다. 1987년 마거릿 대처가 모스크바의 영국 대사관 만찬에 고르바초프를 초대했을 때 그녀의 외교부 자료는 라이사 고르바초프를 독실한 마르크스주의자로 묘사했다. 대처는 회고록에서—반농담으로?—자신이 그것을 확인했다고 생각한 이유를 기록했다. 대사관의 장서가 잘 갖춰진 서재로 안내되자 고르바초프 부인은 많은 양서 중에서도 홉스의 『리바이어던』을 살펴보려고 골랐다는 것이었다.

헤겔은 그에게 정파적이거나 이념적인 꼬리표를 붙이려는 20세기 사상가들을 혼란스럽게 했다. 포퍼에게 그는 전체주의자였고, 롤스에

게는 "적당히 진보적인 개혁 성향의 자유주의자"였으며, 스크러턴에게
는 공동체주의적 보수주의자였다. 헤겔의 유산을 놓고 당대에 논쟁이
벌어졌다. 우파 헤겔주의자들은 그가 자유를 향한 행진은 법의 지배
를 받는 입헌군주제에서 끝난다고 생각하는 것으로 받아들였다. 좌파
헤겔주의자들은 불쑥 모습을 드러낸 자본과 노동의 투쟁에서 역사
의 원동력으로서 주인과 노예의 싸움이 계속되는 것을 보았다. 계급
투쟁을 말하는 좌파 사회주의자 헤겔과 개인을 무시한 통일성과 국가
가 승인한 법을 말하는 우파 자유주의자 헤겔 사이에 세 번째 헤겔이
나타났다. 윤리적 보수주의자들에게 도덕 규범의 사회적 뿌리에 관한
믿음의 원천이 되어주는 헤겔이었다.

　　정치에 관해 직접적으로 쓴 것이 거의 없는 칸트는 보수주의 진
영에 자리 잡는 일이 드물었다. 19세기 초 독일의 논쟁에서 그는 기존
질서의 적으로 의심받았다. 칸트는 영국 헌법을 독재적인 과두 체제로
생각하고 프랑스혁명을 반겼다. 칸트는 자신의 목표를 신앙과 미에 공
간을 만들어주기 위해 이성의 경계를 정하는 것이라고 설명했는데도
어떤 이들은 그를 신앙을 좀먹는 이성주의자로 취급했다. 19세기 말
독일의 신칸트주의자들은 자연과학을 위한 칸트적 토대를 확보하는
데 가장 먼저 관심을 두는 이들과 역사 이해의 독립성을 안전하게 지
키는 데 더 열성적인 이들로 갈라졌다. 훗날 독일에 정통한 보수주의
사상가들(콜링우드, 스크러턴)은 역사를 자연과학으로 환원하는 것은
불가능함을 강조했다. 20세기에 칸트의 반공리주의적인 맥락을 되살
린 이들은 미국의 자유주의자들이었다. 스크러턴은 그와 달리 칸트가
특히 도덕과 예술 그리고 사회와 관련해 인간 정신의 상상력과 건설적

인 힘을 강조하는 데서 보수주의에 미친 영향을 발견했다.

가진 자들의 대표자로서 보수주의자들에게 사유재산을 옹호하는 정교하고 차원 높은 논리가 부족했던 적은 없었다. 그중에는 제도 자체에 관한 헤겔식의 방어 논리도 있었다. 헤겔은 재산이 없으면 사람들은 행동할 자유도 없고 완전한 책임도 없으므로 재산은 능력을 주는 것으로 생각했다. 윌리엄 블랙스턴은 잔인한 대비를 했다. 부와 지위를 가진 이들의 괴롭힘에 맞설 방어수단이 없는 무산자들은 쉽게 뇌물을 받고 매수된다는 것이었다. 보수주의자들은 또 제도에 대한 쓸데없는 간섭에 반대하는 하이에크식의 세심한 주장도 폈다. 재산의 성공적인 재분배는 원칙적으로 이용할 수 없는 지식을 가정하는 것이었다. 공리주의적인 정신에서 보수주의자들은 재산의 사회적 편익에 호소할 수 있었다. 사유재산은 사회를 안정시킴으로써 공공선에 봉사했다. 가진 자들에게 현재의 질서에 대한 지분을 주고 못 가진 자들에게 가진 자가 되는 희망을 주었다. 또 민법을 채우고 생명을 불어넣음으로써 분쟁을 해결하는 평화로운 방식을 유지하면서 경쟁적인 사회가 폭발성을 갖지 않게 해주었다. 로크가 말한 가장 일반적인 의미에서 무엇이든 사람들이 권리로써 소유한 것이 재산이라고 본다면, 권리가 없는 사회에서는 인간의 모든 상호작용이 이론상 다툴 수 있는 것이 되고 끊임없는 불화는 불가피해졌다. 마지막으로, 역사적 경험은 보수주의자들에게 사유재산을 옹호하는 귀납적 논리를 제공했다. 집단적 소유권은 사회 전체 규모로 시도됐을 때 작동하지 않았다. 그것은 구성원들을 자유롭게 하거나 보호하지 않고 사회를 불안정하게 만들었다. 사유재산은 장기적으로 부를 증대하고 확산하는 데 더 나은 것으로 드러났다.

이처럼 빠른 개관을 마무리하면서 경계해야 할 것은 "자유주의자"와 "보수주의자"라는 꼬리표는 철학적인 것이 아니라 정치적인 것이라는 점이다. 여기에 언급된 철학자들은 자유주의와 보수주의 이전의 인물들이다. 자신을 엄밀한 의미에서 정치 사상가로 여기는 이는 있더라도 극소수였다. 그들은 모두 치국과 도덕, 그리고 사물의 본성이 철학적으로 어떻게 맞물리는지를 물었으나 자유주의적이거나 보수주의적인 방식으로 그렇게 한 것은 아니었다. 다만 대부분 이런저런 시기에 어느 쪽에 속한다는 주장이 제기되기는 했다. 과거의 철학자들을 오늘날의 정파적인 투표함에 욱여넣는 것은 일종의 지적 부정투표다.

부록 C

보수주의의 삶: 인명사전

정치가와 사상가들

1. 정치가들

- 1914년 이전 프랑스의 강경우파 | 에두아르 드뤼몽Edouard Drumont(1844~1917)은 『유
  대인의 프랑스』(1886)의 저자이자 반유대주의 신문 『리브르 파롤』(1892년 창간)의 편
  집장이었다. 입이 거친 반드레퓌스파인 드뤼몽은 유대인에 대한 편견을 기독교 전통
  에 따른 것(예수를 죽인 자들)과 인류학적인 것("과학적" 인종주의), 정치·경제적인 것(반
  자본주의)으로 분석했다. 1890년대 이후 그는 악시옹 프랑세즈에 추월당했는데, 그즈
  음 프랑스에서는 강경우파 말고는 반유대주의가 가라앉았다. 폴 데룰레드Paul Derou-
  lede(1846~1914)는 군인이자 시인, 프랑스-프로이센 전쟁의 포로, 그리고 강경우파의
  전위였다. 데룰레드는 『병사의 노래』(1872)로 이름을 얻었다. 이 짧은 책은 쓰러진 동
  지를 애통해하고 복수를 촉구하며 전원에 대한 사랑을 감동적인 애도와 연결하는 담
  시로 엮었다. "그들은 저곳 어두운 숲속에 있네. (…) 우리 프랑스의 땅에." 데룰레드
  가 의회에 대한 압력집단으로 결성한 애국자 동맹(1882)은 거리의 반공화주의 세력
  으로 자랐다. 그는 점점 더 난폭해졌고 곧 조롱받는 인물이 됐다. 레옹 도데Léon Dau-
  det(1867~1942)는 『악시옹 프랑세즈』의 모라스 옆에서 돈키호테의 산초 판자 역할을
  하면서 흙탕물을 튀기는 사람이었다. 도데는 드뤼몽의 『리브르 파롤』에 글을 쓰다가
  악시옹 프랑세즈 자체의 신문을 창간(1908)하기 위해 떠났다. 1917년 그는 예를 들어
  협상에 의한 평화를 선호한 카요 같은 "독일 애호가들"을 공격했다.

- 1930년대와 비시 정권 때 프랑스의 강경우파 | 프랑수아 드 라로크François de La Rocque(1885~1946)는 장군의 아들로 군사적 식민주의자 위베르 리요테의 참모로 북아프리카에서 복무했다. 1931년 라로크는 불의 십자단을 접수해 정치화했다. 이 단체는 훈장을 받은 참전 군인들의 모임으로 시작했으나 그가 모든 사람에게 개방해 1934년까지 6만 명의 회원을 모았다. 그는 코티와 다른 사람들의 돈으로 디스포(준군사 조직)를 조직했다. 의회 밖의 연맹들이 금지(1936)되자 불의 십자단은 프랑스사회당PSF이 됐다. 마르셀 뷔카르Marcel Bucard(1895~1946)는 프랑스의 공언한 파시스트로 준군사적 가투 조직 프랑시스트(1933)의 창립자이자 지도자였다. 파리 교외의 부유한 말 거래상 집안에서 태어난 뷔카르는 교회로 갈 예정이었으나 전쟁이 터지자 참전해 대위로 진급했고 세 차례 부상했다. 돌아온 그는 "참호의 정신"에 자신의 폭력성을 드러내면서 자유주의자들과 좌파에게 이렇게 썼다. "나는 사랑스러운 권총을 쓰레기들과 그들의 신문에 쓸 것이다." 그의 프랑시스트는 무솔리니의 스콰드리스티(검은 셔츠단)를 모방했으나 가장 많을 때도 8000명을 넘지 않았고 주로 블룸 정부가 그들과 거리의 다른 싸움꾼들을 금지하도록 자극했을 뿐이었다. 뷔카르의 프랑시스트는 1940년에 재기해 비시의 반 레지스탕스 의용대를 도왔다. 1946년 그는 반역죄로 재판을 받고 처형됐다. 필리프 앙리오Philippe Henriot(1889~1944)는 1930년대 초 동맹들에 가까운 공화주의자연맹 정치인으로, 비시 정권 때 매주 라디오 방송에서 자신의 강력한 웅변술을 민족혁명의 사상을 주입하는 데 썼다. 그 사상은 반공화주의와 경제적 조합주의, 가톨릭의 사회와 가족 정책, 농민 지원, 문화적 반동, 좌파 박해, 원하지 않는 외국인들의 배제를 뒤섞은 것이었다. 공동체의 16개 원칙으로 제시된 비시의 사상은 공화주의의 "자유, 평등, 박애"에 대응한 "노동, 가족, 조국"이라는 구호가 됐다. 1944년 7월 앙리오는 레지스탕스 대원에게 사살됐다.

- 게를라흐 형제Gerlach Brothers, 레오폴트Leopold(1790~1861)와 에른스트 루트비히Ernst Ludwig(1795~1877) | 변덕스럽고 자신감이 부족한 프로이센 왕 프리드리히 빌헬름 4세를 인도할 궁중 고문단에서 반동의 핵심. 기독교 경건파로서 게를라흐 형제는 개인적 신앙과 공동체에 대한 봉사에 매력을 느꼈다. 더 정치적인 루트비히는 나중에 루터교로 전향했다. 라도비츠처럼 실용적인 보수주의자들은 형제의 낭만적 헌법주의—존경받는 신분의 조언을 충실히 듣는 왕—를 중세적 환상이라고 생각했다. 비스마르크는 왕과 친밀한 그들을 질시했으나 그답게 최종 발언권을 가졌다. 프리드리히 빌헬름이 뇌졸중으로 무력해지자(1857) 비스마르크의 동맹인 그의 동생 빌헬름이 섭정이 됐다. 게를라흐 형제는 퇴장했다. 레오는 프리드리히 빌헬름 장례 직후 감기에 걸려 죽었다. 그를 본 비스마르크는 "자신의 군주와 함께 죽기를 택한 오랜 가신"을 떠올렸다. 루트비히에 관해 비스마르크는 이렇게 비웃었다. "그는 누구도 자신에게 동의하도록 허락하지 않은 채 자기 줄에 앉아 있었다."

- 뉴트 깅그리치Newt Gingrich(1943~) | 조지아주 출신 하원의원(1979~1999)으로 하원의장(1995~1999)을 지내며 공화당의 우경화를 가속하고 민주당과의 초당적 타협을 파기하는 일을 관장했다. 자신의 연방정부 셧다운(1995~1996)이 공화당에 타격을 준 후 민

주당 대통령 빌 클린턴과 복지 제한에 협력했다. 그러나 깅그리치의 유산은 의회를 당쟁의 무대로 만든 것이었다. 실제로 24시간 전투 소식을 전하는 MSNBC와 폭스뉴스(1996년 시작)가 그 전쟁을 부추겼다. 『미국을 개조하려면』(1995)에서 깅그리치는 우파에서 전래하는 진심 어린 호소를 표현했다. 이 나라는 지옥으로 가고 있고, 보수주의는 쇠퇴를 막을 유일한 대안이며, "중도란 없다"는 말이었다.

- 대니얼 웹스터Daniel Webster(1782~1852) | 반잭슨파 휘그당으로 매사추세츠 출신 연방 하원의원과 상원의원(1823~1850, 공백 있음). 그와 존 애덤스는 매사추세츠의 참정권 확대에 반대했다(1820). 변호사로서 그는 대법원에서 사적 계약과 전국적인 상업은행을 옹호했다. 그는 클레이의 높은 연방 관세와 주 정부 차원에서 그것을 무효화 하려는 캘훈의 운동에 다 반대했다(1830년대). 웹스터는 텍사스를 병합하면 북부와 남부의 균형이 깨질 것을 두려워했고, 멕시코 전쟁에 반대했다(1840년대). 클레이, 그리고 훗날 더글러스와 같이, 그러나 링컨과 달리 그는 서부의 노예제 확장을 "인민 주권"(새 영토의 유권자들)에 맡겨두기를 원했다. 두 번째 아내 덕분에 부유했던 웹스터는 서부 토지 투기로 망했다.

- 대처 이후 토리주의 | 1980년대부터 영국 토리당의 두 지식인이 대처 이후 보수주의와 사회적 엄격, 그리고 사회정책의 갈라진 경로를 전형적으로 보여주었다. 존 레드우드 John Redwood(1951~)는 옥스퍼드의 역사가, 우파 토리당 하원의원, 오랜 반유럽연합 운동가였다. 그는 대처의 정책팀(1982~1987)을 운영하고 인두세 혼란을 정리했으며, 당권을 얻는 데 두 번 실패했다. 그는 엄격한 사회적 보수주의를 촉구했다. 레드우드는 동성 결혼을 반대하고 사형제 부활을 원했다. 그는 자신의 보수주의를 제한적이지만 효과적인 정부, 전통적인 가족에 뿌리를 둔 엄격한 도덕 규칙, 국가는 법법자를 비난하고 처벌할 것이라는 확신으로 요약했다(1996). 데이비드 윌레츠David Willetts(1956~)는 재무부에서 일하면서(1978~1984) 특히 공공과 민간의 공동 자금조달 같은 정책 아이디어를 정부에 제공했다. 하원의원(1992~2015)인 그는 대처식 급진주의자에서 배려하는 중도주의자로 돌아섰다. 『현대의 보수주의』(1992)와 『보수주의는 죽었는가?』(1997), 『도둑질』(2010) 세 권은 그 변화를 보여주었다. 첫 책은 대처의 토리주의가 대체로 전후 영국에서 최악의 질병을 치료했다는 자신감을 보여주었다. 두 번째 책은 노동당이 선거에서 압승하며 그의 당을 묻어버렸을 때 나온 것으로 공동체와 시장 간의 긴장을 염려했다. 비당파적이고 자녀의 미래를 걱정하는 세 번째 책은 모든 부자나라를 괴롭히는 노령 인구와 세금, 연금, 주택, 사회적 이동성 문제를 다루었다.

- 도널드 트럼프Donald Trump(1946~) | "그것은 일련의 특정한 정책적 입장에 관한 문제라고 생각하지 않습니다. 누군가가 사람들을 위해 전사가 되는 것에 관한 문제이지요." 미시시피의 한 공화당원은 뉴욕 부동산업체 상속자에서 NBC 리얼리티 쇼를 거쳐 백악관에 입성한(2016년 당선) 트럼프의 부상을 이렇게 설명했다. 트럼프는 또 파산과 조소가 고위 공직에 오르는 데 장애가 되지 않는 오랜 민주적 전통의 혜택을 보았다. 그

뿐만 아니라 어리석게도 그의 재능과 대중적 호소력을 과소평가한 두 주요 정당의 반대자들에게서도 덕을 봤다. 트럼프의 「어프렌티스」 쇼는 기울어가는 텔레비전 방송사를 되살려 2000만 명의 시청자를 끌어모았고, 특히 흑인과 남미계에 인기를 끌었다. 그는 중도주의자로 뛸 수도 있었으나 1960년대 이후 공화당 선거운동의 각본을 선택했다. 경합 주에서 불만을 품은 백인 노동계층의 민주당 표를 적은 수라도 적당한 만큼 얻어내라는 것이었다. 고정관념이나 정치적 교리, 혹은 당에 대한 애착을 벗어던진 트럼프 정치는 즉흥적이고 기회주의적이다. 당황한 보수주의자들이 트럼프에게는 일관성도 원칙도 없고 안정된 기반도 없다고 본 것은 그의 강점들을 놓친 것이다. 그가 자고 일어나나 대통령 당선인이어서 스스로 경악한 것이 사실이라 하더라도 그는 공화당 대통령이 대변할 것으로 기대되는 이익을 차원의 높낮이를 떠나 재빨리 파악했다. 그것은 대기업과 금융의 이익(세율 인하, 규제 완화, 기후 불안 무시)뿐만 아니라 자신이 속고 있다고 확신하며 자신들의 전사를 원하는 대중의 이익이었다.

- 드와이트 아이젠하워Dwight Eisenhower(1890~1969) | 유럽 연합군 총사령관이자 공화당 대통령(1953~1961). 민주당이 보기에는 골프만 치고 아무 일도 하지 않는 사람, 태프트의 공화당이 보기에는 뉴딜 지지자였던 아이젠하위는 1945년 이후 미국의 영향력 강화를 관장했다. 그는 (매파가 소련의 "격퇴"를 원할 때) "봉쇄"를 추구하고, 한국전에서 무승부를 수용하고, 헝가리 사태에 잠자코 있었으며(1956), 흐루쇼프와 데탕트를 시도했다. 그는 잘못 기획된 프랑스와 영국의 수에즈 개입의 철회를 요구했으나 과테말라와 이란의 쿠데타뿐만 아니라 실패한 미국의 쿠바 침공도 승인했다. 아이젠하위는 빨갱이 사냥에 나선 매카시가 스스로 망치도록 내버려뒀다. 그는 인종 분리 문제에 잠자코 있다가 얼 워런을 대법원장에 임명하고 아칸소의 주 방위군에 법원의 인종차별 폐지 판결을 집행하도록 명령했다. 작은 예산의 옹호자인 그는 민주당 의회의 재정지출을 내버려두었다. 그의 연방 고속도로는 교외의 건설을 도움으로써 정치를 바꿔놓았다. 중도우파로서 당이나 교리에 거의 신경을 쓰지 않았으나 이기지 못할 싸움을 벌이지 않은 신중한 보수주의를 보여주었다.

- 레몽 푸앵카레Raymond Poincaré(1860~1934) | 로렌 출신의 변호사로 민주동맹의 보수적 공화주의자인 푸앵카레는 긴 경력에서 모든 고위직을 섭렵하며 노동과 검약, 정직이라는 중산층 가치를 옹호했다. 그와 경쟁자인 클레망소는 확고한 반독일주의에서는 일치했다. 프랑스군이 반란을 일으켰을 때(1917) 대통령 푸앵카레는 "군인의 친구" 클레망소를 총리에 앉혔다. 푸앵카레는 강경한 평화를 요구했고 배상금을 받아내기 위해 루르 지방에 프랑스 군대를 보냈다. 산업계의 약세 통화론을 지지하는 타르디외에 맞서 은행계의 강세 통화론을 옹호한 푸앵카레는 추락하는 프랑화를 안정시켰다(1926). 냉담하고 폭이 좁은 그는 호감보다는 존경을 받는 인물로 기억됐다. 푸앵카레는 클레망소가 무원칙하다고 생각했고 클레망소는 그를 고지식하다고 생각했다.

- 로널드 레이건Ronald Reagan(1911~2004) | 레이건은 당의 불화하는 보수주의자들—자

유시장 낙관주의자, 가족 가치 도덕주의자, 미국 우선 국가주의자—을 통합했고, 정치적으로 중도에 호소해 두 차례 수월하게 대통령에 당선됐으면서도(1980, 1984) 온건파와 자유주의자들이 점차 배제되는 당을 이끌었다. 훌륭한 귀를 가진 그는 국가 자체에 관해서는 좋게 느끼면서도 잔혹한 당파적 투쟁을 추구하기를 원하는 분열된 나라의 목소리를 들었다. 레이건은 너무나 능란하게 큰 정부를 조롱하며 청중을 기분 좋게 해주어서 사람들은 레이건이 바로 그 큰 정부를 운영할 수 있게 해달라고 요청한다는 것을 잊어버릴 정도였다. 레이건은 매력과 행운, 그리고 놀라운 정치적 재능으로 기회를 최대한 활용했다. 그는 미국 자유주의의 좌파와 우파, 뉴딜 민주당원, 그리고 엄격한 통화관리와 대기업을 중시하는 공화당원들에 호소했다. 그는 또 비자유주의적인 성서 벨트 기독교인들과 자유주의의 가장자리 너머 자유지상주의자들에게도 어떻게 호소할지 알았다. 레이건 이후 공화주의는 미국 우선주의자와 자유지상주의자, 종교적 보수주의자들이 뭉친 강경우파로 옮겨갔다.

- 로버트 개스코인-세실Robert Gascoyne-Cecil, 솔즈베리 후작Marquess of Salisbury (1830~1903) | 박식하고 귀족적인 보수당 설계자로, 기업과 금융을 옹호하고, 오래된 애착(국왕, 상원, 교회)을 존중하고, 보수당이 20세기 대부분에 영국의 주도적 정당이 될 만큼 유권자들에게 인기를 얻도록 했다. 세 차례 총리(1885~1886, 1886~1892, 1895~1902)와 네 차례 외무장관을 지낸 솔즈베리의 경력은 유럽과 식민지 정책 운용뿐만 아니라 근대 자본주의와 선거민주주의에 대한 토리당의 적응을 잘 보여줬다. 젊은 솔즈베리가 보기에 참정권 확대는 더 나은 합의 정부가 아니라 출세주의자를 낳을 것이었다. 그의 기독교 신앙은 감상적인 것이 아니었고 산상수훈으로 정책을 이끌 수는 없다고 봤다. 가난한 자들은 부자들보다 사악함에서 덜하지 않고 단지 숫자가 더 많을 뿐이라고 그는 믿었다. 늙은 솔즈베리와 그의 대리인들은 당을 근대화해 지역 사무소와 언론 브리핑, 당의 공약, 예비내각을 도입했다. 그의 경력은 산만한 신조를 지닌 약자들이 어떻게 명백히 우월한 세력에 맞서 경기를 이끌어갈 수 있는지 보여준 보수의 마스터 클래스였다.

- 로버트 A. 태프트Robert A. Taft(1889~1953) | 대통령의 아들로 친기업적이고 일방주의적인 공화당원인 태프트는 뉴딜을 반대하고, 공산주의자들의 위험을 의심하고, 1952년 아이젠하워에게 공화당 후보를 넘겨줬다. 그는 태프트-하틀리법(1947)을 발의했는데, 트루먼의 거부권을 넘어 통과된 법은 노조의 파업할 권리를 제한하고 각 주의 "일할 권리" 법을 허용했다. 그 법들은 곧 남부와 서부 전역에 걸쳐 통과됐다. 태프트는 트루먼이 평화를 설교하면서 이 나라를 전쟁에 끌어들인다며 비판했다. 하지만 그 자신은 "우리는 공격받지 않는 한 전쟁에서 물러나 있어야 한다"라고 주장하면서도 여전히 "어떤 가능한 위협에도 대응할 국방력을 쌓아야 한다"고 했다.

- 로버트 필Robert Peel(1788~1850) | 총리를 두 번(1834~1835, 1841~1846) 했고, 솔즈베리의 험담에 따르면 당을 두 번 배신(가톨릭 해방과 자유무역)했다. 필은 정신적으로 분

열된 영국 보수주의에서 기업가적 의식을 가진 절반을 대표했다. 옥양목 제조업을 하는 신흥 부자의 똑똑하고 독실한 아들인 필은 개혁적인 내무장관(1820년대)이었다. 그의 임기에 형법은 덜 야만적으로 바뀌고 가톨릭에 대한 시민권 제한은 풀렸다. 필은 "끝없는 동요의 소용돌이"를 피하려고 1832년 개혁법을 지지했다. 야당일 때 그는 당명을 바꾼 보수당을 위해 탬위스 매니페스토(1834)를 썼다. 다시 집권했을 때 필은 소득세를 도입하고(1842) 곡물법 폐지를 얻어냈다(1846). 필에 반대하는 다수파는 "보수당" 이름을 유지했다. 필을 지지하는 소수파는 그의 사후(1850년 7월 컨스티튜션 힐에서 승마하다 말에 밟혔다) 자유당이 됐다. 필을 칭찬하는 이들은 그를 자유주의적 보수주의의 창시자로, 칭찬하지 않는 이들은 신념을 옹호하는 자유시장 교조주의자로 기억한다.

- 루이 마랭Louis Marin(1871~1960) | 모리스 바레스와 같은 국립고등학교를 나온 로렌 출신의 극단적 국가주의자 마랭은 공화주의자연맹(1903년 창설)에 합류했고 그 지도자가 됐다(1925). 마랭의 초애국주의는 강경우파를 당으로 끌어들였는데 마랭은 그들을 경계했다. 그는 당을 유화론에 반대하도록 바꾸려고 했으나 공산주의를 경계해 소련과의 연합은 반대했다. 마랭은 패배주의에 반대한 레노를 지지했고(1940년 5월), 비시 정권이 제3공화국을 끝내는 의회 투표에서 공화주의연맹의 몇 안 되는 소수파와 함께 명예롭게 기권했다. 레지스탕스로 싸운 후 마랭은 낭시의 의석을 다시 얻었다(1945). 1930년대의 모호한 태도와 비시 지지로 공화주의자연맹 자체는 심각하게 변색됐다.

- 리처드 닉슨Richard Nixon(1913~1994) | "이음매" 공화당 정치인. 닉슨의 대통령 임기(1969~1974)는 이중의 전환을 보여줬다. 공화당의 무게중심이 동부해안에서 남부와 서부로 옮겨가고, 아이젠하워의 중도적 접근 방식에서 1980년 이후 반자유주의적 당파성으로 옮겨간 것이다. 시민권과 베트남전, 그리고 미국 문화전쟁의 개전으로 1960년대 당의 분열은 다시 날카로워졌다. 닉슨은 우파를 보고 선거운동을 했으나 (민주당의 의회와 함께) 중도에서 통치했다(연방의 고용에서 적극적인 차별 교정, 더 많은 지출과 차입, 임금과 가격 통제, 달러 평가절하, 소련과의 데탕트, 베트남 철수). 닉슨의 당과 정부의 유산은 갈라져서 한편으로 주류로, 다른 한편으로 저항 없이 공화당 강경우파로 향했다.

- 마거릿 대처Margaret Thatcher(1925~2013) | 보수당 대표(1975~1990)와 총리(1979~1990). 대처가 토리당에서 부상하고 영국 유권자들의 표를 모으고 세계적으로 명성을 얻은 것은 몇 가지 장점 덕택이었다. 그것은 사안에 관한 이해와 언어 구사력, 용기, 과단성과 더불어 자유주의적 보수주의와 비자유주의적 보수주의를 결합하는 능력이었다. 경제면에서는 코브던식 자유주의자이고 도덕의 감시에 관해서는 밀식 자유주의자(낙태와 동성애 합법화에 찬성했다)인 그녀는 주도적인 남성과 여성이 질시나 기득권의 방해를 받지 않고 성공할 수 있기를 바랐다. 그녀는 비자유주의적으로 중앙에 권력을 집중

하기 위해 비중앙 권력(노조, 지방 의회)을 꼈다. 대처의 국민적 감정, 특히 잉글랜드에 관한 감정은 (미국인을 제외한) 외국인, 특히 프랑스인과 독일인들에 대한 불신으로 표현됐다. 그녀는 안팎의 적들이 초래한 국가 쇠퇴로부터 영국을 구한다는 매력적인 이야기를 들려주었다. 대처는 알려진 것보다는 더 유연했다. 그녀를 대신한 관료들이 막후에서 아일랜드와 남아프리카 "테러리스트들"과 성공적으로 대화하는 동안 그녀는 공개적으로 "테러리스트와는 절대 협상하지 않는다"고 되뇌었다. 이례적으로 대처의 리더십이 흔들리면서 당의 선거 전망이 위태로워졌을 때 그녀는 당의 전통에 따라 정치적으로 "암살"됐다. 그녀의 반유럽주의는 이 나라의 지배적인 친 유럽주의에서 벗어나 있었다. 보수적인 반유럽주의는 곧 설욕했다.

- 마르셀 데아Marcel Déat(1894~1955) | 타락한 프랑스는 왕성한 파시스트 국가에 대적할 수 없다고 확신한 언론인. 자유주의적인 교수들의 똑똑한 제자였던 데아는 좌파 유화론자였다가 강경우파로 돌아섰다. 그는 독일과의 화해를 촉구하고, 스페인에 대한 개입을 반대하고, 프랑스-소련 협정에 의문을 제기하고, 프랑스에 폴란드에 대한 약속을 지키지 말라고 주장하며 「단치히를 위해 죽으라고?」라는 글을 썼다(1939년 5월). 데아는 그즈음 도리오의 프랑스인민당, 뷔카르의 프랑시스트 운동과 친파시스트 지지를 얻기 위해 경쟁했다. 비시 정부에서 데아의 정파는 표현과 상징에서 더 나치적이었고 그는 독일로 도망치기 전에 노동장관이었다(1944).

- 마린 르펜Marine Le Pen(1968~) | 마린 르펜은 아버지에게서 국민전선을 넘겨받을 때 (2011) 자신의 목표는 집권이라고 선언했다. 주류 우파에게는 놀랍게도 그녀의 목표는 터무니없지 않았다. 그녀는 정통 정치에 대한 불만을 이용하고 스스로 당을 "해독"해 이득을 보았다. 그녀는 아버지의 공공연한 인종주의를 버리고, 친유대인 몸짓을 보이고, 가족의 가치에 관해 유권자들에게 설교하기를 그만두고, 편협한 친기업 반노동 노선을 복지주의적 "보호 국가" 요구로 대체했다. 그러나 예민한 귀는 여전히 반이민 적대감의 옛 노래를 들을 수 있다. 선거의 성공은 경쟁과 목적의 갈등을 불러왔다(2016년 그녀의 부대표가 사임했다). 국민전선은 신탁 같은 지정학과 복지 옹호, 우파 가톨릭주의, 그리고 반유럽주의를 혼합했다. 르펜은 옛 우파의 지지기반에는 내장된 편견, 좌파에는 사회정의, 중도에는 테러에 따른 불안을 말하며 세 갈래로 호소했다. 당명은 2018년 6월 국민연합으로 바꾸었다.

- 마크 해너Mark Hanna(1837~1904) | 클리블랜드의 기업가이자 매킨리 대통령의 선거운동(1896)을 이끈 공화당 관리자. 해너는 스탠더드 오일과 모건 은행, 그리고 다른 이익집단에서 지금 돈으로 1억 달러 이상을 거뒀고, 공화당 대변인들이 번영을 되찾기 위한 건전한 통화와 높은 관세를 외칠 때 매킨리를 고향 오하이오에 잡아두었다. 민주당과 진보주의자들은 매킨리의 공화당을 가진 자들의 당이자 부패한 도금시대의 잔재로 몰았다. 오하이오 주지사로서 매킨리는 "일하는 미국인들"의 표를 노렸는데 그것은 가톨릭과 이민자, 흑인, 그리고 게으름뱅이들을 배제하기 위한 암호였다.

- 미국의 휘그당Whigs과 잭슨파Jacksonians | 미국 휘그당은 1820년대와 1830년대에 잭슨파 민주당의 반대 세력으로 부상해 19세기와 20세기의 일반적으로 인식되는 다섯 가지 정당 체제 중 두 번째 체제를 형성했다. 연방당과 민주-공화당 체제(1792~1824), 휘그당과 민주당 체제(1824~1856), 남북전쟁부터 도금시대까지 공화당과 민주당 체제(1856~1892), 친기업 공화당과 진보적 민주당 체제(1892~1932), 그리고 뉴딜 민주당을 거부하거나 모방하는 공화당 체제(1932~1980)다. 휘그당 선도자는 뉴잉글랜드 출신의 웹스터와 켄터키 출신의 클레이였다. 1850년대에 휘그당이 갈라졌을 때 자유토지당에 이은 공화당이 설립돼(1854) 링컨의 지도 아래서 차례로 연방과 전쟁, 노예 폐지의 대의가 됐다.

- 발레리 지스카르 데스탱Valery Giscard d'Estaing(1926~2020) | 프랑스의 자유주의적 보수주의 정치인. 지스카르는 이 나라 사람 셋 중 둘은 사회적, 경제적으로 자유주의적이나 좌파에 반대한다고 믿었다. 두 차례 재무장관(1962~1966, 1969~1974)과 대통령(1974~1981)을 지낸 그는 헬무트 슈미트와 프랑스-독일 친교를 강화하고 더 결속된 유럽의 연합을 촉진했다. 그의 독립공화당은 국민중심의 개조된 먼 후손으로 프랑스민주연합(1978~2007)으로 발전한다. 지스카르는 기술관료가 민주적 압력에 동요하지 않고 경제와 재정 운용을 해야 한다고 믿었지만, 정부가 쥐고 있던 언론을 풀어주고, 의회를 강화하고, 권한을 지방에 이양하고, 피임과 낙태, 이혼 제한법을 완화했다는 점에서 자유주의적이었다.

- 베리 골드워터Barry Goldwater(1909~1998) | 오늘날 미국 우파의 정당정치적 선구자. 골드워터는 옛 태프트의 공화당과 1980년 이후 레이건 공화당을 잇는 다리였다. 레이건 시대에는 자유주의적인 공화당원들이 급속히 배제됐다. 골드워터는 1952년 아이젠하위의 옷자락을 잡고 애리조나의 연방 상원의원 선거에서 이겼다. 그는 반노조였고, 도덕적 감시에는 자유주의적이었으며(노년에 그는 동성 결혼을 인정했다), 외교정책에서는 미국 우선주의자였다. 골드워터는 아이젠하위의 공화당 정책을 "싸구려 뉴딜"이라고 공격하며 전국적 명성을 얻었다. 아이젠하위의 후계자 닉슨은 후보 지명전 승리를 위해 동부해안 공화당원들이 필요했고 러닝메이트로 자유주의자를 골랐다. 골드워터는 모욕당한 남부와 서부의 전형적인 공화당원들을 차지했다. 그는 1964년 공화당 후보 지명전에서 록펠러를 이겼지만, 본선에서 단 여섯 개 주만 얻어 존슨 대통령에게 참패했다. 좌절은 일시적이었다. 골드워터 이후의 공화당 우파는 남부와 서부를 기반으로 삼아 닉슨, 포드와 싸웠고 1980년 이후 당을 차지했다.

- 베른하르트 폰 빌로Bernhard von Bülow(1849~1929) | 친구 필리프 오일렌부르크, 그의 멘토이자 외무부의 스핑크스 같은 인물 프리드리히 홀슈타인과 함께 1900년대 초 정책 결정을 주도했다. 외무장관(1897~1900)과 연방 총리(1900~1909)를 지낸 빌로는 식민지에 관한 비스마르크의 수상쩍은 견해를 솔직한 제국주의로 대체하고 독일의 "유리한 위치"를 요구했다. 정치적으로 그는 자유주의-보수주의 진영이 사회민주주의자

들을 배제하기를 원했다. 곡물 관세(1902)가 융커들을 기쁘게 했으나 그들은 뷜로의 세제 개혁을 좌절시켰다. 사석에서는 재치가 있어도 연설에서는 사납고 도발적이었던 그는 제국의회(1899)에서 "생존투쟁"에는 무장된 힘이 필요하며 독일 사람들은 이제 "망치나 모루"라고 말했다.

- 보리스 존슨Boris Johnson(1964~) | 뉴욕에서 태어난 영국 언론인, 저자, 보수당 하원의 원, 런던 시장, 외무장관(2016~2018), 총리(2019~2022). 일정한 목표나 분명한 원칙이 없는 존슨은 드문 재능을 가진 지도자다. 그중에는 당 내부 운용과 말의 힘, 대담한 결단, 친밀한 대중 소통 면에서 보여준 책사의 기술이 포함된다. 2016년 그의 활기찬 운동과 반쪽 진실로 가득한 유혹은 국민투표를 영국의 유럽연합 잔류에 반대하는 쪽으로 기울게 했다. 존슨은 처음에는 메이 내각 안에서, 그다음에는 밖에서 유럽연합 탈퇴를 더 미루는 데 반대하는 쪽에 보수주의자들을 불러모으고, 메이 대신 총리 자리를 차지하고, 총선에서 압승했다(2019년 12월). 존슨은 그 후 의회에서 효과적인 반대가 없는 가운데 초자유주의적인 세계주의자들과 국가 우선의 포퓰리스트들이 어색하게 어울린 강경우파 정당을 이끌었다. 자유주의적인 토리 의원들은 대부분 도망치거나 내쫓겼다. 당이 어떻게 자체적으로 갈등을 해소할지는 미지수로 남아 있다.

- 비시 정권의 민족혁명Vichy's National Revolution | 반공화주의와 경제적 조합주의, 가톨릭의 사회적 가족 정책, 지방 지원, 좌파와 유대인 박해, 문화적 반동, 원치 않는 외국인들의 배제가 뒤섞인 것으로, '공동체의 16개 원칙'으로 제시되고 "자유, 평등, 박애" 3대 가치에 맞선 "노동, 가족, 조국"을 구호로 삼았다. 민족혁명은 우파 반자유주의의 두 가지 주요 흐름에 의존했다. 모라스의 초민족주의적 권위주의와 프랑스의 경제적 낙후성을 확신하는 기업 엘리트 사이의 "국가 회복" 운동이었다. 둘 다 국가가 쇠퇴하고 있으므로 활기찬 지도자가 이끄는 근본적인 변화가 필요하다는 주장을 계속했다. 19세기 초부터 오늘날까지 이어진 전형적인 우파의 외침이다.

- 빌헬름 카르도르프Wilhelm Kardorff(1828~1907) | 제국의회의 친비스마르크 자유보수당 지도자(1880~1906)로 1866년부터 프로이센 하원에서 활동했다. 카르도르프는 은행과 중공업에 많은 자산을 가졌고, 1876년 독일 대기업 로비 단체를 설립했다. 그는 도시의 자치정부가 주의 통제에서 벗어나도록 하고(1872) 국내 산업을 위한 보호관세를 얻어냈으나(1879) 값싼 통화를 위한 복본위제를 도입하도록 슈툼 같은 자유보수당 내 거물들을 설득하는 데 실패했다. 그는 카프리비 총리(1890~1894)의 무역자유화 개혁에 반대했고, 1890년대 농민시위를 주도한 토지연맹을 지지했으나 대중의 에너지가 엘리트 주도의 당을 수렁에 빠트릴까 두려워 반대로 돌아섰다.

- S. J. 필드S. J. Field(1816~1899) | 영향력 있는 대법원 판사로 기업이 규제와 노조의 요구에서 자유로운 체제를 지켰으나 인종차별로 황폐해진 법적, 도덕적 문제는 건드리지 않았다. 링컨이 임명한 필드는 경제면에서는 자유주의적이고 사회면에서는 보수적이

었다. 그는 36년의 임기 중 헌법상 정당한 절차 조항들(수정조항 5조와 14조)로부터 각주의 사회적 입법에 맞서 쓸 수 있도록 실질적으로 정당한 절차라는 새로운 교리적 무기를 만들었다. 정당한 절차는 법의 잘못된 집행으로부터 사람들을 보호했다. 실질적으로 정당한 절차는 그릇된 법으로부터 그들을 보호했다. 설사 합법적으로 집행되더라도 사람들의 권리를 해치는 법으로부터 보호하는 것이었다. 그 무기는 보수주의자들이 자유 방임을 위해 휘두를 수도 있고 자유주의자들이 시민적 권리를 위해 쓸 수도 있는 양날의 칼이었다.

- 샤를 드골Charles de Gaulle(1890~1970) | 프랑스 군인, 대통령으로 정치적 의지력과 신화의 전형. 독일군에 용감하게 맞섰다 실패한 후(1940) 망명지 런던에서 유령 같은 자유 프랑스 정부를 수립했다. 해방(1944) 후 그는 연합국의 프랑스 점령을 피하고 점령된 독일 내 프랑스 구역을 얻어냈다. 임시정부 지도자(1944~1946)로서 그가 바라던 헌법이 거부되자 사임했다. 알제리 위기(1958) 때 총리로서 강력한 대통령제의 새 헌법 도입과 알제리에 대한 양보를 내걸어 둘 다 국민투표에서 승인을 받았다. 그는 아프리카 탈식민지화와 (미국의 도움을 받은) 핵무기 개발, 그리고 프랑스의 유럽 통합을 관리했다. 나토와 유럽경제공동체, 냉전적 서방주의에 반대하는 몸짓은 시간이 지나면서 반전됐다. 연극과는 별개로 드골의 프랑스는 대서양주의, 유럽주의를 지지하고 소련에 반대했다. 호리호리하고 초연한 그는 정당정치를 혐오하고 자신의 장관들을 독재적으로 다루었으나, 좌절됐을 때는 그냥 퇴장했다(1946, 1969). 꼬리표를 붙이기 힘든 그는 프랑스가 대부분 그렇듯이 우파의 기미를 보이지만 중도적이었다.

- 샹보르Chambord(1820~1883) | 샹보르 백작으로 불리는 앙리 다르투아Henri d'Artois는 프랑스 제3공화국에 반대하는 정통주의 모의자였고, 사라진 프랑스 왕좌의 세 요구자 중 마지막 인물이었다. 첫 두 요구자 중 한 사람은 오를레앙파인 루이 필리프의 아들로 갑작스럽게 죽었고(1842), 다른 한 사람은 보나파르트파인 나폴레옹 3세의 아들로 영국 편에서 줄루족과 싸우다 죽었다(1879). "기적의 아이" 샹보르는 부친인 부르봉가 마지막 왕의 아들 베리 공작이 살해된 후 일곱 달 만에 태어났다. 1870년 샹보르는 40년간의 망명에서 귀국하기를 희망했다. 정통주의 쿠데타 촉구는 호응이 없었다. 완고하고 냉담한 샹보르는 "왕정은 언제나 노동계급을 이끌었다"고 믿었다. 그는 신발 끈을 어떻게 매는지 몰랐다고 한다.

- 스탠리 볼드윈Stanley Baldwin(1867~1947) | 세 차례 영국 보수당 총리(1923~1924, 1924~1929, 1935~1937)를 지낸 볼드윈은 총파업을 막고, 대공황 내내 정부 지도자 역할을 맡고, 시끄러운 강경우파를 물리치고, 양위의 무대감독으로서 왕실에 대한 존경을 떠받쳤다. 자유무역을 지지하면서도 토리당의 고관세 지지파에 양보하고, 가난한 북부보다 부유한 남부와 미들랜드를 선호했으며, 히틀러에 관해 (다른 이들처럼) 오판했다. 그는 대립을 피하고(예를 들어 파업자에 대한 처칠의 강제 진압 요구를 거절했다), 적들이 타협에 열려 있다고 가정하며, 라디오 연설과 대중적인 글에서 하나의 나라를 주

장하는 보수주의의 이미지를 모든 계층을 위한 양식 있고 분열적이지 않은 신조로 갱신했다. 자기네끼리 편하게 느끼고 세계와 격리된 섬나라 사람들에 관한 볼드윈의 묘사는 사회적, 지정학적 사실을 잘못 그린 것이지만, 훗날 영국의 전략적 입지를 둘러싼 논쟁에서 보수주의자들의 상상에 뼈대가 됐다. 자신이 묘사한 것처럼 어리석은 늙은 이가 아니었던 볼드윈은 우파 자유주의자로서 보수의 본보기였다.

- 아돌프 슈퇴커Adolf Stoecker(1835~1909) | 파괴적일 만큼 영향력이 큰 독일 루터교 목사인 슈퇴커는 유대인을 존중하는 것은 비기독교적이라고 설교했다. 낮은 계급의 배경을 지닌 슈퇴커는 설교단에서 빛났고, 애국적인 설교로 주목받았으며(1870), 궁정 목사가 됐다. 그는 빈자들을 위해 봉사한다고 주장하면서 기독교사회당을 설립했다(1878). 민족주의 역사가 트라이치케와 함께 그는 유대인 이민을 멈출 것을 제안했다. 슈퇴커는 독일보수당에 겁을 주어서 반유대적인 트리볼리 계획(1892)을 채택하도록 했다. 반유대주의의 인기는 사그라졌으나 결국 1918년 이후 되살아났다. 슈퇴커는 (정부와 교회의 중앙집권화에 저항하는) 기독교 경건주의의 당초 호소를 목적과 소속감을 찾는 대도시 유권자들의 배타적 외침으로 바꿔놓았다.

- 아돌프 티에르Adolphe Thiers(1797~1877) | 언론인, 프랑스혁명의 역사가, 그의 오랜 정치 경력이 19세기 프랑스 우파가 어떻게 민주적 공화주의—달리 말하면 자유민주주의—의 수용을 향한 진보를 멈춰 세웠는지 보여주는 지도자. 마지막 부르봉 왕가의 자유주의적 징벌자(1830), 루이 나폴레옹의 협력자였다가 적이 된 인물, 파리코뮌의 진압자, 제3공화국의 보수적 옹호자이기도 했다. 엑스 출신으로 실패한 기업인의 똑똑한 아들이었던 티에르는 그 지방을 벗어나 파리로 갔다. 그곳에서 문학의 세계에 빠지고, 그를 "천재 소년"이라고 부른 탈레랑에 발탁됐다. 7월 혁명(1830)의 지도자인 티에르는 1848년 혁명에서 오른쪽으로 이동했다. 그는 나폴레옹의 쿠데타(1851)가 일어나자 해외로 추방됐으나 귀국이 허용됐다. 하원의원으로 선출된 그는 보나파르트식 독재와 프랑스의 모험주의, 그리고 독일의 커가는 힘에 반대 목소리를 높였다. 프랑스와 프로이센의 전쟁(1870)에서 프랑스군이 무너진 후 티에르는 무거운 배상금과 로렌 일부와 알자스를 떼어달라는 비스마르크의 징벌적 평화 조건에 굴복했다. 티에르는 마크마옹의 군대를 내보내 파리코뮌을 짓밟게 했고(1871년 5월) 제3공화국의 첫 대통령(1871~1873)이 됐다. 후임자 마크마옹이 왕정주의 우파를 위해 정부에 반기를 들자 여든의 티에르는 공화국 편에 섰다.

- 알리스 바이델Alice Weidel(1979~) | 독일을 위한 대안의 공동대표. 그녀의 당은 2017년 연방의회에서 94석을 얻어 1949년 이후 강경우파의 첫 돌파구를 마련했다. 은행원 출신으로 여성 동반자, 두 아이와 함께 사는 바이델은 현 질서를 유지하는 것보다 그에 도전하는 데 열중하는 새로운 유형의 보수주의자다. 독일은 유럽연합에 남아야 하지만(그리스는 아니다), 유로는 버리고 이민을 제한하면서 과도한 이주를 억제하기 위해 중동에 투자해야 한다고 주장한다. 그녀는 동성결혼이 아니라 시빌 파트너십을 선호한

다. 프랑스 국민전선과 영국의 브렉시트 지지자들처럼 AfD는 단일한 메시지가 없으나 다양하고 강력한 불만자들에게 호소한다.

- 알베르 드맹Albert de Mun(1841~1914) | 1880년대에 독일의 중앙당 같은 가톨릭 정당을 바랐던 사회적 성향의 가톨릭 신자. 하지만 타협이 가능한 것으로 보이던 때 교회와 국가의 관계에 독이 되는 것을 싫어하는 교황 레오 13세의 뜻에 따라 단념했다. 왕정주의자이면서 정통파의 관리자로서 드맹은 그러나 샹보르의 희망이 터무니없다고 생각했다. 1892년 그는 프랑스 가톨릭의 공화국 참여를 요청하는 바티칸의 뜻을 받아들였다. 당은 없었으나 드맹은 노동자, 청년단체들과 함께 사회적 가톨릭을 추구하고 사회보험과 소득 정책, 국가 고용인들의 파업할 권리를 옹호했다. 그는 반드레퓌스파였고, 1900년대에 교회-국가 논란이 벌어졌을 때 맹렬한 반자유주의자였다.

- 알프레트 후겐베르크Alfred Hugenberg(1865~1951) | 보수적 기업가이자 미디어 재벌로 DNVP를 (1928년부터) 오른쪽으로 이끌어 바이마르공화국 붕괴를 재촉했다. 하노버 정치인의 아들로 독일인 이주를 연구한 후겐베르크는 국민자유당 출신으로 열성적인 제국주의자이자 1914~1918년의 병합주의자였다. 사업 분야는 무기 제조(크루프)와 신문, 영화(UfA)였다. 그의 목표는 독일을 강하게 하고 사회주의에 저항하는 것이었다. 후겐베르크 자신은 왕정주의자도 아니고 반유대주의자도 아니었으나 그의 신문들은 흔히 그 둘 다였다. 나치와의 연합(1931년 하르츠부르크 전선)은 우파 유권자를 가진 후겐부르크보다 히틀러에게 더 도움이 됐다. 독일 경제가 불황에 빠지자(1932) 유권자들은 그의 당을 포함한 바이마르 정당들을 비난했다. 다른 보수주의자들처럼 후겐베르크도 나치즘의 위험을 너무 늦게 알아보았다.

- 앙겔라 메르켈Angela Merkel(1954~) | 독일 총리 앙겔라 메르켈은 자신이 20년 동안 이끈 당에 관해 이렇게 말한 적이 있다. "나는 약간 자유주의적이고, 약간 보수주의적이며, 약간 사회적-기독교적이다. 이는 CDU에도 해당한다." 루터교 목사인 아버지는 함부르크에서 태어난 그녀를 아기 때 자신이 목사직을 제안받은 동독으로 데려갔다. 물리학 박사 학위를 가진 연구 과학자였던 그녀는 통일 후 연방의회 의석을 얻었다. 메르켈은 콜의 후견으로 부상했으나 콜의 당 자금 추문이 폭로됐을 때 바로 그녀가 새 지도자를 뽑아야 한다고 촉구했다. CDU의 총선 승리(2005)로 그녀는 독일의 첫 여성 총리가 됐다. 그녀는 유럽주의를 강하게 지지했지만 방심하지 않았다. 유럽은 대가를 치르지 않고 가치를 지킬 수는 없었다. 그녀가 가장 즐겨 하는 표현은 유럽은 세계 인구의 7퍼센트, 세계 GDP의 25퍼센트, 세계 사회적 지출의 50퍼센트를 차지한다는 말이었다. 원칙이 있고 단호하지만 언제나 현명하지는 않은 그녀는 우크라이나의 나토 가입을 밀어붙여서 러시아를 자극했다. 그녀는 2015~2016년 150만 명의 난민을 받아들임으로써("우리는 감당할 수 있다") 강경우파인 독일을 위한 대안이 연방의회를 뚫을 수 있게 해주었다. 2018년 그녀는 2021년에 총리 재선을 시도하지 않을 것이라고 발표했으나 그녀가 직접 고른 자유주의적 중도주의 성향의 당 대표 후임자는 곧 강경우파

에 대한 개방을 선호하는 CDU 계파에 의해 축출됐다.

- 앙드레 타르디외Andre Tardieu(1876~1945) | 프랑스의 보수적인 공화주의자로 조합주의와 반의회주의에 기운 타르디외는 경제 위기가 시작되는 시기(1929~1932)에 세 차례 총리를 지냈다. 그의 표어는 애국심과 사회적 동원, 효과적 국가였다. 베르사유 평화조약의 옹호자인 타르디외는 국가의 "회복"을 위한 정치와 기업계 운동의 지도자였다. 운동은 행정부를 강화하는 개혁을 제안했는데 모두 좌파의 배제나 기피를 가정한 것이었다("사회주의는 적이다"). 파리의 부르주아이며 지칠 줄 모르는 저자이자 언론인으로 미국을 칭송한 타르디외는 드골 이후 프랑스 중도우파 대부분의 특색인 정치와 정부에 대한 기술관료적 접근 방식을 내다보았다.

- 앙리 로슈포르Henri Rochefort(1831~1913) | 반의회주의 출판인, 정통주의자 귀족의 아들, 처음에는 좌파, 그다음에는 우파였고, 제2 제정의 혹평자, 코뮌 지지자, 극단적 민족주의자, 불랑제 지지자, 반드레퓌스파였다. 1868년 신문에 대한 제한이 완화됐을 때 흥밋거리와 풍자를 다루는 『랑테른』을 발행하기 시작해 곧 판매 부수를 12만 부로 늘렸으나 11호 발행 후 다시 폐간했다. 그 후 투옥과 탈출, 코뮌 내에서의 다툼, 그리고 두 번째 추방이 이어졌고, 로슈포르는 우파로 파리에 돌아왔다. 불안정한 불랑제 장군을 프랑스를 구원할 군인으로 추켜세운 로슈포르의 쿠데타 촉구는 반응이 없었다. 그는 다시 도망쳤다. 그의 두 번째 신문 『렝트랑지장』(1880)에서 로슈포르는 드레퓌스를 "악마 섬의 유다"로, 사회당 장 조레스를 "반역자의 변호인"으로 불렀다.

- 앙투안 피네Antoine Pinay(1891~1994) | 1945년 이후 프랑스 "정상성의 영웅" 피네는 교리를 중시하지 않고 거창한 것을 의심하는 일상의 중도우파 정치인이었다. 자칭 "소비자 씨"인 피네는 자신의 과업을 더 깊고 광범위한 경제적 번영을 이루는 것으로 보았다. 총리(1952~1953)와 재무장관(1958)으로서 피네는 두 번이나 프랑화를 안정시켰다. 피네는 전쟁 전 강경우파(1930년대)에 탐닉하고 비시 정권 때 논란을 빚는 시간을 보냈으나 전후 CNIP라는 한 정당으로 모인 소상공인과 농민의 보수주의에 대한 신뢰를 회복했다. 훗날 지스카르주의는 사회적, 도덕적 문제에서는 더 자유주의적이긴 해도 비드골주의적이고 친유럽적이며 경제적으로 자유주의적인 중도우파를 창출하려는 피네의 희망을 실현했다.

- 앤드루 보너 로Andrew Bonar Law(1858~1923) | 총리(1922~1923)와 토리당 대표(1911~1921, 1922~1923)를 지냈다. 솔즈베리와 그의 조카 밸푸어의 시대 이후 보수당의 전환기를 보여주었다. 캐나다 태생의 철강 상인이었다가 은행가가 됐고, 얼스터 지방 스코틀랜드인의 핏줄을 가진 로는 의회에 들어가(1900) 야당으로 싸웠고 밸푸어가 은퇴하자(1911) 관세와 상원 개혁 문제로 쪼개진 당을 물려받았다. 로는 아일랜드 자치가 반대하는 정파들을 뭉치게 해줄 것을 바랐다. 속물적이고 술을 입에 대지 않으며 귀족적이지 않은 그는 "글래스고 집행관의 사고방식"을 가졌다(애스퀴스). 그의 기회는

1922년 10월 보수당이 볼드윈에게 떠밀려 자유당과의 연정을 깨면서 그가 총리가 됐을 때 찾아왔다.

- 에드워드 스탠리Edward Stanley, 더비 경Lord Derby(1799~1869) | 19세기 중반 선도적인 보수주의자로서 더비는 아일랜드 교회 개혁에 관한 이견으로 휘그당을 떠났고(1834), 토리당의 곡물법 폐지 반대를 이끌었다. 토지를 보유한 랭커셔의 귀족으로 상원에서 활동한 그는 하원에서 디즈레일리의 지지를 받았다. 더비는 정치적 양보와 사회적 고통 경감으로 급진주의를 억누르려 했다. 세 차례 총리(1850~1860년대)와 토리당 대표 (1848~1868)로서 더비는 선거민주주의를 불가피한 "어둠 속의 도약"으로 생각했다. 진보의 혜택에는 피해가 따랐다. 예를 들어 철도는 노동계급의 주택을 파괴했다. 멈출 수 없는 변화의 "기계"로부터 "노련한 손"으로 유익한 것을 얻어낼 수 있을지 몰라도 "부주의하게 가속"하면 "압도적인 파괴"를 피할 수 없었다.

- 에드워드 우드Edward Wood, 어윈 경Lord Irwin, 핼리팩스 백작Earl of Halifax(1881~1959) | 토리당의 논쟁적 인물로 전시 영국에서 총리가 될 수도 있었으나 처칠에게 기회를 넘겼고(1940년 5월) 훗날 경쟁자의 지지자들로부터 지나치게 혹평을 받았다. 경제학자, 1914~1918년 참전 군인, 독실한 기독교인인 핼리팩스(어윈으로서)는 인도 총독 (1926~1931)일 때 간디와 타협하려고 했으나 처칠을 포함한 강성 제국주의자들에게 가로막혔다. 역사가들은 독일의 위협(1938~1940)에 직면했을 때 외무장관으로서 그의 행동과 기회를 놓고 여전히 논쟁한다. 핼리팩스(우드로서)는 사회적 보수주의를 위한 공약이자 복음인 『위대한 기회』(1918)를 공저했다. 사회적 서비스와 고용 증대, 반노조, 제국주의적 자유무역을 "국민 통합" "희생정신"과 버무린 것이었다.

- 에드워드 히스Edward Heath(1916~2005) | 영국 보수당 대표(1965~1975)이자 총리 (1970~1974)로 그를 칭찬하는 이들은 후임자 대처의 선구자로, 비난하는 이들은 실패한 습파 합의주의자로 기억된다. "타협"이나 "허튼소리" 같이 대처 지지자들이 겁을 주는 말이 그에게 쏟아졌다. 히스와 대처는 사실 많은 목표를 공유했다. 규제 완화와 경쟁 촉진, 소득 정책 폐지, (노동당도 시도했던) 노조 억제, 직접세 축소와 간접세 확대, 그리고 "맞춤형", 즉 대체로 덜 후한 복지 같은 것들이다. 토리당 강경우파는 히스가 영국을 유럽연합의 전신인 유럽경제공동체로 이끈 것을 절대 용서하지 않았다. 그는 불운했고(세계적인 스태그플레이션, 중동 사태), 깊고 오랜 갈등(노조, 아일랜드 문제)에 관한 사람들의 분별력을 지나치게 믿었다.

- 에른스트 폰 헤이데브란트Ernst von Heydebrand(1851~1924) | 보수주의 지도자이자 "무관의 프로이센 왕"으로 "프로이센의 장관들은 내 장단에 맞춰 뛰어야 한다"고 말했다. 프랑스전(1870) 참전 군인인 그는 프로이센 하원에서 보수주의 다수파를 이끌었고 (1888~1918), 제국의회에서 DKP 의석을 가졌다. 퉁명스럽고 까다로운 그는 내놓고 황제를 비판했고, 뷜로의 금융개혁(1909)을 결딴냈으며, 융커의 이익을 위협한 베트만-

홀베크를 좌절시켰다. 왕정이 무너지자(1918) 헤이데브란트의 정치도 끝났다. 전후 우파는 옛 엘리트와 관계를 끊는 데 열심이었는데, 유권자들이 전쟁을 일으킨 그들을 미워했기 때문이다. 그러나 우파는 선거에 대한 대중의 관심이 필요하게 만든 바로 그 공화국을 막는 데 단호했다.

- 엘라르트 폰 올덴부르크-야누샤우Elard von Oldenburg-Januschau(1855~1937) | 통명스럽고 완고한 융커인 그는 제국의회(1910)에서 동료 의원들에게 "황제는 언제든 이 의회를 폐쇄하기 위해 중위 한 명과 병사 열 명을 보낼 수 있도록 준비하고 있어야 할 것"이라고 말한 것으로 유명했다. 동프로이센의 토지 소유자로서 올덴부르크는 지방 의회에서 시작해 제국의회와 프로이센 상원으로 정치적 사다리를 탔다. 고등학교를 마치지 못한 그는 울란의 기병연대에서 보낸 시간을 사랑하고 민주정치를 경멸했다. 적대감은 바이마르공화국으로 이어졌다. 그는 친구인 힌덴부르크 대통령에게 포고령으로 통치하고 프로이센 정부에 대한 쿠데타(1932)를 일으킨 파펜을 지지하라고 촉구했다.

- 영국 토리당과 휘그당 | 민주주의 이전 영국 의회(17세기 말부터 19세기 중반까지)의 정당 구분. 당시 과두정치의 고관들은 신앙과 왕위 다툼(프로테스탄트 대 가톨릭, 오렌지-하노버 왕가 대 스튜어트 왕가), 그리고 기관(왕, 내각, 혹은 의회)의 우위를 놓고 갈라졌다. "토리Tory"는 아일랜드어로 "도적"이나 "습지에서 돌아다니는 사람"을 뜻하는 토리toraigh에서 왔고, 가톨릭 신자로 의심받는 제임스 2세 지지자들에 반대하는 궁정의 프로테스탄트교도들이 쓰는 말이었다. "휘그Whig"는 잉글랜드 교회에 대한 스코틀랜드 프로테스탄트 항의자들(1640년대)인 "휘거모스Whiggamors"에서 왔고, 제임스 진영에서 프로테스탄트 쪽 적들에 쓰는 말이었다. 휘그당과 토리당은 하노버 가의 조지 1세가 왕위를 계승할 때까지 궁정에서 영향력을 다투었다. 경쟁하는 휘그 파벌들이 전쟁 빚과 식민지의 소요가 정부의 역량에 부담을 준 1760년대까지 내각을 번갈아 차지했다. 조지 3세(1760년 즉위)는 정부를 당파에서 자유롭게 하고 왕권을 늘리려고 했다. 그의 지지자들은 피트과 휘그였고 반대자들은 버크가 대변한 로킹엄과 휘그였다. 급진주의와 혁명은 새로운 분열을 초래했고 그로부터 근대 정당들이 형성됐다. 로킹엄(이제 포틀랜드) 휘그는 프랑스의 혁명(1794)을 두고 쪼개졌다. 폭스는 지지했고 젊은 피트 진영에 합류한 포틀랜드는 반대했다. 피트와 포틀랜드의 휘그는 토리당이 됐다. 폭스파는 휘그라는 명칭을 유지했다. 자본주의적 근대의 새로운 상황에서 여전히 모호할 수 있어도 질서와 위계의 당과 변화와 평등의 당은 각각 "보수당"(1834)과 "자유당"(1859)으로 이름을 바꾸었다.

- 오스월드 모슬리Oswald Mosley(1896~1980) | 1930년대 영국 파시즘의 선구자로서 모슬리의 급부상과 추락은 무엇보다 냉소의 힘에 대한 영국의 일반적 믿음을 잘 보여주었다. 스태퍼드셔 신사계급의 아들인 모슬리는 차례로 보수당과 무소속, 노동당 하원의원이었다. 장관(1929~1930) 때 실업에 대한 그의 케인스식 정책 제안은 무시됐다. 사임 후 그는 1932년 영국 파시스트 연합을 창설했다. 이 당은 한 석도 얻지 못하고

1940년 모슬리가 구금됐을 때 활동이 금지됐다. 영국 보수주의가 극단주의에 면역됐다는 증거로 모슬리 사례를 드는 것은 자만이다. 파시즘이 보수주의가 비이성과 강경 우파로 기울 수 있는 유일한 길은 아니다.

- 오일렌부르크의 왕자 필리프Philipp zu Eulenburg(1847~1921) | "충동적인 빌헬름"이라는 별명을 가진 황제 빌헬름 2세의 측근이자 친구, 비스마르크 이후 더 자유주의적인 총리들의 적, 동성애 혐오 언론의 비방과 오스카 와일드가 겪었던 것보다 격렬한 명예 훼손 소송에서 추락한 희생자. 오일렌부르크는 황제의 직접 통치, 특히 외교정책의 중심이었는데, 1890년대 말에 거의 공식화한 그 정책을 막스 베버는 전방의 지점들이 변경됐는지 모른 채 속도를 내는 기관차 운전에 비유했다. 2320명을 거느린 황실의 행동이나 예산에 대한 견제는 거의 없었다. 그 예산은 재무, 외무, 연방법원을 합친 것보다 많았다.

- 오토 폰 만토이펠Otto von Manteuffel(1805~1882) | (니체와 베트만-홀베크처럼) 작센의 지적 온실인 슐프포르타에서 수학한 관료. 내무장관(1848~1850)과 총리 겸 외무장관(1850~1858)으로서 만토이펠은 1848년 이후 입헌주의가 좌절된 시기에 프로이센 정부에서 온건파와 과격파 사이의 균형을 유지했다. 만토이펠은 외교정책에서 라도비츠에 반대해 프로이센 주도의 독일 연방 창설을 피하고 반개혁적 오스트리아 편에 섰다. 통치 방식에 관해 그는 게를라흐 형제에 반대해 1815년 이후 약속된 프로이센의 대의제 헌법을 밀어붙였으나 특히 3계급 참정권으로 그 조건을 뒤집었다. 빌헬름 1세의 섭정(1858)으로 만토이펠은 해임됐다. 비스마르크의 부상은 그를 어제의 사람으로 밀어냈다.

- 오토 폰 헬도르프Otto von Helldorff(1833~1908) | 부상한 참전 군인(1866)으로 네 개의 대학 학위를 가진 헬도르프는 제국의회에서 프로이센의 보수주의자들을 모아 비스마르크의 충실한 옹호자로 만들었다. 독일보수당DKP 지도자로서 마지막 남은 기독교적-낭만적 극단주의자와 바게너가 이끄는 사회적 보수주의자들을 모두 저지했다. 그의 과업은 프로이센 상원에서 비스마르크의 적인 클라이스트 때문에 복잡해졌다. DKP의 오른쪽에서 아돌프 슈퇴커가 공격해올 것을 겁내는 크로이츠 차이퉁 그룹 때문에도 힘들어졌다. 헬도르프는 타협에 개방적이었고 카프리비 내각에서 무역자유화 반대를 꺼렸기 때문에 당 대표와 여러 자리를 잃어 사실상 경력이 끝났다.

- 요제프 폰 라도비츠Joseph von Radowitz(1797~1853) | 브라운슈바이크의 가톨릭 귀족 집안 출신인 그는 보수적인 입헌주의자로서 사회질서를 위한 더 확실한 전략으로 반동보다 적응을 받아들였다. 외교 문제를 맡은(1848~1851) 라도비츠는 프로이센 주도의 독일 통일에 대한 지지를 얻는 데 실패했다. 게를라흐 형제처럼 그도 1840년부터 변덕스러운 왕 프리드리히 빌헬름과 가까웠다. 그 형제와 달리 라도비츠는 사건들에서 교훈을 얻었다. 1830년대에 그는 개혁에 반대해 교회와 국왕을 옹호했다. 곤궁한

1840년대가 되자 라도비츠는 『국가와 교회』(1846)에서 정부가 빈곤을 줄이는 데 나서야 한다고 썼다. 그는 보수주의자들이 노동계급의 급진주의가 위협할 때 자유주의자들에게 문을 닫아버린다면 어리석다고 믿었다.

- 윈스턴 처칠Winston Churchill(1874~1965) | 영어권 우파에게 처칠은 정당정치에서 버크가 사상계에서 차지하는 것과 같은 자리를 점한다. 그는 본보기가 되고 논란을 일으켰으며 난공불락이었다. 처음에는 보수주의자, 다음에는 자유주의자, 그리고 다시 보수주의자였던 처칠은 1908년부터 국가 고위직을 거쳤으며 두 차례 총리를 지냈다(1940~1945, 1951~1955). 술과 우울증, 개인 부채와 더불어 재임 시 큰 실수와 실패가 그를 따라다녔다. 운과 결의에서는 진 적이 없었다. 처칠은 10년마다 혹평을 받았다. 군사적 참사(1915), 파운드화 관리의 실책(1925), 제국주의적 향수와 파시즘에 대한 모호한 저항(1930년대), 그리고 또 한 번의 군사적 참사(노르웨이)에 대한 혹평이었다. 그는 일단 전시 지도자가 되자(1940년 5월) 불굴의 저항 의지를 전파하면서 전략은 군사 참모들에게, 국내 문제는 노동당 장관들에게 의지했다. 총리(1951~1955)로서 처칠은 보수당이 노동당을 배우면서 경제가 급속히 성장하는 가운데 사회적 지원과 주택 건설을 추진할 때 이사회 의장 같은 역할을 했다. 당에 무관심하고 교리를 참을 수 없는 처칠은 언제나 자유주의였다고 주장했다.

- 윌리엄 렌퀴스트William Rehnquist(1924~2005) | 미국 연방대법원 판사(1971~2005)이자 대법원장(1986~). 렌퀴스트의 대법원은 지난 30년간의 자유주의적 판결에 대한 우파의 "되돌림"을 시작했다. 그것은 보수적인 대중의 분위기와 보수적인 법학자 모두에게 말하는 것이었다. 보수 학자들은 1950~1970년대 법원이 충분히 "절제되지" 않고 지나친 "행동주의"로 기울어 사실상 정책 결정자가 됐다고 주장했다. 올바른 법 해석을 둘러싸고 "당초의 취지"에 따라야 한다는 학파와 "법조문 그대로" 적용해야 한다는 학파 사이의 논쟁은 이론적으로나 역사적으로 보수주의와 자유주의의 구분과 일치하지는 않는다. 19세기 말 보수적인 법원들은 행동주의적이었다. 그러나 논쟁은 보통 좌파와 우파 사이에 벌어져 법률가가 아닌 사람과 외국인들을 어리둥절하게 한다.

- 자크 도리오Jacques Doriot(1898~1945) | 프랑스의 공산주의에서 파시즘으로 옮겨온 도리오는 금속공의 아들로 노동계급이 모여 사는 파리 교외 생드니의 인기 있는 의원이었다(1928~1938). 나치의 위협에도 공산주의자들이 굼뜬 것에 놀란 그는 좌파의 단결을 촉구했다. 공산주의자 자신들이 인민전선을 촉구했을 때(1934) 도리오는 우경화를 이유로 너무 빨리 추방됐다. 공산주의는 이제 그의 주적이 됐고, 그는 오른쪽으로 이동해 프랑스인민당을 창당했다(1936). 비시 정부에서 소외된 그는 러시아에서 프랑스의 "반볼셰비키" 부대를 이끌었다. 독일로 도망친 도리오는 연합군 공군기가 그의 차를 폭격했을 때 죽었다.

- 장-마리 르펜Jean-Marie Le Pen(1928~) | 브르타뉴의 고아인 르펜은 싸움을 위해 태어

났다. 자유 프랑스는 열여섯인 그를 너무 어리다며 입대를 거절했다. 파리의 법학생으로서 그는 극우 전단을 나눠주고 럭비 시합을 하고 거리에서 소란을 피웠다. 그는 인도차이나와(군 공보실에서 일했다) 알제리에서(나중에 고문 혐의를 받았다) 군에 복무했다. 푸자드주의는 그를 사로잡았다(1950~1960년대). 르펜은 보수적인 시멘트 기업 상속자의 돈으로 국민전선(1972)을 공동으로 창당했다. 1980년대까지 변두리에 있던 르펜은 파벌로 거리에서 소란을 피우기를 그만두고 전통적 방식으로 우파 유권자들에게 호소했다. 미테랑 덕분에(주류를 쪼개기 위해 선거를 비례대표로 만들었다) 국민전선은 의회에서 35석을 얻었다. 그래도 주류 우파가 이겨서 곧 선거법을 다시 바꾸자 국민전선의 의석은 다시 줄었다. 그러나 2002년 르펜은 대통령 선거 결선에 올라가 프랑스를 깜짝 놀라게 했다. 국민전선은 이제 더는 극우가 아니라 강경우파 정당으로서 주류에 진입할 기세였다.

- 제시 헬름스Jesse Helms(1921~2008) | 미국 방송인, 노스캐롤라이나의 공화당 연방 상원의원(1973~2003), 남부 보수주의의 강경우파 대변인. 헬름스는 남부 공화당 정치를 전국적인 목소리로 키우는 데 많은 일을 했다. 당당한 반자유주의자인 그는 시민권법(1964)과 인종차별 철폐 버스, 교내 기도 금지, 낙태 합법화, 동성애자 권리 촉진에 반대했다. 헬름스는 레이건의 부상을 원활하게 해주었고, 그의 기금 조성은 공화당이 상원을 차지하도록 도왔다(1980). 자유주의자들이 무능하고 정신을 좀먹는다는 헬름스의 희화는 앞뒤가 맞지 않아도 광범위한 설득력을 보여줬다. 헬름스는 이른바 문화적 좌파에서 적을 찾고 그들을 선동적 라디오의 혐오 대상에서 보수주의 우파의 주된 목표물로 바꾸는 데 일조했다.

- 조르주 비도Georges Bidault(1899~1983) | 레지스탕스 전사이자 전후 가톨릭 우파의 반비시 지도자로서 드골의 경쟁자였던 비도는 프랑스판 기독교 민주주의 정당인 대중공화운동에서 비밀 군사 조직을 옹호하는 완고한 극우파로 옮겨갔다. 그 조직은 프랑스에서 테러로 알제리 독립 투쟁을 벌였다. 전쟁 전 반파시스트 가톨릭 잡지 『로브』에 기고했던 그는 드골과 달리 모라스식 우파와 교류하지 않았다. 비도는 비밀 군사 조직 지지에 대한 기소를 피하려고 프랑스에서 도피했다가 귀국할 때 사면을 받았으나 신임을 잃었다(1968). 그러나 그의 대중공화운동은 가톨릭의 사회 참여, 강력한 국가주의, 노조의 권리, 완화된 유럽주의, 가부장적 제국주의로 전후 프랑스 우파의 특징을 보여줬다.

- 조르주 퐁피두Georges Pompidou(1911~1974) | 프랑스의 드골주의 총리와 대통령(1969~1974)으로서 퐁피두는 드골 이후의 드골주의를 개인 주도의 과도기적 운동에서 훗날 경쟁자 지스카르파와 섞이는 친유럽 중도우파 정당으로 바꾸는 일을 도왔다. 선거운동에서 퐁피두는 오베르뉴 출신이라는 뿌리를 부각했으나 그는 고등사범학교를 나온 은행가 출신이었다. 현세적인 보수주의자로서 그는 (좌파와 같이) 인간은 선이고 사회는 악이라고 믿지도, (우파와 같이) 그 반대라고 믿지도 않았다. 왕성한 자본주

의와 강한 국가의 옹호자로서 퐁피두는 7월 왕정부터 제3, 제4공화국을 거쳐 현재까지 이어진 우파 자유주의의 상층 계보를 따랐다.

- 조제프 라니엘Joseph Laniel(1889~1975) | 노르망디 섬유 제조업자 집안 출신의 중도우파 보수주의자로, 비시 정권 때 공화주의자연맹이 불명예를 안은 다음 1945년 이후 소기업과 소상인, 농민들을 지지하는 우파 정당의 재건을 도왔다. 라니엘은 1930년대에 약세 통화와 평가절하를 바라는 타르디외와 함께 페탱을 충력 지지했으나(1940) 레지스탕스에 합류했고 명예롭게 등장해 소상공인과 농민의 국민중심CNIP을 공동 설립했다. 인도차이나 문제는 총리(1953~1954)로서 그를 실패로 몰았다. 강경우파 성향의 푸자드도 같은 유권자들을 목표로 삼았다. 라니엘은 친국가주의적이었고 푸자드를 막아냈다. 라니엘의 CNIP 경쟁자인 피네는 반국가주의적이었고 푸자드에 더 따뜻했다.

- 조지 캐닝George Canning(1770~1827) | 젊은 피트의 가장 명석한 추종자, 새로운 정치의 전형, 평론가 겸 정치인. 캐닝의 아버지는 사업에 실패했고 어머니는 배우였다. 그는 좋은 머리로 부상했다. 그의 주간지 『안티-자코뱅』(1797~1798)은 급진주의를 강력히 비판하고 전쟁의 북을 두드렸다. 외무장관(1807~1809, 1822~1827)으로서 캐닝은 동맹에 반대하며 영국이 유럽에 대한 개입에서 벗어나도록 했고, 스페인령 아메리카의 독립을 촉진해 영국과의 무역에 개방하도록 했다. 가톨릭 해방과 의회 개혁을 지지하는 캐닝은 토리당의 자유주의자들과 휘그당의 보수주의자들을 통합할 수도 있었으나 갑자기 죽었다(1827). 그의 보수주의는 재빠른 상황 판단과 국가에 대한 주저 없는 애착을 결합했다. "우리는 우리가 사는 나라의 한 부분이라는 것을 맹세한다."

- 조지프 캐넌Joseph Cannon(1836~1926) | 미국 일리노이주 출신 하원의원(1873~1923, 공백 있음), 도금시대의 보수주의 잔재, 권세를 부리는 하원의장(1903~1911)으로 공화당 진보파가 추구한 개혁을 막았다. 조그맣고 세련되지 않고 호전적인 "엉클 조" 캐넌은 하원에서 조지 노리스가 이끄는 루스벨트 대통령 지지자들이 자신의 보수파 친위대를 제치고 개혁 법안들을 통과시키지 않도록 위원회 배정을 철권으로 틀어쥐었다. 루스벨트의 후임인 공화당의 태프트(1909)는 캐넌을 이용하고 싶어했다. 하지만 공화당 진보파와 연합한 민주당은 캐넌의 권력과 하원 보수주의자들의 변화에 대한 거부권을 깨려고 뭉쳤고, 얼마 후 윌슨의 첫 행정부(1913~1917)가 광범위한 개혁을 이룰 수 있게 했다.

- 존 퀸시 애덤스John Quincy Adams(1767~1848) | 미국 대통령(1825~1829), 국무장관(1817~1825), 연방 상원의원(1803~1808), 매사추세츠 연방 하원의원(1831~1848), 네덜란드, 프로이센, 러시아, 영국 주재 미국공사. 먼로 독트린의 설계자로서 영국과의 새 전쟁과 라틴아메리카에서 스페인의 퇴각 후 미국의 외교 입지를 안정시켰다. 유머가 없고 쉽게 화를 내며 자기 규율이 강했고, 50년간 정치 일기를 썼다. 엄격한 칼뱅파인 그는 자신의 타락한 본성을 통제하는 데 신의 은총이 필요하다고 믿었다. 아버지는 대통

령이었고 형제 한 명과 아들 두 명은 모두 술 중독자로 일찍 죽었다. 일찍이 반연방주의로 전향한 애덤스는 중앙 정부를 경계했다. 반잭슨주의자로서(1824년 이후) 그는 대중민주주의를 두려워하게 됐다.

- 쥘 멜린Jules Méline(1838~1925) | 프랑스 농민의 이익을 옹호한 보수주의자. 변호사인 멜린은 보주를 대표했다(1872~1925). 그는 1881년부터 반자유무역 로비를 이끌었고, 수입 농산물에 부과하는 세금을 3퍼센트에서 21퍼센트로 올리는 멜린 관세를 통과시켰다(1892). 그는 또 농장 신용을 촉진했다. 멜린은 전임자인 레옹 부르주아가 소득세 확보에 실패한 후 총리(1896~1898)가 됐다. 그는 공화주의자연맹의 지도자가 됐는데(1903), 이 당은 1945년 이전 다른 주요 보수 정당인 민주동맹보다 가톨릭 성향은 강하고 자유주의 성향은 약했다. 변경 지역을 대표하면서 멜린은 독일을 억제하기 위한 프랑스-러시아 협정을 원했다. 드레퓌스 사건 때 총리로서 멀찍이 떨어져 있었다. 그의 정부는 졸라를 기소했다.

- 질서당Parti de l'Ordre | 19세기 중반 프랑스의 비공식 모임으로 급진적 공화주의자와 민주주의자들에게 저항하기 위해 "자유, 재산, 종교"를 기치로 1848년 5월 파리의 푸아티에 가에서 만났다. 이 모임에는 전직 장관과 7월 왕정의 거물, 서부의 지방 정통파, 그리고 시민왕 루이 필리프를 제거한 2월 혁명 때 떠오른 지역 유지들이 포함됐다. 유력인사로는 우파 자유주의자(티에르와 토크빌, 그리고 기조 추종자)들과 제3공화국에서 공화주의자연맹으로, 1918년 이후에는 민주동맹으로 부활하는 프랑스 중도우파의 초기 핵심세력이 있었다.

- 찰스 코글린Charles Coughlin(1891~1979) | 강경우파 가톨릭 신부로 그의 라디오 방송(1930년대)은 전국에 전파됐다. 가족을 위한 설교가 정치적으로 변질돼 방송 출연이 끊겼을 때 코글린은 홀로 방송을 이어갈 만큼 인기가 있었다. 그는 뉴딜에 반대로 돌아섰고, 은행가(특히 유대인 은행가)를 매도했으며, 미국 우선주의자로서 미국의 국제사법재판소 가입을 저지하는 데 일조했다(1935). 그는 루스벨트에 맞선 불온한 우파 포퓰리스트를 지지하고(1936) 참전을 반대했다. 그의 친히틀러 방송(1940)으로 추종자는 줄었다. 교회는 그의 정치 활동을 금했고(1942), 그의 논문 「사회정의」는 연방 우체국에서 거부당했다. 코글린은 은퇴할 때까지 디트로이트의 '작은 꽃 성당' 목회자로 남았다.

- 카를 헬페리히Karl Helfferich(1872~1924) | 통화 전문가, 식민주의 지지자, 1918년 이후 독일국가인민당DNVP 대표. 헬페리히는 통일 전쟁과 1914년 사이 독일이 자신감을 지니고 팽창을 추구하며 성공적이었던 시기에 정부에서 출중한 능력으로 경력을 쌓은 세대의 전형이다. 헬페리히는 실제적인 지혜나 민주정치의 감각보다 기술적인 재능을 더 많이 가졌다. 전시 재무부에서 그는 차입으로 전비를 조달해 전후 인플레이션 압력을 키웠다. 그 후 통화가치 안정을 위해 기업과 지주들의 지지를 얻는 데 집중했다. 독

일에는 공화국에 대한 그의 당의 지지가 필요했다. 얄마르 샤흐트는 독일 중앙은행 총
재 자리를 놓고 그를 막판에 제쳤다(1923). 그는 벨린초나에서 기차 사고로 죽었다.

- 캘빈 쿨리지Calvin Coolidge(1872~1933) | 자유주의자들의 악마 연구에서 진보주의
(1910~1920년대)와 뉴딜주의(1930~1940년대) 사이에 아무것도 하지 않던 시기의 목제
토템 같은 인물. 버몬트 태생의 쿨리지는 추문으로 괴로워한 하딩과 반쯤 자유주의적
인 후버 사이의 대통령(1923~1929)이었다. 작은 정부와 친기업을 주장하는 공화당의
쿨리지는 매사추세츠 주지사 때 경찰 파업을 끝내려고 군대를 보냈다. 대통령 때는 경
제 성장세가 강하고 재정수입이 늘어나는 시기에 소득세 인하를 얻어냈다. 개인적으로
말수가 적은 쿨리지는 연설에서 섭리적인 국가에 대한 단호한 신뢰와 "위대한 인물"에
대한 "경의", "목적이 아닌 수단"으로 여겨지는 한 부에 대한 차분한 수용을 시사했다.
레이건은 백악관 집무실에 쿨리지의 초상을 걸었다.

- 콘라트 아데나워Konrad Adenauer(1876~1967) | 라인란트 출신 가톨릭 신자로, 가톨릭
중앙당의 쾰른 시장(1917~1933, 1945)과 서독 총리(1949~1963)를 지냈고, 경제 부흥과
서방 통합, 프랑스, 이스라엘과의 화해를 관리했다. 그는 기독민주당을 지배적인 중도
우파 정당으로 만들며 사회민주당을 저지했고, "사회적 시장경제"에서 자본과 노동의
평화를 장려했다. 아데나워는 탈나치화를 끝냄으로써 역사적 심판을 미루는 데 일조
했다. 전략적으로, 그는 독일 주권 회복을 몇 단계로 나누었다. 소련에 맞서는 서방에
닻을 내리고, 연합군 점령을 종식하고, 독일 통일을 이루는 것이었다. 보수주의적 비판
자들이 보기에 그는 동쪽 영토를 희생하고 미국의 이익에 굴복하며, 독일의 분단을 고
착화했다. 그는 강하고 번영된 서독은 동독인들이 저항하기에는 너무나 매력적인 것으
로 판명될 것이라고 답했다. 사회적으로 보수주의자인 아데나워는 고압적으로 통치하
고 (네 번의 승리에도) 선거를 유감스럽지만 불가피한 것으로 취급했다. 자유민주주의와
화해한 그는 근대성에 관해 보수의 불안을 품고 있었다. 대량화와 물질주의, 무신론에
반대한 그는 인내와 공적 책임성, 시민적 용기가 최고의 무기라고 믿었다.

- 쿠노 폰 베스타르프Kuno von Westarp(1864~1945) | 보수의 지지가 필요한 바이마르공
화국에서 반대론을 편 독일 보수주의자. 1918년 이전 토지연맹의 투사, 1914~1918년
전쟁의 매파였던 베스타르프는 그 후 독일국가인민당DNVP을 공동 설립했다. 당은 실
제로 옛 엘리트와 분리하려는 쪽과 공화국을 무너뜨리려는 쪽으로 쪼개져 있던 보수
를 합쳤다. 유권자들은 전쟁을 일으킨 엘리트를 미워했고, 공화국에서는 유권자들에
관심을 기울여야 했다. 베스타르프는 그 난제를 풀지 못했다. 그는 카프 폭동(1920)을
지지했으나 DNVP가 후겐베르크에 따라 더 오른쪽으로 쏠리는 것을 막으려 했다. 그
시도는 실패했다. 그는 힘없는 소수 이탈파 정당을 만들었고 독일 보수주의에 관한 여
러 권짜리 역사를 썼다.

- 키스 조지프Keith Joseph(1918~1994) | 근본적인 경제적 자유주의자로 보수당 장관이

자 하원의원(1956~1987). 그의 수사적 재능과 집중적 사고는 대처리즘을 만들어내는 데 도움을 주었다. 조지프는 영국에서 민간기업은 실패한 것이 아니라 시도된 적이 없다고 말했다. 영국은 "과도하게 통치되고, 과도하게 지출하고, 과도하게 과세하고, 과도하게 차입했으며, 과도하게 인원을 늘린" 나라였다. 그의 가장 중요한 주제는 쇠퇴로, 우파에게 고전적인 것이었다. 조지프는 별개의 문제들—보조금을 받는 운송, 주택 부족, 복지에 의존하는 부모, 학생 시위, 도덕적 방임—을 구제가 필요한 실패한 사회라는 설득력 있는 구도로 짜 맞췄다. 조지프의 행동 촉구에 자극받아 교정 조치들이 취해졌으나 결과는 엇갈렸다. 예컨대 그는 아프고 늙고 장애가 있는 이들에 깊은 관심을 보였으나 재정적 엄격함 때문에 도움의 범위는 제한적이었다.

- 테오 폰 베트만-홀베크Theo von Bethmann-Hollweg(1856~1921) | 고위 관리와 교수 집안 출신의 무당파 보수주의자. 독일 총리(1909~1917) 시절에는 외교와 전쟁으로 여념이 없었다. 베트만은 전쟁을 피하려고 했으나 그가 주저한 것이 오히려 개전을 도왔다. 우위를 지키려는 영국의 바람이 해군의 데탕트를 바라는 그의 희망을 꺾었다. 그는 오스트리아의 세르비아 공격(1914년 7월)을 억제하지 못했다. 베트만 측이 기초한 9월 계획은 비판자들이 보기에는 오랫동안 기획한 지배 전략이었고, 옹호자들이 보기에는 원하지 않는 전쟁을 합리적으로 다루려는 희망 사항들이었다. 그의 조언과는 반대로 매파들은 미국의 중재에 퇴짜를 놓았다(1917). 사회민주당의 평화 결의가 제국의회를 통과했을 때 베트만은 사임했고(1917년 7월), 그의 경력과 세계는 끝장이 났다.

- 폴 레노Paul Reynaud(1878~1966) | 민주동맹의 드문 반유화론자로서 레노는 프랑스가 무너지던 시기의 총리(1940년 3~6월)로 기억된다. 그는 패배와 연상되지만, 그 자신이 패배주의자는 아니었다. 조그맣고 자신만만한 레노는(별명이 "미키 마우스"다) 저항을 결집하려고 분투했다. 프랑스가 함락됐다고 판단한 처칠은 군사 지원을 거부했다. 프랑스 없이는 영국도 떨어지리라고 판단한 레노는 영국에 위험을 무릅쓰고 도와줄 것을 간청했다. 처칠은 대신 정치적 동맹을 제안했다. 레노가 내각에 그것을 요청하기도 전에 프랑스는 항복했다. 페탱은 레노를 체포케 하고 독일 감옥으로 보냈다. 1930년대 드골의 후원자였던 레노는 1958년 다시 그를 지원했으나 그가 직접 대통령에 선출되는 것은 반대했다.

- 프란츠-요제프 슈트라우스Franz-Josef Strauss(1915~1988) | 뮌헨에서 푸주한의 아들로 태어나고 동부 전선에 참전한 슈트라우스는 30년간 좌파의 채찍이자 중도우파의 가시였다. 1961년부터 바이에른의 기독교사회연합의 총수였고, 바이에른주 총리(1978~1988)와 연방정부 장관(특히 국방과 재무)을 지낸 슈트라우스는 대중 앞에서는 맹렬해도 막후에서는 조용히 위험을 삼가면서 강경우파의 자세를 내려놓았다. 그는 동방정책을 줄곧 반대했다. 슈트라우스의 시대에 바이에른은 독일의 캘리포니아가 됐고, 추문—항공업체의 뒷돈, 언론 염탐—이 그의 경력을 망쳐놓았다. 슈트라우스가 이끌 때 CDU-CSU는 연방 선거(1980)에서 거의 이겼지만 그 후 콜이 그를 제치고 당권을

잡았다.

- 프랑수아 코티(스포투르노)François Coty(Spoturno)(1874~1934) | 코르시카에서 태어난 언론인이자 향수 제조업자, 반유대주의자, 1920년대와 1930년대 극우파를 위한 돈줄. 1922년 그는 『피가로』 경영권을 얻고 1928년 노동계급을 겨냥한 저급 신문 『라미 뒤 푀플』을 창간했다. 신문은 정당들을 공격하고 반유대주의 독설을 퍼트렸으며, 무솔리니식 파시즘을 찬양하고 보나파르트식 스트롱맨이 프랑스를 통제할 것을 촉구했다. 코티가 향수로 번 재산은 잠시 폐소당을 지원했다(1925). 1933년 그는 준군사 조직으로 반의회 폭동(1934)에 참가한 솔리다리테 프랑세즈를 만들었다. 둘 다 다른 호전적인 동맹들과 함께 블룸 정부에서 금지됐다(1936).

- 피에르 라발Pierre Laval(1883~1945) | 좌파에서 우파로 옮겨와 비시 정권의 지배적인 인물이 된 라발은 오베르뉴의 먼 지방 여관주인의 아들이었다. 그에게 정치는 서류 작업이 아니라 거래하는 것이었다. 노동 변호사로 시작해 사회주의자 의원, 파리의 "붉은 벨트" 시장이 된 라발은 정당에 반대하는 권위주의자가 되고 부유한 친구들 덕분에 부자가 됐다. 1914년 그는 평화주의적이었고(3년 징집에 반대했다), 그 후에는 화해를 지지했다. 1930년대에 두 차례 총리와 한 차례 외무장관으로 재임하면서 위기 해결 실패를 직접 경험했다. 인민전선 붕괴는 의회 정부는 끝났다는 확신을 주었다. 패전(1940) 후 비시 우파는 실제로 그렇다는 것을 확인해주었다. "새 질서"를 바라는 공론가와 달리 거래를 하는 라발은 독일의 점령을 프랑스와 독일의 친교를 위한 기회로 보았다. 라발은 프랑스의 취약성을 너무나도 과소평가했고 히틀러 치하 나치 독일의 대처 불가능한 성격을 오판했다. 1945년 그는 반역죄에 대한 논쟁적인 재판에서 사형을 선고받고 총살됐다.

- 피에르 푸자드Pierre Poujade(1920~2003) | 1945년 이후 프랑스 강경우파의 원조로서 푸자드는 십대에 도리오의 추종자였으나 나중에 비시 정권에 환멸을 느꼈다. 프랑스에서 도망친 그는 영국 공군에서 훈련받았다. 푸자드는 후에 대규모 연쇄점과 징세 당국에 맞서 소상인과 소기업을 옹호했다. 세금에 항의하는 그의 당(1953년 창당)은 1956년 13퍼센트를 득표하며 전통적인 우파를 깜짝 놀라게 했다. 그 당은 정치에 관심 없는 조세 저항자와 우파 불평분자의 유동적 연합이었다. 그 불평분자 자신들도 친프랑스 알제리인, 왕정주의자의 잔재, 그리고 비시 정부 수복주의자가 잡다하게 섞여 있었다. 그 물결은 흘러갔다가 훗날 되돌아왔다. 퐁피두는 푸자드에게 귀를 기울이는 척했으나 지스카르는 그를 저지했다. 푸자드는 1981년 미테랑을 지지했다.

- 피에르 플랑댕Pierre Flandin(1889~1958) | 1932년부터 중도적인 민주연합의 지도자였고, 긴축과 유화정책의 고집스러운 지지자였다. 부유한 전문직 집안에 태어난 그는 1914년 전에 조종사 훈련을 받았다. 잠시 총리(1934~1935)를 지낸 그는 독일이 라인란트를 재무장할 때 프랑스의 동원에 반대하고 뮌헨 합의를 환영했으며 1939년 전쟁에

반대했다. 비시 정권에서 다시 잠깐 총리 대행을 하고 점령되지 않은 알제리로 떠났는데(1942년 10월), 그곳에서 자유 프랑스에 체포되고 구금됐다. 그는 시민권을 정지하는 처벌을 받았고(1946), 7년 후 권리를 되찾아 욘주에서 지역 의원으로 일할 수 있었다.

- 한스 후고 폰 클라이스트-레초Hans Hugo von Kleist-Retzow(1814~1892) | 영국의 솔즈베리처럼 젊은 클라이스트는 팔리지 않는 사상을 멋지게 옹호했다. 그는 나중에 시대를 받아들이고 비스마르크에 동의했다. 그의 조카와 결혼도 했다. 하지만 1870년 후에는 기독교적-가부장적 우파로 돌아갔다. 그 사이에 클라이스트는 프로이센 상원에서 자유주의자들과 맞섰다. 근대 국가와 중앙집권적 교회의 적인 지역주의자로서 클라이스트는 동프로이센의 경찰과 행정에 제국 전체의 규칙을 적용하는 것에 대한 저항을 이끌었다(1872). 독일보수당 의원(1877~1892)으로서 클라이스트는 반응 없는 제국의 회에서 자신의 과거 회귀적인 사상을 옹호했다. 그는 젊은 시절 원칙이 전부라는 사고가 자신의 성공이나 고위 관직에 걸림돌이 될 것을 제대로 예상했다.

- 해럴드 맥밀런Harold Macmillan(1894~1986) | 맥밀런은 두 명이 있다. 1945년 이전 일자리가 없는 북부 스톡턴의 하원의원으로 케인스식 요법을 옹호하고 습파 국가주의자들의 경전인 『중도』(1938)를 쓴 맥밀런, 그리고 1945년 이후 번영하는 남동부 교외 브롬리의 하원의원으로 총리(1957~1963)를 지내면서 영국이 지금처럼 좋았던 적은 없었다고 말하고 선거(1959)에서 압승한 맥밀런이다. 그는 영국령 아프리카 종식을 앞당기고 제국으로부터 철수를 완료했다. 그는 대안으로 영국의 유럽 클럽 가입을 바랐으나 드골이 퇴짜를 놓았다. 재정 문제와 추문이 터지고 새 노동당 대표가 의회에서 그를 몰아세우면서 맥밀런은 어제의 사람이 되고 말았다.

- 헤르만 바게너Hermann Wagener(1815~1889) | 교회 성직자였던 보수주의 평론가 바게너는 "프로이센 소읍 중에서도 가장 프로이센적인" 노이루핀 출신이었다. 베를린에서 가까운 이 호수 지방에서는 옛 국가를 문학적으로 회고하는 작가 테오도르 폰타네도 태어났다. 자유 사상에 대한 그의 적대감은 자유주의적인 교회를 골치 아프게 했고, 그는 설교단에서 언론으로 돌아서 극우지 『크로이츠 차이퉁』(1848) 창간을 도왔다. 신문의 공격 목표는 도덕적 권위를 파괴하고 가난한 자들을 잔인하게 집어삼키는 자유주의적 근대였다. 바게너는 방대한 자유주의적 『정치 사전』에 서른두 권의 보수적인 『정치 사회 사전』(1859~1867)으로 답했다. 사회복지에 찬성하고 자유시장을 반대하는 논조였다. 그는 자유주의자들이 폭로한 주식시장 추문으로 불명예를 안았다(1873).

- 헨리 캐벗 로지Henry Cabot Lodge(1850~1924) | 초연하고 박식한 보스턴 상류층 사람으로 윌슨의 국제연맹 가입을 좌절시켰다. 당의 충성파로서 로지는 공화당의 머그웜프 개혁가들에 반대해 부패한 블레인을 밀었고(1884), 자신의 친구 루스벨트를 제쳐두고 재임 중인 태프트를 지지했다(1912). 보수적 견해를 가진 그는 개방적 이민정책과 진보적 개혁을 반대했으나 흑인 유권자들을 보호하려는 실패한 법안을 지지했다. 그의 목

표는 미국("세계 최고의 희망")을 강한 해군을 보유한 세계적 강국으로 만드는 것이었다. 일방주의자였으나 고립주의자는 아니었던 로지는 조약이라는 약속 없이 미국의 조건에 따르는 자유주의적 세계 질서를 원했다. 그는 스페인과의 전쟁과 중국의 상업적 "개방"을 지지했다.

- 헨리 클레이Henry Clay(1777~1852) | 반잭슨파 휘그당, 보수적 국가주의자, 미국 체제(관세, 연방 공사, 국법 은행)의 주창자. 버지니아 태생의 클레이는 켄터키 노예 농장을 물려받았다. 그는 하원의장, 연방 상원의원, 켄터키 출신 하원의원(1806~1852, 공백 있음)이었다. 점진적인 노예 해방과 아프리카 귀환을 지지한 클레이는 자신의 당처럼 노예 문제를 해결하지 못했다. "서부의 해리"로 불리는 변경의 정치인이었던 그는 추종자들에게는 "위대한 조정자", 적에게는 "무원칙한 협상자"였다. 열한 명의 자녀 중 여섯 딸은 모두 일찍 죽었다. 세 아들은 미치거나 술 중독자가 됐다. 가장 아끼는 아들은 그가 반대한 서부 확장을 위한 멕시코 전쟁에서 죽었다.

- 헬무트 콜Helmut Kohl(1930~2017) | CDU 대표(1973~1998)이자 독일 총리(1982~1998). 라인란트 출신 가톨릭 신자로 자유주의자들이 사회적 성향의 자유주의에서 경제적 자유주의로 선회(1982)한 데서 이득을 보았다. 결함은 있었으나 저평가된 콜의 업적은 통일이었다. 다른 이들은 계획하고 머리를 짜냈지만, 콜 정부는 결정했다. 독일은 단번에 하나가 될 것이었다. 중립적인 자리가 아니라 유럽과 서방 내에서, 새 헌법을 위해 두 나라가 협상을 벌이는 것이 아니라 1949년 기본법 아래서 재흡수를 통해 그렇게 할 것이었다. 두 경제를 융합하는 것은 몇십 년이 걸릴 터였으나 독일은 그 전환을 앞당길 만큼 부유하다고 콜은 믿었다. 비스마르크와 달리 콜의 통일은 평화롭게, 그리고 사회적, 정치적 비용에도 불구하고 광범위한 혼란 없이 이뤄졌다. 콜은 그런 다음 옛 동독에서 사회민주당을 공산주의자로 헐뜯으며 성공적이지만 불명예스러운 선거운동을 폈다. 은퇴 후 그가 오랫동안 은밀히 정치자금을 썼다는 사실이 확인됐다. 독특한 관점은 없었으나 1989~1991년 콜의 행동은 유럽에 닻을 내린 중도적인 독일에 대한 확신을 보여주었다.

2. 사상가들

- 거베너 모리스Gouverneur Morris(1752~1816) | 부유하고 재치 있는 뉴요커로 제헌의회(1787)의 지칠 줄 모르는 연설자이자 마지막 초안 작성자였던 모리스는 파리 주재 미국공사 전임자였던 제퍼슨의 프랑스혁명에 대한 수사적 열정을 공유하지 않았다. 프랑스에서(1792~1794) 모리스는 너무나 군중을 두려워하고 왕가에 호의적이어서 공화국은 그의 소환을 요청했다. 모리스는 연방제를 강력히 지지하고 노예제에 반대했으며, 자신의 감독 아래 작성된 헌법 전문의 "우리 인민은"이라는 첫 구절을 비민주주의적이고 배타적으로 해석했다.

- 귀스타브 르봉Gustave Le Bon(1841~1931) | 호기심 많은 프랑스 의사, 사회사상가, 과학의 보급자로 군중에 대한 태고의 두려움을 사실적인 듯한 비계급적 기초 위에서 다루었다. 『군중: 대중 심리 연구』(1895)에서 르봉은 군중이 감춰진 본능에 이끌리는 집단 사고를 하며 이성적인 구성원들조차 침묵하게 한다고 밝혔다. "사람은 홀로 있을 때는 교양 있는 개인일 수 있지만, 군중 속에서는 야만인이다." 군중은 사회의 모든 계층에서 나타났다. 그들은 범죄적(폭동)이거나 영웅적(전투)일 수 있었다. "원시적인" 사람들과 "문명화된" 사람들, 엘리트와 대중 모두 군중을 이룰 수 있었다. 의회도 마찬가지였다. 군중은 강력한 지도자가 지배할 수 있었다. 아니면 자발적으로 해산할 수도 있었다. 사회적 카스트(예컨대 사제, 판사, 군 장교, 산업 노동자들)를 사로잡은 군중 사고는 결정화하고 지속하는 경향이 있었다. 그러면 그 카스트는 대중에 대해 권위를 주장했다. 르봉의 보수주의는 민주적인 평준화에 의구심을 갖고, 자립하는 이성적 시민을 그리는 정치적 자유주의를 거부했다.

- 너새니얼 호손Nathaniel Hawthorne(1804~1864) | 미국 매사추세츠 세일럼에서 태어난 작가이자 도덕적 비판주의자. 호손의 소설과 우의적인 이야기들은 인간의 타락에 대한 확신, 개선의 희망에 대한 멸시로 미국인의 사고에서 청교도적 요소를 다시 강렬하게 상상할 기회를 제공했다. 민주당을 지지하는 세무 관리로 보스턴 휘그당의 비난을 받았던 호손은 자유주의적 진보도, 노예 폐지론의 대의도 믿지 않았다. 그의 글에는 죄의식과 어리석음이 스며들었다. 호손의 한 작중 인물은 모든 새로운 사회는 곧 감옥과 무덤이 필요하다는 것을 스스로 발견한다고 말했다. 그의 인기 있는 우화 「대지의 번제」(1844)는 불완전한 인간을 현세에서 개량할 수 있다는 복음주의의 희망을 조롱했다. 『블라이드데일 로맨스』(1852)는 그가 잠간 살았고 자금을 지원한 브루크 농장의 푸리에주의 코뮌을 풍자했다. 『주홍글씨』(1850)는 개인적 양심과 사회적 수치 사이에 빚어지는 청교도주의의 변함없는 갈등을 해결책 없이 드러냈다. 호손은 초기 미국인들의 정신을 처음부터 자유주의적이고 낙관적이었다고 묘사한 미숙한 구도에 대한 보수주의적 반례였다.

- 노얼 스켈턴Noel Skelton(1880~1935) | 스코틀랜드의 연합론자, 변호사, 참전 군인, 『스펙테이터』 저널리스트, 하원의원(1923, 1924~1935), "자산 소유 민주주의"라는 말을 널리 퍼트린 소책자 『건설적 보수주의』(1924)의 저자. 스켈턴은 집단소유와 반대되는 광범위한 사적 소유가 임금소득자들의 참정권과 높아진 경제적 지위를 일치시킴으로써 영국 민주주의를 안정시키기를 바랐다. 사적 소유는 "노동과 자본 간의 (…) 경제적 격차를 메우고 개인의 도덕적, 경제적 진보의 수단"이 될 것이었다. 스켈턴의 생각은 "경제적 중도"를 추구하는 맥밀런과 다른 젊은 보수주의자들을 고취했다. 영국 보수당은 1950년대에 스켈턴의 자산 소유 민주주의 요구를 주택의 사적 소유 운동으로 변형했고, 1970년대에는 기업 주식의 광범위한 소유를 촉진했다.

- 러셀 커크Russell Kirk(1918~1994) | 미국 미시간에서 태어난 『보수주의 정신』(1953) 저

자. 책은 자유주의가 미국 정치에서 유일한 전통이라고 한 라이오넬 트릴링의 도전(1950)에 답하려 했다. "전통주의적" 보수주의자인 커크는 버크를 필두로 18세기부터 20세기까지 영국과 미국 사상가들의 주요 문헌을 제시했다. 그는 또 여섯 가지 보수의 계율을 선정했다. 초월적인 질서에 관한 믿음, 불가사의의 수용, 계급에 기초한 사회질서의 불가피성, 시민적 자유와 재산의 상호 의존성, 관습에 대한 신뢰, 지도적인 정치적 가치로서 신중에 대한 인정이 그것이다. 혁신은 환영받는 것이지만 관습을 존중해야 했다. 트렌토 가톨릭 신자로 라틴의 의식을 선호하는 커크는 개인적인 관대함과 곤궁한 이들에 대한 배려를 보여주었다.

- 로드 드레허Rod Dreher(1967~) | 더럽혀지고 신앙을 잃은 문화에 관해 미국 보수주의자가 들려준 희망적인 이야기는 1945년 이후 대표성이 없는 세속적이고 자유주의적인 엘리트가 기본적으로 신을 두려워하는 선량한 사람들에게서 교회와 대학, 언론, 그리고 법정을 빼앗았다는 것이다. 도덕적인 다수를 이끄는 보수주의자들은 그것들을 되찾아와야 했다. 미국 보수주의 사상가 로드 드레허가 공유하는 암울한 이야기는 세속적 타락은 너무나 유혹적이어서 널리 퍼지지 않을 수 없다는 것이다. 미국인들은 부도덕한 다수였고 앞으로도 그럴 것이었다. 올바른 대응은 정치가 아니라 작은 대항문화 공동체에서 벌이는 정신적이고 지적인 쇄신이었다. 알래스데어 매킨타이어의 영향을 받은 활기찬 논객 드레허는 『베네딕트 옵션』(2017)에서 그렇게 주장했다.

- 로버트 노직Robert Nozick(1938~2002) | 미국 철학자인 그의 정치사상을 담은 『무정부, 국가, 유토피아』(1974)는 사회의식을 가진 자유주의적 개혁에 반대해 권리와 자유에 호소했다. 노직은 불평등을 줄이기 위해 부를 재분배하려는 시도는 반드시 개인의 권리를 침해한다고 믿었다. 평등한 권리는 사람들의 부정할 수 없는 천부적 자유를 표현했으며, 사람들의 안전을 지키고 자유롭게 맺은 계약을 실행하기 위한 것을 제외하고는 어떤 정부도 그 자유를 정당하게 제한할 수 없었다. 노직은 권리로 보유하는 자유에 과세와 경제적 규제, 군의 징병, 그리고 도덕적 감시로부터의 자유를 포함했다. 노직의 자유지상주의는 보수주의자들에게 불편한 것이다. 그들은 원칙에 따라 세금과 복지에 반대하는 주장은 환영할 수 있어도 여전히 보수주의에 중요한 다른 사회적 가치—예컨대 애국심과 공동체적 의무감, 친밀한 이웃 관계—가 자유지상주의의 구도에서 사라지는 것을 걱정한다. 자존적인 선택에 따른 결과가 아니라면 말이다.

- R. G. 콜링우드R. G. Collingwood(1889~1943) | 로마 역사가이자 고고학자, 역사철학자, 온건한 보수의 조용한 옹호자. 그는 아버지가 러스킨의 비서로 일한 영국 레이크 디스트릭트 끝자락의 소읍에서 태어났다. 콜링우드는 역사를 실증과학으로 바꾸거나 정치를 공리주의적 셈법으로 전환하는 데 반대했다. 『새 리바이어던』(1942)에서 그는 이렇게 썼다. "자유주의자들은 인간의 어리석음이라는 무거운 짐에도 불구하고 자신들이 진보의 수레를 끌고 간다고 생각했다. 그들은 보수가 그 무거운 짐의 일부라고 믿는다고 나는 생각한다. 보수는 진보의 당이 있어야 한다는 것을 이해했다. 내가 보기에 자

유주의자들은 반동의 당이 있어야 한다는 것을 결코 이해하지 못했다."

- 로저 스크러턴Roger Scruton(1944~2020) | 언변 좋은 영국 철학자이자 논객으로 예술의 미학과 건축, 음악부터 도덕과 정치사상에 이르기까지 상대의 기를 죽일 만큼 폭넓은 주제를 다룬다. 『보수주의 의미』(1980)를 비롯한 수많은 책에서 스크러턴은 보수주의 가치를 옹호하면서 정치적 자유주의에 대한 철학적 비판을 전개했다. 그의 기본 생각은 사람들에게는 확립된 제도가 필요하고 확립된 제도에는 사람들의 "충성"이 필요하다는 것이었다. 스크러턴은 "확립"이 "정치의 내부적인 큰 목표"라고 썼다. 국가와 사회를 "합리적인 계산을 하는" 시민 간 계약관계로 오해하는 자유주의자들은 정치를 계약 불이행에 대한 끝없는 소송으로 이해하면서 사회적 비판의 타당성과 적합성을 과장했다. 전형적인 자유주의자는 골치 아픈 제소자, 전형적인 보수주의자는 경건한 신자였다. 사회는 공통의 믿음이 없으면 일관성을 가질 수 없고, 통치는 "신화의 전파 없이는" 불가능했다. 보수주의에서 보존할 것은 확립된 질서였고 그것은 나라마다 다른 것이었다. 따라서 보수주의는 단일한 형태가 없다. 여러 언어를 쓰는 서구 전통의 해석자로서 그는 자유주의적이든 비자유주의적이든 1945년 이후 좌파 지식인들의 토템에 관한 주의 깊지만 늘 공정하거나 정중하지는 않은 독해로 그들을 화나게 했다. 그의 지성주의는 일상의 보수주의자들에게 부담이 됐다. 그의 산출물은 비범했으나 우파에는 그가 논쟁할 동급의 상대가 없었다. 스크러턴의 무용은 오늘날 보수주의 사고의 취약함을 보여준다. 스크러턴 같은 이들이 너무 적기 때문이다.

- 루퍼스 초트Rufus Choate(1799~1859) | 매사추세츠의 보수적 휘그당원이자 변호사, 연방 하원의원과 상원의원(1841~1845). 초트는 법정에서 현란하고 독창적인 변호를 했다(예컨대 "몽유병" 주장으로 살인 면죄를 받아냈다). 비처와 에머슨처럼 초트의 시민적 웅변은 교회 설교를 대체했다. 상원에서 전임자인 웹스터의 친구이자 예찬자로서 초트는 정착된 동부의 합법적인 제도를 옹호했고 변경 확장에 불안해했으며 텍사스 병합을 반대했다. 그의 가장 유명한 연설은 소프트 파워와 법의 안정화 효과에 관한 것으로 「정신문화로 발전한 국가의 힘」(1844)과 「미국 법정의 보수주의의 힘」(1845)이었다.

- 리처드 위버Richard Weaver(1910~1963) | 노스캐롤라이나 태생의 보수주의 사상가이자 학자로, 『사상은 현실이 된다』(1948)의 저자. 자유주의적 근대의 오류는 모든 것은 인간이 좋아하든 아니든 가치를 가진다는 중세와 고전기의 세계관을 버리고 인간이 자신들의 목적을 위해 사물에 가치를 부여한다는 관점을 취한 것이었다. 현대인들은 아직 그 오류에서 벗어나 고유성을 존중하고, 자연을 경건하게 대하며, 이웃을 마땅히 배려할 수 있다. 위버의 특이한 책은 출간될 때 눈에 띄지 않았지만—자유주의자들에게는 정해진 도덕이 없고 사회에는 신성함이 필요하며 버크주의는 원칙적인 것이 아니라 편의적인 것이라는—그의 논지는 나중에 미국 우파에서 광범위하게 수용됐다. 그의 『수사의 윤리학』(1953) 역시 무시됐지만, 정치적인 사상의 주된 전달 매체로서 정치 연설에 마땅히 주어져야 할 의미를 부여했다. 「보수주의 주장의 수사 전략」(1959)에 관한

강의에서 위버는 반자유주의 전쟁을 벌이는 미국 우파를 위해 그람시식 계획을 제안했다. 재정이 튼튼한 기관과 로비 단체에서 기간요원을 양성하고 논쟁을 날카롭게 하라는 것이었다.

- 마르틴 하이데거Martin Heidegger(1889~1976) | 예찬자들은 엄청난 깊이를, 회의적인 이들은 모호한 회피를 보게 되는 독일 철학자. 그의 주저 『존재와 시간』(1927)은 프랑스와, 독일, 그리고 다른 나라의 실존주의와 다른 반자연주의 철학에 자양분이 됐다. 하이데거는 인간의 삶을 보는 과학적이고 객관화한 관점으로부터 일상적 경험의 믿을 만한 진실성을 끌어내리려고 (그리고 과장하려고) 했다. 그 기획은 실용적인 주장들로 이어졌다. 우리는 삶에 "던져졌고" 우리 자신의 목적을 발견해야 하며, 이 세계와 동료들에 대한 우리의 태도는 보통 실제적인 "염려", 즉 외부를 향한 관심을 지니며, 탈종교적인 세계에서 우리의 가장 믿을 만한 도덕적 지침은 사회적 역할 뒤에 숨지 않으면서 냉철하게 도덕과 대면하는 진정성에 있다는 주장이었다. 나치즘을 끌어안은 후(1933) 하이데거는 침묵했으나 그 오점을 결코 털어내지 못했다. 그는 정당정치적 의미에서 보수주의적이지 않았다. 그의 보수주의는 사람과 그들의 관심사에 관한, 근대 자유주의가 의존한다는 자연주의적 관점을 고차원적으로 거부하는 데 있었다.

- 마이클 오크숏Michael Oakeshott(1901~1990) | 자유주의자와 보수주의자들이 똑같이 자기네 사람이라고 주장하는 영국 정치철학자. 오크숏은 정치적 합리주의(사회를 선택한 경로로 이끌려는 시도)를 이데올로기(당초 그것들이 생겨난 사고의 맥락에서 잡아챈 목표들)와 더불어 단연코 포기했다. 정치적 삶의 방식이 정치 담론을 형성하므로 그 방식을 완전히 거부하면 일관성을 잃을 위험이 있었다. 「정치의 합리주의」(1947)라는 에세이는 어떤 사회적 합의도 비판의 대상이 되며 사회적 처방이 통일성이 있고 기초가 탄탄하며 보편적으로 적용되면 사회를 전반적으로 개선할 수 있다는 생각의 오류를 공격했다. 정치는 공통의 목표를 가진 사업체가 아니라 "시민적인 단체"에서 함께하는 삶의 부산물로 나타나는 것이었다. 그 단체는 단일한 목적이 아니라 수용된 규칙에 따르는 클럽이나 협회와 비슷했다. 『인간 행동론』(1975)에서 오크숏은 정치의 두 구도를 대비할 때 사업체와 단체의 구분을 언급했다. 목적에 지배되고 전통을 무시하는 목적주의(나쁜 것)와 목적 없이 규칙에 지배되고 전통을 존중하는 법치주의(좋은 것)가 그것이었다. 홉스라는 영웅에게서 배운 오크숏은 시민적 단체의 도덕적 권위를 외부의 제약이 없는 상태를 의미하는 자유와 양립할 수 있는 것으로 생각했다. 헤겔이라는 다른 영웅에게서 배운 그는 도덕은 "종교적 혹은 사회적 전통 속에 섞여들지" 않는 한 무의미한 것으로 생각했다. 오크숏은 교조와 체제, 그리고 사람들에 대한 사회적 간섭에 적대감을 가진다는 면에서 자유주의적이었고, 자유주의적 진보를 믿지 않는다는 면에서 보수주의적이었다.

- 막심 뒤캉Maxime Du Camp(1822~1894) | 프랑스의 저자, 사진가, 플로베르의 친구로 1871년 코뮌에 관한 여러 권짜리 기술인 『파리의 격동』(1878~1880)으로 주목받았다.

보수주의적인 매도와 경멸의 걸작인 이 책은 코뱅의 문서와 공식 보고서로 기만적인 사실적 구도를 만들어냈다. 뒤캉이 창조한 논쟁적이고 환상적인 그림에서 파리의 보통 사람들은 제대로 교육받지 못한 몇백 명의 악한들에 이끌려 길을 잃고 쉽게 조종되는 의지박약의 숙맥으로 묘사됐다. 코뱅 사람들을 몰고 가는 것은 "의심 많은 하층민의 원초적 악"인 시기심이었다. "집산주의자와 프랑스 코뱅 지지자, 독일 사회민주주의자, 러시아 허무주의자들은 (…) 꼬리표는 달라도 모두가 독"이었다. 뒤캉은 대중민주주의에 대한 보수주의자들의 두려움을 가장 흥분한 문체로 토해냈다.

- 모리스 바레스Maurice Barrès(1862~1923) | 프랑스 작가이자 극단적 애국주의자인 바레스는 로렌 지방에서 독일의 병합(1871)을 피한 지역의 낭시 근처에서 태어났다. 그는 지역의 뿌리에 관한 믿음과 자본주의 혐오, "땅과 죽은 자들"로서 민족의 신화적 비전, 그리고 복수의 욕망을 버무려 프랑스 우파에 강력한 호소력을 지니는 정치적, 문학적 작품을 빚어냈다. 바레스는 자유주의적 중도를 부패하고 교리적으로 속된 것으로 보며 경멸하고, 반의회주의 입장에서 무기력한 불랑제 장군을 지지하고, 드레퓌스 사건에서 반유대인 편에 섰다. 셀린과 드리외처럼 바레스는 관념소설에 냉소와 분노를 주입하는 데 뛰어난 작가였다. 『뿌리뽑힌 사람들』(1897)은 명석하고 분열적인 로렌의 젊은이들이 파리에서 칸트주의 교수들에 오도되는 이야기로, 레옹 블룸과 훗날 공산주의자 시인 루이 아라공을 포함한 반대자들에게서 찬사를 들었다. 모라스의 경우와 같이 웅변과 확신은 바레스에게 자유주의적 근대에 대항할 때 논리만으로는 제공할 수 없는 무기가 돼주었다.

- 멜 브래드퍼드Mel Bradford(1934~1993) | 미국 남부의 보수주의 작가이자 사상가로 댈러스대학에서 가르쳤다. 브래드퍼드는 1930년대와 1950년대의 전통주의를 오늘날 강경우파의 지적 선구인 1980년대의 고보수주의와 이어주었다. 고보수주의의 매체로는 『서던 파티즌』(1979년부터)과 록퍼드연구소의 『크로니클스』(1977년부터)가 있다. 브래드퍼드는 링컨을 비웃고 시민권에 반대하며 조지 월러스 선거운동을 했다(1972). 그는 자유주의자들이 미국의 전통을 우스꽝스럽게 바꿔놓았다고 믿었다. 이 나라는 문화적으로 앵글로색슨적이고, 그 헌법은 해방적이 아니라 보수적이며, 미국인들은 자유주의적 진보를 승인한 적이 없었다. 레이건은 브래드퍼드를 국립인문재단 수장으로 지명했으나 깜짝 놀란 주류 보수주의자들이 좌절시켰다.

- 베르트랑 드 주베넬Bertrand de Jouvenel(1903~1987) | 보수적인 프랑스 사회사상가로 일찍이 권위주의적인 우파에 추파를 던진 후 1945년 이후 민주적 자유주의 비판으로 눈을 돌렸다. 『권력론』(1945)에서 그는 권력에 대한 자유주의의 저항은 근대 국가라는 "어디에나 있는 미노타우로스"의 힘을 잘못 키워주었다고 주장했다. "매개체"의 권위는 국가보다 앞섰으나 그 권위는 이제 사라졌다. 주베넬은 그 권위를 회복할 수 있도록 공화주의 정신을 지닌 시민적 엘리트에 기대를 걸었으나 현대의 부자들이 그렇게 할 수 있을지 회의적이었다. 『주권론』(1955)은 인민 주권으로 정당화된 지배적인 권력의 역사

적 부상을 추적했다. 그는 정당정치적 고향을 갖지 않았고, 교조적인 것보다는 주택과 학교, 오염, 경제 운용, 도시 계획처럼 민주적 자유주의가 저버린 것으로 보이는 실제적 과업에 몰두했다. 청년과 노년에 주베넬은 사상의 세계 외부에서 주목을 받았다. 열일곱 살에 그는 계모인 소설가 콜레트와 연애 사건을 일으켰다. 80대에는 프랑스 법정에서 그의 초기 사상에 파시스트의 꼬리표를 붙인 한 역사가를 상대로 이름뿐인 손해배상을 받았다.

- 벤저민 디즈레일리Benjamin Disraeli(1804~1881) | 정치가이자 정치 소설가, 당 대표, 그리고 총리(1868, 1874~1890)로서 디즈레일리는 영국 우파가 자유주의적 근대에 점차 적응하는 것을 전형적으로 보여준다. 낭만적인 "젊은 잉글랜드" 토리당원인 그는 참정권 확대에 반대하고 확립된 제도—지주 신분, 교회, 국왕—를 옹호했다. 그가 보기에 그 제도는 충성과 존경, 믿음이라는 보수주의 이상을 체현한 것이었다. 그는 대중민주주의와 사회 개혁, 상류층의 문화적 특권 상실이라는 현실과 대체로 화해한 실용적 관리자 겸 전술가로 남았다. 『잉글랜드 헌법의 옹호』(1835)는 휘그당을 공리주의의 잘못된 철학에서 벗어나지 못한 이기적 내부자들이라고 공격했다. 디즈레일리는 사회 개혁가인 동시에 제국주의자, 대중민주주의자, 원 네이션 토리당원이어서 비판자들은 그가 무원칙하다고 했다. 매력적이고 자유분방하며 흔히 빚을 지고 스스로를 내세웠던 그는 자유주의 진영의 맞수 글래드스턴이 보기에 "전부 전시용"이었다. 그러나 정파적 충성과 기동의 감각, 자리에 대한 후각에서 디즈레일리는 그의 당 자체의 놀라운 연속성의 바탕이기도 한 자기 보존 본능을 보여주었다.

- 빌헬름 릴Wilhelm Riehl(1823~1897) | 독일의 보수적인 민속학자이며 사회지리학의 개척자로 조지 엘리엇이 그의 저작을 칭찬하고 번역했다. 릴은 건강한 전원과 건강하지 못한 도시를 대비했다. 그의 "사회의 자연사"에는 토지가 어떻게 사회를 형성하는지(독일의 숲과 프랑스, 잉글랜드의 들의 대비, 자원의 운송에 의존하는 인공적인 도시와 "자연적"이고 자족적인 도시의 대비) 강조한 『토지와 사람들』(1854), 상업적인 부르주아 계급과 뿌리가 없는 지식인들이 관장하는 도시들을 한탄한 『중산층 사회』(1851), 남성과 여성의 구분을 당연하게 여기고 "개인주의적" 평등은 부식성이 있다고 보는 『가족』(1855), 전원을 걷는 것이 갈수록 유행이 되고 있음을 알아차려서 자연보전과 녹색주의를 예견한 『걷기』(1869)가 포함됐다.

- 빌헬름 폰 케텔러Wilhelm von Ketteler(1811~1877) | 마인츠의 주교로 사회적 가톨릭 운동에서 지역적으로, 그리고 전국적으로 활동했다. 그는 헤센-다름슈타트에서 반동적인 반 프로이센 총리의 오른팔이었다. 케텔러는 사회평화를 위해 노동계급의 정치적 요구가 아니라 경제적 요구를 생각했다. 그는 비스마르크의 반 가톨릭 문화 투쟁에 반대하고 가톨릭-프로테스탄트 화해를 지지했다. 『노동 문제와 기독교』(1864)에서 케텔러는 자유주의자들이 사람들을 "가루가 돼 땅에 뿌려질" "물질의 원자"로 여기는 황폐한 사회 구도를 부추긴다고 비난했다. 케텔러의 글과 설교는 교황의 「새로운 사태」

(1891) 칙서로 공표된 것처럼 보수적이고 하향식인 사회적 가톨릭을 잘 보여줬다.

- 새뮤얼 테일러 콜리지Samuel Taylor Coleridge(1772~1834) | 잉글랜드 낭만파 시인이자 반자유주의적 사회 비평가로, 대중민주주의의 과도한 자유와 문화적 평준화에 저항하는 "지식계급"을 촉구했다. 지식계급은 국가의 윤리적, 문화적 전통을 유지하고 정치를 문명화할 것이었다. 독일의 관념론이 콜리지의 글에 각인됐으나 『교회와 국가의 헌법에 관하여』(1830)에 나타난 그의 핵심 사상은 철학적 차용과는 분리할 수 있었다. 콜리지는 사회에서 "분열의 참상"을 보았고, 그것을 근대 이전에 존재했을 것으로 추정한 통일성과 대비했다. 콜리지는 책임 있는 정부라면 재산권 보호에 귀를 기울여야 한다고 보면서도 산업자본주의에서 "상업적 정신에 과도하게 쏠리는" 것은 두려워했다. 그 사나운 기운은 지주계급이 제한할 필요가 있었다. 다시 말해 상원이나 하원으로 감시해야 했다. 헤겔의 체계에서와 마찬가지로 국왕은 국가와 국민의 더 높은 통일성을 상징했다. 보수의 전통을 위해서는 당시 잉글랜드 제도에 관한 콜리지의 장황한 재론보다 보수 지식인들이 필요하다는 그의 인식과 장려가 더 중요했다.

- 샤를 모라스Charles Maurras(1868~1952) | 편집인, 작가, 사상가, 악시옹 프랑세즈의 창립 회원(1898), 제3공화국의 가시 같은 우파 비판자. 모라스는 고전 시대를 사랑했고, 가톨릭을 믿지는 않고 칭송했으며, 콩트처럼 정치적 관점의 바탕을 사실에 두었다고 주장했다. 자유지상주의자 아니면 무정부주의자인 자유주의자들은 사실을 오해했다. 사회는 상호 이익을 위해 협력하는 개인 단위로 구성되지 않았고 권위는 선택에 의존하지 않았다. 사회는 무엇이든 공유하는 믿음을 가져야 하는데 프랑스에서는 가톨릭이 손에 닿을 곳에 있었다. 개인의 권리는 상업적 이익을 감추고 있었다. 자유주의자들은 국가 권력을 위한 권위를 오해하고 사회를 이루는 권위 있는 집합체들을 무시했다. 의회는 하나의 허위로 개신교도와 유대인, 프리메이슨, 그리고 이민자들에게 포획된 "법적" 프랑스를 대변했다. 부패한 "내부의 외부자"인 그들은 이기적으로 인민과 도시, 교회, 단체들의 "실제" 프랑스를 저버렸다. 애국적인 반독일주의자인 모라스는 그러나 왕정에 대한 차선의 권위주의로 페탱 체제를 환영했다. 모라스는 오늘날까지 쓰이는 강경우파 포퓰리즘의 수사적 무기를 만들었다.

- 스티브 배넌Steve Bannon(1953~) | 미 해군 장교, 은행가, 뉴스 매체 경영자, 트럼프의 참모였던 배넌은 미국 강경우파를 대변하며 유럽과 연결하려는 포부를 갖고 있다. 그는 보통사람들 편에서 자유무역과 이민에 반대하며, 다른 식으로 부자들을 위협하지는 않는다. 대중의 불만은 해외에 빼앗기는 일자리와 은행의 부당한 권력에서 나온다. 미국은 "부자와 빈자에게는 사회주의"를, 다른 모든 사람에게는 "다원식 자본주의"를 제공한다. 좌파 자유주의자들은 배넌이 보기에 지배적인 엘리트이면서 대중과 동떨어진 일단의 "약골"들이었다. 자유시장 자유주의자들은 대중의 적이다. 그 스스로 묘사한 국가 우선의 "우파 포퓰리즘"과 "시민적 가치 극대화"는 치료법보다 진단이 요란하다.

- 아담 뮐러Adam Müller(1779~1829) | 베를린 태생의 보수주의 작가로 오스트리아 관리, 겐츠의 친구였다. 뮐러는 자유주의에 대항해 쓸 수 있게 혁명 사상에 대한 적대적 구도를 만들어냈다. 뮐러가 보기에 사람들이 국가 바깥에 있는 것은 "생각할 수도" 없었다. 그에게 국가와 사회의 경계는 흐릿했다. 『국가의 개념』(1809)에서 뮐러는 사람들이 의지대로 국가를 떠날 수 없다고 주장했다. 국가는 주문으로 불러낼 수 있는 것이 아니며, 출생일이나 사망일도 없었다. 국가는 사람들의 목적을 위한 수단이 아니었다. 뮐러는 그게 아니라 각 개인이 "모든 면에서 국가가 감싸고 있는 시민적 삶의 가운데 서 있다"라고 썼다. 누구도 새로운 사회에 합류하지 않았다. 하지만 "모든 시민은 한 국가의 생의 중간에 서서" 무한한 과거를 뒤로하고 무한한 미래를 앞두고 있었다. 국가는 시민들의 욕구나 수요의 충족을 위한 도구가 아니라 "사람들이 있는 한 필요하고 불가피한, 시민적인 삶 전체"였다.

- 아르놀트 겔렌Arnold Gehlen(1904~1976) | 라이프치히에서 태어난 사회철학자로 일찍이 "보수 혁명"을 가볍게 건드린 다음 1945년 이후에는 독일의 보수주의 사상을 배타적인 혐오와 불신받는 철학, 근대 사회에 관한 두려움과 단절시킴으로써 과격하지 않게 누그러뜨리고 현대화하려고 했다. 겔렌은 안정된 제도에 대한 사람들의 욕구를 알아본 것이 보수주의의 심오한 통찰이라고 믿었다. 초기에는 무기력한 인간은 생물학적으로 놀라울 만큼 개방적인 적응성을 지닌 존재였다. 가족의 결속과 사회적 지침은 필수적이었다. 기술관료적인 근대는 사회를 안정화하므로 정당성이 있었다. 기술은 하이데거식으로 한탄할 것이 아니라 적절히 다뤄야 할 것이었다. 자유주의적 근대의 요구는 그와 대조적으로 불확정적이고 달성할 수 없는 것이므로 유토피아적이었다. 그 요구는 기존의 규범들을 뿌리째 뽑아버렸으면서도 다할 수 없는 의무에서 "벗어나야" 할 사람들에게 윤리적으로 너무 많은 것을 요구했다. 문제는 깊이 새겨진 규범들을 버리지 않고 기술관료적 근대성을 끌어안는 것이었다. "현실주의" 정신에서 제시한 겔렌의 답은 소집단의 개인적 도덕으로부터 정치적, 제도적 도덕을 분리하는 것이었다. 하지만 그는 자유주의적인 사회가 개인적인 도덕을 유지할 규율이 있을지 염려했다. 이는 미국 신보수주의와 연결되는 대목이다.

- 아르투어 뮐러 판 덴 브루크Arthur Moeller van den Bruck(1876~1925) | 독일 "보수 혁명"의 옹호자이자 독일 국가에서 "유기적으로" 자란 사회주의적 보수주의의 비전이 응고된 『제3제국』(1923)의 저자. 그의 건축가인 아버지는 그에게 철학적 비관론자 쇼펜하우어를 따라 "아르투어"라는 이름을 지어주었다. 뮐러는 학위 없이 학교를 그만뒀고 민족적 특성을 전형적으로 보여주는 저명한 독일인들의 삶에 관해 인기 있는 글을 쓰면서 이름을 얻었다. 도스토옙스키의 반근대주의 예찬자로서 뮐러는 그의 독일어 전집 발간을 감독한 후 신경쇠약을 겪다가 자살했다. 뮐러의 뒤엉킨 사상에서 눈에 띄는 줄기는 그가 "국가의 죽음"이라고 부른 자유주의에 대한 변함없는 적대감이었다.

- 아우렐 콜나이Aurel Kolnai(1900~1973) | 헝가리에서 태어나 오스트리아에서 공부하고

잉글랜드에 이주해 정착한 철학자. 후설의 학생이었던 콜나이는 일상 경험의 특성, 그리고 증오와 혐오처럼 간과된 도덕 감정에 주의를 기울였다. 그의 『서구에 대한 투쟁』(1938)은 사회 진보와 인간의 평등에 대한 유토피아적 신념을 공산주의와 파시즘, 그리고 자유주의의 공통된 결함으로 생각했다. 민주 사회에는 안정된 리더십과 "정상"의 지도, 탁월성을 존중하는 정착된 분위기, 그리고 "사회적 고결성"이 필요했다. 그런 것들이 없으면 사회는 "치명적인 질적 평등주의의 길"로 갈 것이었다. 콜나이의 보수주의는 문화적 다수결주의와 개인적 의견의 절대 권위에 맞서 높은 기준을 지키려는 것이었다.

- 알래스데어 매킨타이어Alasdair MacIntyre(1929~) | 스코틀랜드 출신으로 한때 마르크스주의자였던 가톨릭 철학자이자 반자유주의적 비판자. 『덕의 상실』(1981)에서 매킨타이어는 도덕에 관한 비일관성을 자유주의의 근본적 결함으로 보았는데, 이는 "관점을 파괴하는 기계"인 계몽주의로부터 전해 내려온 것이었다. 계몽주의는 사람들이 사회적 존재로서만 도덕적 목적을 발견한다는 아리스토텔레스의 확신을 버렸다. 사회적으로 닻을 내린 도덕은 지침을 주는 데 반해 자유주의적인 도덕은 논쟁적이고 소원하고 비인격적이고 단호한 결론을 내리지 못했다. 유일하게 남은 도덕적 안내자는 "심미주의자"와 "치료사"였고, 유일한 정치적 안내자는 사람들의 욕구를 공정하고 비용 대비 효율적으로 다루는 "관리자"였다. 도덕인양하는 공허한 담론이 권리를 요구하는 주장으로서, 감춰진 이익에 대한 니체식 폭로로서, 그리고 내전으로 가지 않는 한 유일한 반대 수단인 항의로서 계속됐다. 자유주의의 지적 혼란에 관한 매킨타이어의 음울한 설명은 일반적으로 이론적 비일관성에 대한 탈근대적인 실망감과 평행을 이뤘다. 매킨타이어는 냉담한 세속적 사회에 대항하는 전통을 보호하기 위한 일군의 비자유주의적 기관들을 제안했고, 미국 가톨릭 우파가 그 생각을 받아들였다.

- 알랭 드 브누아Alain de Benoist(1943~) | 프랑스 뉴라이트의 두드러진 인물인 브누아는 유럽 문명 조사연구그룹GRECE을 설립했다(1968). 브누아는 정치에서 규탄은 삼갔으나 조롱은 자유롭게 했다. 그는 자유시장 세계화와 민주주의적 평등("하향 평준화"), 그리고 인권("도덕에 오염된 법")을 경멸했다. 스스로 이단자이자 "종족에 관한 다원론자"로 묘사한 그는 위대한 일신교들을 "전체주의적"이라고 보았으나 "유럽 문명"은 옹호했다. 모라스와 드리외를 따라 브누아는 사회를 서로 조화할 수 없는 도덕적 전통에 따라 나뉜 별개의 통일체들로 생각했다. 자유민주주의에 대항하는 그의 길고 굽이진 행진은 프랑스령 알제리를 지지하는 극우파로 시작했다. 브누아는 이제 자신이 "좌우 너머"에 있다고 말한다.

- 알랭 핑켈크로트Alain Finkielkraut(1949~) | 프랑스 사상가이면서 문화비평가로 다문화주의와 도덕적 상대주의의 혼란에 맞서 서구의 전통, 특히 프랑스의 전통을 옹호했다. 에세이스트이자 라디오와 웹 논객인 핑켈크로트는 1960년대에는 마오주의자, 1970년대에는 성 혁명 회의론자, 1980년대에는 포스트모던 반계몽주의 좌파에 대한 혹평가

였고, 1990년대 이후에는 프랑스의 시민적 정체성 상실과 공화주의 가치를 저버리는 배신을 고뇌하는 사람이었다. 그는 겁많은 유럽이 민주적인 스페인(1936)을 유기했듯이 보스니아를 버렸다(1991~1995)고 비난했다. 핑켈크로트는 프랑스 좌파가 무슬림 이민에 따른 사회문화적 문제를 회피하고 커지는 반유대주의로부터 숨어버렸다고 비판했다.

- 어빙 크리스톨Irving Kristol(1920~2009) | 뉴욕의 저명한 신보수주의자로서 그의 경력은 미국 우파 지식인 중에서 정치적 고향을 찾으려는 오랜 탐색을 거쳤다. 브루클린에서 태어난 참전 군인으로 반스탈린주의자인 크리스톨은 "반反반공주의자"가 되기를 거부하면서 좌파와 갈라섰다(1950년대 초). 그는 CIA가 지원한 『인카운터』(1953)를 공동으로 설립했고, 대니얼 벨과 함께 『퍼블릭 인터레스트』(1965)를 창간했다. 크리스톨의 공격 목표(1960년대)는 취지는 좋아도 비생산적인 사회 개혁과 제멋대로 도덕률을 폐기하는 반대(반전 시위, 교육적 권위의 부인, 성적 자유)였다. 공화당원이 된 크리스톨은 워싱턴으로 옮겨갔다(1978). 2차 냉전의 매파(1978~1986)로서 크리스톨은 『내셔널 인터레스트』(1985)를 창간했다. 미국은 "세계의 미래에 대한 소유권"을 갖고 있으며 불안정을 초래하는 위협에 대항해 필요하다면 단독으로 세계 질서를 만들어가야 했다. 그는 일방주의에 고취된 2세대 신보수주의자로서 이라크전을 부추겼다(2003). 티파티와 트럼프 이후 집을 잃은 신보수주의자들은 쪼그라드는 중도우파를 다시 찾았다. 철학에서 격론을 벌이는 크리스톨은 자유주의를 도덕에 대한 허무주의적 부인과 동일시했다.

- 에드먼드 버크Edmund Burke(1729~1797) | 잉글랜드계 아일랜드인으로 의회 정치인이자 정치 사상가. 정치적으로 버크는 반중도주의 성향의 로킹엄과 휘그당 조력자이자 이론가, 아메리카 식민지인들의 친구, 인도 식민지의 부패에 대한 선택적 비판자, 프랑스혁명에 희망을 두는 모든 사람의 적이었다. 버크의 연설과 글들은 생전에는 널리 알려지고 번역됐으나 19세기에는 대체로 무시됐고, 훗날 보수주의자들에게 유용한 교리문답의 정신적 원천이 됐다. 버크는 프랑스혁명의 잘못은 교회의 토지를 프랑스 국가의 채권자들에게 팔고, 지식인들이 너무 폭넓은 원칙을 부당하게 신뢰한 데 있다고 판단했다("국가를 건설하거나 혁신하거나 부흥하는 과학은 (…) 선험적으로 가르칠 수 없다"). 보수주의자들은 버크에게서 사회의식이 있는 자유주의자들의 개혁에 맞설 때 쓸 부정적 교훈을 얻었다. 정부가 나서서 자원과 사회적인 힘을 한 계층에서 다른 계층으로 넘겨주는 것은 위험하거나 무익했다. 관습적인 제도에 스스로 정당화할 것을 요구하는 것은 일반적으로 헛된 일인데, 그 시험이 관습에 의존하기 때문이었다. 사람들의 재능과 성향은 다양하므로 그들을 어떻게 다루고, 지도하고, 들어줘야 할지 말해줄 만능의 원칙은 없었다. 정부는 도덕 교사도 인간 향상의 보증인도 아니었다. 확실히 건전한 정치는 기민함과 분별력에 의존했다. 버크의 견해에 따르면 보수주의의 가장 확실한 지침은 사정에 따라 적절히 판단하라는 것이었다.

- 에른스트 윙거Ernst Jünger(1895~1998) | 훈장을 받은 독일의 군인, 저자, 에세이스트, 곤충 수집가인 윙거는 1914~1918년과 1939~1945년 전쟁에서 싸웠다. 참호의 일기를 바탕으로 한 『강철 폭풍』(1920)은 전쟁이 주는 도덕적 기회를 강조했다. 전쟁의 잔혹함을 직면하는 용기는 단조로운 삶을 고양할 수 있었다. 1920년대에 윙거는 자유주의 사회의 구제를 위한 독일 우파의 느슨한 탐색인 "보수 혁명"에 가담했다. 비판자들이 보기에 그것은 보수주의와 볼셰비즘을 혼합하려는 것이었다. 나치의 문학적 별이 되고 싶지 않았던 윙거는 은퇴했다(1933). 그의 우화 『대리석 절벽에서』(1939)는 어떤 이들에게는 히틀러주의에 대한 감춰진 공격이었고, 다른 이들에게는 탁월성과 대담성을 잃은 민주 사회에 대한 신니체주의적 불평이었다. 예찬자들은 윙거의 냉정하고 현대적인 글이 정직하고 예리하다고 봤다. 회의적인 이들에게 그것은 타성적이고 비도덕적이었다. 그의 암묵적인 정치적, 도덕적 메시지는 전시에는 태연한 복무, 평화 시에는 초연한 퇴계였다. 윙거의 보수주의는 심미적이고 대체로 부정적인 것으로, 건설적인 대안을 제시하지 않은 채 민주적 자유주의에 등을 돌린 것이었다.

- 에릭 푀겔린Eric Voegelin(1901~1985) | 독일 태생의 미국 이주자로, 주로 루이지애나주립대학에서 사상사를 가르쳤다(1942~1958). 푀겔린은 자유주의적 근대가 그가 "그노시스주의"라고 부른 초기 유대-기독교 사상들의 오류를 공유한다는 것을 보여줌으로써 철학적 자기만족에 빠진 근대 자유주의를 흔들어놓기를 바랐다. 푀겔린이 말한 그노시스주의는 현재 사회를 함께 묶어주는 기본 사상과 미래 사회에 관한 이상적인 기술을 혼동하는 흔한 잘못을 뜻했다. 『질서와 역사』(1956~1987)에서 근대의 그노시스주의는 자유주의로 무대에 올랐다. 그것은 기독교의 구원 약속을 이 세상에서 실현하려는 조급한 시도였다. 정치사상은 철학과 신화, 종교적 계시를 포함했다. 그것들에 대한 공감적 이해가 없으면 역사는 실제 경험한 대로 파악할 수 없었다. 푀겔린은 사회의 이상적인 모습을 가지고 그 사회를 판단하게 하는 그노시스주의의 오류를 보며 일반적으로 확인된 근대성의 병폐를 진단했다고 믿었다. 그 병폐는 과도한 개별성과 사회의 "대량화"가 전체주의의 쌍둥이 조력자가 되는 것이었다. 그의 견해로 자유주의자들은 인간의 한계를 부인함으로써 거의 확실한 실패와 고통스러운 실망, 그리고 근거 없는 범인 색출을 자초했다.

- 에인 랜드Ayn Rand(1905~1982) | 냉정한 교조적 작가이자 사상가로 스스로 객관주의라고 부른 운동의 창시자인 랜드는 엄청난 독자를 끌어들인 두 관념소설 『파운틴헤드』(1943)와 『아틀라스』(1957)를 썼다. 둘 다 유대-기독교적 의무와 배려의 도덕은 자기 홍보와 과단성, 대담한 기획들을 떠받치는 데 길을 내주어야 한다는 믿음을 표현했다. 이 호소는 『이기심의 미덕』(1964)에서도 되풀이됐다. 랜드는 추종자들에게 객관주의의 설명들을 남겨주었다. 그녀의 자본주의 찬양과 사회주의는 정치화된 질시라는 진단은 우파에 환영받았지만, 세상을 잘 아는 미국 주류 보수주의자들은 랜드주의를 미숙한 각색과 서투른 추론으로 기이한 생각이 됐다고 보았다.

- 오도 마르크바르트Odo Marquard(1928~2015) | 경구로 인간성과 갈수록 기술관료적으로 바뀌는 사회에 필요한 보정으로서 스토리 텔링을 옹호한 독일인. "세계가 더 현대화될수록 인문 과학, 즉 이야기하는 과학 없이 살게 된다." 마르크바르트는 철학과 신학을 공부한 후 "보정"으로서의 문화에 관한 이론가 요아힘 리터를 도왔다. 마르크바르트는 프로이트주의에 정통하고 프랑크푸르트학파의 자유주의 비판에 공감하면서도 거창한 사상에 대한 좌파의 신뢰를 의심하고 인간의 불완전성을 강조했다. 보수주의에는 모든 것을 담는 이론이 없다는 비판에 변명이라도 하듯이 마르크바르트는 철학의 역사를 정숙주의 태도로 설명했다. 철학이 만능이었던 초기에서 철학이 (기독교, 과학, 정치를 위한) "보조" 역할을 하던 시기를 거쳐 철학에 유일하게 남은 유용성, 즉 그 자체의 한계를 인정하는 시기로 옮겨간다는 것이었다.

- 오레스테스 브라운슨Orestes Brownson(1803~1876) | 개신교도들의 편견에 맞선 브라운슨은 가톨릭교도를 충성스러운 미국인으로 옹호했다. 버몬트의 농장에서 태어나 독학한 브라운슨은 엄격한 칼뱅주의로부터 보스턴의 유니테리언교를 거쳐 가톨릭으로 옮겨왔다. 반 휘그이며 온정적, 사회적 기독교를 믿는 브라운슨은 「노동계급들」(1840년 7월)에서 경영자에 맞선 노동자들의 주장을 옹호했다. 그의 『아메리카 공화국』은 자유주의가 자유와 사회를 잘못 대변한다고 비판했다. 정부에게든 시민에게든 자유는 정당한 법에 복종하는 것이었다. 사회는 하나의 계약이 아니라 "유기체"이며, "개인들은 그 유기체의 삶 안에서 사는 것과 마찬가지로 그것은 개인들의 삶 안에서 사는 것"이었다. 브라운슨은 유익한 도덕적 지침으로 민주적 자유주의를 누그러뜨리려 한다는 점에서 보수주의자였다.

- 오토 폰 기르케Otto von Gierke(1841~1921) | 독일 법학자이자 법 역사가로 시민 단체의 역사적, 법적 독립성을 강조했다. 역사적으로, 시민과 국가는 매개체의 도움 없이 정치적인 사회를 창출하지 않았다. 법적으로, 건강한 사회에는 국가와 변덕스러운 사적 이해로부터 보호된 자율적이고 자발적인 기구가 필요했다. 『독일 단체법』(1868~1913)은 법을 위로부터 제정된 것이 아니라 미리 확립된 패턴 없이 사회를 위한 관습에 따라 아래로부터 자라난 것으로 보았다. 결사체는 구성원들에게 자아의식을 부여했다. 그들은 관습과 규범, 지식을 축적했다. 기르케는 로크와 흐로티위스(단체의 권리를 구성원의 권리에 묶어놓았다)로부터 프랑스혁명(단체를 중앙의 법적 통제 아래 두었다)에 이르는 위험한 비탈을 발견했다. 왕정주의자인 기르케는 독일의 국민자유당에 가까웠으나 사회 복지에 관심을 기울였다. 그의 보수주의는 사회의 조화와 내적인 건강을 강조하는 데 있었고, 여기에는 전능하고 개혁적인 자유주의 국가가 필요하지 않았다.

- 윌리엄 버클리 주니어William Buckley Jr.(1925~2008) | 가톨릭을 믿고 자기 확신과 기지가 넘치는 미국의 논객, 편집인, TV 진행자로 1945년 이후 미국의 공론장에 보수주의를 복귀시키는 데 많은 공헌을 했다. 그의 기선은 잡지 『내셔널 리뷰』(1955년 창간)였다. 잡지는 반공산주의와 전통주의, 경제적 이익 추구 같은 미국 우파의 다양한 흐름

을 통합했다. 버클리는 괴짜들을 밀어낸 후 노련하게 차가운 전사들과 도덕적 보수주의자, 경제적 자유주의자들의 까다로운 집단을 함께 유지했다. 그는 자신이 "정신적, 철학적으로" 보수주의자여도 "기질적으로는" 아니라고 말했다. 통념을 깨며 경구를 잘 만드는 버클리는 편견을 세련되게 들리게 할 수 있었다. 그의 토크쇼 「파이어링 라인」에서 버클리처럼 여유 있고 학벌 좋은 전통적 자유주의자들은 흔히 그의 교활한 놀림과 활발한 토론의 희생자가 됐다. 교리적이기보다는 전략적인 버클리가 미국 보수의 지적 자신감 회복에 준 도움은 정치적이고 관리적인 것이었다. 그는 보수가 늘 공통의 적인 자유주의자들을 지켜봐야 한다고 주장함으로써 우파가 자신들의 이견을 간과하게 했다.

- 윌리엄 코빗William Cobbett(1763~1835) | 대중적 토리당을 지지하며 왕과 나라를 사랑했으나 갑자기 일어난 상인들뿐만 아니라 궁정의 조신들, 금융업자, "혹 같은 도시"(런던)를 먹어치운 "자치구 장사꾼들"(매수된 정치인들)은 싫어했다. 서리의 여관주인 아들인 코빗은 변호사 사무원, 군인, 주간지 『폴리티컬 레지스터』(1802~1835) 발행인이자 편집인, 그리고 하원의원(1832~1835)이었다. 코빗이 보기에 과세는 이기적인 탐욕에서, 혹은 무의미한 전쟁을 하려고 보통사람들을 약탈하려는 상류층 게으름뱅이들의 음모였다. 농민의 고통을 덜어주겠다는 정부의 제안을 믿지 못한 코빗은 직접 시골의 상황과 필요를 살펴보기 시작했고, 관찰한 것을 『전원에서 달리다』(1830)에 기록했다.

- 윌리엄 그레이엄 섬너William Graham Sumner(1840~1910) | 미국의 반진보주의자로, 사람들은 자연권을 갖고 사회적 교제가 필요하다는 데는 동의하지만, 공통적인 인간 본성의 존재나 사람들의 무한한 개선 가능성에는 동의하지 않았다. 그런 오해를 바탕으로 한 진보주의는 소득세를 낳고 스페인령 아메리카를 개선하려는 제국주의 전쟁들을 일으켰다. 예일대학 정치경제학 교수(1873)인 섬너는 『사회 계층이 서로에게 빚진 것』(1883)과 『사회의 과학』(1927)을 썼다. 그의 '잊힌 사람' 논리는 곤궁한 이들에게 사회적 지원을 하는 자유주의자들을 겨냥했다. 그 부담은 납세자들에게 고르게 지워지지 않았다. "잊힌 사람"은 C가 선택한 프로그램에 따라 B를 돕기 위해 세금을 내는 A를 지칭했다.

- 윌리엄 맬로크William Mallock(1849~1923) | 잉글랜드의 관념소설가, 정치적 저자, 보수주의 주장의 대변인. 맬로크는 인류의 진보를 믿지 않는 비평등주의자였다. 물질적 향상과 지속 가능한 번영은 재능있는 엘리트의 현명한 지도에 의존했다. 정치는 대중의 여론을 반영하지 말아야 했다. 정치는 통제권을 쥐려는 작은 집단 내의 경쟁이었다. 육체 노동자들을 돕기 위해 부에 과세하는 것은 번영을 주도하는 기업가들의 정신노동에 벌을 주는 것이었다. 맬로크의 소설 『새로운 공화국』(1877)은 종교적 정통을 버린 자유주의 지식인들을 풍자했다. 보수당의 중앙사무국은 그의 글들을 선거운동에 활용했다. 맬로크는 보수주의자들이 선거민주주의를 더 확대하는 데 저항해야 한다고 생각했다. 그것은 지나치게 많은 경제민주주의를 약속하기 때문이었다.

- 월무어 켄들Willmoore Kendall(1909~1967) | 예일대학 교수, CIA 관리, 『내셔널 리뷰』 작가, 강경우파의 선구자였다. 트로츠키주의자, 민주당원, 반자유주의적 보수주의자(공화당원이었던 적은 없다)였던 켄들은 그 자신이 고안한 우파 포퓰리즘을 옹호했다. 다수결주의자인 그는 사회의 고지를 장악한 냉담한 자유주의자들에 맞서는 "대중"을 신뢰했다. 켄들은 대중을 선량한 다수, 무시되지만 누구보다 숙고하는 다수로 보았다. 미국 사회는 개방적이거나 다양하지 않았다. 학교와 교회가 공산주의자들을 추방한 것은 옳았다. "어떤 사람들이 (⋯) 달갑지 않게 여기는 어떤 유형"의 이민은 바람직하지 않았다. 『보수주의란 무엇인가』(1962)에서 켄들은 보수주의를 소극적인 의미에서 민주적 자유주의와 비대칭적 전쟁을 벌이는 일련의 대항 사상으로 보았다.

- 이녁 파월Enoch Powell(1912~1998) | 학자적이고 여러 언어를 쓰며 오랫동안 보수당 하원의원과 장관(보건, 재무)을 지낸 파월은 오늘날 영국 강경우파의 선구자였다. 파월은 젊었을 때 냉대를 받았고 이민에 관한 선동적인 연설을 했다는 이유로 히스의 그림자 내각에서 경질됐지만(1968), 한 예리한 토리당 논객은 이 당이 10년 동안 파월주의를 억제하는 데 골몰해야 할 것이라고 썼다. 반세기 후 자유주의적 보수주의자들은 여전히 허우적거리며 결국 파월주의를 봉쇄하는 데 실패하고 있었다. 젊은 토리당 의원들이 모인 원 네이션 그룹(1950년대 초)의 우파 회원으로서 파월은 디즈레일리와 볼드윈에게 소중했던 하나의 국가라는 논지를 세 가지 맞물린 주장으로 견고하게 했다. 탈제국주의 시대 영국은 세계에서 홀로 서 있고(영연방은 속임수이고 미국은 친구가 아니라 골목대장이며 유럽은 덫이다), 전후 자유주의적인 영국의 국가는 영국 사회("영국의 인민"이라고 할 수 있다)와 전쟁 중이며, 영국이라는 국가의 특성은 귀중하고 독특하다는 주장이었다. 각각의 주장은 2010년 이후 영국 강경우파에서 진가를 발휘했다.

- 이언 길모어Ian Gilmour(1926~2007) | 영국 보수당 하원의원(1962~1992), 장관, 전형적인 휘그로 중도적이고 사회의식이 있는 토리주의가 죽어가고 있을 때 그것을 강력히 옹호했다. 『우파의 내부』(1977)는 역사적인 보수주의자들을 그린 작고 세련된 초상화와 우파 사상에 관한 에세이를 담았다. 그는 다른 것들을 부정함으로써 보수주의를 찬양했다. 보수주의는 반동과 이데올로기, 배제(파월을 비판한 것이다)도, 맹목적 반자유주의와 반사회주의도 아니었다. 18세기까지 거슬러 올라가는 길모어의 주요 문헌에는 볼링브로크와 디즈레일리(국민의 당으로서 토리당), 흄(우리의 지적 오류 가능성과 쾌활한 태도), 버크와 헤일섐(건강한 사회에 필요한 신앙), 오크숏(정치적 '합리주의'에 대한 반대)이 포함됐다. 특기할 것은 길모어가 당시 하이에크에 고취돼 새로운 정통으로서 보수주의자들을 휩쓸고 있던 경제적 자유주의를 공격한 것이었다.

- 자크 마리탱Jacques Maritain(1882~1973) | 에마뉘엘 무니에Emmanuel Mounier(1905~1950)와 더불어 프랑스 가톨릭의 인격주의라는 정치사상을 지지했다. 토마스주의에서 끌어낸 그 사상은 반자유주의적이기는 해도 한편으로는 세속적 급진주의와 사회주의, 다른 한편으로는 (1926년 바티칸이 비난한) 반공화주의적인 강경우파 사이의

길을 추구했다. 자연법 전통의 신토마스주의 학자인 마리탱은 바티칸 주재 프랑스 대사였다(1945~1948). 『인간과 국가』(1951)에서 마리탱은 논쟁의 여지가 없고 일반적인 도덕적 권리와 의무를 지닌 (정신적인) 개인과 확실한 지역적, 시민적 권리와 의무를 지닌 (법적인) 개인을 구분하면서 정치의 도덕을 제시했다. 그의 사상은 1948년 세계인권선언을 기초하는 데 영향을 주었다. 교사이자 평론가인 무니에는 영향력 있는 인격주의 저널 『레스프리』를 창간하고 운영했다.

- 제이슨 브레넌Jason Brennan(1979~) | 선거 연구에 정통하고 유권자들이 아는 것이 얼마나 적은지 꿰고 있는 미국 정치 사상가. 『민주주의에 반대한다』(2016)에서 브레넌은 예를 들어 자유주의적 자본주의와 선거민주주의의 양립 가능성에 관해 일찍이 슘페터와 하이에크가 보였던 회의를 다시 불러일으켰다. 우파 자유지상주의자의 관점에서 브레넌은 유능하고 제한적인 정부를 가질 시민 각자의 권리가 무지한 다수로부터 여전히 적절히 보호되는지 더는 확신할 수 없었다. 브레넌은 "에피스토크러시", 즉 자신이 무엇을 위해 혹은 왜 투표하는지 모르는 유권자들이 승인해준 무능한 통치가 아니라 자신이 무슨 일을 하고 있는지 아는 이들의 유능한 통치를 옹호했다.

- 제임스 매디슨James Madison(1751~1836) | 미국 법률가, 버지니아 헌법 초안자, 전 국가적 정부를 위한 운동가(해밀턴, 제이와 함께 쓴 『연방주의자 논집』. 1788), 미국 헌법의 설계자이자 대통령(1809~1817)이었다. 매디슨의 세 가지 목표는 단일한 국가적 권위를 확립하고, 인민 주권을 인정하며, 다수의 폭정을 예방하는 것이었다. 그는 정부는 인민의 통제에 답해야 한다는 제퍼슨의 민주주의 신념을 공유했으나 포괄적인 중앙 권력과 통일적인 국가의 법이 없으면 평화와 번영은 이룰 수 없다고 믿었다. 건강이 나쁘고 체구가 작은 매디슨은 독립전쟁을 놓쳤으나 새로운 공화국 창설에 지도적 인물이 됐다. 버지니아에서 종교적 자유를 확보한 그는 헌법에 권리장전을 포함하는 안을 관철했다. 애덤스 정부의 야당 지도자로서 그는 외국인 규제 및 선동금지법(1798)에 반대했다. 제퍼슨의 국무장관으로 일했다(1803년 루이지애나 매입). 그의 대통령 임기는 영토(캐나다)를 둘러싼 영국과의 전쟁 재개와 미국 해운에 대한 영국의 간섭으로 기억됐다.

- 제임스 버넘James Burnham(1905~1987) | 미국인으로 한때 가톨릭 신자였고 한때 마르크스주의 사상가였으며 『내셔널 리뷰』에서 버클리의 오른팔이었다. 버넘은 『경영자혁명』(1941)에서 경영자가 서방 사회를 통제한다고 밝혔고, 『서방의 자살』(1964)에서 자유주의가 경영자들을 통제한다고 주장했다. 철도 사업가 집안에서 태어난 버넘은 대학 강사, 트로츠키주의 투사, 정보요원이었다. 버클리는 버넘의 두뇌와 이상한 사람들을 알아보는 후각, 그리고 보수주의 주류가 무엇을 착용할지 판단하는 그의 감각에 의존했다. 「제3차 세계대전」 칼럼에서 버넘은 극단적 반공산주의자로서 으르렁거렸으나 실제 그의 제안은 글만큼 과도한 것은 아니었다. 자신을 "『내셔널 리뷰』의 좌익에서 조절하는 힘"으로 묘사한 그는 나이가 들면서 완고해졌다.

- 제임스 피츠제임스 스티븐James Fitzjames Stephen(1829~1894) | 잉글랜드 법률가, 정치적 작가이자 판사로, 냉소적인 글과 공리주의 논리로 도덕적 감시와 기성 종교를 옹호했다. 스티븐은 식민지 인도에서 일한 후 고등법원 판사(1879~1891)로 재직하면서 법규를 개혁했다. 『자유, 평등, 박애』(1873)에서 그는 사회질서는 도덕적 제약에 의존한다고 주장했다. 사회에는 언제나 "악하고 냉담한 사람들의 거대한 집단"이 있으며 그들의 "깊은 도덕적 실패"는 오직 강제로 제어할 수 있었다. 사람들은 개선 가능성이 그다지 크지 않으므로 진보의 희망은 기만적이었다. 사람들은 평등하지도 않아서 민주적 주권의 바람은 분별없는 것이 됐다. "현명하고 선한 사람들이 어리석고 나쁜 사람들을 지배해야 한다." 사람들은 박애가 아니라 편애를 하므로 "인간애의 종교"는 사기였다. 사상가라기보다 논쟁가인 스티븐은 보수주의를 위해 공론장의 경기 규칙을 조금 바꿨다. 도덕적 감시와 종교적 권위의 존중은 이제 세속적으로 주장해야 했다.

- 조르주 소렐Georges Sorel(1847~1922) | 프랑스의 사회비평가이자 토목기사로 얼마간의 유산을 가지고 은퇴해 저술활동을 했다. 그의 『진보의 환상』(1908)과 『폭력에 대한 성찰』(1908)은 대중의 이성에 대한 유토피아적인 신뢰를 비웃었다. 소렐은 노동계급의 반란이 자유주의의 신앙과 자유주의 사회의 실제 조건의 격차를 드러내리라고 기대했다. 자유민주주의는 활력의 원천—비합리성, 신화, 그리고 힘—을 절차와 논리, 그리고 대화로 억눌렀다. 목표 없는 대중의 에너지로만 그 속임수를 폭로할 수 있었다. 레닌을 칭송한 소렐을 두말없이 보수주의자라고 할 수는 없었다. 자유민주주의는 이익을 숨기는 가면이라고 보는 그의 경멸적인 구도는 계속 힘을 내며 20세기 우파의 반자유주의로 이어졌다.

- 조제프 드 메스트르Joseph de Maistre(1753~1821) | 망명한 사부아 법률가, 주러시아 대사(1803~1817), 반혁명 사상가로 『상트페테르부르크의 대화』(1821)로 잘 알려졌다. 메스트르의 보수주의는 인간성을 비합리적이고 어찌할 수 없이 사악하며 제약 없는 권력으로만 다스릴 수 있다는 암울한 관점에 의존했다. 『대화』와 다른 저작의 과열된 글에서 반복되는 뚜렷한 주제가 있었다. 프랑스혁명의 공포정치는 신앙을 거부하는 계몽주의에 대한 신의 징벌이었다. 일단 피로 정화된 프랑스는 구원을 받을 만했고, 유럽의 동맹국들에 의해 나폴레옹의 속박에서 마땅히 구제됐다. 미숙한 계몽주의는 인간의 비합리성과 폭력성뿐만 아니라 희생과 복종, 공손의 필요성을 무시했다. 사회 이전의 인간이나 "일반적인 인간"이란 없고 특별한 민족적 유형의 사람들이 있을 뿐이었다. 메스트르는 신정을 최선의 정부 형태라고 주장하면서 제도적 이상을 거부하는 버크를 따랐다. 사회질서를 위해서는 경외심을 갖고 복종할, 분리되지 않은 주권적 권력이 필요했다. 제도는 불경한 의심을 견뎌낼 수 없었다. "모든 것을 보존하려면 모든 것을 신성하게 하라." 신앙은 필요한 것이지만 그것만으로 충분하지는 않았다. 징벌의 두려움이 먼저였다. 좋은 정부를 상징하는 것은 현명한 지배자가 아니라 형 집행인이었다. 보수주의의 선조들 가운데 메스트르는 앞자리에 잘 어울리지는 않아도 버크만큼 확실히 그 전당에 속했다.

- 조지프 슘페터Joseph Schumpeter(1883~1950) | 오스트리아 태생의 미국 경제학자이자 자유주의적 자본주의의 보수적 옹호자. 그는 『자본주의, 사회주의, 민주주의』(1942)에 서 자본주의를 사회를 조직하는 나쁜 방식 중 최선이며 이루지 못한 상태로 있을 좋 은 방식으로 보았다. 자본주의에 대한 그의 묘사는 모순적이었다. 창조적이지만 파괴 적이고, 기업가적 혁신에 의존하지만 관료적 합리화가 필요하며, 대중의 수용 없이는 지속할 수 없지만 민주적인 개입에 방해를 받는다는 것이었다. 자본주의는 민주주의 에서 살아남을 수 있을까? 슘페터는 그렇다고 생각했으나 조건을 달았다. 개방적이고 권위 있는 상류층과 효율적이고 부패하지 않은 관료체제, 사회적 합의, 특히 경제적으 로 다수의 압력을 막을 제도적 방파제가 필요하다는 것이었다. 이탈리아의 엘리트 이 론가들처럼 인민 주권을 믿지 않는 슘페터는 선거민주주의를 집권을 위한 소집단 내 경쟁으로 보았다. "민주주의는 정치인들의 규칙이다." 슘페터는 사회주의 지식인들을 경계하면서도 자본주의를 수용한 좌파를 환영했다. 보수주의에 대한 그의 공헌은 보 수주의자들이 그들과 비슷하게 자본주의와 자유주의, 그리고 민주주의와 화해한 중 도좌파와 집권 경쟁을 할 수 있게 중도우파의 공간을 그려준 것이었다.

- 조지프 콘래드Joseph Conrad(1857~1924) | 폴란드계 영국인 선원이자 소설가. 이야기 를 풀어내는 솜씨와 인간의 불완전성에 관한 감각을 결합하고, 정치 소설에서는 역사 적 운명은 불투명하다는 반계몽주의 신념을 더했다. 콘래드는 식민주의(『어둠의 심연』, 1899)와 자본주의(『노스트로모』, 1904)의 부패와 함께 혁명을 꿈꾸는 어리석음(『비밀 요 원』, 1907, 『서구인의 눈으로』, 1911)을 다루었다. 정파적 의미에서 보수는 아니었던 콘래 드는 바레스나 윙거처럼 우파에 헌신하지 않았다. 모라스와 달리 그는 하나로 관통하 는 관점이 없었다. 콘래드는 사람들의 도덕적 취약성과 부족한 예견 능력에 초점을 맞 추면서 덜 직접적인 방식으로 인간의 진보에 관한 자유주의적 희망을 꺾어놓았다.

- 존 캘훈John Calhoun(1782~1850) | 미국 사우스캐롤라이나의 변호사로 연방 상원의원 과 부통령(1825~1832)을 지낸 캘훈은 소수의 권리를 주장했다. 특히 공산품 관세에 적 대적인 남부 농업 주들과 노예를 소유한 지주들의 소수파 권리를 옹호했다. 『정부론』 과 『헌법론』(둘 다 사후에 출간됐다)에서 캘훈은 침입적이고 개혁적인 자유주의 주들을 막을 헌법적 방파제를 기대했다. 헌법은 부당한 권력을 저지하는 장치였다. 민주주의 는 무리 지은 사람들이 아니라 인정된 이익을 옹호했다. 특정 지역의 이익은 예컨대 협 력적 다수의 보호가 필요했다. 사람들은 도덕적으로는 평등했으나 재능이나 활력에서 는 평등하지 않았다. 자유와 평등은 결과적으로 잘 맞지 않았다. "자유는 그에 어울리 지 않는 사람들에게 강요했을 때는 축복이 아니라 저주가 될 것이다." 훗날 "마스터 클 래스의 마르크스"로 불린 캘훈은 남북 갈등 너머에서 벌어질 노동과 자본의 싸움을 보았다. "우리가 지친 후 싸움은 자본가와 직공들 간에 벌어질 것이다."(1828)

- 존 피니스John Finnis(1940~) | 호주 태생의 옥스퍼드대학 법철학자로 미국 대법원 판사 닐 고서치를 포함한 뛰어난 학생들을 가르쳤다. 피니스는 법이 개인의 도덕에 중립을

지켜야 한다고 보는 자유주의의 일반적 견해에 맞서 학문적 반대를 이끌었다. 『자연법과 자연권』(1980, 2011)에서 피니스는 올바른 법은 인간의 삶에서 무엇이 선인지, 그 선을 유지하려면 무엇이 필요한지 권위 있게 말하는 것이라고 보는 신토마스주의 관점을 옹호했다. 인간의 선은 선택이나 관습과는 독립적이지만 단순하지도 통일적이지도 않았다. 피니스는 일곱 가지 기본적 선을 골라냈다. 생명과 건강, 비도구적 지식, 우정, 놀이, 미적 경험, 실제적인 합리성, 종교적 믿음이 그것이었다. 피니스는 그 틀 안에서 특히 낙태와 섹스, 결혼에 관한 엄격한 개인적 도덕을 옹호했다. 그는 확고한 가톨릭 신자지만 세속적인 언어로 국가의 도덕 감시 의무를 옹호한다. 피니스는 자유민주주의에서 도덕적 감시는 확립된 절차와 민주적 합의를 존중해야 한다고 인정한다.

- 찰스 호지Charles Hodge(1797~1878) | 프린스턴신학교의 미국 신학자. 그의 암울한 칼뱅주의와 성서의 자구적 독해는 20세기 근본주의와 복음주의에 각인됐다. 호지는 종교적 부흥 운동과 그 정치적 사촌인 노예 폐지론에 반대했다. 부흥론자들에게 신앙은 우리의 궁극적 목적에 관한 걱정을 잠재울 수 있었다. 호지의 칼뱅주의는 우리가 구원의 여부와 시점을 알거나 통제할 수 있다는 것을 부인했다. 노예 소유자였던 호지는 성서에서도 노예를 인정했다고 생각했으나 남부의 노예 학대는 비난했고 노예들의 학교 교육을 부정하는 것을 혐오했다. 아메리카 국가주의자로서 그는 연방을 지지했다. 20세기 정치적 복음주의자들은 호지의 신학에 선택적으로 의지했다. 자유주의적 복음주의자들은 자립에 대한 그의 부인을, 보수주의적 복음주의자들은 인간의 평등이나 진보에 대한 그의 불신을 상기했다.

- 카를 루트비히 폰 할러Karl Ludwig von Haller(1768~1854) | 스위스 태생의 정부 관료로 여섯 권짜리 『정치의 복원』(1816~1834)에서 주장한 보수주의적 반동의 이론가. 교회와 국가의 도전받지 않는 권위에 관한 할러의 주장은 정통주의자들의 궁정에서 인기를 끈 견해로, 자유주의적 입헌주의자들의 반대에 부딪혔다. 특히 헤겔은 『우파의 철학』(1820)에서 할러를 조용한 반대자로 다루었다. 할러는 강하고 재산이 있고 똑똑한 자들의 타고난 우월성을 주장했다. 할러에게 국가는 거대한 가정인 "가부장적 국가"였다. 고립과 찬사, 두 차례 망명이 이어지는 삶의 끊임없는 부침에서도 권위에 대한 할러의 숭배는 변함이 없었다. 그는 한번은 프랑스 공화주의자, 또 한번은 베른의 개신교도들로부터 도망쳐야 했다.

- 카를 슈미트Carl Schmitt(1888~1985) | 독일의 헌법학자, 우파 가톨릭 보수주의자, 나치 옹호자, 불명예를 안은 1945년 이후 탈나치 거부자. 슈미트의 정치사상을 엮어주는 실은 민주적 자유주의에 대한 강한 불신이었다. 그의 비난받은 경구 가운데 이런 것도 있다. "독재는 민주주의의 반대가 아니다." "당신이 인간애를 말한다면 거짓말을 하는 것이다." "정치 특유의 구분은 (…) 친구와 적을 가르는 것이다." 그의 대통령 중심적인 『헌법론』(1928)은 헌법 수호를 위한 극단적 조치들을 옹호했고 하나의 표준적인 전거가 됐다. 하이데거와 달리 슈미트는 히틀러 체제에 오랫동안 공공연히 참여했다.

1945년 이후 그는 지정학에 눈을 돌려 영국과 미국이 세계 무대에서 박애의 이름으로 자국의 세계적 이익을 위선적으로 추구한다고 썼다. 슈미트의 1920년대 정치 에세이들은 민주적 자유주의의 허점을 파고들었다. 가치를 지키는 데 굼뜨고, 국가와 신앙의 열정에 매번 경악하고, 논쟁에 지나친 신뢰를 보내며, 신화에 귀를 닫는다는 것이었다. 대의제의 의회는 철 지난 것이고 국민투표 방식의 민주주의도 나을 것이 없었다. 이렇게 하나씩 배제하고 나서 슈미트는 "일시적인" 독재자가 이끄는 국가주의적 권위주의로 자신의 주장을 밀고 나갔다.

- 퀸틴 호그Quintin Hogg, 헤일셤 경Lord Hailsham(1907~2001) | 영국 법률가이자 정치인으로 오랫동안 대법관(법무장관)으로 일했다. 『보수주의 옹호론』(1947)에서 중도적 토리주의를 제시한 충직한 보수당원이었다. 디즈레일리와 볼드윈처럼 호그는 자유주의자와 사회주의자들은 관심을 두지 않는 견실하고 유능하며 공정한 국민의 양식으로서 보수주의를 제시했다. 사회는 기계가 아니라 유기체였다. 변화는 불가피하더라도 점진적이고 전통을 존중해야 했다. 개혁가들은 "자멸적 반동"을 부르는 "독재적 방식"을 따르는 경향이 있었다. 진보는 가능하지만 "선을 창조하는" 것만큼 "악과 싸우는" 것도 정치적으로 중요했다. 정치가 삶의 전부는 아니었다. 가족과 이웃, 신앙은 더 중요했다.

- T. S. 엘리엇T. S. Eliot(1888~1965) | 미국에서 태어난 시인, 극작가, 비평가, 출판인, 에세이스트로 저명한 문학적 모더니스트인 동시에 자유주의적 근대에 대한 보수적 반대자였다. 정치적으로 보수주의자에게 중요한 것이 안정된 제도라면 문화적으로 엘리엇에게 중요한 것은 미학적 전통이었다. 『황무지』(1922)에서 시적으로 탐색한 것처럼 전통은 근대의 정신적 공허함에 답했다. 전통은 물려받는 것이 아니라 노력을 쏟고 지켜내는 것이었다. 『성스러운 숲』(1920)은 시적 규범을 정하고, 금욕적이지도 교훈적이지도 않게 "열정에서 보이는 진실"로서 시의 독특한 도덕적 가치를 확립하는 것을 목표로 삼았다. 신앙심이 없고 물질주의적인 잉글랜드에 최선의 길은 "비관적인 체념"이었다(『기독교 사회의 내면』, 1939). 그러나 더 희망적으로 보면 높은 감수성은 여전히 더 광범위한 문화로 "스며들" 수 있었다(『문화의 정의에 관한 소고』, 1948). 엘리엇은 콜리지를 칭송했고 브래들리의 윤리 사상에 관한 논고를 썼다. 개인의 자유와 타인에 대한 의무, 그리고 사회질서는 엘리엇이 보기에 떼어놓을 수 없었다. 통속적 문화로부터의 심미적 물러남에 대한 그의 호소는 보수주의를 지적으로 살지게 했으나 정치적 지침은 되지 못했다.

- 토머스 칼라일Thomas Carlyle(1795~1881) | 영국 작가이자 역사가(『프랑스혁명』, 1837, 『크롬웰』, 1845)로 위대한 인물의 영향력을 믿으며(『영웅숭배론』, 1841) 자유 방임 자본주의를 비판했다(『과거와 현재』, 1843). 독일 사상과 글에 푹 빠진 칼라일은 "그 괴물 같은 공리"의 숭배를 거부했다. 현금을 주고받는 것이 "사람과 사람 사이의 유일한 연결"이 될 때 진정한 가치는 잊히고 사회 혁명은 위협받았다. 노예제에 관대한 그는 미국 남북전쟁에서 남부를 지지했다. 그의 중세에 대한 찬미와 선거에 대한 적의, 강한 지도자에

대한 애호는 정당정치적 보수주의와 잘 맞지 않았다. 자유주의적 자본주의에 대한 민족적-문화적 비판자로서 칼라일의 영향은 지속적인 것이었다.

- 패트릭 드닌Patrick Deneen(1964~) | 미국 노트르담대학의 정치학 교수인 드닌은 고 존 뉴하우스의 윤리적, 문화적 반자유주의를 따른다. 『왜 자유주의는 실패했는가』(2018)에서 드닌은 고전 시대 고발자와 같은 웅변을 보여주었다. 책은 자유주의가 평등한 권리를 신봉하면서도 물질적 불평등을 낳고, 합의에서 정당성을 찾으면서도 시민적 헌신을 억제하며, 공허한 개인의 자율성을 옹호하면서 지나치게 침입적인 국가를 유지한다고 비난했다. 답은 지역공동체와 자유로운 제도로 보수주의의 대항문화가 번성할 수 있게 하는 것이었다. 하버드 법대의 에이드리언 버뮬, 조지타운대학의 제이슨 브레넌과 같은 반자유주의적인 학자들과 더불어 드닌은 미국 법학대학과 정치학과를 자유주의자들이 독점한다는 주장이 거짓임을 보여주는 반례다.

- 패트릭 뷰캐넌Patrick Buchanan(1938~) | 워싱턴 D.C.에서 태어난 언론인, "고보수 공화당" 지지자, 가톨릭 신자, 일방주의자인 뷰캐넌은 닉슨의 귀환(1966~1968) 때 그의 측근이자 연설문 작성자, 선거운동 공모자였다. 뷰캐넌은 닉슨을 위해 "침묵하는 다수"라는 말을 지어냈다. 그는 닉슨에게 잭슨식의 "반엘리트" 노선을 취하고 상대 당의 전유물인 노동계급 표, 즉 "데일리-리조 민주당원"(가톨릭을 믿는 북부 종족들)과 "월러스 민주당원"(개신교를 믿는 남부 보수주의자들)을 공략하라고 촉구했다. 레이건을 위해 일한 후 뷰캐넌은 그 자신이 미국 우선주의자로서 대통령에 도전해 공화당 예비선거에서 5분의 1을 득표했다(1992, 1996). 그는 일방주의적인 격주간지 『아메리칸 컨서버티브』(2002)를 창간하고, 이라크전에 반대했으며(2003), 부시와 체니의 백악관에 실망해 보수가 민주당에 투표할 것을 촉구했다(2006).

- 페터 슬로터다이크Peter Sloterdijk(1947~) | 독일의 특이한 사회사상가이자 에세이스트로 카를스루에 조형대학 교수, 텔레비전의 철학 토크쇼 진행자(2002~2012). 자유주의적 좌파의 눈엣가시인 슬로터다이크는 독일의 지적 공간에서 스크러턴이 영국에서 차지했던 것과 다르지 않은 자리를 점한다. 좌파에게 혐오의 대상이기는 해도 정책과 정당정치에서 너무 동떨어져서 우파에게 직접적으로 유용하지는 않은 것이다. 슬로터다이크는 950쪽짜리 『냉소적 이성 비판』(1983)으로 이름을 얻었고, 이어 "구체" 삼부작(1998~2004)으로 인간의 조건에 관한 반추를 보여줬다. 슬로터다이크가 보기에 우리는 어지러운 공간의 창의적인 도구 제작자들이다. 오늘날의 혼란으로부터 "면역되고" 스스로 피난처를 찾아야 하는 존재다. 그의 정치는 분류하기 어렵다. 그는 중도의 불안을 유익한 것으로 본다. 그는 자유지상주의(세금은 도둑질이며 자발적인 기부가 소득세를 대체해야 한다)나 강경우파(그들의 구호를 만지작거린다), 아니면 그저 자유민주주의에 흥미를 잃은 이(그것은 지루하다)로 보일 수 있다. 스크러턴에게 대담자가 필요한 것처럼 슬로터다이크에게는 편집자가 있어야 한다. 멋대로 날뛰는 글 속에 의미 있는 통찰이 숨어 있다. 슬로터다이크는 분노가 우리 시대의 특징적인 사회적 정서라고 썼다.

- 펠리시테 드 라므네Felicite de Lamennais(1782~1854) | 프랑스 가톨릭 사제로 반동적인 교황권 지상주의에서 기독교 사회주의로 선회했다. 그의『종교에 대한 무관심』(1817) 은 계몽주의적 회의론자와 반교권주의자, 그리고 교황 반대자들이 사회의 생존에 필요한 도덕적, 지적 질서를 무너뜨린다고 공격했다. 과격파인 그는 샤토브리앙의『콩세르바퇴르』에 글을 썼다. 라므네는 처음에 기독교 신정체제의 유럽을 희망했으나 곧 프랑스의 부르봉 왕조에 절망했다. 1830년 그는 단명한 일간지『라브니르』창간을 도왔는데 신문은 곧바로 바티칸의 비난을 받았다. 폴란드 봉기(1831)에 대한 그의 지지는 교황의 더 많은 비난을 샀다. 곤궁한 1940년대에 라므네가 대중적이고 사회적인 가톨릭을 적극적으로 끌어안으면서 위계적인 교회와 전쟁이 벌어졌다. 이제 자유주의자라기보다는 사회주의인 라므네는 사회적 책임과 공통의 신앙에 기초하지 않는 한 자유주의는 만인에 대한 만인의 전쟁이라고 보았다. 그는 개인적 자유를 지지했으나 규제받지 않는 경제적 시장에서 자유를 얼마나 성취할 수 있을지 의문을 제기했다. 신문 발행인으로서 그는 언론자유를 누리려면 얼마나 많은 돈이 필요한지도 알아차렸다.

- 프랑수아-르네 드 샤토브리앙Francois-Rene de Chateaubriand(1768~1848) | 브르타뉴 출신 낭만주의자로 그에게는 삶과 정치에서 열정적인 애착이 신중한 추론이나 당파적인 복종보다 더 중요했다. 그는 혁명에 반대하는 자원입대자, 망명자, 나폴레옹의 사절이자 훗날 나폴레옹의 혹평자,『콩세르바토르』(1848)의 설립자 겸 편집인이었다. 프랑스 외무장관(1822~1824)으로서 샤토브리앙은 스페인의 자유주의자들을 억압하기 위한 개입을 부추겼으나 결국 야당 때는 프랑스 보수주의 과격파에 대한 반대로 돌아섰다. 탈계몽주의적인『기독교의 정수』(1802)는 신앙의 심미적이고 감정적인 호소력을 강조하고("나는 울었다, 고로 나는 믿었다") 가톨릭이 유행하도록 도왔다. 자전적인『무덤 저편의 회상』(1849~1850)은 자기 창조에 관한 비보수주의적 장르의 걸작 가운데 아우구스티누스와 장 자크 루소의『고백록』과 견줄 수 있다. 그는 자신을 "천성적으로는 공화주의자, 이성적으로는 왕정주의자, 명예에 따라서는 부르봉주의자"라고 불렀다. 모라스는 인색하게도 그를 신앙 없는 이기주의자이자 위장한 자유주의적 무정부주의자로 생각했지만, 샤토브리앙은 자유주의적 근대의 "공허한 세계"에 대한 낭만적 혐오와 그와 반대로 신앙과 충성으로 "가득 찬 마음"에 대한 신뢰를 보수주의에 전해주었다.

- F. H. 브래들리F. H. Bradley(1846~1924) | 1870년부터 죽을 때까지 옥스퍼드대학에 있었던 철학자. 영국의 선도적인 철학적 관념론자인 브래들리는 의식과 진실, 그리고 지식에 관해 로크로 시작해 밀을 거쳐 채택된 관념 연합론자의 일반적 구도를 거부하고 그것들을 전체론적으로 다룬다. 브래들리가 보기에 잘못은 부분성에 있는데, 이는 그의 윤리적 사고에 영향을 미친 다목적인 개념이었다. 그는 칸트 철학과 공리주의가 각자 인간성에서 의문의 여지가 없는 한 가지를 고립적으로 생각했고, 따라서 도덕도 그렇게 다루는 잘못을 범했다고 주장했다. 「나의 지위와 그 의무」(1876)에서 브래들리는 사회에서 분리될 수 있는 사람들이 목표와 애착을 의지에 따라 선택한다고 보는 자유주의적 구도를 비판했다. 하지만 그의 정치적 교훈은 미묘했다. 한 개인은 스스로 고립

되거나 의무를 거부함으로써 사회를 저버릴 수 있었다. 사회는 구속력 있는 의무와 자아의식이 생기는 지위를 제공하지 않음으로써 사람들을 저버릴 수 있었다. 브래들리를 보수주의자라고 할 수 있을지는 불확실하나 그는 나이가 더 많은 영국 관념론자로 그가 추종했던 T. H. 그린보다 사회 개혁에 더 회의적이었다.

- 프리드리히 율리우스 슈탈Friedrich Julius Stahl(1802~1861) | 프로이센의 보수주의자로 (과격파에 반대하는) 입헌군주제 지지자이자 (낭만파에 반대하는) 법적 합리주의자. 개종한 유대인 슈탈은 교회와 국가의 평등하지만 분리된 권위를 지지했다. 사회질서는 자유주의적 진보나 대중민주주의가 아니라 재산권과 신앙에 있었다. 전략적으로, 슈탈은 독일의 지주 귀족들에게 통치상 우위를 차지하는 대가로 방해하는 특권을 내려놓으라고 설득하면서 부르주아 부자들에게는 프로이센의 3계급 참정권 중 두 번째 몫을 주려고 했다. 헌법적으로, 주권적 권위는 공유될 수 없고 보통사람에게서 나오는 것이 아니었다. 왕과 교회는 각자 자신의 영역에서 도전을 받지 않았다. 그러나 둘 다 법의 지배로 제약을 받았다. 그것은 "어떤 반동적 기획으로도 넘을 수 없는 한계"였다. 혁명은 단순히 증오할 것이 아니라 이해해야 할 것이었다. 전통과 관습이 아니라 법과 이성이 그의 지침이었다. 보수주의자들은 현재를 바라봐야 했다. "옛사람들의 의지가 지금 사람들의 의지를 제한해서는 안 된다."

- 프리드리히 폰 겐츠Friedrich von Gentz(1764~1832) | 프로이센의 평론가이자 (1802년부터) 오스트리아를 위해 일한 외교관. 특히 메테르니히의 서기 겸 문서 초안자로 나폴레옹 이후 체제 정착을 위한 회의에 참석했다(1814~1822). 칸트의 제자인 겐츠는 버크의 『고찰』을 번역하고 명확히 정리했다. 그는 혁명가들의 실수는 정치사상을 갖는다는 것이 아니라 잘못된 사상을 갖는다는 것이라고 주장했다. 겐츠는 사회질서와 국제 질서에 봉사하는 국가이성을 새롭게 제시했다. 그는 정치를 권력의 행사로, 권력의 과업을 확립된 질서를 유지하는 것으로 이해하는 "현실주의자"였다. 유럽 국가 간의 질서는 힘의 균형을 의미했다. 국내의 질서는 대륙의 평화를 교란하지 않는 범위 내에서 지역적으로 선택된 제도를 의미했다. 독일의 질서 유지는 민주주의(여론은 따르는 것이 아니라 형성하는 것이었다)가 아니라 신앙(복종을 장려했다)을 촉진하는 것이었다. 겐츠는 이렇게 물었다. "우리는 대중이 부유해지고 우리에게서 독립하기를 바라지 않는다. 그렇게 되면 어떻게 그들을 통치할 수 있겠는가?" 그가 "현실주의적" 보수주의에 남긴 유산은 국가 내 제도적 질서를 국가 간 지속적인 질서와 연결한 것이었다.

- 피에르 드리외 라로셸Pierre Drieu la Rochelle(1893~1945) | 프랑스 소설가이자 언론인으로 독일 점령기(1940~1944)에 문학 편집인이었던 드리외는 자유주의자와 의회주의자, 그리고 유대인들을 고상하게 비방했다. 국수주의자 바레스, 반유대주의자 셀린과 함께 드리외는 1930년대 프랑스 우파에는 최악의 저자들이 있었으나 그들의 문장은 최고였다는 주장을 굳혀 주었다. 『질』(1939)에서 드리외의 매혹적인 반영웅은 그처럼 참호에서 부상했고 그 자신과 부유한 유대인 정부, 마르크스주의인 보헤미안 친구들,

그리고 프랑스의 포위된 공화주의적 자유주의자들을 경멸하며 파리를 떠돈다. 파시스트라기보다는 애국적 허무주의자인 드리외는 아무런 대안도 제시하지 않는다. 그는 "오늘 프랑스를 사랑하는 유일한 길은 현재 형태의 프랑스를 미워하는 것"이라고 썼다 (1937).

- 피터 비어렉Peter Viereck(1916~2006) | 시인, 작가, 온건하고 역사의식이 있는 보수주의의 조용한 주창자로 마운트홀리요크대학에서 가르쳤다(1948~1997). 비어렉은 뉴욕에서 태어났고 아버지는 친독일 허스트 계열 저널리스트로 나치 옹호자였다. 매카시즘을 거부한 반反반공주의자인 비어렉은 자유주의적인 반대자들과 관계를 맺음으로써 『내셔널 리뷰』의 동료 기고자들을 짜증 나게 했다. 동료 윌무어 켄들은 비어렉이 미국인들에게 어떻게 보수주의자가 되는지 이야기하면서도 모든 문제에서 자유주의자들에게 동의한다고 말했다. 「새로운 보수주의: 그 창시자 중 한 명이 무엇이 잘못됐는지 묻다」(1962)라는 글에서 비어렉은 종교적 근본주의자들과 미혹된 초애국주의자들, 그리고 부유한 보수주의자들이 미국 정치의 중도주의 축을 파괴했다고 비난했다.

- 필리스 슐래플리Phyllis Schlafly(1924~2016) | 최근 미국의 "가치" 보수주의의 개척자이자 반페미니스트인 슐래플리는 중도우파 공화주의에 대한 공격으로 300만 부가 팔렸다는 『공명하지 말고 선택하라』(1964)의 저자로 주목받았다. 보수적 가톨릭 신자인 슐래플리는 성 평등 헌법 수정 비준에 반대하는 전국적인 운동을 성공적으로 이끌었다. 그녀는 수정안을 "정체성 상실이라는 균을 보유한 '장티푸스 메리'"를 위한 헌장이라며 비웃었다. 그녀는 티파티의 전조인 이글 포럼(1972)을 만들어 소련과의 데탕트에 반대하고 미국의 가치 혹은 "가족의 가치"라는 이름으로 낙태와 "행동주의 판사들", 2개 국어 학교, 정부 지원 보건 제도를 공격했다.

- 하인리히 폰 트라이치케Heinrich von Treitschke(1834~1896) | 드레스덴에서 태어난 보수적인 역사가이자 저널리스트로 독일 민족에 관한 배타적인 자각을 부추겼다. 이는 중산층 유권자들에게 인기를 끌어 1914년 이전 보수 정치에 각인됐다. 트라이치케는 대학교수, 『프로이센 연보』의 편집인(1866~1889), 제국의회에서 국민자유당의 친비스마르크 의원으로서 기반을 가졌다. 트라이치케의 호엔촐레른 왕조 숭배와 반유대주의 편견("유대인들은 우리의 불운이다")은 역사가들의 나쁜 평가에도 광범위한 추종자를 거느렸다. 카를 로차우의 조어인 '현실정치'(1853)는 본래 몽상에 매몰되지 말라고 자유주의자들이 자신들에게 한 경고였으나 트라이치케는 그 말을 억제되지 않은 힘을 사용하라는 보수주의자들의 촉구로 바꿔놓았다. 독일에 대해 프로이센이, 유럽(특히 위선적인 잉글랜드)에 대해 독일이, 열등한 식민지 사람들에 대해 독일제국이 그 힘을 써야 한다는 것이었다. 트라이치케는 "국가"는 "빗기고 씻겨서 학교에 보낼 착하고 어린 소년"이 아니라고 썼다. 트라이치케가 보기에 민족의 삶에서 모든 요소—정체성, 복리, 안전—가 국가로 수렴됐다.

- 헨리 뉴먼 추기경Henry, Cardinal Newman(1801~1890) | 영국 종교 사상가이자 저명한 성직자로 자유주의적 진보와 대중민주주의를 믿지 않았다. 뉴먼은 처음에는 성공회에 있다가 1845년 로마가톨릭 교회에 합류했다. 정치적으로 그는 완강한 토리주의에서 사회의식을 가진 가톨릭 온정주의로 옮겨왔다. 그가 보기에 인간은 부패했고 사회는 불완전했다. 훌륭한 기독교도의 사회조차 올바르지 않았다. 그러나 사회는 종교와 더불어 안정되고 건강할 수 있었다. 공통의 신앙은 사회를 결속해 당국이 동의를 얻은 감시의 규칙으로 다스릴 수 있게 할 터였다. 통치 방식으로 "복종"(권위주의)과 "참여"(대중민주주의), 그리고 "조정" 중 뉴먼은 마지막 것을 선호했다. 하나의 포괄적인 믿음 아래 보호와 자유를 제공하는 사회적 연합을 이루는 것이었다.

- H. L. 멩켄H. L. Mencken(1880~1956) | 볼티모어의 보수적인 언론인이자 비평가로 1920년대에 『스마트 셋』과 『아메리칸 머큐리』에서 정치적 어리석음과 문화적 가식을 조롱하면서 독자들을 즐겁게 해주었다. 멩켄은 흑인과 유대인, 여성, 그리고 독일인을 제외한 외국인들에 대한 편견을 거침없이 표현했다. 지금은 옮길 수도 없는 내용이다. 그는 민주주의를 "원숭이 우리에서 서커스를 하는 기교"라고 했다. 그의 비평은 긍정적 견해 없이 물정 모르는 심술로 전락했고, 루스벨트를 히틀러보다 낮게 평가했다. 칭찬하는 이들이 보기에 멩켄은 정치적 올바름을 제쳐두고 편견 자체를 조롱할 만큼 거침이 없었다. 그를 칭찬하지 않는 이들은 사람들이 (한동안) 멩켄과 같은 방식으로 막말을 쏟아내지 않는 법을 배운 것을 발전으로 여겼다.

- 헨리 애덤스Henry Adams(1838~1918) | 작가, 미합중국 역사가. 두 대통령의 손자, 증손자인 애덤스는 부유하고 명망 있는 집안에서 태어났는데, 그 사회에서는 부는 존중하고 명망은 불신했다. 그 긴장은 그의 자전적 걸작 『헨리 애덤스의 교육』(1907)과 도금 시대 워싱턴의 로비와 부패를 풍자한 소설 『민주주의』(1880)를 관통한다. 소설에서 타락한 반영웅인 한 연방 상원의원은 대중의 참정권과 사회 개혁에 관한 애덤스의 회의적인 견해를 표현한다. "어떤 대의 정부도 그것이 대표하는 사회보다 오랫동안 훨씬 더 좋거나 훨씬 더 나쁠 수 없다. 사회를 깨끗이 하면 정부가 깨끗해진다."

감사의 말

정치적 우파에 관한 이 긴 역사 에세이를 쓰려고 나는 여러 작가와 학자들의 저작에서 광범위한 약탈을 저질렀다. 나는 그들에게 빚을 졌으며 모두에게 감사한다. 개인적으로 초고를 읽고 오류를 잡아주고 값진 제안을 해준 찰스 호프와 차임 태넌바움에게 진심으로 감사한다. 프린스턴대학 출판부를 통해 탄탄한 지도를 해준 익명의 두 학술적 논평자에게도 감사를 전한다. 앞서 출판부를 통한 두 논평자와 더불어 마틴 루엘과 데이비드 위긴스는 내가 처음에 그린 윤곽을 명확히 하고 개선하도록 도와주었다. 런던에서는 콰시 콰텡과 올리버 레트윈, 로저 스크러턴, 조너선 울프가 나와 보수주의에 관해 이야기할 시간을 내주었다. 베를린에서도 프랑크 뵈슈, 디터 고제빈켈, 노르만 구초, 파울 놀테가 그렇게 해주었다. 프린스턴대학 출판부에서는 나의 편집자 벤 테이트와 새러 카로가 내내 격려와 도움을 주었고, 데비 테가든과 가일 슈미트는 책 만드는 과정을 능숙하게 관리했다. 팜

슈니터는 놀라운 표지를 디자인했다. 막시밀리안 프라스는 팩트 체크를 도왔다. 이코노미스트의 코니 귄터는 탁월한 지국장이자 통역자, 가이드로서 내 베를린 인터뷰를 주선했다. 여러 해에 걸쳐 나는 에이드리언 울드리지, 그리고 좋은 친구였고 둘 다 2019년에 세상을 떠난 올리버 블랙, 토니 토머스와 보수주의에 관해 여러 차례 풍부하고 유쾌한 이야기를 나눴다. 카를하인츠 보러와 엘리엇 Y. 니먼, 프레드 스터드먼은 대화나 편지로 독일의 우파에 관한 귀중한 지도를 해주었다. 에드워드 챈슬러와 앤토니어 필립스, 도널드와 다이애나 프랭클린, 톰과 로즈먼드 그레이엄은 관대하게도 내가 멋지고 조용한 곳에 머무르며 작업할 수 있게 해주었다. 늘 그렇듯 가장 큰 감사는 내 아내 나탈리아에게 해야 한다. 이 책은 그녀에게 바친 것이다. 그녀는 동생과 함께 자신의 책을 편집하는 동안에도 아낌없는 도움을 주었다. 다른 대부분의 일에서 그렇듯이 저술 작업에서도 그녀는 무엇을 간직하고 무엇을 버려야 할지를 안다.

참고문헌

정치적 우파의 정당과 사상에 관한 이 역사적 에세이를 위해 나는 사상가와 정치인들의 글뿐만 아니라 학자와 저널리스트들의 해석과 논평에도 의존했다. 나는 그들에게 빚을 졌고 모두에게 감사한다. 이 책에서는 언급하거나 인용한 저작들에 대해 항목 하나하나마다 참고 표시를 하지는 않았다. 그러나 이 책 각부별로 참고한 저작의 선택적 목록이 아래에 있다. 학문적인 참고문헌 목록을 만들려는 것이 아니라 내 책이 어떻게 발전했는지, 그리고 보수주의에 관심 있는 독자들이 어디에서 선별된 원자료와 역사, 정치가와 사상가의 삶뿐만 아니라 훗날의 논평을 찾아볼 수 있는지 안내하려는 것이다. 따라서 저작들은 정치적 우파가 쓴 것이나 그들에 관해 쓴 것들에 한정했다. 장별로 출간일 순서대로 정리했다. 책 제목과 간행물 명칭은 이탤릭체로, 기사와 연설, 소책자 제목은 인용부호로 표시했다. 바꿀 수 있는 온라인 출처는 내려받은 날짜나 내려받을 당시의 최신 상태의 날짜를 표시했다.

일반

Karl Mannheim, "Das konservative Denken," *Archiv für Sozialwissenschaft und Sozialpolitik*(1927); *Conservatism*(1936); Roberto Michels, "Conservatism," in *Encyclopaedia of the Social Sciences*(1930; 1937); Clinton Rossiter, "Conservatism," in *The International Encyclopedia of the Social Sciences*(1968), ed. Sills and Merton; Russell Kirk, *The Conservative Mind*(1953); Samuel P. Huntington, "Conservatism as an Ideology," *American Political Science Review(APSR)*(June 1957); Mathias Greiffenhagen, "Konservativ, Konservatismus," in *Historisches Wörterbuch der Philosophie*(1976), ed. Ritter and Gründer; Anthony Quinton, *The Politics of Imperfection*(1978); Russell Kirk, *The Portable Conservative Reader*(1982); David Kettler, Volker Meja, and Nico Stehr, "Karl Mannheim and Conservatism: The Ancestry of Historical Thinking," *American Sociological Review*(February 1984); Theo Schiller, "Konservatismus," in *Pipers Wörterbuch zur Politik*(1985), ed. Nohlen and Schultze; Robert Nisbet, *Conservatism: Dream and Reality*(1986); Noel O'Sullivan, "Conservatism," in *The Blackwell Encyclopedia of Political Thought*(1987), ed. Miller; Alain Compagnon, *Les cinq paradoxes de la modernité*(1990); *Conservative Texts: An Anthology*(1990), ed. Scruton; Anthony Quinton, "Conservatism," in *A Companion to Contemporary Political Philosophy*(1993), ed. Goodin and Pettit; Stephen Holmes, *The Anatomy of Antiliberalism*(1993); Jeremy Rabkin, "Conservatism," in *The Oxford Companion to Politics of the World*(1993), ed. Krieger; Brian Girvin, *The Right in the Twentieth Century*(1994); *Lexikon des Konservatismus*(1996), ed. Schrenk-Notzing; Michael Freeden, "The Adaptability of Conservatism," Part III of *Ideologies and Political Theory: A Conceptual Approach*(1996); *Conservatism: An Anthology of Social and Political Thought from David Hume to the Present*(1997), ed. Muller; Noel O'Sullivan, "Conservatism"; Steven Lukes(on left and right), "The Grand Dichotomy of the Twentieth Century"; both in *The Cambridge History of Twentieth-Century Political Thought*(2003), ed. Ball and Bellamy; Arthur Aughey, "Conservatism," in *The New Dictionary of the History of Ideas*(2005), ed. Horowitz; John Morrow, "Conservatism, Authority and Tradition," in *Encyclopedia of Nineteenth-Century Thought*(2005), ed. Claeys; Alain Compagnon, *Les Antimodernes de Joseph Maistre à Roland Barthes*(2005); Alexander Moseley, "Political Philosophy: Methodology," *Internet Encyclopedia of Philosophy*(February 2017); Andy Hamilton, "Conservatism,"

Stanford Encyclopedia of Philosophy(SEP) Online(April 2017); Le dictionnaire du conservatisme(2017), ed. Rouvillois, Dard, and Boutin.

프랑스

The French Right from Maistre to Maurras(1970), ed. McClelland; Eric Cahm, Politics and Society in Contemporary France 1789–1971(1972); Theodore Zeldin, France 1848–1945(1973); P. Mazgaj, "The Right," in Historical Dictionary of The Third French Republic: 1870–1940(1986), ed. Hutton; Histoire de l'extrême droite en France(1993), ed. Azéma et al.; René Rémond(with Jean-François Sirinelli), Notre Siècle de 1918 à 1988(1988); A Biographical Dictionary of French Political Leaders since 1870(1990), ed. Bell, Johnson, and Morris; Histoire des droites en France: I. Politique, II. Cultures, III. Sensibilités(1992), ed. Sirinelli; Sudhir Hazareesingh, Political Traditions of Modern France(1994); Dictionnaire historique de la vie politique française au XXe siècle(1995), ed. Sirinelli; Robert Tombs, France 1814–1914(1996); Peter Davies, The Extreme Right in France(2002); François Huguenin, Le conservatisme impossible: libéraux et réactionnaires en France depuis 1789(2006); Kevin Passmore, The Right in France from the Third Republic to Vichy(2012); Les grandes textes de la droite(2017), ed. Franconie; Dictionnaire de la droite(2017), ed. Jardin.

영국

Ian Gilmour, Inside Right(1977); Anthony Quinton, The Politics of Imperfection(1978); Frank O'Gorman, British Conservatism: Conservative Thought from Burke to Thatcher(1986); Anthony Seldon, "Conservative Century"; Brian Girvin, "The Comparative and International Context"; Vernon Bogdanor, "The Selection of the Party Leader"; John Barnes, "Ideology and Factions"; John Barnes and Richard Cockett, "The Making of Party Policy"; Kevin Theakston and Geoffrey Fry, "The Party and the Civil Service"; Ken Young, "The Party and Local Government"; Keith Middlemas, "The Party Industry and the City"; Andrew Taylor, "The Party and the Trade Unions"; Robert Waller, "Conservative Electoral Support and Social Class"; John Lovendoski, Pippa Norris, and Catriona Burness, "The Party and Women"; Peter Catterall, "The Party and Religion," all in Conservative Century(1994), ed. Seldon and Ball; Conservative Realism(1996), ed. Minogue; Bruce Coleman, "Conservatism," in The Oxford Companion to British History(1997); E.H.H. Green, Ideologies of Conservatism(2002); The Oxford Companion to TwentiethCentury British Politics(2002), ed. Ramsden; John Charmley, A History of Conservative Politics since 1830(2008); a general online source, though not free, is The Oxford Dictionary of National Biography

Online(https://www.oxforddnb.com/).

독일

Reinhold Aris, *History of Political Thought in Germany from 1789 to 1815*(1936); Klaus Epstein, *The Genesis of German Conservatism*(1966); Hans-Jürgen Puhle, "Conservatism in Modern German History," *Journal of Contemporary History*(special issue: "A Century of Conservatism," October 1978); Martin Greiffenhagen, "The Dilemma of Conservatism in Germany," *Journal of Contemporary History*(October 1979); Geoffrey Eley, *Reshaping the German Right*(1980); H. W. Koch, *A Constitutional History of Germany*(1984); H. A. Turner, *German Big Business and the Rise of Hitler*(1985); Jerry Z. Muller, *The Other God That Failed: Hans Freyer and the Deradicalization of German Conservatism*(1987); S. Davis, "German Conservatism," in *A Dictionary of Conservative and Libertarian Thought*(1991), ed. Ashford and Davies; Frederick Beiser, *Enlightenment, Revolution, and Romanticism: The Genesis of Modern German Political Thought*(1992); *Between Reform and Reaction: Studies in the History of German Conservatism from 1789 to 1945*(1993), ed. Jones and Retallack; David Blackbourn, *The Long Nineteenth Century*(1997); Axel Schildt, *Conservatismus in Deutschland*(1998); H. A. Winkler, *Der Lange Weg nach Westen, Vol. I: 1789–1933, Vol. II: 1933–1990*(2001), trans. Sager, *Germany: The Long Road West, Vols. I: 1789–1933, Vol. II: 1933–1990*(2006); Beiser, *The German Historicist Tradition*(2011); Oded Heilbronner, "Conservatism," in *Ashgate Research Companion to Imperial Germany*(2015), ed. Jefferies; Gerritt Dworok, *"Historikerstreit" und Nationswerdung*(2015); Daniel Ziblatt, *Conservative Parties and the Birth of Democracy*(2017); Matthias Heitmann, "Die Zwillingskrise," *Cicero Online*(February 18, 2018); two excellent free online sources: *German Historical Documents and Images(GHDI Online)* at http://germanhistorydocs.ghi-dc.org/, German Historical Institute, Washington DC); *Deutsche Biographie Online* at http://www.deutsche-biographie.de, a joint project of the Historical Commission at the Bavarian Academy of Sciences and Humanities with the Bavarian State Library to update and e-publish the *Allgemeine Deutsche Biographie and Neue Deutsche Biographie*.

미국

Ralph Waldo Emerson, "The Conservative"(lecture, December 9, 1841); Russell Kirk, *The Conservative Mind*(1953); Clinton Rossiter, *Conservatism in America*(1955; 1962); Richard Hofstadter, *The Paranoid Style in American Politics*(1964); *The Radical Right*(1963), ed. Bell; Peter Steinfels, *The*

Neoconservatives: The Men Who Are Changing America's Politics(1979; 2013); Jeffrey Crawford, *Thunder on the Right: The "New Right" and the Politics of Resentment*(1980); E. J. Dionne, *Why Americans Hate Politics*(1991); John Micklethwait and Adrian Wooldridge, *The Right Nation*(2004); *American Conservatism: An Encyclopedia*(2006), ed. Frohnen, Beer, and Nelson; Jacob Heilbrunn, *They Knew They Were Right*(2008); Patrick Allitt: *The Conservatives: Ideas and Personalities Throughout American History*(2009); Julian E. Zelizer, "Rethinking the History of American Conservatism," *Reviews in American History*(June 2010); Corey Robin, *The Reactionary Mind*(2011); Yuval Levin, *The Fractured Republic: Renewing America's Social Contract in the Age of Individualism*(2016); Lily Geismer, *Don't Blame Us: Suburban Liberals and the Transformation of the Democratic Party*(2014); E. J. Dionne, *Why the Right Went Wrong*(2016); *American Conservatism: Reclaiming an Intellectual Tradition*(2020), ed. Bacevich; a general online source, though not free, is *American National Biography*(https://www.anb.org/).

보수주의의 선구자들

Möser: "No Promotion According to Merit"(1770); "On the Diminished Disgrace of Whores and Their Children in Our Day"(1772); both in *Conservatism: An Anthology*(1997), ed. Muller; Jerry Z. Muller, *The Mind and the Market: Capitalism in Western Thought*(2002); Frederick Beiser, *The German Historicist Tradition*(2011).

Müller: "Von der Idee des Staates"(1809); "Adam Smith"(1808); both in *Ausgewählte Abhandlungen*(1921), ed. Spann; Hans Reiss, *Politisches Denken in der deutschen Romantik*(1966); James Retallack, *The German Right 1860–1920*(2006).

Rehberg: *Über den deutschen Adel*(1803); "Die französische Revolution der 1789," in *Sämmtliche Schriften*(1831); Hans-Kristoff Klaus, "Rehberg, August Wilhelm," NDB(2003), *Deutsche Biographie Online*; Frederick Beiser, "August Wilhelm Rehberg," *Stanford Encyclopedia of Philosophy Online*(Spring 2019).

Maistre: *Oeuvres Complètes, Vols. I–XIV*(1884); *Les Carnets du comte Joseph de Maistre, Livre Journal, 1790–1817*(1923); *The Works of Joseph de Maistre*(1965), ed. Lively; *Joseph de Maistre: Oeuvres*(2007), ed. Glaudes; Augustin Sainte-Beuve, "Joseph de Maistre"(1843), in *La Littérature française à 1870*(1927); Charles de Rémusat, "Traditionalisme: Louis de Bonald et Comte de Maistre," *Revue des deux mondes 9*(1857); Albert Blanc, *Mémoires politiques et correspondance diplomatique de J. de Maistre*(1859); John Morley, "The Champion of Social Regress," in *Critical Miscellanies*(1871; 1886); Emile

Faguet, "Joseph de Maistre," in *Politiques et moralistes du dix-neuvième siècle I*(1891); George Cogordan, *Joseph de Maistre*(1894); Peter Richard Rohden, *Joseph de Maistre als politischer Theoretiker*(1929); Elisha Greifer, "Joseph de Maistre and the Reaction against the Eighteenth Century," *APSR*(September 1961); Jack Lively, "Introduction," in *The Works of Joseph de Maistre*, ed. Lively(1965); E. D. Watt, "'Locked In': De Maistre's Critique of French Lockeanism," *Journal of the History of Ideas*(January-March 1971); Stephen Holmes, *The Anatomy of Antiliberalism*(1983); Richard Lebrun, *Joseph de Maistre: Intellectual Militant*(1988); Massimo Boffa, "Maistre," in *Dictionnaire Critique de la Révolution Française*(1988); Isaiah Berlin, "Joseph de Maistre and the Origins of Fascism," *New York Review of Books(NYRB)* (September 27, October 11, October 25, 1990); Owen Bradley, *A Modern Maistre: The Social and Political Thought of Joseph de Maistre*(1999); Philippe Sollers, "Eloge d'un maudit," in *Discours parfait*(2010); Emile PerreauSaussine, "Why Maistre Became Ultramontane," trans. Lebrun, in *Joseph Maistre and the Legacy of the Enlightenment*(2011), ed. Armenteros and Lebrun; Sollers, "Prodigieux Joseph de Maistre," interview at www.Philippesollers. net(August 2014).

Burke: *Vindication of Natural Society*(1756); *Philosophical Enquiry into the Origin of Our Ideas of the Sublime and Beautiful*(1757); *Reflections on the Revolution in France*(1790); *Letter to a Noble Lord*(1796); *Letters on a Regicide Peace*(1796); William Hazlitt, "Edmund Burke" in *The Eloquence of the British Senate*(1807); S. T. Coleridge, "On the Grounds of Government," *The Friend: A Series of Essays*(October 1809); Thomas Moore, *Literary Chronicle*(November 12, 1825); T. E. Kebbell, *A History of Toryism*(1886); James Shelley, "British 18th-Century Aesthetics," *SEP Online*(December 2008); Iain Hampsher-Monk, "Edmund Burke," in *The Routledge Encyclopedia of Philosophy, disc version, REP 1.0*(2001); Michael A. Mosher, "The Skeptic's Burke: Reflections on the Revolution in France, 1790-1990," *Political Theory*(August 1991); Jerry Z. Muller, *The Mind and the Market*(2002); Francis Canavan, SJ, "Foreword,"*Reflections on the Revolution in France*(Repr., E. J. Payne ed. [1874-1878], 1999), *Online Library of Liberty*; Richard Bourke, *Empire and Revolution: The Political Life of Edmund Burke*(2015); Emily Jones, "Conservatism, Edmund Burke and the Invention of a Political Tradition, c. 1885-1914," *Historical Journal*(December 2015); Jones, *Edmund Burke and the Invention of a Political Tradition, 1830–1914*(2017).

Chateaubriand: *Génie du Christianisme*(1802); "De la nouvelle proposition rélative au banissement de Charles X"(1831); *Mémoires d'outre tombe*(1850); Victor-Louis Tapié, *Chateaubriand*(1965); Pierre Manent, *Intellectual*

History of Liberalism(1987), trans. Balinski(1994); Jean d'Ormesson, *Album Chateaubriand*(1988); René Clément, *Chateaubriand*(1998); Robert Tombs, review of Clément, *Times Literary Supplement(TLS)*(November 27, 1998); Bertrand Aureau, *Chateaubriand(1998); Jean-Pierre Chalin*, La Restauration*(1998)*; Mémoires de Comtesse de Boigne*; Henri Astier, review of Marc Fumaroli*, Chateaubriand: Poésie et Terreur, TLS(March 19, 2004).

Gentz: *Briefe*, Vol. 3(1913), ed. Wittichen and Salzer; *Ausgewählte Schriften V*(1838), ed. Weick; *Tagebücher I, 1800–1819*(1861); *Revolution und Gleichgewicht*(2010), ed. Hennecke; Robert Owen, *Life of Robert Owen by Himself*(1857); Abraham Hayward, "Friedrich v Gentz," *Edinburgh Review*(January 1863); Paul Reiff, *Friedrich Gentz: An Opponent of the French Revolution and Napoleon*(1912); André Robinet de Cléry, *Un diplomate d'il y a cent ans: Friedrich de Gentz*(1917); Paul Sweet, *Friedrich von Gentz: Defender of the Old Order*(1941); Golo Mann, *Friedrich von Gentz*(1947; 1972); Hubert Rumpel, "Gentz, Friedrich"(1964), *Deutsche Biographie Online*(July 2016); *New Cambridge Modern History IX: War and Peace in an Age of Upheaval, 1793– 1830*(1965), ed. Crawley; Harro Zimmermann, *Friedrich Gentz: Die Erfindung der Realpolitik*(2012); Charles Esdaile, *Napoleon's Wars: An International History 1803–1815*(2007); Mark Jarrett, *The Congress of Vienna and Its Legacy*(2013); Waltraud Heindl, *Gehorsame Rebellen: Bürokratie und Beamte in Österreich 1780–1848*(2014); Jonathan Allen Green, "Friedrich Gentz's Translation of Burke's *Reflections,"Historical Journal*(August 2014).

Madison: Letter to Jefferson, October 24, 1787, in *Debates on the Constitution*, 2 vols.(1993), ed. Bailyn; *The Federalist Papers*(1788; 1987), ed. Kramnick; *The Diaries and Letters of Gouverneur Morris*(1888), ed. Morris; Philipp Ziesche, "Exporting American Revolutions: Gouverneur Morris, Thomas Jefferson, and the National Struggle for Universal Rights in Revolutionary France," *Journal of the Early Republic*(Fall 2006); Avishai Margalit, *On Compromise and Rotten Compromises*(2010); Thomas Jefferson, *Diplomatic Correspondence 1784– 89*(2016), ed. Woods; Max Mintz, "Gouverneur Morris," *American National Biography Online*(July 2018).

자유주의에 대한 저항(정당과 정치인들)

• 프랑스

Eric Cahm, *Politics and Society in Contemporary France, 1789–1971*(1972); Sirinelli(1992); Sudhir Hazareesingh, *Political Traditions of Modern France*(1994);

Robert Tombs, *France 1814–1914*(1996).

• 영국

Peel: Tamworth Manifesto(1834); Boyd Hilton, *A Mad, Bad and Dangerous People? England 1783–1846*(2006); John Prest, "Peel, Sir Robert(1788–1850)," in *Oxford Dictionary of National Biography(ODNB) Online*(July 2016); James Sack, "Ultra Tories(1827–1834)," *ODNB Online*(July 2016).

Stanley(Lord Derby): Speech at Glasgow, the "Knowsley Creed"(1834); Angus Hawkins, "Stanley, Edward George Geoffrey Smith, Fourteenth earl of Derby," *ODNB Online*(May 2009); John Charmley, *A History of Conservative Politics since 1830*(2008).

Disraeli: *Vindication of the English Constitution*(1835); *Coningsby*(1844); *Sybil*(1845); speech, "On the Conservative Programme"(April 1872); speech, "On Conservative and Liberal Principles"(June 1872); Anthony Quinton, *The Politics of Imperfection*(1978); Frank O'Gorman, *British Conservatism: Conservative Thought from Burke to Thatcher*(1986); Jonathan Parry, "Disraeli, Benjamin, Earl of Beaconsfield(1804–1881)," *ODNB Online*(June 2016).

• 독일

H. W. Koch, *A Constitutional History of Germany*(1984), Axel Schildt, *Conservatismus in Deutschland*(1998); David Blackbourn, *The Long Nineteenth Century*(1997); H. von Petersdorff, "Wagener, Hermann"(1896); Hans-Joachim Schoeps, "Gerlach, Leo von" and "Gerlach, Ludwig von"(1964); Günter Richter, "Kleist-Retzow, Hans von"(1979); Helmut Neubach, "Oldenburg-Januschau, Elard von"(1999), all at *Deutsche Biographie Online*.

• 미국

John Quincy Adams, *The Diaries of John Quincy Adams 1779–1848*(2017), ed. Waldstreicher; Horace Greeley, "Why I am a Whig"(1840); "Yes, more, more, more……," *Democratic Review*(July–August 1845); Rufus Choate, "The Power of a State Developed by Mental Culture"(1844); "The Position and Functions of the American Bar as an Element of Conservatism in the State"(1845); both in *Addresses and Orations of Rufus Choate*(1883); Daniel Walker Howe, *The Political Culture of the American Whigs*(1979); Mary W. M. Hargreaves, "Adams, John Quincy," *American National Biography(ANB) Online*(December 1999); *The Conservative Press in Eighteenth-and Nineteenth-Century America*(1999), ed. Lora and Langton; Walter Russell Mead, "The Jacksonian Tradition"(1999), *National Interest*(Fall–Winter 1999); Maurice G. Baxter, "Daniel Webster,"

ANB Online(December 1999); Robert V. Remini, "Henry Clay," *ANB Online*(February 2000).

자유주의에 대한 저항(사상과 사상가들)

Calhoun: *Disquisition on Government*(posth.); *Discourse on Government*(posth.); Senate speeches, "On Anti-Slavery Petitions"(1837); "On Compromise Resolution"(1850); both in *American Speeches*(2006), ed. Wilmer; *The Essential Calhoun*(1992), ed. Wilson; Gunnar Hecksher, "Calhoun's Idea of 'Concurrent Majority' and the Constitutional Theory of Hegel," *APSR*(August 1939); Richard Hofstadter, "The Marx of the Master Class," in *The American Political Tradition*(1948); Russell Kirk, "Southern Conservatism: Randolph and Calhoun," in *The Conservative Mind*(1953); George Kateb, "The Majority Principle: Calhoun and His Antecedents," *Political Science Quarterly*(December 1969); Pauline Maier, "The Road Not Taken: John C. Calhoun and the Revolutionary Tradition in South Carolina," *South Carolina Historical Magazine*(January 1981); Lacy K. Ford, "Recovering the Republic: Calhoun, Southern Carolina, and the Concurrent Majority," *South Carolina Historical Magazine*(July 1988); Robert Herzberg, "The Relevance of John C. Calhoun's Theory for Institutional Design," *Journal of Politics*(September 1992); Warren Brown, *John C. Calhoun*(1993); Lacy K. Ford, "John Calhoun," in *Companion to American Thought*(1995), ed. Fox and Kloppenberg; Zoltan Vajda, "John C. Calhoun's Republicanism Revisited," *Rhetoric and Public Affairs*(Fall 2001); W. Kirk Wood, "Calhoun, John C.," in *American Conservatism: An Encyclopedia*(2006), ed. Frohen, Beer, and Nelson; Christian Esh, "The Rights of Unjust Minorities," review of James H. Read, *Majority Rule versus Consensus, The Political Thought of John C. Calhoun*(2009), *Review of Politics*(Spring 2010); Vajda, "Complicated Sympathies: John C. Calhoun's Sentimental Union and the South," *South Carolina Historical Magazine*(July 2013); John Niven, "Calhoun, John C.," *ANB Online*(April 2015).

Stahl: Speech to Evangelical Association(1852); *Der Protestantismus als politische Prinzip*(1853); *Die gegenwärtigen Parteien in Staat und Kirche*(1863); Ernst Landsberg, "Stahl, Friedrich Julius," *Allgemeine Deutsche Biographie*(1893); Hans-Jürgen Puhle, "Conservatism in Modern German History," *Journal of Contemporary History*(October 1978); Rudolf Vierhaus, "Konservativ, konservatismus," in *Geschichtliche Grundbegriffe III*(1982), ed. Brunner et al.; Michael Stolleis, *Public Law in Germany 1800–1914*(2001); Johann

Baptist Müller, "Der politische professor der Konservativen: Friedrich Julius Stahl(1802–1861)," in *Konservativer Politiker in Deutschland*(1995), ed. Kraus; Axel Schildt, *Konservatismus in Deutschland*(1998); James Retallack, *The German Right 1860–1920: The Political Limits of the Authoritarian Imagination*(2006).

Lamennais: Émile Faguet, "Lamennais," *Revue des Deux Mondes*(April 1897); Waldemar Gurian, "Lamennais," *Review of Politics*(*April 1947*); Robert Nisbet, "The Politics of Social Pluralism: Some Reflections on Lamennais,"Journal of Politics(*November 1948*); C. B. Hastings, "Hugues-Félicité Robert de Lamennais: A Catholic Pioneer of Religious Liberty,"Journal of Church and State(*Spring 1988*); David Nicholls, "Scepticism and Sovereignty: The Significance of Lamennais, I and II,"New Blackfriars(April–May 1996).

Ketteler: *Die Arbeiterfrage und das Christentum*(1864), *The Labour Question and Christianity, extracts on GHDI Online*; J. E. Le Rossignol, review of Eduard Rosenbaum, *Ferdinand Lassalle*(1911), and Johannes Mundwiler, *Bischof von Ketteler als Vorkämpfer der christliche Sozialreform*(June 1912); Edward C. Bock, "Wilhelm Emmanuel von Ketteler: His Social and Political Philosophy"(Ph.D. diss., 1967); Erwin Iserloh, "Ketteler, Wilhelm Emmanuel Freiherr von," *Deutsche Biographie Online*(1977); Jonathan Sperber, "The Shaping of Political Catholicism in the Ruhr Basin, 1848–1881," *Central European History*(December 1983); Margaret Lavinia Anderson, "Piety and Politics: Recent Work on German Catholicism," *Journal of Modern History*(1991).

Newman: *Development of Christian Doctrine*(1845); *Idea of a University*(1853); *Apologia pro vita sua*(1864); *The Grammar of Assent*(1870); "The Religion of the Day," in *Parochial and Plain Sermons*(1896); Lytton Strachey, *Eminent Victorians*(1918); Owen Chadwick, *Newman*(1983); Eamonn Duffy, "A Hero of the Church," *NYRB*(December 23, 2010); Anthony Kenny, "Cardinal of Conscience," *TLS*(July 30, 2010).

Brownson: "The Laboring Classes," *Boston Quarterly Review*(July 1840); *The Spirit-Rapper, An Autobiography*(1854); *The American Republic*(1865); *Literary, Scientific and Political Views of Orestes A. Brownson*(1893), ed. Brownson; *Watchwords*(1910); Arthur Schlesinger Jr., *Orestes A. Brownson: A Pilgrim's Progress*(1939); David Hoeveler, "Brownson, Orestes Augustus," *ANB Online*(February 2000).

Hodge: *The Way of Life*(1841), ed. Noll(1987); "A Discourse on the Re-Opening of the Chapel"(September 27, 1874); *Index to Systematic Theology*(1877); A. A. Hodge, *The Life of Charles Hodge*(1880).

Coleridge: *Coleridge*(1933; 1962), ed. Potter; *The Works of Coleridge*(1985), ed. Jackson; *Coleridge's Notebooks: A Selection 1798–1820*(2002), ed. Perry; J. H. Muirhead, *Coleridge as Philosopher*(1930); Paul Deschamps, *Formation de la pensée de Coleridge, 1772–1804*(1964); Michael Moran, "Coleridge," in *Encyclopedia of Philosophy*(1966), ed. Edwards; R. W. Harris, *Romanticism and the Social Order*(1969); Owen Barfield, *What Coleridge Thought*(1972); Anthony Quinton, "Against the Revolution: Burke, Coleridge, Newman," in *The Politics of Imperfection*(1978); Marilyn Butler, *Romantics, Rebels and Reactionaries: English Literature and its Background, 1760–1830*(1982); Richard Holmes, *Coleridge: Early Visions*(1989); John Morrow, *Coleridge's Political Thought*(1990); Julia Stapleton, "Political Thought, Elites and the State in Modern Britain," *Historical Journal*(March 1999); John Skorupski, "Between Hume and Mill: Reid, Bentham and Coleridge," in *English-Language Philosophy, 1750–1945*(1993); Mary Anne Perkins, "Coleridge, Samuel Taylor(1772–1834)," *REP 1.0*(2001); *Coleridge: Darker Reflections*(1998); Richard Holmes, "The Passionate Partnership," review of Adam Sisman, *The Friendship*(2006), *NYRB*(April 12, 2007); Pamela Clemit, "So Immethodical," review of Coleridge, *Biographia Literaria*, ed. Roberts, *TLS*(May 22, 2015); John Beer, "Coleridge, Samuel Taylor(1772–1834); Poet, Critic and Philosopher," *ODNB Online*(January 2017).

Stephen: *Liberty, Equality, Fraternity*(1873), ed. and intro. White(1967); Anthony Quinton, on Stephen, in *The Politics of Imperfection*(1978); K.J.M Smith, *James Fitzjames Stephen: Portrait of a Victorian Rationalist*(1988); Le Play, cited in Compagnon(2005); Smith, "James Fitzjames Stephen," *ODNB Online*(June 2012).

Gierke: *Political Theories of the Middle Ages*(1900), trans. and intro. Maitland; "Der germanische Staatsgedanke"(1919), "L'idée germanique de l'état," trans. Argyriadis–Kervegan, in *Revue Française d'Histoire des Idées Politiques* 23(2006); *Community in Historical Perspective: A Translation of Selections from 'Das deutsche Genossenschaftsrecht'*(1990), trans. Fischer, intro. and ed. Black; Michael F. John, "The Politics of Legal Unity in Germany, 1870–1896," *Historical Journal*(June 1985); Michael Stolleis, *Public Law in Germany, 1800–1914*(1994).

Bradley: *Ethical Studies*(1876; 1927); *Appearance and Reality*(2nd ed., 1930); Richard Wollheim, *F. H. Bradley*(1959); Guy Stock, "Bradley, Francis Herbert," *ODNB Online*(September 2004); Terence Irwin, *The Development of Ethics, Vol. III: From Kant to Rawls*(2009); Stewart Candlish, "Francis Herbert Bradley," *SEP Online*(February 2015).

적응과 타협(정당과 정치인들)

• 프랑스

Historical Dictionary of The Third French Republic: 1870–1940(1986), ed. Hutton; *Biographical Dictionary of French Political Leaders since 1870*(1990), ed. Bell, Johnson, and Morris; Julian Jackson, *France: The Dark Years, 1940–1944*(2001); Tardieu, in *Les grandes textes de la droite*(2017), ed. Franconie(2017).

• 영국

Salisbury: Michael Pinto-Duschinsky, *The Political Thought of Lord Salisbury, 1854–1868*(1967); Anthony Quinton, *The Politics of Imperfection*(1978); Frank O'Gorman, *British Conservatism: Conservative Thought from Burke to Thatcher*(1986); Paul Smith, "Cecil, Robert Arthur Talbot Gascoyne-, Third Marquess of Salisbury(1830–1903)," *ODNB Online*(June 2016); and John Greville, "Robert Arthur Talbot Gascoyne-Cecil, 3rd Marquess of Salisbury," *Encyclopedia Britannica Online*; Hugh Cecil, *Conservatism*(1912); Keith Feiling, *Toryism*(1913).

Baldwin: *On England*(1925); Frank O'Gorman, *British Conservatism: Conservative Thought from Burke to Thatcher*(1986); John Charmley, *A History of Conservative Politics from 1830*(2008); Stuart Ball, "Baldwin, Stanley, First Earl Baldwin of Bawdley(1867–1947)," *ODNB Online*(July 2016); Anthony Ludovici, *A Defence of Conservatism*(1927); Robert Boothby et al., *Industry and the State: A Conservative View*(1927); Macmillan, *The Middle Way*(1938).

Churchill: Paul Addison, "Churchill, Sir Winston Leonard Spencer(1874–1965)," *ODNB Online*(July 2016).

• 독일

Theodor Barth, "On the need for left-liberal opposition to Bismarck"(June 26, 1886), on *GHDI Online*; Otto von Bismarck, *Gedanken und Errinerungen*(1898; 1919); James Joll, "Prussia and the German Problem, 1830–1866," in *The New Cambridge Modern History, Vol. X: Zenith of European Power*(1960); Lothar Gall et al., *Bismarck: Preussen, Deutschland und Europa*(1990); Henry Kissinger, *Diplomacy*(1994); Edgar Feuchtwanger, *Bismarck*(2002); Jonathan Steinberg, *Bismarck*(2011); Friedrich Freiherr Hiller von Gaertringen, "Helldorff, Otto von"(1969); Klaus-Peter Hoepke, "Hugenberg, Alfred"(1974); Hans-Günther Richter, "Kardorff, Wilhelm von"(1977); Alf Christophersen, "Stoecker, Adolf"(2013), all at *Deutsche Biographie Online; Fascists and Conservatives: The Radical Right and the Establishment in Twentieth-Century Europe*(1990), ed.

Blinkhorn.

• 미국

Hugh Brogan, *The Penguin History of the United States*(1985; 1999); David Kennedy, *Freedom from Fear: The American People in Depression and War, 1929–1945*(1999); relevant entries from *The Oxford Companion to United States History*(2001), ed. Boyer; Andrew Carnegie, "Wealth"(June 1889); Carnegie, *Autobiography*(posth., 1920); Richard Lowitt, "Cannon, Joseph"; Paul Kens, "Field, Stephen"; Donald A. Ritchie, "Hanna, Marcus Alonzo"; all at *ANB Online*(December 1999); Kim Phillips-Fein, *Invisible Hands: The Businessmen's Crusade against the New Deal*(2009).

적응과 타협(사상과 사상가들)

Mallock, *The New Republic*(1877); *Is Life Worth Living?*(1879); *Labour and the Popular Welfare*(1893); *Aristocracy and Evolution: A Study of the Rights, the Origin, and the Social Functions of the Wealthier Classes*(1898); *Memoirs of Life and Literature*(1920); Robert Eccleshall, *English Conservatism since the Restoration: An Introduction and Anthology*(1990); *Conservatism: An Anthology*, ed. Muller(1997).

Sumner, *What the Classes Owe Each Other*(1883); "Sociological Fallacies"; "An Examination of a Noble Sentiment"(1887), extracts; both in *Conservatism*, ed. Muller(1997); *Folkways*(1906); J. H. Abraham, *The Origin and Growth of Sociology*(1973); Bruce Curtis, *William Graham Sumner*(1981); *Conservatism*, ed. Muller(1997); Mike Hawkins, *Social Darwinism in European and American Thought, 1860–1945*(1997).

Schumpeter, "The Sociology of Imperialisms"(1918); *Capitalism, Socialism and Democracy*(1942); "Introduction," Thomas McCraw(1975); McCraw, "Schumpeter Ascending," *American Scholar*(Summer 1991); Jerry Z. Muller, "Joseph Schumpeter," in *Conservatism*, ed. Muller(1997); Mark Thornton, "Schumpeter, Joseph Alois Julius," *ANB Online*(2000).

Treitschke, "Freedom"(1861), in *Heinrich von Treitschke: His Life and Works*(1914), ed. Hausrath; "Socialism and Its Patrons"(1874); "A Word about Our Jews"(1880); both in *GDHI Online*; Herman von Petersdorff, "Treitschke, Heinrich," *ADB*(1910); Hausrath, "The Life of Treitschke," in *Heinrich von Treitschke*(1914), ed. Hausrath; Pierre Nora, "Ernest Lavisse: Son rôle dans la formation du sentiment national,"*Revue Historique*(1962); Andreas Dorpalen, "Heinrich von Treitschke"; P. M. Kennedy, "The Decline of Nationalistic

History," both in *Historians in Politics*(1974), ed. Lacqueur and Mosse; Jens Nordalm, "Der gegängelte Held: 'Heroenkult' im 19. Jahrhundert am Beispiel Thomas Carlyles und Heinrich von Treitschkes," *Historische Zeitschrift*(June 2003); *Deutsche Erinnerungsorte, Vols. I, II, and III*(2001), ed. François and Schulze; George Y. Kohler, "German Spirit and Holy Ghost: Treitschke's Call for Conversion of German Jewry; The Debate Revisited," *Modern Judaism*(May 2010); John Bew, *Realpolitik: A History*(2016).

Le Bon, *La Psychologie des foules*(1895), trans. Fisher, *The Crowd*(1896); Robert A. Nye, *The Origins of Crowd Psychology: Gustave Le Bon and the Crisis of Mass Democracy in the Third Republic*(1975); Susanna Barrows, *Distorting Mirrors: Visions of the Crowd in Late Nineteeth-Century France*(1981); Cathérine Rouvier, *Gustave Le Bon*(1986); J. S. McClelland, *The Crowd and the Mob: From Plato to Canetti*(1989); Raymond Queneau, *Gustave Le Bon*(Posth., 1990); Jaap van Ginneken, *Crowds, Psychology and Politics: 1871–1899*(1992); Benoit Marpeau, *Gustave le Bon: Parcours d'un intellectuel, 1841–1931*(2000) James Surowiecki, *The Wisdom of Crowds*(2004); Detmar Klein, "Le Bon, Gustave(1841–1931)," in *Encyclopedia of Nineteenth Century Thought*(2005), ed. Claeys.

Du Camp, *Convulsions de Paris*(1878–1880).

Adams, *Democracy, An American Novel*(1880); *The Education of Henry Adams*(1918).

Mencken, "What I Believe," *Forum*(September 1930); *The Vintage Mencken*(1990), ed. Cooke; *Prejudices*(2010).

Sorel, *Reflexions sur la violence*(1906; 1908), trans. Hulme, *Reflections on Violence*, ed. Jennings(1999); *Les Illusions du progres*(1908).

Spengler, *Preussentum und Sozialismus*(1919); *Der Untergang des Abendlandes*(1918; 1922), trans. Atkinson, *Decline of the West*(1926; 1928); Detlev Felken, "Spengler, Oswald Arnold Gottfried," *Deutsche Biographie Online*(2010).

Moeller, *Der Preußischer Stil*(1916); *Das dritte Reich*(1923); Fritz Stern, *The Politics of Cultural Despair*(1961); J. B. Müller, "Liberaler und autoritärer Konservatismus," *Archiv fur Begriffsgeschichte*(1985); Klemens von Klemperer, "Moeller van den Bruck," *Deutsche Biographie Online*(1994).

Jünger, *In Stahlgewittern*(1920), trans. Hofmann, *Storm of Steel*(2003); *In Stahlgewittern: Historische-kritische Ausgabe*(2013), ed. Kiesel; *Der Arbeiter*(1932); *Auf den Marmorklippen*(1939), trans. Hood, *On the Marble Cliffs*(1939), intro., George Steiner; *Strahlungen I and II*(1988); *A German Officer in Occupied Paris: War Journals 1941–1945*, trans. Hansen and

Hansen(2018); J. P. Stern, *Ernst Jünger: A Writer of Our Time*(1953); Paul Fussell,
The Great War and Modern Memory(1975); Karlheinz Bohrer, *Die Aesthetik des
Schreckens: Die pessimistische Romantik und Ernst Jüngers Fruhwerk*(1978);
Bruce Chatwin, "An Aesthete at War," *NYRB*(March 5, 1981); *Ernst Jünger:
Leben und Werk in Bildern und Texten*(1988), ed. Schwik; George L. Mosse,
Fallen Soldiers: Reshaping the Memory of the World Wars(1990); Ian Buruma,
"The Anarch at Twilight," *NYRB*(June 24, 1993); Nicolaus Sombart, "Der Dandy
in Forsthaus," *Tagesspiegel*(March 29, 1995); Thomas Nevin, *Ernst Jünger and
Germany: Into the Abyss, 1914–1945*(1997); Paul Noack, *Ernst Jünger: eine
Biographie*(1998); Helmuth Kiesel, *Ernst Jünger, Die Biographie*(2007); *No
Man's Land: Writings from a World at War*(2014), ed. Ayrton; Elliot A. Neaman,
"Ernst Jünger and *Storms of Steel*," in *Key Thinkers of the Radical Right: Behind
the New Threat to Liberal Democracy*(2019), ed. Sedgwick.

Drieu la Rochelle, *Socialisme Fasciste*(1934); *Le feu follet*(1931); *Gilles*(1939).

Southern Agrarians, *I'll Take My Stand The South and the Agrarian
Tradition*(1930); Paul Murphy, *The Rebuke of History: The Southern Agrarians
and American Conservative Thought*(2001).

Eliot, *The Sacred Wood*(1920); "The Humanism of Irving Babbitt"(1928), in *Selected
Essays*(1917–1932); *The Use of Poetry and Use of Criticism*(1933); *After Strange
Gods*(1934); *The Idea of a Christian Society*(1939); *What Is a Classic?*(1954); *Notes
towards the Definition of Culture*(1948); *Selected Essays*(1951); *On Poetry and
Poets*(1957); *Knowledge and Experience in the Philosophy of F. H. Bradley*(1964);
Roger Kojecky, *T. S. Eliot's Social Criticism*(1971); Craig Raine, *In Defence of T. S.
Eliot*(2000).

Schmitt, *Politische Romantik*(1919); *Die Diktatur*(1921); *Politische Theologie*(1922;
1934), trans. Schwab, *Political Theology*(1985); *Parliamentarismus*(1923); *Der
Begriff des Politischen*(1927; 1933; 1971); *Verfassungslehre*(1927); *Legalitat und
Legitimat*(1932), trans. Seitzer, *Legality and Legitimacy*(2004); "Der Führer
schützt das Recht"(1934); "Das Judentum in der Rechtswissenschaft"(1937);
Leo Strauss, "Anmerkungen zu Carl Schmitts *Der Begriff des Politischen*,"
Archiv fur Sozial-wissenschaft und Sozialpolitik(August–September 1932);
Joseph Bendersky, *Carl Schmitt: Theorist for the Reich*(1983); Paul Noack, *Carl
Schmitt: Eine Biographie*(1993); Heinrich Meier, *Carl Schmitt and Leo Strauss:
The Hidden Dialogue*(1995); Mark Lilla, "The Enemy of Liberalism," *NYRB*(May
15, 1997); Jan-Werner Mueller, *A Dangerous Mind: Carl Schmitt in Post-
WarEuropean Thought*(2003); Reinhard Mehring, *Carl Schmitt: Aufstieg und
Fall*(2009); Lars Vinx, "Carl Schmitt," *SEP Online*(July 2019).

Maurras, "La vision du moi de Maurice Barrès"(1891); *Trois idées politiques:*

Chateaubriand, Michelet, Sainte-Beuve(1898; 1912); *Mes idées politiques*(1937), ed. Chardon; extracts, in McClelland(1970); Ernst Nolte, *Der Faschismus in seiner Epoche*(1963), trans. Vennewitz, *Three Faces of Fascism*(1966); Zeev Sternhell, *Ni droite, ni gauche: L'Ideologie fasciste en France*(1983), trans. Maisel, *Neither Right nor Left: Fascist Ideology in France*(1986); Robert Paxton, *The Anatomy of Fascism*(2004); John Rogister, review of Stéphane Giocantis, *Maurras: le chaos et l'ordre*(2007), *TLS*(September 21, 2007); Jeremy Jennings, *Revolution and the Republic: A History of Political Thought in France since the Eighteenth Century*(2011).

정치적 활용과 새로운 사상의 탐색(정당과 정치인들)

• 프랑스

Antoine Pinay, *Un Français comme les autres: Entretiens*(1984); Charles de Gaulle: *Le Fil de l'épée*(1932); *Vers l'armée de métier*(1934); *Mémoires de Guerre*(1954-1959; 2000); *Lettres, notes et carnets: Juin 1951–Mai 1958*(1985), *Juin 1958–Décembre 1960*(1985), *Juillet 1966–Avril 1969*(1987); Mémoires d'espoir(1970); Charles Péguy, *Notre patrie*(1905); Jean-François Revel, *Le style du Général*(1959); Pierre Viansson-Ponté, *Histoire de la République Gaullienne: May 1958–April 1969*(1971); Eric Cahm, *Politics and Society in Contemporary France, 1789–1971*(1972); Jean Lacouture, *De Gaulle I: Le Rebelle*(1984), *II: Le Politique*(1985), *III: Le Souverain*(1986); Brian Bond and Martin Alexander, "Liddell Hart and de Gaulle: The Doctrines of Limited Liability and Mobile Defence," in *The Makers of Modern Strategy*(1986), ed. Paret; Vincent Wright, *The Government and Politics of Modern France*(1978; 1989); Régis Debray, *A demain, De Gaulle*(1990); Sudhir Hazareesingh, *Political Traditions in Modern France*(1994); Robert A. Dougherty, "The Illusion of Security: France 1919-1940," in *The Making of Modern Strategy*(1994), ed. Murray, Knox, and Bernstein; Eric Roussel, *Charles de Gaulle*(2002); Julian Jackson, *De Gaulle: Life and Times*(2003); John Lewis Gaddis, *The Cold War*(2005); *Dictionnaire de Gaulle*(2006), ed. Andrieu, Braud, and Piketty; Jonathan Fenby, *The General: Charles de Gaulle and the France He Saved*(2010); Hazareesingh, *In the Shadow of the General*(2012); William Nester, *De Gaulle's Legacy*(2014); Julian Jackson, *A Certain Idea of France: The Life of Charles De Gaulle*(2018).

• 영국

Margaret Thatcher, *Margaret Thatcher: The Downing Street Years*(1993);

Raphael Samuel, "Mrs Thatcher's Return to Victorian Values," British Academy lecture(1990); David Cannadine, "Thatcher, Margaret," *ODNB Online*(January 2017).

• 독일

Axel Schildt, *Conservatismus in Deutschland*(1998); Horst Teltschik, *329 Tage*(1991); "Not as Grimm as It Looks: A Survey of Germany," *Economist*(May 23, 1992).

• 미국

James T. Patterson, *Grand Expectations: The United States 1945–1974*(1996); Richard Reeves, *President Reagan: The Triumph of Imagination*(2005).

정치적 활용과 새로운 사상의 탐색(사상과 사상가들)

Powell, *Still to Decide Speeches 1969–1971*(1972); T. E. Utley, *Enoch Powell: The Man and His Thinking*(1968); Humphrey Berkeley, *The Odyssey of Enoch Powell*(1977); Ian Gilmour, *Inside Right*(1977); Maurice Cowling, *Religion and Public Doctrine in Modern England I*(1980); Patrick Cosgrave, *The Lives of Enoch Powell*(1989); Simon Heffer, *Like the Roman: The Life of Enoch Powell*(1998); "Powell,(John) Enoch(1912–1998)," *ODNB Online*; *Enoch at 100*(2012), ed. Howard; Camilla Schofield, *Enoch Powell and the Making of Post-Colonial Britain*(2013).

Gehlen, *Der Mensch; Seine Natur und seine Stellung in der Welt*(1940); *Man in the Age of Technology*(1983), trans. Lipscomb; *Man: His Nature and Place in the World*(1988), trans. McMillan and Pillemer, intro. Karl-Siegbert Rehberg; "On Culture, Nature and Naturalness"(1958); "Man and Institutions"(1960); both in *Conservatism*, ed. Muller(1997); *Moral und Hypermoral: Ein pluralistische Ethik*(1969); Jürgen Habermas, review of Gehlen, *Urmensch und Spatkultur*(1956), in *Philosophische-politische Profile*(1971); Manfred Stanley, review of Gehlen, *Man*(1983), *American Journal of Sociology*(January 1983); Jerry Z. Muller, *The Other God That Failed: Hans Freyer and the Deradicalization of German Conservatism*(1987); Karlheinz Wei mann, "Gehlen, Arnold," in *Lexikon des Konservatismus*(1996).

Weaver, *Ideas Have Consequences*(1948); *Ethics of Rhetoric*(1953); "Rhetorical Strategies of the Conservative Cause"(1959), talk to the Intercollegiate Society of Individualists at Madison, Wisconsin(April 26, 1959), cited in Richard L.

Johannesen, "A Reconsideration of Richard M. Weaver's Platonic Idealism," *Rhetoric Society Quarterly*(Spring 1991).

Voegelin, *Uber die Form des amerikanischen Geistes*(1928), trans. Hein, *On the Form of the American Mind*(1995); *Die Rassenidee in der Geistesgeschichte*(1933); *Der autoritare Staat: Ein Versuch über das österreichische Staatsproblem*(1936), trans. Weiss, *The Authoritarian State: An Essay on the Problem of the Austrian State*(1999); *Die Politische Religionen*(1938), trans. Schildhauer, *The Political Religions*(2000); *The New Science of Politics*(1952); *History of Political Ideas, Vols. I–VIII*(1939–1954; posth. publ.); *Anamnesis*(1966), trans. Niemeyer(1978); *Autobiographical Reflections*(transcription 1973; publ. 1989); H. M. H pfl, "Voegelin, Eric," in *REP 1.0*(2001); Michael Federici, *Eric Voegelin*(2002); *Robert B. Heilman and Eric Voegelin: A Friendship in Letters 1944–1984*(2004), ed. Embry; Mark Lilla, "Mr Casaubon in America," *NYRB*(June 28, 2007).

MacIntyre, *A Short History of Ethics*(1966); *After Virtue*(1981); *Whose Justice, Which Rationality?*(1988); *Three Rival Versions of Moral Enquiry*(1990); "Politics, Philosophy and the Common Good"; "Interview with Giovanna Boradori"; both in *The MacIntyre Reader*(1998), ed. Knight; *After MacIntyre*(1994), ed. Mendus and Horton; Thomas Nagel, "MacIntyre versus the Enlightenment," review of MacIntyre, *Whose Justice, Which Rationality, TLS*(July 8, 1988); Alan Ryan, review of MacIntyre, *Three Rival Versions, New Statesman*(August 17, 1990).

Buckley, *God and Man at Yale: The Superstitions of "Academic Freedom"*(1951); *Up from Liberalism*(1957); "Publisher's Statement"(November 1955); "Why the South Must Prevail"(August 1957); "The Question of Robert Welch"(February 1962); all in *National Review*; Niels Bjerre-Poulsen, *Right Face: Organizing the American Conservative Movement 1945–1965*(2002); Jeffrey Hart, *The Making of the American Conservative Mind*(2005); George Will, interview with Buckley, ABC News, October 9, 2005; John Judis, *William F. Buckley Jr: Patron Saint of the Conservatives*(1988); Carl T. Bogus, *Buckley*(2011).

Burnham, "Science and Style: A Reply to Comrade Trotsky"(February 1940); *The Managerial Revolution*(1941); *The New Machiavellians: Defenders of Freedom*(1943); "Lenin's Heir," *Partisan Review*(Winter 1945); *The Struggle for the World*(1947); *The Coming Defeat of Communism*(1950); *Containment or Liberation?*(1953); *Web of Subversion*(1954); *Suicide of the West*(1964); John Diggins, "Four Theories in Search of a Reality: James Burnham, Soviet Communism and the Cold War," *APSR*(June 1976); Kevin Smant, "James Burnham," *ANB Online*(January 2017).

Kendall, *John Locke and the Doctrine of Majority Rule*(1959); "The Open Society and Its Fallacies," *APSR*(December 1960); *The Conservative Affirmation in America*(1963); *Willmoore Kendall Contra Mundum*(posth., 1971), ed. Kendall; Saul Bellow, "Mosby's Memoirs"(1968); John P. East, "The Political Thought of Willmoore Kendall," *Political Science Reviewer*(Fall 1973); George H. Nash, "Willmoore Kendall: Iconoclast," *Modern Age*(Spring 1975); *Willmoore Kendall: Maverick of American Conservatives*(2002), ed. Alvis and Murley; George Carey, "Kendall, Willmoore(1909–1967), in *American Conservatism: An Encyclopedia*(2006); William D. Pederson, "Willmoore Kendall," *ANB Online*.

On American Neoconservatism, Peter Steinfels, *The Neoconservatives: The Men Who Are Changing America's Politics*(1979; 2013); Jürgen Habermas, "Neoconservative Culture Criticism in the United States and West Germany: An Intellectual Movement in Two Political Cultures," *Telos 56*(1983); Francis Fukuyama, "After Neoconservatism," *New York Times*(February 19, 2006); Jacob Heilbrunn, *They Knew They Were Right*(2008); Justin Va sse, *Histoire du neo-conservatisme aux Etats Unis: Le Triomphe de l'ideologie*(2008), trans. Goldhammer, *Neoconservatism: The Biography of a Movement*(2011).

American Neoconservative Authors, Irving Kristol: *Two Cheers for Capitalism*(1978); *Neo-conservatism: The Autobiography of an Idea*(1995); "American Conservatism," *Public Interest*(Fall 1995); NormanPodhoretz: "My Negro Problem and Ours"(1963); *Making It*(1967); *Breaking Ranks: A Political Memoir*(1979); *The Present Danger: Do We Have the Will to Reverse the Decline of American Power?*(1980); *Ex-Friends*(1999); "Why Are Jews Liberals?"(2009); Daniel Bell: *The End of Ideology*(1960); "The Dispossessed"(1962), in *The Radical Right*(2nd ed., 1963), ed. Bell; "Unstable America," *Encounter*(June 1970); *The Cultural Contradictions of Capitalism*(1976).

초자유주의와 강경우파(정당과 정치인들)

C. Vann Woodward, "Pennies from Heaven," review of Alan Brinkley, *Voices of Protest*(1982), *NYRB*(September 23, 1982); Keith Thomas, "Inventing the People," *NYRB*(November 24, 1988); *Histoire de l'extreme droite en France*(1993), ed. Winock; Walter Russell Mead, "The Jacksonian Tradition," *National Interest*(Winter 1999–2000); Peter Davies, *The Extreme Right in France, 1789 to the Present*(2002); Thilo Sarrazin, *Deutschland schafft sich ab*(Germany is destroying itself)(2010); Eric Zemmour, *Le Suicide francais*(2014); Marc Jongen, "The Fairytale of the Ghost of the AfD," *Cicero Online*(January 22, 2014); Jan-

Werner Mueller, *What Is Populism?*(2016); "Le Front National," *Pouvoirs*(2016);
George H. Nash, "American Conservatism and the Problem of Populism," *New
Criterion*(September 2016); Hajo Funke, *Von Wutburgern und Brandstiften:
AfD, Pegida, Gewaltnetze*(2016); "The Power of Populism" issue of *Foreign
Affairs*(November–December 2016); Alan Brinkley, "Coughlin, Charles Edward,"
and "Long, Huey Pierce," *ANB Online*(March 2017); Martin Wolf, "The Economic
Origins of the Populist Surge," *Financial Times*(June 28, 2017); George
Hawley, "The European Roots of the Alt-Right," *Foreign Affairs*(October 27,
2017); Frédéric Brahami, "Quel peuple?," review of Gérard Bras, *Les voies du
peuple: Elements d'une histoire, Vie des idees*(October 2018); Cas Mudde, "How
Populism Became the Concept That Defines Our Age," *Guardian*(November
22, 2018); Jascha Mounk and Jordan Kyle, "What Populists Do to Democracies,"
Atlantic(December 26, 2018); *The Oxford Handbook of the Radical Right*(2018), ed.
Rydgren; Gérard Courtois, "La fracture démocratique"; Cathérine Tricot, "Les
categories populaires se révèlent profondément fragmentées"; Charles Zarka,
"Pour une consultation de mi-mandat"; all in *Le Monde*(January 3, 2019); Lucie
Soullier, "Marion Maréchal, les mots de l'extrémisme"; Tal Bruttman, "Chez Eric
Zemmour, la 'lutte des races' tient lieu de programme politique," both in *Le
Monde*(October 2, 2019); *Key Thinkers of the Radical Right: Behind the New Threat
to Liberal Democracy*(2019), ed. Sedgwick.

초자유주의와 강경우파(사상과 사상가들)

Taguieff, *Resister au bougisme: Democratie forte contre mondialisationmar-
chande*(2000).
Buchanan, *Right from the Beginning*(1988); *Death of the West: How Dying
Populations and Immigrant Invasions Imperil Our Culture and
Civilization*(2001); *Where the Right Went Wrong: How Neoconservatives
Subverted the Reagan Presidency and Hijacked the Bush Administration*(2004);
Tim Alberta, "The Ideas Made It, But I Didn't," *Politico*(May–June 2017); Paul
Gottfried, *Conservatism in America*(2007); E. Christian Kopff: Buchanan,
American Conservatism: An Encyclopedia.
Bannon, "Remarks to Vatican Conference on Poverty"(Summer 2014), *Buzzfeed
News Online*; "How 2008 Planted the Seed for the Trump Presidency,"
Bannon interview with Noah Kulwin, *New York Magazine Online*(August 6,
2018); Joshua Green, *Devil's Bargain*(2017); Josh Kraushaar, "Bannon's Bark
Is Worse Than His Bite," *National Journal*(October 17, 2017); Jason Horowitz,

"Steve Bannon Is Done Wrecking the American Establishment. Now He Wants to Destroy Europe's," *New York Times*(March 9, 2018).

Dreher, *The Benedict Option*(2017).

Finkielkraut, *Le nouveau desordre amoureux*(The new love disorder)(1977), with Pascal Bruckner; *Defaite de la pensee*(1987); trans. Friedlander, *The Defeat of the Mind*(1995); *L'identite malheureuse*(2015); Daniel Lindenberg, *Le Rappel a l'ordre*(2002).

Benoist, *Vu de droite: Anthologie critique des idees contemporaines*(1977), trans. Lindgren, *The View from the Right, Vols. I–III*(2017–2019); *Le moment populiste: Droite-gauche, c'est fini!*(2017); *Contre le liberalisme: La societe n'est pas un marche*(2019).

Finnis, *Natural Law and Natural Rights*(1980); "Persons and Their Associations," reply to Scruton, *Proceedings of the Aristotelian Society*, suppl. vol. 63(1989); "Political Neutrality and Religious Arguments"(1993), in *Religion and Public Reasons: Collected Essays, Vol. V*(2011); Neil MacCormick "Natural Law Reconsidered," on Finnis, *Natural Law and Natural Rights*(1980), *Oxford Journal of Legal Studies*(Spring 1981); Kent Greenawalt, on Finnis, *Natural Law and Natural Rights*(1980), *Political Theory*(February 1982); William H. Willcox, review of Finnis, *Natural Law and Natural Rights*(1980), *Philosophical Review*(October 1983); Charles Covell, *The Defence of Natural Law*(1992); Mark Murphy, "Natural-Law Theories in Ethics," *SEP Online*(May 2018); Patrick Deneen, "Unsustainable Liberalism," *First Things*(May 2012); Cecile Laborde, *Liberalism's Religion*(2017); Deneen, *Why Liberalism Failed*(2018).

Scruton, *Art and Imagination*(1974); *The Aesthetics of Architecture*(1979); "The Significance of Common Culture," *Philosophy*(January 1979); *The Meaning of Conservatism*(1980; 1984); *A Dictionary of Political Thought*(1982); *Sexual Desire*(1986); "Modern Philosophy and the Neglect of Aesthetics"(inaugural lecture, Birkbeck College), *TLS*(June 5, 1987); *Untimely Tracts*(1987); "How to Be a Non-Liberal, Anti-Socialist Conservative," *Intercollegiate Review*(Spring 1993); *The Aesthetics of Music*(1997); "The Philosophy of Love," in *Death-Devoted Heart*(2004); *Gentle Regrets*(2005); *A Political Philosophy*(2006); *Beauty*(2009); "Classicism Now," in *The Roger Scruton Reader*(2011), ed. Dooley; "Nonsense on Stilts," Lincoln's Inn Conference on Human Rights(2011); *How to Be a Conservative*(2014); "Parfit the Perfectionist," *Philosophy*(July 2014); "The Good of Government," *First Things*(June–July 2014); *Fools, Frauds and Firebrands*(2015); *On Human Nature*(2017); *Conservatism*(2017); John Hallowell, review of Scruton, *The Meaning of Conservatism, Journal of Politics*(May 1982); Jeremy Rayner, "Philosophy into Dogma: The Revival of

Cultural Conservatism," *British Journal of Political Science*(October 1986);
Martha Nussbaum, "Sex in the Head," *NYRB*(December 18, 1986); T. E. Utley, "A
Thinker for the Tories," *Times*(October 26, 1987); Stefan Collini, "Hegel in Green
Wellies," *London Review of Books*(March 8, 2001); Mark Dooley, *Roger Scruton:
The Philosopher on Dover Beach*(2009); *The Roger Scruton Reader*(2011), ed.
Dooley; Daniel Cullen, "The Personal and the Political in Roger Scruton's
Conservatism"; Peter Augustine Lawler, "Roger Scruton's Conservatism:
between Xenophobia and Oikophobia"; Daniel J. Mahoney, "Defending the
West in All Its Amplitude: The Liberal Conservative Vision of Roger Scruton";
Stephen Wirls, "Roger Scruton's Conservativism and the Liberal Regime";
Scruton, "Reply to Critics"; all in *Perspectives on Political Science*(October
2016); Samuel Freeman, "The Enemies of Roger Scruton," *NYRB*(April 21, 2016);
Roger Scruton and Mark Dooley, *Conversations with Roger Scruton*(2016);
Andy Hamilton, "Conservatism," *SEP Online*(August 2018).

Sloterdijk, *Kritik der zynischen Vernunft*(1983), trans. Eldred, *Critique of
Cynical Reason*(1988); *Spharen I: Blasen(Mikrospharologie)*(1988); *Sphären II:
Globen(Makrospharologie)*(1999), trans. Hoban, *Bubbles*(2011), *Globes*(2014);
"Regeln für den Menschenpark"(1999), trans. "Rules for the Human Zoo," in
Society and Space(special issue: "The Worlds of Peter Sloterdijk," February 2009);
Spharen III: Schaume(Plurale Spharologie)(2004), trans. Hoban, *Foams*(2016);
Zorn und Zeit(2006), trans. Wenning, *Rage and Time*(2010); *Du mußt
dein Leben andern*(2009), trans. Hoban, *You Must Change Your Life*(2013);
Ausgewahlte Ubertreibungen: Gesprache und Interviews, 1993–2102, trans.
Margolis, *Selected Exaggerations: Conversations and Interviews, 1993–
2012*(2016).

자유주의적-보수주의적 현 상태

Anthony Quinton, *The Politics of Imperfection*(1978); David Willetts, *Modern
Conservatism*(1992); Willetts, *Is Conservatism Dead?*(1997); Willetts, *The
Pinch*(2010); Noel Malcolm, "Conservative Realism and Christian Democracy,"
in *Conservatism Realism: New Essays in Conservatism*(1996), ed. Minogue;
John Kekes, "What Is Conservatism?," *Philosophy*(July 1997); Kekes, *A Case for
Conservatism*(1998); Pierre Rosanvallon: "Il faut refaire le bagage d'idées de
la démocratie française," *Le Monde*(November 21, 2002); Nicholas Rescher, "The
Case for Cautious Conservatism," *Independent Review*(Winter 2015); Yuval
Levin, *The Fractured Republic: Renewing America's Social Contract in the Age*

of Individualism(2016); Jason Brennan, *Against Democracy*(2016); Julius Krein, review of Alvin S. Felzenberg, *A Man and His Presidents: The Political Odyssey of William F. Buckley Jr.*(2017), *Washington Post*(July 6, 2017); David Brooks, "The Rise of the Refuseniks and the Populist War on Excellence," *New York Times*(November 15, 2018); George Will, *The Conservative Sensibility*(2019); "The Global Crisis in Conservatism" issue of the *Economist*(July 6, 2019); Nick Timothy, *Remaking One Nation: Conservatism in an Age of Crisis*(2020); Ferdinand Mount, "Après Brexit: On the New Orthodoxy," *London Review of Books*(February 20, 2020).

찾아보기

보수주의
전통을 위한 싸움

초판인쇄 2024년 3월 8일
초판발행 2024년 3월 15일

지은이 에드먼드 포셋
옮긴이 장경덕
펴낸이 강성민
편집장 이은혜
마케팅 정민호 박치우 한민아 이민경 박진희 정유선 황승현
브랜딩 함유지 함근아 고보미 박민재 김희숙 박다솔 조다현 정승민 배진성
제작 강신은 김동욱 이순호

펴낸곳 (주)글항아리│출판등록 2009년 1월 19일 제406-2009-000002호

주소 경기도 파주시 심학산로10 3층
전자우편 bookpot@hanmail.net
전화번호 031-955-8869(마케팅) 031-941-5161(편집부)

ISBN 979-11-6909-212-8 03300

www.geulhangari.com